Tamara Horstmann
Michael Szewczyk
Evelyn Wilheine-Rusch

Allgemeine Wirtschaftslehre

für Berufsschulen

Stam 5002

Stam Verlag   Köln · München

Stam Verlag
Fuggerstraße 7 · 51149 Köln

ISBN 3-8237-**5002**-X

© Copyright 1996: Verlag H. Stam GmbH · Köln
Das Werk und seine Teile sind urheberrechtlich geschützt. Jede Verwertung in anderen als den gesetzlich zugelassenen Fällen bedarf deshalb der vorherigen schriftlichen Einwilligung des Verlages.

Inhaltsverzeichnis

1	**Grundlagen des Wirtschaftens**	**7**
1.1	Notwendigkeit des Wirtschaftens	8
1.1.1	Bedürfnisse, Bedarf und Nachfrage	8
1.1.2	Güter und Angebot	11
1.1.3	Ökonomisches Prinzip	14
1.2	Produktionsfaktoren	16
1.2.1	Volkswirtschaftliche Produktionsfaktoren	16
1.2.2	Betriebswirtschaftliche Produktionsfaktoren	19
1.3	Arbeitsteilung	21
2	**Rechtliche Rahmenbedingungen des Wirtschaftslebens**	**33**
2.1	Rechtsnormen für das Wirtschaftsleben	34
2.2	Rechtssubjekte	41
2.3	Rechtsobjekte	44
2.3.1	Sachen	44
2.3.2	Rechte	45
2.3.3	Besitz und Eigentum	45
2.3.4	Eigentumserwerb	47
2.4	Rechtsgeschäfte	50
2.4.1	Willenserklärungen und Arten von Rechtsgeschäften	51
2.4.2	Vertragsabschluß und Vertragserfüllung am Beispiel des Kaufvertrages	52
2.4.3	Allgemeine Geschäftsbedingungen	55
2.4.4	Vertragsfreiheit	57
2.4.5	Vertragsarten	58
2.4.6	Nichtigkeit und Anfechtbarkeit von Verträgen	59
2.5	Handelsrechtliche Grundlagen	60
2.5.1	Kaufmannseigenschaften	60
2.5.2	Handelsregister	63
2.5.3	Die Firma der Unternehmung	64
2.6	Rechtsformen der Unternehmen	66
2.6.1	Gründung eines Unternehmens	66
2.6.2	Einzelunternehmung	68
2.6.3	Offene Handelsgesellschaft	69
2.6.4	Kommanditgesellschaft	74
2.6.5	Gesellschaft mit beschränkter Haftung	75
2.6.6	GmbH & Co. KG	78
2.6.7	Aktiengesellschaft	79
2.6.7.1	Aktie	79
2.6.7.2	Wesen der Aktiengesellschaft	87
2.6.7.3	Organe der Aktiengesellschaft	90
2.6.8	Genossenschaft	95

3	**Menschliche Arbeit im Betrieb**	**103**
3.1	Einstellung von Mitarbeitern	104
3.2	Arbeitsvertrag	117
3.2.1	Rechtliche Grundlagen	117
3.2.2	Aufgaben und Vollmachten der Mitarbeiter im Betrieb	123
3.2.3	Mitarbeiter außerhalb der Unternehmung	126
3.3	Entlohnung der Arbeit	127
3.3.1	Zeitlohn, Prämienlohn und Akkordlohn	130
3.3.2	Erfolgsbeteiligung der Mitarbeiter	132
3.3.3	Gehaltsabrechnung	134
3.4	Personaleinsatz	141
3.5	Datenschutz	142
3.6	Weiterbildung	145
3.7	Kündigung des Arbeitsverhältnisses	151

4	**Betrieblicher Leistungsprozeß**	**161**
4.1	Ziele erwerbswirtschaftlicher und gemeinwirtschaftlicher Betriebe	164
4.1.1	Ziele erwerbswirtschaftlicher Betriebe	164
4.1.2	Betriebswirtschaftliche Kennzahlen	165
4.1.3	Ziele gemeinwirtschaftlicher Betriebe	174
4.2	Leistungsprozesse in Industrie-, Handels- und Dienstleistungsbetrieben	176
4.2.1	Betriebsfunktionen von Industriebetrieben	177
4.2.2	Betriebsfunktionen des Handels	179
4.2.3	Betriebsfunktionen von Banken und Versicherungen	179
4.3	Zahlungsverkehr	186
4.3.1	Eigenschaften und Funktionen des Geldes	186
4.3.2	Zahlungsformen	190
4.4	Kapitalbeschaffung und Kapitalverwendung	223
4.4.1	Investitionsanlässe	223
4.4.2	Finanzierungsarten	226
4.4.2.1	Fremdfinanzierung	226
4.4.2.2	Beteiligungsfinanzierung	241
4.4.2.3	Selbstfinanzierung	242
4.4.2.4	Finanzierung aus Abschreibungen	244
4.4.3	Zahlungsschwierigkeiten und Zahlungsunfähigkeit	245

5	**Steuern**	**261**
5.1	Notwendigkeit der Besteuerung	262
5.2	Grundsätze der Besteuerung	263
5.3	Einteilung der Steuern	265
5.4	Wichtige Steuerarten	267
5.4.1	Einkommen- und Lohnsteuer	267
5.4.2	Umsatzsteuer	277
5.4.3	Gewerbesteuer	282
5.4.4	Steuern und Umwelt	284

6	**Markt und Preis**	**287**
6.1	Markt — Begriff, Funktionen und Arten	288
6.1.1	Nachfrageseite	288
6.1.2	Angebotsseite	293
6.1.3	Bildung des Gleichgewichtspreises	296
6.2	Preispolitik	301
6.2.1	Preispolitik beim Polypol	301
6.2.2	Preispolitik beim Angebotsoligopol	302
6.2.3	Preispolitik beim Angebotsmonopol	304
6.2.4	Staatliche Eingriffe in die Preisbildung	306
6.2.4.1	Marktkonforme Maßnahmen	306
6.2.4.2	Marktkonträre Maßnahmen	308
6.3	Unternehmenszusammenschlüsse	315
6.3.1	Kooperation	315
6.3.2	Konzentration	324
6.4	Staatliche Wettbewerbspolitik	329
6.4.1	Kontrolle von Unternehmenszusammenschlüssen	329
6.4.2	Maßnahmen zum Schutz der Verbraucher	331
6.4.2.1	Verbraucherberatung	331
6.4.2.2	Verbraucherkreditgesetz	334

7	**Wirtschaftsordnungen**	**341**
7.1	Idealtypen	342
7.1.1	Ordnungspolitische Grundlagen	342
7.1.2	Modell der freien Marktwirtschaft	344
7.1.3	Modell der Zentralverwaltungswirtschaft	346
7.2	Realtypen	348
7.2.1	Soziale Marktwirtschaft	348
7.2.1.1	Elemente der sozialen Marktwirtschaft	348
7.2.1.2	Soziale Marktwirtschaft in der Diskussion	349
7.2.2	Wirtschaftsordnungen im Umbruch	351

8	**Grundzüge der Wirtschaftspolitik in der Sozialen Marktwirtschaft**	**355**
8.1	Wirtschaftskreislauf, Sozialprodukt und Volkseinkommen	356
8.1.1	Wirtschaftskreislauf	356
8.1.2	Sozialprodukt und Volkseinkommen	361
8.2	Konjunkturverlauf	371
8.3	Wirtschaftspolitik	378
8.3.1	Grundlagen	378
8.3.2	Konjunkturpolitik	378
8.3.2.1	Ziele des Stabilitätsgesetzes	378
8.3.2.2	Weitere wirtschaftspolitische Ziele	381
8.3.2.3	Träger der Konjunkturpolitik	381
8.3.3	Fiskalpolitik	382

8.3.4	Geldpolitik der Deutschen Bundesbank und ihr Einfluß auf die Stabilität des Preisniveaus	388
8.3.4.1	Ziele und Aufgaben der Deutschen Bundesbank	388
8.3.4.2	Wesen und Organe der Deutschen Bundesbank	389
8.3.4.3	Sicherung der Geldwertstabilität	390
8.3.4.3.1	Geldmenge	390
8.3.4.3.2	Messung des Geldwertes	391
8.3.4.3.3	Inflation, Stagflation und Deflation	396
8.3.4.3.4	Instrumente der Bundesbank zur Bekämpfung der Inflation	404
8.3.5	Außenwirtschaftliches Gleichgewicht	412
8.3.5.1	Bedeutung des Außenhandels	413
8.3.5.2	Zahlungsbilanz	418
8.3.5.3	Außenwert des Geldes	424
8.3.5.3.1	Wechselkurs	424
8.3.5.3.2	Europäisches Währungssystem (EWS)	433
8.3.5.4	Internationale Organisationen und Handelsabkommen	437
8.3.5.4.1	Internationaler Währungsfonds (IWF) und Weltbank	437
8.3.5.4.2	Europäische Union	439
8.3.5.4.3	Welthandelsorganisationen	442
8.3.6	Hoher Beschäftigungsstand	446
8.3.6.1	Arbeitslosigkeit	446
8.3.6.2	Ursachen der Arbeitslosigkeit	448
8.3.6.3	Maßnahmen zur Bekämpfung der Arbeitslosigkeit	449
8.3.7	Angemessenes Wirtschaftswachstum	459
8.3.7.1	Notwendigkeit des Wirtschaftswachstums	459
8.3.7.2	Einflußgrößen auf das Wirtschaftswachstum	459
8.3.7.3	Maßstab für das Wirtschaftswachstum	460
8.3.7.4	Auswirkungen des Wirtschaftswachstums	461
8.3.8	Umwelt und Wachstum	462
8.3.9	Verteilungsgerechtigkeit	475
8.3.9.1	Einkommen und Vermögen	475
8.3.9.2	Arten der Einkommensverteilung	476
8.3.9.3	Umverteilung	480
Sachwortverzeichnis		483

Grundlagen des Wirtschaftens

1.1 Notwendigkeit des Wirtschaftens

1.1.1 Bedürfnisse, Bedarf und Nachfrage

Situation:

Arbeitsvorschlag
1. Beschreiben Sie die Lebenssituationen der abgebildeten Personen.
2. Formulieren Sie deren dringlichste Sorgen.
3. Kennzeichnen Sie mögliche Ursachen.
4. Stellen Sie für sich persönlich eine Rangordnung Ihrer zehn dringlichsten Wünsche auf, und vergleichen Sie diese anschließend mit denen Ihrer Mitschüler.

Sachdarstellung:

■ Bedürfnisse

Jeder Mensch hat Wünsche. Diese möchte er verwirklichen. In der Wirtschaftslehre werden diese Empfindungen Bedürfnisse genannt.

> **Bedürfnisse sind persönliche Mangelempfindungen.**

Sie gelten beim Menschen als nahezu unbegrenzt. Sobald er ein zuvor angestrebtes Bedürfnis befriedigt hat, erneuert und erweitert er seine Ansprüche. Bedürfnisse sind die Hauptantriebskraft menschlichen und wirtschaftlichen Handelns.

Bedürfnisse können nach verschiedenen Gesichtspunkten unterteilt werden.

● Einteilung der Bedürfnisse nach ihrer Dringlichkeit
- **Existenzbedürfnisse**, z.B. Hunger, Durst, Frieren, sind Mangelempfindungen, deren Befriedigung zur Erhaltung des Lebens notwendig ist. Existenzbedürfnisse sind in der Bundesrepublik Deutschland im Gegensatz zu Entwicklungsländern eher die Ausnahme. I.d.R. ist der Begriff Hunger eng mit bestimmten gehobenen Formen der Bedürfnisbefriedigung verknüpft, z.B. Hunger auf einen Big Mac.

- Diese Bedürfnisse, wie auch die nach Informationen, Teilnahme am kulturellen Leben usw., die also mehr als reine Lebensnotwendigkeiten und weniger dringlich sind, werden als **Kulturbedürfnisse** bezeichnet.

- Mangelempfindungen, die über die Kulturbedürfnisse hinausgehen und zur Erhaltung des Lebens weniger wichtig sind, nennt man **Luxusbedürfnisse,** z.B. der Wunsch, einen exklusiven Lebensstil zu führen.

Einteilung der Bedürfnisse nach der Art ihrer Befriedigung

- Der Teil der Bedürfnisse, den der einzelne Mensch, das Individuum, selbst befriedigen kann, wird als **Individualbedürfnis** bezeichnet.

- Den Teil, zu deren Befriedigung er andere Menschen benötigt, z.B. Vermittlung von Allgemein- und Berufsbildung, Sicherung der Landesgrenzen, nennt man **Kollektivbedürfnisse.** Bei den Kollektivbedürfnissen ist dem einzelnen Bürger die Entscheidungsmöglichkeit über ihre Dringlichkeit weitgehend genommen und auf öffentliche Entscheidungsträger, z.B. Parlamente und Verwaltungen, übertragen worden.

Einteilung der Bedürfnisse nach psychologischen Gesichtspunkten

Folgt man den Überlegungen des amerikanischen Psychologen Maslow, so ergibt sich folgende Darstellung:

Je umfassender die unteren Stufen der Bedürfnispyramide befriedigt worden sind, desto eher neigt der Mensch dazu, auch die höheren Stufen anzustreben.

Problemfelder des Begriffs Bedürfnis

Die zunächst eindeutig erscheinenden Bedürfnisbegriffe enthalten eine Reihe von Problemfeldern hinsichtlich ihrer Auslegung, Abgrenzung und Zuordnung.

Problemfelder	Beispiele
Bedürfnisse sind u.a.:	
• unterschiedlich wichtig	Ob ein Bedürfnis als Existenz-, Kultur- oder Luxusbedürfnis eingeordnet wird, hängt u.a. ab von: • den individuellen Einstellungen und Neigungen eines Menschen, • dem Lebensstandard eines Menschen bzw. einer Gesellschaft, • der technologischen Entwicklung einer Volkswirtschaft, • der Kultur einer Gesellschaft.
• individuell verschieden	Ein Mensch möchte lieber allein eine Abenteuerreise unternehmen, der andere ein Pauschalangebot nach Mallorca nutzen.
• wandelbar	Menschen verändern ihr Verhalten und ihre Wünsche. Wer früher Rundfunksendungen zur Informationsbeschaffung benutzt hat, kauft heute die aktuellsten CD-ROMs und morgen ...
• materiell oder immateriell orientiert	Hinter dem Wunsch nach dem Eigentum an einem Segelboot verbirgt sich unter Umständen das immaterielle Bedürfnis nach mehr Anerkennung.
• offen oder latent	Offene Bedürfnisse sind Wünsche, deren sich der Mensch bewußt ist, z.B. Winterurlaub zu verbringen. Latente Bedürfnisse sind dagegen zunächst nur im Unterbewußtsein vorhanden. Sie werden erst durch äußere Einflüsse, z.B. Werbung, aktiviert. Daraus folgt ggf. der Wunsch, einen ganz besonderen Ski zu fahren.
• konträr	Zwischen den Wünschen einer Person und denen anderer bzw. einer Gemeinschaft können Konflikte entstehen. Dem Individualbedürfnis eines Bürgers nach schnellem Autofahren und Prestige, das zum Kauf eines Sportwagens führt, steht das Kollektivbedürfnis nach einem Ausbau öffentlicher Nahverkehrsmittel und einer weniger belasteten Umwelt gegenüber.

■ Bedarf und Nachfrage

Ein zunächst unklares Bedürfnis wird durch die Entscheidung für eine Sache oder Leistung genau bestimmt. Lediglich dieser Teil der versachlichten Bedürfnisse, deren Befriedigung im Rahmen der jeweiligen technischen und wirtschaftlichen Verhältnisse möglich erscheint, ist ökonomisch von Bedeutung. Die Summe dieser konkretisierten Bedürfnisse bezeichnet man als Bedarf.

> **Bedarf sind die mit Kaufkraft ausgestatteten Bedürfnisse.**

Beispiel

Nach einem Badmintonmatch haben die Spieler Durst, ein Mangelempfinden. Dieses Bedürfnis, etwas zu trinken, konkretisiert sich im Bedarf nach einem bestimmten Getränk, für das die Spieler genügend Geld zur Verfügung haben. Die Nachfrage kommt zustande, indem sie an der Vitaminbar einen Fitnessdrink bestellen.
Man spricht demnach von **Nachfrage,** wenn der Bedarf durch einen Kaufentschluß am Markt wirksam wird.

> **Nachfrage ist der in Kaufentscheidungen umgesetzte Bedarf.**

1.1.2 Güter und Angebot

■ Güter

Als Güter im wirtschaftlichen Sinn werden alle Mittel bezeichnet, die der Befriedigung menschlicher Bedürfnisse dienen. Sie lassen sich nach verschiedenen Gesichtspunkten unterscheiden.

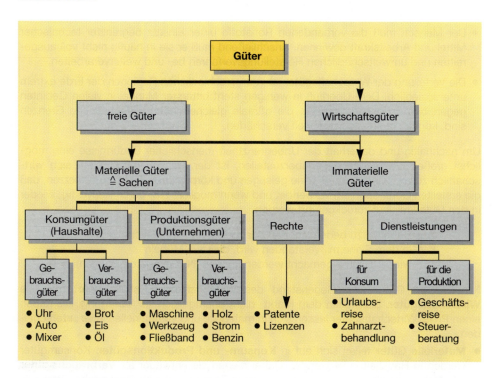

● Freie Güter

Zwar sind die Bedürfnisse der Menschen nahezu unbegrenzt, nicht jedoch die zu ihrer Befriedigung benötigten Güter. Es gibt nur sehr wenige Güter, die in solchem Umfang konsum- bzw. produktionsreif vorhanden sind, daß die Menschen ihre Bedürfnisse nach diesen Gütern ohne Aufwand befriedigen können. Diese nennt man **freie Güter**. Sie sind frei zugänglich und haben keinen Preis.

In der Theorie werden häufig als Beispiele für freie Güter **Luft**, **Sonnenlicht** und **Wasser** genannt. Zu berücksichtigen ist dabei allerdings, daß sowohl der Staat, die Unternehmen und die Verbraucher teilweise hohe Aufwendungen zu leisten haben, um beispielsweise die Reinheit des Wassers bis zur Trinkqualität zu gewährleisten. Wasseraufbereitungs- und Kläranlagen, Filter und Kontrollmaßnahmen verursachen Kosten in Milliardenhöhe. Dennoch gelingt es in den meisten Ländern der Erde nicht, genügend sauberes Trinkwasser frei zur Verfügung zu stellen, so daß sich in diesem Bereich ein ganzer Industriezweig, Herstellung von Mineralwasser, entwickelt hat. Vergleichbare Effekte sind u.a. in den Bereichen Luft und Sonnenlicht zu beobachten.

● Wirtschaftsgüter

Die meisten Güter sind knapp. D.h. sie sind nicht unbegrenzt vorhanden, um alle Bedürfnisse zu befriedigen. Die Ursachen der Knappheit der Güter sind verschieden. Sie liegen u.a. darin, daß

- sie in der Natur nur in beschränkter Menge vorkommen. So führen beispielsweise abnehmende Rohstoffvorräte bei gleichbleibendem oder wachsendem Bedarf durch die weltweite Bevölkerungsexplosion dazu, daß die Grenzen quantitativen Wachstums immer deutlicher werden.
- Der Mensch muß die vorhandenen Rohstoffe unter Einsatz begrenzter technischer Mittel und Arbeitskraft gewinnen. Anschließend muß er sie in häufig nicht voll ausgereiften und umweltschädlichen Herstellungsverfahren be- und weiterverarbeiten.
- Die Verteilung der Wirtschaftsgüter ist in unterschiedlichen Regionen der Erde extrem unterschiedlich. Dem Überfluß in wenigen steht bitterster Mangel in vielen Gebieten gegenüber. Politische Grenzen, die oftmals gleichermaßen wirtschaftliche Grenzen sind, können regionale Knappheit verschärfen.

Um nachhaltig und dauerhaft der Unbegrenztheit menschlicher Bedürfnisse eine möglichst große Gütermenge gegenüberzustellen, ist der Mensch gezwungen, sich wirtschaftlich zu verhalten. Er muß seine geistigen und körperlichen Kräfte so einsetzen, daß die erstellten Güter sparsam verwendet und wenn möglich, z.B. durch Recycling, wieder in den Güterkreislauf zurückgeführt werden.

 Dabei ist zu bedenken, daß der Kreislaufgedanke nicht in dem Sinne mißverstanden wird, daß aus Möbeln wieder Bäume gemacht werden können (N. Georgescu-Roegen).

Nur **knappe Güter** sind Gegenstand des Wirtschaftens. Deshalb nennt man sie **Wirtschaftsgüter.** Sie stehen dem Markt nicht unentgeltlich zur Verfügung. Sie haben einen Preis. Wirtschaftsgüter lassen sich in materielle und immaterielle Güter unterscheiden.

- **Materielle Güter** teilen sich auf in **Konsum- und Produktionsgüter.** Konsumgüter werden in Haushalten verwendet. Dabei dienen sie entweder als **Verbrauchsgüter,** z.B. Nahrungsmittel, über einen relativ kurzen Zeitraum oder als **Gebrauchsgüter,** z.B. Fernsehgeräte, längerfristig zur Bedürfnisbefriedigung. Verbrauchsgüter gehen bei ihrer Nutzung unter oder verwandeln sich. Gebrauchsgüter bleiben stofflich erhalten. Von Produktionsgütern spricht man, wenn ihr Gebrauchs- oder Verbrauchszweck im Unternehmensbereich angesiedelt ist.
- Bei den **immateriellen Gütern** sind grundsätzlich **Rechte** und **Dienstleistungen** voneinander zu unterscheiden. Dabei können Dienstleistungen sowohl dem Produktionssektor, z.B. Unternehmensberatung, als auch dem Konsumsektor, z.B. Verbraucherberatung, zugeordnet werden. Rechte stellen die Befugnis dar, von anderen Personen ein Tun oder Unterlassen zu verlangen, z.B. Lizenzen (vgl. Kap. 2).

Neben den dargestellten Unterscheidungen der Güter hinsichtlich ihrer Verwendung lassen sich Güter nach ihrer Beziehung zueinander unterscheiden. Güter, die sich gegenseitig austauschen lassen, werden als **Substitutionsgüter** bezeichnet, z.B. Kaffee und Tee, menschliche Arbeitskraft und Maschinen. Güter, die sich gegenseitig ergänzen, so daß man sie zusammen einsetzen muß, um ein bestimmtes Ergebnis zu erzielen, nennt man **Komplementärgüter**, z.B. Motorräder und Sturzhelme, Eisenbahn und Schienen.

Überblick: Grundbegriffe des Wirtschaftens

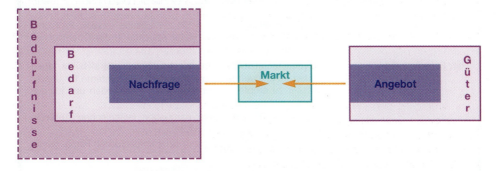

■ Angebot

Unternehmen bieten auf dem Markt Güter an, die der Bedürfnisbefriedigung der Menschen dienen. Ein Angebot erfolgt i.d.R. nur, wenn eine entsprechende Nachfrage nach diesen Gütern vorhanden ist (vgl. Kap. 6).

■ Markt

Der Ort, an dem Nachfrage und Angebot zusammentreffen, wird als Markt bezeichnet. Zwischen den unbegrenzten Bedürfnissen auf der einen und dem knappen Güterangebot auf der anderen Seite besteht ein starkes Ungleichgewicht, aus dem ein Spannungsverhältnis erwächst. Der Preis ist Ausdruck dieses Verhältnisses. Je größer dabei das sich in der Nachfrage konkretisierende Bedürfnis nach einem knappen Gut ist, desto höher ist unter normalen Umständen der Preis.

1.1.3 Ökonomisches Prinzip

Situation:

Nach der letzten Umsatzanalyse, die tief einschneidende Umsatzrückgänge ausweist, bittet der Unternehmensleiter der Textilfabrik „Red Socks GmbH" die Leiterin des Controllings, Frau Dr. Treiber, und den Produktionsleiter Herrn Schmiederer zum Gespräch. Dabei wird als Hauptursache für die Umsatzrückgänge das fehlende Qualitätsmanagement hinsichtlich der Berücksichtigung ökologischer Faktoren bei der Produktion ausgemacht. Das hat zu einem sehr schlechten Firmenimage geführt. Branchenspott: „Hast Du Red Socks an den Füßen, läßt der Fußpilz bald schön grüßen!"

Unternehmensleiter:	Welche Vorstellungen haben Sie zur Lösung unserer Probleme entwickelt? Wie können wir unser Ansehen in der Öffentlichkeit verbessern?
Herr Schmiederer:	Unter den technologisch besten Angeboten, die sich am Markt befinden, sind zwei neue, gleichwertige Filtersysteme für unsere Abwässer zu empfehlen. Entweder wir entscheiden uns für das System:
	– Aquaök 2000, von einem namhaften inländischen Anbieter, Kosten inkl. Einbau 2,5 Mio. DM;
	oder wir setzen auf das Angebot einer koreanischen Firma, die ihr System
	– Waterclean 2020 für 1,8 Mio. DM offeriert.
Unternehmensleiter:	Wenn wir die Anlage einbauen, sollten wir auf alle Fälle die Presse und die Bundestagsabgeordnete der „Grünen", diese Frau Dings – äh – nah, Sie wissen schon, einladen ... und dann einen außerordentlichen Geschäftsbericht mit Ökobilanz herausgeben.
Frau Dr. Treiber:	Meine Herren, einmal abgesehen von Ihren leider typischen frauenfeindlichen Formulierungen, gebe ich unter Kostenaspekten zu bedenken, daß wir ein maximales Investitionsvolumen von 1,2 Mio. DM zur Verfügung haben.
Herr Schmiederer:	Aber Frau Treiber, wir brauchen etwas wirklich Vernünftiges. Gute Qualität hat ihren Preis, schlechte Qualität ist unbezahlbar!
Frau Dr. Treiber:	...

Arbeitsvorschlag
1. Setzen Sie das Gespräch in einem Rollenspiel fort.
2. Beschreiben Sie die Zielsetzungen, die die einzelnen Personen verfolgen.
3. Klären Sie, welche Person versucht
    a) mit gegebenen Mitteln einen möglichst großen Erfolg zu erzielen;
    b) einen gegebenen Erfolg mit möglichst geringem Mitteleinsatz zu erreichen.
4. Geben Sie in den beiden Fällen (**3 a** und **3 b**) an, welche Größen fest und welche variabel sind.

Sachdarstellung:

Das Spannungsverhältnis zwischen unbegrenzten Bedürfnissen auf der einen und knappen Gütern auf der anderen Seite zwingt zu wirtschaftlichem Handeln. Um ihre Bedürfnisbefriedigung zu sichern, müssen die Menschen Alternativen haben, um Entscheidungen treffen zu können. Als Grundprinzip vernünftigen Handelns gilt das **ökonomische Prinzip,** welches auch als **Rationalprinzip** bezeichnet wird. Dabei lassen sich zwei Ausprägungen unterscheiden.

● **Minimalprinzip**

Nach dem **Minimalprinzip** handeln Menschen, die einen vorgegebenen Erfolg mit minimalem, d.h. möglichst geringem, Mitteleinsatz erzielen wollen. Beispielsweise versucht eine Familie, ihre Ausgaben für Fahrten zur Arbeit so gering wie möglich zu halten und kauft deshalb Jobtickets.

● **Maximalprinzip**

Nach dem **Maximalprinzip** handeln Menschen, die mit gegebenem Mitteleinsatz, einen maximalen, d.h. einen größtmöglichen Erfolg erzielen wollen. Beispielsweise versucht eine Familie, für 2 500,00 DM möglichst lange Urlaub am Mittelmeer zu machen und sucht in Reisekatalogen nach dem besten Angebot.

Deutlich muß an dieser Stelle gesagt werden, daß es **unmöglich** ist, beide Prinzipien **gleichzeitig** zu verwirklichen, da sie sich gegenseitig ausschließen. So ist es **nicht** möglich, mit geringstem Mitteleinsatz den größten Erfolg zu erzielen. Oder wie ein russisches Sprichwort sagt, entweder läßt du aus einem Ei ein Küken schlüpfen, oder du brätst daraus ein Spiegelei.

Allerdings werden im täglichen Leben häufig beide Prinzipien **nacheinander** angewendet, wenn wirtschaftliche Entscheidungen getroffen werden. So wählt z.B. eine Familie in einem ersten Schritt alle Angebote von Langzeitreisen ans Mittelmeer aus und orientiert sich am Maximalprinzip. In einem zweiten Schritt prüft sie die kostengünstigsten Angebote im Sinne des Minimalprinzips. Auf diese Weise nähert sie sich einer für sie unter den gegebenen Rahmenbedingungen optimalen Lösung.

Wirtschaftliches Handeln richtet sich aber nicht ausschließlich nach dem ökonomischen Prinzip. Es besteht nicht immer eine Möglichkeit zur Mini- oder Maximierung, z.B. wenn 20 Briefmarken zu je 1,00 DM benötigt werden. Außerdem verhalten sich Menschen nicht immer vernunftbezogen **(homo oeconomicus)**, sondern neigen zu gefühlsorientierten Käufen.

Noch bedeutender ist jedoch die Tatsache, daß die Ökonomie, als Gesamtheit aller Wirtschaftsbeziehungen, im Zusammenhang mit der Ökologie gesehen werden sollte. Dabei werden unter dem Begriff Ökologie die Gesamtheit aller Wechselbeziehungen der Lebewesen der Erde und ihrer Umgebung verstanden. Zwischen **Ökonomie** und **Ökologie** können **Zielkonflikte** auftreten.

Beispiele für Zielkonflikte zwischen Ökonomie und Ökologie

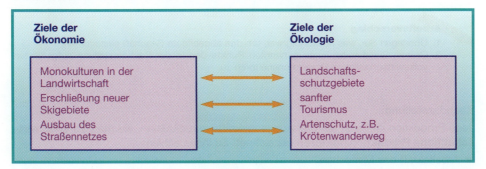

Grundsätzlich müssen diese u.a. Zielkonflikte beachtet werden. Als Konsequenz daraus sind vielfältige Lösungsansätze denkbar, z.B. Veränderungen im Produktions- und Konsumverhalten, Kostenübernahme nach dem Verursacherprinzip und eine ökologische Steuerreform.

1.2 Produktionsfaktoren

1.2.1 Volkswirtschaftliche Produktionsfaktoren

Situation:

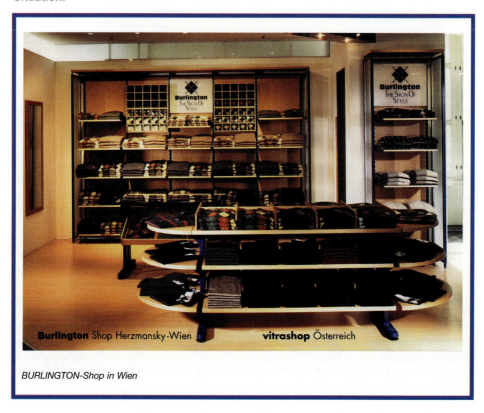

BURLINGTON-Shop in Wien

Arbeitsvorschlag
1. Überlegen Sie, was notwendig war, um das abgebildete Geschäft einzurichten.
2. Ordnen Sie die von Ihnen genannten Punkte den in der Sachdarstellung aufgeführten volkswirtschaftlichen Produktionsfaktoren zu.

Sachdarstellung:
Jede Produktion läßt sich auf drei Ausgangskräfte zurückführen, die man als **volkswirtschaftliche Produktionsfaktoren** bezeichnet. Zu ihnen zählen:
- Arbeitskraft des Menschen,
- Stoffe und Kräfte der Natur,
- Kapital als produzierte Produktionsmittel.

Bei den erstgenannten Produktionsfaktoren handelt es sich um **originäre,** d.h. ursprüngliche, bei dem letztgenannten um einen **derivativen,** d.h. abgeleiteten Produktionsfaktor.

■ Der Produktionsfaktor Arbeit

Im wirtschaftlichen Leistungsprozeß nehmen die geistigen und körperlichen Energien des Menschen eine zentrale Stellung ein. Unter Arbeit im volkswirtschaftlichen Sinne versteht man jede zielgerichtete, planvolle und bewußte Tätigkeit des Menschen gegen Entgelt. Die Vergütung erfolgt gegen Lohn und Gehalt.

Arbeit läßt sich nach verschiedenen Gesichtspunkten unterteilen:

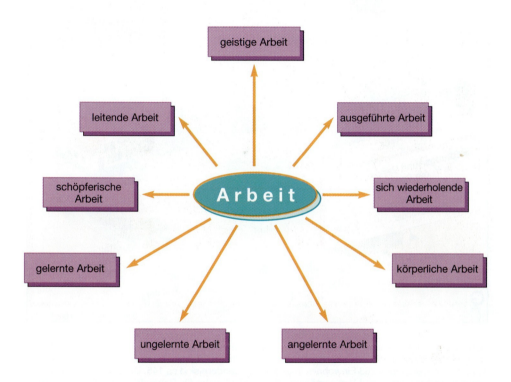

Einteilung der Arbeit

Arbeitsvorschlag
Sammeln Sie für die unterschiedlichen Arten der Arbeit jeweils zwei Beispiele.

Der Produktionsfaktor Natur

Während früher nur der Boden zu diesem Produktionsfaktor gezählt wurde, umfaßt er nach heutiger Auffassung die Umwelt, soweit sie zu wirtschaftlichen Zwecken genutzt wird. Alle Produktionsmittel, welche die Natur zur Verfügung stellt, werden als natürliche Ressourcen hinzugerechnet:

- die Naturkräfte, wie z.B. Wind, Sonnenenergie, Regen und Wasserkraft,
- die Bodenschätze, wie z.B. Rohöl oder Kohle,
- der Boden als Standort für Unternehmen sowie als Anbaugebiet der Landwirtschaft und als Abbaugebiet von Rohstoffen.

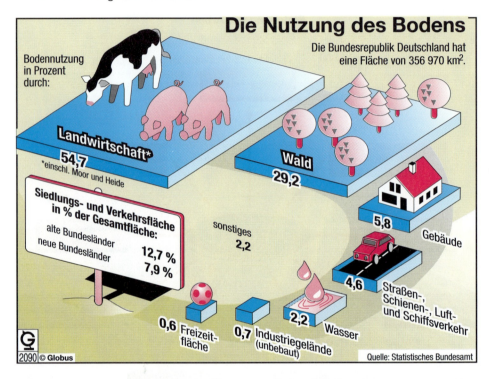

356 970 Quadratkilometer beträgt die Fläche der Bundesrepublik Deutschland. Gut zwei Drittel davon beanspruchen die alten Bundesländer. Dort wohnen 80 Prozent der Bevölkerung. Auf einem Quadratkilometer leben 263 Einwohner, in den neuen Ländern sind es 145. Dementsprechend beansprucht die Siedlungs- und Verkehrsfläche, das ist die Fläche für Gebäude, Verkehr, Industrie und Freizeit, in den alten Bundesländern mit 12,7 Prozent der Gesamtfläche einen größeren Teil als in der ehemaligen DDR mit 7,9 Prozent. Über die Hälfte des Bodens wird landwirtschaftlich genutzt. Zusammen mit Moor und Heide macht der Anteil der Landwirtschaft am Boden 54,7 Prozent aus.
Quelle: HAZ 12.08.94

Charakteristisch für den Produktionsfaktor Boden ist die Tatsache, daß er nicht vermehrbar und transportierbar ist. Unterschiedliche Merkmale kennzeichnen die einzelnen Bodenarten. Während der Anbauboden durch Brachlegen oder Düngung regenerierbar ist, vermindert sich Abbauboden bis zur endgültigen Ausbeutung. Standortboden ist immer begrenzt.

Die Bereitstellung des Produktionsfaktors Boden wird durch Pacht, Miete und Grundrente entlohnt.

Der Produktionsfaktor Kapital

Der Produktionsfaktor Kapital entsteht durch den Einsatz und die Kombination der beiden anderen Produktionsfaktoren Arbeit und Natur. Deshalb wird er als produziertes Produktionsmittel bezeichnet. Im volkswirtschaftlichen Sinne stellt das Kapital die Summe aller im Produktionsprozeß eingesetzten Produktionsgüter dar, z.B. Gebäude, Maschinen, Werkzeuge sowie alle Fertigerzeugnisse. Es wird daher auch als **Sachkapital** bzw. **Realkapital** bezeichnet. Davon ist das **Geldkapital** abzugrenzen, welches zu Investitionszwecken benötigt wird. Die Entlohnung des Produktionsfaktors Kapital ist der Zins.

1.2.2 Betriebswirtschaftliche Produktionsfaktoren

Um im Unternehmen Leistungsprozesse genau bestimmen zu können, bedarf es einer differenzierten Einteilung der Produktionsfaktoren:

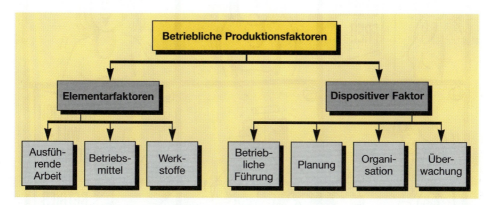

Kombination der Produktionsfaktoren

Die Unternehmen sind aufgrund des bestehenden Wettbewerbs einem Kostendruck ausgesetzt. Sie bemühen sich, die für die Leistungserstellung benötigten Produktionsfaktoren so zu kombinieren, daß sie unter Beachtung des ökonomischen Prinzips den größtmöglichen Erfolg erzielen. Es ist deshalb nötig, die eingesetzten Produktionsfaktoren mit Preisen zu bewerten, um die Kosten der Produktion zu ermitteln. Die Produktionsfaktoren sind so zu verwenden, daß das Produktionsergebnis mit den geringstmöglichen Kosten erwirtschaftet wird. Wird dieses Ziel erreicht, liegt eine **Minimalkostenkombination** vor.
Häufig müssen bei der Leistungserstellung die Produktionsfaktoren in einem bestimmten Verhältnis zueinander eingesetzt werden. In diesem Fall spricht man von **begrenzten** oder **limitationalen** Produktionsfaktoren.

Beispiel

Ein Rettungshubschrauber der Medizinischen Hochschule Hannover ist 24 Stunden im Einsatz. Bei einem täglichen Bereitschaftsdienst von 12 Stunden pro Pilot werden 2 Kräfte benötigt. Die Einstellung eines weiteren Piloten würde nur höhere Kosten, aber nicht zu einer besseren Kapazitätsauslastung des Rettungshubschraubers führen. Bei weniger als 2 Piloten könnte eine 24stündige Versorgung nicht gewährleistet werden.

Bei limitationalen Produktionsfaktoren ist das geringste Einsatzverhältnis technisch vorgegeben. Daraus folgt, daß das Streben nach einer Minimalkostenkombination entfällt.

Oft können bei der Leistungserstellung Produktionsfaktoren gegeneinander ausgetauscht werden, ohne daß das Produktionsergebnis in seiner Qualität dadurch beeinträchtigt wird. Sie sind **substitutional.** In diesem Fall bestimmen die Faktorkosten unter Berücksichtigung des ökonomischen Prinzips die Wahl der günstigsten Faktorkombination, die Minimalkostenkombination.

Arbeitsvorschlag

1. Beschreiben Sie, welche Substitution von Produktionsfaktoren in der Karikatur angedeutet wird.
2. Überlegen Sie, welche volkswirtschaftlichen und betriebswirtschaftlichen Konsequenzen mit der angedeuteten Substitution verbunden sind. Welche Folgen können sich für den einzelnen ergeben?
3. Die Pharmaziegroßhandlung MEDIPHARMA GmbH steht vor der Überlegung, ihre Lagerhaltung neu zu organisieren.
   Bei der 1. Kombination werden 20 Personen beschäftigt, die bei einem Stundenlohn von 20,00 DM im Jahr 2 000 Arbeitsstunden leisten. Bei der 2. Kombination werden nur 10 Personen benötigt, die bei gleichem Stundenlohn die gleiche Arbeitsleistung im Jahr erbringen. Die gleichen Bedingungen gelten für die 3. Kombination, bei der allerdings nur 5 Mitarbeiter beschäftigt werden.
   Bei abnehmendem Personaleinsatz ist entsprechend der eingetragenen Werte ein Anstieg der Kapitalkosten anzunehmen.

Kombination	Anzahl der Beschäftigten	Stundenlohn in DM je Arbeitnehmer	Personalkosten in DM	Kapitalkosten in DM	Gesamtkosten in DM
I				200000,00	
II				630000,00	
III				810000,00	

a) Übertragen Sie die Grundstruktur in Ihr Arbeitsheft, und berechnen Sie die fehlenden Werte.

b) Welche dieser Faktorkombinationen entspricht der Minimalkostenkombination?

c) Gehen Sie davon aus, daß innerhalb der nächsten vier Jahre bei konstanten Kapitalkosten die Personalkosten um 10 % steigen werden. Prüfen Sie, ob sich dann eine neue Minimalkostenkombination ergibt.

1.3 Arbeitsteilung

Situation:

Zu Beginn der Industrialisierung veröffentlichte der englische Nationalökonom Adam Smith (1723–1790) seine „Untersuchungen über die Natur und die Ursache des Wohlstandes". Er stellte den Produktionsfaktor Arbeit in den Mittelpunkt seiner Überlegungen und fragte sich, wie man die Produktivkräfte der Arbeit vervollkommnen könnte.

Als Beispiel die Herstellung von Stecknadeln...

Der eine Arbeiter zieht den Draht, der andere streckt ihn, ein dritter schneidet ihn ...

Ein vierter spitzt ihn zu, ein fünfter schleift das obere Ende, damit der Kopf aufgesetzt werden kann ...

Um eine Stecknadel anzufertigen, sind somit 18 Arbeitsvorgänge notwendig.

Und wozu soll das gut sein, daß all diese Arbeiter so simple Arbeiten verrichten?

1. (wegen) der größeren Geschicklichkeit jedes einzelnen Arbeiters,

2. (wegen) der Ersparnis an Zeit, die gewöhnlich beim Wechsel von einer Tätigkeit zur anderen verlorengeht, und

3. (wegen) der Erfindung einer Reihe von Maschinen, welche die Arbeit erleichtern, die Arbeitszeit verkürzen und den einzelnen instand setzen, die Arbeit vieler zu leisten.

Arbeitsvorschlag

1. Beschreiben Sie den Vorgang der Stecknadelproduktion.
2. In wieviele Teilaufgaben kann man diese Arbeit zerlegen?
3. Wieviele Arbeitnehmer sind an dem Produktionsprozeß beteiligt?
4. Welchen Einfluß hat die Arbeitsteilung auf das Produktionsergebnis?
5. Nennen Sie Formen der Arbeitsteilung in Ihrem Ausbildungsbetrieb.

Sachdarstellung:
■ Formen der Arbeitsteilung

● Ursprüngliche Arbeitsteilung

Nach der Hochzeit werden die Männer faul

Zwei Drittel aller unverheirateten Männer wechseln sich mit ihrer Partnerin bei Einkauf und Abwasch ab. Fast jeder Zweite kocht gelegentlich, sechzig Prozent der Männer helfen beim Hausputz, sechs Prozent machen ihn sogar allein. Beim Waschen hapert's allerdings, das bleibt zu 73 Prozent auch bei unverheirateten Paaren Frauensache. Zu diesem Ergebnis kommt eine Untersuchung der Sozialwissenschaftlichen Forschungsstelle der Universität Bamberg, die 900 unverheiratete Paare nach ihrer Arbeitsteilung im Haushalt befragt hat. Und über 90 Prozent der Frauen waren mit dieser Mithilfe ihrer Männer „zufrieden". Bei jungen Ehepaaren sieht die Situation im Haushalt ganz anders aus: Nach Aussage der Forscher werden die Männer fauler. Die Hausarbeit bleibt viel häufiger an den Frauen hängen. Vor allem dann, wenn ein Kind da ist: Meist nimmt sie den Erziehungsurlaub, er verdient das Geld – und schon findet sich die Frau in ihrer traditionellen Rolle wieder.

Quelle: Brigitte 8/91

● Berufsbildung

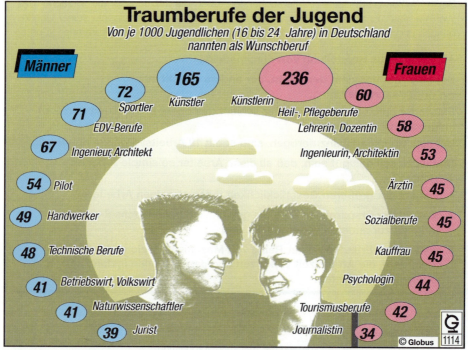

Art. 12 GG

(1) Alle Deutschen haben das Recht, Beruf, Arbeitsplatz und Ausbildungsstätte frei zu wählen.

● Berufsspaltung

Ein 29jähriger Medizinstudent besucht seinen Großvater, der in einem kleinen Dorf wohnt. Voller Stolz erzählt er, daß er demnächst sein Medizinstudium mit dem Examen abschließen werde.

„Das trifft sich gut", sagt der Großvater. Er zieht sein Hosenbein hoch und erkundigt sich, wie man das Geschwür am Bein behandeln solle.

Sein Enkel erklärt ihm daraufhin, daß er sich auf Ohren spezialisiert habe und sich als Facharzt für Ohrenkrankheiten niederlassen wolle. Er gibt seinem Großvater den Rat, sich an seinen Hausarzt zu wenden.

Der Großvater entgegnet: „Hast du dich auf das rechte oder das linke Ohr spezialisiert?"

● Volkswirtschaftliche Arbeitsteilung

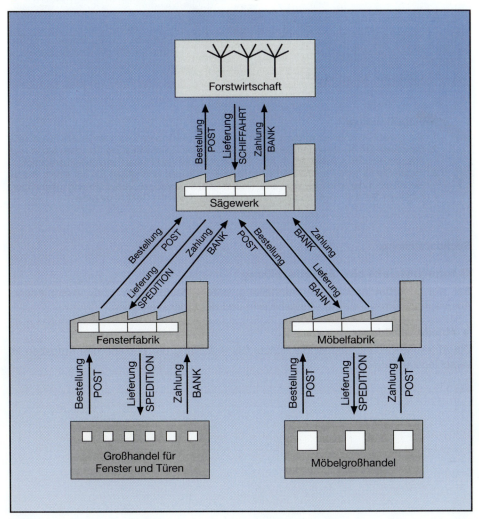

● **Internationale Arbeitsteilung**

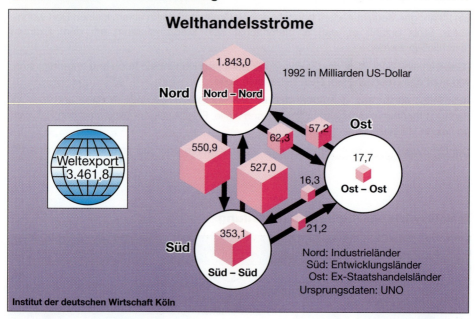

Arbeitsvorschlag
1. Nach welchen Kriterien wird die Arbeit in den 5 vorstehenden Beispielen jeweils aufgeteilt?
2. Beurteilen Sie die im ersten Beispiel angesprochene Rollenverteilung zwischen Mann und Frau im Hinblick auf den Art. 3, Abs. 2, GG: „Männer und Frauen sind gleichberechtigt".
3. Bilden Sie für jede Form der Arbeitsteilung eine Gruppe und stellen Sie auf einem Plakat (schriftlich oder bildlich) Vor- und Nachteile der jeweiligen Arbeitsteilung gegenüber. Erläutern Sie anschließend Ihren Mitschülern die einzelnen Gesichtspunkte.

Sachdarstellung:

● **Innerbetriebliche Arbeitsteilung**

Bei der innerbetrieblichen Arbeitsteilung unterscheidet man zwei verschiedene Ausprägungsformen, die Abteilungsbildung und die Arbeitszerlegung.

● **Abteilungsbildung**

Die Abteilungsbildung umfaßt die horizontale Aufteilung der betrieblichen Aufgaben in verschiedene Bereiche:

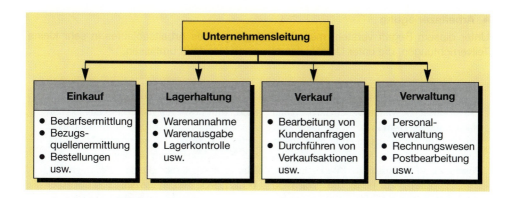

Die Arbeitsteilung in einem Betrieb ist nicht nur unter einem horizontalen, sondern auch unter einem vertikalen Gesichtspunkt zu betrachten. Aus dem letztgenannten ergibt sich eine Betriebshierarchie.

z.B.

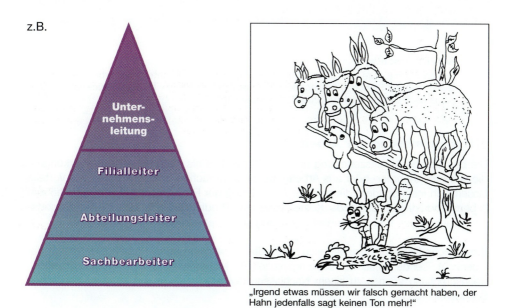

„Irgend etwas müssen wir falsch gemacht haben, der Hahn jedenfalls sagt keinen Ton mehr!"

- **Arbeitszerlegung**

Unter diesem Begriff versteht man die Zerlegung eines Arbeitsablaufes in sehr kleine Teilverrichtungen, die unter Umständen nur einen Handgriff umfassen.

Wer Fehler macht, ist unbeliebt

Genau eine halbe Minute haben die Rumänin Nada Handabaxa und ihre Kolleginnen Zeit, um die für Farbfernsehgeräte benötigten Leiterplatten mit jeweils etwa zwölf Positionen (Transistoren, Widerständen, Kondensatoren) zu bestücken. Nach 30 Sekunden zieht das Fließband vor ihnen die Leiterplatte zur Nachbarin, die weitere Elemente aufsteckt und klebt. Bei dieser arbeitsphysiologisch ausgetüftelten „Taktzeit" kommt die Akkordgruppe der Frauen auf 650 Platten am Tag. Die Arbeiterinnen verdienen alle gleichviel, wer Fehler macht oder durch Unachtsamkeit den Produktionsrhythmus stört, wird deswegen nicht schlechter bezahlt — aber eine solche Kollegin ist am Band nicht beliebt. „In ein paar Stunden" hatte Nada nach der Einweisung durch die Vorarbeiterin ihre Handgriffe gelernt: „Beide Hände greifen, beide Hände stecken", so einfach ist das. Aber was sie da eigentlich tut, welche Funktion die Leiterplatte hat, das weiß auch sie nicht. Sie leidet nicht darunter, hat über die totale Entfremdung ihrer Persönlichkeit von Produktion und Produktionsverhalten auch nicht weiter nachgedacht. Ihr genügt es, keine Fehler am Band zu machen, als gute Kollegin zu gelten und Geld zu verdienen.

aus: ZEITMAGAZIN

Arbeitsvorschlag

Stellen Sie mit Hilfe des Textes in Partnerarbeit Vor- und Nachteile der Arbeitszerlegung – jeweils aus der Sicht des Arbeitgebers und des Arbeitnehmers – heraus. Berücksichtigen Sie dabei auch das Beispiel zur Stecknadelproduktion.

Humanisierung der Arbeit

Die betriebliche Arbeitszerlegung hat sowohl positive als auch negative Auswirkungen, die aus Arbeitnehmer- oder aus Arbeitgebersicht betrachtet werden können. Als Vorteile lassen sich insbesondere die bessere Ausnutzung der Produktionsfaktoren, eine höhere Arbeitsproduktivität, sinkende Kosten, bessere Produktqualität, kürzere Ausbildungs- und Arbeitszeiten und die mögliche Nutzung von Spezialbegabungen anführen.

Wesentliche Nachteile ergeben sich durch die Sinnentleerung der Arbeit. Der Verlust der Übersicht über den gesamten Leistungsprozeß, die Monotonie und die einseitige körperliche Beanspruchung können zu einem Nachlassen der Arbeitsfreude und zu gesundheitlichen Schäden führen.

Aufgrund der erheblichen Nachteile, die mit der Arbeitszerlegung für den betrieblichen Leistungsprozeß verbunden sind, ist es notwendig, nach Verbesserungsvorschlägen zu suchen. Dabei geht es darum, die Vorteile zu wahren und die Nachteile zu minimieren. Ein in diesem Zusammenhang häufig verwendeter Begriff ist die sogenannte Humanisierung der Arbeit. Darunter versteht man die menschengerechte Gestaltung der Arbeit, die sich in einer Verbesserung der Arbeitsbedingungen niederschlägt. Im Zentrum dieser Bemühungen steht der Arbeitsplatz eines Mitarbeiters in einem Betrieb. Die Arbeitszufriedenheit hängt wesentlich vom Aufgabenbereich eines Mitarbeiters, von der ergonomischen Ausgestaltung seines Arbeitsplatzes sowie vom Betriebsklima ab.

Zu den derzeitig diskutierten alternativen Formen der Arbeitsorganisation zählt die sogenannte Gruppenarbeit, bei der ein komplettes Teilprodukt gemeinsam erstellt wird und die Arbeitnehmer Arbeitsablauf und -organisation weitgehend selbst bestimmen.

Damit sollen folgende Ziele erreicht werden:
- Es handelt sich um eine komplexe, anspruchsvolle Aufgabe.
- Auszuführende Handgriffe wiederholen sich nicht zu oft an einem Tag.
- Fertigkeiten und Fähigkeiten können besser genutzt werden.
- Die Anerkennung durch Kolleginnen und Kollegen wächst.
- Das Selbstwertgefühl des einzelnen Arbeitnehmers steigt.

Weitere Formen einer menschengerechten Arbeitsgestaltung sind:

● **Job enlargement**

Unter job enlargement bzw. Arbeitserweiterung versteht man die Zusammenfassung mehrerer gleichwertiger Arbeiten. Beispiel: Ein Mitarbeiter übernimmt Einkaufs- und Verkaufsfunktionen.

● **Job enrichment**

Beim job enrichment bzw. der Arbeitsbereicherung erhalten die Mitarbeiter bestimmte Entscheidungskompetenzen und kontrollieren ihre Arbeitsergebnisse selbst. Beispiel: Ein Außendienstmitarbeiter plant selbständig seine Kundenbesuche und kontrolliert den Erfolg seiner Kundengespräche.

● **Job rotation**

Job rotation bzw. Arbeitsplatzwechsel umfaßt den regelmäßigen Aufgabenwechsel.

Beispiel
Die Mitarbeiter durchlaufen mehrere Abteilungen eines Unternehmens.

● **Automation**

Im Rahmen computergestützter Fertigung sind die Mitarbeiter gefordert, über wiederkehrende manuelle Tätigkeiten hinaus, fertigungstechnische Abläufe zu programmieren. Dieses führt zu einem veränderten Berufsbild mit erhöhter Qualifikation.

Beispiel
Bei der Herstellung eines Werkstückes müssen die Abmessungen und Ausschußkriterien vom entsprechenden Facharbeiter an einer CNC-Maschine festgelegt werden, so daß die Produktion großer Stückzahlen nach diesen Angaben erfolgen kann.

Aufgaben zum Grundwissen

1. Was versteht man unter den Begriffen
   - Bedürfnisse,
   - Bedarf,
   - Nachfrage?
2. Unter welchen Gesichtspunkten lassen sich Bedürfnisse unterscheiden?
3. „Ein jeder Wunsch, wenn er erfüllt, kriegt augenblicklich Junge."
   Nehmen Sie Stellung zu diesem Zitat von Wilhelm Busch.
4. Nennen Sie drei Beispiele für
   - Existenz-,
   - Kultur-,
   - Luxusbedürfnisse.
5. Nennen Sie den Bedarf, der durch folgende Bedürfnisse ausgelöst wird:
   - Wunsch nach politischer Information
   - Verlangen nach einer Stadt mit hohem Freizeitwert.
6. Wie nennt man im wirtschaftlichen Sinne die Mittel, die der Befriedigung menschlicher Bedürfnisse dienen?
7. In welchen Fällen kann auch die Luft zu einem wirtschaftlichen Gut werden?
8. In welcher Situation ist ein Liter Wasser mehr wert als ein Kilogramm Gold?
9. Wodurch unterscheiden sich Gebrauchs- und Verbrauchsgüter?
10. Nennen Sie drei Beispiele, in denen der betrachtete Gegenstand sowohl ein Konsum- als auch ein Produktionsgut sein kann.
11. Begründen Sie die Notwendigkeit des Wirtschaftens.
12. Worin besteht der Unterschied zwischen Komplementär- und Substitutionsgütern?
13. Erläutern Sie zwei Beispiele für die Anwendung des ökonomischen Prinzips in Ihrem Ausbildungsbetrieb.
14. Kennzeichnen Sie die volkswirtschaftlichen Produktionsfaktoren.
15. Wie kann beim Produktionsfaktor Boden eine Leistungssteigerung erreicht werden?
16. In einer Autolackiererei, die aus einer Werkstatt, einem Trockenraum, einer Hebebühne und einem Kundenserviceraum besteht, werden Unfallschäden an Kraftfahrzeugen behoben. Ordnen Sie die Gegenstände und Tätigkeiten, die für die Leistungserstellung notwendig sind, den betriebswirtschaftlichen Produktionsfaktoren zu.
17. Unterscheiden Sie die verschiedenen Formen der Arbeitsteilung.

Weiterführende Problemstellungen

1. Problem
Überlegen Sie, welche Auswirkungen sich auf die Wirtschaft ergäben, wenn die Menschen sich in Zukunft mit der Befriedigung ihrer Existenzbedürfnisse begnügten.

2. Problem
Beschreiben Sie mögliche Zielkonflikte zwischen dem ökonomischen und dem ökologischen Prinzip anhand von drei selbstgewählten Beispielen.

3. Problem
Welche außerökonomischen Entscheidungsgrößen können im Wirtschaftsleben dazu führen, daß Wirtschaftssubjekte nicht ausschließlich nach dem ökonomischen Prinzip handeln?

4. Problem
Problematisieren Sie am Beispiel der Arbeitsleistung und Einkommen die Anwendung des ökonomischen Prinzips.

5. Problem

Was das Ding alles kann!

Paula Almqvist über die neue Gattung der High-Ender, die sich Geräte kaufen, ohne sie voll nutzen zu können.

Wenn Karl-Simon auf Geheiß seiner Frau mit dem Hund spazierengeht, kann es schon mal vorkommen, daß er dabei zweihundert Meter joggt. Deswegen braucht Karl-Simon aufpumpbare Sportschuhe zum Preis einer halben Waschmaschine. Wenn Harald, überzeugter BMW-Fahrer, alle halbe Jahr einmal mit seinen Kindern eine Fahrradtour zur 4,7 Kilometer entfernt wohnenden Oma unternimmt, dann nur auf einem 21-Gänge-Bike mit Federung. Wenn Rüdiger (von Beruf nicht etwa Notarzt oder Aufzugsingenieur, sondern Steueramtmann) abends ausgeht, dann nicht ohne seine Armbanduhr mit Beeper. Er könnte ja sonst einen Anruf seiner Doppelkopf-Freunde verpassen.

Parvenu-Allüren? Protzerei? Nicht doch. Die Herren sind High-Ender, wie die neueste und heißest umworbene Zielgruppe der Wirtschaft heißt. High-End ist es, wenn sich Leute, deren wassersportliche Befähigung gerade zum Freischwimmerzeugnis reichte, eine Armbanduhr aufschwatzen lassen, mit der man bis in 500 Meter Tiefe tauchen kann. High-End ist es, wenn sich brave Mieter ein Stereo-Gebirge hinstellen, dessen Dezibel-Zahl sie niemals ausfahren können, weil sie dann bald aus der Wohnung flögen.

[...]

Viele deutsche High-Ender sind im Grunde ihrer Seele mißtrauisch und futterneidisch und fürchten immer, irgendwie zu kurz zu kommen. Aber was soll Klaus-Jürgen mit seinem neuen Computer, dessen Festplatten-Zugriffszeit von 15 Millisekunden auf 10 Millisekunden abgesenkt wurde? Er selbst denkt deswegen ja nicht entsprechend schneller.

[...]

Ein High-Ender kauft die Dinge nicht, damit sie ihn bis ans Lebensende reparaturlos begleiten und ästhetische Freude bereiten. Er kauft sich „Optimierung", weil er seinen Technik-Verstand unter Beweis stellen und demonstrieren will: Seht her, liebe Freunde, das ist das Neueste auf dem Markt des Machbaren, und ich leiste es mir.

Quelle: Stern 46/94

---

1. Skizzieren Sie die Bedürfnisstruktur eines High-Enders.
2. Welche ökologischen Probleme sind zu befürchten, wenn High-Ender Konsummaßstäbe setzen?
3. Betrachten Sie kritisch Ihr eigenes Konsumverhalten.

6. Problem

Das NASA-Spiel

Sie gehören einer Raumfahrergruppe an. Die Crew hatte den Auftrag, sich mit dem Mutterschiff auf der beleuchteten Mondoberfläche zu treffen. Wegen technischer Schwierigkeiten mußte Ihr Raumschiff jedoch 300 km entfernt vom Mutterschiff landen. Während der Landung ist viel von der Bordausrüstung zerstört worden.

Ihr Überleben hängt davon ab, daß sie das Mutterschiff zu Fuß erreichen.

Sie dürfen nur das Allernotwendigste mitnehmen, um diese Strecke bewältigen zu können. Nachstehend ist eine Aufzeichnung von 15 unzerstört gebliebenen Dingen. Ihre Aufgabe besteht darin, als Flugkapitän eine Rangordnung der aufgezählten Gegenstände anzufertigen, die für die Mitnahme durch die Besatzung mehr oder weniger wichtig sind. Ordnen Sie die 1 der wichtigsten Position zu, die 2 der nächstwichtigen usw., bis alle Positionen entsprechend ihrer Wichtigkeit bewertet worden sind.

1 Schachtel Streichhölzer ....?
Nahrungskonzentrat ....?
50 Fuß Nylonseil ....?
30 qm Fallschirmseide ....?
1 tragbares Heizgerät ....?
2 Pistolen ....?
1 Kiste Trockenmilch ....?
2 Tanks à 100 l Sauerstoff ....?
1 Sternenkarte (Mondkonstellation) ....?
1 Schlauchboot mit CO_2-Flaschen ....?
1 Magnetkompaß ....?
22 l Wasser ....?
1 Kiste Moet & Chandon ....?
Signalpatronen ....?
1 Erste-Hilfe-Koffer mit Injektionsnadeln ....?
1 FM-Sender und Empfänger mit Solarenergie betrieben ....?

1. Schritt: Lösen Sie das oben gestellte Problem zunächst jeder für sich allein.

2. Schritt: Bilden Sie 4 Gruppen, und versuchen Sie jeweils eine einstimmige Lösung zu erzielen. Beachten Sie dabei die folgenden Hinweise.

   Dies ist eine Entscheidungsübung für die Herbeiführung von realitätsnahen Beschlüssen. Die Crew soll mit Einstimmigkeit beschließen; das bedeutet, daß der Rangplatz für jede einzelne Position **einstimmig** festgelegt werden muß. Einstimmigkeit ist schwer zu erzielen! Deshalb wird nicht jeder Rangplatz jeden Einzelnen voll befriedigen. Versuchen Sie trotzdem, die Rangordnung so zu erstellen, daß alle einigermaßen einverstanden sein können.

   Hier einige Richtlinien:
   1. Vermeiden Sie, Ihre persönliche Entscheidung anderen aufzuzwingen. Argumentieren Sie mit Logik.
   2. Vermeiden Sie nachzugeben, bloß um Einstimmigkeit zu erzielen oder Konflikten auszuweichen. Unterstützen Sie nur dann andere Ansichten, wenn sie mit Ihren wenigstens teilweise übereinstimmen.
   3. Vermeiden Sie Konfliktlösungstechniken wie Mehrheitsentscheidungen, Mittelwertberechnungen oder Kuhhandel.
   4. Betrachten Sie abweichende Meinungen eher als nützlichen Beitrag, statt sie als störend zu empfinden.

3. Schritt: Werten Sie anschließend die Ergebnisse im Plenum aus.

7. Problem

Welche Möglichkeiten hat der Unternehmer, eine Verknappung des Produktionsfaktors Energie aufzufangen?

8. Problem

a) Lesen Sie den folgenden Text.
b) Welches Problem veranlaßt die Unternehmensleitung, nach neuen Organisationsformen zu suchen?
c) Welche Zielsetzung strebt die Unternehmensleitung an?
d) Skizzieren Sie die Umsetzung alternativer Organisationsformen bei der Volkswagenwerk AG.
e) Welche Auswirkungen sind nach Aussagen der Belegschaft und der Unternehmensleitung festzustellen?

„Neuerdings arbeiten hier alle mit glänzenden Augen"

Teamwork statt Teilung: Neue Organisationsformen bei VW zeigen bei Belegschaft wie Geschäftsleitung ihre Wirkung

„Im Zentrum steht der Mensch, im Blickpunkt die Qualität". Die Botschaft am Schwarzen Brett der Lackiererei im Stöckener VW-Werk ist kein ermunternder Appell der Geschäftsführung an die Arbeiter. Es ist ein Motto, das sich die VW-Werker selbst gesetzt haben – aus Überzeugung. Anlaß für diese Aktion ist ein Umdenken im Arbeitsprozeß, das einer leisen Revolution gleichkommt: Seit Mai wird von der starren Arbeitsteilung im Stöckener Werk langsam Abschied genommen und die Gruppenarbeit eingeführt. Bis Ende 1993 möchte Werksleiter Bodo Dencker flächendeckend in allen Produktionsbereichen nach neuen Organisationsformen arbeiten lassen, bei denen die alte Kommandowirtschaft durch stärkere Selbstverantwortung der Arbeiter abgelöst wird. Die Umstellung zeigt, da sich Belegschaft und Vorgesetzte einig, erste Wirkung: Der Krankenstand ist zurückgegangen, die Qualität gestiegen, die Zusammenarbeit ist besser geworden. Und die Motivation ist gewachsen. „Ich spüre das: Neuerdings arbeiten hier alle mit glänzenden Augen", sagt Hilmar Bruhn, Leiter der Lackiererei.

Seit Ende 1987 tüftelt eine Kommission an Unternehmensvereinbarungen, nach denen die Gruppenarbeit bei VW konzernweit Einzug halten soll. Da die Initiative aus gegenläufigen Interessen geboren wurde – nämlich den gewerkschaftlichen Bemühungen um eine Humanisierung des Arbeitsplatzes einerseits und den unternehmerischen Bestrebungen um die Erhöhung der Produktivität andererseits –, rang man lange um einen gemeinsamen Nenner, berichtet Heiko Spieker, Fachreferent beim Betriebsrat in Stöcken. Schließlich bedeute die Bereitschaft, den Fabrikarbeitern mehr Spielraum zu geben, nichts geringeres als die Aufhebung der traditionellen Teilung von Kopf- und Handarbeit. Ein Machtwort der Werksleitung habe im Frühjahr schließlich Druck hinter das Projekt gebracht: „Die haben uns regelrecht überfallen mit der Entscheidung, das jetzt anzugehen."

Den „enormen Umdenkungszwang", den Spieker dahinter vermutet, bestreitet Werksleiter Bodo Dencker nicht. „Es gibt in der Wohlstandsgesellschaft Probleme mit der Arbeitsmotivation", sagt er. So habe das Werk mit einem Anteil von zehn Prozent im Verhältnis zu in den USA üblichen Werten (fünf Prozent) einen überzogenen Krankenstand. Dencker ist davon überzeugt, daß die Gruppenarbeit eine Methode ist, wieder „Verbundenheit mit der Arbeit" zu erzeugen. Es scheint zu funktionieren. „Die Arbeit macht mehr Spaß, weil ich merke, wenn ich was sage, wird es zur Kenntnis genommen", sagt Horst Tiedge. Er gehört zu den zwölf Pionieren, die sich seit Mitte Mai in der neuenLackiererei als erste Schicht in die neuen Organisationsformen hineinarbeiten. Das begann mit Lektionen: In Seminaren werden alle – Führungskräfte wie Arbeiter – auf die neue Zusammenarbeit und den neuen Aufgabenzuschnitt vorbereitet. Obwohl das Stöckener Werk den höchsten Altersdurchschnitt im Konzern hat, gab es keine Proteste gegen die Rückkehr zur Schulbank, berichtet Betriebsratsmitglied Hans-Peter Schalk. „Die Bereitschaft ist sehr gewachsen, als alle gemerkt haben, das bringt was für uns." Tiedge bestätigt das: „Ich fand das toll. Jahrelang hat sich hier nichts gerührt. Jetzt hat man uns die Chance gegeben, wieder was dazuzulernen."

Dazulernen mußten vor allem die Führungskräfte. Meister Helmut Warnecke war früher Vorgesetzter von sechs Vizemeistern und 150 Arbeitern. Jetzt betreut er nur noch 30 Arbeiter, Vizemeister gibt es nicht mehr. Den Dienstplan, Urlaubsprobleme, Qualitätskontrolle – traditionelle Aufgaben des Meisters – übernimmt die Gruppe heute selbst. Der Meister ist als Organisator entlastet worden und als Manager mehr für Konzeptionelles zuständig. "Am Anfang kam ich mir etwas unterfordert vor", gesteht Warnecke. Dann habe er gelernt, daß er Zeit für die persönliche Betreuung gewonnen habe. „Die zwischenmenschlichen Beziehungen sind besser geworden." Die Kompetenz in fachlichen Fragen hat die Gruppe übernommen. „Das schafft Zwickmühlen. Früher konnten wir sagen: Denken tun die anderen. Heute sind wir für die Qualität verantwortlich", sagt Jürgen Lange. Er ist der von der Gruppe benannte Gruppensprecher, ein neuer Posten in der Hierarchie, der die alten Gruppenführer ablöst. Es geht dabei um mehr als nur um eine neue Vokabel: Gruppenführer waren der verlängerte Arm des Meisters, Gruppensprecher vertreten die Interessen der Gruppe nach außen. Das Wir-Gefühl stärkt die Identifikation mit dem Produkt, beobachtet Lange. So habe die Gruppe der Werksleitung seit Mai allein vier Verbesserungsvorschläge präsentiert. Und mit der Qualität sei auch die Organisation der Arbeit weiterentwickelt worden: „Wir werden zum Jahresende 100 000 Blatt Schleifpapier eingespart haben", berichtet Lange stolz.

Mitdenken heißt auch Mitverantwortung. Seit Einführung der Gruppenarbeit werden die Arbeiter am Schwarzen Brett über die Qualitätskurven der Produktion informiert – Angaben, die früher beim Meister hängenblieben, sagt Bruhn. „Die Gruppen müssen wissen, wie sie arbeiten." Auch über diesen Weg hofft Werksleiter Dencker die Wettbewerbsfähigkeit des Werks zu halten. Die Branche habe lernen müssen, daß die einseitige Verbesserung der Technik nicht der Weisheit letzter Schluß ist. „Die Technik wird sich künftig mehr in Harmonie mit dem Menschen bewegen müssen." Betriebsrats-Mitarbeiter Spieker formuliert es anders: „Wirtschaftlich Autos bauen kann nur, wer Teamkonzepte realisiert. Denn hoher technischer Standard lohnt sich dann, wenn auch das Optimale aus den Menschen rausgeholt wird." Solange auch die Menschen davon profitieren – und nicht nur durch die Erwartung höherer Löhne –, hätten beide Seiten etwas von der Gruppenarbeit.

Quelle: HAZ 18.10.91

2 Rechtliche Rahmenbedingungen des Wirtschaftslebens

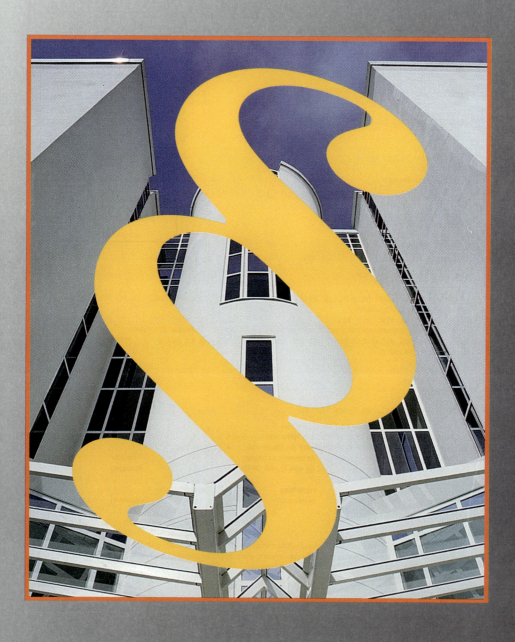

2.1 Rechtsnormen für das Wirtschaftsleben

Situation:

Ein in juristischen Dingen unerfahrener Auszubildender erhält eines Tages den unten abgedruckten Brief vom Ordnungsamt. Er hat, obwohl er die Strafe für ungerechtfertigt hält, nicht den Mut sich gegen eine Behörde zu wehren. Außerdem vermutet er hohe Prozeßkosten. Er zögert ... zu lange

---

LANDESHAUPTSTADT HANNOVER
Der Oberstadtdirektor
ORDNUNGSAMT · Leinstraße 14 · 30159 Hannover

HANNOVER, 06.05..

AUSKUNFT ERTEILT :
FRAU RATKA
TELEFON: 05 11/1 68-64 95
TELEFAX: 05 11/1 68-25 58
GEBÄUDE: LEINSTR. 14
ZIMMER: 246

Ordnungsamt · Leinstraße 14 · 30159 Hannover
588.06.200029.2

Herrn
K.Menzel
Schulstr.7
30952 Ronnenberg

SPRECHZEITEN :
MONTAGS - MITTWOCHS
8.30 - 14.00 UHR
DONNERSTAGS 8.30 - 15.00 UHR
FREITAGS   8.30 - 13.00 UHR

Aktenzeichen
588.06.200029.2
Bitte stets angeben!

GEB. 14.09.1953 IN KÖLN

IHNEN WIRD ZUR LAST GELEGT, AM 25.04. , UM 15.00 UHR IN HANNOVER,
HOFJÄGERALLEE/STÜHLERSTR.
ALS FÜHRER DES PKW, H-H 254
FÜR FOLGENDE ORDNUNGSWIDRIGKEIT(EN) NACH PAR. 24 STVG BEGANGEN ZU HABEN:
SIE BEACHTETEN NICHT DAS ROTLICHT DER LICHTZEICHENANLAGE AN DER O. A. STELLE.
PAR. 37(2),49 STVO.

Beweismittel

POM MANTEI, PM GORKE, EB 34

Wegen dieser Ordnungswidrigkeit(en) wird gegen Sie
1. eine Geldbuße festgesetzt (§ 17 OWiG) in Höhe von   100,00 DM
2. ein Fahrverbot angeordnet (§ 26 StVG) auf die Dauer von   =   Monat(en)
3. Außerdem haben Sie die Kosten des Verfahrens zu tragen: Gebühr   10,00 DM
   (§§ 106, 107 OWiG in Verbindung mit §§ 464(1), 465 StPO)   Auslagen   4,00 DM
                                                                                 0,00 DM
                          Im Auftrag   Tel. 6 98-
HANNOVER, DEN 06.05   HARBERS   3 55 70   Zusammen   114,00 DM

Rechtsbehelfsbelehrung:
Dieser Bußgeldbescheid wird rechtskräftig und vollstreckbar, wenn Sie nicht innerhalb einer Woche nach seiner Zustellung schriftlich oder zur Niederschrift bei der umseitig genannten Dienststelle Einspruch einlegen. Die Frist ist nur dann gewahrt, wenn die Erklärung vor Fristablauf eingeht.

Zweifelhafte Gelbphase rettete den Rotsünder

Ampelanlage falsch geschaltet?
Justitiar obsiegte in zwei Hauptverhandlungen

Der Justitiar eines Weltunternehmens war in kleinere Schwierigkeiten geraten. Ein Bußgeldbescheid vom Ordnungsamt, wonach er auf der Hildesheimer Straße bei Rot eine Ampel überfahren haben soll, flatterte ihm auf den Schreibtisch. Der Justitiar, der an Flensburg dachte, legte Widerspruch ein. Worauf ein Prozeß mit zwei Hauptverhandlungen das Rot der Ampel derart verwischte, daß der Justitiar ohne Bestrafung an seine Arbeitsstelle zurückkehrte.

Die Aussage dieses Beamten schien denn auch prozeßentscheidend. Er könne sich, wie sein Kollege, natürlich nicht an alle Einzelheiten erinnern – auch wenn der Streifenwagen nur wenige Meter vom Tatort entfernt geparkt habe. Doch da sein Kollege und er die Sache seinerzeit verfolgt hätten, gäbe es keinerlei Zweifel: Der Beschuldigte habe bei Rot, wie in ihrer Anzeige angegeben, die Ampel überfahren.

Der Justitiar saß damit in der Falle, doch da sagte der Polizeibeamte einen Satz zuviel. Er sprach davon, daß die Gelbphase der Ampel an der Hildesheimer Straße sehr kurz sei. Sofort hakte Verteidiger Frank Ritter ein. Wie lange diese Gelbphase wohl dauere, wollte er wissen. „Etwa zwei Sekunden", meinte der Beamte – was den Rechtsanwalt freudig in die Höhe schnellen ließ. Nach den Bestimmungen müsse eine Gelbphase mindestens drei Sekunden anhalten, erklärte er. Seinem Mandanten sei also keine Schuld zu geben. Die Ampelanlage hätte versagt.

Als der Verteidiger auch noch vorschlug, im Rahmen einer dritten Hauptverhandlung den Schaltplan der hannoverschen Ampeln einzusehen und zur Not die Gelbphase bei der Ampel an der Hildesheimer Straße während eines Ortstermins zu stoppen, winkte das Gericht resigniert ab. Bei der Geringfügigkeit der ganzen Angelegenheit, sei mit einem derartigen Aufwand die Verhältnismäßigkeit nicht mehr gewahrt. Und er stellte das Verfahren gegen den Justitiar des Weltunternehmens ohne jede Bußgeldzahlung ein.

Arbeitsvorschlag

1. Welche Möglichkeiten bestehen, gegen eine angedrohte Strafe, Ordnungswidrigkeitsverfahren, Bußgeld o.ä. vorzugehen?
2. In welcher der beiden obigen Situationen wurde von der Möglichkeit eines Widerspuchs Gebrauch gemacht?
3. Welche Ursachen sind für die unterschiedlichen Reaktionsweisen der Betroffenen ausschlaggebend?
4. Warum sind Gesetze und andere Rechtsnormen überhaupt notwendig?
5. Was halten Sie von der Aussage Kurt Tucholskys (1929): „Kleiner Dieb, der wird gehängt, großer Verbrecher kriegt noch was geschenkt!"?

■ Die Rechtsordnung

Menschliches Leben ist naturbedingt auf Gemeinschaft angelegt. Menschen sind aufeinander angewiesen. Der einzelne, das Individuum, kann sein Leben nur in Beziehung zu anderen Menschen verwirklichen. Dabei bedarf das menschliche Zusammenleben stets einer Ordnung. In diesem Zusammenhang bezeichnet das Wort Ordnung eine Struktur zwischenmenschlicher Bedingungen, die auf bestimmten moralischen Regeln und Rechtsnormen aufbaut. Viele dieser Regeln erscheinen zunächst für alle Menschen eindeutig, z.B. du sollst nicht töten, nicht stehlen, die Regeln des Straßenverkehrs beachten, deine Steuern bezahlen, den vereinbarten Preis für eine gekaufte Ware entrichten.

Jeder Bürger hat einen Anspruch darauf, daß die entsprechenden Gesetze eingehalten werden. Das bedeutet, er hat einen Anspruch auf Rechtssicherheit. Dennoch werden Rechte häufig gebrochen mit der Folge, daß solche Abweichungen Zwangsmaßnahmen, z.B. Freiheits- u. Geldstrafen, Kündigungen, Abmahnungen nach sich ziehen können. Die allgemeine Aufgabe von Strafen ist der Schutz der gesellschaftlich anerkannten Werte und Normen. Dabei versuchen Strafen verschiedene Funktionen zu erfüllen:

- Vergeltung: Auge um Auge, Zahn um Zahn... (Ex 21,24);
- Sühne: Einsicht in das Böse der Tat und Wiedergutmachung;
- Vorbeugung: Generalprävention durch Besserung aller Menschen bzw. Spezialprävention durch Besserung des Täters.

Die Geschichte des Rechts, soweit sie die Vorstellungen von geschriebenen Gesetzen zum Inhalt haben, läßt sich bis auf den babylonischen König Hammurabi (ca. 1 700 v.Chr.) zurückführen, der ein umfangreiches Gesetzeswerk auf eine zweieinhalb Meter hohe Steinsäule einmeißeln und öffentlich ausstellen ließ.

Aus dem Kodex (Gesetzbuch) des Hammurabi:

> § 1: Gesetzt, ein Mann hat einen anderen bezichtigt und ihm Mordtat vorgeworfen, hat ihn aber nicht überführt, so wird derjenige, der ihn bezichtigt hat, getötet.
>
> § 233: Gesetzt, ein Baumeister hat für einen Mann ein Haus gebaut, sein Werk aber nicht haltbar gemacht und eine Wand ist eingefallen, so wird selbiger Baumeister von seinem eigenen Gelde selbige Wand befestigen.

Quelle: Informationen zur politischen Bildung, Recht, Grundlagen des Rechts, 3. Quartal 1987.

Das **geschriebene Recht** ist auch in der Bundesrepublik Deutschland neben dem **Gewohnheitsrecht** die wichtigste Rechtsquelle der **Rechtsordnung**. Zum geschriebenen Recht, dem sogenannten **positiven Recht** (lat. vom Partizip Perfekt „positum" des Verbs ponere = setzen, stellen, legen) zählen:

Positives Recht	Beispiele bzw. Erläuterungen
• Verfassung	• Grundgesetz der Bundesrepublik Deutschland • Verfassungen der Bundesländer
• Gesetze	• Einkommensteuergesetz, das von der gesetzgebenden Gewalt, der Legislative (lat. lex, legis = Gesetz), beschlossen wird.
• Rechtsverordnungen	• Einkommensteuerdurchführungsverordnung, die von der ausführenden Gewalt, der Exekutive (lat. exsecutio = Ausführung), aufgrund gesetzlicher Ermächtigungen erlassen wird, um eine Vielzahl von Einzelfragen zu regeln, die durch Gesetze nur unzureichend erfaßt werden können.
• Verwaltungsakte	• Einkommensteuerbescheid (Verfügung) durch untergeordnete Behörden der Exekutive.
• Satzungen	• Rechtsnormen von Körperschaften, die unter staatlicher Aufsicht stehen, z.B. Gemeinden, Industrie- und Handelskammern.

Das Gewohnheitsrecht setzt sich aus den beiden Teilen **ständige Übung** und **Rechtsüberzeugung** zusammen. Nutzen beispielsweise die Angestellten eines Unternehmens seit mehreren Jahren kostenlos den betriebseigenen Parkplatz, so ist die jahrelange Nutzung als ständige Übung zu betrachten. Die Beteiligten handeln in der Rechtsüberzeugung, daß ihr Handeln Rechtens ist. Will der Arbeitgeber nun seine Mitarbeiter mit einer Parkplatzgebühr belasten, dann stellt sich die Frage, ob er dies rechtswirksam durchsetzen kann.

In diesem Fall stehen sich das Gewohnheitsrecht der Mitarbeiter und das Eigentumsrecht des Arbeitgebers gegenüber. In einer Güterabwägung müßte ggf. ein Gericht die Entscheidung treffen, welches Recht höher zu bewerten ist. I.d.R. wird dabei dem Eigentumsrecht der Vorrang eingeräumt werden.

An diesem Fall wird zugleich deutlich, daß neben der Rechtsordung in Form von Gesetzen, Verordnungen usw. als Ausdruck **objektiven Rechts,** Menschen **subjektive Rechte** besitzen. Darunter versteht man **Berechtigungen,** die sich aus dem objektiven Recht ableiten lassen, z.B.:
- das **Eigentumsrecht** mit der Möglichkeit, sein Eigentum zu nutzen, wie man es will, bis zu seiner Vernichtung. Dies ist möglich, solange nicht höherwertige Rechtsvorschriften dem entgegenstehen;
- das **Wahlrecht,** das die Möglichkeiten umfaßt, an Wahlen teilzunehmen oder dies zu unterlassen;
- das **Persönlichkeitsrecht** zum Schutz der Privatsphäre, z.B. dürfen Fotos in der Werbung nur mit Zustimmung der abgebildeten Personen eingesetzt werden.

Insbesondere die sicher garantierten Eigentums- und Verfügungsrechte beeinflussen die Leistungsfähigkeit einer sozialen Marktwirtschaft. Damit erhält gleichzeitig der staatlich geschützte „institutionelle Rahmen" eine große Bedeutung. An der wirtschaftlichen Entwicklung der neuen Bundesländer ist deutlich nachzuvollziehen, welche Investitionshemmnisse ungeklärte Eigentumsverhältnisse zur Folge haben können.

Eigentumsrechte

Sie beschreiben die Rechte und Pflichten von Individuen, die sich aus der Existenz knapper Ressourcen ergeben.

Die Eigentumsrechte wirken nicht nur auf die Beziehung
Produkt ⟷ Individuum,
sondern auch auf die Beziehung
zwischen den Individuen.

Daraus entstehen Rechtsbündel an einem Gut, die auf die Beteiligten am Wirtschaftsprozeß unterschiedlich verteilt sein können.

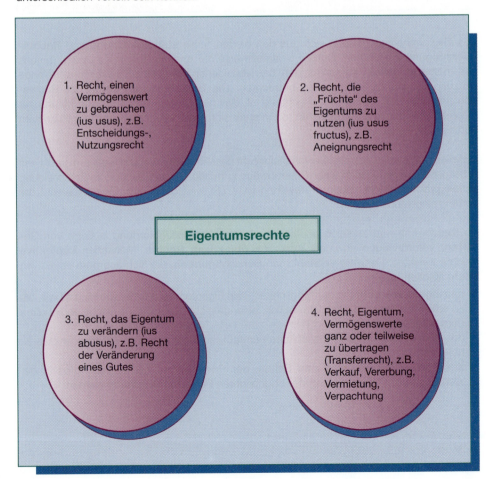

■ Öffentliches Recht und Privatrecht

Rechtliche Regelungen sollen die Vielfalt gesellschaftlicher Zusammenhänge erfassen. Dabei lassen sich der private und öffentliche Bereich in einem demokratischen Rechts- und Sozialstaat voneinander unterscheiden. Dementsprechend umfaßt das Rechtssystem der Bundesrepublik Deutschland die Zweige öffentliches Recht und Privatrecht.

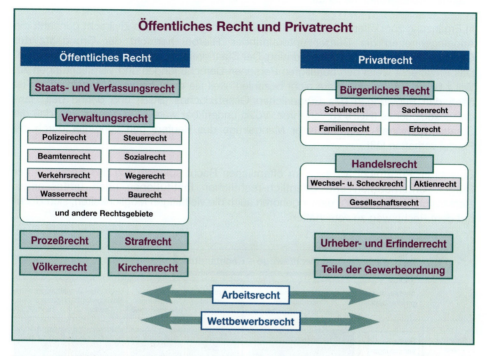

Diese Aufteilung entspricht grundlegenden rechtswissenschaftlichen Überlegungen:

> „Die rechtlichen Regelungen im privaten Lebensbereich begreifen die einzelnen Personen als Rechtssubjekte, die untereinander mit gleichen Freiheiten verkehren, ohne Gewalt gegeneinander ausüben zu können. Die rechtlichen Regelungen im öffentlichen Bereich behandeln den einzelnen als Rechtssubjekt in seiner Beziehung zu einem übergeordneten Rechtssubjekt – in der Regel dem Staat –, das grundsätzlich auch die Möglichkeit und das Recht hat, Gewalt auszuüben gegen das untergeordnete Rechtssubjekt."

(In: Das Recht der Bundesrepublik Deutschland, Heidelberg 1984, S. 69).

Mit anderen Worten: das öffentliche Recht umfaßt zum einen die Rechtsvorschriften zur Regelung der Verhältnisse der einzelnen Bürger zum Staat, zum anderen das Verhältnis der öffentlich-rechtlichen Körperschaften zueinander. Insbesondere das Verhältnis der Bürger zum Staat ist durch den Grundsatz der Über- und Unterordnung gekennzeichnet. Beispielsweise muß sich ein Steuerpflichtiger einem rechtswirksamen Steuerbescheid unterwerfen. Dieser Grundsatz wird dadurch unterstrichen, daß das öffentliche Recht als **zwingendes Recht** zu verstehen ist. Dies bedeutet, es bedarf keines Antrages oder Zustimmung eines Bürgers, um die vom Gesetz geforderten Zustände von Amts wegen herzustellen. So ist z.B. die Mehrwertsteuer vom Endverbraucher grundsätzlich zu bezahlen.

Das bedeutet aber im Umkehrschluß auch, daß man gesetzlich nur belangt werden kann, wenn zum Zeitpunkt der Handlung diese gesetzlich verboten bzw. anders geregelt war. Es gilt einer der ältesten Rechtsgrundsätze **„keine Strafe ohne Gesetz",** wie er auch im Artikel 103 Grundgesetz zum Ausdruck kommt. Beispielsweise kann ein Vergehen gegen die Zinsabschlagsteuer erst ab 1993 vorliegen, da vor diesem Zeitpunkt die entsprechende Rechtsgrundlage fehlte.

In Ergänzung zum öffentlichen Recht regelt das Privatrecht, auch Zivilrecht genannt, die Angelegenheiten der Bürger untereinander. Hierbei herrscht der Grundsatz der Gleichberechtigung bzw. Gleichordnung. Der Staat greift in diesen Bereich nicht aktiv ein. Das Privatrecht weist den beteiligten Personen Berechtigungen und Verpflichtungen zu. Will z.B. ein Käufer eine Ware nicht bezahlen, weil sie nicht frei von Mängeln ist, so ist nach den Regelungen des Bürgerlichen Gesetzbuches (BGB) und denen des Handelsgesetzbuches (HGB) zu verfahren. Völlig undenkbar wäre es in diesem Fall, daß die Staatsanwaltschaft aufgrund einer Mängelrüge des Käufers den Verkäufer durch die Polizei verhaften läßt.

Sowohl im Privatrecht als auch im öffentlichen Recht spiegelt sich das Bedürfnis der Bürger, Unternehmen und öffentlich-rechtlichen Institutionen nach umfassender Rechtssicherheit wider. Zu dieser gehören auch die vielfältigen Möglichkeiten, sich Recht auf dem Rechtsweg zu verschaffen.

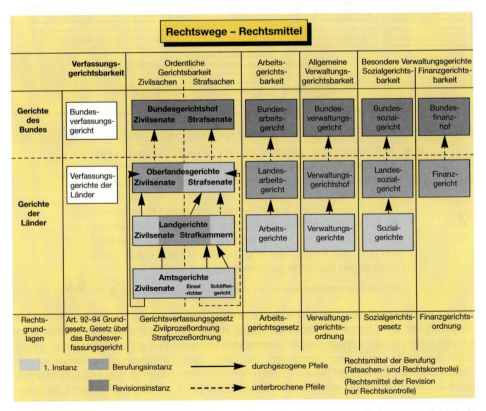

Die Qualität des Rechtssystems hat einen bedeutenden Einfluß auf die Leistungsfähigkeit einer Volkswirtschaft.

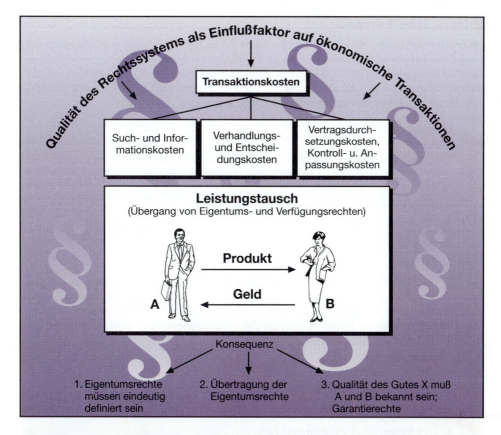

Allerdings kann die Rechtsordnung ihre Aufgaben nur erfüllen, wenn sie anerkannt, beachtet und weitestgehend eingehalten wird. Das Einhalten der Gesetze, die auf demokratischem Weg verabschiedet worden sind, ist nicht nur für das Wirtschaftssystem eine unabdingbare Voraussetzung, sondern auch für das friedliche Zusammenleben aller Menschen in einer Gesellschaft.

2.2 Rechtssubjekte

Situation:

Frau Berta B., 87 Jahre alt, möchte ihrem treuen Hund Bello vom Busseacker ihr Vermögen im Wert von 850 000,00 DM vererben.

Arbeitsvorschlag
Überprüfen Sie mit Hilfe des § 1922 des Bürgerlichen Gesetzbuches die Rechtslage.

§ 1922 BGB:
Mit dem Tode einer Person (Erbfall) geht das Vermögen (Erbschaft) als Ganzes auf eine oder mehrere Personen (Erben) über.

Das Bürgerliche Gesetzbuch unterscheidet zwei Arten von Personen bzw. **Rechtssubjekten,** natürliche und juristische Personen.

Natürliche Personen

Natürliche Personen sind alle Menschen. Nach § 1 BGB beginnt die Rechtsfähigkeit des Menschen mit der Vollendung der Geburt. Er ist damit Träger von Rechten und Pflichten. Die Rechtsfähigkeit endet mit dem Eintritt des Todes. Allerdings ist es in wenigen, besonderen Ausnahmefällen, z.B. zur Sicherung von Rechtsansprüchen bei Erbschaften möglich, durch das Amtsgericht Personen für tot zu erklären.

Beispiel
Aufgebot

Die Lydia Schwanke geb. Lippert in 30455 Hannover, Lühnische Straße 5, hat beantragt, den verschollenen Landbauer Emil Lippert, geb. 10.03.1900 in Domburufka, zuletzt wohnhaft in Jablonez, Kreis Baraschie Gebiet Shitomir für tot zu erklären. Der Verschollene wird aufgefordert, sich bis zum 22. Februar 1995 bei dem oben bezeichneten Gericht zu melden, da er sonst für tot erklärt werden kann. Alle, die Auskunft über den Verschollenen geben können, werden aufgefordert, dies bis zum genannten Zeitpunkt dem Gericht anzuzeigen.
Hannover, 24.10.1994
Amtsgericht, Abt. 88
– 88 II 24/94 –

Von der Rechtsfähigkeit ist die Geschäftsfähigkeit zu unterscheiden. Als Geschäftsfähigkeit bezeichnet man die Fähigkeit, Rechtsgeschäfte selbständig und rechtswirksam abzuschließen. Das Bürgerliche Gesetzbuch macht die Geschäftsfähigkeit vom Alter und vom Geisteszustand der Person abhängig. Dementsprechend sind drei Gruppen der Geschäftsfähigkeit zu unterscheiden:

- Geschäftsunfähigkeit,
- beschränkte Geschäftsfähigkeit,
- unbeschränkte Geschäftsfähigkeit.

Arbeitsvorschlag

1. Entscheiden Sie in den folgenden Fällen.
2. Versuchen Sie Ihre Entscheidung rechtlich zu begründen.
    Benutzen Sie dazu die sich anschließende Sachdarstellung und das Bürgerliche Gesetzbuch, insbesondere die §§ 1, 2, 104 ff.

Fall 1:

Oliver O., Auszubildender im Großhandel, wird in vier Wochen achtzehn Jahre alt. Sein Führerscheinkurs läuft auf Hochtouren. Es fehlt eigentlich nur noch ein Auto. Am Wochenende fährt er mit seinem Freund Lothar L., 19 J., zum Automarkt und erblickt sein Traumgefährt, einen tiefergelegten Manta, lilametallic, 2 Außenspiegel, Kennwood-Stereo-Anlage u.v.E.m. Schnell sind sich Oliver O. und der Verkäufer handelseinig. Oliver O. bezahlt den Kaufpreis von 2 900,00 DM in bar und Lothar L. fährt den Manta ...
Ist der geschlossene Vertrag rechtsgültig?

Fall 2:

Die sechsjährige Maike sieht im Schaufenster eines Spielwarengeschäftes einen Teddybären für 9,80 DM. Da Maike diesen gerne haben möchte, geht sie nach Hause, nimmt heimlich das Geld aus ihrem Sparschwein und kauft den Bären.
Als ihre Mutter den Bären sieht, bringt sie das Spielzeug in das Geschäft zurück und verlangt die 9,80 DM. Der Inhaber weigert sich den Kauf rückgängig zu machen, da er den Bären, der der letzte eines Sonderangebotes war, inzwischen an einen anderen Kunden hätte verkaufen können.
Muß der Händler den Bären zurücknehmen?

Fall 3:

Tante Klara schenkt ihrer Nichte Katharina, vierzehn Jahre, ein Sparbuch mit 1 000,00 DM Guthaben. Die Eltern verwehren die Annahme des Geschenkes.
Sind sie dazu berechtigt?

Fall 4:
Onkel Hugo will seinem Neffen Wolfgang H., fünfzehn Jahre, ein mit einer Hypothek belastetes Haus schenken. Die Eltern verbieten Wolfgang die Annahme.
Wie ist die Rechtslage?

Fall 5:
Sven, sechzehn Jahre alt, kauft sich von seinem Taschengeld einen Walkman für 69,00 DM. Sein Vater will den Kaufvertrag rückgängig machen. Der Händler weigert sich.
Wer hat Recht?

Fall 6:
Susanne, siebzehn Jahre alt, geht nach Abschluß der Realschule mit Einwilligung ihrer Eltern ein Ausbildungsverhältnis ein. Sie kauft sich Essenmarken für die Betriebskantine und eine Monatskarte für die Straßenbahn. Die Eltern wollen ihr beides verweigern.
Wie sollte Susanne ihre rechtliche Position verteidigen?

Fall 7:
Gunnar, siebzehn Jahre, führt mit Genehmigung des Vormundschaftsgerichts den Betrieb seines verstorbenen Vaters. Als er eine moderne Maschine kaufen will, glaubt seine Mutter, daß ihre Einwilligung notwendig sei.
Wie ist die Rechtslage?

Fall 8:
Vera L., siebenundzwanzig Jahre, alleinerziehende Mutter, schließt für sich und ihre Tochter einen Reisevertrag ab. Sie ist aber nicht absolut sicher, ob sie in der vertraglich geregelten Zeit ihren Urlaub nehmen kann.
Ist der Vertrag zustande gekommen?

● Geschäftsunfähigkeit (§ 104 BGB)

Darunter fallen alle Personen, die das siebente Lebensjahr noch nicht vollendet haben und Personen, die sich in einem andauernden Zustand krankhafter Störung der Geistesfähigkeit befinden. Die Willenserklärung einer geschäftsunfähigen Person ist nichtig (§ 105 BGB). Sie kann so behandelt werden, als wäre sie nicht abgegeben worden. Der ursprüngliche § 104 Abs. 3, Entmündigung wegen Geisteskrankheit, ist mit der Einführung des Betreuungsgesetzes vom 01. Januar 1992 abgeschafft worden. Die Bestellung eines Betreuers an Stelle eines gesetzlichen Vertreters bedeutet nicht, daß der Betreute automatisch vom Rechtsverkehr ausgeschlossen ist. Nur in Fällen, die eine erhebliche Gefahr für die Person oder für das Vermögen des Betreuten darstellen, kann das Vormundschaftsgericht einen Beschluß fällen, der die Einschränkung für die Teilnahme des Betreuten am Rechtsverkehr zur Folge hat. In diesen Ausnahmefällen bedürfen Rechtsgeschäfte der Einwilligung des Betreuers.

Für die Praxis des Geschäftslebens bedeutet dies aus der Sicht eines Kaufmanns ein Risiko, das mit der Nichtigkeit von Verträgen verbunden ist. Aus der Perspektive des Betreuten ist in dieser gesetzlichen Auslegung allerdings eine sehr weitgehende Selbständigkeit im Sinne der Unantastbarkeit der Würde des Menschen zu erkennen (Art. 1 GG).

● Beschränkte Geschäftsfähigkeit (§ 106 BGB)

Vom vollendeten siebenten Lebensjahr bis zur Vollendung des achtzehnten Lebensjahres ist eine Person beschränkt geschäftsfähig. Nimmt diese Person Rechtshandlungen ohne Zustimmung ihres gesetzlichen Vertreters vor, so sind diese Handlungen schwebend unwirksam. Die Rechtshandlung wird erst gültig, wenn der gesetzliche Vertreter nachträglich seine Genehmigung erteilt. Sie ist nichtig, wenn die Genehmigung verweigert wird (§§ 107 u. 108 BGB). Erteilt der gesetzliche Vertreter im Vorhinein seine Zustimmung, ist die Willenserklärung des beschränkt Geschäftsfähigen voll rechtswirksam.

Die Willenserklärung eines beschränkt Geschäftsfähigen ist auch ohne Zustimmung des gesetzlichen Vertreters wirksam, wenn er
- lediglich einen rechtlichen Vorteil erlangt (§ 107 BGB),
- die vertraglichen Leistungen mit eigenen Mitteln bewirken kann (§ 110 BGB „Taschengeldparagraph"),
- ein Erwerbsgeschäft betreibt oder in einem Dienstverhältnis steht (§§ 112 u. 113 BGB).

● Unbeschränkte Geschäftsfähigkeit

Unbeschränkt geschäftsfähig sind alle Personen, die das achtzehnte Lebensjahr vollendet haben und nicht wegen ihres Geisteszustandes unter eine der oben genannten Einschränkungen fallen. Ihre Willenserklärungen sind voll rechtswirksam.

■ Juristische Personen (§§ 21 ff. BGB)

Juristische Personen sind Organisationen. Man unterscheidet zwischen juristischen Personen des privaten und des öffentlichen Rechts. Zur ersten Gruppe gehören u.a. Kapitalgesellschaften, Genossenschaften, Vereine und Stiftungen. Sie erhalten ihre **Rechtsfähigkeit** durch Eintragung in das Handels-, Genossenschafts- oder Vereinsregister. Ihre Rechtsfähigkeit endet mit der Löschung im entsprechenden Register.
Juristische Personen des öffentlichen Rechts, z.B. die Stadt Ronnenberg, die Industrie- und Handelskammer und die Bundeswehr erhalten ihre Rechtsfähigkeit durch Gesetz, Erlaß o.ä..
Juristische Personen sind durch ihre Gesellschaftsorgane geschäftsfähig und parteifähig. Sie können klagen oder beklagt werden.

2.3 Rechtsobjekte

> Als Rechtsobjekte bezeichnet man Gegenstände des Rechtsverkehrs. Diese Güter, über die der Berechtigte verfügen kann, unterteilen sich in Sachen und Rechte.

2.3.1 Sachen

> Sachen sind körperliche Rechtsgegenstände. Darunter versteht der Gesetzgeber Gegenstände, die vom Menschen beherrschbar sind. Der physikalische Zustand einer Sache ist ohne Bedeutung. Sie können demnach in einem festen, flüssigen oder gasförmigen Zustand sein, dann allerdings in einem geschlossenen Behälter.

Arbeitsvorschlag
Listen Sie Gegenstände auf, die nicht zu den Sachen im o.g. rechtlichen Sinne gehören.

Nach der **Beweglichkeit** lassen sich Mobilien, das sind bewegliche Güter, und Immobilien, dazu zählen unbewegliche Sachen wie Grundstücke, unterscheiden. Die Bedeutung dieser Differenzierung wird beim Erwerb einer Sache ersichtlich. Mobilien werden durch Einigung und Übergabe erworben. Immobilien werden dagegen durch Auflassung, d.h. Einigung zwischen Veräußerer und Erwerber bei gleichzeitiger Anwesenheit beider Teile vor einer zuständigen Stelle, beispielsweise einem Notar, und Eintragung ins Grundbuch übertragen.

Nach der **Vertretbarkeit** werden Sachen in **vertretbare** und **nicht vertretbare** unterteilt. Zur ersten Gruppe zählen Gegenstände, die ohne Schwierigkeiten zu ersetzen sind. Dazu gehören konfektionierte Textilien, handelsübliches Obst und Gemüse. Alle diese Güter werden nach Maß, Zahl und Gewicht bestimmt. Nicht vertretbare Sachen sind dagegen einmalig und nicht ersetzbar, z.B. Kunstwerke, Grundstücke, Rassetiere sowie sämtliche gebrauchte Sachen. Muß z.B. aufgrund einer mangelhaften Lieferung oder eines Lieferungsverzuges Ersatz geleistet werden, so ist diese Einteilung insofern von Bedeutung, als nur vertretbare Sachen durch Naturalien ersetzt werden können.

2.3.2 Rechte

Zu den Rechten zählen alle nicht körperlichen Rechtsgegenstände. Sie unterteilen sich in relative und absolute Rechte. Die **relativen Rechte** richten sich gegen eine bestimmte Person. Zu ihnen zählen z.B. Forderungen aus Kaufverträgen oder Pfandrechte. **Absolute Rechte** wirken gegen jedermann. Sie umfassen z.B. Pfandrechte, elterliche Rechtsgewalt, Urheberrecht, Erfinderrecht oder Eigentums- und Besitzrecht.

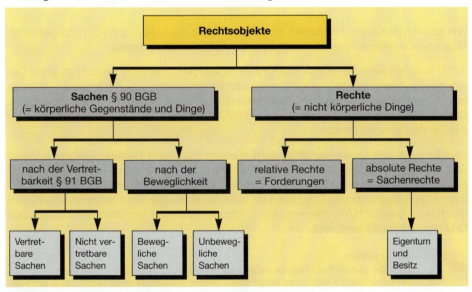

2.3.3 Besitz und Eigentum

Umgangssprachlich werden die Begriffe Besitz und Eigentum häufig gleichbedeutend verwendet. Rechtlich sind sie jedoch voneinander zu trennen, da sie unterschiedliche Herrschaftsverhältnisse über eine Sache ausdrücken.

> **Besitz ist die tatsächliche Herrschaft einer Person über eine Sache. Für den Besitzerwerb ist die Geschäftsfähigkeit nicht erforderlich, sondern lediglich der Wille zur Beherrschung einer Sache. Das bedeutet, der Besitzer muß bereit sein, Rechte und Pflichten an der Sache auf Dauer zu tragen.**

> Eigentum ist die rechtliche Herrschaft einer Person über eine Sache. Der Eigentümer kann mit einer Sache beliebig verfahren und dabei jegliche Einwirkungen durch andere ausschließen. Das gilt aber nur, sofern nicht die gesetzlichen Rechte oder die Rechte anderer verletzt werden.

Beispiele

W. Ferner, Inhaber eines Reitstalls, hat folgende Rechte und Pflichten bezüglich seines Eigentums:

Schutz des Eigentums:	Er darf seine Pferde, Stallungen und Weiden verkaufen, verleihen, vermieten, verschenken und verpachten.
Verletzung der Rechte Dritter:	Er darf nicht ohne Erlaubnis das Nachbargrundstück befahren, wenn er auf seine Weiden möchte.
Recht des Mieters auf Besitz:	Er darf ein Reitpferd, welches für eine Saison verliehen wurde, nicht nach einer Woche zurückfordern.
Verstoß gegen gesetzliche Bestimmungen:	Er darf seine Pferde nicht ohne Versicherung verleihen.
Recht auf Besitz:	Er kann nach Ablauf der Mietzeit, z.B. einer Reitstunde, sein Pferd zurückverlangen.
Selbsthilferecht:	Er darf einem auf frischer Tat ertappten Täter die Sache abnehmen, wenn nötig mit Gewalt. Gelingt dies nicht, gilt nur noch gerichtlicher Besitzschutz.

Wie aus den Beispielen zu ersehen ist, gilt der Schutz des Eigentums nicht unbeschränkt. Besonders hervorzuheben ist die **soziale Bindung des Eigentums.**

So ist beispielsweise ein Haus- und Grundstückseigentümer nicht berechtigt, ohne Genehmigung Baumbestand von seinem parkähnlichen Anwesen zu entfernen. Er verstieße im Falle der Abholzung gegen Gemeindesatzungen zum Schutz des Baumbestandes. Darüber hinaus soll Eigentum dem Wohle der Allgemeinheit dienen. In diesem Fall würde das Landschaftsbild zerstört.

Der Gedanke des Umweltschutzes wird auch im folgenden Beispiel von der sozialen Bindung des Eigentums berührt. Ein Fabrikant kann im Gebrauch und in der Nutzung seines Eigentums eingeschränkt werden, indem er Auflagen zur Vermeidung von Abgasentwicklungen beachten muß. Das Eigentum eines benachbarten Eigenheimbewohners wird gleichzeitig geschützt, da eine reduzierte Abgasentwicklung den Wert des Hauses und Grundstückes nicht gefährdet.

Arbeitsvorschlag

1. Tragen Sie weitere Beispiele für die soziale Bindung des Eigentums zusammen.
2. Diskutieren Sie die rechtliche Möglichkeit, Verfügungsgewalt über Gebäude in der Fußgängerzone Dresdens durch Denkmalsvorschriften einzuschränken.

Das BGB legt als Eigentum nur Sachen, nicht jedoch Forderungen oder andere Rechte fest. Es unterscheidet folgende Arten:

● Alleineigentum

Beispiel

Die Reitpferde stehen im alleinigen Eigentum des Reitstallinhabers Wolfgang Ferner.

● Miteigentum

Beispiel
Zusammen mit seinen Geschwistern erwirbt er zu gleichen Teilen eine 0,5 ha große Weidefläche. Das Eigentum an dieser Sache steht allen drei Käufern zu. Über diese können sie rechtlich selbständig verfügen, sie also verpachten oder verkaufen.

● Gesamthandseigentum

Beispiel
Die Tierfuttergroßhandlung Ohlsen & Scheller OHG beliefert Landwirte und Großtierhalter im Raum Verden. Der dafür notwendige Fuhrpark steht im Eigentum der Offenen Handelsgesellschaft. Aus diesem Grund kann weder der Gesellschafter Rolf Ohlsen, noch der Gesellschafter Reinhard Scheller ohne die Zustimmung des anderen Geschäftspartners ein Fahrzeug veräußern. Somit ist jeder Eigentümer an der ganzen Sache, jedoch in seiner Verfügungsgewalt durch die Mitberechtigung des anderen Gesellschafters beschränkt.

● Treuhandeigentum

Beispiel
W. Ferner hat von seinem Bruder Günther einen Kredit über 50 000,00 DM erhalten. Als Sicherheit übereignet ihm Wolfgang Ferner den Hengst „Meteor".

Folgende Besitzverhältnisse kann ein Eigentümer an einer Sache haben:

Er ist unmittelbarer Besitzer:
Der Eigentümer hat die Sache.

Der Eigentümer ist mittelbarer Besitzer, ein anderer unmittelbarer Besitzer:
Der Eigentümer hat die Sache verliehen oder verpachtet, d.h. den Besitz freiwillig an einen anderen übertragen. In diesem Falle darf der Besitzer nur im Umfang der Abmachungen mit dem Eigentümer über die Sache verfügen.

Der Eigentümer ist nicht Besitzer, ein Dieb oder Finder, der die Sache nicht abliefert, ist bösgläubiger Besitzer:
Die tatsächliche Herrschaft führt in diesem Fall nicht zum Eigentumserwerb, da der Eigentümer nur bei freiwilliger Aufgabe seiner Rechte das Eigentum an der Sache verliert.

Der Eigentümer ist unmittelbarer Besitzer, ein anderer ist Besitzdiener:
Ein Eigentümer läßt seine Herrschaft durch einen anderen ausüben, so z.B. im Falle eines Spediteurs, der seine Fahrzeuge Fahrern überläßt.

Arbeitsvorschlag
Finden Sie Beispiele aus Ihrem Ausbildungsbereich für die o.g. Eigentums- und Besitzverhältnisse!

2.3.4 Eigentumserwerb

■ Eigentumsübertragung an beweglichen Sachen

Einigung und Übergabe sind Bestandteile des Eigentumserwerbs, wenn sich der Gegenstand beim Verkäufer befindet und sich beide Vertragspartner über die Vertragsbestandteile geeinigt haben. Der Käufer wird durch die Übergabe Besitzer, durch Einigung und Übergabe Eigentümer.

Einigung und Abtretung des Herausgabeanspruchs sind erforderlich, wenn sich die Sache bei einem Dritten befindet. Eine Zession oder ein indossiertes Orderpapier werden beispielsweise den Käufer bei eingelagerter Ware übergeben, damit er das Eigentum daran erwirbt.
Einigung darüber, daß der Besitzer Eigentümer werden soll, reicht dagegen aus, wenn sich die Sache bereits beim Besitzer befindet. Dies ist beispielsweise beim Kauf auf Probe der Fall.
Einigung und Vereinbarung sind erforderlich, wenn der Verkäufer einer Sache Besitzer bleiben soll. Ein solches Besitzkonstitut liegt vor, wenn eine Bank Wertpapiere verkauft, diese jedoch im Depot des Käufers verwahren soll.

■ **Eigentumsübertragung an unbeweglichen Sachen**

Auflassung und Eintragung im Grundbuch sind bei der Eigentumsübertragung von Grundstücken erforderlich. Die Auflassung kann vor einem Notar, dem Grundbuchamt oder dem Amtsgericht erklärt werden.
Dabei erfolgt die Eintragung, wenn

- die Auflassung nachgewiesen ist,
- die Eintragung beantragt und bewilligt wird,
- eine Bestätigung des Finanzamts über die Entrichtung der Grunderwerbsteuer vorliegt.

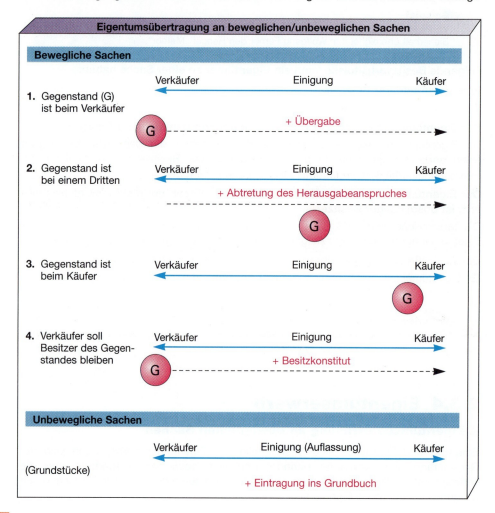

48

■ Gutgläubiger Eigentumserwerb

Situation:

Sebastian schlendert am Wochenende über den Flohmarkt in Hannover. Seit längerer Zeit hält er nach einem gebrauchten Fahrrad Ausschau. Endlich bahnt sich ein Kauf an. Für 250,00 DM erwirbt er von einem älteren Mann ein Mountainbike. Sebastian erhält auf seine verwunderte Nachfrage, warum der Mann dieses Rad so günstig zum Verkauf anbietet, die Antwort, daß dieses seinem Sohn gehöre, der sich inzwischen ein anderes gekauft habe. Sebastian verlangt eine Quittung. Man weiß ja nie...

Am nächsten Sonntag stellt er seinen neuen Drahtesel vor einem Ausflugslokal in der Eilenriede, einem Naherholungsgebiet ab. Als er nach einer kurzen Erfrischung seine Fahrt fortsetzen will, erwartet ihn eine böse Überraschung. Ein gleichaltriger Junge steht mit hochrotem Kopf vor ihm...

„Dieb! Dieb! Du Dieb! Wie kommst Du zu meinem Fahrrad? Es ist eindeutig mein Fahrrad! Hier ist der Fahrradpaß. Also, her damit!"

Sebastian ist empört. „Das werden wir ja sehen!"

Arbeitsvorschlag

Klären Sie die Rechtslage mittels der folgenden Sachdarstellung.

Sachdarstellung:

Ein Käufer erwirbt das Eigentum an einer Sache, wenn er diese von einem Verkäufer erwirbt, dem die Ware nicht gehört. Voraussetzung ist allerdings, daß der Käufer in gutem Glauben handeln muß. Gutgläubig ist er, wenn anzunehmen ist, daß er den Veräußerer nach den Umständen für den Eigentümer halten darf.

Veräußert oder verpachtet ein Kaufmann im Betrieb seines Handelsgewerbes eine Sache, die ihm nicht gehört, so ist auch dann gutgläubiger Erwerb möglich, wenn der Verkäufer z.B. als Kommissionär für verfügungsberechtigt gehalten werden kann.

Gutgläubiger Erwerb ist allerdings nicht an gestohlenen verlorengegangenen oder sonst abhandengekommenen Sachen möglich. Der Eigentümer hat das Recht, ohne Erstattung eines Entgelts die Herausgabe seines Eigentums von jedem späteren Käufer zu verlangen. Ausgenommen von dieser gesetzlichen Regelung sind Geld und Inhaberpapiere.

2.4 Rechtsgeschäfte

2.4.1 Willenserklärungen und Arten von Rechtsgeschäften

Fast täglich schließt jeder von uns ein Rechtsgeschäft ab, ohne sich dessen überhaupt bewußt zu sein. Zwar füllt man beispielsweise keinen Vertrag aus, wenn man sein Brot beim Bäcker einkauft, dennoch ist dieser Kauf ein Rechtsgeschäft.

Rechtsgeschäfte entstehen durch Willenserklärungen. Alle in der obigen Darstellung beteiligen Personen äußern in recht unterschiedlicher Weise ihren Willen, um eine bestimmte Rechtsfolge herbeizuführen.

So können Willenserklärungen durch ausdrückliche **mündliche oder schriftliche Äußerungen,** aber auch allein durch **schlüssiges Handeln,** z.B. Einsteigen in ein öffentliches Verkehrsmittel, so sogar durch **Schweigen** zum Ausdruck gebracht werden.

Schweigen gilt im Rechtsverkehr grundsätzlich als Ablehnung. Ausnahme: Erhält ein Kaufmann von seinem Lieferanten, mit dem er in regelmäßiger Geschäftsverbindung steht, unbestellte Ware, so bedeutet sein Stillschweigen, daß er mit der Lieferung einverstanden ist. Hätte er keine regelmäßigen Geschäftsbeziehungen zu diesem Lieferanten, so wäre sein Schweigen als Ablehnung zu werten.

Rechtsgeschäfte, bei denen nur die Willenserklärung einer Person erforderlich ist, bezeichnet man als **einseitige Rechtsgeschäfte.** Ist die WE schon allein durch die bloße Abgabe der Erklärung wirksam (Beispiel: Testament), so spricht man von einer nicht empfangsbedürftigen Willenserklärung. Im Gegensatz dazu wird eine empfangsbedürftige WE erst dann wirksam, wenn sie dem Empfänger zugegangen ist. (Beispiel: Kündigung). Als „zugegangen" gilt eine Willenserklärung, wenn sie so in den Machtbereich des Empfängers gelangt, daß er unter Annahme gewöhnlicher Verhältnisse von ihr Kenntnis nehmen konnte.

Beruhen Rechtsgeschäfte auf übereinstimmenden Willenserklärungen von mindestens zwei Personen, so bezeichnet man sie als **mehrseitige Rechtsgeschäfte** (Verträge). Die zuerst abgegebene Willenserklärung heißt Antrag. Die zustimmende Willenserklärung heißt Annahme. Der Vertrag entsteht durch Annahme des Antrages. Man unterscheidet **Verpflichtungs- und Verfügungsgeschäfte.**

Ein typisches Beispiel für ein Verpflichtungsgeschäft ist der Kaufvertrag, der beiden Vertragspartnern bestimmte Pflichten auferlegt. Der Verkäufer verpflichtet sich, dem Käufer die bestellte Ware zu liefern und ihm das Eigentum an der Sache zu verschaffen. Der Käufer ist verpflichtet, den Kaufgegenstand abzunehmen und zu bezahlen.

Je nachdem, ob sich aus einem Vertrag nur für eine der Personen oder für beide Vertragspartner Verpflichtungen ergeben, spricht man entweder von **einseitig verpflichtenden** oder **zweiseitig verpflichtenden Verträgen.** Bei einem Kaufvertrag handelt es sich beispielsweise um ein zweiseitig verpflichtendes Rechtsgeschäft, bei einer Bürgschaft um einen einseitig verpflichtenden Vertrag.

Verfügungsgeschäfte beinhalten die Übereignung von Sachen oder Rechten. Sie kommen durch Willenserklärungen **und** Handlungen zustande. So überträgt z.B. beim Kaufvertrag der Verkäufer das Eigentum an einer Sache auf den Käufer, indem er – nachdem die beiden Vertragspartner sich geeinigt haben – die Ware an den Käufer übergibt.

Arten von Rechtsgeschäften

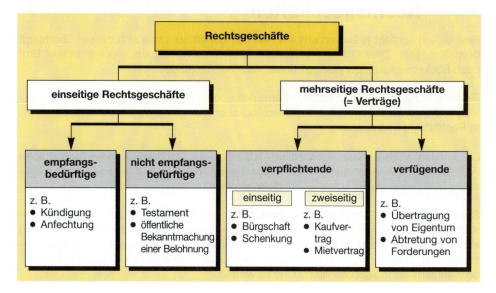

Arbeitsvorschlag
Ordnen Sie die Beginn dieses Abschnittes dargestellten Situationen jeweils einer bestimmten Art von Rechtsgeschäft zu.

2.4.2 Vertragsabschluß und Vertragserfüllung am Beispiel des Kaufvertrages

Fall 1: Der Elektrogroßhändler Hans Mehnert unterbreitet dem Einzelhändler Robert Wenzel ein Angebot über einen Posten Waschmaschinen. Dem Einzelhändler sagt das Angebot zu. Er bestellt 10 Waschmaschinen zu den angegebenen Bedingungen.

Fall 2: Der Einzelhändler Schaller bestellt 5 Waschmaschinen bei der Elektrogroßhandlung Hans Mehnert. Dieser bestätigt die Bestellung, indem er seinem Kunden eine Auftragsbestätigung zusendet.

Der Antrag auf Abschluß eines Kaufvertrages kann sowohl vom Verkäufer als auch vom Käufer ausgehen. Im ersten Fall macht der Verkäufer einen Antrag, indem er dem Käufer ein Angebot unterbreitet. Der Käufer nimmt das Angebot durch eine Bestellung an. Im zweiten Fall geht die Initiative vom Käufer aus. Er bestellt ohne vorheriges Angebot. Der Verkäufer nimmt den Antrag an, indem er die Bestellung bestätigt. Die Annahme des Kaufantrages hätte auch durch die sofortige Lieferung der gewünschten Ware erfolgen können.

In beiden Fällen stimmen die Willenserklärungen überein, so daß ein Kaufvertrag zustandegekommen ist.

Die für den Abschluß eines Kaufvertrages relevanten Willenserklärungen sollen im folgenden näher betrachtet und von den Maßnahmen abgegrenzt werden, die lediglich der Anbahnung eines Kaufvertrages dienen.

■ Das Angebot

Das Angebot ist eine Willenserklärung des Verkäufers an eine genau bestimmte Person oder Personengruppe. Dabei gibt der Verkäufer zu verstehen, daß er bereit ist, eine Ware unter bestimmten Bedingungen zu liefern.

Bestandteile des Angebotes sind:
- Art, Beschaffenheit und Güte der Ware,
- Menge,
- Preis und Preisnachlässe,
- Versandkosten,
- Lieferzeit,
- Zahlungsbedingungen,
- Erfüllungsort und Gerichtsstand.

Eine bestimmte Form für die Abgabe eines Angebotes ist nicht vorgeschrieben. Es kann mündlich, schriftlich oder telefonisch erfolgen.

Grundsätzlich sind Angebote immer verbindlich.

Die Bindung an ein Angebot wird allerdings eingeschränkt durch:
- gesetzliche Bindungsfristen:
  Mündliche und telefonische Angebote binden den Verkäufer nur für die Dauer des Gesprächs. Danach ist der Verkäufer nicht mehr an sein Angebot gebunden.
  An schriftliche Angebote ist der Anbieter so lange gebunden, wie er unter verkehrsüblichen Bedingungen mit einer Antwort rechnen kann. Zu berücksichtigen sind die Beförderungsdauer für das Angebot, die Überlegungsfrist für den Empfänger und die Beförderungsdauer für die Antwort. Bei einem brieflichen Angebot beträgt die Bindungsfrist gewöhnlich eine Woche.
  Die Antwort auf ein Angebot muß auf gleich schnellem oder auf schnellerem Weg als das Angebot selbst erfolgen.
- vertragliche Bindungsfristen:
  Die zeitliche Bindung an ein Angebot kann auch vom Anbieter selbst eingeschränkt werden, nämlich durch vertraglich festgelegte Fristen, die im Angebot enthalten sind. (z.B. „gültig bis zum 20. April d.J.")
- Freizeichnungsklauseln:
  Freizeichnungsklauseln im Angebot können die Verbindlichkeit eines Angebotes ganz oder teilweise ausschließen.
  (z.B. „freibleibend", „unverbindlich", „Preisänderungen vorbehalten", „solange Vorrat reicht")

Die Bindung an ein Angebot erlischt, wenn
- der Empfänger das Angebot ablehnt,
- der Empfänger nach Ablauf der Annahmefrist bestellt,
- die Bestellung vom Angebot abweicht,
- der Absender sein Angebot rechtzeitig widerruft (Der Widerruf muß spätestens gleichzeitig mit dem Angebot eintreffen.)

Keine Angebote im rechtlichen Sinne sind beispielsweise Anzeigen in der Zeitung, Schaufensterauslagen, Präsentation von Waren in einem Laden, Werbeprospekte, da sie nicht an eine bestimmte Person oder Personengruppe gerichtet sind, sondern an die Allgemeinheit. Man bezeichnet sie als Anpreisungen des Verkäufers. Sie dienen lediglich der **Anbahnung** eines Kaufvertrages und sind unverbindlich.

Auf der gleichen Ebene ist der Begriff „Anfrage" anzusiedeln. Im Gegensatz zu der im folgenden zu behandelnden Bestellung ist eine Anfrage unverbindlich und stellt nur eine Möglichkeit der Anbahnung eines Kaufvertrages seitens des Käufers dar.

■ Bestellung

Eine Bestellung ist eine Willenserklärung des Käufers, mit der er zu verstehen gibt, daß er eine Ware zu den angegebenen Bedingungen kaufen möchte.

Wie bei der Abgabe eines Angebotes gibt es keine Formvorschriften. Eine Bestellung ist grundsätzlich verbindlich. Soll sie widerrufen werden, so gilt auch hier, daß der Widerruf spätestens mit der Bestellung beim Lieferer eintreffen muß.

■ Bestellungsannahme

Die Bestätigung eines Auftrages ist in folgenden Fällen notwendig:
- Die Bestellung erfolgte ohne vorheriges Angebot.
- Die Bestellung erfolgte aufgrund eines unverbindlichen Angebotes.
- Die Bestellung weicht vom Angebot ab oder trifft verspätet ein.

In den genannten Fällen entsteht lediglich ein Kaufantrag. Erst wenn die Annahme des Verkäufers – entweder in Form einer Bestellungsbestätigung oder durch sofortige Lieferung – erfolgt, so entsteht ein Kaufvertrag.

Eine Bestellungsannahme ist nicht notwendig, wenn der Käufer rechtzeitig zu den im Angebot gegebenen Bedingungen bestellt. Üblich ist sie aber z.B.
- bei neuen Kunden,
- bei größeren Aufträgen,
- bei mündlichen Bestellungen.

Mit dem Abschluß eines Kaufvertrages ergeben sich für beide Vertragspartner bestimmte Verpflichtungen (Verpflichtungsgeschäft).

Der Verkäufer ist verpflichtet,
- den Kaufgegenstand mangelfrei und rechtzeitig zu liefern,
- dem Käufer das Eigentum an der Ware zu verschaffen.

Der Käufer ist verpflichtet, die ordnungsgemäß gelieferte Ware
- rechtzeitig zu bezahlen,
- abzunehmen.

Die Pflichten des einen Vertragspartners stellen zugleich die Rechte des anderen dar.

Erst wenn Verkäufer und Käufer ihre Vertragspflichten erfüllt haben, ist der Kaufvertrag ordnungsgemäß erfüllt (Erfüllungsgeschäft).

Die folgende Darstellung veranschaulicht zusammenfassend die einzelnen Schritte von der Anbahnung über den Abschluß bis hin zur Erfüllung des Kaufvertrages

Kaufvertrag

Anbahnung	Abschluß		Erfüllung
ohne Verpflichtung	Verpflichtungsgeschäft		Erfüllungsgeschäft
	Antrag	Annahme	• Der Verkäufer liefert den Kaufgegenstand mangelfrei und rechtzeitig.
Anfrage	1. Möglichkeit:		• Der Verkäufer überträgt des Eigentum auf den Käufer.
	Angebot	Bestellung	• Der Käufer nimmt die Ware an.
Anpreisung	2. Möglichkeit:		• Der Käufer bezahlt ordnungsgemäß.
	Bestellung	Bestellungs-Annahme	• Der Verkäufer nimmt die Zahlung an.

2.4.3 Allgemeine Geschäftsbedingungen

Situation:

> Marcel Wagner hat bei der Scholl GmbH eine Gasheizungsanlage einschließlich Montage gekauft. Ein Jahr nach dem Abschluß des Vertrages erscheint völlig überraschend ein Mitarbeiter der Scholl GmbH bei ihm, um die Anlage zu warten.
> Marcel Wagner weist darauf hin, daß er die Wartung nicht bestellt habe, worauf ihm der Mitarbeiter jedoch erklärt, daß alles seine Richtigkeit habe, da eine jährliche Wartung im Kaufvertrag vereinbart worden sei.
> Herr Wagner liest seinen Vertrag mit der Scholl GmbH daraufhin noch einmal durch und stellt fest, daß in den Allgemeinen Geschäftsbedingungen, die auf der Rückseite des Kaufvertrages abgedruckt sind, tatsächlich eine entsprechende Klausel enthalten ist. Demnach ist er für die nächsten 10 Jahre verpflichtet, die Anlage jährlich zu den jeweils gültigen Preisen von der Scholl GmbH warten zu lassen.

Arbeitsvorschlag

Bearbeiten Sie die folgenden Fragen mit Hilfe der Sachdarstellung.
1. Welche Voraussetzungen müssen gegeben sein, damit Allgemeine Geschäftsbedingungen bei Verträgen mit Nichtkaufleuten Vertragsbestandteil werden?
2. Angenommen, die Allgemeinen Geschäftsbedingungen wären im vorliegenden Fall Vertragsbestandteil geworden. Ist M. Wagner verpflichtet, die Wartung zu akzeptieren und die Kosten dafür zu tragen? Begründen Sie Ihre Aussagen!

Sachdarstellung:

Unter Allgemeinen Geschäftsbedingungen (AGB) versteht man Vertragsbedingungen, die für eine Vielzahl von Verträgen vorformuliert und auf der Vertragsniederschrift, z.B. auf dem Bestellformular oder auf einem besonderen Blatt, abgedruckt werden. Die Verwendung von AGB hat den Vorteil, daß die Vertragsinhalte beim Abschluß eines Kaufvertrages nicht jedesmal neu ausgehandelt und formuliert werden müssen. Damit dienen sie der Rationalisierung des Absatzes und der Beschaffung. Es besteht allerdings die Gefahr, daß v.a. Nichtkaufleute durch ungünstige AGB benachteiligt werden können. Der Gesetzgeber hat daher das Gesetz zur Regelung des Rechts der Allgemeinen Geschäftsbedingungen (AGB-Gesetz) geschaffen.

Dieses Gesetz soll zwar in erster Linie den Endverbraucher schützen. Das bedeutet jedoch nicht, daß Handelsgeschäfte unter Kaufleuten, zweiseitige Handelsgeschäfte, generell vom Anwendungsbereich ausgeschlossen wären.

Allgemein gilt:
- AGB dürfen keine überraschenden Klauseln enthalten.

    Beispiel
    Ein Kunde bestellt eine Wohnwand. Die AGB des Möbelhändlers enthalten eine Verpflichtung zur regelmäßigen Abnahme eines Möbelpflegemittels gegen Entgelt.

- Individuelle Vertragsabsprachen haben Vorrang vor den AGB.

    Beispiel
    In den AGB eines Kaufvertrages ist festgeschrieben, daß bei Zahlungen innerhalb von 10 Tagen 3 % Skonto gewährt werden. Vereinbaren die beiden Vertragspartner schriftlich, daß bei einer Zahlung innerhalb von 14 Tagen 2 % Skonto gewährt werden sollen, ist diese individuelle Absprache gültig.

- Bestimmungen, die den Vertragspartner unangemessen benachteiligen, sind unwirksam.

    Beispiel
    „Jegliche Gewährleistungsansprüche des Käufers wegen mangelhafter Waren sind ausgeschlossen."

Bei Verträgen zwischen Kaufleuten und Nichtkaufleuten, einseitigen Handelskäufen, gelten folgende Regelungen:

- AGB werden nicht automatisch Vertragsbestandteil, sondern nur dann, wenn der Verbraucher
    - ausdrücklich auf die AGB hingewiesen wird,
    - in zumutbarer Weise Kenntnis über die AGB erlangen kann,
    - sich mit den AGB einverstanden erklärt.

- Im einzelnen enthält das ABG-Gesetz eine Reihe von verbotenen und somit unwirksamen Klauseln, von denen hier nur einige genannt werden:
    - Bestimmungen, die die Möglichkeit von Preiserhöhungen innerhalb von vier Monaten nach Abschluß des Kaufvertrages einräumen,
    - Kürzungen der gesetzlichen 6monatigen Gewährleistungsfrist bei mangelhafter Lieferung,
    - Ausschluß von Reklamationsrechten,
    - Vereinbarung einer Vertragsstrafe, die vom Nichtkaufmann zu zahlen wäre.

Bei Verträgen zum Arbeits-, Erb-, Familien- und Gesellschaftsrecht findet das AGB-Gesetz keine Anwendung.

2.4.4 Vertragsfreiheit

Situation:

Wie beurteilen Sie die Situation in einem Restaurant? Ist ein(e) Kellner(in) dazu *verpflichtet*, jeden Gast zu bedienen?

Die Vertragsfreiheit ist ein wesentlicher Bestandteil unserer Wirtschaftsordnung. Demnach haben die Vertragsparteien grundsätzlich die Möglichkeit, ihre Rechtsbeziehungen zueinander frei nach ihrem Willen zu gestalten. Im einzelnen gelten folgende Grundsätze:

- **Abschlußfreiheit:** Niemand kann gezwungen werden, mit jemandem ein Rechtsgeschäft abzuschließen.
- **Inhaltsfreiheit:** Verträge können inhaltlich frei gestaltet werden.
- **Formfreiheit:** Ein Rechtsgeschäft kann in jeder beliebigen Form abgeschlossen werden.

Um den einzelnen und die Gesellschaft vor Übervorteilung und Mißbrauch zu schützen, hat der Gesetzgeber allerdings einige Regelungen getroffen, die die Vertragsfreiheit in bestimmten Fällen einschränken.

- **Einschränkung der Abschlußfreiheit:** Monopolunternehmen, z.B. Gas- und Elektrizitätswerke, sind gesetzlich verpflichtet, mit jedem Antragsteller einen Vertrag zu schließen. Für sie besteht ein sogenannter Abschlußzwang (Kontrahierungszwang).
- **Einschränkung der Inhaltsfreiheit:** Verträge dürfen nicht gegen ein gesetzliches Verbot oder gegen die guten Sitten verstoßen. In einem solchen Fall wären sie ungültig.
- **Einschränkung der Formfreiheit:** Für bestimmte Rechtsgeschäfte gelten Formvorschriften, die aus der folgenden Übersicht entnommen werden können.

Formvorschriften:

Schriftform	Öffentliche Beglaubigung	Notarielle Beurkundung
Eine eigenhändige Unterschrift ist erforderlich	Die Echtheit der Unterschrift des Erklärenden wird von einem Notar beglaubigt	Ein Notar bestätigt sowohl die Echtheit der Unterschrift des Erklärenden als auch den Inhalt der Willenserklärung
Beispiele • Schuldanerkenntnis • Bürgschaft (nur bei Vollkaufleuten formlos) • Ausbildungsvertrag • Ratenvertrag	**Beispiele** • Antrag auf Eintragung in das Grundbuch oder in das Handelsregister	**Beispiele** • Grundstückskaufvertrag • Schenkungsversprechen

2.4.5 Vertragsarten

Wichtige Vertragsarten

Vertragsart	Vertragsinhalt	Beispiele
Kaufvertrag	Veräußerung von Sachen oder Rechten gegen Geld	Die TEM GmbH verkauft Waren an einen Kunden.
Schenkungsvertrag	Unentgeltliche Zuwendung von Sachen oder Rechten	Die Großeltern schenken ihrem Enkel ein Fahrrad.
Mietvertrag	Entgeltliche Überlassung von Sachen zum Gebrauch	Das Ehepaar Wendroth mietet eine 3-Zimmer-Wohnung.
Pachtvertrag	Entgeltliche Überlassung von Sachen oder Rechten zum Gebrauch und zum Fruchtgenuß	F. Bertram überläßt seine Apotheke der Apothekerin I. Bartels.
Leihvertrag	Unentgeltliche Überlassung von Sachen zum Gebrauch	H. Wagner leiht sich von seinem Nachbarn eine Leiter.
Darlehensvertrag	Entgeltliche oder unentgeltliche Überlassung von Geld oder anderen vertretbaren Sachen. Das Darlehnsnehmer verpflichtet sich zur späteren Rückerstattung von Sachen gleicher Art, Güte und Menge.	S. Kerner nimmt einen Kredit zur Finanzierung ihrer Wohnungseinrichtung auf.
Dienstvertrag	Entgeltliche Leistung von Diensten, wobei das Bemühen, nicht der Erfolg im Vordergrund steht.	C. Dorn läßt sich von einem Rechtsanwalt in einem Prozeß vertreten.
Arbeitsvertrag	Dienstvertrag zwischen Arbeitgeber und Arbeitnehmer	A. Völkner geht ein Arbeitsverhältnis mit der TEM GmbH ein.
Werkvertrag	Herstellung eines Werkes oder Veränderung einer Sache gegen Vergütung. Ein bestimmter Erfolg ist herbeizuführen.	C. Dorn läßt seine Wohnung renovieren.
Werklieferungsvertrag	Herstellung eines Werkes gegen Vergütung. Der beauftragte Unternehmer beschafft die benötigten Stoffe zur Herstellung und übereignet dem Auftraggeber das fertiggestellte Werk.	Die TEM GmbH läßt eine Werbebroschüre anfertigen.
Gesellschaftsvertrag	Regelung der Zusammenarbeit von Teilhabern einer Gesellschaft	E. Schulte und G. Lessmann gründen eine OHG.

Arbeitsvorschlag

Suchen Sie aus den zu Beginn dieses Kapitels dargestellten Situationen alle zweiseitig verpflichtenden Rechtsgeschäfte heraus, und ordnen Sie sie einer Vertragsart zu.

2.4.6 Nichtigkeit und Anfechtbarkeit von Verträgen

Arbeitsvorschlag
Beurteilen Sie die folgenden Fälle mit Hilfe des Bürgerlichen Gesetzbuches und der Sachdarstellung. Entscheiden Sie, ob die abgegebenen Willenserklärungen nichtig oder anfechtbar sind.

Fall 1:
Ein Hauseigentümer vermietet Unterkünfte an ausländische Mitbürger. Die betreffenden Räume befinden sich in einem schlechten Zustand. Pro Zimmer sollen 7 Mieter wohnen, pro Person verlangt der Vermieter monatlich 250,00 DM.

Fall 2:
Um Kosten zu sparen, verzichten Käufer und Verkäufer eines Grundstückes auf die notarielle Beurkundung.

Fall 3:
Um Grunderwerbsteuer zu sparen, geben Käufer und Verkäufer eines Grundstückes statt des wirklich vereinbarten Kaufpreises von 450 000,00 DM nur 350 000,00 DM an.

Fall 4:
In angetrunkenem Zustand ist ein Mann bereit, sein gerade neu erstandenes Auto für 100,00 DM wieder zu verkaufen.

Fall 5:
In einem schriftlichen Angebot werden versehentlich 59,00 DM statt 95,00 DM als Preis angegeben.

Fall 6:
Ein Geldanleger kauft VEBA-Aktien, weil sich sein Berater bei der Bank optimistisch über die Kursentwicklung geäußert hat.

Fall 7:
Ein kaufmännischer Angestellter droht seinem Chef damit, daß er ihn wegen Steuerhinterziehung anzeigen werde, falls dieser ihm nicht sofort 1 000,00 DM mehr Gehalt zahle.

Fall 8:
Herr Schäfer kauft einen teuren Rassehund mit Stammbaum. Einige Wochen später stellt er fest, daß der Stammbaum gefälscht worden ist.

Sachdarstellung:
Nach dem Bürgerlichen Gesetzbuch sind Willenserklärungen in bestimmten Fällen von Anfang an ungültig. Man bezeichnet sie als nichtige Rechtsgeschäfte.

Nichtig sind Rechtsgeschäfte:
- die gegen ein gesetzliches Verbot oder gegen die guten Sitten verstoßen,
- die von Geschäftsunfähigen abgeschlossen werden,
- bei denen eine bestimmte Formvorschrift nicht eingehalten wird,
- die nicht ernst gemeint sind,
- die nur zum Schein abgeschlossen werden.

Rechtsgeschäfte können auch nachträglich ungültig werden. Dies geschieht durch eine besondere Erklärung, die Anfechtung.

Anfechtbar sind Rechtsgeschäfte wegen:
- Irrtums,
- widerrechtlicher Drohung,
- arglistiger Täuschung.

Eine Anfechtung wegen Irrtums muß unverzüglich nach Entdeckung des Irrtums erfolgen. Der Anfechtende hat gegebenenfalls den Schaden zu ersetzen, den der andere Vertragspartner dadurch erleidet, daß er auf die Gültigkeit der Erklärung vertraut.

Hat man sich bezüglich der Motive, die zum Kauf führten, geirrt, so ist keine Anfechtung möglich. Beispiel: Jemand spekuliert an der Börse und kauft Aktien, seine Gewinnerwartungen erfüllen sich jedoch nicht.

Soll ein Rechtsgeschäft wegen arglistiger Täuschung oder widerrechtlicher Drohung angefochten werden, muß dies innerhalb eines Jahres nach Entdeckung der Täuschung oder seit Wegfall der Zwangslage erfolgen.

Generell ist eine Anfechtung ausgeschlossen, wenn seit der Abgabe der Willenserklärung 30 Jahre vergangen sind.

2.5 Handelsrechtliche Grundlagen

2.5.1 Kaufmannseigenschaften

Situation:

> Auf der Terrasse des Tennisclubs TC Rot-Grün sitzen an einem Samstagnachmittag zwei Frauen und zwei Männer bei Kuchen und Kaffee. Therese G., Alleininhaberin einer Großhandlung für Modeschmuck, Willi M., Vorstandsmitglied einer Aktiengesellschaft, Gerda F., Eigentümerin eines örtlichen 2-Sterne-Hotels und Friedrich B., Landwirt und Mitinhaber einer nebenbetrieblichen Brennerei.
> Natürlich wird nicht nur jeder Punkt des vorausgegangenen Matches „nachgespielt", sondern auch hitzig über die neuesten wirtschaftspolitischen Vorschläge der Bundesregierung diskutiert. „Ja, wir Kaufleute haben doch in Wirklichkeit nie Feierabend", seufzt Frau F., „selbst in unserer knapp bemessenen Freizeit sind wir noch mit unseren Gedanken im Geschäft."

Arbeitsvorschlag

Lösen Sie mit Hilfe der Gesetzesauszüge die folgenden Aufgaben.
1. Wer von den oben genannten Personen ist Kaufmann im Sinne des Handelsgesetzbuches (HGB)?
2. Ordnen Sie die Personen – soweit möglich – den Begriffen: Muß-, Soll-, Kann- und Formkaufmann zu.

§ 1 **Mußkaufmann**
I Kaufmann im Sinne dieses Gesetzes ist, wer ein Handelsgewerbe betreibt.

> § 1 Gewerbesteuer-Durchführungsverordnung in der Fassung vom 26.01.1979:
> Eine selbständige nachhaltige Betätigung, die mit Gewinnabsicht unternommen wird und sich als Beteiligung am allgemeinen wirtschaftlichen Verkehr darstellt, ist Gewerbebetrieb, wenn die Betätigung weder als Ausübung von Land- und Forstwirtschaft noch als Ausübung eines freien Berufes .... anzusehen ist.

§ 1 **Mußkaufmann**
II Als Handelsgewerbe gilt jeder Gewerbebetrieb, der eine der nachstehend bezeichneten Arten von Geschäften zum Gegenstand hat:
1. die Anschaffung und Weiterveräußerung von Waren;
2. die Übernahme von Versicherungen;
3. die Bankengeschäfte;
4. die Geschäfte der Spediteure;
5. die Geschäfte der Handelsvertreter;
6. die Geschäfte des Buch- oder Kunsthandels;
7. die Geschäfte der Druckereien.

§ 2 **Sollkaufmann**
Ein ... Unternehmen ..., das nach Art und Umfang einen in kaufmännischer Weise eingerichteten Geschäftsbetrieb erfordert, gilt als Handelsgewerbe im Sinne des Gesetzbuchs, sofern die Firma des Unternehmens in das Handelsregister eingetragen worden ist. Der Unternehmer ist verpflichtet, die Eintragung ... herbeizuführen.

§ 3 **Kannkaufmann**
II Für ein land- oder forstwirtschaftliches Unternehmen gilt ..., daß der Unternehmer berechtigt, aber nicht verpflichtet ist, die Eintragung in das Handelsregister herbeizuführen.
III Ist mit dem Betrieb der Land- und Forstwirtschaft ... ein Nebengewerbe verbunden, so gelten die gleichen Vorschriften.

§ 6 **Formkaufmann**
Die bezüglich der Kaufleute gegebenen Vorschriften finden auch auf die Handelsgesellschaften Anwendung.

Aus dem Handelsgesetz ergeben sich vier grundlegende Kaufmannseigenschaften.

● Mußkaufmann

Jeder, der ein Grundhandelsgewerbe (§ 1 Abs. 2 HGB) betreibt, wird als Mußkaufmann bezeichnet. Dabei stehen entsprechend der Gewerbesteuer-Durchführungsverordnung vier Kriterien im Mittelpunkt:
- Selbständigkeit
- nachhaltige, d.h. andauernde, Betätigung,
- beabsichtigte Gewinnerzielung,
- Beteiligung am allgemeinen wirtschaftlichen Verkehr.

Von dieser Regelung ausgenommen sind die sogenannten freien Berufe, wie Arzt, Rechtsanwalt, Steuerberater sowie Künstler und Personen, die wissenschaftlich tätig sind.

Mußkaufleute erhalten ihre Kaufmannseigenschaft auch ohne Eintragung in das Handelsregister. Eine entsprechende Eintragung hat nur **rechtsbezeugende** = deklaratorische Wirkung. Sie dient zur Information der Öffentlichkeit.

● Sollkaufmann

Treffen die Kriterien für ein Handelsgewerbe im eigentlichen Sinne nicht zu, entspricht aber ein handwerkliches oder sonstiges Gewerbe nach Art und Umfang bzgl. Zahl der Beschäftigten, Umsatz, Kapital und Art der Leistungen usw. einem in kaufmännischer Weise eingerichteten Geschäftsbetrieb und ist dieses im Handelsregister eingetragen, spricht man von einem Sollkaufmann. Beispiele dafür sind: Hotels, Reise- und Werbebüros, Kinos, Bauunternehmen.

Im Gegensatz zu den Mußkaufleuten erhalten Sollkaufleute ihre Kaufmannseigenschaft erst durch die Eintragung in das Handelsregister. Die Eintragung hat **rechtsbegründende** (konstitutive) Wirkung.

● Kannkaufmann

Land- und forstwirtschaftliche Betriebe, Gärtnereien sowie solche Betriebe, die Obst, Gemüse oder Wein anbauen und verkaufen, können sich in das Handelsregister mit **rechtsbegründender** Wirkung eintragen lassen. Sie müssen es aber nicht. Gleiches gilt auch für Nebenbetriebe, wie Brennereien und Sägewerke. Ausschlaggebend ist, ob ein nach Art und Umfang in kaufmännischer Weise eingerichteter Geschäftsbetrieb erforderlich ist.

● Formkaufmann

Die grundlegenden Vorschriften für Kaufleute gelten auch für Handelsgesellschaften wie Offene Handelsgesellschaft (OHG) und Kommanditgesellschaft (KG). Kapitalgesellschaften sind unabängig von der Art ihrer Tätigkeiten und den damit verbundenen Sach- und Formalzielen allein aufgrund ihrer Rechtsform Formkaufleute. Dies trifft insbesondere für die Gesellschaft mit beschränkter Haftung (GmbH) und die Aktiengesellschaft (AG) zu.

Eingetragene Genossenschaften (eG) sind aufgrund des fehlenden Gewinnziels keine Handelsgesellschaften im engeren Sinn, auch wenn entsprechend des Genossenschaftsgesetzes ihnen eine Stellung als Kaufmann zugesprochen wird.

● Vollkaufmann und Minderkaufmann

Voll- und Minderkaufmann unterscheiden sich durch den Umfang ihrer Rechte und Pflichten. Für Vollkaufleute gelten uneingeschränkt die Vorschriften des Handelsgesetzbuches. Zu den Vollkaufleuten zählen stets Soll-, Kann- und Formkaufleute; Mußkaufleute nur dann, wenn ihr Gewerbebetrieb einen nach Art und Umfang in kaufmännischer Weise eingerichteten Geschäftsbetrieb erfordert. Trifft dies für Mußkaufleute nicht zu, bezeichnet man sie als Minderkaufleute.

Rechte und Pflichten von Voll- und Minderkaufleuten

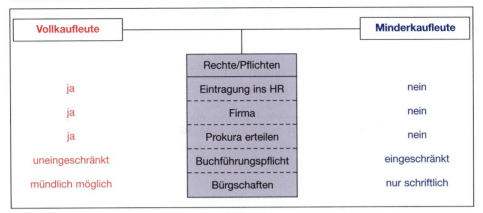

2.5.2 Handelsregister

Situation:

Der Hauptgesellschafter der Lebensmittelgroßhandlung Mengelmann GmbH, W. Mildebrandt, möchte die Geschäftsbeziehungen zu einem namhaften Spirituosenfabrikanten in Wolfenbüttel ausbauen. Das Spirituosenunternehmen verfügt über ein sehr gut eingeführtes Sortiment, das ständig durch Werbeaktionen unterstützt wird. Herr Mildebrandt ist sich aber nicht sicher, ob dieses Vorhaben umfangreiche langfristige Investitionen, u.a. den Bau einer neuen Lagerhalle sowie Plazierungsveränderungen in über dreihundert Filialen rechtfertigt.
Der langjährige Prokurist der Mengelmann GmbH, Nikolaus D., läßt deshalb von seiner Sekretärin einen Brief an das Amtsgericht in Wolfenbüttel schreiben. Er fordert darin die entsprechenden Handelsregisterauszüge an.
Nach zehn Tagen erhält die Mengelmann GmbH die gewünschten Auszüge.

Amtsgericht: Wolfenbüttel		Tausender Hunderter 00-49		
Nr. der Eintragung	a) Firma b) Sitz c) Gegenstand des Unternehmens	Grund- oder Stamm- kapital DM	Vorstand Persönlich haftende Gesellschafter Geschäftsführer Abwickler	Prokura
1	2	3	4	5
1	a) Hans Grube Vermögensverwaltungs- Gesellschaft mit beschränkter Haftung b) Wolfenbüttel c) Fabrikation und Handel mit Spirituosen und alkoholhaltigen sowie alkoholfreien Getränken aller Art, der Betrieb einer Wein- großkellerei sowie der Import und der Groß- und Einzelhandel mit Weinen	50 000,00	Fabrikant Hans Grube Wolfenbüttel	

Arbeitsvorschlag

Beantworten Sie die folgenden Fragen.
1. Welche Informationen enthalten die Handelsregisterauszüge?
2. Welche Aufgaben erfüllt das Handelsregister im Geschäftsleben?
3. Warum werden die Angaben nicht nur „streng geheim" weitergegeben?
4. Was bedeuten die Abkürzungen HRA und HRB?

Sachdarstellung:

Das **Handelsregister** ist ein Verzeichnis aller Vollkaufleute eines Amtsgerichtsbezirks. Es ist ein öffentliches Register, das über die Rechtsverhältnisse der Unternehmungen unterrichtet. Das hat zur Folge, daß

- die Einsicht in das Handelsregister sowie der zum Handelsregister eingereichten Schriftstücke jedem gestattet ist (§ 9 (1) HGB);
- von den Handelsregistereintragungen Abschriften, sogenannte **Handelsregisterauszüge,** angefordert werden können (§ 9 (2) HGB);
- das Amtsgericht die Handelsregistereintragungen durch den Bundesanzeiger und durch mindestens ein anderes Blatt, z.B. Tageszeitung, bekanntzumachen hat (§ 10 (1) HGB);
- publizierte Eintragungen „öffentlichen Glauben" genießen, d.h. jeder davon Betroffene muß sie gegen sich gelten lassen (§ 15 (2) HGB).

Jeder Vollkaufmann ist verpflichtet, sein Unternehmen bei Gericht anzumelden und ggf. Änderungen der Firma, des Ortes der Niederlassung bekanntzugeben. Die Eintragung des Unternehmens hat beim Mußkaufmann nur rechtsbezeugende Wirkung. Sei Soll-, Kann- und Formkaufleuten hat sie dagegen rechtsbegründende Wirkung. Die Anmeldungen sind in öffentlich beglaubigter Form einzureichen (§ 12 (1) HGB).

Löschungen im Handelsregister werden auf Antrag oder von Amts wegen vorgenommen. Die „gelöschten" Eintragungen werden rot unterstrichen.

Der Aufbau des Handelsregisters umfaßt zwei Abteilungen:
- Abteilung A: Einzelunternehmungen, Offene Handelsgesellschaften und Kommanditgesellschaften;
- Abteilung B: Gesellschaften mit beschränkter Haftung, Aktiengesellschaften und andere Kapitalgesellschaften.

Innerhalb der jeweiligen Abteilung werden folgende Sachverhalte registriert:
- Firma,
- Gegenstand und Sitz des Unternehmens,
- Haftungsverhältnisse,
- Rechtsform,
- Vor- und Zuname des Inhabers oder des vollhaftenden Gesellschafters,
- Höhe des Kapitals bei Kapitalgesellschaften,
- Prokura,
- Vergleich und Konkurs.

2.5.3 Die Firma der Unternehmung

> **HGB § 17.** (Begriff) (1) Die Firma eines Kaufmanns ist der Name, unter dem er im Handel seine Geschäfte betreibt und die Unterschrift abgibt. (2) Ein Kaufmann kann unter seiner Firma klagen und verklagt werden.

Grundsätzlich lassen sich drei Firmentypen unterscheiden:

Personenfirma
Sie besteht aus Personennamen.

Siemens AG

Sachfirma
Hier steht der Gegenstand des Unternehmens im Vordergrund.

Gemischte Firma
Sie besteht aus einer Kombination von Personen- und Sachfirma.

Bayerische Motorenwerke AG

KLÖCKNER Wärmetechnik

KLÖCKNER
Wärmetechnik

Für bestimmte Unternehmensformen gelten besondere handelsrechtliche Vorschriften, z.B.:

Einzelkaufmann
(§ 18 HGB)

Familienname mit mindestens einem ausgeschriebenen Vornamen;

Offene Handelsgesellschaft,
Kommanditgesellschaft
(§ 19 HGB)

der Name wenigstens eines Gesellschafters bzw. persönlich haftenden Gesellschafters muß benutzt werden. Zusätzlich muß das Gesellschaftsverhältnis angedeutet werden;

Aktiengesellschaft
(§ 4 AktG)

I.d.R. soll der Gegenstand des Unternehmens zu entnehmen sein;

Gesellschaft mit beschränkter Haftung
(§ 4 GmbHG)

die Firma muß entweder vom Gegenstand des Unternehmens entlehnt sein oder den Namen mindestens eines der Gesellschafter mit einem das Gesellschaftsverhältnis angedeuteten Zusatz enthalten. Zusätzlich muß sie die Bezeichnung „mit beschränkter Haftung" tragen.

Bei der Wahl der Firma muß der Kaufmann neben den gesetzlichen Vorschriften drei Grundsätze beachten.

● **Firmenwahrheit und -klarheit**
Die Firma darf keine Täuschung Außenstehender über den bzw. die Geschäftsinhaber sowie die Art und den Umfang seiner bzw. ihrer Tätigkeiten bewirken. So wäre die Gründung eines neuen Holzgroßhandelsunternehmens in Hannover unter der Firmierung „EXPO 2001 GmbH" verboten, selbst wenn dieses Unternehmen Hölzer nach Polen exportieren würde.

● **Firmenausschließlichkeit**
Die „EXPO 2001 GmbH" würde gleichzeitig gegen den Ausschließlichkeitsgrundsatz verstoßen, da neue Firmen sich von bereits am Ort bestehenden deutlich unterscheiden müssen. Bei Gleichheit des Vor- und Zunamens in der Firmenbezeichnung muß die neue Firma einen unterscheidenden Zusatz erhalten.

● **Firmenbeständigkeit**
Bei einem Wechsel des Inhabers kann die Firma beibehalten werden, wenn der bisherige Firmeninhaber bzw. dessen Erben zustimmen, z.B. Fritz Fischer Fischgroßhandel, Nachf.. Allerdings darf die Firma der Unternehmung nicht ohne das Handelsgeschäft veräußert werden.

2.6 Rechtsformen der Unternehmen

2.6.1 Gründung eines Unternehmens

Situation:

> Markus Thomsen hat vor 3 Jahren seine Ausbildung zum Kaufmann im Groß- und Außenhandel beendet und ist anschließend von seinem Ausbildungsbetrieb, der Elektroma GmbH, Fachhandel für Elektro- und Kommunikationstechnik, übernommen worden.
> Schon seit längerer Zeit träumt er davon, sich eines Tages selbständig zu machen.

Arbeitsvorschlag

Bearbeiten Sie die folgenden Aufgaben. Verwenden Sie dazu den nachfolgenden Text „Schritt für Schritt auf dem Weg in die Selbständigkeit".

1. Nennen Sie Motive, die Markus Thomsen dazu veranlassen könnten, sich selbständig zu machen.
2. Welche Gesichtspunkte sollte er in der Planungs- und Gründungsphase bedenken?
3. Welche Institutionen könnten ihm bei einer Existenzgründung beratend zur Seite stehen?
4. Welche persönlichen Voraussetzungen sollte Markus Thomsen mitbringen?
5. Besorgen Sie sich aktuelle Informationen über Chancen und Risiken einer Existenzgründung und mögliche Hilfen in Ihrer Region, und berichten Sie darüber im Unterricht.

Schritt für Schritt auf dem Weg in die Selbständigkeit

[...] Viele Menschen möchten sich den Traum von der selbständigen Existenz erfüllen, um einmal „auf der anderen Seite des Schreibtisches zu sitzen". Statistiker sprechen von über 300 000 Betriebsgründungen pro Jahr. Motive sind meist der Wunsch, unabhängig zu sein und die Hoffnung, mehr zu verdienen. Existenzgründer haben entweder gerade eine qualifizierte Berufsausbildung hinter sich gebracht oder sind als Arbeitnehmer „alte Füchse" geworden, die ihre Berufserfahrung als wichtigstes Kapital für ihrer Unabhängigkeit betrachten.

Den erwähnten Betriebsgründungen stehen fast ebenso viele Schließungen und Konkurse gegenüber. Ohne Planung, Beratung, Information und Vorbereitung „schlüpft" der Pleitegeier schon bei der Eröffnung. Dabei sind die Fehler, die zur Pleite führen, fast immer dieselben: falsche Markteinschätzung, zuwenig Eigenkapital, mangelnde betriebswirtschaftliche Planung, falsche Finanzierung, mangelnde Information und einige mehr. Aufgrund dieser Mängel scheitern die meisten Betriebe innerhalb von 5 Jahren nach ihrer Eröffnung.

Umfangreiche Informationen und kompetente Beratung sind in der Gründungsphase schon die halbe Miete, da sie die unverzichtbare Planung überhaupt erst ermöglichen.

Information und Beratung durch Spezialisten sind aber nur ein Schritt in der Vorbereitungsphase.

Ein Unternehmer steht grundsätzlich im Wettbewerb mit anderen. Schon allein deshalb braucht er Durchsetzungsvermögen und -willen sowie viel Energie, mit einem Wort: „Power", denn er ist der Motor des ganzen Betriebs. Sobald Mitarbeiter beschäftigt werden, sind Führungseigenschaften gefragt, und dazu gehört eine starke Persönlichkeit, die die Mitarbeiter nicht nur fordert, sondern auch fördert. Der Existenzgründer muß von seiner Sache überzeugt sein und Freude daran haben, nur so kann er nach außen und innen erfolgreich sein.

Wichtigste Voraussetzung: das eigene Wollen und Können

Natürlich geht es nicht ohne die fachliche Qualifikation. Das ist nicht allein die Ausbildung, sondern auch möglichst viel Berufserfahrung. Aber auch als eingeführter Selbständiger sollte man nie aufhören, sich weiterzubilden und sich über alles Neue zu informieren, um am Ball zu bleiben. Das gilt auch für das kaufmännische Know-how. Mancher Betrieb ist schon in die Klemme geraten, weil sein Inhaber z.B. ein guter Handwerker war, der sich vor lauter Aufträgen nicht retten konnte, deswegen aber „keine Zeit hatte", Rechnungen zu schreiben.

Die vielfach gestellte Forderung nach der physischen Leistungsfähigkeit sollte man nicht über-, aber auch nicht unterbewerten. Klar ist, daß man in jeder Hinsicht „ausgeschlafen" sein muß, denn ein Achtstundentag ist eher die Ausnahme. Vor allem muß auch die Familie hinter dem Unternehmer stehen, im Idealfall mit aktiver Mitarbeit.

Eine zündende Idee ist oft der Initialfunke für eine Existenzgründung. Ein neues Produkt, eine neue Dienstleistung, eine ganz neue Branche oder aber ein renommiertes Produkt in Verbindung mit einer neuartigen Vermarktung sind zwar eine gute Startbasis, aber die Gretchenfrage lautet immer: Wie steht es mit dem Markt? Was soviel heißen soll wie: Wird das neue Produkt oder der neue Service überhaupt gebraucht? Liegen sie im Trend? Und wenn, wie lange hält der Trend an? Grundsatz: Die Idee ist nur so gut wie das Bedürfnis, das sie befriedigt.

Tip: Branchen mit Zukunft sind z.B. EDV, Freizeit, Umweltschutz oder Dienstleistungen aller Art.

Den Markt durchleuchten

Außerdem muß die Zielgruppe bekannt sein: Wem soll die Leistung angeboten werden? Wenn das klar ist, heißt die nächste Frage: Ist die Zielgruppe auch groß genug und am Standort des Unternehmens präsent? Welcher Preis läßt sich durchsetzen? Tip: Zielgruppe bestimmen und gezielt ansprechen. Bereits vor Gründung Kontakte aufbauen.

Die Konkurrenz schläft nicht! Also sollte man sie ständig im Auge behalten. Es ist wichtig, die Branchenkennzahlen zu kennen, um die Stärke des eigenen Betriebs abschätzen zu können. Tip: Um die berühmte Nasenlänge voraus zu sein, muß man „einfach" nur besser sein: besonderen Service und Paketlösungen anbieten, schneller, zuverlässiger, kulanter sein, und damit nicht unbedingt billiger.

Gründungsformalitäten

Gewerbeanmeldung erfolgt beim zuständigen Gewerbeamt (Rathaus). Freiberufler müssen kein Gewerbe anmelden.

Finanzamt: Das Finanzamt bekommt zwar Informationen vom Gewerbeamt, trotzdem sollte man selbst auch Kontakt aufnehmen. Man erhält eine Steuernummer und muß verschiedene Fragen zu den erwarteten Umsätzen und Gewinnen beantworten.

Berufsgenossenschaft: Dort müssen die Mitarbeiter angemeldet werden. Bei der Berufsgenossenschaft sind Unternehmer und Mitarbeiter gegen Arbeitsunfälle etc. pflichtversichert.

Krankenkasse: Die versicherungspflichtigen Mitarbeiter müssen bei einer Ortskranken- oder Ersatzkasse angemeldet werden.

Handelsregister: Je nach Rechtsform, z.B. bei einer GmbH, ist eine Eintragung ins Handelsregister beim zuständigen Amtsgericht erforderlich.

Bestimmte Branchen benötigen noch besondere Genehmigungen oder Anmeldungen, z.B. Eintragung in die Handwerksrolle. Auskunft erteilen die jeweiligen Kammern und Fachverbände.

Quelle: Fachbeilage Geschäftswelt, Deutscher Sparkassenverlag 1990 (gekürzt)

Neben vielen anderen Entscheidungen, die bei einer Existenzgründung getroffen werden müssen, spielt die Wahl der Rechtsform eine wesentliche Rolle. Sie entscheidet in nicht unerheblichem Maße über die spätere rechtliche und wirtschaftliche Lage des Unternehmens.

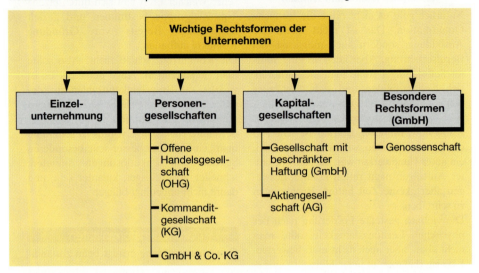

2.6.2 Einzelunternehmung

Einzelunternehmen werden von einer Person, dem Geschäftsinhaber, allein getragen. Das bedeutet, daß er allein das Geschäftskapital aufbringt, das Unternehmen verantwortlich leitet, frei über Gewinne verfügen kann, aber auch das Risiko trägt.
Seinen Gläubigern gegenüber haftet er unbeschränkt mit seinem gesamten Geschäfts- und Privatvermögen.
Als Vollkaufmann im Sinne des HGB ist er verpflichtet, sich in das Handelsregister eintragen zu lassen.
Bei der Wahl der Firma hat er außer den üblichen Firmengrundsätzen zu beachten, daß seine Firma einen ausgeschriebenen Vornamen enthalten muß.
Die Einzelunternehmung stellt die in der Bundesrepublik Deutschland am häufigsten gewählte Rechtsform dar.

Rechtsformen der Unternehmen

	Unternehmen in 1000	Beschäftigte in 1000
Unternehmen einer Körperschaft des öffentlichen Rechts	3,1	1205
sonstige private Rechtsformen	4,2	173
eingetragene Genossenschaft	7,0	265
AG/KGaA	2,8	3 177
GmbH	220	5 671
GmbH & Co. KG	49	2 997
OHG/KG	53	1 527
BGB-Gesellschaft, Sozietät u. ä.	137	830
Einzelunternehmung	1 622	6 071

Die Rechtsform der Unternehmen

Für jedes Wirtschaftsunternehmen stellt sich die Frage, welche Rechtsform unter betriebswirtschaftlichen, steuerlichen oder erbrechtlichen Gesichtspunkten am besten „paßt". Die tatsächliche Verbreitung der verschiedenen Unternehmensformen wurde in der Bundesrepublik zuletzt mit der Arbeitsstättenzählung von 1987 festgestellt. Von den insgesamt 2,10 Millionen Unternehmen im damaligen Bundesgebiet waren 1,62 Millionen (77 %) Einzelunternehmungen. Diese einfachste Rechtsform, bei der alle betrieblichen Entscheidungen in der Hand des tätigen Eigentümers liegen, der auch das volle Risiko trägt, ist besonders für kleinere Unternehmen geeignet.

Daneben hat sich in den letzten Jahrzehnten die Rechtsform der Gesellschaft mit beschränkter Haftung (GmbH) immer stärker durchgesetzt. Sie wird vor allem für kleinere und mittlere Betriebe gewählt, deren Eigentümer nur ein begrenztes Haftungsrisiko eingehen wollen. Nach dem Ergebnis der Arbeitsstättenzählung firmieren bereits 220 000 Unternehmen (gut 10 %) als GmbH.

Typische Unternehmensform eines Großunternehmens ist die Aktiengesellschaft (AG) bzw. die Kommanditgesellschaft auf Aktien (KGaA). 1987 gab es im Bundesgebiet 2 780 Unternehmen dieser Kategorie.

Arbeitsvorschlag
1. Die Einzelunternehmung findet sich fast ausschließlich nur bei kleineren und mittleren Betrieben. Welche Gründe könnte dies haben?
2. Markus Thomsen denkt darüber nach, ob er allein ein Unternehmen gründen sollte oder ob es besser wäre, sich einen oder mehrere Partner zu suchen, d.h. also ein Gesellschaftsunternehmen zu gründen. Was spricht für diese Idee, was spricht dagegen?

2.6.3 Offene Handelsgesellschaft

Situation:

> Die Pläne von Markus Thomsen sind mittlerweile konkret geworden. Zusammen mit seiner Freundin Susanne Schumann, Kauffrau im Einzelhandel, und dem zur Zeit arbeitslosen Diplom-Kaufmann Georg Faber will er ein Elektro-Großhandelsunternehmen „Thomsen-Electronics" eröffnen.
> Markus Thomsen besitzt 30 000,00 DM Eigenkapital und einen Opel Kadett (Wert 4 000,00 DM). Susanne Schumann stehen dank einer Erbschaft 50 000,00 DM zur Verfügung. Georg Faber ist Eigentümer eines Grundstücks am Stadtrand, auf dem eine alte Lagerhalle steht (Gesamtwert: 300 000,00 DM). Ein gemeinsamer Freund empfiehlt ihnen, eine Offene Handelsgesellschaft zu gründen.

Arbeitsvorschlag
Lösen Sie die folgenden Aufgaben mit Hilfe der Gesetzestextauszüge und des Gesellschaftsvertrages.
1. Wieviele Personen werden zur Gründung einer OHG benötigt?
2. Welche Gründungsformalitäten müssen erfüllt sein?
3. Welche Firma dürfte die OHG führen?
4. Welche Rechte und Pflichten haben die Gesellschafter?

5. Der Lieferant „Rotpunkt" hat Forderungen gegenüber „Thomsen-Electronics" in Höhe von 100 000,00 DM.
   a) Wer haftet für die Verbindlichkeiten?
   b) Welche Folgen für das Privatvermögen der Gesellschafter können diese Verbindlichkeiten haben?
   c) Was passiert, wenn sich „Rotpunkt" ausschließlich an Georg Faber wendet?
6. Welche Gesellschafter sind zur Geschäftsführung und -vertretung berechtigt und verpflichtet?
7. „Thomsen-Electronics" erwirtschaftet einen Jahresgewinn von 120 000,00 DM. Wie ist dieser – bei gesetzlicher Regelung – auf die Gesellschafter zu verteilen?

Gesellschafter	Kapitalanteil	4 % Zinsen	Rest pro	Gesamtgewinn
Thomsen Schumann Faber	?	?	?	?
	?	?	?	120 000,00 DM

8. Nach 10 erfolgreichen Geschäftsjahren möchten sich Thomsen und Schumann in die Karibik zurückziehen. Welche Möglichkeiten zur Auflösung der OHG bestehen?

Gesetzesauszüge zur OHG

HGB

§ 105 Begriff der OHG
   I Eine Gesellschaft, deren Zweck auf den Betrieb eines Handelsgewerbes unter gemeinschaftlicher Firma gerichtet ist, ist eine offene Handelsgesellschaft, wenn bei keinem der Gesellschafter die Haftung gegenüber den Gesellschaftsgläubigern beschränkt ist.

§ 106 Anmeldung zum Handelsregister
   Die Gesellschaft ist bei dem Gericht, in dessen Bezirk sie ihren Sitz hat, zur Eintragung in das Handelsregister anzumelden. Die Anmeldung hat zu enthalten:
   1. den Namen, Vornamen, Stand und Wohnort jedes Gesellschafters;
   2. die Firma der Gesellschaft und den Ort, wo sie ihren Sitz hat;
   3. den Zeitpunkt, mit welchem die Gesellschaft begonnen hat.

§ 19 Firmenbezeichnung einer OHG
   I Die Firma einer OHG hat den Namen wenigstens eines der Gesellschafter mit einem das Vorhandensein einer Gesellschaft andeutenden Zusatz oder die Namen aller Gesellschafter zu enthalten.

§ 128 Haftung der Gesellschafter
   Die Gesellschafter haften für die Verbindlichkeiten der Gesellschaft den Gläubigern als Gesamtschuldner persönlich (unmittelbar). Eine entgegenstehende Vereinbarung ist Dritten (Außenstehenden) gegenüber unwirksam.

§ 114 Geschäftsführung
   I Zur Führung der Geschäfte der Gesellschaft sind alle Gesellschafter berechtigt und verpflichtet.
   II Ist im Gesellschaftsvertrag die Geschäftsführung einem Gesellschafter oder mehreren Gesellschaftern übertragen, so sind die übrigen Gesellschafter von der Geschäftsführung ausgeschlossen.

§ 112 Wettbewerbsverbot
I Ein Gesellschafter darf ohne Einwilligung der anderen Gesellschafter weder in dem Handelszweig der Gesellschaft Geschäfte machen noch in einer anderen gleichartigen Handelsgesellschaft als persönlich haftender Gesellschafter teilnehmen.

§ 121 Gewinnverteilung
I Von dem Jahresgewinn gebührt jedem Gesellschafter zunächst ein Anteil in der Höhe von 4 % seines Kapitalsanteils ...
III Derjenige Teil des Jahresgewinnes, der 4 % vom Gesellschafterkapital übersteigt, sowie der Verlust ... wird unter die Gesellschafter nach Köpfen verteilt.

§ 122 Privatentnahmen
I Jeder Gesellschafter ist berechtigt, aus der Gesellschaftskasse bis ... zu 4 % seines ... Kapitalanteils im Laufe des Geschäftsjahres zu entnehmen.

§ 116 Umfang der Geschäftsführungsbefugnis
I Die Befugnis zur Geschäftsführung erstreckt sich auf alle Handlungen, die der gewöhnliche Betrieb des Handelsgewerbes mit sich bringt.
II Zur Vornahme von Handlungen, die darüber hinausgehen, ist ein Beschluß sämtlicher Gesellschafter erforderlich.

§ 109 Gesellschaftsvertrag
Das Rechtsverhältnis der Gesellschafter untereinander richtet sich zunächst nach dem Gesellschaftsvertrag; ...

§ 118 Kontrollrecht – Recht auf Information
I Ein Gesellschafter kann, auch wenn er von der Geschäftsführung ausgeschlossen ist, sich von den Angelegenheiten der Gesellschaft persönlich unterrichten, die Handelsbücher und die Papiere der Gesellschaft einsehen und sich aus ihnen eine Bilanz anfertigen.

§ 132 Kündigung eines Gesellschafters
Die Kündigung eines Gesellschafters kann, wenn die Gesellschaft für unbestimmte Zeit eingegangen ist, nur für den Schluß eines Geschäftsjahres erfolgen; sie muß mindestens sechs Monate vor diesem Zeitpunkt stattfinden.

§ 126 Vertretungsmacht der Gesellschafter
I Die Vertretungsmacht der Gesellschafter erstreckt sich auf alle gerichtlichen und außergerichtlichen Geschäfte und Rechtshandlungen einschließlich der Veräußerung und Belastung von Grundstücken sowie der Erteilung und des Widerrufs einer Prokura.
II Eine Beschränkung des Umfangs der Vertretungsmacht ist Dritten (Außenstehenden) gegenüber unwirksam; dies gilt insbesondere von der Beschränkung, daß sich die Vertretung nur auf gewisse Geschäfte oder Arten von Geschäften erstrecken oder daß sie nur unter gewissen Umständen oder für eine gewisse Zeit oder an einzelnen Orten stattfinden soll.

§ 131 Auflösungsgründe für eine OHG
Die offene Handelsgesellschaft wird aufgelöst:
1. durch den Ablauf der Zeit, für welche sie eingegangen worden ist;
2. durch den Beschluß der Gesellschafter;
3. durch die Eröffnung des Konkurses über das Vermögen der Gesellschaft;
4. durch den Tod eines Gesellschafters, sofern nicht aus dem Gesellschaftsvertrag sich anderes ergibt.

Gesellschaftsvertrag der Thomsen-Electronics OHG

§ 1 Gesellschafter
    1.1 Markus Thomsen, Kaufmann im Groß- und Außenhandel, geb. 16.10.1972 in Weetzen, wohnhaft Bahnhofstraße 12 in 30952 Ronnenberg.
    1.2 Susanne Schumann, Kauffrau im Einzelhandel, geb. 01.11.1974 in Hüpede, wohnhaft Spannhagengarten 13 in 30655 Hannover.
    1.3 Georg Faber, Dipl.-Kfm., geb. 04.06.1951 in Alfeld, wohnhaft Isernhagener Str. 5 in 30161 Hannover.

§ 2 Firma, Sitz und Gegenstand der Gesellschaft
    2.1 Die Vertragsschließenden errichten eine Offene Handelsgesellschaft unter der Firma „Thomsen-Electronics OHG".
    2.2 Sitz der Gesellschaft ist Vahrenwalder Str. 221 in 30165 Hannover.
    2.3 Gegenstand der Unternehmung ist der Handel mit Elektroartikeln.

§ 3 Geschäftsjahr und Dauer der Gesellschaft
    3.1 Geschäftsjahr ist das Kalenderjahr.
    3.2 Die Dauer der Gesellschaft ist unbefristet.

§ 4 Einlagen der Gesellschafter
    4.1 Herr Thomsen erbringt eine Bareinlage in Höhe von 30 000,00 DM und einen Personenkraftwagen im Wert von 4 000,00 DM.
    4.2 Frau Schumann erbringt eine Bareinlage in Höhe von 50 000,00 DM
    4.3 Herr Faber bringt sein Grundstück (Hauptstraße 13, 30457 Hannover) und die darauf befindliche Lagerhalle im Gesamtwert von 300 000,00 DM als Eigenkapitalleistung in die Unternehmung ein.
    4.4 Alle Leistungen sind am Tag des Vertragsabschlusses einzubringen.

§ 5 Mitarbeit und Wettbewerbsverbot
    5.1 Jeder Gesellschafter ist zur persönlichen Mitarbeit verpflichtet.
    5.2 Die drei Teilhaber verpflichten sich, das Wettbewerbsverbot gem. § 112 HGB einzuhalten.

§ 6 Gewinn- und Verlustverteilung sowie Privatentnahme
    6.1 Vom Jahresgewinn stehen jedem Gesellschafter 4 % seiner Einlagen zu. Der Rest wird nach Köpfen verteilt.
    6.2 Ein eventueller Verlust wird nach Köpfen verteilt.
    6.3 Die Privatentnahme eines jeden Gesellschafters darf während des Geschäftsjahres höchstens vier von Hundert seines Kapitalanteils betragen.

§ 7 Geschäftsführung und Vertretung
    7.1 Zur Geschäftsführung ist jeder Gesellschafter einzeln berechtigt.
    7.2 Zur Vertretung sind die drei Gesellschafter nur gemeinschaftlich ermächtigt.

§ 8 Kontroll- und Informationsrecht
    8.1 Jeder Gesellschafter kann durch Betriebsbesichtigung den Gesellschaftsablauf kontrollieren.
    8.2 Er kann über die Angelegenheiten der Gesellschaft Auskunft verlangen.

§ 9 Kündigung eines Teilhabers und Auflösung der Gesellschaft
    9.1 Die Kündigung eines Gesellschafters erfolgt gem. § 132 HGB.
    9.2 Die Auflösung der Gesellschaft erfolgt gem. § 131 HGB.

Hannover, 08. Dezember d.J.

gez. Thomsen   gez. *Schumann*   gez. *Faber*   gez. *Fehling*
                                                                                                        Rechtsanwalt und Notar

Die OHG ist eine Personengesellschaft, deren Zweck auf den Betrieb eines vollkaufmännischen Handelsgewerbes unter gemeinschaftlicher Firma gerichtet ist.

Sämtliche Gesellschafter haften den Gläubigern gegenüber unbeschränkt. Offen bedeutet in diesem Zusammenhang, daß das Geschäfts- und Privatvermögen für alle Gläubiger „offen" liegt.

Eine OHG wird grundsätzlich als eine Personenfirma geführt und muß den Namen mindestens eines Gesellschafters mit einem Zusatz enthalten, der das Vorhandensein einer Gesellschaft andeutet, z.B. Gebrüder, & Sohn, & Co., OHG. Möglich wäre es auch, die Namen aller Gesellschafter im Firmennamen zu nennen, dann allerdings ohne entsprechenden Zusatz.

Die OHG entsteht durch den Abschluß eines Gesellschaftsvertrages sowie die Eintragung in das Handelsregister.

Die Rechtsverhältnisse der Gesellschafter untereinander (Innenverhältnis) ergeben sich aus dem Gesellschaftsvertrag. Sind dort keine entsprechenden Abmachungen getroffen worden, so gelten die gesetzlichen Bestimmungen des BGB bzw. des HGB. Demnach haben die Gesellschafter einer OHG folgende Pflichten und Rechte.

Pflichten	Rechte
• Leistung einer Kapitaleinlage: Geld- oder Sachwerte • Geschäftsführung • Einhaltung des Wettbewerbsverbotes • Verlustbeteiligung: nach Köpfen	• Gewinnanteil: 4 % des Kapitalanteils, Rest nach Köpfen • Entnahmerecht: bis zu 4 % des Kapitalanteils • Geschäftsführung • Informations- und Kontrollrecht • Kündigungsrecht

Während das Innenverhältnis von den Gesellschaftern beliebig geregelt werden kann, sind den vertraglichen Ausgestaltungsmöglichkeiten für das Außenverhältnis, also für die Rechtsbeziehungen der OHG gegenüber Dritten, enge Grenzen gesetzt. Im Interesse der Rechtssicherheit müssen gegenüber den Geschäftspartnern klare und zuverlässige Rechtsverhältnisse herrschen:

● **Vertretungsmacht der Gesellschafter**

Grundsätzlich ist jeder Gesellschafter **allein** zur Vertretung in allen Rechtsgeschäften befugt. Andere vertragliche Regelungen sind nach außen nur wirksam, wenn sie im Handelsregister eingetragen werden.

● **Haftung der Gesellschafter**

Alle Gesellschafter haften
- unbeschränkt, d.h. mit der Geschäftseinlage und dem Privatvermögen,
- unmittelbar, d.h. daß jeder Gesellschafter allein zur Haftung herangezogen werden kann,
- solidarisch, d.h. daß jeder Gesellschafter für die gesamten Schulden der OHG haftet.

Beendet werden kann eine OHG durch:
- Ablauf der vereinbarten Zeit,
- Beschluß der Gesellschafter,
- Konkurs,
- Tod eines Gesellschafters,
- Kündigung.

Die Rechtsform der OHG erfordert ein hohes Maß gegenseitigen Vertrauens. Der Unternehmenserfolg hängt sehr stark von den besonderen Fähigkeiten der Gesellschafter und ihrer persönlichen Mitarbeit ab.

2.6.4 Kommanditgesellschaft

Ebenso wie die OHG ist die Kommanditgesellschaft eine Personengesellschaft. Ihr Zweck ist auf den Betrieb eines vollkaufmännischen Handelsgewerbes unter gemeinsamer Firma gerichtet.

Die KG unterscheidet sich von der OHG durch die Haftungsverhältnisse ihrer Gesellschafter. Den Gläubigern gegenüber haftet mindestens ein Gesellschafter unbeschränkt. Man nennt ihn Vollhafter oder Komplementär. Mindestens ein weiterer Gesellschafter haftet nur mit seiner Kapitaleinlage. Dieser wird als Teilhafter oder Kommanditist bezeichnet.

Die KG entsteht wie die OHG durch Abschluß eines Gesellschaftsvertrages und wird beim Handelsregister angemeldet. Grundsätzlich wird sie als Personenfirma geführt, wobei der Familienname mindestens eines Komplementärs mit einem Gesellschaftszusatz enthalten sein muß. Kommanditisten dürfen nicht in den Firmennamen aufgenommen werden.

Auch bei der KG kann das Innenverhältnis weitgehend frei gestaltet werden. Die gesetzlichen Bestimmungen kommen nur dann zur Anwendung, wenn nicht anderes vereinbart wurde.

Für die Teilhafter bestehen folgende gesetzlich verankerte Pflichten und Rechte:

Pflichten	Rechte
• Leistung der vereinbarten Kapitalanlage • angemessene Verlustbeteiligung	• Recht auf Gewinnanteil: 4 % des Kapitalanteils, Rest angemessen • Kontrollrecht • Kündigungsrecht

Für die Rechtsbeziehungen gegenüber Dritten gelten im Wesentlichen die gleichen Grundsätze wie bei der OHG. Vertretungsberechtigt sind jedoch allein die persönlich haftenden Gesellschafter.

Für die Auflösung gelten dieselben Gründe wie bei der OHG. Der Tod eines Kommanditisten ist jedoch kein Auflösungsgrund.

2.6.5 Gesellschaft mit beschränkter Haftung

Situation:

Wolfgang Roerick, Dipl.-Chemiker, und Marga Lodemann, Chefdolmetscherin in einem großen Chemiewerk, wollen sich gemeinsam selbstständig machen. Sie planen, mehrere Drogeriemärkte zu eröffnen. Dabei suchen sie nach einer Unternehmensform, die einfach und kostengünstig zu gründen ist, die Möglichkeit zur Geschäftsführung einräumt und die Haftung auf ihr eingesetztes Kapital begrenzt.

Nachdem sie sich in einem Gespräch bei der Industrie- und Handelskammer informiert haben, möchten sie sich von einem selbständigen Unternehmensberater über alle rechtlichen, wirtschaftlichen und finanziellen Gesichtspunkte beraten lassen. Der Unternehmensberater gibt ihnen einen Überblick über verschiedene Rechtsformen, die ein Unternehmen annehmen kann und empfiehlt abschließend die Gründung einer Gesellschaft mit beschränkter Haftung (GmbH). Damit sich Frau Lodemann und Herr Roerick noch einmal umfassende Gedanken über diese Rechtsform machen können, übergibt der Unternehmensberater ihnen eine Broschüre, mit deren Hilfe die beiden zukünftigen Gesellschafter ihre noch unbeantworteten Fragen und Probleme lösen können.

Arbeitsvorschlag

1. Bilden Sie Arbeitsgruppen zu mindestens je 5 Personen.
2. Lesen Sie den Text, den der Unternehmensberater über die Gesellschaft mit beschränkter Haftung zur Verfügung gestellt hat.
3. Erstellen Sie in jeder Gruppe einen Entwurf für einen Gesellschaftsvertrag (Satzung) für die Roerick und Lodemann Drogerie GmbH mit Hilfe des Textes und des Gesetzes betreffend die Gesellschaften mit beschränkter Haftung (GmbHG).
4. Bestimmen Sie in jeder Gruppe mindestens eine / einen Spezialistin / Spezialisten für die Bereiche:
   - Firma, Sitz und Gegenstand der Gesellschaft,
   - Stammkapital, Stammeinlage und Einzahlungen,
   - Geschäftsführung und Vertretung,
   - Gewinn- und Verlustverteilung,
   - Mitbestimmungsprobleme im Aufsichtsrat.
5. Die Spezialistinnen und Spezialisten der einzelnen Themenbereiche bilden fünf Spezialgruppen und versuchen, die bestmögliche Formulierung für eine Satzung zu präsentieren.
6. Diskutieren Sie abschließend gemeinsam über die Vorzüge und Nachteile dieser Rechtsform. Beachten Sie dabei auch deren Verbreitungsform in der Bundesrepublik Deutschland (s. S. 68 f.).

Unternehmensberatung
Dr. M. Mutmacher
Analyse, Beratung, Controlling

Die Gesellschaft mit beschränkter Haftung

● Begriff

Gemäß GmbH-Gesetz ist die Gesellschaft mit beschränkter Haftung eine Handelsgesellschaft mit eigener Rechtspersönlichkeit. Als deren Gesellschafter sind Sie am Kapital der Gesellschaft beteiligt. Sie müssen aber **nicht** persönlich wie ein Gesellschafter einer OHG oder wie der Komplementär einer KG für die Schulden der Gesellschaft haften. Ihre Haftung bzgl. möglicher Verbindlichkeiten der Gesellschaft beschränkt sich auf ihre Einlage.

Sie können auch eine Gesellschaft mit beschränkter Haftung allein, d.h. ohne weitere Gesellschafter gründen, eine sogenannte „Ein-Mann-GmbH".

● Kapital

Die GmbH ist eine **Kapitalgesellschaft.** Das Kapital, das Sie als Eigentümer einbringen, wird als **Stammkapital** bezeichnet. Es wird an erster Stelle auf der Passivseite der Bilanz als gezeichnetes Kapital aufgeführt. Der Mindestbetrag des Stammkapitals beträgt 50 000,00 DM. Ihr als Gesellschafter übernommener Geschäftsanteil wird als **Stammeinlage** bezeichnet. Sie kann unterschiedlich hoch sein, muß aber mindestens 500,00 DM betragen. Grundsätzlich muß die Stammeinlage durch Hundert teilbar sein, z.B. 35 500,00 DM. Sie können Ihre Einlage auch in Form einer Sacheinlage in das Unternehmen einbringen.

Als Urkunde über die von Ihnen geleistete Stammeinlage erhalten Sie eine Anteilsbescheinigung. Die Geschäftsanteile bilden die Grundlage für die Ausübung von Rechten, z.B. Gewinnverteilung. Sie können Ihre Anteile ganz oder in Teilen veräußern.

Für die von Ihnen beabsichtigte Gründung gelten folgende Zusammenhänge:

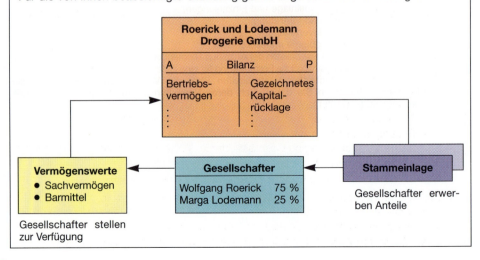

Sie müssen als Gesellschafter Ihre Stammeinlage vor Eintragung der Gesellschaft in das Handelsregister mit mindestens 25 % Ihres Geschäftsanteils leisten; insgesamt bedarf es bis zu diesem Zeitpunkt allerdings mindestens 25 000,00 DM für alle Gesellschafter zusammen. Sie können gemäß §§ 26 ff. in der Satzung eine beschränkte oder unbeschränkte Nachschußpflicht vereinbaren.

Im Falle verzögerter Einzahlungen können unter bestimmten Bedingungen Teilzahlungen zugunsten der Gesellschaft verlustig erklärt werden

-> Kaduzierung:
Für weitere Auskünfte stehen wir Ihnen selbstverständlich zur Verfügung.

● Gründung

Zur Gründung einer Gesellschaft mit beschränkter Haftung müssen Sie einen **notariell beurkundeten Gesellschaftsvertrag,** den man Satzung nennt, abschließen. Es sei denn, Sie beabsichtigen nur eine „Ein-Mann-GmbH" zu gründen. In diesem Fall reicht die Erklärung über die Errichtung einer GmbH aus.

Die Satzung muß nach § 3 GmbHG folgende Punkte enthalten:
1. die Firma und den Sitz der Gesellschaft,
2. den Gegenstand des Unternehmens,
3. den Betrag des Stammkapitals,
4. den Betrag der von jedem Gesellschafter auf das Stammkapital zu leistenden Einlage.

Zudem bedarf es der Eintragung in das Handelsregister, Abt. B. Diese hat konstitutive Wirkung. D.h. sollten vor der Eintragung in das Handelsregister Handlungen im Namen der GmbH vorgenommen worden sein, so haften dafür die „Handelnden", z.B. Geschäftsführer, persönlich und solidarisch (§ 11 GmbHG).

● Firma

Sie können die GmbH als Personen-, Sach- oder auch als gemischte Firma in das Handelsregister eintragen lassen, allerdings stets mit dem Zusatz „mit beschränkter Haftung" (mbH).

● Organe der Gesellschaft mit beschränkter Haftung

Die Organe der GmbH sind die Gesellschafterversammlung und die bzw. der **Geschäftsführer.** Bei Gesellschaften mit mehr als 500 Beschäftigten ist ein **Aufsichtsrat** zu bilden.

- Die Gesellschafterversammlung ist das beschlußfassende Organ. Ihre Aufgaben sind:
    ♦ Festlegung des Jahresabschlusses
    ♦ Festlegung der Gewinn- und Verlustverteilung, z.B. für
        – Deckung eines Verlustvortrages aus dem Vorjahr,
        – Tantiemen für Geschäftsführer und Aufsichtsratsmitglieder,
        – Bildung von Rücklagen,
        – Gewinnausschüttung an Gesellschafter im Verhältnis zu ihren Stammeinlagen,
    ♦ Bestellung von Prokuristen und Handlungsbevollmächtigten,
    ♦ Bestellung, Entlastung und Kündigung von Geschäftsführern.

- Die Geschäftsführer sind das Leitungsorgan der GmbH. Sie leiten die Gesellschaft und vertreten sie nach außen. Sie haften solidarisch für Schäden, die sie durch Verletzung ihrer Aufgaben verursacht haben. In Gesellschaften mit mehr als 2 000 Beschäftigten muß ein Arbeitsdirektor Mitglied der Geschäftsführung sein.

- Für die Bestellung des Aufsichtsrats gelten grundsätzlich die Regelungen:
  - ♦ des Betriebsverfassungsgesetzes von 1952
    – bei mehr als 500 Beschäftigten,
  - ♦ des Mitbestimmungsgesetzes von 1976
    – bei mehr als 2 000 Beschäftigten,
  - ♦ des Montan-Mitbestimmungsgesetzes von 1951
    – bei mehr als 1 000 Beschäftigten.
    aber nur wenn der überwiegende Betriebszweck in der Förderung von Steinkohle, Braunkohle oder Eisenerz, in der Aufbereitung, Verkohlung, Verschwelung oder Brikettierung dieser Grundstoffe oder in der Erzeugung von Eisen und Stahl besteht.

Seine wesentlichen Aufgaben sind:
♦ Kontrolle der Geschäftsführung,
♦ Kontrolle des Jahresabschlusses,
♦ Einberufung von außerordentlichen Gesellschafterversammlungen.

● Auflösung

Nach § 60 GmbHG können mehrere Gründe zur Auflösung einer GmbH führen:
- Ablauf der in der Satzung bestimmten Zeit,
- Beschluß der Gesellschafter, die mindestens drei Viertel der Stimmen auf sich vereinigen,
- Gerichtsurteil,
- Eröffnung des Konkursverfahrens sowie Ablehnung desselben mangels Masse.

2.6.6 GmbH & Co. KG

Die GmbH & Co. KG ist eine Kommanditgesellschaft, bei der als Komplementär keine natürliche Person, sondern eine juristische Person, eine GmbH, auftritt. Durch diese Sonderform gelingt es, den Haftungsumfang der Komplementäre einer Kommanditgesellschaft auf eine Gesellschaft mit beschränkter Haftung zu übertragen und damit die Gesamthaftung sehr geringzuhalten.

Dieser „Trick" widerspricht dem Grundgedanken des HGB nicht nur aus Haftungsgründen, sondern auch deshalb, weil es über die Gründung einer „Einmann-GmbH" gelingt, eine „Einmann-KG" aufzubauen.

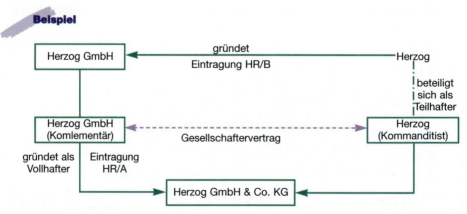

Beispiel

Demnach oder gerade deshalb ist die Anzahl der GmbH und Co. KG an der Gesamtzahl der Handelsgesellschaften sehr hoch, wobei gesellschaftsrechtliche Gründe überwiegen:

- Trotz des Status einer Kommanditgesellschaft ist die Haftung begrenzt.
- Eine Haftungsbeschränkung wird erreicht, ohne daß man auf die Rechtsform der GmbH oder AG ausweichen muß, was mit strengeren Vorschriften bezüglich der Rechnungslegung, der Publizitäts- und Prüfungspflicht verbunden wäre.
- Eine GmbH, die um eine KG erweitert wird, kann relativ einfach neue Eigenkapitalquellen durch die Aufnahme neuer Teilhafter erschließen, z.B. Meier, Schmitz und Schneider.
- Die GmbH & Co. KG stellt eine Möglichkeit dar, den Unternehmensfortbestand zu sichern. Ist der Komplementär einer KG eine natürliche Person, so hat man im Todesfall häufig Probleme, das Unternehmen weiterzuführen, da die Erben nicht persönlich haften wollen.

Grundsätzlich gelten die bekannten Rechtsgrundlagen, d.h. für die Vollhafter die Vorschriften des GmbH-Gesetzes, soweit sie die GmbH in sich betreffen. Für die gesamte Kommanditgesellschaft finden die Paragraphen des HGB Anwendung.

2.6.7 Aktiengesellschaft
2.6.7.1 Aktie

Situation:

Testen Sie Ihre Risikoneigung.
Risikoneigung im Test
Sollten Sie in Ihren Anlagen eher auf Nummer sicher gehen oder auch einmal etwas riskieren?
1. Sie sind einer der Gewinner bei einer Fernseh-Spiel-Show. Welchen der Preise würden Sie wählen? – 5 000 DM in bar (1 Punkt) – eine 50%ige Gewinnchance auf 10 000 DM (3 Punkte) – eine 20%ige Gewinnchance auf 25 000 DM (5 Punkte) – eine 2%ige Gewinnchance auf 250 000 DM (9 Punkte)
2. Sie haben beim Glücksspiel 1 000 DM verloren. Wieviel wären Sie bereit, zusätzlich einzusetzen, um die 1 000 DM zurückzugewinnen? – mehr als 1 000 DM (3 Punkte) – 500 DM (2 Punkte) – nichts – Verlust bereits hoch genug (1 Punkt)
3. Einen Monat, nachdem Sie in eine bestimmte Aktie investiert haben, steigt der Wert um 15 %. Ohne weiterführende Informationen zu haben, was würden Sie tun? – Halten, auf weitere Steigerung hoffen (3 Punkte) – Verkaufen und den Gewinn einstreichen (1 Punkt) – Mehr kaufen – in der Hoffnung auf weitere Steigerungen (4 Punkte)
4. Ihre Investition fällt um 15 %, einen Monat nachdem Sie investiert haben. Grundsätzlich sieht es für das Unternehmen gut aus. Was würden Sie tun? – Mehr kaufen. Wenn es beim Einstieg gut aussah, sieht es jetzt noch besser aus (4 Punkte) – Halten und abwarten, es wird wieder besser wird (3 Punkte) – Verkaufen, um weitere mögliche Verluste zu vermeiden (1 Punkt)
5. Als leitender Angestellter in einer neu gegründeten Firma können Sie zwischen zwei Möglichkeiten wählen, um Ihren Jahresbonus zu erhalten. Für welche Variante würden Sie sich entscheiden? – 5 000 DM in bar (1 Punkt) – Firmenaktien, die Ihnen einen Gewinn von 20 000 DM im nächsten Jahr bringen können, wenn die Firma erfolgreich ist, aber auch gar nichts, wenn die Aktien fallen (5 Punkte)
Ihre Gesamtpunktzahl:
Auswertung
geringe Risikoneigung 5 ——▶ **mittlere Risikoneigung** **hohe Risikoneigung** 25
Quelle: Helaba

Arbeitsvorschlag

Informieren Sie sich zunächst anhand der folgenden Sachdarstellung über das Thema „Aktie" bis Seite 87.

1. Bilden Sie dann Gruppen mit je vier Schülern/Schülerinnen, und einigen Sie sich auf den Erwerb einer der in der Kurstabelle aufgeführten Aktie! Berücksichtigen Sie bei der Entscheidungsfindung in der Diskussion Ihr individuelles Ergebnis der Aufgabe 1.
2. Erläutern Sie zunächst den Kauf einer Aktie.
3. Klären Sie bezüglich der gewählten Aktie den Nenn- und den Kurswert.
4. Welche Rechte entstehen mit dem Erwerb einer Aktie?
5. Wie können Sie diese Rechte geltend machen?
6. Mit welchem Betrag sind Sie am Grundkapital „Ihrer" Aktiengesellschaft beteiligt?
7. Wie hoch war die Rendite je Aktie auf der Basis der angegebenen Dividende des letzten Geschäftsjahres?
8. Wie bewerten Sie die Aktie anhand des Kurs/Gewinn-Verhältnisses?
9. Sie entschließen sich, die Aktie zu verkaufen. Dabei entstehen Kosten (Provisionen, Steuern) von insgesamt 3 % des Kurswertes. Bei welchem Kurs verkaufen Sie die Aktie, wenn Sie mindestens 200,00 DM Gewinn erhalten wollen?
10. Stellen Sie die Arbeitsergebnisse der Aufgaben 8 bis 11 auf einer Wandzeitung zusammen. Wählen Sie einen Gruppensprecher, der Ihre Überlegungen vorstellt.
11. Verfolgen Sie den Kurswert „Ihrer" Aktie in den kommenden vier Wochen, und bewerten Sie Ihre Kaufauswahl bzw. Verkaufsentscheidung.

Deutsche Aktien

Unternehmen (Ende Geschäftsjahr)	Kurs am 27.09.94	Hoch/Tief ab 04.10.93	Gez. Kapital Aktiengatt.	Dividende und Ergebnis je Aktie 1993e		1994e	1995e	DivRend. KGV	Cash-flow je Aktie
Sekt Schloß Wachenheim	778.00 G	1070.00	2.20 Mio	10.00	10.00	10.00		1.3 %	61.84
Siemens	653.50	798.00	2798.00 Mio	13.00	13.00	13.00		2.1 %	155.88
Springer, Axel NA	635.00 G	700.00	170.00 Mio	12.00	12.00	12.00		1.9 %	118.03
Stollwerck	479.00 B	567.00	40.00 Mio	9.00	9.00	9.00		1.9 %	64.44
Südmilch ST konv. i.V.	131.00 T	135.00	85.99 Mio	0.00	0.00	0.00		–	11.07
Thyssen Industrie	191.00	226.00	470.00 Mio	0.00	2.40	2.40		1,4 %	50.05
Trinkaus & Burkhardt	629.00	670.00	112.00 Mio	12.00	12.00	12.00		1.9 %	87.83
Tucher Bräu	195.00 bG	260.00	15.76 Mio	3.00	0.00	0.00		–	47.02
Varta	318.00	378.00	98.94 Mio	0.00	0.00	0.00		–	65.41
Veba	526.20	557.60	2430.00 Mio	13.00	13.00	14.00		2.7 %	126.10

So nutzen Sie die BÖRSE-ONLINE-Statistik richtig

Viele Aktien sind an mehreren Börsen notiert. Für die Kursangabe wird eine umsatzstarke Börse ausgewählt.

Bei diesen Kennzahlen erkennt der Investor die Historie der Gewinnentwicklung:
Dividende: In der Vergangenheit: tatsächlich gezahlte Bardividende je Aktie plus Boni. Für die Zukunft: von BÖRSE ONLINE geschätzter Wert.
Ergebnis je Aktie: Der tatsächlich erwirtschaftete Netto-Gewinn je Aktie im Konzern basiert, soweit erhältlich, auf Unternehmensangaben. Die Daten werden ergänzt durch Schätzung anerkannter in- und ausländischer Banken, Investmenthäuser sowie durch eigene Recherchen.
*Bei Banken wird bis 1991 das Teilbetriebsergebnis ausgewiesen. Ab 1992 wird das Betriebsergebnis je Aktie nach Steuern angegeben. Bei Versicherungen wird der von der Gesellschaft veröffentlichte Gewinn je Aktie angegeben. Ansonsten errechnet sich das Ergebnis nach folgender Formel: Jahresüberschuß plus Steuern vom Einkommen und Ertrag multipliziert mit 1 minus 0,45. Bei Kapitalmaßnahmen werden die Vergangenheitswerte angepaßt.

Die **Dividenden-Rendite** entspricht der geschätzten Dividende für das Geschäftsjahr 1995 ohne Steuergutschrift dividiert durch den aktuellen Börsenkurs multipliziert mit 100. Die Div.-Rend. ist die Verzinsung des Kurswerts durch die als konstant angenommene Dividende. Sie spielt für die Aktienbewertung eine untergeordnete Rolle.

Unternehmen (Ende Geschäftsjahr)	Kurs am 27.09.94	Hoch/Tief ab 04.10.93	Gez. Kapital Aktiengatt.	Dividende und Ergebnis je Aktie 1993e 1994e 1995e			Div.-Rend. KGV	Cash-flow je Aktie KCV
Sekt Schloß Wachenheim	778.00 G	1070.00	2.20 Mio	10.00	10.00	10.00	1.3 %	61.84
Siemens	653.50	798.00	2798.00 Mio	13.00	13.00	13.00	2.1 %	155.88
	635.00 G	700.00	170.00 Mio	12.00	12.00	12.00	1.9 %	118.03
	479.00 B	567.00	40.00 Mio	9.00	9.00	9.00	1.9 %	64.44
	131.00 T	135.00	85.99 Mio	0.00	0.00	0.00	11.07	
Thyssen Industrie	191.00	226.00	470.00 Mio	0.00	2.40	2.40	50.05	
Trinkaus & Burkhardt	629.00	670.00	112.00 Mio	12.00	12.00	12.00	1.9 %	87.83
Tucher Bräu	195.00 bG	260.00	15.76 Mio	3.00	0.00	0.00	–	47.02
Varta	318.00	378.00	98.94 Mio	0.00	0.00	0.00	–	65.41
Veba	526.20	557.60	2430.00 Mio	13.00	13.00	14.00	2.7 %	126.10

* vor der Unternehmensbezeichnung: Neuemession seit dem 01.07.1989

Kurszusätze

Abkürzung	Erläuterung
ohne Zusatz	bezahlt
G	Geld (nur Nachfrage)
B	Brief (Aktien im Angebot)
bG	bezahlt Geld
b	bezahlt Brief
c	Kompensationsgeschäfte
rG	rationiert Geld
r	rationiert Brief
-B	gestrichen Brief
-G	gestrichen Geld
T	Taxe
un	Kurs zur Zeit nicht erhältlich
au	Kurs ausgesetzt
r	Teilzuteilung, rationiert
xD	ex Div./Ausschüttung
xB	ex Bezugsrecht
Z	ex Beziehung

Je geringer der Umsatz, desto strenger muß bei der Ordererteilung für diese Aktien limitiert werden.

KGV: Das Kurs-Gewinn-Verhältnis errechnet sich aus dem aktuellen Börsenkurs dividiert durch das geschätzte Ergebnis je Aktie für 1995. Das KGV sagt aus, wie viele Jahre lang das Ergebnis je Aktie verdient werden muß, um den Börsenkurs zu erzielen. Je kürzer, desto besser. Das KGV ist die wichtigste Kennzahl auf dem deutschen Aktienmarkt.

Gez(eichnetes) Kapital: Nennwert aller ausgegebenen Aktien (Grundkapital) *vor dem gezeichneten Kapital: Kapitalveränderungen im laufenden Geschäftsjahr.
Aktiengattung: Grundkapital der einzelnen Aktiengattung.

Cash-Flow je Aktie (auf Grund des neuesten Geschäftsberichts):
Jahresüberschuß plus Abschreibungen plus Veränderungen der langfristigen Rückstellungen plus Steuern vom Einkommen und Ertrag dividiert durch die Anzahl der Aktien. Der Brutto-Cash-flow stellt den Liquiditätsüberschuß dar, über den das Unternehmen verfügen kann.
KCV: Das Kurs-Cash-Flow-Verhältnis entspricht dem aktuellen Börsenkurs dividiert durch den Cash-flow je Aktie. Die Aussage des KCV ist analog zu der des KGV. Das KCV ist die bevorzugte Kennzahl wichtiger ausländischer Investoren (USA, Japan, Großbritannien).

Sachdarstellung:

> Die Aktiengesellschaft ist eine Handelsgesellschaft mit eigener Rechtspersönlichkeit (juristische Person), deren Gesellschafter (Aktionäre) mit Einlagen in das in Aktien zerlegte Grundkapital beteiligt sind, ohne persönlich für die Verbindlichkeiten der Gesellschaft zu haften (AktG §§ 1, 3).

Die Aktie
Die Aktie ist eine Urkunde über den Besitzanteil am Grundkapital einer Aktiengesellschaft. Zu unterscheiden sind folgende Aktienarten:

nach der Übertragbarkeit:
Inhaberaktien
Sie werden durch einfache Übergabe übertragen, so z.B. durch Verkauf oder Schenkung.
Namensaktien
Sie sind auf eine bestimmte Person ausgestellt und können nur durch ein Indossament übertragen werden. Dieser Vorgang ist der Aktiengesellschaft mitzuteilen und im Aktienbuch der Gesellschaft zu vermerken.

nach den Rechten aus dem Aktienbesitz:
Stammaktien
Sie gewähren dem Inhaber die durch das Aktiengesetz festgelegten Mitgliedschaftsrechte (siehe Aktionär).
Vorzugsaktien
Eine Aktiengesellschaft kann neben ihren Stammaktien auch Papiere ausgeben, die beispielsweise kein Stimmrecht auf der Hauptversammlung beinhalten, dagegen mit besonderen, in der Satzung festgelegten Rechten ausgestattet sind, z.B. mit der Garantie einer Mindestdividende.

nach dem Ausgabedatum der Aktien:
Alte Aktien
Wertpapiere, die bei der Gründung der Aktiengesellschaft oder vor einer Kapitalerhöhung ausgegeben wurden.
Junge Aktien
Will eine Aktiengesellschaft im Laufe ihrer Tätigkeit das Grundkapital erhöhen, so gibt sie neue, d.h. junge, Aktien aus. Das Recht, diese Aktien zu erwerben, haben in erster Linie Besitzer alter Aktien, die im Verhältnis zur Zahl ihrer vorhandenen Papiere Bezugsrechte für neue Unternehmensanteile erhalten.

Aktionär

> Der Besitzer (Inhaber) einer Aktie ist Teilhaber am Kapital einer Aktiengesellschaft. Er erwirbt seine Beteiligung mit dem Kauf der Aktien an der Börse und beendet sie mit dem Verkauf des Wertpapiers.

Als Miteigentümer der Aktiengesellschaft hat der Aktionär folgende Pflichten und Rechte:

Pflichten	Rechte
Leistung der bei der Gründung übernommenen Kapitaleinlage	Stimm- und Auskunftsrecht in der Hauptversammlung
Haftung mit dem Wert der eigenen Aktie	Anspruch auf Anteil am Bilanzgewinn
	Bezug junger Aktien
	Anteil am Liquidationserlös

Nennwert

Dieses ist der auf die Aktie aufgedruckte Wert, der die anteilsmäßige Beteiligung des Aktionärs am Grundkapital der Gesellschaft ausweist. In Deutschland dürfen nur Aktien ausgegeben werden, die auf festgelegte volle DM-Beträge lauten:
5,00 DM, 50,00 DM, 100,00 DM oder ein Vielfaches davon.

Die Summe der Nennwerte aller Aktien ergibt den Mindestnennbetrag von 100 000,00 DM, der von einer Aktiengesellschaft zur Gründung aufgebracht werden muß. Aktien dürfen nicht „unter pari", d.h. unter dem Nennwert, ausgegeben werden.

Kurswert

Der Kurswert bildet sich im Austausch von Angebot und Nachfrage an der Börse und wird dort täglich amtlich notiert. Er ist maßgeblich für die steuerliche Bewertung einer Aktie.

Börse

Die Börse ist der Ort, an dem sich regelmäßig Makler, Händler und Kaufleute treffen, um Geschäfte mit Wertpapieren (Effektenbörse), Geld (Devisenbörse) und vertretbaren Waren (Produktenbörse) abzuschließen. In der Bundesrepublik gibt es acht Wertpapierbörsen, die, gemessen am Umsatz, den drittgrößten Aktienmarkt der Welt hinter den USA und Japan bilden. Dazu gehören: Berlin, Bremen, Düsseldorf, Frankfurt, Hamburg, Hannover, Stuttgart und München. Hier werden von Montag bis Freitag zwischen 11.30 und 13.30 Uhr die jeweils an diesen Plätzen zugelassenen Wertpapiere von den dazu berechtigten Personen unter Einschaltung der amtlichen Makler gehandelt. Käufe und Verkäufe erfolgen zunächst auf Zuruf, erst zu einem späteren Zeitpunkt werden dann die Verträge schriftlich abgeschlossen.

Möchte ein Aktionär weitere Wertpapiere erwerben oder welche verkaufen, so muß er einem Kreditinstitut einen entsprechenden Börsenauftrag erteilen. Darin sind u.a. der Nennwert des Papiers, die genaue Bezeichnung sowie ein eventuelles Preislimit nach oben oder unten und die Geltungsdauer des Auftrages verzeichnet.

Gewinnanteil des Aktionärs

Einem Aktionär stehen zwei Möglichkeiten zur Verfügung, Gewinne aus der Miteigentümerschaft an der Gesellschaft zu erhalten.

● Kursgewinne

Die Kursentwicklung richtet sich einerseits nach der Leistungsfähigkeit der Aktiengesellschaft, andererseits nach den Erwartungen zukünftiger Erträge sowie der Entwicklung der Branche und der Wirtschaft insgesamt. Sind diese Erwartungen eher pessimistisch, so wird der Kurs dieses Unternehmens oder auch anderer Gesellschaften fallen. Überwiegt dagegen eine positive Einschätzung, so hat dies einen Kursanstieg zur Folge, da die Nachfrage nach diesem Wertpapier steigen wird. Die richtige Bewertung o.g. Kriterien bestimmt das Risiko bzw. die Chance der Anlageform „Aktie".

● Dividende

Wurde im Geschäftsjahr Gewinn erzielt, so wird ein Teil des Jahresüberschusses an die Aktionäre ausgeschüttet. Der auf die einzelne Aktie entfallende Betrag wird als *Dividende* bezeichnet. Dieser wird entweder als Prozentsatz oder als Nominalwert in DM angegeben. Beide Größen beziehen sich auf den Nennwert der Aktie und geben damit die Nominalverzinsung an. Im Falle außergewöhnlich hoher Gewinne können zusätzlich Boni gezahlt werden.

Aktiengesellschaften sind juristische Personen und damit körperschaftsteuerpflichtig. Dieser Einkommensteueranteil belastet die ausgeschütteten Gewinne, die Dividende, da sie bereits vor der Zuteilung an die Aktionäre vom Jahresüberschuß bezahlt wurde. Sie haben deshalb die Möglichkeit, eine anrechenbare Körperschaftsteuer in Höhe von 9/16 der Bardividende im Rahmen der Einkommensteuererklärung geltend zu machen und eine Steuergutschrift zu erwirken.

Da die Dividende vom Gewinn abhängig ist, ändert sie sich in der Regel mit der Ertragslage der Aktiengesellschaft. Ein alter Börsenspruch lautet:

 Wer gut essen will, kauft Aktien. Wer gut schlafen will, kauft Schuldverschreibungen.

Er bringt den Unterschied zwischen der Aktie als Chancen- und Risikopapier und der Schuldverschreibung als festverzinslichem Wertpapier ohne extrem schwankende Gewinne bzw. Verluste zum Ausdruck.

Rendite

> Die tatsächliche Verzinsung einer Aktie bezeichnet man als Effektivverzinsung oder als Rendite.

Die Formel zur Berechnung lautet:

$$\text{Rendite} = \frac{\text{Dividende} \cdot 100}{\text{Kurs}}$$

Beispiel

Die Volksfürsorge zahlte für das Jahr 1992 12,50 DM Dividende und einen Bonus in Höhe von 7,03 DM. Bei einem Kurs von 571,00 DM (30.06.1993) ergab sich eine Rendite von 3,42 %.

$$\frac{(12{,}50 \text{ DM} + 7{,}03 \text{ DM}) \cdot 100}{571{,}00 \text{ DM}} = 3{,}42 \text{ \%}$$

Aufgrund der anrechenbaren Körperschaftsteuer war eine Steuergutschrift von 2,15 DM pro Aktie zu erwarten.

Bewertung einer Aktie

Die Qualität einer Aktie wird nicht nur an der Kursentwicklung, sondern anhand allgemein üblicher Bewertungskriterien gemessen. Das sind die Rendite (s.o.) und das Kurs/Gewinn-Verhältnis (KGV). Letzteres wird auch als price earning ratio oder P/E-ratio bezeichnet. Die Deutsche Vereinigung für Finanzanalyse und Anlageberatung (DVFA) hat eine in der Praxis häufig angewandte Formel zur Berechnung der zu erwartenden Gewinne einer Aktie entwickelt. Diese Größe wird dem aktuellen Börsenkurs gegenübergestellt. Die daraus resultierende Verhältniszahl gibt das KGV an, nämlich, mit dem Wievielfachen des Jahresgewinns die Aktie eines Unternehmens an der Börse bewertet wird.

Anleger können so schnell einen Überblick darüber gewinnen, ob eine Gesellschaft an der Börse „preiswert" oder „teuer" im Vergleich zu den übrigen Dividendenpapieren der Branche bewertet wird.

Beispiel

Unternehmen (Ende Geschäftsjahr)	Kurs am 27.09.94	Hoch/Tief ab 04.10.93	Gez. Kapital Aktiengatt.	Dividende und Ergebnis je Aktie 1993e 1994e 1995e			Div.-Rend. KGV	Cash-flow je Aktie KCV
BMW St	773.50	957.00	*983.50 Mio	12.50	12.50	12.50	1.7 %	133.20
BMW VZ	555.00	695.00	*983.50 Mio	13.50	13.50	13.50	2.6 %	133.20
Daimler-Benz	767.00	912.00	2 563.00 Mio	8.00	10.00	13.00	1.8 %	189.84
Volkswagen TZ	454.80	552.00	1 664.00 Mio	2.00	4.00	6.00	1.4 %	111.81
Volkswagen VZ	360.50	440,50	1 664.00 Mio	2.00	5.00	7.00	2.0 %	111.81

Die Tabelle zeigt, daß die Volkswagen AG mit einem KGV von ... preiswerter ist als BMW oder Daimler-Benz mit einem KGV von ... und ...

2.6.7.2 Wesen der Aktiengesellschaft

Situation:

In der Wochenausgabe einer Wirtschaftszeitung ist der folgende Artikel zu lesen:

Saure Milch – Saure Aktionäre

Heftige Kritik der Aktionäre ist auf der Hauptversammlung der Melk AG in Leipzig zu erwarten. Aufgrund der finanziell bedrohlichen Lage des Unternehmens beabsichtigt der Vorstand die Herabsetzung des Grundkapitals von 1 Mio. DM auf 500 000,00 DM. Nachdem der Verlust im vergangenen Jahr die Rekordsumme von 175 000,00 DM erreicht hatte, scheint dieser Schritt für die Konzernleitung unumgänglich. ...

Gespräch im Aufsichtsrat der Melk AG zwischen dem Vorsitzenden, Herrn Raubautz, und dem Vorstandssprecher, Herrn Kummer.

Herr Raubautz: Der von Ihnen vorgelegte Jahresabschluß ist erschütternd! Was ist nach dem horrenden Verlust im letzten Jahr aus Ihren Versprechungen geworden? Die Lage ist so schlimm wie nie zuvor!

Herr Kummer: Nun, die wirtschaftliche Lage hat sich insgesamt noch nicht gebessert. Der erhoffte Konjunkturaufschwung läßt noch immer auf sich warten. Deutliche Zeichen sind noch nicht zu erkennen. Auch unsere Branche leidet darunter, gerade in den neuen Bundesländern. Hinzu kommen die Probleme mit unseren Mitbewerbern. Wir können weder in der Preispolitik noch im Vertrieb mit den großen westdeutschen Anbietern mithalten. Diese drängen massiv in unsere Marktsegmente im Osten.

Herr Raubautz: Jetzt reicht's! Am 31.10. findet die Hauptversammlung statt. Wie wollen Sie diese Situation vor den Aktionären rechtfertigen? Sie haben all diese Argumente schon im letzten Jahr, als keine Dividende gezahlt werden konnte, vorgebracht. Nun kommt noch die Kapitalherabsetzung dazu. Können Sie sich im entferntesten in die Lage der Aktionäre hineinversetzen? Bedenken Sie doch, welche Konsequenzen mit diesen Entscheidungen verbunden sind!
Sie werden sich warm anziehen müssen. Auch für Sie wird es eng werden. Bereiten Sie sich also gut vor. Erstellen Sie für den Aufsichtsrat ein Konzept für die bevorstehende ordentliche Hauptversammlung und legen Sie uns dieses rechtzeitig vor!
Ich wünsche Ihnen noch einen erfolgreichen Arbeitstag ...

Arbeitsvorschlag

Bilden Sie 5 Gruppen, und teilen Sie diese wie folgt ein:
- Gruppe 1: Kleinaktionäre
- Gruppe 2: Eine renommierte Bank als Großaktionär mit einem Aktienanteil von 35 %
- Gruppe 3: Aufsichtsrat
- Gruppe 4: Vorstand der Melk AG

Sie erhalten folgende Einladung:

Melk AG

Melk Aktiengesellschaft
Auf der grünen Wiese 17 – Postfach 12 35 67 – 04249 Leipzig
Wertpapier-Kenn-Nummern: 120001 und 150000

EINLADUNG

Hiermit laden wir unsere Aktionäre ein
zur ordentlichen Hauptversammlung
am Donnerstag, 31.10.19.., 10.00 Uhr,
in Leipzig, Stadthalle, Eingang Fischerstraße

**Tagesordnung
der Hauptversammlung**

1. Vorlage des festgestellten Jahresabschlusses für das aktuelle Geschäftsjahr mit dem Lagebericht und dem Bericht des Aufsichtsrats sowie Vorlage des Konzernabschlusses mit dem Konzernlagebericht
2. Beschluß über den Verlustvortrag
3. Änderung der Satzung § 3: Festlegung des Grundkapitals, Herabsetzung des Grundkapitals
4. Entlastung des Vorstandes für das abgelaufene Geschäftsjahr
5. Entlastung des Aufsichtsrats für das abgelaufene Geschäftsjahr
6. Zustimmung zu Unternehmensverträgen mit Konzern- und Beteiligungsgesellschaften
7. Wahl des Abschlußprüfers für das neue Geschäftsjahr

Anträge und Wahlvorschläge von Aktionären: Der Vorstand wird etwaige Anträge und Wahlvorschläge von Aktionären gemäß AktG §§ 125 ff. nur mitteilen, wenn die Antragsteller die Aktionärseigenschaft nachweisen.

Zur Teilnahme an der Hauptversammlung sind diejenigen Aktionäre berechtigt, die ihre Aktien spätestens am 03.09.19.. ordnungsgemäß hinterlegen.

Der vollständige Wortlaut der Einberufung dieser Hauptversammlung ist im Bundesanzeiger Nr. 100 vom 31.08.19.. veröffentlicht.

Herr Kummer trifft sich zu einer Vorstandssitzung mit seinen Kollegen. Ihnen schwant Böses...

1. Bereiten Sie sich auf die bevorstehende Hauptversammlung vor. Entwickeln Sie ein Konzept aus der Perspektive der jeweiligen Gruppe.
2. Führen Sie eine Hauptversammlung durch, in der Sie versuchen, Ihre jeweiligen Interessen durchzusetzen.

Sachdarstellung:
Die Aktiengesellschaft ist eine Gesellschaft mit eigener Rechtspersönlichkeit, d.h. eine juristische Person, die zu jedem gesetzlich zulässigen gewerblichen und nichtgewerblichen Zweck gegründet werden kann. Sie zählt, auch wenn der Gegenstand des Unternehmens nicht im Bereich eines Handelsgewerbes liegt, zu den Handelsgesellschaften.

Bedeutung der Aktiengesellschaft in unserer Wirtschaft
Als Kapitalgesellschaft hat sie im Gegensatz zu den Personengesellschaften u.a. den Vorteil, daß die Finanzierung größerer Investitionen aufgrund ihrer Möglichkeiten zur Kapitalbeschaffung leichter zu realisieren sind. So wurden im 19. Jh. mit der beginnenden Industrialisierung viele Unternehmen in der Rechtsform einer Aktiengesellschaft gegründet, um den für den technischen Umbruch notwendigen gewaltigen Kapitalbedarf zu decken. 1993 gab es in der Bundesrepublik Deutschland ca. 2 800 Aktiengesellschaften. Aufgrund des technischen Fortschritts und der Tendenz zur Konzentration in der inländischen und europäischen Wirtschaft ist davon auszugehen, daß ihre Zahl weiter steigen wird.

Gründung einer Aktiengesellschaft
Zur Gründung einer Aktiengesellschaft sind mindestens 5 Personen erforderlich, die alle Aktien gegen Einlage übernehmen. Diese müssen zusammen den Mindestnennbetrag von 100 000,00 DM ergeben und sind als Grundkapital bzw. gezeichnetes Kapital in der Bilanz auszuweisen. Zusätzlich zu diesem Teil des Eigenkapitals der Gesellschaft gehören die Rücklagen, die bei der Gründung aus dem Aufgeld auf den Nennwert der Aktie (Agio) gebildet werden. Wird beispielsweise der Nennbetrag von 50,00 DM festgelegt und der Käufer muß 100,00 DM für diese Aktie zu bezahlen, so sind 100 % Aufgeld in Rücklagen zu überführen. Diese können nach Ablauf eines Geschäftsjahres durch nicht ausgeschüttete Gewinne aufgestockt werden.

Die Gründer der Aktiengesellschaft legen in der Satzung fest, ob eine Sach- oder Bargründung erfolgen soll. Weiterhin wird die Höhe des Grundkapitals sowie die Art und Stückelung der Aktien bestimmt.

Weitere Gründe bei der Gründung sind:
- Bestellung eines ersten Aufsichtsrats und Wahl eines Abschlußprüfers,
- Erstellen eines Geschäftsberichts und einer Geschäftsprüfung,
- Anmeldung im Handelsregister.

Entstehung einer Aktiengesellschaft

Vom Zeitpunkt der Übernahme aller Aktien durch die Gründer, der *Errichtung*, bis zur Eintragung und Bekanntmachung der Aktiengesellschaft im Handelsregister, der *Entstehung*, bilden die Gründer eine Gesellschaft des bürgerlichen Rechts. So haftet jeder, der im Namen der Gesellschaft Geschäfte macht, gesamtschuldnerisch und persönlich.

Bei der Anmeldung im Handelsregister muß neben dem Nachweis der Einlagen und der Vertreterbefugnis der Vorstandsmitglieder u.a. auch die Firma bestimmt werden. Das Aktiengesetz legt fest, daß es sich um eine Sachfirma handeln soll, die den Zusatz „AG" trägt.

Den Gläubigern haftet nach die Errichtung nur noch das Gesellschaftsvermögen.

2.6.7.3 Organe der Aktiengesellschaft

■ **Vorstand**

Zwar haften die Aktionäre mit ihrer Einlage, sie sind jedoch nicht zur Geschäftsführung oder Vertretung berechtigt. Als **leitendes Organ** der Aktiengesellschaft wird vom Aufsichtsrat für die Dauer von höchstens 5 Jahren ein Vorstand bestellt. Dieser kann, sofern keine Pflichtverletzung im Sinne einer ordentlichen und sorgfältigen Geschäftsführung vorliegt, über mehrere Perioden tätig sein. Ebenso wie für die Gesellschafter der OHG und die Komplementäre der OHG und die Komplementäre der KG, besteht für die Vorstandsmitglieder die Pflicht zur Wettbewerbsenthaltung. Aufsichtsratsmitglieder können nicht in dieses Gremium berufen werden.

Das Leitungsorgan der AG besteht aus einer oder mehreren Personen, deren Zahl durch die Satzung festgelegt wird. Unterliegt das Unternehmen dem Mitbestimmungsgesetz von 1976, so muß ihm ein Arbeitsdirektor angehören, der insbesondere Sozial- und Personalfragen betreut.

In der Regel erhalten die Mitglieder des Vorstands Gesamtgeschäftsführungsbefugnis und Gesamtvertretungsmacht. Die Satzung kann jedoch eine Einzelgeschäftsführungsbefugnis und Einzelvertretungsbefugnis festlegen. Diese Entscheidungen sowie die Prokura müssen im Handelsregister eingetragen werden.

Zu den Aufgaben des Vorstands gehören folgende Tätigkeiten:
- Leitung der Gesellschaft unter eigener Verantwortung,
- Erstellung eines Jahresabschlusses für das abgelaufene Geschäftsjahr sowie eines Lageberichts und dessen Vorlage beim Abschlußprüfer,

- regelmäßige, mindestens vierteljährliche Berichterstattung über die Geschäfte und Lage des Unternehmens an den Aufsichtsrat,
- Einberufung der Hauptversammlung,
- Vorschlag über die Verwendung des Bilanzgewinns,
- Beantragung eines Konkursverfahrens oder gerichtlichen Vergleichsverfahrens im Falle einer Zahlungsunfähigkeit oder Überschuldung.

Für seine Tätigkeit erhalten die Mitglieder neben einem festen Gehalt eine Beteiligung am Jahresgewinn. Dieser auch als Tantieme bezeichnete Anteil errechnet sich aus dem Bilanzgewinn:

	Jahresüberschuß
+	Gewinnvortrag aus dem Vorjahr bzw. ./. Verlustvortrag
–	Einstellung offener Rücklagen
=	Bilanzgewinn bzw. Bilanzverlust

■ Der Aufsichtsrat

„„ Aufsichtsräte müssen das tun, was im Gesetz steht, nämlich alles, damit es dem Unternehmen gutgeht. „„

(Karl Josef Neukirchen im Stern 6/94)

Um diesem Ziel gerecht zu werden, wird durch das Aktiengesetz der Aufsichtsrat als **überwachendes Organ** der Aktiengesellschaft festgelegt. Er kontrolliert die Geschäftsführung des Vorstands, indem er folgende Aufgaben wahrnimmt:

- Bestellung und Überwachung des Vorstandes sowie Abberufung, sofern ein triftiger Grund vorliegt
- Prüfung des Jahresabschlusses, des Lageberichts und des Berichts des Abschlußprüfers
- Prüfung des Vorschlags zu Verwendung des Bilanzgewinns
- Erstellen eines Berichts über das Ergebnis der o.g. Prüfungen
- Einberufung einer außerordentlichen Hauptversammlung, sofern wichtige Gründe vorliegen.

Der Aufsichtsrat wird für die Dauer von 4 Jahren von der Hauptversammlung bestellt. Die Mitglieder müssen natürliche, unbeschränkt geschäftsfähige Personen sein, die nicht im Vorstand einer Tochtergesellschaft tätig sind. Es ist auch nicht zulässig, Vorstandsmitglieder und Aufsichtsratsmitglieder zweier Aktiengesellschaften über Kreuz miteinander zu verflechten. Die Zusammensetzung des Aufsichtsrates wird im Wesentlichen durch 3 Gesetze geregelt:

Betriebsverfassungsgesetz von 1952 (BetrVG)

Das BetrVG regelt u.a. die Zusammensetzung des Aufsichtsrates für Gesellschaften mit weniger als 2 000 Beschäftigten. Danach muß dieser zu zwei Dritteln aus Vertretern der Kapitaleigner und zu einem Drittel der Arbeitnehmer gebildet werden. Die Mindestzahl beträgt 3 Mitglieder. Sie kann durch die Satzung erhöht werden, muß jedoch durch die Zahl 3 teilbar sein und darf folgende, vom Grundkapital abhängige, Zahl nicht überschreiten:

Das Grundkapital beträgt
- bis zu   3 000 000,00 DM   →   9 AR-Mitglieder
- mehr als   3 000 000,00 DM   →   15 AR-Mitglieder
- mehr als   20 000 000,00 DM   →   21 AR-Mitglieder

Unternehmen mit weniger als 500 Arbeitnehmern und sogenannte Tendenzbetriebe, dazu zählen Unternehmen mit überwiegend politischem, konfessionellem, karitativem, erzieherischem, wissenschaftlichem oder künstlerischem Zweck, sind von der Drittelbeteiligung der Arbeitnehmer befreit.

Mitbestimmungsgesetz von 1976 (MitbestG)

Das MitbestG gilt für Gesellschaften mit über 2 000 Beschäftigten. Der Aufsichtsrat setzt sich hier zu gleichen Teilen aus Anteilseignern und Arbeitnehmern zusammen und umfaßt folgende Mitglieder:
- bei 2 000 bis 10 000 Beschäftigten 12, davon 4 Arbeitnehmer des Unternehmens und 2 Gewerkschaftsvertreter;
- bei mehr als 10 000 Beschäftigten 16, davon 6 Arbeitnehmer des Unternehmens und 2 Gewerkschaftsvertreter;
- bei mehr als 20 000 Beschäftigten 20, davon 7 Arbeitnehmer des Unternehmens und 3 Gewerkschaftsvertreter.

Gewählt werden die Anteilseigner von der Hauptversammlung und die Vertreter der Arbeitnehmer von der Belegschaft. Die Verteilung der Arbeitnehmer-AR-Plätze soll sich auf Arbeiter, Angestellte und leitende Angestellte entsprechend ihrem Anteil an der Gesamtbelegschaft orientieren. Jede Gruppe muß allerdings mit einem Sitz vertreten sein.

Aufsichtsräte in Deutschland
»Die meisten schauen im Taxi mal in die Aktien«

Dieser vorerst letzte Unternehmens-Skandal wirft erneut die Frage auf, ob deutsche Firmenaufseher überhaupt eine wirksame Kontrolle ausüben können oder wollen.

So war zum Beispiel Ronaldo Schmitz schon vor dem MG-Fiasko wegen des Desasters beim Molkereikonzern Südmilch/Sachsenmilch schwer unter Beschuß geraten. Dort hatten Kleinaktionäre viel Geld verloren und wurden – ziemlich einmalig – hernach von der Deutschen Bank dafür entschädigt. Schmitz sitzt auch im Aufsichtsrat von Villeroy & Boch, wo es jahrelang drunter und drüber ging und mit dem Geschäft bergab. Dort begegnet er dem Aufsichtsratschef Karl Gustav Ratjen, ehemals Vorsteher der Metallgesellschaft und ein Förderer von MG-Chef Schimmelbusch.

Man trifft sich, man kennt sich, man bleibt unter sich. Häufig kontrolliert der Aufsichtsrat in einem Unternehmen den Vorstand, der ihn wiederum in einem anderen Konzern kontrolliert. „Das läuft nach dem Motto: Tust du uns nicht weh, tun wir dir nicht weh", sagt der Düsseldorfer Unternehmensberater Carl Zimmerer. Sein Kollege Roland Berger kommentiert das Netzwerk der Manager-Beziehungen: „Die handelnden Personen sind Mitglieder eines Systems gegenseitiger Abhängigkeiten."

Und das beherrschen hierzulande vor allem Banken und Versicherungen. Mit ihrem Kapitalbesitz an Unternehmen beziehungsweise dem Depotstimmrecht ihrer Aktienkunden kontrollieren sie nahezu jede Hauptversammlung und bestimmen damit, wer auf den Top-Etagen was wird und wen kontrolliert. In diesem Monopoly spielen nur ein paar hundert Top-Manager mit, die über die verschiedensten Gremien miteinander verbandelt sind.

Allein die Deutsche Bank ist in über 500 Aufsichtsgremien vertreten. Der Frankfurter Wirtschaftsprofessor Wolfram Engels: „Der Manager-Filz steht dem politischen Filz in nichts nach."

Mehr als 50 Prozent der Anteile an deutschen Großunternehmen sind mittlerweile im Besitz von anderen Unternehmen – vor allem von Finanzkonzernen. Bei der Allianz gehören sogar 70 Prozent des Kapitals anderer Firmen. An denen wiederum ist der Versicherungskonzern meist in umgekehrter Richtung beteiligt. Der CDU-Wirtschaftsexperte Friedhelm Ost: „Die deutsche Wirtschaft wird im Ergebnis von einem ganz kleinen Kreis von Bankern und Versicherungsmanagern kontrolliert."

> Und abschließend noch ein Zitat von Hermann Josef Abs:
>
> Einen Aufsichtsrat haften zu lassen, ist schwieriger als eine Sau am eingeseiften Schwanz festzuhalten.
>
> (Stern 6/94)

■ Die Hauptversammlung

Jährlich, in den ersten 8 Monaten des Geschäftsjahres, wird das beschließende Organ der Aktiengesellschaft, die Hauptversammlung, einberufen. Darüber hinaus kann eine außerordentliche Hauptversammlung jedoch auch durch den Aufsichtsrat einberufen werden, wenn
- Aktionäre, deren Anteile zusammen mindestens 20 % des Grundkapitals ausmachen, dies fordern,
- der Verlust die Hälfte des Grundkapitals erreicht hat,
- Kapitalerhöhungen bzw. -herabsetzungen geplant sind.

Die Versammlung aller Aktionäre nimmt ihre Rechte durch Ausübung der Stimmrechte nach Aktiennennbeträgen wahr. Bei Publikumsgesellschaften, d.h. Aktiengesellschaften mit breit gestreutem Aktienbesitz, ist der Einfluß des einzelnen Aktionärs relativ gering, da die Großaktionäre, i.d.R. Banken, den beherrschenden Einfluß in der Hauptversammlung ausüben. Kleinaktionäre, die ihre Aktien bei Kreditinstituten deponiert haben, können diese beauftragen, ihre Depotstimmrechte auf der Hauptversammlung wahrzunehmen.

Die Beschlußfassung in der Hauptversammlung erfolgt mit einfacher Mehrheit. Satzungsänderungen der Aktiengesellschaft müssen dagegen mit einer qualifizierten Mehrheit von 75 % des bei der Beschlußfassung vertretenen Kapitals gefaßt werden. Verfügt ein Aktionär über mehr als 25 % des Grundkapitals, so besitzt er die sogenannte Sperrminorität, mit der er die Beschlüsse der Hauptversammlung verhindern kann. Der Erwerb eines solchen Anteils ist der Aktiengesellschaft mitzuteilen und von dieser zu veröffentlichen.

Zu den Aufgaben der Hauptversammlung gehören:
- Wahl der Aufsichtsratsmitglieder der Anteilseigner mit einfacher Mehrheit,
- Abberufung der Aufsichtsratsmitglieder der Anteilseigner vor Ablauf ihrer Amtszeit mit Dreiviertelmehrheit,
- Beschlußfassung über die die Existenz bedrohenden Grundfragen der Aktiengesellschaft, wie z.B. Satzungsänderungen zur Kapitalerhöhung und -herabsetzung, Fusion und Auflösung der Unternehmung,
- Wahl des Abschlußprüfers,
- Beschlußfassung über die Verwendung des festgestellten Jahresgewinns,
- Feststellung des Jahresabschlusses aufgrund der Entscheidung des Vorstands oder des Aufsichtsrats,
- Beschlußfassung über die Entlastung des Vorstands und des Aufsichtsrats.

NEUES ZUR AG
Kleine haben's leichter

Gesetz für kleine Aktiengesellschaften und zur Deregulierung (Vereinfachung) des Aktienrechts

Ziel des Gesetzes, das am 10.08.94 in Kraft trat, ist es, kleinen und mittleren Unternehmen den Zugang zur Rechtsform der Aktiengesellschaft (AG) zu erleichtern. Sie können damit die entscheidenden Vorteile dieser Rechtsform nutzen, die ihnen, waren sie doch bisher überwiegend als GmbH oder Personenhandelsgesellschaft organisiert, verschlossen blieben. Dies sind insbesondere die Eigenkapitalbeschaffung und die Sicherung des Unternehmens in einer Zeit des Generationenwechsels.

Vorteil Eigenkapitalbeschaffung:

Im Gegensatz zu anderen Unternehmensformen kann sich die AG durch den Gang an die Börse schnell und relativ unkompliziert Eigenkapital beschaffen, indem sie Aktien einem breiten Publikum zum Kauf anbietet. Andere Unternehmen müssen sich auf die langwierige und oft erfolglose Suche nach einem Partner machen, der dann zwar EK bringt, aber auch erheblichen Einfluß auf die Unternehmenspolitik nimmt (tätige Teilhaberschaft). Dies ist auch der Grund dafür, daß die EK-Ausstattung von AG's in der Regel besser ist als die anderer Rechtsformen, sie also für die Zukunft besser gerüstet sind und Krisen leichter überstehen können.

Zudem können Aktien problemlos übertragen werden, der Kauf und Verkauf von GmbH-Anteilen muß hingegen notariell beurkundet werden.

Vorteil Unternehmensnachfolge

In der AG gibt es, wie in keiner anderen Rechtsform sonst, eine klare Trennung zwischen Geschäftsführung (Vorstand) und Eigentümern (Aktionäre). Im Prinzip haben die Aktionäre über einzelne Fragen der Geschäftsführung nicht zu entscheiden. Damit werden Streitigkeiten, z.B. im Rahmen der Erbfolge, nicht in die Geschäftsführung hineingetragen, die AG bleibt handlungsfähig. Bei der GmbH beispielsweise können die Gesellschafter der Geschäftsführung Weisungen für Einzelfälle erteilen. Bei Streitigkeiten ist es nicht selten, daß sich Anordnungen widersprechen. Deshalb werden qualifizierte Manager in der Regel der AG den Vorzug geben.

Neue Gründungsregeln

§ 2 AktG erlaubt künftig die Gründung einer AG durch eine Person. Diese kann eine natürliche oder juristische Person (z.B.: AG, GmbH) sein. In- und ausländische Unternehmen, die eine Tochtergesellschaft gründen wollen, werden die neue Regelung sicher zu schätzen wissen. Der alleinige Gründer hat zusätzlich zu seiner Pflichteinlage (§ 36a AktG: 25 % des Nennwerts + Agio, Sacheinlage in voller Höhe) eine Sicherheit für den noch nicht eingezahlten Geldbetrag zu stellen. Die Sicherheit wird i.d.R. durch eine Bankbürgschaft gestellt werden. § 42 AktG bestimmt: „Gehören alle Aktien ... einem Aktionär, ist dies sowie der Name, Vorname, Beruf und Wohnort des alleinigen Aktionärs unverzüglich bei dem Gericht (Anmerkung der Redaktion: Handelsregistergericht) anzumelden." Dies gilt auch, wenn nachträglich ein Aktionär das Eigentum an allen Aktien erwirbt. Auch neu ist, daß der Gründungsbericht der Gründungsprüfer (vornehmlich bei Sachgründung) nur noch beim Vorstand und Handelsregister, aber nicht mehr bei der IHK einzureichen ist.

Neue Hauptversammlungsregeln

Sind alle Aktionäre der Gesellschaft namentlich bekannt, kann die Einberufung und Tagesordnung der Hauptversammlung (HV) durch Einschreibebrief bekannt gemacht werden (§ 121, Abs. 4). Nur große AG's (Publikumsgesellschaften) müssen noch eine „teure" Veröffentlichung im Bundesanzeiger vornehmen. Der Tag der Absendung des Einschreibens gilt als Tag der Bekanntmachung, von dem aus die Einberufungsfrist von mindestens einem Monat berechnet wird. Es geht aber auch kürzer. Nach § 121, Abs. 6 erhält eine „Vollversammlung" (alle Aktionäre anwesend, Einberufung ohne Form- und Fristvorschriften) HV-Charakter. Die hier gefaßten Beschlüsse sind wirksam, es sei denn, ein Aktionär widerspricht. Das Gesetz schützt den Aktionär, der sich auf überraschende Tagesordnungspunkte nicht ausreichend vorbereiten konnte. Die notarielle Beurkundung aller HV-Beschlüsse wird für AG's, deren Aktien nicht an der Börse gehandelt werden, eingeschränkt. Bei ihnen reicht grundsätzlich eine vom Aufsichtsratsvorsitzenden unterzeichnete Niederschrift.

2.6.8 Genossenschaft

> **Ein Blick zurück**
> Eine amtliche Statistik aus dem Jahre 1867 weist folgende Wohnverhältnisse in Berlin auf:
>
> | | |
> |---|---|
> | 702 437 | Einwohner wohnten auf 13 656 bebauten Grundstücken, durchschnittlich also 52 auf jedem Grundstück, |
> | 62 000 | Menschen, also 9 % der Gesamtbevölkerung, hausten in Kellern, |
> | 49 000 | Menschen wohnten in Wohnungen ohne heizbare Zimmer, |
> | 127 000 | junge Handwerksburschen hatten lediglich einen Schlafstellenplatz zur Verfügung. |
>
> In die Hinterhöfe drangen weder Licht noch Sonne, die sanitären Verhältnisse waren katastrophal. Im Durchschnitt mußten sich 10 Familien mit einer Podesttoilette begnügen. Badezimmer – das war ein Fremdwort.

■ Idee und Zielsetzung

Die ursprüngliche Idee, gemeinschaftliches Handeln macht stark, ist so alt wie die Menschheit selbst. Ihre konkrete Umsetzung in verschiedenen Bereichen des Lebens, besonders aber im Handel, läßt sich auf das Jahr 1844 zurückverfolgen. In diesem Jahr sollen die Einwohner des Dorfes Rochedale, England, mit den Preisen ihres Kolonialwarenhändlers, „Tante-Emma-Laden", so unzufrieden gewesen sein, daß sie einmal wöchentlich einen Einwohner in ein Nachbardorf zum Einkaufen geschickt haben. In Deutschland fand die idee einer „Hilfsgemeinschaft" bald Nachahmer und mündete in einflußreichen Genossenschaftsverbänden, z.B. Deutscher Raiffeisenverband, Gründer Raiffeisen 1848/49, Schwerpunkt: landwirtschaftliche Genossenschaften, Deutscher Genossenschaftsverband, Gründer Schulze-Delitzsch 1849, Schwerpunkt: gewerbliche Genossenschaften.

Zentrale Anliegen der unterschiedlichen Arten sind bei:
- **Konsumgenossenschaften** der Großeinkauf und die Weiterveräußerung von Waren an Genossen und andere Verbraucher;
- **Einkaufsgenossenschaften** der Einkauf großer Warenmengen, die von den Genossen benötigt werden;
- **Kreditgenossenschaften** die Gewährung günstiger Kredite und die Abwicklung anderer Bankgeschäfte;
- **Absatzgenossenschaften** der Aufkauf, der Absatz und die Verwertung von landwirtschaftlichen Erzeugnissen;
- **Wohnungsbaugenossenschaften** die Schaffung von mehr Wohnraum in guter Qualität zu niedrigen Preisen.

Diese Ziele lassen sich nur dann erreichen, wenn auf das erwerbswirtschaftliche Ziel der Gewinnmaximierung zugunsten des Solidarprinzips „einer für alle, alle für einen" verzichtet wird. Damit unterscheiden sich Genossenschaften in ihrer obersten Formalzielsetzung wesentlich von anderen Rechtsformen. In diesem Sinne werden Gewinne, die aufgrund vorsichtiger Kalkulation entstanden sind, zunächst den Rücklagen zugeführt und nur der

Rest, entsprechend der geleisteten Einzahlungen der Genossen, den Geschäftsguthaben der Genossen gutgeschrieben. So ist es keine Seltenheit, daß weit über 90 % des Gewinnes den Ergebnisrücklagen zugewiesen wird.

Beispiel

Gewinnverwendungsvorschlag:
Vorstand und Aufsichtsrat haben beschlossen, der Vertreterversammlung vorzuschlagen:

Aus dem Bilanzgewinn des Geschäftsjahres 1992/93 von eine Dividende von 2,80 % (das sind einschließlich davon einbehaltener und abgeführter Kapitalertragsteuer und entrichteter, anrechenbarer Körperschaftsteuer 4 % Gesamtausschüttung, soweit die Genossenschaft zur Sammelantragstellung auf Erstattung dieser Steuerbeträge ermächtigt wird)	ca. 4 824,1 TDM
auszuschütten	= ca. 201,7 TDM
anderen Ergebnisrücklagen zuzuweisen	= 4 500,0 TDM
und den Rest auf neue Rechnung vorzutragen	= ca. 122,4 TDM

■ Organe

Damit verbunden sind starke Mitspracherechte der Mitglieder (Genossen).

> **IV. Rechte und Pflichten der Mitglieder.**
> **§ 12.**
> (1) Die Rechte, die den Mitgliedern in den Angelegenheiten der Genossenschaft nach Gesetz und Satzung zustehen, werden in der Generalversammlung durch Beschlußfassung der erschienenen Mitglieder ausgeübt.
> (2) Die Mitglieder sind b e r e c h t i g t ,
> a) bei den Verhandlungen, Beschlüssen und Wahlen der Generalversammlung mitzuwirken.
> b) am Geschäftsgewinn gemäß § 36 der Satzung teilzunehmen,
> c) sich um die Nutzung einer Genossenschaftswohnung, um ein Erbbaurecht oder die käufliche Überlassung eines Hauses der Genossenschaft zu den vom Vorstand und Aufsichtsrat aufgestellten Bedingungen (§ 25 a und b der Satzung) zu bewerben.

Auszug aus einer Genossenschaftssatzung von 1931

Zusätzlich haben sie noch das Recht zu kündigen und sich ihr Geschäftsguthaben nach Ausscheiden aus der Gesellschaft auszahlen zu lassen.

Diesen Rechten stehen Pflichten gegenüber.
- Bestimmung des Statuts (Satzung),
- Beachtung der Beschlüsse der Generalversammlung,
- Bezahlung übernommener Geschäftsanteile,
- Leistung evtl. Nachschüsse im Konkursfall.

Die Interessen der Mitglieder werden dabei in erster Linie in der Generalversammlung, dem beschließenden Organ der Genossenschaft, vertreten. Bei großen Genossenschaften wird diese Aufgabe von Vertretern ausgeübt, die von den Mitgliedern gewählt werden. Die Vertreter wählen den Aufsichtsrat, der den Vorstand bestellt.

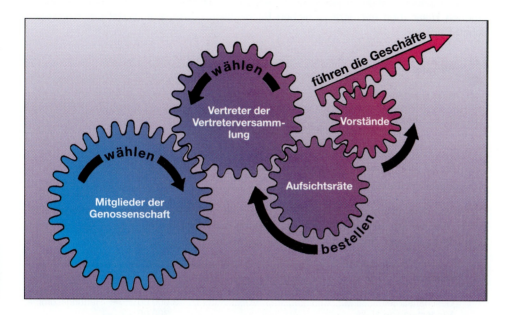

Das oberste Organ der Genossenschaft, die Generalversammlung, ist in ihrer ursprünglichen Konstruktion dem alten genossenschaftlichen Grundsatz „ein Mann – eine Stimme" (§ 43 Abs. 3 Satz 1 GenG) verpflichtet. Durch das Änderungsgesetz von 1973 ist dieser Grundsatz etwas gelockert worden. Danach kann das Statut die Gewährung von Mehrstimmenrechten vorsehen, allerdings höchstens drei Stimmen (beschränktes Mehrstimmenrecht). Diese Rechtslage unterscheidet die Genossenschaft wesentlich von anderen Rechtsformen, bei denen die Anteile am Eigenkapital auch die Stimmanteile festlegen.

Im Gegensatz dazu sind die grundsätzlichen Aufgaben des Vorstandes und des Aufsichtsrats vergleichbar mit anderen Rechtsformen, z.B. GmbH und AG.

■ Gründung, Firma, Haftung

Zur Gründung einer Genossenschaft bedarf es mindestens sieben Personen, die ein Statut, eine Satzung, aufstellen, die Organe der Genossenschaft einrichten und einen Abschlußprüfer benennen. Zudem müssen sie für die Eintragung des Unternehmens in das Genossenschaftsregister beim Amtsgericht sorgen. Durch die ordnungsgemäße Eintragung wird die Genossenschaft als juristische Person zum Formkaufmann und erhält ihre Rechts- und Geschäftsfähigkeit.

Als Firma muß i.d.R. eine Sachfirma mit dem Zusatz eG (eingetragene Genossenschaft) gewählt werden, z.B. Erbbauverein Moabit eG, Winzergenossenschaft Meißen eG.

Die einzelnen Genossen beteiligen sich mit Geschäftsanteilen an der Genossenschaft. Auf diese Weise haben sie eine Mindesteinlage zu leisten, haften allerdings mit ihrem gesamten Geschäftsanteil. Die tatsächlichen Einzahlungen der Mitglieder zuzüglich der nicht ausgeschütteten Gewinne ergeben das Geschäftsguthaben. Die Summe der Geschäftsguthaben und die Ergebnisrücklagen, das sind gesetzliche und andere Rücklagen, ergeben zusammen mit dem jährlichen Bilanzgewinn das Eigenkapital der Genossenschaft.

Beispiel

			DM
A.	Eigenkapital		
I.	Geschäftsguthaben		7 692 145,95
II.	Ergebnisrücklagen		
	1. Gesetzliche Rücklage		4 200 000,00
	2. Bauerneuerungsrücklage		15 000 000,00
	3. Andere Ergebnisrücklagen		19 700 000,00
III.	Bilanzgewinn		4 824 099,15
	Eigenkapital insgesamt		51 416 245,10

Da für die Verbindlichkeiten einer Genossenschaft nur das Gesellschaftsvermögen haftbar zu machen ist, beschränkt sich die Haftung der Mitglieder auf ihren Geschäftsanteil unabhängig von der Höhe ihres Geschäftsguthabens.

Beispiel

	DM	
Geschäftsanteil	3 000,00	→ Haftungssumme
Mindesteinlage 10 %	300,00	
tatsächliche Einzahlung	2 000,00	
nicht ausgeschüttete Gewinne	700,00	300,00
Geschäftsguthaben	2 700,00	⇒ (evtl.) Nachschuß

Im obigen Fall ergibt sich im Haftungsfall eine eventuelle – vom Statut abhängige – Nachschußpflicht von 300,00 DM, da das Geschäftsguthaben kleiner als der Geschäftsanteil ist.

● Auflösungsgründe

Aus den beschriebenen Rechtsgrundlagen lassen sich auch die wichtigsten Auflösungsgründe für eine Genossenschaft ableiten:

- Beschluß der Generalversammlung,
- Ablauf der Zeit, für die sie gegründet wurde,
- Auflösung von Amts wegen, weil z.B. keine sieben Genossen mehr vorhanden sind, gesetzwidriges Handeln,
- Eröffnung eines Konkursverfahrens.

Zusammenfassend läßt sich feststellen, daß Genossenschaften wichtige Aufgaben in einer sozialen Marktwirtschaft übernehmen, da sie als Unternehmen mit besonderer Gesellschaftsform andere Zielsetzungen verfolgen können als Unternehmen, die in erster Linie dem erwerbswirtschaftlichen Prinzip untergeordnet sind.

Aufgaben zum Grundwissen

1. Nennen Sie Einteilungen des Rechts.
2. Welche Unterschiede bestehen zwischen dem privaten und dem öffentlichen Recht?
3. Wodurch unterscheiden sich Gesetze, Rechtsverordnungen und Satzungen?
4. Welche Voraussetzungen müssen gegeben sein, damit Gewohnheitsrecht entsteht?
5. Worin bestehen Unterschiede zwischen natürlichen und juristischen Personen?
6. Wie erlangen juristische Personen Rechtsfähigkeit?
7. In welchem Fall kann auch ein Erwachsener geschäftsunfähig sein?
8. Nennen Sie vier Beispiele für vertretbare Sachen.
9. Unterscheiden Sie Eigentum und Besitz.
10. Wie kann das Eigentum an beweglichen Sachen übertragen werden?
11. Wodurch entsteht ein Kaufvertrag?
12. Erläutern Sie, ob in den folgenden Fällen ein Kaufvertrag zustandegekommen ist oder nicht. Geben Sie dabei genau an, wer den Antrag zum Kaufvertrag gemacht hat und wer die Annahme (sofern diese Willenserklärungen abgegeben wurden). Geben Sie auch genau an, welche Art von Willenserklärung jeweils vorliegt, z.B.: Bestellung des Käufers.
    a) Auf ein telefonisches Angebot eines Lieferanten schickt ein Händler eine Bestellung per Eilboten an diesen Lieferanten.
    b) In einem Angebot schreibt ein Lieferant: „Wir bieten Ihnen zum Preis von 49,90 DM, befristet bis zum 10.12.19.., ... an, Höchstabgabemenge 10 Stück". Ein Kunde bestellt am 05.12.19.. 12 Stück.
    c) Ein Lieferant versendet am 23.01. ein schriftliches Angebot an einen Händler. Der Händler erhält das Angebot am 24.01.
    Am Abend des 24.01. stellt der Lieferant fest, daß die Preise inzwischen gestiegen sind und teilt dies dem Händler sofort schriftlich mit. Am 28.01. trifft die Bestellung des Händlers ein. Er hat zu den im Angebot angegebenen Bedingungen ohne Rücksicht auf die mitgeteilte Preisänderung bestellt.
    d) Ein Lieferant bietet dem Händler freibleibend 50 Packungen einer Ware zu je 9,95 DM ab Lager an. Der Händler antwortet innerhalb von 6 Tagen auf dieses schriftliche Angebot und bestellt schriftlich 50 Packungen zu je 9,95 frei Haus.
    e) Die Firma Strecker bietet in einem Zeitungsinserat 500 Karteikarten zu einem Preis von 15,60 DM an. Ein Händler bestellt sofort zu den genannten Bedingungen 500 Karteikarten.
13. Warum gibt es Allgemeine Geschäftsbedingungen?
14. Nennen Sie Formvorschriften des Vertragsrechts, und geben Sie je ein Beispiel.
15. Nach einem Kfz-Unfall beauftragt Herr Schulze eine Reparaturwerkstatt, den Kotflügel seines Pkw auszubeulen. Welchen Vertrag schließt Herr Schulze in diesem Fall ab?
    a) Kaufvertrag
    b) Werkvertrag
    c) Dienstvertrag
    d) Arbeitsvertrag
    e) Werklieferungsvertrag
16. Welche der folgenden Verträge sind einseitig verpflichtende Verträge?
    a) Ausbildungsvertrag
    b) Schenkungsvertrag
    c) Bürgschaftsvertrag
    d) Leihvertrag
    e) Kündigung
    f) Anfechtung
    g) Testament
    h) Dienstvertrag
    i) Tauschvertrag

17 Welche Eintragung ins Handelsregister ist rechtserklärend (deklaratorisch)?
a) Die beschränkte Haftung eines Kommanditisten
b) Die Rechtsform der Kapitalgesellschaft
c) Die Eintragung eines Bauunternehmens
d) Die Eintragung eines land- und forstwirtschaftlichen Betriebes
e) Die Eintragung eines Grundhandelsgewerbes

18 Was versteht das HGB unter „Firma"?
a) Einen kaufmännischen Betrieb
b) Ein Unternehmen mit mindestens 5 Beschäftigten
c) Den Namen eines Vollkaufmanns, unter dem er seine Handelsgeschäfte betreibt
d) Den bürgerlichen Namen eines Minderkaufmanns, unter dem er sein Handelsgewerbe betreibt
e) Eine Unternehmung, die nach Art und Umfang keinen in kaufmännischer Weise eingerichteten Geschäftsbetrieb erfordert

19 Welche Rechtsform wird in die Abteilung A des Handelsregisters eingetragen?
a) eG
b) GmbH
c) GmbH & Co. KG
d) AG
e) KGaA

20 Nach dem Tode seines Onkels erhält Herr Franz Karl Meier als Alleinerbe ein Lebensmittelgeschäft, die Firma „Fritz Müller, Lebensmittel". Er will das Geschäft durch eine große Frischobstabteilung ergänzen. Welche Firma darf er nach dem HGB nicht führen?
a) Karl Meier
b) Lebensmittel Meier
c) Franz Meier, Lebensmittel
d) Fritz Müller, Lebensmittel
e) Karl Meier, Lebensmittel und Frischobst
f) Fritz Müller, Lebensmittel, Nachfolger Karl Meier

Weiterführende Problemstellungen

1. Problem
Worin besteht der Unterschied zwischen der Rechts- und Geschäftsfähigkeit einer Person? Begründen Sie, warum es nicht nur eine unbeschränkte Geschäftsfähigkeit geben kann.

2. Problem
Welches rechtliche Thema wird in der folgenden Geschichte problematisiert? Wie würden Sie reagieren?

HAZ, MITTWOCH, 5. JULI 1989

Das Baby war frei erfunden

Eine Ehe hat sich nach Paragraph 33 des Ehegesetzes buchstäblich in Luft aufgelöst. Sie wurde gerichtlich annulliert, was soviel bedeutet, daß sie offiziell gar nicht existiert hat – obwohl alle klassischen Zutaten einer Ehe, samt Standesamt, Hochzeitsessen und Hochzeitsnacht, vorhanden waren. Dieser ungewöhnliche Schlußakt einer Zweisamkeit hing damit zusammen, daß sich der Heiratsgrund als arglistische Täuschung herausstellte: Das Baby, das unterwegs sein sollte, entpuppte sich als reine Erfindung.

Der Ehemann (26), Schlachtergeselle, hatte in einer Discothek eine 22jährige Friseuse kennengelernt. Es handelte sich um eine schlanke, dunkelblonde Dame, die in den ersten Monaten der Bekanntschaft deutlich an Umfang gewann. Aus heiterem Himmel kamen diese Pfunde nicht. Der Schlachter, selber ein gediegener Zweizentnermann, war allen nahrhaften Sachen leidenschaftlich zugetan. Und es gelang ihm mühelos, seine Gefährtin mitzureißen und auf diese Weise rundlicher zu gestalten.

Für den Schlachter war es dann auch ein Schock, daß nicht die größeren Mengen an Kalorien den Umfang seiner Freundin verursacht haben sollten. Sie erwarte ein Baby, erklärte ihm die junge Frau. Auch der Arzt habe das einwandfrei bestätigt. Nach dieser überraschenden Auskunft dachte der Schlachtergeselle, ein etwas gedämpfter Typ, eine Woche lang nach. Dann entschloß er sich zur raschen Heirat, und bei der rauschenden Hochzeitsfeier bogen sich die Tische.

Einige Monate später begann sich der Ehemann darüber zu wundern, daß seine Frau an Umfang keineswegs weiter zugenommen hatte. Als er vorsichtig nachfragte, erfuhr er die niederschmetternde Wahrheit: Er wurde gar nicht Vater, obwohl er sich inzwischen auf ein möglichst kräftiges Baby gefreut hatte. Seine Frau hatte ihre angebliche Schwangerschaft glatt erfunden, und auch der Arztbesuch war nur vorgetäuscht.

Den Schlachter, ein Mensch von Gemüt, warf diese Mitteilung um. Er demolierte Teile der Wohnung, und als er sich abreagiert hatte, begab er sich zum Rechtsanwalt. Die Aufhebung der Ehe war nur eine Formalie, denn ein durch Täuschung herbeigeführtes Ehebündnis kann ohne weiteres annulliert werden. Es sei denn, der Partner merkt die Täuschung gar nicht – was auch vorkommen soll. *Jo*

3. Problem
Von welchen Überlegungen ist die Wahl der Rechtsform einer Unternehmung abhängig?

4. Problem
In einer überregionalen Tageszeitung finden Sie folgendes Stellenangebot:

Mas Granos Básicos para Honduras

WIR — eine internationale Organisation suchen

Volkswirt/in

mit überdurchschnittlichen Kenntnissen und Erfahrungen im Genossenschaftswesen.

BASIS — Zusammenarbeit zwischen GTZ und FACACH (Spar- und Kreditgenossenschaft Honduras)

ZIEL — Verbesserung landwirtschaftlicher Produktionsmethoden zur Steigerung der Ernteerträge

MET
Mittelamerikanische Entwicklungs-Transformation
Nikolaus-Groß-Str. 18
51377 Leverkusen

Warum können „Erfahrungen im Genossenschaftswesen" für die Arbeit in einem Entwicklungsland besonders wichtig sein?

5. Problem
In der Eigentumsordnung der ehemaligen DDR waren die genossenschaftlichen Betriebe neben den volkseigenen Betrieben von besonderer Wichtigkeit. Das genossenschaftliche Eigentum erstreckte sich nur auf die von den Mitgliedern eingebrachten Produktionsmittel, z.B. Maschinen, Bauten und Tiere. In der Landwirtschaft arbeiteten z.B. über 80 % der Berufstätigen in Genossenschaften.
Erläutern Sie, warum in der Bundesrepublik Deutschland erhebliche Vorbehalte und Vorurteile gegenüber den Begriffen Genosse, Genossin und Genossenschaft bestehen.
Worin liegen (lagen) die wesentlichen Unterschiede zwischen einer Genossenschaft in der Bundesrepublik Deutschland und in der ehemaligen Deutschen Demokratischen Republik?
Informieren Sie sich auch in Ihrem Politik- bzw. Gemeinschaftskundelehrbuch.

6. Problem
Erstellen Sie einen Überblick für alle behandelten Rechtsformen. Benutzen Sie dabei die folgende Struktur:

Kriterien \ Rechtsformen	?	?	?	?	...
	?	?	?	?	...
	?	?	?	?	...

3 Menschliche Arbeit im Betrieb

3.1 Einstellung von Mitarbeitern

Situation:

Bei der TEM GmbH – einer Elektronikgroßhandlung – ist die Stelle einer Sachbearbeiterin/eines Sachbearbeiters freigeworden. Die bisherige Stelleninhaberin, Frau Schneider, hat das Unternehmen aus persönlichen Gründen verlassen. Wegen der guten Auftragslage beschließt die Unternehmensleitung, die Stelle so schnell wie möglich wieder zu besetzen. Deshalb erscheint in der Wochenendausgabe der regionalen Zeitung folgende Stellenanzeige:

Wir sind ein führendes Großhandelsunternehmen der Elektronikbranche und suchen für unsere Niederlassung in Hannover eine(n) junge(n), engagierte(n)

Exportsachbearbeiter(in)

Ihre zukünftige Aufgabe wird die komplette Abwicklung von Exportgeschäften umfassen.
Wir erwarten von Ihnen eine abgeschlossene kaufmännische Berufsausbildung, gute Kenntnisse in Englisch, Erfahrungen im Umgang mit EDV sowie die Fähigkeit zur Teamarbeit.
Wenn Sie Interesse an einem interessanten Arbeitsplatz haben, bei dem Engagement, Eigeninitiative und Kontaktfreudigkeit gefragt sind, dann sollten Sie Ihre Bewerbungsunterlagen mit Lebenslauf, Lichtbild und Zeugniskopien an unsere Niederlassung in Hannover zu Händen von Frau Kern, Brühlstraße 7, 30169 Hannover, senden.

TEM GmbH
Dynamik in der Elektronik

Arbeitsvorschlag

Bewerben Sie sich auf die angegebene Stelle.
Beachten Sie dabei die folgenden Hinweise zum Schreiben einer Bewerbung.

Das Bewerbungsanschreiben	Der Lebenslauf	Zeugnisse	Anordnung und Verpackung der Bewerbungsunterlagen
Form weißes, linienfreies Papier, DIN A 4 das Blatt nur einseitig beschreiben mit Füllfederhalter schreiben deutliche Handschrift oder Schreibmaschine (auf saubere Typen achten) links und rechts ca. 3 cm Rand lassen Text in Absätze gliedern fehlerlos schreiben, ohne Korrekturen Unterschrift, Vor- und Zuname	**Form** keine Kopien oder Durchschläge, immer Original weißes, linienfreies Papier, DIN A 4 das Blatt nur einseitig beschriften mit Füllfederhalter schreiben fehlerlos, ohne Korrekturen tabellarisch (links die Jahresdaten, rechts der Text) Lichtbild, Paßbildformat, oben rechts (aufkleben, nicht heften) – keine Automaten-, Familien- oder Urlaubsfotos	das letzte aktuelle Zeugnis auf gute, saubere Kopien achten nie das Original verschicken Teilnahmebescheinigungen über besuchte Sprachkurse, über Steno- und Schreibmaschinenkenntnisse	Da sehr großer Wert auch auf die äußere Form der Bewerbung gelegt wird, sie ist eine Art „Visitenkarte" des Bewerbers, ist es notwendig, sorgfältig bei der Erstellung und Verpackung zu sein. Es empfiehlt sich daher: Kunststoff- oder Kartonschnellhefter der Lebenslauf liegt zuoberst Zeugnisse (gelocht), das jüngste Datum nach dem Lebenslauf Achtung: Das Anschreiben nicht lochen, es wird lose als erstes Blatt eingelegt.

Das Bewerbungsanschreiben	Der Lebenslauf	Zeugnisse	Anordnung und Verpackung der Bewerbungsunterlagen
Inhalt Absender: Vorname, Name, Anschrift, Telefonnummer, Datum Empfänger: Vollständige Anschrift des Unternehmens/der Behörde, wenn bekannt, den Ansprechpartner nennen Betreff: (das Wort „Betreff" wird nicht geschrieben) Bewerbung, Titel der Anzeige (oder Kenn-Nummer), Zeitung, in der ggf. die Anzeige erschienen ist, Erscheinungsdatum Text: Anlaß der Bewerbung (Inserat, Arbeitsamt, Hinweis von Bekannten etc.) Begründung für das Interesse an der Stelle, besondere Eignung, Fähigkeiten derzeitige Tätigkeit Hinweis auf Einladung zu einem persönlichen Gespräch („Über ... würde ich mich sehr freuen.") Unterschrift Anlagen: Lebenslauf, Zeugniskopien	**Inhalt** kompletter Absender mit Telefonnummer (oben links) Persönliche Daten Name Geburtsdatum Geburtsort Eltern ggf. Konfession Schulische Ausbildung besuchte Schulen, Dauer von Jahr bis Jahr Abschluß, Datum Berufsausbildung Berufstätigkeit Besondere Kenntnisse Ort, Datum, Unterschrift (Vor- und Zuname)		Umschlag: Format B4 mit verstärktem Rücken, keine gebrauchten Umschläge verwenden Porto: Der Brief muß ausreichend frankiert sein, Strafporto führt zum Mißerfolg

Parallel zu dem Stellenangebot in der Zeitung findet eine interne Stellenausschreibung durch eine Hausmitteilung innerhalb der TEM GmbH statt.

TEM GmbH

Hausmitteilung   28. Juli d.J.

an   alle Mitarbeiterinnen und Mitarbeiter
von Personalabteilung

Stellenausschreibung gemäß § 93 BetrVG

Für unsere Exportabteilung suchen wir zum 01.10.d.J. eine(n) junge(n)

Sachbearbeiter(in)

für die Abwicklung von Exportgeschäften.

Wir erwarten eine abgeschlossene kaufmännische Berufsausbildung, gute Englischkenntnisse, Erfahrung im Umgang mit EDV, Engagement, Eigeninitiative, Kontaktfreudigkeit und Teamfähigkeit.

Ihre Bewerbung richten Sie bitte bis spätestens 11.08.d.J. an die Personalabteilung.

Im Laufe der folgenden Wochen gehen 28 Bewerbungen ein. In einer Vorauswahl überprüft die Abteilung Personalwesen die eingegangenen Bewerbungen hinsichtlich bestimmter Anforderungskriterien, wie z.B. Vollständigkeit und äußeres Erscheinungsbild der Bewerbungsunterlagen, fachliche und persönliche Eignung, Lückenlosigkeit des Lebenslaufes sowie die Begründung für das Interesse an der ausgeschriebenen Stelle.

Nach Abschluß dieses ersten Auswahlverfahrens werden eine Bewerberin und ein Bewerber zu einem Vorstellungsgespräch eingeladen.

Folgende Unterlagen liegen der TEM GmbH vor:

Bewerberin		Bewerber	
Bewerbungsschreiben		**Bewerbungsschreiben**	
Lebenslauf in Staffelform	innerbetriebliche Beurteilung (TEM GmbH)	Lebenslauf	Abschlußzeugnis der Berufsschule

Nicole Meyer   Hannover, 31.07.1994
Ricklinger Stadtweg 5

30459 Hannover
Tel. (05 11) 4 92 14

TEM GmbH
Personalabteilung
Brühlstraße 7

30169 Hannover

Stellenausschreibung am „Schwarzen Brett"

Sehr geehrte Frau Kern,
die Stelle als Exportsachbearbeiterin interessiert mich sehr. Wie ich Ihnen schon gestern mündlich mitteilen konnte, bin ich zur Zeit in der Buchhaltung unseres Unternehmens beschäftigt.

Ich habe eine Ausbildung als Bürokauffrau bei der Firma Frenzel & Co., einem Hersteller für Verpackungsfolien, in Walsrode absolviert. Da mein Ausbildungsbetrieb internationale Geschäftskontakte - unter anderem auch zu englischen Firmen - hatte, konnte ich während meiner Ausbildung erste Erfahrungen im Exportgeschäft sammeln. In der von Ihnen ausgeschriebenen Stelle sehe ich die Möglichkeit, meine Fremdsprachenkenntnisse einzusetzen.

Ich würde mich daher sehr freuen, wenn Sie mich bei der Vergabe dieser Stelle berücksichtigen.

Mit freundlichen Grüßen

Nicole Meyer

Nicole Meyer   Hannover, 31.07.1994
Ricklinger Stadtweg 5

30495 Hannover
Tel. (05 11) 4 92 14

Lebenslauf

Personalien:
    Name: Meyer, Nicole
    Geburtsort: Walsrode
    Geburtstag: 13.05.1792
    Eltern: Meyer, Lothar, Architekt
                                    Meyer, Hildegard, geb. Peters, Hausfrau
    Wohnort: Ricklinger Stadtweg 5,
                                    30459 Hannover
    Familienstand: ledig

Schulbildung:
    1978 - 1987   Hauptschule
    1987 - 1989   Berufsfachschule Wirtschaft

Berufsausbildung:
    1989 - 1991   Ausbildung als Bürokauffrau bei der Firma Frenzel & Co. in Walsrode
                                  Kaufmannsgehilfenprüfung „gut"

Auslandsaufenthalt:
    1991 - 1992   Au-Pair-Aufenthalt in England

Berufstätigkeit:
    01.08.1992 - heute   Sachbearbeiterin in der Buchhaltung der TEM GmbH

Berufliche Weiterbildung:
    EDV-Kurse an der VHS

Nicole Meyer

Beurteilungsbogen   TEM GmbH

Arbeitnehmer/in	Personalnummer	Abteilung	Zeiträume
Nicole Meyer	*08345*	*Buchhaltung*	*01.01.92 – 31.07.94*

Beurteilungsmerkmale	Über-ragend	Tritt hervor	Befrie-digend	Entspricht im wesent-lichen den Anforde-rungen	Entspricht nicht den Anforde-rungen
Fachkenntnisse		x			
Auffassungsgabe		x			
Organisationsvermögen		x			
Verantwortungsbereitschaft/ Verantwortungsbewußtsein	x				
Selbständigkeit			x		
Kreativität			x		
Arbeitsgüte		x			
Arbeitstempo		x			
Belastbarkeit		x			
Verhalten gegenüber Mitarbeitern	x				

Sonstige Bemerkungen

Anlaß der Beurteilung   *Bewerbung aufgrund interner Stellenausschreibung*

31.07.94   *Dechner*
Datum   Abteilungsleiter/in

Carsten Löding
Am Tiefen Graben 27

30926 Seelze
Tel. (0 51 37) 7 24 51

Seelze, 30.07.1994

TEM GmbH
Personalabteilung
Brühlstraße 7

30169 Hannover

Bewerbung

Sehr geehrte Frau Kern,

aufgrund Ihrer Stellenanzeige in der Hannoverschen Allgemeinen Zeitung vom 28. 07. d. J. bewerbe ich mich um die angebotene Stelle eines Exportsachbearbeiters.

Zur Zeit bin ich in ungekündigter Stellung als Außenhandelskaufmann in einem Maschinenbauunternehmen mit Exportaufgaben betraut.
Nach 6jähriger Tätigkeit in dieser Branche möchte ich mich beruflich verändern.

Ich verfüge über Auslandserfahrungen, gute Englischkenntnisse, arbeite gern mit dem PC und habe auch schon einige kleinere Programme für unsere Exportabteilung geschrieben.

Über ein persönliches Vorstellungsgespräch würde ich mich sehr freuen.

Mit freundlichen Grüßen
Carsten Löding

Carsten Löding Seelze, 30.07.1994
Am Tiefen Graben 27

30926 Seelze
Tel. (0 51 37) 7 24 51

Lebenslauf

Persönliche Daten:
    Name: Löding, Carsten
    Geburtsort: Hannover
    Geburtstag: 25.07.1969
    Eltern: Löding, Bernhard, Tischler
                            Löding, Gisela, geb. Marquard, Erzieherin
    Wohnort: Am Tiefen Graben 27
                            30926 Seelze

Schulbildung:
    1975 - 1979   Hauptschule
    1979 - 1985   Realschule

Berufsausbildung:
    1985 - 1988   Ausbildung als Kaufmann im Groß- und Außenhandel bei der Firma Kellner und Strathmann in Hannover
                            Kaufmannsgehilfenprüfung „gut"

Berufstätigkeit:
    1988 - heute   Sachbearbeiter im Export bei der Firma Kellner und Strathmann

Besondere Kenntnisse: Englischkenntnisse, Auslandsaufenthalte während der Tätigkeit bei der jetzigen Firma, EDV-Kenntnisse

Carsten Löding

Berufsbildende Schule 12
BERUFSSCHULE

ABSCHLUSSZEUGNIS

Herr / ~~Frau~~ / ~~Fräulein~~ Carsten Löding
geb. am 25.07.1969 in Hannover
hat als Auszubildender im Ausbildungsberuf Kaufmann im Groß- und Außenhandel
die Klasse G02
der Berufsschule im Schuljahr 1987/88 erfolgreich besucht.

Bewertung der Leistungen

Gemeinschaftskunde	gut	Wirtschaftskunde	
Betriebs- und Volkswirtschaftslehre	gut	Technologie	
Betriebslehre des Groß- und Außenhandels	gut	Fachrechnen	
Buchhandelsbetriebslehre		Fachzeichnen	
Rechnungswesen	befriedigend	Fachkunde	
Mathematik	sehr gut	Laborkunde	
Mathematik/Datenverarbeitung		Optik	
Organisation/Datenverarbeitung	gut	Gerätekunde	
Waren- und Verkaufskunde		Sport	nicht erteilt
Deutsch	gut	Religion	nicht erteilt

Er / Sie hat den Berufsschulabschluß erworben.

Bemerkungen:

Hannover, 04.07.1988

_____   _____
Schulleiter   Klassenlehrer (in)
                    Siegel

Notenstufen: 1 = sehr gut, 2 = gut, 3 = befriedigend, 4 = ausreichend, 5 = mangelhaft, 6 = ungenügend
40 - 0145/012 (1986)

Arbeitsvorschlag

Das Vorstellungsgespräch soll in einem Rollenspiel durchgeführt werden. Dabei sind folgende Schritte zu beachten:

1. Bilden Sie 3 Gruppen:

   Gruppe A:

   Sie sind Mitarbeiter der Personalabteilung. Bereiten Sie das Vorstellungsgespräch vor, indem Sie die folgenden Aufgaben bearbeiten. Benutzen Sie dabei die der Personalabteilung vorliegenden Unterlagen einschließlich der nachfolgend abgedruckten Stellenbeschreibung (M1) und der Hinweise für das Führen eines Bewerbungsgespräches (M2).

   a) Wie würden Sie das Bewerbungsgespräch thematisch aufbauen? Stellen Sie einen Fragenkatalog zusammen.
   b) Entwerfen Sie ein Beurteilungsblatt, das Sie zum Vergleich der beiden Bewerber einsetzen wollen.
   c) Bestimmen Sie einen Personalchef und einen Assistenten, die diese Rollen in einem Einstellungsgespräch übernehmen.

   M1:

TEM GmbH

Stellenbeschreibung

1. Stellenbezeichnung	Sachbearbeiter/in im Export
2. vorgeordnete Stellen	– Geschäftsführung – Leiter der Abteilung Verkauf
3. nachgeordnete Stellen	– Auszubildende im Groß- und Außenhandel
4. Stellenaufgaben	Hauptaufgabe: – komplette Abwicklung von Exportgeschäften Einzelaufgaben: – Betreuung der Kunden – Entgegennahme und Bearbeitung der eingegangenen Aufträge – Erstellung von Angeboten – Abwicklung des Schriftverkehrs bei evtl. auftretenden Störungen des Kaufvertrages – Vorbereitung von Werbemaßnahmen im Ausland Besondere Befugnisse: Selbständige Abwicklung von Exportgeschäften bis zu einem Auftragswert von 50 000,00 DM
5. Stellenanforderungen	Fachkenntnisse: – kaufmännische Ausbildung – gute Kenntnisse in Englisch – Erfahrungen im Umgang mit EDV Persönlichkeitsmerkmale: – Engagement, Eigeninitiative, Kontaktfreudigkeit, Teamfähigkeit

M2:

Hinweise zum Führen eines Bewerbungsgespräches

1. Geben Sie dem Bewerber/der Bewerberin einen Vertrauensvorschuß und bringen Sie ihm insbesondere zu Beginn wohlwollendes Interesse entgegen.
2. Signalisieren Sie ihm Ihr Interesse, indem Sie gezielt nachfragen („Das interessiert mich näher").
3. Steuern Sie, nachdem Sie Vertrauen aufgebaut haben, den Gesprächsverlauf durch gezielte Fragen.
4. Versuchen Sie ruhig einmal, den Bewerber/die Bewerberin aus dem vorbereiteten Konzept zu bringen, indem Sie häufiger das Thema wechseln. Testen Sie damit seine/ihre Flexibilität.

Gruppe B:
Bestimmen Sie eine Person, die die Rolle der Bewerberin Nicole Meyer übernimmt. Die anderen Gruppenmitglieder sollen der Bewerberin helfen, die Stelle zu bekommen. Deshalb bereiten Sie sich gemeinsam mit Nicole auf das Bewerbungsgespräch vor. Zuerst überprüfen Sie gemeinsam das persönliche Profil anhand des abgebildeten Fragebogens. Stellen Sie die Stärken der Bewerberin fest und entwickeln Sie eine mögliche Vorgehensweise für Nicole Meyer.
Stellen Sie mögliche Fragen zusammen, die der Personalchef stellen könnte, und versuchen Sie, die Bewerbungssituation in einem gruppeninternen Rollenspiel zu testen.

Mein persönliches Profil		stimmt haargenau	teils, teils	das sehe ich nicht so
Aufgeschlossenheit	Ich höre gern Menschen zu, die eine ganz andere Auffassung haben als ich.	☐	☐	☐
Ausgeglichenheit	Ich bin schwer aus der Ruhe zu bringen.	☐	☐	☐
Leistungsbereitschaft	Ich bin ehrgeizig.	☐	☐	☐
Lernbereitschaft	Ich lerne gern Neues dazu.	☐	☐	☐
Selbständigkeit	Ich arbeite am liebsten nach meinen eigenen Regeln.	☐	☐	☐
Selbstvertrauen	Ich vertraue auf meine eigenen Fähigkeiten.	☐	☐	☐
Verschwiegenheit	Ich kann gut etwas für mich behalten.	☐	☐	☐
Zielstrebigkeit	Ich versuche das, was ich mir vorgenommen habe, möglichst schnell und gut zu erledigen.	☐	☐	☐
Auffassungsvermögen	Ich kapiere schnell, wenn mir jemand etwas Neues erklärt.	☐	☐	☐
Entscheidungsfreude	Wenn ich mich entscheiden muß, überlege ich meistens nicht lange, sondern entschließe mich schnell.	☐	☐	☐
Eigeninitiative	Woran ich interessiert bin, damit beschäftige ich mich ohne Anleitung auch von mir aus.	☐	☐	☐
Begeisterungsfähigkeit	Ich kann mich für etwas, das mich beschäftigt, leicht begeistern.	☐	☐	☐

Mein persönliches Profil		stimmt haargenau	teils, teils	das sehe ich nicht so
Risikobereitschaft	Ich gehe gern mal ein Risiko ein, wenn es etwas zu gewinnen gibt.	☐	☐	☐
Anpassungsfähigkeit	Ich komme mit ganz unterschiedlichen Menschen gut zurecht.	☐	☐	☐
Hilfsbereitschaft	Wenn jemand Hilfe braucht, springe ich gern ein.	☐	☐	☐
Kompromißbereitschaft	Ich muß bei einem Streit nicht immer Recht behalten.	☐	☐	☐
Kontaktfähigkeit	Es fällt mir leicht, fremde Menschen kennenzulernen.	☐	☐	☐
Kritikbereitschaft	Ich lasse mir auch mal sagen, daß ich etwas falsch gemacht habe.	☐	☐	☐
guter Zuhörer	Ich kann anderen Menschen bei ihren Problemen gut zuhören.	☐	☐	☐
Überzeugungskraft	Ich habe in Diskussionen oft treffsichere Argumente, die andere überzeugen.	☐	☐	☐
Ausdauer	Ich kann wochenlang an einer Arbeit sitzen und an einem Problem tüfteln, bis ich ein Ergebnis habe, das mich zufriedenstellt.	☐	☐	☐
Disziplin	Ich kann mich auch zum Arbeiten zwingen, wenn ich eigentlich gar keine Lust habe.	☐	☐	☐
Gründlichkeit	Ich versuche, meine Arbeit sorgfältig zu erledigen.	☐	☐	☐
Ordnungssinn	Ich kann meine Sachen gut in Ordnung halten.	☐	☐	☐
Zuverlässigkeit	Ich bin ein Mensch, auf den man sich verlassen kann. Was ich versprochen habe, halte ich auch.	☐	☐	☐

Gruppe C:

Bestimmen Sie eine Person, die die Rolle des Bewerbers Carsten Wagner übernimmt. Weitere Arbeitsanweisungen siehe Gruppe B.

2. Führen Sie ein Einstellungsgespräch mit dem jeweils gewählten Vertreter durch. Die restlichen Personen beobachten den Verlauf des Bewerbungsgesprächs.

3. Nach dem Vorstellungsgespräch soll der Personalchef bzw. sein Mitarbeiter eine Entscheidung treffen und begründen, welchen Kandidaten sie einstellen würden. Sie teilen den Bewerbern Ihre Entscheidung mit.

4. Anschließend äußern die Beobachter ihre Eindrücke zum Verlauf des Rollenspiels und ihre Meinung zur Entscheidung des Personalchefs.

5. Welche Schlußfolgerungen können Sie aus dem Rollenspiel für Ihre eigene Bewerbung ziehen?

Einen zusammenfassenden Überblick über die einzelnen Schritte, die bei der Einstellung eines Mitarbeiters bzw. einer Mitarbeiterin zu beachten sind, gibt das folgende Ablaufschema.

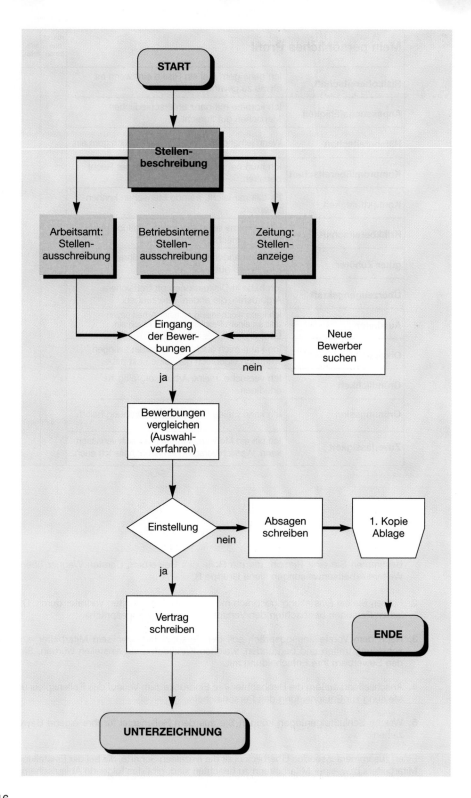

3.2 Arbeitsvertrag

3.2.1 Rechtliche Grundlagen

Situation:

Herzlichen Glückwunsch Frau Meyer!

Sie haben es geschafft. Sie werden bei uns weiter als Handlungsgehilfin nach § 59 HGB beschäftigt.

Hmmm...Ähh...Ich dachte...???

> **§ 59. HGB (Handlungsgehilfe)** Wer in einem Handelsgewerbe zur Leistung kaufmännischer Dienste gegen Entgelt angestellt ist (Handlungsgehilfe), hat, soweit nicht besondere Vereinbarungen über die Art und den Umfang seiner Dienstleistungen oder über die ihm zukommende Vergütung getroffen sind, die dem Ortsgebrauch entsprechenden Dienste zu leisten sowie die dem Ortsgebrauch entsprechende Vergütung zu beanspruchen.
> In Ermangelung eines Ortsgebrauchs gelten die den Umständen nach angemessenen Leistungen als vereinbart.

Arbeitsvorschlag
1. Füllen Sie aus der Sicht der Personalabteilung der TEM-GmbH den folgenden Arbeitsvertrag aus. Verwenden Sie dafür den gültigen Tarifvertrag.
2. Lesen Sie sich den Vertrag aus der Sicht von Nicole Meyer gründlich durch. Überlegen Sie, welche Gesichtspunkte Sie zusätzlich in den Vertrag aufnehmen möchten.
   Mit welchen Punkten sind Sie nicht einverstanden?

Anstellungsvertrag für kaufmännische Angestellte

(Lücken des Vordruckes ausfüllen, Nichtzutreffendes bitte streichen)

§ 1 – Vertragschließende
Zwischen _____ als Arbeitgeber
und _____, geb. _____
zur Zeit wohnhaft _____ als Angestellten
wird nachstehender Anstellungsvertrag geschlossen, in welchem die Parteien als „Arbeitgeber" bzw. „Angestellter" bezeichnet sind. –
Jede Veränderung der Wohnanschrift hat der Angestellte dem Arbeitgeber sofort mitzuteilen.

§ 2 – Tätigkeit
Der Angestellte wird als _____
zum Dienstantritt am _____ 19 ____ angestellt. Die Probezeit
beginnt am _____ 19 ____ und endet am _____ 19 ____
Während der Probezeit kann das Anstellungsverhältnis beiderseits gekündigt werden
mit einer Frist von   ☐ zwei Wochen
                     ☐ _____

Die Gültigkeit dieses Anstellungsvertrages ist davon abhängig, daß spätestens bei Dienstantritt durch den Angestellten ordnungsgemäße Arbeitspapiere übergeben werden.

Besondere Obliegenheiten des Angestellten sind: _____
_____

Der Arbeitgeber ist berechtigt, wenn es das Geschäftsinteresse erfordert, dem Angestellten eine andere angemessene Tätigkeit zuzuweisen; dies gilt auch im Falle von Arbeitsmangel.
Der Angestellte hat seine ganze Arbeitskraft dem Unternehmen gewissenhaft zu widmen. Jede weitere Berufstätigkeit – gleich ob selbständig oder unselbständig – bedarf der Zustimmung durch den Arbeitgeber.
Der Angestellte hat die Arbeitszeit pünktlich einzuhalten und an der Verbesserung und Verbilligung aller Erzeugnisse, der Arbeits- und Vertriebsverfahren mitzuarbeiten. Der Angestellte hat über die ihm bekannt gewordenen oder anvertrauten Geschäftsvorgänge, sowohl während der Dauer des Dienstverhältnisses als auch nach dessen Beendigung, Dritten gegenüber Stillschweigen zu bewahren und darf sie auch persönlich nicht auf unlautere Art verwerten. Dies gilt insbesondere für Kunden- und Lieferantenlisten, Umsatzziffern, Bilanzen und Angaben über die finanzielle Lage des Betriebes.
Der Angestellte verpflichtet sich, an Schulungs- bzw. Weiterbildungsmaßnahmen teilzunehmen, soweit der Arbeitgeber diese für notwendig erachtet und die Kosten übernimmt.
Die Annahme irgendwelcher Geschenke, Vergünstigungen in offener oder versteckter Form von Lieferanten oder Kunden ist dem Angestellten verboten; er ist verpflichtet, jeden solchen ihm gegenüber gemachten Versuch dem Arbeitgeber unverzüglich mitzuteilen.

§ 3 – Gehalt / Arbeitszeit
Der Angestellte erhält monatlich nachträglich ein Gehalt
von brutto DM _____
_____ unter Vereinbarung der Tarifgruppe _____

Der das Tarifgehalt etwa übersteigende Teil des Gehaltes ist keine Leistungszulage und wird ohne Rechtspflicht unter dem Vorbehalt des jederzeitigen Widerrufs und der Anrechnung bei Gehaltstarif-Erhöhungen gewährt. Vom Arbeitgeber gewährte Gratifikationen gelten nur als freiwillige Leistungen des Arbeitgebers, auch wenn sie wiederholt und ohne ausdrücklichen Hinweis auf die Freiwilligkeit erfolgen, und begründen keinen rechtlichen Anspruch für die Zukunft. – Im übrigen richtet sich das Anstellungsverhältnis nach den jeweils geltenden Tarifverträgen der infrage kommenden Sparte.
Gehaltsabtretungen bedürfen zu ihrer Wirksamkeit der ausdrücklichen Zustimmung des Arbeitgebers.
Die Arbeitszeit beträgt gemäß – tariflicher Regelung – z.B. _____ Stunden wöchentlich.

§ 4 – Krankheit / Arbeitsverhinderung
In Krankheitsfällen wird das Gehalt nur bis zur Dauer von _____ Wochen weitergezahlt.

Im Krankheitsfall oder bei anderweitiger Arbeitsverhinderung muß der Arbeitgeber am ersten Tag von der Arbeitsunfähigkeit unterrichtet werden. Dabei ist die voraussichtliche Dauer der Krankheit mitzuteilen. Sollte die Erkrankung länger dauern, so ist jeweils nach spätestens zwei Wochen eine Zwischennachricht zu geben. Beruht die Arbeitsunfähigkeit auf dem Verschulden Dritter, ist der Arbeitgeber hierüber zu unterrichten.
Bei Erkrankung von länger als zwei Tagen muß der Angestellte ohne Aufforderung spätestens am dritten Tage eine ärztliche Bescheinigung über die Arbeitsunfähigkeit vorlegen. Wenn der Angestellte wiederholt und trotz Mahnung die Mitteilung der Erkrankung und/oder die Vorlage einer ärztlichen Bescheinigung unterläßt, ist der Arbeitgeber berechtigt, das Anstellungsverhältnis ohne Einhaltung einer Kündigungsfrist zu kündigen.
Bei einer Erkrankung von länger als _____ Tagen hat der Arbeitgeber das Recht, auf seine Kosten eine Untersuchung bei einem von ihm zu bestimmenden Arzt zu verlangen.
Die Vertragspartner sind sich darüber einig, daß der Gehaltsfortzahlungsanspruch nach § 616 BGB im Falle der Erkrankung eines Kindes des Angestellten ausgeschlossen ist. Dem Angestellten ist mitgeteilt worden, daß er entsprechende Ansprüche gegenüber seiner Krankenversicherung geltend machen kann.

NK Verlags-Nr. 501   Papier: 100% chlorfrei gebleicht   Nachdruck, Nachahmung und Vervielfältigung nicht gestattet.   6789 A

Der Angestellte tritt Schadensersatzansprüche für den Fall und insoweit an das Unternehmen ab, wie eine Verletzung durch einen Dritten vorliegt und trotz Arbeitsunfähigkeit die Bezüge ganz oder teilweise vom Unternehmen weitergezahlt werden. Der Angestellte ist verpflichtet, die für die Verfolgung der Schadensersatzansprüche notwendigen Auskünfte zu erteilen.

§ 5 – Polizeiliches Führungszeugnis
Auf Verlangen des Arbeitgebers beschafft der Angestellte unverzüglich ein polizeiliches Führungszeugnis. Die Gebühren trägt der Arbeitgeber.

§ 6 – Urlaub
Der Urlaub richtet sich nach dem Bundesurlaubsgesetz bzw. nach den anzuwendenden tariflichen Bestimmungen. Der Jahresurlaub für den Angestellten beträgt _____ Arbeitstage.

Der Angestellte hat dem Arbeitgeber die jeweilige Urlaubsanschrift mitzuteilen.

§ 7 – Wettbewerbsverbot (siehe Fußnote*)
Der Angestellte verpflichtet sich, während eines Zeitraumes von _____ nach Beendigung des Dienstverhältnisses weder ein Geschäft zu errichten noch zu betreiben, noch sich unmittelbar oder mittelbar an einem solchen zu beteiligen, noch für ein solches unmittelbar oder mittelbar tätig zu sein.

Für die Zeit des Wettbewerbsverbots steht ihm die Hälfte des bisher bezogenen Gehaltes zu, das jeweils am Monatsschluß nachträglich zahlbar sein soll. Er muß sich jedoch gemäß § 74 c HGB auf die fällige Entschädigung dasjenige anrechnen lassen, was er in dieser Zeit durch anderweitige Verwertung seiner Arbeitskraft erworben oder zu erwerben böswillig unterlassen hat; hierüber hat er auf Verlangen Auskunft zu erteilen.

Der Angestellte verpflichtet sich zur Zahlung einer Vertragsstrafe von _____ für jeden Fall einer Zuwiderhandlung.

Das Wettbewerbsverbot wird unwirksam, wenn der Angestellte aus einem wichtigen Grunde berechtigt ist, den Vertrag aufzulösen und innerhalb eines Monats erklärt, daß er sich an die Vereinbarung nicht gebunden hält. – Hat der Angestellte einen wichtigen Grund zur Kündigung gegeben, so fällt die Entschädigung während der Dauer des Wettbewerbsverbots weg.

§ 8 – Kündigung
Für die Kündigung des Anstellungsverhältnisses

☐ nach Ablauf der Probezeit ☐ gilt die gesetzliche Kündigungsfrist.
☐ gilt die im Manteltarif festgelegte Kündigungsfrist.
☐ gilt eine Kündigungsfrist von _____

Die fristgemäße Kündigung des Anstellungsverhältnisses ist vor dem vereinbarten Dienstantritt – nicht – zulässig.

Der Angestellte ist verpflichtet, bei seinem Ausscheiden sämtliche Geschäftsunterlagen und Aufzeichnungen, die das Geschäft betreffen, herauszugeben, bzw. zurückzulassen.

§ 9 – Beendigung des Vertragsverhältnisses im Rentenfall
Sofern dieser Vertrag nicht vorher gekündigt oder im beiderseitigen Einverständnis gelöst wird, endet das Vertragsverhältnis spätestens zum Ende des Monats, in dem der Angestellte sein 65. Lebensjahr vollendet oder in welchem dem Angestellten der Rentenbescheid des gesetzlichen Versicherungsträgers über die Gewährung des vorgezogenen Altersruhegeldes oder der Erwerbsunfähigkeitsrente zugegangen ist.

Der Angestellte verpflichtet sich, den Arbeitgeber unverzüglich zu unterrichten, sobald er einen diesbezüglichen Antrag gestellt hat.

§ 10 – Verschiedenes
Der Angestellte versichert, daß die bei der Bewerbung gemachten Angaben der Wahrheit entsprechen. Falsche Angaben berechtigen den Arbeitgeber zur Kündigung des Vertrages ohne Einhaltung einer Kündigungsfrist.

_____
_____
_____

Der Angestellte verpflichtet sich zur Befolgung der jeweils gültigen Betriebsordnung. Mit den betriebsüblichen Kontrollmaßnahmen erklärt sich der Angestellte einverstanden.

Sollte eine der Bestimmungen dieses Vertrages ganz oder teilweise rechtsunwirksam sein oder werden, so wird die Gültigkeit der übrigen Bestimmungen dadurch nicht berührt. In einem solchen Fall ist der Vertrag vielmehr seinem Sinne gemäß zur Durchführung zu bringen. Beruht die Ungültigkeit auf einer Leistungs- oder Zeitbestimmung, so tritt an ihre Stelle das gesetzlich zulässige Maß.

Die Aufhebung, Änderung und Ergänzung dieses Anstellungsvertrags bedürfen der Schriftform. Mündliche Vereinbarungen, auch die mündliche Vereinbarung über die Aufhebung der Schriftform, sind nichtig.

Angestellter und Arbeitgeber bestätigen, je ein von beiden Parteien unterschriebenes Exemplar dieses Vertrages empfangen zu haben.

_____, den _____ 19____   _____, den _____ 19____

Unterschrift des Arbeitgebers   Unterschrift des Angestellten

*) Nur unter bestimmten Voraussetzungen zulässig, siehe §§ 74 ff HGB

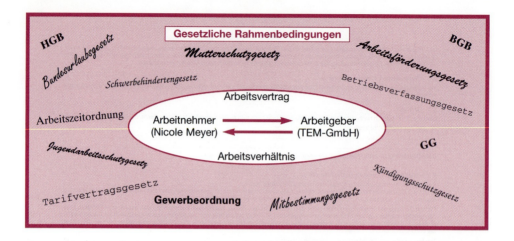

Die gesetzlichen Rahmenbedingungen, die das Arbeitsrecht bestimmen, lassen sich in vier Schwerpunkte einteilen:

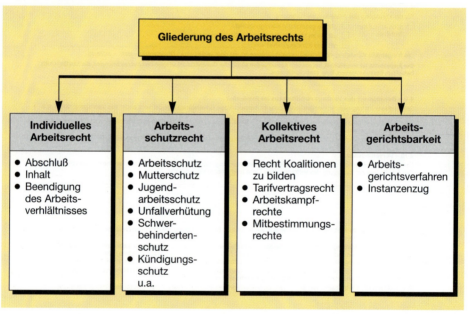

Im Mittelpunkt des individuellen Arbeitsrechts steht der Arbeitsvertrag. In ihm werden die wesentlichen Bestimmungen und Vorschriften eines Arbeitsverhältnisses geregelt. Ein Arbeitsverhältnis wird durch einen Arbeitsvertrag begründet, der durch zwei übereinstimmende Willenserklärungen, i.d.R. vom Arbeitgeber und Arbeitnehmer, zustande kommt. Der Arbeitsvertrag kann im Gegensatz zum Ausbildungsvertrag formfrei, d.h. auch mündlich, abgeschlossen werden, obwohl die Schriftform üblich und zu empfehlen ist.

Die Rechte und Pflichten von Arbeitgeber und Arbeitnehmer stehen in einem wechselseitigen Verhältnis zueinander, d.h. die Rechte des Arbeitnehmers stellen gleichzeitig die Pflichten des Arbeitgebers dar – und umgekehrt.

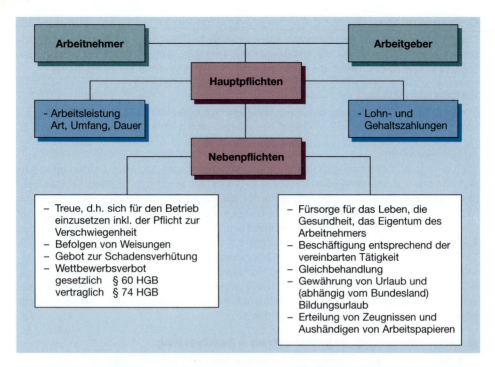

Aus der Darstellung der vertraglichen Pflichten wird deutlich, daß das Arbeitsverhältnis ein auf Austausch von Arbeitsleistung und Vergütung gerichtetes Dauerschuldverhältnis zwischen Arbeitgeber und Arbeitnehmer ist. Der Arbeitsvertrag ist in diesem Sinne ein Dienstvertrag nach § 611 BGB. Arbeitsrechtler betonen, daß das Wesen des Arbeitsvertrages eine Arbeitsleistung jedoch nicht einen bestimmten Erfolg fordert. D.h. vom Arbeitnehmer wird ein **Wirken** nicht ein **Werk** erwartet.

● **Tarifvertrag**

Der individuelle Arbeitsvertrag muß stets in Beziehung zum kollektiven Arbeitsrecht gesehen werden. Dabei kommt dem Tarifvertragsrecht eine besondere Bedeutung zu. Die wichtigsten Rechtsgrundlagen des Tarifvertragsrechts sind das Tarifvertragsgesetz (TVG) sowie dessen Verordnungen zur Durchführung. Nach dem TVG können Vertragsparteien die Gewerkschaften, einzelne Arbeitgeber sowie Arbeitgebervereinigungen sein. Ferner kommen als Tarifvertragsparteien die Spitzenorganisationen der Arbeitgeberverbände und der Gewerkschaften in Frage. Diese Regelungen folgen dem Grundsatz der **Tarifautonomie.** Darunter versteht man das Recht der Tarifvertragsparteien eigenverantwortlich, ohne staatliche Einflußnahme, Tarifverträge abzuschließen. Sie sind für die betriebliche Praxis von besonderer Bedeutung, da sie heutzutage für ca. 90 % aller Arbeitgeber und -nehmer eine wesentliche arbeitsrechtliche Grundlage bilden.

Dabei kommen Tarifverträgen u.a. folgende Aufgaben zu:

Schutzfunktion:

Die wirtschaftlich schwächere Vertragspartei, der Arbeitnehmer als Bezieher von Einkommen aus unselbständiger Arbeit, soll vor einseitigen Auslegungen der Arbeitsvertragsbedingungen durch den Arbeitgeber geschützt werden. Die arbeitsrechtliche Chancengleichheit soll gewahrt sein.

Ordnungsfunktion:
Die Vereinbarungen von tarifvertraglich abgesicherten Arbeitsverträgen führten zu einer besseren Überschaubarkeit. Für die Arbeitgeber bedeutet dies, daß z.B. durch die vereinbarten Laufzeiten von Tarifverträgen, die Personalkosten mittelfristig sicher kalkulierbar sind.

Verteilungsfunktion:
Durch die tarifliche Festlegung von Lohn- und Gehaltsgruppen wird sowohl die personelle Einkommensverteilung als auch die Verteilung des Volkseigentums wesentlich beeinflußt (vgl. Kap. 8).

Friedensfunktion:
Tarifverträge schließen während ihrer Laufzeit Arbeitskämpfe und neue Forderungen hinsichtlich der in ihnen geregelten Inhalte aus. Sie tragen somit zum sozialen Frieden bei. Nach dem TVG liegt eine Tarifbindung nur für die Mitglieder der Tarifvertragsparteien vor. Nichtmitglieder können die Tarifvertragsbedingungen entweder freiwillig akzeptieren oder eine staatliche Allgemeinverbindlichkeitserklärung kann den Anwendungsbereich des Tarifvertrages auch auf nicht tarifgebundene Arbeitgeber und -nehmer erweitern (§ 5 TVG). Die Allgemeinverbindlichkeitserklärung wird auf Antrag einer der Tarifvertragsparteien vom Bundesminister für Arbeit und Sozialordnung ausgesprochen. Zur Zeit sind ca. 540 Tarifverträge allgemeinverbindlich. Die Geltungsbereiche erstrecken sich beispielsweise auf die Bauwirtschaft, die Textilindustrie und das Metallhandwerk, wo viele Arbeitgeber in Kleinbetrieben nicht tarifgebunden sind.

● **Zusammenhang: Arbeitsvertrag – Tarifvertrag**

● **Betriebsvereinbarung**

Betriebsvereinbarungen werden zwischen dem Betriebsrat und dem Arbeitgeber eines bestimmten Betriebes getroffen. Sie müssen sich den grundlegenden tarifrechtlichen Bestimmungen unterordnen und dürfen keine Schlechterstellungen beinhalten. Sie sollen Tarifverträge ergänzen, erläutern und den bestehenden betrieblichen Verhältnissen anpassen. Sie können u.a. folgende Sachverhalte regeln: betriebliche Ordnung und Arbeitszeit, Arbeitsbedingungen, Urlaubsplanungen, Schaffung von Sozialeinrichtungen wie Betriebskindergärten und -kantinen, Vereinbarungen zur Vermögensbildung der Arbeitnehmer usw. Betriebsvereinbarungen gelten grundsätzlich für alle Arbeitnehmer eines bestimmten Betriebes.

● **Betriebliche Übung**

Unter einer betrieblichen Übung versteht man die regelmäßige Wiederholung bestimmter Verhaltensweisen des Arbeitgebers, aus denen der Arbeitnehmer schließen kann, daß er ein dauerhaftes Anrecht auf diese Leistung hat, z.B. Anwesenheitsprämien, dreimal hintereinander vorbehaltlos gezahltes Weihnachtsgeld, Treueprämie, Zusatzurlaub. Wurden diese Leistungen ohne Vorbehalte erbracht, z.B. durch den Zusatz „freiwillig, ohne Rechtsanspruch für die Zukunft", dann können sie nicht einseitig vom Arbeitgeber widerrufen werden.

3.2.2 Aufgaben und Vollmachten der Mitarbeiter im Betrieb

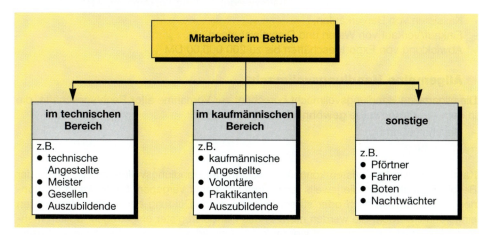

Situation:

Nicole Meyer wurde als Sachbearbeiterin für die Abteilung Export eingestellt. Aus der Stellenbeschreibung (vgl. S. 113) ist zu erkennen, welche Tätigkeiten zu ihrem Aufgabenbereich gehören und welche Weisungsbefugnisse sie besitzt.

Arbeitsvorschlag
1. Welche Vollmacht hat Frau Meyer?
   Informieren Sie sich auch in der folgenden Sachdarstellung.
2. Warum werden in einem Unternehmen Vollmachten erteilt?

■ Vollmachten

Die Führung eines Unternehmens macht es erforderlich, daß der oder die Inhaber bzw. Gesellschafter einen Teil seiner/ihrer Aufgaben an qualifizierte Mitarbeiter abgeben und somit in Rechtsgeschäften **vertreten** werden können. Eine rechtsgeschäftliche Vertretung nennt man Vollmacht. Daneben gibt es die gesetzliche Vertretung, wie sie z.B. durch Eltern, Vormund und Rechtspfleger ausgeübt werden kann.
Bei den Vollmachten unterscheidet das Handelsgesetzbuch in den Paragraphen 48 ff. zwischen Handlungsvollmacht und Prokura. Der Handlungsbevollmächtigte wirkt stellvertretend für einen Voll- oder Minderkaufmann und hat gegenüber dem Prokuristen eine weniger umfassende Vollmacht. Dabei lassen sich drei Arten nach ihrem Umfang unterscheiden.

● Einzel- oder Sondervollmacht

Die Einzel- oder Sondervollmacht berechtigt zur Vornahme eines **einzelnen** Rechtsgeschäfts, z.B.:
– Einzug einer quittierten Rechnung,
– Abwicklung einer bestimmten Kundenreklamation,
– Führung eines Prozesses.

● **Artvollmacht**

Die Artvollmacht berechtigt zur Vornahme **einer bestimmten Art** von Rechtsgeschäften, die im Handelsgewerbe dieses Geschäftszweiges laufend vorkommen, z.B.:
- Kassieren von Barverkäufen,
- Einkauf/Verkauf von Waren und Dienstleistungen,
- Abwicklung von Exportgeschäften bis zu 200 000,00 DM

● **Allgemeine Handlungsvollmacht**

Die allgemeine Handlungsvollmacht berechtigt zur Vornahme **aller** Rechtsgeschäfte, die in dem Handelsgewerbe **gewöhnlich** vorkommen, z.B.:
- Geschäftsführung,
- Filialleitung.

Kaufleute sowie Prokuristen können die allgemeine Handlungsvollmacht erteilen. Jeder Bevollmächtigte kann die jeweils rangtiefere Vollmacht vergeben. Die Vollmachten können schriftlich, mündlich oder stillschweigend durch Duldung bestimmter Handlungen eingeräumt werden. Sie werden **nicht** in das Handelsregister eingetragen. Sollten mehrere Bevollmächtigte eingesetzt worden sein, dann können diese entweder jeder einzeln oder nur gemeinsam berechtigt sein, entsprechende Rechtshandlungen vorzunehmen. Im zweiten Fall handelt es sich um eine **Gesamtvollmacht.** Hierbei sind Rechtshandlungen nur gültig, wenn alle betroffenen Bevollmächtigten gemeinsam handeln bzw. unterschreiben. Allerdings ist diese Beschränkung im Außenverhältnis nur gültig, wenn sie bekannt ist.

> **§ 57. HGB**
> (Zeichnung des Handlunagsbevollmächtigten) Der Handlungsbevollmächtigte ... hat mit einem das Vollmachtsverhältnis ausdrückenden Zusatz zu zeichnen.

Beispiele

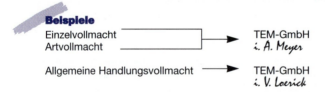

Vollmachten erlöschen u.a.,
- wenn das Rechtsverhältnis beendet ist,
- durch Widerruf der Vollmacht erteilenden Person,
- bei Auflösung des Unternehmens bzw. Ende des Arbeitsverhältnisses,
- bei Einzelvollmacht nach Durchführung des Rechtsgeschäfts.

● **Prokura**

> Die Prokura ist die weitreichendste handelsrechtliche Vollmacht. Sie darf nach § 48 HGB nur vom Inhaber des Handelsgeschäfts, der Vollkaufmann sein muß, oder seinem gesetzlichen Vertreter mittels ausdrücklicher Erklärung erteilt werden. Die Erteilung der Prokura ist vom Inhaber des Handelsgeschäfts zur Eintragung in das Handelsregister anzumelden.

§ 49. HGB (Umfang der Prokura) (1) Die Prokura ermächtigt zu allen Arten von gerichtlichen und außergerichtlichen Geschäften und Rechtshandlungen, die der Betrieb eines Handelsgewerbes mit sich bringt.
(2) Zur Veräußerung und Belastung von Grundstücken ist der Prokurist nur ermächtigt, wenn ihm diese Befugnis besonders erteilt ist.

Der Unternehmer kann den Umfang der Prokura im Innenverhältnis beliebig begrenzen, z.B.:
- Kreditgewährung an Kunden nur bis zu einer bestimmten Höhe;
- Ausschluß der Wechselakzeptierung.

Im Außenverhältnis, d.h. Dritten gegenüber, ist die Beschränkung des Umfangs der Prokura unwirksam, da diese für Außenstehende nicht zu erkennen ist.

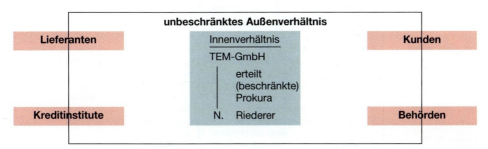

Die Prokura kann allerdings in ihrer Wirkung begrenzt werden, wenn ein Konzern z.B. mehrere selbständige Unternehmen betreibt und die Prokura nur auf ein Unternehmen begrenzen möchte. Weitere Einschränkungen ergeben sich durch die Erteilung von
- **Filialprokura.** In diesem Fall erteilt der Vollkaufmann die Prokura nur für das Hauptgeschäft oder eine Filiale, z.B. TEM-GmbH Niederlassung Hannover.
- **Gesamtprokura** liegt vor, wenn ein Unternehmer beabsichtigt, die Entscheidungsvollmacht auf mehrere Personen zu verteilen, die nur gemeinsam prokuristisch handeln dürfen. Die Gesamtprokura muß als solche in das Handelsregister eingetragen werden.

Der Prokurist unterschreibt, indem er der Firma seinen Namen mit einem die Prokura andeutenden Zusatz beifügt, z.B. **ppa.** (lat. per procura)

TEM-GmbH
ppa. N. Riederer

Trotz des weiten Umfangs der Prokura erlaubt diese Vollmacht dem Prokuristen eine Reihe von Tätigkeiten nicht, die zu den persönlichen Handlungen des Unternehmers gehören, z.B. Unterschreiben der Bilanz, Beantragung von Handelsregistereintragungen, Verkauf des Unternehmens, Erteilen von Prokura.

Die Prokura erlischt u.a. durch:
- Beendigung des Rechtsverhältnisses,
- Widerruf des Inhabers,
- Wechsel des Inhabers des Unternehmens,
- Auflösung des Unternehmens,
- Tod des Prokuristen.

3.2.3 Mitarbeiter außerhalb der Unternehmung

Mitarbeiter	rechtliche Grundlagen	Einsatzbereiche
Handelsvertreter	Der Handelsvertreter ist ein selbständiger Kaufmann kraft Grundhandelsgewerbe. Er vermittelt und schließt Geschäfte im fremden Namen und auf fremde Rechnung ab. --- Vergütung: Provision	Handelsvertreter werden zumeist von Unternehmen eingesetzt, die sich keinen eigenen Außendienst leisten können oder wollen.
Kommissionär	Der Kommissionär ist ein selbständiger Kaufmann kraft Grundhandelsgewerbe. Er übernimmt es gewerbsmäßig von Fall zu Fall oder ständig, Waren oder Wertpapiere für Rechnung eines anderen, des Kommittenten, im eigenen Namen zu kaufen oder zu verkaufen. --- Vergütung: Provision, Ersatz der Aufwendungen	Kommissionäre verfügen i.d.R. über gute Marktkenntnisse, die sie z.B. Herstellern oder Großhändlern anbieten. Sie tragen allerdings kein Warenrisiko, da sie nicht verkaufte Waren an ihren Auftraggeber zurückgeben können.
Handelsmakler	Der Handelsmakler ist ein selbständiger Kaufmann kraft Grundhandelsgewerbe. Er vermittelt Handelsgeschäfte zwischen zwei Parteien aufgrund von Einzelaufträgen. Er handelt im fremden Namen und auf fremde Rechnung --- Vergütung: Courtage ($\triangleq$ Maklergebühr)	Handelsmakler sind von großer Bedeutung in den Bereichen Effekten- und Warenbörsen, sowie Fracht-, Versicherungs- und Schiffahrtsgeschäften verfügen in diesen Bereichen über ein großes Know-how.
sonstige, z.B.: Unternehmens- und Steuerberater, Rechtsanwälte	Die sonstigen Mitarbeiter außerhalb der Unternehmung sind überwiegend freiberuflich tätige Personen. Sie arbeiten i.d.R. von Fall zu Fall, z.B. Unternehmenserweiterung, Prozeß, Steuerfragen. --- Vergütung: Honorar	In bestimmten Situationen kann es für ein Unternehmen notwendig sein, Experten für bestimmte Problemstellungen zu Rate zu ziehen.

3.3 Entlohnung der Arbeit

Situation:

> Nicole Meyer kommt mit ihrem neuen Arbeitsvertrag wohlgelaunt nach Hause. Sie freut sich über die Herausforderung, in einem neuen Arbeitsgebiet tätig sein zu können – und natürlich, daß sie etwas mehr verdient. Auf der Grundlage des Lohn- und Gehaltstarifvertrags für den Groß- und Außenhandel in Niedersachsen erhält sie in der Gehaltsgruppe 4 monatlich 2 768,00 DM.
>
> Ihr Freund, Udo B., Maurer ohne abgeschlossene Ausbildung, arbeitet im Akkord. Im letzten Monat betrug sein Gesamtlohn 4 200,00 DM – allerdings mit vielen Überstunden und einiger „Nachbarschaftshilfe". Udo findet es gut, daß er durch Kraft und Einsatz seinen Monatslohn selbst beeinflussen kann. Er wirft Nicole vor, daß sie ihr Gehalt unabhängig von einer meßbaren Leistung bekommen würde.

Arbeitsvorschlag
1. Versetzen Sie sich in die Situation von Nicole M. und Udo B. Versuchen Sie in Partnerarbeit die Vor- und Nachteile des jeweiligen Entlohnungssystems herauszuarbeiten.
2. Führen Sie ein Rollenspiel durch, indem Sie die Position von Nicole M. und Udo B. übernehmen, die sich gegenseitig von den Vorzügen des eigenen Entlohnungssystems zu überzeugen versuchen.

■ Methoden der Arbeitsplatzbewertung

Über die gerechte Entlohnung der geleisteten oder zu leistenden Arbeit gibt es sehr unterschiedliche Auffassungen. Ein Arbeitnehmer schätzt seine Arbeitsleistung häufig anders ein als sein Arbeitgeber.

Um daraus resultierende Konflikte zu verhindern, versucht man mit Methoden der Arbeitsplatzbewertung die Arbeitsleistung objektiv zu erfassen.

In der betrieblichen Praxis werden zwei grundlegende Bewertungsmethoden angewendet: die summarische und die analytische Bewertungsmethode. Sie bilden die Basis für die Lohn- und Gehaltsfeststellung.

● Summarische Arbeitsplatzbewertung

Bei der summarischen Arbeitsplatzbewertung wird zwischen dem Katalogverfahren und dem Rangfolgeverfahren unterschieden. Ein typisches Beispiel für das Katalogverfahren ist die Gehalts- und Lohngruppenmethode.

Beispiel

Gehaltsgruppen

Gruppe 4

Oberbegriffe:

Selbständiges Ausführungen von Tätigkeiten nach allgemeinen Anweisungen, die weitergehende Kenntnisse und Berufserfahrung erfordern, wie sie durch mehrjährige einschlägige Tätigkeit nach abgeschlossener Berufsausbildung erlangt werden. Diese Kenntnisse und Berufserfahrungen können auch durch eine andere gleichwertige Ausbildung und entsprechende mehrjährige Tätigkeit erworben worden sein.

Tätigkeitsbeispiele:

Bearbeiten von Angeboten oder Bestellungen in Ein- und Verkaufsabteilungen einschließlich Überwachen von Fristen sowie Abrufen im Rahmen vorangegangener Dispositionen.
Führen von Verkaufsverhandlungen
Reisendentätigkeit ohne Abschlußvollmacht nach dem 1. Jahr
Reisendentätigkeit mit Abschlußvollmacht im 1. Jahr
Verwalten eines Lagers einschließlich Dispositionen
Erledigen von Expeditionsarbeiten, die eingehende Kenntnisse des Speditions- und Verkehrstarifwesens erfordern.
Kaufmännische Tätigkeit im technischen Kundendienst mit Spezialkenntnissen
Bedienen von Fernsprechanlagen, das fremdsprachliche Kenntnisse erfordert, einschließlich Telekommunikationseinrichtungen sowie Empfangstätigkeit
Disponieren eines Schreibbüros/Korrespondenzraumes
Verwalten einer Zentralregistratur oder mehrerer Registraturen
Aufnehmen fremdsprachlicher Stenogramme und deren Übertragen sowie Übertragen fremdsprachlicher Diktate von Tonträgern
Übersetzen einfacher Texte und Führen einfachen Schriftwechsels in einer Fremdsprache
Sachkundiges Erledigen von Sekretariatsarbeiten
Kontieren von Belegen bei umfangreichen Kontenklassen
Tätigkeit an Sammelkassen (Zentralkassen)
Führen von Sach- und Kontokorrentkonten; Erledigen des sich hieraus ergebenden Schriftwechsels und Mahnwesens sowie Überwachen des Obligos
Führen der Gehalts- und Lohnkonten einschließlich der Abwicklung mit Sozialversicherungsträgern und Finanzämtern
Erstellen und Testen einfacher Programme sowie Dokumentation
Anfertigen von Zeichnungen und Ausführen graphischer Arbeiten nach Richtlinien
Disponieren und Überwachen des Fahrzeugeinsatzes bis zu 10 LKW oder 15 Kfz
System-/Consol-Operator mit Englischkenntnissen
Anwendungsprogrammierer

Gruppe 5

Oberbegriffe:

Selbständiges und verantwortliches Ausführen von Tätigkeiten, die in ihren Anforderungen über die in Gruppe 4 beschriebenen hinausgehen. Diese erfolgen nach allgemeinen Richtlinien und erfordern gründliche Fachkenntnisse und umfangreiche einschlägige Erfahrungen.

Tätigkeitsbeispiele:

Bearbeiten schwieriger Ein- und Verkaufsvorgänge, auch in Fremdsprachen
Verwalten von Verkaufs- oder Außenstellen
Leiten des Lagers
Reisendentätigkeit nach dem 1. Jahr, jedoch mit Abschlußvollmacht
Erstellen der Richtlinien für Preiskalkulation
Bearbeiten schwieriger Aufgaben im Versand wie Zoll- und Speditionsfragen, die auch fremdsprachliche Kenntnisse erfordern.
Übersetzen von schwierigen kaufmännischen und fachtechnischen Texten und Führen schwierigen Schriftwechsels in einer Fremdsprache
Übertragen schwieriger fremdsprachiger Diktate von Stenogramm und Tonträgern
Übersetzen und Führen einfachen Schriftwechsels in mindestens zwei Fremdsprachen
Erledigen umfangreicher Sekretariatsarbeiten in großen Bereichen (Direktions- und Geschäftsführungssekretärin)
Revision betriebswirtschaftlicher oder organisatorischer Abläufe
Datenverarbeitung, Organisieren und Programmieren in Teilgebieten

Systemprogrammierer
Disponieren und Verwalten eines Fuhrparks mit mehr als 10 LKW oder 15 Kfz
Tätigkeit als Ausbildungsleiter
Bearbeiten von Steuer-, Finanz-, Versicherungs-, Lizenz- und Liegenschaftsvorgängen

Beim Rangfolgeverfahren werden tatsächliche betriebliche Stellen miteinander verglichen und in eine Rangfolge gebracht.

Arbeitsvorschlag
Bringen Sie die folgenden Stellen in eine Rangfolge, wobei die erste Stelle den höchsten Rang einnehmen soll.
Stelle:
- Auszubildende,
- Fahrer, Führerscheinklasse 3
- Leiter der Niederlassung,
- Exportsachbearbeiterin,
- Sekretärin.

● Analytische Arbeitsplatzbewertung

Bei der analytischen Arbeitsplatzbewertung werden die Anforderungen an den Arbeitsplatz bzw. den Arbeitnehmer in vier Anforderungsgruppen: Können, Verantwortung, Belastung und Einflüsse der Umgebung eingeteilt. Diesen werden bestimmte Merkmale zugeordnet.

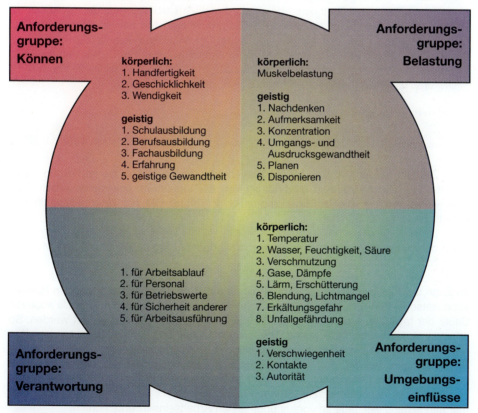

Ein typisches Beispiel für die analytische Bewertungsmethode stellt das **Genfer Schema** (Refa-Verfahren) dar. Dabei werden auf der Grundlage von Arbeitsabläufen und Arbeitszeitstudien Werte für die jeweilige Normalleistung einer Stelle ermittelt. Diese Werte können tabellarisch aufgebauten Tarifgruppen zugeordnet werden, aus denen sich der Lohn bzw. das Gehalt ableiten läßt.

3.3.1 Zeitlohn, Prämienlohn und Akkordlohn

■ **Zeitlohn**

Zeitkonto soll Stechuhr ersetzen

Ohne wichtigen Grund mal am Vormittag wegbleiben, die Mittagspause zu einem Einkaufsbummel ausdehnen und dafür Kundenbesuche am Mittwoch nachmittag vereinbaren – ein Modellversuch der Volksbank macht es möglich. Seit Februar und noch bis Ende September stehen die Stechuhren in vier Geschäftsstellen des Geldinstituts still: Kern-Arbeitszeit und elektronische Zeiterfassung sind probeweise außer Kraft gesetzt. Dafür verfügt jeder Mitarbeiter über ein persönliches Zeitkonto, das alle zwei Wochen vom Vorgesetzten abgezeichnet wird. Dienstpläne werden von den Abteilungen erstellt; Mindestbesetzungsvorgaben garantieren, daß die Kunden nicht ohne Ansprechpartner dastehen.

Entwickelt wurde das Konzept von den Bank-Mitarbeitern und den Berliner Arbeitszeitberatern Hoff, Weidinger und Partner. Anlaß für die Initiative sind nach Angaben von Vorstandsmitglied Wolfgang Vonscheidt dieselben Überlegungen, die das unternehmen bereits zu einem Ausbau der Teilzeitarbeit motiviert haben. „Wir mußten kundenorientierter arbeiten, und wir wollten unseren Mitarbeitern mehr Zeitsouveränität geben." Die Zwischenbilanz des Modellprojektes fiel positiv aus. „Wir sind angetan vom Verantwortungsbewußtsein unserer Mitarbeiter", sagt Vonscheidt. Vermutlich werde das Modell deshalb 1995 bundesweit zur Regel   ha

Quelle: HAZ v. 02.09.94

Beim Zeitlohn ist der Maßstab für die Berechnung der Lohnhöhe die im Betrieb zugebrachte Zeit. Diese Größe ist unabhängig von der tatsächlich geleisteten Arbeit. Beispielsweise verdient Nicole Meyer monatlich 2 768,00 DM bei einer wöchentlichen Arbeitszeit von 37,5 Stunden.

Nach dem Berechnungszeitraum lassen sich Stunden-, Tages-, Wochen- und Monatslöhne bzw. -gehälter unterscheiden.

Im Zuge der Flexibilisierung der Arbeitszeit führen Unternehmen, besonders im Handel, kapazitätsorientierte, variable Arbeitszeitsysteme ein. Damit sollen die Tage als auch die Dauer der täglichen Arbeitszeit an die betrieblichen Erfordernisse angepaßt werden. So erhalten Verkäuferinnen z.B. einen Arbeitsvertrag über 500 Jahresarbeitsstunden. Das damit verbundene Problem eines „ständigen Bereitschaftsdienstes" soll durch die Bestimmungen des Art. 1 § 4 Beschäftigungsförderungsgesetz und des § 193 BGB gemildert werden. Danach soll, wenn nicht anderes vereinbart worden ist, die wöchentliche Arbeitszeit mindestens zehn Stunden betragen und der Arbeitgeber den Arbeitnehmer mindestens vier Tage im voraus über seinen Arbeitseinsatz unterrichten.

Der Zeitlohn eignet sich besonders für Tätigkeiten, die ein hohes Maß an Aufmerksamkeit und Sorgfalt erfordern und bei denen eine Lohnfestsetzung nach Leistungseinheiten schwierig oder unmöglich ist, z.B. Krankenschwester in der Intensivstation, Pilot eines Verkehrsflugzeugs, Kriminalpolizist.

Vor- und Nachteile des Zeitlohns

	Vorteile	Nachteile
für das Unternehmen	z.B. • einfache Lohn- und Gehaltsberechnung • Sicherung der Arbeitsqualität • weniger Arbeitsunfälle • schonende Behandlung von Maschinen, Geräten und Arbeitsmaterial	z.B. • kein Anreiz zur mengenmäßigen Mehrleistung • betriebliche Kapazitäten werden nicht vollständig genutzt • Arbeitstempo läßt sich i.d.R. nicht beeinflussen • hochgradig befähigte Mitarbeiter verlassen den Betrieb
für die Mitarbeiter	z.B. • kein Zeitdruck bei der Arbeitsausführung • genau planbares Einkommen • weniger arbeitsbedingte Gesundheitsschäden • kein Konkurrenzkampf zwischen den einzelnen Mitarbeitern	z.B. • keine Möglichkeiten, durch größeren Arbeitseinsatz den Verdienst zu beeinflussen • Unzufriedenheit, wenn ungleiche Arbeitsleistungen gleich entlohnt werden • Gefühl der Unterforderung

■ Lohnanreizsysteme

● Prämienlohn

Um zusätzliche Leistungsanreize zu bieten, die beim Zeitlohn fehlen, werden vom Betrieb für besondere Mehrleistungen der Arbeitnehmer zusätzlich zum Grundlohn – in Ausnahmefällen auch ohne Grundlohn – Prämien bezahlt. Diese können sich zum einen auf verschiedene mengenbezogene Größen, z.B. Versicherungssumme der abgeschlossenen Verträge, erreichter Umsatz, erzielte Ergebnisse oder Plazierungen bei Profisportlern beziehen. Sie können sich zum anderen auf die Qualität z.B. Verringerung von Reklamationen, Vorschläge zur Verbesserung der Arbeitsabläufe und Produkte bzw. auf erzielte Einsparungen beispielsweise im Energiebereich richten.

● Akkordlohn

Der maßstab für den Akkordlohn ist die erbrachte Arbeitsleistung eines einzelnen Arbeitnehmers oder einer Gruppe. Man unterscheidet dabei zwischen dem Stückgeld- und dem Stückzeitakkord.

> **Beispiel**
> Udo B. sagt zu seiner Freundin Nicole M.: „Bei uns auf dem Bau ist das ganz einfach. Der Polier macht die Vorgabe, z.B. die Mauern ziehen wir heute hoch. Das ist dann so ein Kubikmeter in dreieinhalb Stunden. Und dann ist das doch ganz logo, entweder wir klotzen richtig ran und sind früher fertig, oder wir mauern wie verrückt und machen pro Mann drei Kubis..."
> Für Nicole M. ist das überhaupt nicht so klar...

Der Akkordrichtsatz wird auch als Grundlohn bezeichnet. Er setzt sich zusammen aus dem tariflich festgesetzten Mindestlohn und einem Akkordzuschlag, z.B. Mindestlohn 20,00 DM zuzüglich 20 % Akkordzuschlag.

Beispiel

Für Udo B. wird von folgenden Werden ausgegangen:
- Akkordrichtsatz   24,00 DM
- Vorgabe für 1 m³   240 Min.
- Normalleistung je Std.   0,25 m³
- Lohnsatz je Stück   96,00 DM
- Lohnsatz je Minute   0,40 DM
- Erreichte Stückzahl pro Tag   2 m³

● Stückgeldakkord

| Geldakkord je Stück | × | Stückzahl | = | Buttoverdienst |

Bezogen auf einen achtstündigen Arbeitstag von Udo B. folgt daraus:

96,00 DM   ×   2 Stück   =   192,00 DM.

● Stückzeitakkord

| Stückzahl | × | Vorgabezeit | × | Geldsatz pro Minute | = | Bruttoverdienst |

2   ×   240 Min   ×   0,40 DM   =   192,00 DM.

Arbeitsvorschlag

1. Stellen Sie in einer Tabelle (vgl. Zeitlohn) die Vor- und Nachteile des Akkordlohns aus der Sicht des Unternehmens und der Mitarbeiter gegenüber
2. Für welche Tätigkeiten ist der Akkordlohn besonders geeignet?
3. Nehmen Sie kritisch zu der Aussage Stellung: „Akkord ist Mord!"

3.3.2 Erfolgsbeteiligung der Mitarbeiter

Situation:

> **... immer mehr Gehälter orientieren sich am Gewinn**
>
> Das oberste Formalziel erwerbswirtschaftlich geführter Unternehmen ist die Gewinnmaximierung. Hohe Gewinne lassen sich u.a. auf die Arbeitsleistung der Mitarbeiter zurückführen. Deshalb ist es für viele Unternehmen sinnvoll, ihre Mitarbeiter am Unternehmenserfolg zu beteiligen. Dadurch verbessert sich die Arbeitsmotivation der Mitarbeiter. Leistungsreserven können aktiviert werden, die Identifikation der Mitarbeiter mit **ihrem** Betrieb wird verstärkt **(corporated identity)** und ausfallabhängige Kosten aufgrund von Fehlzeiten sind rückläufig.

Arbeitsvorschlag
1. Warum bieten Unternehmen ihren Mitarbeitern eine Gewinnbeteiligung an?
2. Welche Vorteile bietet der Erwerb von Unternehmensanteilen den Mitarbeitern?
3. Welche Risiken sind für die Mitarbeiter mit dem Erwerb von Unternehmensanteilen verbunden?
4. Begründen Sie, ob sie lieber in einem Unternehmen mit oder ohne Gewinnbeteiligung arbeiten möchten.
5. Entwickeln Sie für ein Großhandelsunternehmen ein Modell der Erfolgsbeteiligung.

Kritik an der betrieblichen Gewinnbeteiligung wird u.a. häufig von Mitarbeitern aus weniger erfolgreichen Unternehmen und aus „Unternehmen", die der Allgemeinheit dienen, z.B. Krankenhäusern, Altersheime, Schulen und Kirchen, geäußert. Die Mitarbeiter dieser Einrichtungen haben selbst bei größtem persönlichen Einsatz keine Chance, eine Form der betrieblichen Gewinnbeteiligung zu nutzen.

Deshalb werden neben Modellen der betrieblichen auch überbetriebliche Formen der Gewinnbeteiligung diskutiert. Hierbei sollen die erfolgreichen Unternehmen eines Wirtschaftsbereiches oder einer Region einen Teil ihres Gewinns in einen Fonds einzahlen. Aus diesem Fonds erhalten dann alle Arbeitnehmer Gewinnanteile.

Darüber hinaus gibt es weitere Möglichkeiten der betrieblichen und der staatlichen Vermögensbildung. Zur betrieblichen Vermögensbildung zählt beispielsweise der Erwerb von Belegschaftsaktien zum Vorzugspreis. Der Mitarbeiter ist als Aktionär am Sachvermögen und am Gewinn seines Unternehmens mitbeteiligt.

Bei der staatlichen Vermögensbildung steht das **5. Vermögensbildungsgesetz** im Vordergrund. Nach diesem Gesetz erhalten Arbeitnehmer unter bestimmten Voraussetzungen eine **Arbeitnehmer-Sparzulage** vom Staat.

Die Arbeitnehmer-Sparzulage
- ist abhängig von der Höhe des zu versteuernden Einkommens. Dieses darf bei Alleinstehenden nicht höher als 27 000,00 DM und bei Verheirateten nicht mehr als 54 000,00 DM sein;
- beträgt seit 1994 einheitlich 10 % der vermögenswirksamen Leistungen, höchstens jedoch 10 % von 936,00 DM. Das sind steuerrechtlich aufgerundet 94,00 DM im Jahr;
- setzt voraus, daß die vermögenswirksamen Leistungen einer Sperrfrist von sechs bis sieben Jahren unterliegen;
- ist steuer- und sozialabgabenfrei.

Zu den geförderten Anlageformen innerhalb des Vermögensbildungsgesetzes zählen Bausparverträge, Aktien, Wandelschuldverschreibungen, Genossenschaftsanteile, Geschäftsanteile einer GmbH usw. Die vermögenswirksamen Leistungen sind bei der Gehaltsabrechnung zu berücksichtigen.

3.3.3 Gehaltsabrechnung

Situation:

Nicole M. zeigt ihrem Freund Udo B. ihre neue Gehaltsabrechnung.

Auszug aus der Gehaltsliste der TEM-GmbH

Gehaltsliste: Monat Januar												
Name	Steuer-klasse	Brutto-gehalt	AG-Zuschuß z. vermögens-wirks. Anlage	Lohn-steuer	Kir-chen-steuer	Solida-ritäts-zu-schlag	Kran-ken-kasse	Renten-ver-sich.	Arbeits-losen-versich.	Pflege-ver-sich.	Vermö-gens-wirks. Anlage	Netto-gehalt
Bergold, K.	IV	4 253,00	26,00	592,00	53,28	44,40	278,14	397,95	139,07	21,39	54,00	2 698,77
Herkenrath, T.	III,1	3 137,00	52,00	223,83	20,14	16,79	207,29	296,58	103,64	15,94	78,00	2 226,79
Meyer, N.	I	2 768,00	26,00	380,42	34,24	28,53	181,61	259,94	90,81	13,97	54,00	1 750,58
Rodriguez, M.	I	2 063,00	26,00	217,08	—	16,28	135,79	194,28	67,89	10,44	54,00	1 393,24
...												
...												
...												
Wiß, F.	III,2	2 900,00	26,00									
Summe												

Jedem Arbeitnehmer werden von seinem Bruttogehalt bzw. -lohn verschiedene Beträge abgezogen. Dabei sind die Lohnsteuer, die Kirchensteuer, die Arbeitnehmerbeiträge zur Sozialversicherung und gegenwärtig der Solidaritätsbeitrag von besonderer Bedeutung. Der Arbeitgeber hat dafür zu sorgen, daß die Steuern an das Finanzamt und die Sozial-versicherungsbeiträge zuzüglich des Arbeitgeberanteils über die Krankenkassen an die anderen Träger der Sozialversicherung abgeführt werden. Darüber hinaus muß der Arbeitgeber zu einhundert Prozent den Beitrag zur gesetzlichen Unfallversicherung über-nehmen und diesen an die Berufsgenossenschaft überweisen.

Zur Berechnung der Personalkosten eines Mitarbeiters müssen neben den Bruttobezü-gen auch die Personalnebenkosten herangezogen werden. Diese setzen sich aus den gesetzlich vorgeschriebenen Leistungen und den tariflichen sowie betrieblichen Verein-barungen zusammen.

Belegorientierte Personalkosten

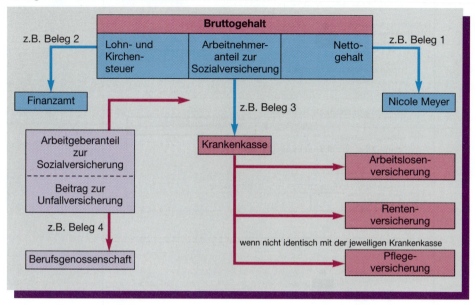

Arbeitsvorschlag

1. Ergänzen Sie die voranstehende Gehaltsliste für die Arbeitnehmerin F. Weiß und mögliche andere Arbeitnehmer.
2. Bilden Sie die Buchungssätze zu den folgenden vier Belegen aus der Sicht der TEM-GmbH.
3. Welche Auswirkungen haben Veränderungen der Steuerklasse eines Mitarbeiters auf seine zu zahlende Lohn- und Kirchensteuer sowie Sozialversicherungsabgaben?

Belege zu den Personalkosten:

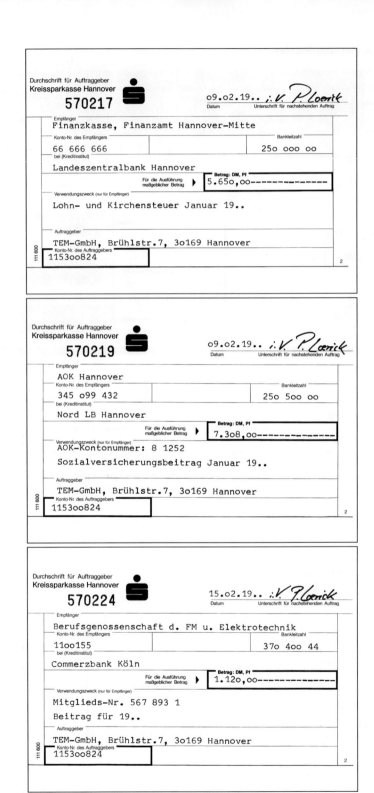

● **Beitragsnachweis**

Zum Nachweis der gezahlten Beiträge hat N. Meyer schon bei ihrer ersten Beschäftigung ein Sozialversicherungsnachweisheft erhalten. Dieses besteht aus dem Versicherungsausweis und den Versicherungsnachweisen. Die TEM-GmbH füllt diesen Nachweis aus. N. Meyer erhält eine Durchschrift. Das Original geht an die Krankenkasse. Der Inhalt der Versicherungsnachweise wird vom Träger der Rentenversicherung dem Konto des Versicherten gutgeschrieben. Es dient als Berechnungsgrundlage für eine zu einem späteren Zeitpunkt zu beantragende Rente.

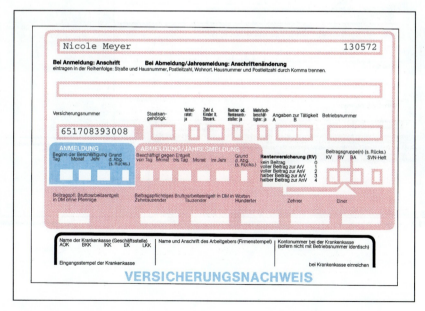

1994

Grüne Felder nur vom Finanzamt auszufüllen

Sdr. | Vorg. | Fallgruppe
71 10 02 94

Eingangsstempel

☐ **Einkommensteuererklärung**
☐ **Antrag auf Festsetzung der Arbeitnehmer-Sparzulage**
☐ **Erklärung zur Feststellung des verbleibenden Verlustabzugs**

An das Finanzamt

Zeile				
1	Steuernummer		bei Wohnsitzwechsel: bisheriges Finanzamt	☐ Ich rechne mit einer Einkommensteuererstattung
	Allgemeine Angaben			
	99 10 Steuerpflichtige Person (Stpfl.), bei Ehegatten: Ehemann	Telefonische Rückfragen tagsüber unter Nr.		
2	11 Name		Titel d. Stpfl./Ehemanns 14	Titel d. Ehefrau 18
3	13 Vorname		Anrede 10 Steuerpflichtige Person	40 Postempfänger
4	72 Geburtsdatum Tag Monat Jahr Religion Ausgeübter Beruf		Kz Wert	
5	22 Straße und Hausnummer			
6	20 Postleitzahl, derzeitiger Wohnort			
7	Verheiratet seit dem / Verwitwet seit dem / Geschieden seit dem / Dauernd getrennt lebend seit dem			
8			99 17 89	Kein zentraler Bescheid-Versand Ja = 1
	Ehefrau: Vorname		10	Art der Steuerfestsetzung
9	15		11	KFB 1 A / Alter B / Religion
10	16 ggf. von Zeile 2 abweichender Name		24 KFB 0,5	14 Kinderzahl für Berlin-Zulage
11	73 Geburtsdatum Tag Monat Jahr Religion Ausgeübter Beruf		64 ⅓ KFB 1	65 ⅓ KFB 1
12	Straße und Hausnummer, Postleitzahl, derzeitiger Wohnort (falls von Zeilen 5 und 6 abweichend)		68 ⅔ KFB 0,5	69 ⅓ KFB 0,5
13	Nur von Ehegatten auszufüllen: ☐ Zusammenveranlagung ☐ Getrennte Veranlagung ☐ Besondere Veranlagung für das Jahr der Eheschließung / Wir haben Gütergemeinschaft vereinbart ☐ Nein ☐ Ja		86 Haushaltsfreibetrag Ja = 1	Kz Wert
14	**Bankverbindung** Bitte stets angeben!		77 von bis	A Dauer der KiSt.-Pflicht von Monat
15	31 Nummer des Bankkontos, Postgirokontos, Sparbuchs, Postsparbuchs 30 Bankleitzahl		78 von bis	B bis Monat
16	Geldinstitut (Zweigstelle) und Ort		73 Angaben zur Erstattung	83 Bescheid ohne Anschrift Ja = 1
17	Kontoinhaber Name (im Fall der Abtretung bitte amtlichen Abtretungsvordruck beifügen) lt. Zeilen 2 u. 3 oder:		74 Veranlagungsart	75 Zahl d. zusätzl. Bescheide
18	**Der Steuerbescheid soll nicht mir/uns zugesandt werden, sondern**		KSO 22	N 19 Anzahl	FW 53
19	41 Name		GSE 21	L 20	V 23
20	42 Vorname		AUS 55 Anzahl	E 54	GV 51
21	43 Straße und Hausnummer oder Postfach		FO 57	Kz Wert	
22	45 Postleitzahl, Wohnort		NBL 56		
23	**Unterschrift** Die mit der Steuererklärung angeforderten Daten werden aufgrund der §§ 149 ff. der Abgabenordnung und der §§ 25, 46 des Einkommensteuergesetzes erhoben. Ich versichere, daß ich die Angaben in diesem Vordruck und den Anlagen wahrheitsgemäß nach bestem Wissen und Gewissen gemacht habe. Mir ist bekannt, daß Angaben über Kündigungsverhältnisse erforderlichenfalls der für die Ausstellung von Lohnsteuerkarten zuständigen Gemeinde mitgeteilt werden.		Bei der Anfertigung dieser Steuererklärung/dieses Antrags und der Anlagen hat mitgewirkt:	
24	Wir sind damit einverstanden, daß Bescheide einschließlich etwaiger Änderungsbescheide einem der unterzeichnenden Ehegatten zugleich mit Wirkung für und gegen den anderen Ehegatten bekanntgegeben werden.			
25				
26				
27	Datum, Unterschrift(en) Anträge/Steuererklärungen sind eigenhändig - bei Ehegatten von beiden - zu unterschreiben.			

ESt 1 A   Nr. 724/1 (09.94) OFD Dü - St 15   Recyclingpapier aus 100% Altpapier - erspart Energie, Rohstoffe und Abfall   **Nordrhein-Westfalen**

Sonderausgaben

Zeile		DM	DM	
62	Arbeitnehmeranteil am Gesamtsozialversicherungsbeitrag und/oder befreiende Lebensversicherung sowie andere gleichgestellte Aufwendungen (ohne steuerfreie Zuschüsse des Arbeitgebers)	30 Stpfl./Ehemann	31 Ehefrau	30
63	– In der Regel auf der Lohnsteuerkarte bescheinigt –			31
64	Freiwillige Angestellten-, Arbeiterrenten-, Höherversicherung (abzüglich steuerfreier Arbeitgeberzuschuß) sowie Beiträge von Nichtarbeitnehmern zur gesetzlichen Altersversorgung	41 Stpfl./Ehegatten	41	40
65	Krankenversicherung (freiwillige Beiträge sowie Beiträge von Nichtarbeitnehmern zur gesetzl. Krankenversicherung – abzüglich steuerfreie Zuschüsse, z. B. des Arbeitgebers –)	in 1994 gezahlte Beiträge –	in 1994 erstattete Beiträge ▶	40 / 42
66	Unfallversicherung	–	▶	42 / 44
67	Lebensversicherung ohne vermögenswirksame Leistungen (einschl. Sterbekasse u. Zusatzversorgung; ohne Beiträge in Zeile 53)	–	▶	44 / 43
68	Haftpflichtversicherung (ohne Kasko-, Hausrat- und Rechtsschutzversicherung)	–	▶	43
69	Bausparbeiträge, die als Sonderausgaben geltend gemacht werden – ohne vermögenswirksame Leistungen –	Für 1994 habe(n) ich/wir und die nach dem 1. 1. 1977 geborenen Kinder eine Wohnungsbauprämie beantragt: Nein Ja		35 Eingangsdatum
70	Institut, Vertrags-Nr. und Vertragsbeginn	Bescheinigte Beiträge 35 ▶		38 / 11
71	Renten	Rechtsgrund, Datum des Vertrags	11 tatsächlich gezahlt / 12 abziehbar v. H.	12 v. H.
72	Dauernde Lasten	Rechtsgrund, Datum des Vertrags	10	10
73	Unterhaltsleistungen an den geschiedenen/dauernd getrennt lebenden Ehegatten lt. Anlage U	39		39
74	Kirchensteuer	13 in 1994 gezahlt	14 in 1994 erstattet	13 / 14
75	Zinsen für Nachforderung und Stundung von Steuern, Aussetzung der Vollziehung	78		78
76	Aufwendungen für ein hauswirtschaftliches Beschäftigungsverhältnis, für das Pflichtbeiträge zur gesetzlichen Rentenversicherung entrichtet wurden	22		22
77	Zum Haushalt gehörten nach dem 1. 1. 1984 geborene Kinder lt. Zeile(n) Nr.	hilflose Person(en)	vom – bis	16 / 17
78	Steuerberatungskosten	16		71
79	Aufwendungen für die eigene Berufsausbildung oder die Weiterbildung in einem nicht ausgeübten Beruf	Art der Aus-/Weiterbildung	17	18
80	Schulgeld an Ersatz- oder Ergänzungsschulen für das Kind lt. Zeile	Bezeichnung der Schule	71	19 / 20
81	Spenden und Beiträge für wissenschaftliche, mildtätige und kulturelle Zwecke	lt. beigef. Bestätigungen +	lt. Nachweis Betriebsfinanzamt 18 ▶	70
82	für kirchliche, religiöse und gemeinnützige Zwecke	+	19 ▶	Summe der Umsätze, Gehälter und Löhne 21
83	Mitgliedsbeiträge und Spenden an politische Parteien (§§ 34 g, 10 b EStG)	+	20 ▶	72
84	an unabhängige Wählervereinigungen (§ 34 g EStG)	+	70	Verlustrücktrag A aus 96
85	Verlustabzug nach § 10 d EStG lt. Feststellungsbescheid zum 31. 12. 1993 (Bitte weder in Rot noch mit Minuszeichen eintragen)	72 Stpfl./Ehemann	73 Ehefrau	Verlustrücktrag A aus 95 76
86	Nicht ausgeglichene Verluste 1994 Antrag auf Verlustrücktrag	nach 1992	nach 1993	73

Außergewöhnliche Belastungen

								Verlustrücktrag B aus 96 75
87	Behinderte und Hinterbliebene		Nachweis		ist beigefügt.		hat bereits vorgelegen.	Verlustrücktrag B aus 95
88	Name	Ausweis-/Rentenbescheid/Bescheinigung ausgestellt am / gültig bis	hinterblieben	behindert	blind / ständig hilflos	geh- und stehbehindert	Grad der Behinderung	77 56 1. Person*)
89							56	57 2. Person*)
90							57	
91	Beschäftigung einer Hilfe im Haushalt	Aufwendungen DM	Heimunterbringung ohne Pflegebedürftigkeit / zur dauernden Pflege	Unterbringung: Art der Dienstleistungskosten				*) bei Blinden und ständig Pflegebedürftigen „300" eintragen Hinterblieb. Pauschbetrag 58 Anzahl
92	vom – bis	Antragsgrund, Name und Anschrift der beschäftigten / der untergebrachten Person						Hilfe im Haushalt/Unterbr. 60
93	Pflege-Pauschbetrag wegen persönlicher Pflege einer ständig hilflosen Person in deren oder in meiner Wohnung im Inland Name, Anschrift u. Verwandtschaftsverhältnis der hilflosen Person(en)		Nachweis der Hilflosigkeit ist beigefügt. / hat bereits vorgelegen. Name anderer Pflegekräfte					Pflege-Pauschbetrag 79
94								

● Lohnsteueranmeldung

Die Lohnsteuer sämtlicher Arbeitnehmer eines Unternehmens muß vom Arbeitgeber zu bestimmten Fälligkeitstagen, z.B. monatlich, vierteljährlich, jährlich an das zuständige Finanzamt überwiesen werden. In diesem Zusammenhang hat der Arbeitgeber eine Lohnsteueranmeldung abzugeben. Aus ihr geht nur der Gesamtbetrag der einbehaltenen Lohnsteuer hervor. Angaben über die einzelnen Arbeitnehmer, auf die sich die Lohnsteuer bezieht, sind nicht erforderlich.

Überschreitet der Arbeitgeber die Frist zur Abgabe der Lohnsteueranmeldung, wird ein Verspätungszuschlag seitens des Finanzamts erhoben. Dieser richtet sich nicht gegen den eigentlichen Steuerschuldner, sondern gegen den Arbeitgeber, weil dieser verpflichtet ist, eine Anmeldung abzugeben.

● EDV-gestützte Lohn- und Gehaltsabrechnungen

Heutzutage werden zunehmend EDV-gestützte kommerzielle Lohn- und Gehaltsbuchhaltungsprogramme eingesetzt. Diese können mit anderer Software integrativ verknüpft werden. So kann beispielsweise die Auswertung einer personalbezogenen Umsatzstatistik aus einem Warenwirtschaftssystem als Berechnungsgrundlage für das monatliche Gehalt einschließlich Verkaufsprämien herangezogen werden.

Arbeitsvorschlag

Führen Sie mit Hilfe der vorausgegangenen Ausführungen und der folgenden Angaben für Nicole Meyer eine Einkommensteuererklärung aus.

Benutzen Sie dafür ein Originalformular des Finanzamtes.

Angaben:

- Zuständiges Finanzamt: Hannover Mitte
- LSt-Jahresausgleich im Vorjahr: ja, Steuernummer 3456897
- Abgabe des Antrags: 18. März 19..
- Bankverbindung: vgl. Belege
- Sonderausgaben:
  - Unfallversicherung 236,00 DM
  - Lebensversicherung 720,00 DM
  - Erstattete Kirchensteuer 68,00 DM
  - Steuerberatungskosten 35,00 DM
  - Spenden: Greenpeace 50,00 DM
- Werbungskosten: Nutzung der Pauschale
- Bruttoarbeitslohn: 37 006,00 DM
- Einbehaltene Lohnsteuer: 5 065,46 DM
- Einbehaltene Kirchensteuer: 455,89 DM
- Solidaritätszuschlag: 354,58 DM
- Vermögenswirksame Leistungen: 936,00 DM, die als Bausparvertrag beim BHW – Vertragsnummer: A 78564–1 angelegt sind.

3.4 Personaleinsatz

Im Großhandel werden zunehmend EDV-gestützte Warenwirtschaftssysteme (WWS) eingesetzt, die als Informations- und Steuerungsinstrumente dienen. Dabei stehen nicht nur die originären Funktionen des WWS zur Verfügung, wie Bestellwesen, Lagerhaltung, Kassensysteme und Fakturierung, sondern auch das Personalwesen. Die Aufgaben eines EDV-gestützten WWS im Personalwesen konzentrieren sich auf drei Bereiche:

- Personaleinsatzplanung,
- Personalbeurteilung,
- Personalprovisionsermittlung.

● Personaleinsatzplanung

Bei personalintensiven Handelsbetrieben bietet ein EDV-gestütztes WWS u.a. Möglichkeiten zur Optimierung der kurzfristigen Personaleinsatzplanung. Durch die Computerkassen kann beispielsweise eine permanente, personenbezogene Umsatzkontrolle stattfinden. Daraus läßt sich ableiten, zu welchem Zeitpunkt ein zusätzlicher Personalbedarf erforderlich ist. Unternehmen gelingt es damit, einen kapazitätsorientierten Personaleinsatz zu planen, wobei arbeitsrechtliche Bestimmungen natürlich zu beachten sind.

```
                   Kassenbon mit Zeitangaben

                    H U M A  —  SUPERMAGAZIN
           BLUMENAUERSTR. 4B · 3 HANNOVER 91 · TEL. 4506-0
           KASSENNR. 13              KASSIER.NR.      14286
           BON-NR. 253               DATUM         07.08.87
                                     UHRZEIT          14.44

            B   KURZ-NR. 002 Z      TRAGETASCHE
                MENGE     2,00      PREIS   0,10         0,20
            A   00000022573308Z     RINDFLEISCH          1,99
            A   00000022573308Z     RINDFLEISCH          1,99
            B   4025567201124Z      ORVIETO DOC          2,98
            B   3270583180322Z      EDELZWICKER          4,59
            A   4004000002730Z      LIVIO 1 LTR.         3,89
            A   4003390538278Z      MAYONNAISE           1,19
            A   40021740004558Z     MARKENBUTTER
                MENGE     2,00      PREIS   1,79         3,58
                  .
                  .
                  .
            A   871042$550112Z      BOHNEN               1,48
            A   40004000023102      DU DARFST            1,18
            A   4002676300732Z      MUSCHELN
                MENGE     2,00      PREIS   1,08         2,16
            A   3083680009508Z      KIDNEY-BOHN.         1,28
            A   4002676302057M      BIRELLI              1,49
            A   4003390251629Z      SCHASCH-SAUC         3,89
            A   00000040056111Z     MEERRETTICH          1,35
            A   00000040055480Z     BRUEHWUERFEL         0,98
            A   3083680004114Z      ERBSEN 850 ML        2,18
            A   00000040737171Z     MIX.PICK.720         4,38
            A   3272770003575Z      TARTARE KR.          3,25
            A   00000040081908Z     MILDESSA N.G.        2,18
            A   8710946024153M      EIER GEW.2           1,69
            A   4002676660508Z      PICORELLO            1,99
                45 SUMME            DM                  72,74
                   GEGEBEN BAR      DM                 100,00
                   RUECKGELD        DM                  27,26
            A =  7,0 % MWST VON    60,72                 4,25
            B = 14,0 % MWST VON     6,82                 0,95
                GEOEFFNET MO-FR 0900-1830     SA 0800-1400
                BON GILT ALS    Q U I T T U N G
```

Eine vergleichbare quantitative Personaleinsatzplanung gibt es auch für langfristige Überlegungen, beispielsweise für Urlaubszeiten und Vertretungen.

■ Personalbeurteilung

Neben der oben beschriebenen mengenmäßigen Personaleinsatzplanung ist eine qualitative Vorgehensweise von besonderer Bedeutung, die u.a. der Personalbeurteilung dient. Hier stehen die Leistungen der einzelnen Mitarbeiter im Vordergrund. Weist man jedem Beschäftigten eine individuelle Personalnummer zu, so läßt sich z.B. die Anzahl der Kundenkontakte, der Umsätze oder die Dauer der Kundenbetreuung feststellen.

Die Vorteile, welche sich aus der Sicht der Unternehmen aus den o.g. Zusammenhängen ergeben und insgesamt zu einer Steigerung der Arbeitsproduktivität und Kostensenkung führen, bedeuten für den Arbeitnehmer sowohl Chancen als auch Risiken:

> Durch die Eingabe der Personalnummer und das Festhalten der Kassierzeit wird der komplette Tagesablauf überwacht. Diese Leistungskontrollen ergänzen die negativen Auswirkungen auf die Beschäftigten. Der „gläserne Mensch" wird möglich, durch eine schnelle Erfassung von Leistungszahlen, wie Umsatz pro Kasse, Kundenfrequenz, Kassierleistung, Gesamtarbeitszeit an den Kassenstellen pro Stunde usw.. Damit schaffen die Datenkassen elektronische Kassen, Datensichtgeräte, Zeiterfassungsgeräte, „nebenbei" die Voraussetzung dafür, die Personaleinsatzplanung noch flexibler zu gestalten. Das exakte Datenmaterial über Umsatz pro Zeiteinheit und Kundenfrequenz liefert die Voraussetzung dafür, Teilzeitkräfte kapazitätsorientiert und variabel einzusetzen und Vollarbeitsplätze in Teilzeitarbeitsplätze „umzuwandeln". Gleichzeitig sind die Voraussetzungen für eine „lückenlose" Leistungskontrolle und Überwachung geschaffen, und zwar weit über die Tätigkeit an der Kasse hinaus.
>
> Gewerkschaft HBV (Hrsg.), Arbeitsheft Datenkassen, EDV-gestütztes Warenwirtschaftssystem, Düsseldorf 1985

Da es möglich ist, die individuelle Umsatzleistung eines jeden Mitarbeiters zu ermitteln, kann ein Unternehmen seine Lohnanreizsysteme effektiver gestalten, so z.B. bei der Provisionsermittlung.

Angesichts der aufgezeigten Probleme muß vor der Einführung eines WWS von der Geschäftsführung rechtzeitig eine Personaleinsatzplanung vorgenommen werden, die der Zustimmung des Betriebsrates bedarf (. 92 BetrVG).

3.5 Datenschutz

Im Laufe eines Berufslebens sammelt sich über den Arbeitnehmer umfangreiches Datenmaterial an. So erhält der Arbeitgeber bereits bei der Bewerbung Angaben über Schulbildung, berufliche Ausbildung, bisherige Tätigkeit u.v.a.m.. Diese Daten werden um weitere Informationen über den Werdegang des Arbeitnehmers ergänzt:

- Name, Vorname,
- Geburtsdatum,
- Anschrift, Telefonnummer,
- Geschlecht,
- Name der Ehefrau (des Ehemannes) und der Kinder,
- Personalnummer,
- Telefonnummer am Arbeitsplatz,
- Eintrittsdatum,
- Parkplatznummer,
- Kfz-Kennzeichen,
- Mitgliedschaft in einer Gewerkschaft (zur Beitragseinziehung),

- Urlaubsdaten,
- Krankheitszeiten,
- Wehrpflichtzeit,
- Schwerbehindertenprozentsatz,
- Mutterschutzdaten,
- Angaben über Funktion,
- Besondere Kenntnisse, Fähigkeiten (z.B. Fremdsprachen)
- Leistungsdaten (Beurteilungen, Zeugnisse, Testergebnisse),
- Zulagen,
- Aufzeichnungen über Gleitzeit,
- Schul- und Berufsausbildung,
- Fortbildungskurse,
- Konfession (für Zwecke der Kirchensteuer),
- frühere Beschäftigungen, frühere Arbeitgeber,
- Lohn- bzw. Gehaltsdaten.

Je nach den Verhältnissen des Einzelfalles werden einige Daten vom Arbeitgeber an andere Stellen weitergegeben, z.B.

an **Versicherungsträger**
- Berufsgenossenschaft,
- Krankenkasse,
- Rentenversicherung,

an **Behörden**
- Amt für Ausbildungsförderung,
- Arbeitsamt,
- Aufsichtsbehörde,
- Bundesinstitut für Berufsbildung,
- Finanzamt,
- Gewerbeaufsichtsamt,
- Gesundheitsamt,

an **Körperschaften des öffentlichen Rechts**
- Industrie- und Handelskammer,
- Handwerkskammer,
- Landwirtschaftskammer.

Die technischen Möglichkeiten, den Menschen in seiner ganzen Persönlichkeit zu registrieren und zu speichern, haben zu der Erkenntnis geführt, daß man den Arbeitnehmer vor dem Mißbrauch seiner Daten schützen muß. Mögliche Gefahren bestehen u.U. darin, daß
- Unbefugte sich schnell und gezielt personenbezogene Informationen beschaffen,
- Daten gezielt manipuliert werden;
- eine Verknüpfung von Daten, z.B. aus dem Gesundheits- und dem Privatbereich, zu Lasten des Arbeitnehmers ausgelegt werden.

Die o.g. Aspekte belegen, daß Bestimmungen zum Datenschutz erforderlich werden, wenn personenbezogene Daten EDV-geschützt verarbeitet werden. Dazu zählt man nach dem Bundesdatenschutzgesetz (BDSG) Speicherung, Übermittlung, Veränderung und Löschung von Daten. Diese Maßnahmen sind nur noch zulässig, wenn das BDSG oder eine andere Rechtsvorschrift es erlaubt. Andernfalls ist der Arbeitgeber verpflichtet, die Einwilligung des Arbeitnehmers einzuholen. Im Sinne des Datenschutzes gelten die Prinzipien der Erforderlichkeit und der Zweckbindung.

Der Arbeitnehmer hat nach dem BDSG eine Reihe von Rechten:

Er kann:

- Auskunft über die zu seiner Person gespeicherten Daten verlangen,
- Berichtigung der zu seiner Person gespeicherten Daten verlangen, wenn sie unrichtig sind,
- Sperrung der zu seiner Person gespeicherten Daten verlangen, wenn sich weder deren Richtigkeit noch Unrichtigkeit feststellen läßt, oder wenn die Voraussetzungen für die Zulässigkeit der Speicherung entfallen sind,
- Löschung der zu seiner Person gespeicherten Daten in bestimmten Fällen, namentlich bei unzulässiger Speicherung, verlangen.

■ Maßnahmen zum Datenschutz

Anforderungen	Sicherungsmaßnahmen
Zugangskontrolle	• Sicherheitszonen • Sicherheitsschlösser • Ausweis/Codeleser • Pförtner • Einbruchsicherungen
Abgangskontrolle	• Bestandsführung • Stichprobenkontrollen • Datenträgerschleusen • Entnahmescheine • Taschenkontrolle
Speicherkontrolle	• Autorisierung der Anwender • Identifikation der Benutzer • Datei-Paßwort • Protokolle
Benutzerkontrolle	• Terminal-Identifikation • Betriebsschloß am Terminal • Ausweisleser am Terminal • Überprüfung eines persönlichen Merkmals am Terminal (z.B. Fingerabdruck)
Zugriffskontrolle	• Datei-Paßwort • Einschränkung der Zugriffsrechte • Sicherheitscode für Transaktionen • Protokollierung für unberechtigte Zugriffsversuche
Übermittlungskontrolle	• Konfigurationsbeschränkung • Autorisierte Benutzer
Eingabekontrolle	• Eingabeprotokolle • Aufbewahrung der Urbelege • Auftragsbegleitzettel • Bearbeitungsrichtlinien
Auftragskontrolle	• Vertragsgestaltung • klare Weisungen • Richtlinien • Kontrolle der Einhaltung von Richtlinien
Transportkontrolle	• Sicherheit der Übertragungsleistungen • Codierung • Prüfen der Abholberechtigung
Organisationskontrolle	• Funktionstrennung • Dokumentation • Richtlinien • Förderung des Datenschutzbewußtseins

■ Der Datenschutzbeauftragte

Jeder Mitarbeiter, welcher der Ansicht ist, daß eines seiner Rechte bei der Verarbeitung seiner personenbezogenen Daten verletzt worden ist, kann sich an den Datenschutzbeauftragten wenden. Unternehmen, die ständig mindestens fünf Mitarbeiter in der elektronischen Verarbeitung von personenbezogenen Daten beschäftigen, müssen einen betrieblichen Datenschutzbeauftragten einsetzen. In Betrieben mit manueller Datenverarbeitung muß ein Datenschutzbeauftragter ab einer Beschäftigungszahl von zwanzig Mitarbeitern eingestellt werden.

3.6 Weiterbildung

„Wie empirische Untersuchungen zeigen, lassen sich mindestens ebenso viele Berufseinsteiger treiben wie nach einem sicheren Arbeitsplatz suchen. Beides ist nicht nur passiv und unzeitgemäß, sondern geradezu gefährlich. Erstens überläßt man damit zu vieles dem Zufall, und zweitens läuft man damit Gefahr, sich auf eine Tätigkeit einzulassen, die Frustration, Langeweile, Mittelmaß für lange Jahre bedeutet." (Josef Jäger in: Lebens- und Arbeitsplanung)

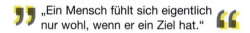
„Ein Mensch fühlt sich eigentlich nur wohl, wenn er ein Ziel hat."

Aus der obigen Behauptung lassen sich folgende Schritte der Lebens- und Arbeitsplanung ableiten:

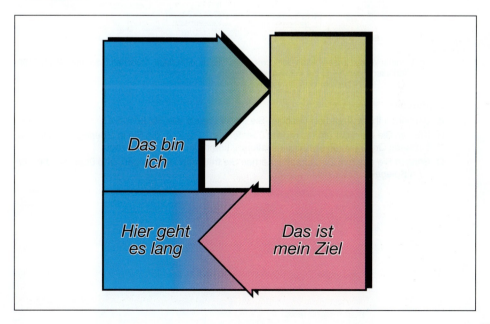

Bestimmung des Standorts

Arbeitsvorschlag

„Flippern für Berufstätige..."
Spielbeschreibung: Für die Analyse Ihrer Berufssituation beginnen Sie oben, bei „Start", und versuchen danach, von Verzweigung zu Verzweigung fortschreitend diejenige Spur herauszufinden, die Ihrem eigenen Fall am nächsten kommt, bis Sie an einem ganz bestimmten Buchstaben enden. Nun suchen Sie die Beschreibung dieses Buchstabens heraus und überlegen Sie, durch welche Mittel und Maßnahmen Sie die empfohlene Veränderung durchführen können.
Beginnen Sie jetzt am unteren Ende des Pfades und prüfen Sie zuerst, ob sich dadurch der letzte Punkt ändern würde. Wenn ja, ob sich auch bei dem darüberliegenden Fall die Lage bessert usf., bis Sie wieder am Standort ankommen (aus: Jäger, Josef: Lebens- und Arbeitsplanung)

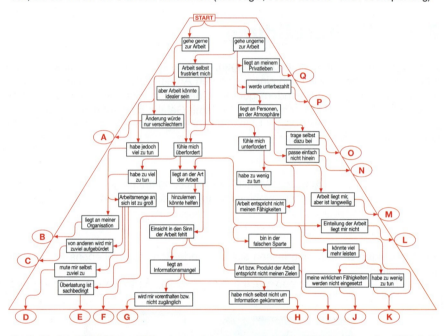

Quelle: Frederic Vester, Unsere Welt – ein vernetztes System, 4. Auflage, München November 1987, S. 92 f. (Erläuterungen A – Q auf der nächsten Seite)

Erläuterung

A Sie haben Ihren Traumjob! Machen Sie soviel daraus wie Sie können!

B Können Sie die nicht einmal radikal überdenken? Die Zeit, die Sie in Überlegungen für ein besseres Organisationssystem investieren, kommt schnell wieder raus.

C Bringen Sie das mal zur Sprache. Lernen Sie freundlich nein sagen, und üben Sie das vor dem Spiegel.

D Versuchen Sie Ihre Grenzen abzustecken! Sehen Sie Ihre Kapazität realistisch. Dann können Sie weit mehr damit anfangen, haben wieder Erfolgserlebnisse.

E Ist Arbeitsteilung oder Delegieren möglich? Machen Sie sich die Dinge vielleicht selbst zu kompliziert?

F Wo könnten Sie sich fortbilden? Fernkurse? Bücher? Volkshochschule? Entsprechender Bekanntenkreis?

G Vielleicht ist der Informationszugang ganz einfach? Falls von anderen vorenthalten, machen Sie deutlich, daß Sie bei besserer Information für alle mehr bringen könnten.

H Interessieren Sie sich mal für Zusammenhänge! Verfolgen Sie Weg und Wirkung Ihres Arbeitsprodukts. Das kann viel ändern.

I Wäre ein Wechsel nicht sinnvoll? Vielleicht auch innerhalb der Firma? Versuchen Sie die richtigen Leute für Ihre Mitarbeit zu interessieren.

J Können Sie Ihren Job nicht ausbauen oder zusätzlich kreativ sein? Wem könnten Sie gerade mit Ihren Fähigkeiten helfen?

K Können Sie anderen aushelfen, eigene Initiativen entwickeln oder interessante Aufgaben mitübernehmen?

L Was läßt sich durch eigene Umorganisation daran ändern? Was durch Gespräche mit Chef oder Mitarbeitern?

M Können Sie zusätzliche Aktivitäten ankurbeln? Wie steht es mit einer Auflockerung? Musik, Denkspiele – allein oder mit anderen zusammen?

N Lassen sich bestimmte Begegnungen vielleicht vermeiden? Wie läßt sich eine Trennung bewerkstelligen? Welche Mittel gibt es für eine Auflockerung und Entspannung?

O Wäre es nicht auch für Ihre eigene Entwicklung ein Fortschritt, Ihr Verhalten zu ändern? Vielleicht sind offene Gespräche sinnvoll. Verteilen Sie Streicheleinheiten, bauen Sie Streß ab!

P Sprechen Sie mit Ihrem Chef und machen Sie ihn auf den Vorteil zufriedener Mitarbeiter aufmerksam. Wenn erfolglos, dann ist vielleicht Nebenerwerb oder Wechsel möglich.

Q Hierzu müßten Sie vom Berufsflipper auf einen Privatflipper umsteigen. Vielleicht helfen aber Erfolgserlebnisse im Beruf auch in privaten Dingen. Starten Sie das Spiel erneut und finden Sie heraus, wo dies möglich wäre!

■ Bestimmungen der eigenen Fähigkeiten, Eignungen und Neigungen

Will man ein berufliches Ziel erreichen, so ist es notwendig, die eigenen Fähigkeiten, Eignungen und Neigungen zu erkennen. Daraus läßt sich u.U. ableiten, daß zwischen dem momentanen Leistungsstand und dem angestrebten Ziel Abweichungen bestehen, die ausgefüllt werden sollen. Eine Möglichkeit, solche Differenzen zu erkennen, stellt das sogenannte „Speerspitzenmodell" dar. Dabei müssen von der Testperson zunächst die eigenen Stärken und Schwächen anhand bestimmter Kriterien bewertet werden. In einem zweiten Schritt wendet man einen optischen Trick an. Die Einzelaspekte werden auseinander geschnitten und anschließen in Form einer Speerspitze zusammengefaßt. Aus dem entstandenen Bild sind dann deutlich Stärken und Schwächen der Testperson zu erkennen. Voraussetzung für das Gelingen ist eine realistische Selbsteinschätzung. Das folgende Beispiel verdeutlicht die Vorgehensweise:

Beispiel

Bewertung von Einzelaspekten

Schwerpunkte meiner Eignungen und Neigungen	In welchem Maße ich sie besitze, gemessen am Durchschnitt				
	sehr schlecht	mäßig	Durchschnitt	gut	sehr gut
K Allgemeinbildung			xxxx		
Englisch				xxxx	
Spanisch		xxxx			
Informatik	xxxx				
Literatur					xxxx
Bürokunde			xxxx		
E Auslandserfahrung: Amerikaaufenthalt				xxxx	
Praktikum Verlag					xxxx
Kundenberatung				xxxx	
F Formulierungsvermögen mündlich				xxxx	
Fitneß		xxxx			
Kreativität	xxxx				
P Auftreten				xxxx	
Überzeugungsvermögen			xxxx		
Kritikvermögen	xxxx				
Teamarbeit			xxxx		
Menschenbehandlung				xxxx	
Streßstabilität			xxxx		
W Aufstiegswille (Karriere)	xxxx				
Vorliebe für interessante Arbeit					xxxx
N fremde Länder					xxxx

Speerspitzen-Modell

	In welchem Maße ich sie besitze, gemessen am Durchschnitt				
	sehr schlecht	mäßig	Durchschnitt	gut	sehr gut
Informatik	xxxx				
Kreativität	xxxx				
Spanisch		xxxx			
Allgemeinbildung			xxxx		
Bürokunde			xxxx		
Auslandserfahrung: Amerikaaufenthalt				xxxx	
Kundenberatung				xxxx	
Formulierungsvermögen mündlich				xxxx	
Literatur					xxxx
Praktikum Verlag					xxxx
Vorliebe für interessante Arbeit					xxxx
fremde Länder					xxxx
Englisch				xxxx	
Auftreten				xxxx	
Menschenbehandlung				xxxx	
Überzeugungsvermögen			xxxx		
Teamarbeit			xxxx		
Streßstabilität			xxxx		
Fitneß		xxxx			
Kritikvermögen	xxxx				
Aufstiegswille (Karriere)	xxxx				

Arbeitsvorschlag

1. Erstellen Sie für sich selbst einen Bewertungsbogen für die Einzelaspekte entsprechend des vorangegangenen Beispiels!
2. Formen Sie Ihren persönlichen Bewertungsbogen in ein Speerspitzenmodell um!

Sollten die Schwachstellen dem angestrebten Ziel entgegenstehen, so müßten entweder die Ziele den individuellen Möglichkeiten angepaßt oder die Defizite ausgeglichen werden. Für den letztgenannten Fall besteht in der Bundesrepublik Deutschland eine breite Palette an Weiterbildungsmaßnahmen. Sie dienen nicht nur

- dem beruflichen Aufstieg,

sondern auch:

- der finanziellen Verbesserung,
- der Sicherung des Arbeitsplatzes,
- höherer Leistungsmotivation,
- der Anpassung an veränderte Arbeitsbedingungen,
- der beruflichen Mobilität und Flexibilität.

■ Lebenslanges Lernen

„Lernen ist wie Rudern gegen den Strom, sobald man aufhört, treibt man zurück." (Benjamin Britten)

Um den stetigen Wandel in der beruflichen Welt gerecht zu werden, muß ein Konzept in der Berufsausbildung gefunden werden, das junge Menschen befähigt, heutigen und zukünftigen Anforderungen gerecht zu werden. Da es einerseits schwierig ist, die zukünftigen Erwartungen an Arbeitnehmern einzuschätzen, andererseits die erworbenen beruflichen Kompetenzen im Laufe des Arbeitslebens veralten, ist der Berufstätige gezwungen, berufliche Fort- und Weiterbildungsmaßnahmen zu nutzen. Dafür stehen ihm verschiedene Möglichkeiten zur Verfügung.

Bei den Maßnahmen kann man zwischen innerbetrieblichen und außerbetrieblichen unterscheiden. Im Rahmen der innerbetrieblichen Maßnahmen wird der Arbeitnehmer in dem Betrieb, in dem er beschäftigt ist, fort- bzw. weitergebildet oder umgeschult. Träger außerbetrieblicher Maßnahmen können staatliche Einrichtungen, wie die Volkshochschule, Stiftungen oder Gewerkschaften sein.

„Hab ich mir doch gleich gedacht, daß da'n Trick bei war:
Hinterher sollen wir nämlich malochen!"

Zwei der wichtigsten Gesetze, die staatliche Förderungsmaßnahmen regeln, sind das **Ausbildungsförderungsgesetz (AFG)** und das **Bundesausbildungsförderungsgesetz (BAFöG)**.

Das AFG unterstützt z.B. den Einstieg von Jugendlichen in die Berufswelt, fördert die berufliche Qualifikation, die Integration von Behinderten in den Arbeitsprozeß und gewährleistet die soziale Sicherheit bei Arbeitslosigkeit.

> **BAFöG § 1 Grundsatz**
> Auf individuelle Ausbildungsförderung besteht für eine der Neigung, Eignung und Leistung entsprechende Ausbildung ein Rechtsanspruch nach der Maßgabe dieses Gesetzes, wenn dem Auszubildenden die für seinen Lebensunterhalt und seine Ausbildung erforderlichen Mittel anderweitig nicht zur Verfügung stehen.

Der Leistungsumfang richtet sich nach der Bedürftigkeit des Antragstellers, d.h. seine Einkommensverhältnisse werden zugrunde gelegt. Weitere Informationen sowie entsprechende Antragsformulare sind bei den Ämtern für Ausbildungsförderung erhältlich.

Arbeitsvorschlag
Errichten Sie eine Zukunftswerkstatt zum Thema: Lebenslanges Lernen

3.7 Kündigung des Arbeitsverhältnisses

■ **Die ordentliche Kündigung**

Situation:

Frau Vera Schürger, 46 Jahre, 2 schulpflichtige Kinder, ist seit 19 Jahren als kaufmännische Angestellte in der TEM GmbH beschäftigt. In dem Unternehmen arbeiten insgesamt 30 Mitarbeiter.
Als sie an einem arbeitsfreien Samstag ihren Briefkasten leert, findet sie einen Brief mit folgendem Inhalt:

TEM GmbH
Elektronikgroßhandlung
DYNAMIK IN DER ELEKTRONIK

TEM GmbH
Elektronikgroßhandlung
Brühlstraße 7

30169 Hannover

Hannover, 12.03.d.J.

Frau
Vera Schürger
An der Reihe 13

30444 Hannover

Kündigung des Arbeitsverhältnisses

Sehr geehrte Frau Schürger,

hiermit kündigen wir Ihnen ordentlich zum 30.04.d.J.

Mit freundlichen Grüßen
N. Riederer

N. Riederer

Arbeitsvorschlag

1. Führen Sie ein Rollenspiel durch, in dem Sie von der Situation ausgehen, daß Frau Schürger voller Empörung ist und die Kündigung nicht widerspruchslos hinnimmt. Sie geht am folgenden Montag in das Personalbüro und spricht mit dem Personalleiter, Herrn Riederer.
2. Überprüfen Sie, ob die Kündigung rechtlich durchzusetzen ist. Nehmen Sie dabei die folgende Sachdarstellung zu Hilfe.
3. Prüfen Sie, ob ein Arbeitgeber berechtigt ist, einer langjährigen Mitarbeiterin zu kündigen.
4. Welche Personengruppen genießen einen besonderen Kündigungsschutz?
5. Welche betriebliche Institution muß gegebenenfalls bei einer Kündigung angehört werden?
6. Welche Frist ist von dem Arbeitnehmer einzuhalten, wenn er gegen eine Kündigung Klage erheben will?
7. Für welche Gruppe von Arbeitnehmern trifft das Kündigungsschutzgesetz zu?
8. In welchen Fällen kann eine Kündigung sozial gerechtfertigt sein?
9. Welche weiteren Voraussetzungen hat ein Arbeitgeber im Falle einer sozial gerechtfertigten Kündigung zu beachten?
10. Welcher Partei würden Sie aus der Sicht eines Arbeitsrichters Recht geben?

Sozialauswahl bei der betriebsbedingten Kündigung

Name	Beschäftigungsjahre	Alter	Familienstand	Qualifikation	Anderwertige Unterhaltssicherung	Gesamt
	4 Jahre je Jahr	21 – 50 Lj. je 1 Punkt über 50 Lj. je 2 Punkte	15 Punkte je Familienmitglied	+ 10 bis -10 Punkte	Vollrente: 100 Punkte Vermögen: 50 Punkte Teilrente: 30 Punkte	
Frau Bartels	4 Jahre = 16 Punkte	25 Jahre = 5 Punkte	ledig = 0 Punkte	unzuverlässig = - 10 Punkte	0 Punkte	11 Punkte
Herr Kühn	10 Jahre = 40 Punkte	45 Jahre = 25 Punkte	verheiratet, 4 Kinder = 75 Punkte	sehr gute Kraft = + 10 Punkte	0 Punkte	150 Punkte
Frau Schürger	19 Jahre = 76 Punkte	46 Jahre = 26 Punkte	verwitwet, 2 Kinder = 30 Punkte	durchschnittliche Kraft = 0 Punkte	Teilrente = +- 30 Punkte	102 Punkte
Herr Meyer	12 Jahre = 48 Punkte	66 Jahre = 62 Punkte	verwitwet = 0 Punkte	durchschnittliche Kraft = 0 Punkte	Vollrente = - 100 Punkte	10 Punkte 10 Punkte

11. Prüfen Sie die im Kündigungsschreiben festgesetzte Kündigungsfrist.

Sachdarstellung:

Eine Kündigung ist eine einseitige, empfangsbedürftige Willenserklärung. Ist die Dauer des Dienstverhältnisses zeitlich nicht begrenzt, so kann jeder Teil das Dienstverhältnis kündigen. Der allgemeine Kündigungsschutz gilt für alle Arbeitnehmer, die länger als 6 Monate bei demselben Arbeitgeber unter Vertrag sind. Anwendung findet das Gesetz nur in Betrieben, die regelmäßig mehr als fünf Arbeitnehmer ausschließlich Auszubildende beschäftigen . Einen über die allgemeinen Regelungen hinausgehenden Kündigungsschutz haben Arbeitnehmergruppen, die als besonders schutzbedürftig angesehen werden. Zu ihnen zählen u.a.:

- Betriebsratsmitglieder,
- Wehrdienstleistende,
- Schwerbehinderte,
- Schwangere,
- Mütter und Erziehungsbeurlaubte,
- Auszubildende.

Sozial gerechtfertigt ist eine Kündigung, wenn sie durch Gründe, die nur in der Person oder in dem Verhalten des Arbeitnehmers liegen oder durch dringende betriebliche Erfordernisse, die eine Weiterbeschäftigung des Arbeitnehmers in diesem Betrieb entgegenstehen, bedingt ist.

Grundsätzlich hat der Arbeitgeber bei der Auswahl der zu kündigenden Person soziale Gesichtspunkte zu beachten. Dabei gilt, daß eine Änderungskündigung den Vorrang vor einer Beendigungskündigung hat. Das bedeutet, es ist zunächst zu prüfen, ob der Arbeitnehmer an einem anderen Arbeitsplatz zu geänderten Bedingungen weiterbeschäftigt werden kann. In diesem Zusammenhang ist auch zu klären, ob eine Weiterbeschäftigung möglich ist, wenn eine zumutbare Umschulung erforderlich ist.
Will sich ein Arbeitnehmer gegen eine aus seiner Sicht ungerechtfertigte Kündigung wehren, so kann er sich an den Betriebsrat, die Gewerkschaft oder an einen Rechtsanwalt wenden.

In allen Betrieben, in denen nach dem Betriebsverfassungsgesetz ein Betriebsrat eingerichtet ist, muß dieser vor jeder Kündigung eines Arbeitnehmers gehört werden. Eine ohne vorherige Anhörung des Betriebsrates ausgesprochene Kündigung ist unwirksam. Will ein Arbeitnehmer geltend machen, daß eine Kündigung sozial ungerechtfertigt ist, so muß er innerhalb von drei Wochen nach Zugang der Kündigung Klage beim Arbeitsgericht erheben.

Das Arbeitsgericht muß u.a. die Frist der angegebenen Kündigung überprüfen. Es gelten folgende Bestimmungen:

Kündigungsfristen

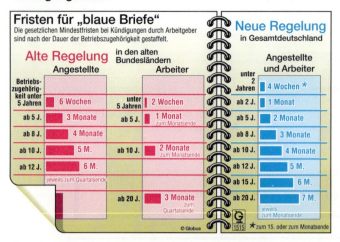

Für die Berechnung der Beschäftigungsdauer finden nur die Jahre Berücksichtigung, die der Arbeitnehmer nach Vollendung seines 25. Lebensjahres im Unternehmen gearbeitet hat.
Kann in der 1. Instanz eines Arbeitsgerichtsprozesses keine Einigung erzielt werden, so stehen dem Arbeitgeber oder Arbeitnehmer weitere Schritte zur Verfügung.

Arbeitsgerichtsbarkeit

Aufbau der Arbeitsgerichte

Arbeitsgericht (Klageinstanz)

Zusammensetzung	Kammern oder nach Fachgebieten gegliederte Fachkammern mit einem Berufs- und zwei Laienrichtern.
Vertretung der streitenden Parteien	Die Parteien persönlich, durch Vertreter der Verbände, ab 300,00 DM Streitwert durch Rechtsanwälte

Berufung innerhalb von 2 Wochen möglich, wenn Streitwert über 300,00 DM oder bei grundsätzlicher Bedeutung

Landes-Arbeitsgericht (Berufungsinstanz)

Zusammensetzung	Kammern oder nach Fachgebieten gegliederte Fachkammern mit einem Berufs- und zwei Laienrichtern.
Vertretung der streitenden Parteien	Durch Vertreter der Verbände oder durch Rechtsanwälte

Revision innerhalb von 1 Monat möglich, wenn Streitwert über 10 000,00 DM oder wenn im vorigen Urteil zugelassen.

Bundes-Arbeitsgericht (Revisionsinstanz)

Zusammensetzung	Senate mit 3 Berufs- und 2 Laienrichtern oder der Große Senat mit 3 Berufs- und 2 Laienrichtern oder der Große Senat mit 5 Berufs- und 4 Laienrichtern.
Vertretung der streitenden Parteien	Durch Rechtsanwälte

■ Die außerordentliche Kündigung

Situation:

„Dumm gelaufen..."
Fred Steiner ist seit 7 Jahren als Mitarbeiter im Versand der TEM GmbH beschäftigt. Am Wochenende ist eine Geburtstagsfeier geplant. Um seinen Gästen etwas Besonderes zu bieten, will er eine hochwertige elektronische Lichtanlage installieren. Unbemerkt und ohne seinen Vorgesetzten Herrn Homann zu fragen, entnimmt er diese aus dem Lager mit der Absicht, sie am Montagmorgen nach der Feier wieder zurückzustellen.

Am Sonntagnachmittag zieht er sich bei einem Fußballspiel eine Meniskusverletzung zu und wird damit ins Krankenhaus eingeliefert.

Am Montagmorgen führt Herr Homann eine Lagerbestandskontrolle durch...

Arbeitsvorschlag
1. Diskutieren Sie, welche Konsequenzen für Fred Steiner entstehen können!
2. Welchen Rat würden Sie ihm bei einem Besuch im Krankenhaus als guter Freund geben?

Sachdarstellung:

Eine außerordentliche Kündigung führt zu einer vorzeitigen Auflösung des Arbeitsverhältnisses ohne Beachtung der sonst geltenden Kündigungsfristen. Sie ist in der Regel fristlos, muß es aber nicht sein, weil dem Gekündigten eine gewisse Zeitspanne bis zur Beendigung des Arbeitsverhältnisses eingeräumt werden kann. Die außerordentliche Kündigung darf nur erfolgen, wenn schwerwiegende Gründe vorliegen, die eine Fortsetzung des Dienstverhältnisses unzumutbar machen. Dabei müssen die individuellen Umstände beider Seiten berücksichtigt werden. Sie kann sowohl vom Arbeitgeber als auch vom Arbeitnehmer ausgesprochen werden.

Als Gründe kommen u.a. in Betracht:
- Straftaten im Betrieb,
- beharrliche Arbeitsverweigerung,
- grobe Beleidigung,
- Nichtzahlung des Lohns oder Gehalts,
- Tätlichkeiten,
- sexuelle Belästigung.

Nach der Rechtsprechung des Bundesarbeitsgerichts kommt eine außerordentliche Kündigung trotz vorliegender Gründe nur in Betracht, wenn alle anderen, nach den jeweiligen Umständen möglichen und angemessenen milden Mittel, wie z.B. die Abmahnung, Versetzung, außerordentliche Änderungskündigung, einverständliche Abänderung des Vertrags oder ordentliche Kündigung, das in der bisherigen Form nicht mehr haltbare Arbeitsverhältnis fortzusetzen, erschöpft sind.

Das Zeugnis

TEM GmbH
Elektronikgroßhandlung
DYNAMIK IN DER ELEKTRONIK

ARBEITSZEUGNIS

Fred Steiner, geboren am 27. August 1956 in Salzwedel, war vom 01.06.1987 bis zum 23.02.d.J. in unserer Firma als kaufmännischer Angestellter im Versand beschäftigt.

Zu seinen Aufgaben gehörte die Steuerung und Kontrolle der Warenbewegungen mittels eines EDV-gestützten Warenwirtschaftssystems vom Wareneingang über die Warenlagerung bis zum Warenversand. Herr Steiner brachte für die gestellten Aufgaben gute Voraussetzungen mit. Sein Fachwissen entsprach dem Standard und wurde weiterentwickelt. Er übernahm auch zusätzliche Aufgaben, wenn die Situation das erforderte.

Er löste seine Aufgaben stets mit Fleiß, Sicherheit und Umsicht zu aller Zufriedenheit. Wir lernten Herrn Steiner als Mitarbeiter kennen, der stets gleich intensiv arbeitete. Vorgesetzte und Kollegen schätzten die sachliche Zusammenarbeit. Er übernahm Verantwortung und führte die Aufgaben selbständig durch.

Das Arbeitsverhältnis wird in gegenseitigem Einvernehmen gelöst. Wir wünschen Herrn Steiner für die Zukunft alles Gute.

Hannover, 28.02.d.J.

ppa. N. Riederer
N. Riederer

Jeder Arbeitnehmer hat bei Beendigung des Arbeitsverhältnisses ein Recht auf ein Zeugnis. Dieses ist schriftlich zu erteilen und vom Arbeitgeber zu unterschreiben. Seine äußere Form soll der Bedeutung für den weiteren beruflichen Werdegang des Arbeitnehmers entsprechen.

Man unterscheidet zwischen einem einfachen und qualifizierten Zeugnis. **Das einfache Zeugnis** umfaßt Angaben über die Person des Arbeitnehmers, Art und Dauer der Beschäftigung. Dabei muß die Tätigkeit so genau beschrieben werden, daß ein künftiger Arbeitgeber einen sicheren Eindruck gewinnen kann. Entlassungsgründe dürfen in einem einfachen Zeugnis nicht angegeben werden. **Das qualifizierte Zeugnis** wird auf Verlangen des Arbeitnehmers ausgestellt. Es enthält Angaben über seine Führung und Leistung. Das Bundesarbeitsgericht geht davon aus, daß ein qualifiziertes Zeugnis zwei Zielsetzungen verfolgt. Einerseits soll es dem Arbeitnehmer als Unterlage für eine neue Bewerbung dienen. Seine Interessen sind gefährdet, wenn er unterbewertet wird. Deshalb ist der Arbeitgeber gehalten, von einem verständigen Wohlwollen auszugehen, das das weitere Fortkommen des Arbeitnehmers nicht unnötig erschwert. Andererseits dient das Zeugnis auch zur Unterrichtung eines Dritten, der die Einstellung des Zeugnisinhabers erwägt. Seine Belange wären bei einer Überbewertung gefährdet. Daraus läßt sich der oberste Grundsatz der Zeugniserteilung ableiten:

Das Zeugnis muß wahr sein!

Zeichnung: Thomas Plaßmann

Es haben sich in der Vergangenheit verschlüsselte Formulierungen herausgebildet, die einem möglichen neuen Arbeitgeber versteckte Hinweise geben können. Die von den Firmen benutzten „Codes" ändern sich allerdings im Laufe der Zeit und sind branchenspezifisch.

Geheimcode für die Zeugniserteilung

Zeugnisformulierung	Aussagekraft (Notenskala)
Wegen ihrer Pünktlichkeit war sie stets ein gutes Vorbild	Ihre Leistungen liegen unter dem Durchschnitt
Wir haben uns im gegenseitigen Einverständnis (Einvernehmen) getrennt	Wir haben ihm gekündigt
Er hat sich stets bemüht...	nicht zufriedenstellend – zufrieden
Er hat die ihm übertragenen Arbeiten zu unserer Zufriedenheit erledigt oder Mit seinen Leistungen waren wir zufrieden oder Hat zufriedenstellend gearbeitet	zufriedenstellend
... jederzeit / stets zu unserer Zufriedenheit oder Wir waren mit seinen Leistungen jederzeit/stets zufrieden	zufriedenstellend – gut
... zu unserer vollen Zufriedenheit oder Seine Leistungen waren gut	gut
Er hat die ihm übertragenen Arbeiten stets zu unserer vollen Zufriedenheit erledigt	gut – sehr gut
Seine Leistungen haben unsere volle Anerkennung gefunden oder Wir waren mit seinen Leistungen stets sehr zufrieden	sehr gut
Seine Leistungen haben in jeder Hinsicht unsere volle Anerkennung gefunden oder Wir waren mit seinen Leistungen in jeder Hinsicht außerordentlich zufrieden	außergewöhnlich
Er erledigte die ihm übertragenen Arbeiten mit Fleiß und war stets bestrebt (willens), sie termingerecht zu beenden	unzureichende Leistungen
Er hat sich mit großem Eifer an diese Aufgaben herangemacht und war erfolgreich	mangelhafte Leistungen

Arbeitsvorschlag
1. Beurteilen Sie das Zeugnis Fred Steiners, indem Sie sich an dem o.g. „Geheimcode" orientieren.
2. Stellen Sie sich ein Zwischenzeugnis aus.

Der Arbeitnehmer kann das Ausstellen eines neuen Zeugnisses verlangen, wenn das vorliegende unwahre Angaben enthält. Die Arbeitsgerichte können die Zeugnisse überprüfen und unter Umständen selbst ein neues formulieren.

Aufgaben zum Grundwissen

1 Welche Aspekte sind bei der Einstellung von Mitarbeitern zu berücksichtigen?

2 Welche Unterlagen sind bei einer Bewerbung vom Arbeitnehmer einzureichen?

3 Unterscheiden Sie ein einfaches und ein qualifiziertes Zeugnis.

4 Beschreiben Sie die Pflichten, die sich für den Arbeitgeber und Arbeitnehmer aus einem Arbeitsvertrag ergeben.

5 Nennen Sie 5 wichtige Gesetze, die das Arbeitsrecht regeln.

6 Erläutern Sie die vier wichtigsten Funktionen eines Tarifvertrages.

7 Was versteht man unter einer
   a) Betriebsvereinbarung,
   b) betrieblichen Übung?

8 Welche Angestellten unterscheidet man nach
   a) ihrem Aufgabenbereich,
   b) dem Umfang ihrer Vollmacht?

9 Welche Unterschiede bestehen zwischen einer allgemeinen Handlungsvollmacht und Prokura?

10 Welche Überlegungen können einen Unternehmer veranlassen, Gesamtprokura statt Einzelprokura zu erteilen?

11 Der Angestellte Bamm, Leiter der Verkaufsabteilung einer Textilgroßhandlung, besitzt die Handlungsvollmacht, Lieferantenkredite bis zu 100 000,00 DM zu gewähren. Er sichert dem langjährigen Kunden Freiser einen Kredit in Höhe von 110 000,00 DM zu. Wie ist die Rechtslage?

12 Nennen Sie Mitarbeiter außerhalb der Unternehmung, und kennzeichnen Sie ihre Aufgabenbereiche.

13 Welche Methoden der Arbeitsplatzbewertung gibt es?

14 Beschreiben Sie Vor- und Nachteile einzelner Lohnformen.

15 Nennen Sie zwei Beispiele, wie ein Unternehmen beim Zeitlohn zusätzliche Leistungsanreize schaffen kann.

16 Unterscheiden Sie zwischen Weiterbildung, Fortbildung und Umschulung.

17 Folgende Personen sollen am 14. August aus dringenden betrieblichen Gründen gekündigt werden. Welche Fristen sind einzuhalten?
   a) Frau Schulz, Angestellte, 36 Jahre, 9 Jahre im Unternehmen;
   b) Herr Friedrich, Angestellter, 25 Jahre, 3 Jahre im Unternehmen;
   c) Frau Scharper, 31 Jahre, 6 Jahre im Unternehmen, bringt am Tag nach der Kündigung ein Attest über eine bestehende Schwangerschaft, voraussichtlicher Geburtstermin: 16. Februar;
   d) Herr Cürüncü, Auszubildender, Ausbildungsende: 31.01. des nächsten Jahres;
   e) Herr Klothke, Arbeiter, 56 Jahre, 34 Jahre im Unternehmen, wurde vor 14 Wochen in den Betriebsrat gewählt.

Weiterführende Problemstellungen

1. Problem
Erkundigen Sie sich bei der Personalabteilung Ihres Ausbildungsbetriebes, wie dort die Personalplanung durchgeführt wird.

2. Problem
Gestalten Sie eine Wandzeitung zum Thema „Menschliche Arbeit im Betrieb".

3. Problem
– Errechnen Sie die Höhe der Personalkosten, die der Havesco GmbH durch die Einstellung eines neuen Mitarbeiters pro Geschäftsjahr entstehen würden.

① **Informationen zur Berechnung der Personalkosten**

Bestimmen Sie das monatliche und jährliche Bruttogehalt laut Gehaltstarifvertrag für einen kaufmännischen Arbeitnehmer, der sich im **8. Gehilfenjahr** befindet und der **Gehaltsgruppe 3** zugeordnet wird.

– Weihnachtsgeld: 100 % des monatlichen Bruttogehaltes
– Urlaubsgeld: DM 1 022,00 (laut Manteltarifvertrag, gültig für den Groß- und Außenhandel)

Der Arbeitgeber trägt **die Hälfte der Sozialversicherungsbeiträge.** Berechnen Sie den jährlichen **Arbeitgeberanteil.**
Die Unternehmen sind gesetzlich verpflichtet, ihre Mitarbeiter während der beruflichen Tätigkeit gegen mögliche Unfälle zu versichern. **Die Beiträge für die Unfallversicherung trägt der Arbeitgeber allein.** Sie sind von der Branche und der Anzahl der gemeldeten Unfälle abhängig.

– Unfallversicherung: 1 % vom gesamten Bruttoverdienst.
– Vergleichen Sie jeweils **in Prozent die Steigerung der Personalkosten,** die aufgrund der Einstellung eines zusätzlichen Mitarbeiters anfallen würden, **mit der Steigerung des geplanten Umsatzes** im nächsten Geschäftsjahr.
– Entscheiden Sie dann, ob der Mitarbeiter nach den Vorgaben der Personalchefin eingestellt werden kann.

② **Informationen zur Personal- und Umsatzentwicklung:**

		Personalkostensteigerung in %
Personalkosten d.J. (ohne zusätzlichen Mitarbeiter)	DM 400 000,00	
Personalkosten d.J. (mit zusätzlichem Mitarbeiter)	DM ....?..........	?
		Umsatzsteigerung in %
Umsatz d.J.	DM 1 200 000,00	
Umsatz d. u. J. (geplant)	DM 1 400 000,00	?

– Berechnen Sie für den Fall, daß ein neuer Mitarbeiter oder eine neue Mitarbeiterin eingestellt wird, das monatliche Nettogehalt.

• **Informationen zur Berechnung des auszuzahlenden Betrages (Nettogehalt):**
– monatliches Bruttogehalt (siehe oben)
– Lohnsteuer und Kirchensteuer (siehe Steuertabelle, Kirchensteuersatz ihres Bundeslandes)
– Sozialversicherungsbeiträge (50 % der **monatlichen** Kranken-, Pflege-, Arbeitslosen- und Rentenversicherungsbeiträge)

Variante 1: Die neue Mitarbeiterin, Frau Künemann, ist unverheiratet und hat ein Kind. Sie wird in die Steuerklasse II eingestuft.

Variante 2: Die neue Mitarbeiterin, Frau Sabel, ist verheiratet und hat ein Kind. Der Ehepartner ist ohne Beschäftigung, so daß Frau Sabel in die Steuerklasse III eingestuft wird.

Variante 3: Der neue Mitarbeiter, Herr Burmeister, ist verheiratet und hat zwei Kinder. Seine Ehefrau bezieht ein sehr hohes Bruttogehalt; sie ist daher in der Steuerklasse III eingestuft und erhält die steuermindernden Kinderfreibeträge. Aus diesem Grund wird das Gehalt von Herrn Burmeister in der Steuerklasse V versteuert.

4 Betrieblicher Leistungsprozeß

Situation:

Chemiekonzern Hoechst in Bedrängnis

Lange Zeit galt Hoechst als der erfolgreichste Chemiekonzern der Welt. Doch in den letzten Jahren ist das Unternehmen stark zurückgefallen. Nach den Rekordgewinnen von rund neun Milliarden DM in den Jahren 1987 – 1991 schlagen nun Strukturprobleme immer kräftiger durch.

Die Konzernspitze habe, so heißt es intern, viel Geld in unrentable Produktionen gesteckt. Die Forschung sei zu breit gestreut und daher nicht effektiv genug. Der einst größte Arzneimittelhersteller der Welt habe weitgehend den Anschluß an moderne Entwicklungen verloren.

Die Gewinne seien 1992 um 13 % eingebrochen, die Produktion werde stagnieren, die Verkaufspreise bröckeln, die Kosten aber werden weiter ansteigen, klagt der Konzernchef Hilger.

Die jüngste Störfallserie hat den in den letzten Jahren wegen seiner Umweltskandale schon immer in der Schußlinie stehenden Chemiekonzern zusätzlich noch schwer angeschlagen. Konnten Pannen bisher vertuscht oder verharmlost werden, so haben die letzten Unglücksserien dazu geführt, daß nicht nur Umweltschützer und Politiker schärfere Kontrollen und mehr Sicherheit fordern. Auch in den eigenen Reihen muß man nun erkennen, daß man dem gewachsenen Umweltbewußtsein der Bevölkerung mit einer neuen Strategie gerecht werden muß.

Aber nicht nur die Besorgnis der Bevölkerung über die gesundheitliche Gefährdung durch Chemieunfälle und daraus resultierende Imageverluste einer ganzen Branche sollten Anlaß zum Umdenken sein. Der Konzern muß sich auch der Verantwortung bewußt sein, Arbeitgeber von rund 175 000 Arbeitskräften zu sein.

Materialien in Anlehnung an einen Bericht im „Spiegel", Nr. 12/47. Jhg., 22. März 1993, S. 106 – 113

Quelle: Zeit Nr. 10 05.03.93

Hoechst forscht, damit sie auch morgen noch satt werden.

Ohne Pflanzenschutz und Düngung werden wir immer zuwenig Nahrung für zuviele Menschen haben. Deshalb müssen wir Getreide und andere Nutzpflanzen vor Unkraut, Krankheiten und Schädlingen schützen und die Ernten vor Verderb bewahren.

In den großen Getreideanbaugebieten Australiens, Kanadas und der USA hat unser ®Illoxan zu weiteren Produktionssteigerungen beigetragen. Dieses neu entwickelte Pflanzenschutzmittel bekämpft vor allem Flughafer und Wildhirse.

Der Kampf gegen Hunger und Krankheit ist ein wichtiger Forschungsschwerpunkt für uns. 13.000 Forscher suchen weltweit nach neuen Lösungen. Dafür hat Hoechst in den letzten Jahren regelmäßig mehr Geld in die Forschung investiert als jedes andere Chemieunternehmen.

Forschen für das Leben.

Hoechst

Arbeitsvorschlag

Legen Sie die Materialien (Werbeanzeige, Karikatur und Bericht) zugrunde, und bearbeiten Sie die folgenden Fragen:
1. Welche Ziele verfolgt das Unternehmen?
2. Woran wird der Unternehmenserfolg gemessen?
3. Welche Probleme können bei der Verwirklichung der Ziele auftreten?

4.1 Ziele erwerbswirtschaftlicher und gemeinwirtschaftlicher Betriebe

4.1.1 Ziele erwerbswirtschaftlicher Betriebe

Betriebliche Ziele

Jeder Betrieb verfügt über mehr oder minder klar formulierte Zielsetzungen. Dabei stehen ein oder auch mehrere Sachziele im Mittelpunkt, z.B. die Produktion von Kraftfahrzeugen, der Handel mit ausländischen Hölzern, das Anbieten der Dienstleistung eines Friseurs. Diese konkreten Produktprogramme stellen die **Sachziele** von Betrieben dar. D.h. das Sachziel eines Betriebes ist es, eine bestimmte Leistung für den Markt zu erbringen. Die Benennung der Sachziele gibt somit Antwort auf die Frage, **„Was"** produziert bzw. angeboten werden soll.

Sachziele können innerhalb eines Bündels sehr unterschiedlicher formaler Zielsetzungen angestrebt werden, d.h. die **Formalziele** stellen die Bedingungen dar, unter denen das Sachziel erreicht werden soll. Sie geben somit Antwort auf die Frage, **„Wie"**, nämlich **unter welchen Bedingungen produziert bzw. angeboten werden soll.**

Für ein Unternehmen stellt sich das Problem, diese unterschiedlichen Zielsetzungen in Einklang zu bringen.

Die Absicht, Arbeitsplätze zu schaffen, kann beispielsweise dem Ziel der Kostenminimierung entgegenstehen. Eingesetzte Produktionsverfahren können zwar dem Wirtschaftlichkeitsgedanken entsprechen, gleichzeitig aber umweltschädlich sein.

Der Gewinn dient als Entgelt für den Unternehmer und als Verzinsung des eingesetzten Kapitals. Er stellt das oberste Formalziel der Unternehmung dar. Wird der Gewinn einbehalten, so können damit Investitionen durchgeführt, Arbeitsplätze geschaffen und gesichert oder umweltverträgliche Produktionsverfahren ermöglicht werden.

Der frühere Bundeskanzler Helmut Schmidt hat dies so zusammengefaßt:

> Die Gewinne von heute
> sind die Investitionen von morgen
> und die Arbeitsplätze von übermorgen.

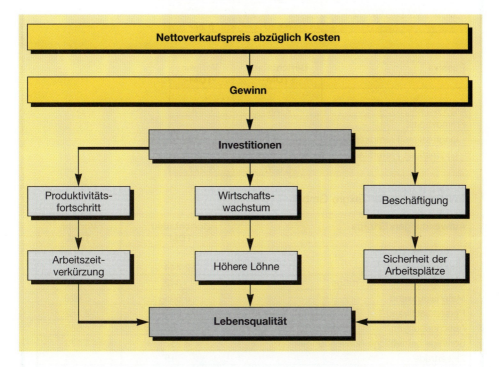

Was der Gewinn möglich macht

Aufgrund der Einbindung der Unternehmung in ihre Umwelt kann das Ziel der Gewinnmaximierung jedoch nicht isoliert betrachtet werden. Es bedarf vielmehr der Beachtung ökonomischer, ökologischer, sozialer, persönlicher und weiterer Ansatzpunkte.

4.1.2 Betriebswirtschaftliche Kennzahlen

Situation:

Der Großhändler Jürgen Heimann ist *Alleininhaber* der Texgro GmbH. Das Unternehmen beschäftigt 40 Mitarbeiter bzw. 50 im Vorjahr. Um den Erfolg seiner unternehmerischen Entscheidung messen und vergleichen zu können, benötigt er betriebswirtschaftliche Kennzahlen. Zu den aussagefähigsten gehören die **Wirtschaftlichkeit,** die **Rentabilität,** die **Liquidität** und die **Produktivität.**

Aufbereitete Bilanz der Texgro GmbH

Aktiva	Berichtsjahr -TDM-	Vorjahr -TDM-
Anlagevermögen	2 182	1 984
Umlaufvermögen		
- Vorräte	2 464	2 461
- flüssige Mittel	401	312
- übriges Umlaufvermögen	573	520
	5 620	5 277

Passiva	Berichtsjahr -TDM-	Vorjahr -TDM-
Eigenkapital	2 092	1 950
Fremdkapital		
- langfristiges Fremdkapital	1 267	1 247
- kurzfristiges Fremdkapital	2 261	2 080
	5 620	5 277

GuV-Rechnung der Texgro GmbH

Aufwendungen/Erträge	Berichtsjahr -TDM-	Vorjahr -TDM-
Umsatzerlöse	12 444	11 851
Sonstige betriebliche Erträge	342	352
Materialaufwand	6 505	5 920
Personalaufwand	1 984	2 162
Abschreibungen	593	588
Sonstige betriebliche Aufwendungen	3 252	3 173
Zinserträge	15	24
Zinsaufwendungen	30	16
Ergebnis der gewöhnlichen Geschäftstätigkeit	**437**	**368**
Außerordentliche Erträge	42	46
Außerordentliche Aufwendungen	54	64
Steuern	174	155
Jahresüberschuß	**251**	**195**

■ Wirtschaftlichkeit

Legt man dem Ziel der Gewinnmaximierung das ökonomische Prinzip (Maximalprinzip) zugrunde, dann arbeitet derjenige am wirtschaftlichsten, der mit gegebenem Aufwand den größtmöglichen Ertrag erzielt. Die **Wirtschaftlichkeit** bezeichnet also das Verhältnis von Erträgen zu Aufwendungen bzw. von Leistungen zu Kosten.

$$\text{Wirtschaftlichkeit} = \frac{\text{Ertrag}}{\text{Aufwand}} \quad \text{oder} \quad \frac{\text{Leistungen}}{\text{Kosten}}$$

Aus der dargestellten GuV-Rechnung der Texgro GmbH lassen sich für das Berichtsjahr und Vorjahr jeweils folgende Wirtschaftlichkeitsberechnungen anstellen:
Wirtschaftlichkeitsberechnung der Texgro GmbH:

	Berichtsjahr	Vorjahr
Wirtschaftlichkeit =	$\frac{12\,843}{12\,592} = 1{,}019$	$\frac{12\,273}{12\,078} = 1{,}016$
100,00 DM Aufwand bringen ... an Ertrag	101,99	101,61

Aus dem Vergleich ergibt sich, daß die Wirtschaftlichkeit im Berichtsjahr um 0,38 DM bezogen auf 100,00 DM gestiegen ist. Obwohl diese Steigerung gering ist, entspricht sie der grundlegenden Zielsetzung der Unternehmung.

Dennoch reicht die Kennziffer der Wirtschaftlichkeit nicht aus, um ein Unternehmen umfassend beurteilen zu können, wie das folgende Beispiel eines anderen Unternehmens verdeutlicht:

	Berichtsjahr	Vorjahr
Erträge	3 000,00 DM	5 000,00 DM
Aufwendungen	1 000,00 DM	2 500,00 DM
Gewinn	2 000,00 DM	2 500,00 DM
Wirtschaftlichkeit	$\frac{3\,000{,}00\text{ DM}}{1\,000{,}00\text{ DM}} = 3$	$\frac{5\,000{,}00\text{ DM}}{2\,500{,}00\text{ DM}} = 2$

Das Beispiel zeigt, daß die Wirtschaftlichkeit sich zwar positiv verändert hat, der Gewinn im Berichtsjahr aber zurückgegangen ist.

■ Rentabilität

Die Wirtschaftlichkeit sagt noch nichts darüber aus, ob sich der mögliche Kapitaleinsatz des Unternehmers in seiner Unternehmung lohnt. Darüber gibt die **Rentabilität** Auskunft, die das Verhältnis des erzielten Jahresgewinns (Reingewinn) zum eingesetzten Kapital oder Umsatz angibt.

Die Rentabilitätsberechnung ermöglicht also jedem Unternehmer, eine Entscheidung darüber zu treffen, sein Kapital in den eigenen Betrieb einzubringen oder es anderweitig auf dem Kapitalmarkt rentabler anzulegen.

■ Eigenkapitalrentabilität

Will der Unternehmer das Verhältnis zwischen seinem eingesetzten Eigenkapital und dem erzielten Gewinn ermitteln, so kann er mit der folgenden Formel seine **Eigenkapitalrentabilität** oder **Unternehmerrentabilität** feststellen:

$$\text{Eigenkapitalrentabilität (EKR)} = \frac{\text{Gewinn} \cdot 100}{\text{Eigenkapital}}$$

Für die Texgro GmbH bedeutet das:

	Berichtsjahr	Vorjahr
Eigenkapitalrentabilität	$\frac{251 \cdot 100}{2\,092} = 12\,\%$	$\frac{195 \cdot 100}{1\,950} = 10\,\%$
Auf 100,00 DM eingesetztes EK entfallen ... Gewinn	12,00 DM	10,00 DM
Das entspricht einer Verzinsung von ...	12 %	10 %

■ Gesamtkapitalrentabilität

Für den Unternehmer ist es jedoch notwendig, auch das Fremdkapital in die Berechnung einzubeziehen und so die **Unternehmensrentabilität** zu ermitteln:

$$\text{Gesamtkapitalrentabilität (GKR)} = \frac{\text{Gewinn} + \text{FK-Zinsen} \cdot 100}{\text{Gesamtkapital}}$$

Das hat für die Texgro GmbH folgende Bedeutung:

	Berichtsjahr	Vorjahr
Eigenkapitalrentabilität	$\frac{(251 + 30) \cdot 100}{5\,620} = 5\,\%$	$\frac{(195 + 16) \cdot 100}{5\,277} = 4\,\%$
Auf 100,00 DM eingesetztes EK entfallen ... Gewinn	5,00 DM	4,00 DM

In diesem Zusammenhang ist es wichtig, die Verzinsung des eingesetzten Eigenkapitals mit dem marktüblichen Fremdkapitalzinssatz zu vergleichen. Liegt letzterer unter der Gesamtkapitalrentabilität, so ist es sinnvoll, zusätzlich Fremdkapital aufzunehmen, da die Eigenkapitalrentabilität steigt. Ein Beispiel soll diesen Zusammenhang verdeutlichen:

Beispiel

Der Großhändler Jürgen Heimann nimmt ein Darlehen über 2 Mio. DM zu 4 % bei seiner Hausbank auf. Damit ergibt sich, unter Berücksichtigung einer Gesamtkapitalrentabilität von 5 %, ein Ertrag in Höhe von 100 000,00 DM, wie folgende Rechnung zeigt:

$$\frac{2\,000\,000 \cdot 5}{100} = 100\,000{,}00$$

Gleichzeitig entsteht durch die Fremdkapitalzinsen ein Aufwand in Höhe von 80 000,00 DM.

$$\frac{2\,000\,000 \cdot 4}{100} = 80\,000,00$$

Unter Berücksichtigung des neuen Gewinns in Höhe von 271 000,00 DM ergibt sich eine verbesserte Eigenkapitalrentabilität

$$EKR = \frac{271 \cdot 100}{2\,092} = 12,95\,\%$$

Es wird deutlich, daß die Eigenkapitalrentabilität durch die Aufnahme des Fremdkapital um 0,95 % gestiegen ist (Leverage-Effekt). Müßte der Unternehmer für das Darlehen z.B. 10 % Fremdkapitalzinsen bezahlen, dann ergäbe sich folgende Rechnung:

Aufwand:

$$\frac{2\,000\,000 \cdot 10}{100} = 200\,000,00$$

Ertrag:

$$\frac{2\,000\,000 \cdot 5}{100} = 100\,000,00$$

Daraus ergibt sich ein Verlust in Höhe von 100 000,00 DM. Der neue Gewinn beträgt demnach 151 000,00 DM, so daß die Eigenkapitalrentabilität sich deutlich verschlechtert hat.

$$EKR = \frac{151 \cdot 100}{2\,092} = 7,22\,\%$$

Es empfiehlt sich unter diesen Umständen nicht, Fremdkapital aufzunehmen, es sei denn, die Kapitalaufstockung ist aus anderen betriebswirtschaftlichen Gründen zwingend notwendig.

■ Umsatzrentabilität

Um herauszufinden, wieviel Gewinn mit einem bestimmten Umsatzbetrag erzielt wurde (Gewinnquote), wird die **Umsatzrentabilität** ermittelt. Sie gibt das Verhältnis vom Gewinn zum Umsatz an:

$$\text{Umsatzrentabilität (EKR)} = \frac{\text{Gewinn} \cdot 100}{\text{Umsatzerlöse}}$$

Für die Texgro GmbH ergibt sich somit:

	Berichtsjahr - TDM -	Vorjahr - TDM -
Eigenkapitalrentabilität	$\frac{251 \cdot 100}{12\,444} = 2,02\,\%$	$\frac{195 \cdot 100}{11\,851} = 1,65\,\%$
Auf 100,00 DM Umsatzerlöse entfallen ... Gewinn	2,02 DM	1,65 DM

Die Verbesserung der Umsatzrentabilität im Berichtsjahr bedeutet, daß sich der Anteil des Gewinnzuschlags an den verkauften Waren verbessert hat. Diese Kennziffer ist für den Unternehmer ein wichtiges Warnzeichen. Eine Verschlechterung der Umsatzrentabilität müßte gegebenenfalls durch rechtzeitige Maßnahmen zur Erhöhung des Lagerumschlags ausgeglichen werden.

■ Liquidität

Um jederzeit finanzielle Verpflichtungen termingerecht erfüllen zu können, muß jedes Unternehmen, unabhängig von seiner Größe, seine Liquidität sichern, denn Illiquidität kann sehr schnell das betriebswirtschaftliche Aus durch Vergleich oder Konkurs bedeuten. Es ist also regelmäßig und in zeitlich kurzen Abständen zu prüfen, ob und wie sich diese Kennziffer geändert hat, d.h. ob ein betriebsgefährdender Engpaß oder eine unrentable Überliquidität vorliegt. In beiden Fällen müßte der Finanzplan entsprechend geändert werden.

Zur Prüfung der Liquidität werden Deckungsgrade 1., 2. und 3. Grades errechnet, die Aufschluß über das Verhältnis von flüssigen Mitteln zu den Verbindlichkeiten des Betriebes geben.

Die Kennziffern der **Liquidität** 1 bis 3 geben demnach an, wieviel Prozent des kurzfristigen Fremdkapitals zum Bilanzausgleich durch
- flüssige Mittel => Liquidität 1
- übriges Umlaufvermögen und flüssige Mittel => Liquidität 2
- das gesamte Umlaufvermögen => Liquidität 3

gedeckt sind.

$$\text{Liquidität 1} = \frac{\text{flüssiges Mittel} \cdot 100}{\text{kurzfristiges Fremdkapital}}$$

$$\text{Liquidität 2} = \frac{(\text{flüssige Mittel} + \text{übriges Umlaufvermögen}) \cdot 100}{\text{kurzfristiges Fremdkapital}}$$

$$\text{Liquidität 3} = \frac{\text{Umlaufvermögen} \cdot 100}{\text{kurzfristiges Fremdkapital}}$$

Bei der Texgro GmbH ergibt sich folgende Berechnung:

	Berichtsjahr	Vorjahr
Liquidität 1 =	$\frac{401 \cdot 100}{2\,261} = 17{,}74\,\%$	$\frac{312 \cdot 100}{2\,080} = 15{,}0\,\%$
Liquidität 2 =	$\frac{(401 + 573) \cdot 100}{2\,261} = 43{,}08\,\%$	$\frac{(312 + 520) \cdot 100}{2\,080} = 40{,}0\,\%$
Liquidität 3 =	$\frac{(2\,464 + 401 + 573) \cdot 100}{2\,261} = 152{,}06\,\%$	$\frac{(2\,461 + 312 + 520) \cdot 100}{2\,080} = 158{,}32\,\%$

Während sich die Liquidität 1 und 2 verbessert haben, ist die Liquidität 3 geringfügig zurückgegangen. Dieses Ergebnis (Liquidität 3) muß dennoch nicht negativ bewertet werden, wenn man zugrunde legt, daß sich das Verhältnis von Warenvorräten zum kurz- und mittelfristigen Fremdkapital verringert hat. Das heißt, die Zunahme der Vorräte war im Berichtsjahr geringer als die Neuaufnahme von Fremdkapital. Dieses läßt auf eine günstigere Lagerhaltung schließen *(Just-in-time-Prinzip)*.

■ Cash-flow

Im Zusammenhang mit Rentabilitätsberechnungen gewinnt zunehmend die Kennziffer des **Cash-flow** (Kassenzufluß) an Bedeutung. Sie gibt an, wieviel ein Unternehmen für
- die Durchführung von Neuinvestitionen,
- die Schuldentilgung,
- die Gewinnausschüttung

erwirtschaftet hat und gibt Auskunft, in welchem Umfang sich ein Unternehmen aus eigener Kraft finanziert.

Der Cash-flow umfaßt neben dem Jahresgewinn auch die Abschreibungen, die über die Umsatzerlöse an das Unternehmen zurückgeflossen sind.

```
     Jahresgewinn
 +   Abschreibungen auf Anlagen
 =   Cash-flow
```

Der Cash-flow basiert i.d.R. auf der Umsatzrate, da hierdurch erkennbar wird, wieviel Prozent der Umsatzerlöse frei für Investitionszwecke, Schuldentilgung und Gewinnausschüttung zur Verfügung stehen.

$$\text{Cash-flow-Umsatzverdienstrate} = \frac{\text{Cash-flow} \cdot 100}{\text{Umsatzerlöse}}$$

Für die Texgro GmbH ergibt sich also:

	Berichtsjahr - TDM -	Vorjahr - TDM -
Jahresgewinn	251	195
+ Abschreibungen auf Anlagen	593	588
= Cash-flow Umsatzerlöse lt. GuV-rechnung	844	783
Cash-flow-Umsatz-verdienstrate	$\frac{844 \cdot 100}{12\,444} = 6{,}78\ \%$	$\frac{783 \cdot 100}{11\,851} = 6{,}61\ \%$

Da der Gewinn sowie die Abschreibungen im Berichtsjahr gestiegen sind, stehen der Texgro GmbH von 100,00 DM Umsatz 6,78 DM an selbsterwirtschafteten Mitteln für o.g. mögliche Ausgaben zur Verfügung. Gegenüber dem Vorjahr ist die Kraft der Selbstfinanzierung also geringfügig gestiegen.

■ Produktivität

Die **Produktivität** mißt die mengenmäßige Ergiebigkeit der eingesetzten Produktionsfaktoren Arbeit, Boden und Kapital.

$$\text{Produktivität} = \frac{\text{Output}}{\text{Input}}$$

Die Mitarbeiter der Texgro GmbH wickeln im Jahr durchschnittlich 2 500 (im Vorjahr 2 400) Aufträge ab, so daß sich folgende Produktivitätsberechnung ergibt:

$$\text{Produktivität} = \frac{\text{Zahl der Aufträge}}{\text{Personaleinsatz}}$$

	Berichtsjahr	Vorjahr
Produktivität	$\frac{2\ 500}{40} = 62,5$	$\frac{2\ 400}{50} = 48$

Während im Berichtsjahr von jedem Mitarbeiter durchschnittlich 62,5 Aufträge bearbeitet wurden, lag die Arbeitsproduktivität im Vorjahr nur bei 48 Stück. Daraus ergibt sich, daß trotz eines geringeren Personaleinsatzes das Verhältnis der eingesetzten Arbeitskraft zur erzielten Arbeitsmenge pro Mitarbeiter im Durchschnitt um 30,2% gestiegen ist.

Zur Erzielung des Umsatzes von 12 444 000,00 DM im gleichen Zeitraum wurden 40 Mitarbeiter beschäftigt, so daß jeder Mitarbeiter im Durchschnitt 311 100,00 DM Umsatz erwirtschaftet hat.

Genau wie im unternehmerischen Bereich die Produktivität ein mengenmäßiger Ausdruck des Verhältnisses von Input zu Output ist, läßt sich auch der Wohlstand einer Volkswirtschaft unter diesem produktiven Aspekt betrachten. Das bedeutet:

> Je höher die Produktivität eines Landes, desto mehr kann sich der einzelne leisten.

Angefangen beim Warenangebot im Konsumbereich bis hin zu ausreichenden und regelmäßigen staatlichen Leistungen, z.B. im Bildungsbereich, einem guten Ausbau des sozialen Netzes sowie vermehrten Anstrengungen im Umweltschutz wirkt sich eine hohe volkswirtschaftliche Produktivität positiv auf den Lebensstandard des einzelnen aus. Sie kann damit zum qualitativen Wachstum des Sozialproduktes beitragen.

Jürgen Heimann blickt zufrieden auf das abgelaufene Geschäftsjahr zurück. Die wesentlichen Kennziffern seines wirtschaftlichen Erfolges haben sich positiv verändert. Sowohl die mengenmäßige Ergiebigkeit (Produktivität) als auch die wertmäßige Ergiebigkeit haben dazu geführt, den Unternehmenserfolg auf einem höheren Niveau zu stabilisieren. Somit konnten wesentliche Formalziele realisiert werden.

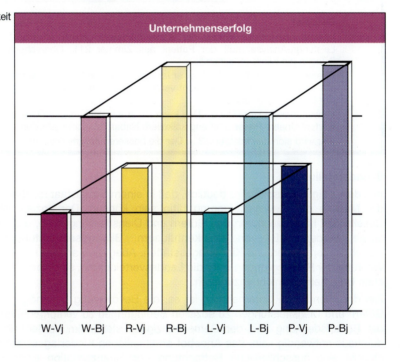

W: Wirtschaftlichkeit
R: Rentabilität
L: Liquidität
P: Produktivität
Vj: Vorjahr
Bj: Berichtsjahr

4.1.3 Ziele gemeinwirtschaftlicher Betriebe

Situation:

Beispiel

Verwaltungsdirektor Witzig der Klinik Ökomed: „Nach unserer letzten Kosten-Leistungs-Analyse muß der Patient aus Zimmer 211, Oberschenkelhalsbruch, in 3 Tagen die Klinik verlassen."

Chefarzt Dr. med. Scharf: „Aber er ist doch heute erst operiert worden. Das kann ich aus medizinischen Gründen nicht verantworten! Er muß mindestens noch 14 Tage im Streckverband verbringen."

Verwaltungsdirektor Witzig: „Das kann ich aus wirtschaftlichen Gründen nicht verantworten! Unsere Preise sind eng kalkuliert. Rabatt ist nicht mehr drin."

Wer wird sich durchsetzen...? ... Der die besseren Argumente hat! ...

Sachdarstellung:

Aus dem obigen Beispiel wird deutlich, daß in einem Sozialstaat nicht alle Betriebe unter der Maxime der Gewinnsteigerung tätig sein können. Der soziale Wohlstand einer Gesellschaft hängt auch von den Gütern und Dienstleistungen ab, die vom Staat angeboten werden, z.B. von Krankenhäusern, Bildungseinrichtungen, öffentlichen Verkehrsunternehmen und Kindertagesstätten. Aber auch andere Kollektivgüter, wie die Wahrung der Rechtsordnung oder die Landesverteidigung, sind von erwerbswirtschaftlichen Unternehmen nicht anzubieten.

Ziel der öffentlichen Unternehmen ist es, die Bevölkerung bestmöglich mit kollektiven Gütern und Dienstleistungen zu sozialen Bedingungen zu versorgen. D.h. die Prinzipien der Bedarfsdeckung und der Gemeinnützigkeit stehen im Vordergrund. So kann es durchaus notwendig sein, das Angebot an staatlichen Kindertagesstätten auszuweiten, obwohl eine ausschließliche Betrachtung der Finanzsituation einer Kommune eine Reduzierung des Angebotes nahelegen würde. In diesem Fall stellt der Staat soziale bzw. politische Erwägungen ökonomischen voran.

Dennoch stößt der Staat in seiner Leistungsfähigkeit aufgrund finanzieller Beschränkungen an Grenzen. Er ist deshalb gezwungen, entweder sein Angebot einzuschränken oder seine Einnahmen zu erhöhen. Da aber einerseits die diesbezüglichen Belastungsgrenzen der Bevölkerung erreicht sind, andererseits die gesellschaftlichen Bedürfnisse nicht grundlegend verringert werden können, wird als Ausweg vorgeschlagen, bestimmte öffentliche Dienstleistungen zu privatisieren.

Situation:

„Privatisierung öffentlicher Dienstleistungen"

PRO:

Heinz Dürr, Vorstandsvorsitzender der Deutschen Bahnen, zur Bahnreform:

Bahn braucht gleiche Chancen

Die Deutschen Bahnen sind Eigentum der Bundesrepublik Deutschland. Der Eigentümer will jetzt eine grundlegende Reform der Bahnen und damit die Versäumnisse der vorangegangenen 40 Jahre aufholen. Eine große, leistungsstarke Deutsche Bahn AG soll entstehen. Ziele: mehr Verkehr auf den ökologischen Verkehrsträger Schiene bringen und den Staatshaushalt auf Dauer entlasten. Schon in den ersten zehn Jahren wird eine Deutsche Bahn AG dem Steuerzahler – vereinfacht dargestellt – mehr als 100 Milliarden Mark ersparen; das sind täglich rund 27 Millionen Mark. Die Bahnreform kostet also kein Geld, sie spart Geld.

Quelle: Blickpunkt 3/93, Zeitung der Deutschen Bundesbahn und der Deutschen Reichsbahn

Contra:

Privatisierung geht zu Lasten der Beschäftigten

Alle von uns geprüften Beispiele (siehe unter anderem die Untersuchungen über Göttingen – Müllabfuhr und Hildesheim – Gebäudereinigung) haben gezeigt, daß nur dann Kostenvorteile für Privatunternehmen entstehen, wenn sie die Arbeits-, Lohn- und Sozialbedingungen der Beschäftigten gegenüber dem im öffentlichen Dienst erreichten Stand erheblich verschlechtern.

Dabei lassen sich aus den einzelnen von Privatisierungsmaßnahmen betroffenen Bereichen jedoch folgende zwei grundsätzliche Nachteile feststellen:

Gewinne durch erhöhte gesundheitsschädliche Leistungsanforderungen

- Die Leistungsanforderungen an die Beschäftigten werden erheblich erhöht. Dabei führen eindeutig die übermäßigen Belastungen und Beanspruchungen aus der Arbeitstätigkeit zu gesundheitlichen Schäden. Ein erheblicher Teil der Gewinne der Privatunternehmen wird mit einem Raubbau an der Gesundheit, insbesondere aber mit Frühinvalidität der Beschäftigten erkauft. Das Durchschnittsalter zum Beispiel der bei privaten Gebäudereinigern Beschäftigten liegt deutlich unter dem Durchschnittsalter der in den vergleichbaren öffentlichen Einrichtungen, Betrieben und Unternehmen Beschäftigten. Es steht fest, daß die höhere Arbeitsleistung keinesfalls allein oder überwiegend durch modernere Maschinen und Arbeitsmittel (zum Beispiel neue Reinigungsmethoden oder verbesserte Müllbehälter) erreicht wird. Ursächlich für die Leistungssteigerung ist in der Mehrzahl der Fälle allein die gesundheitsschädliche Steigerung des Arbeitstempos.

Gewinne durch Verschlechterung der Arbeitsbedingungen und Arbeitsentgelte

- Die privaten Unternehmen, die öffentliche Dienstleistungen übernommen haben, verschlechtern in der Regel auch die Lohn- und Sozialbedingungen für die Beschäftigten. In allen von der Privatisierung betroffenen Bereichen – mit Ausnahme von einigen Unternehmen der Müllabfuhr – liegen die Stundenlöhne (bis zu 25 Prozent) unter denen, die im öffentlichen Dienst gezahlt werden. In allen privatisierten Bereichen liegen die zusätzlichen Lohnbestandteile (Prämien, Zulagen, Sozialzuschläge) weit unter den im öffentlichen Dienst gezahlten Beträgen oder fallen ganz weg. Auch die zusätzliche Alterssicherung für die Beschäftigten im öffentlichen Dienst entfällt. Außerdem ist die tarifliche Arbeitszeit in den privatisierten Bereichen immer noch um 1 bis 2 Stunden wöchentlich länger als im öffentlichen Dienst. Private Unternehmen, die öffentliche Dienstleistungen erbringen, haben in der Regel ein Lohnniveau, das auch unter dem Durchschnitt der gewerblichen Wirtschaft liegt.

Privatisierung hat nur Nachteile: Für den Bürger, für die Beschäftigten

Die Privatisierung öffentlicher Dienstleistungen hat zur Folge:
- daß sich die Preise zusätzlich erhöhen:
  zu Lasten der Bürger;
- daß ein interner Finanzausgleich der öffentlichen Dienstleistungen nur noch bedingt möglich ist:
  zu Lasten der Bürger;
- daß Qualität und Umfang der Leistung sich verschlechtern:
  zu Lasten der Bürger und
- daß die Arbeits- und Sozialbedingungen sich verschlechtern:
  zu Lasten der Beschäftigten.

Quelle: Zur Privatisierung öffentlicher Dienstleistungen
Hrsg.: Hauptvorstand der Gewerkschaft Öffentliche Dienste, Transport und Verkehr

Zeichnung: Mester

> **Arbeitsvorschlag**
>
> Führen Sie ein Rollenspiel durch:
>
> 1. Wählen Sie einen Moderator.
> 2. Bilden Sie je 1 Gruppe zu je 4 Personen zur Pro- und Contra-Position.
> 3. Lassen Sie die Zuhörer vor und nach der Diskussion zu dem Problem abstimmen.

4.2 Leistungsprozesse in Industrie-, Handels- und Dienstleistungsbetrieben

Im Rahmen der gesamtwirtschaftlichen Arbeitsteilung von der Urproduktion bis zum Verbraucher spezialisieren sich Unternehmen auf bestimmte Bereiche. Dabei lassen sich Sachleistungs- und Dienstleistungsbetriebe unterscheiden.

Sachleistungsbetriebe sind Unternehmen, die Konsum- oder Produktionsgüter anbieten. Zu den **Dienstleistungsbetrieben** zählen diejenigen, die immaterielle Leistungen zur Verfügung stellen.

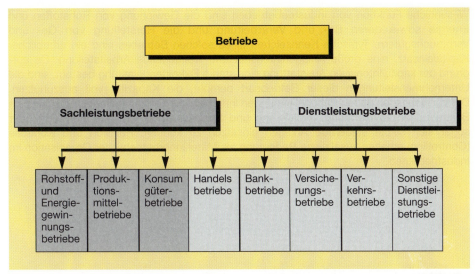

Trotz unterschiedlicher Sachziele bestehen wechselseitige Beziehungen zwischen den Unternehmen. So muß beispielsweise ein Industriebetrieb einerseits Rohstoffe auf dem Beschaffungsmarkt beziehen, andererseits die erstellten Produkte auf dem Absatzmarkt dem Handel anbieten. Die für diesen Prozeß benötigten finanziellen Finanzierungsmittel können u.a. von Kreditinstituten bezogen werden. Risiken, die bei der Leistungserstellung und -verwertung entstehen, werden von Versicherungen abgedeckt.

4.2.1 Betriebsfunktionen von Industriebetrieben

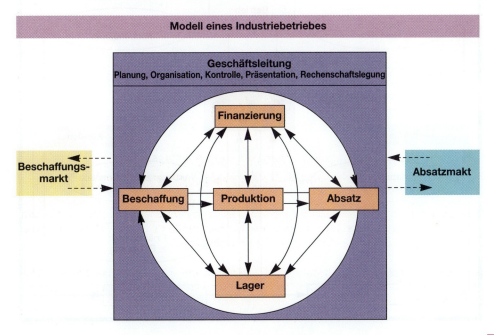

Wesentliche Funktion von Industriebetrieben sind die Gewinnung von Rohstoffen und Energie sowie deren Be- und Verarbeitung und die Herstellung von Ge- und Verbrauchsgütern. Typische Kennzeichen eines solchen Betriebes sind ein erheblicher Kapitaleinsatz, eine große Anlagenintensität und weitgehende Arbeitsteilung. Da aufgrund der kapitalintensiven Ausstattung eine starke Fixkostenbelastung besteht, sind die Unternehmensleitungen dieser Betriebsart bemüht, die Kapazität voll auszunutzen. Daraus resultieren neben Rationalisierungen innerhalb der Fertigungsverfahren zusätzlich Bestrebungen zu Normung, Typisierung und Spezialisierung, um automatisierte oder sogar sich selbst steuernde Anlagen einsetzen zu können. Revision und Kontrolle (Controlling) erhalten zusätzliche Bedeutung als Mittel innerbetrieblicher Organisation im Industriebetrieb.

Situation:

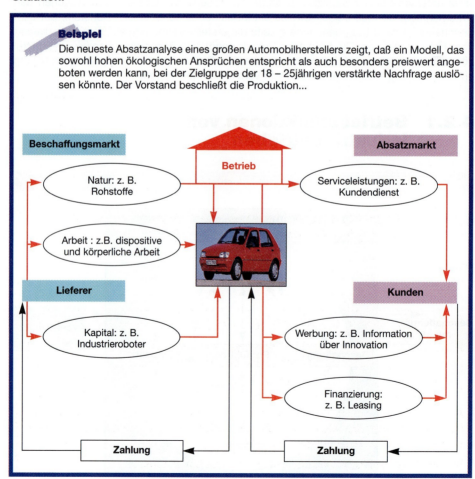

4.2.2 Betriebsfunktionen von Handelsbetrieben

Im Frühjahr des darauffolgenden Jahres findet die Markteinführung statt. Als flankierende Werbemaßnahme findet bei dem Vertragshändler Autohaus Schlegel an einem Sonntagvormittag eine Verkaufsschau statt. Dabei wird das neue Modell vorgestellt.

Der Auszubildende Akim Yilmaz läßt sich von einem Verkaufsberater das Modell Sunrider erläutern: .... 4,5 l auf 100 km, Sportsitze, Sportlenkrad, ABS, ... Er ist sofort ab Werk lieferbar, aber wir würden Ihnen den Sunrider natürlich angemeldet vor die Haustür liefern. Sollten Sie ihn nicht sofort abnehmen wollen, weil Sie erst Ihren bevorstehenden Urlaub in Antalya verbringen möchten, dann kann er natürlich so lange auf unserem Werksgelände stehen bleiben.

Der Auszubildene bedankt sich für die Beratung und verabschiedet sich mit der Absicht, sich innerhalb der nächsten 14 Tage zu entscheiden.

Funktionen des Handels	Beispiele
Sortimentsbildung	Anbieten verschiedener Modelle
Vorratshaltung	Bereithalten verschiedener Modelle
Zeitüberbrückung	Einstellen des gekauften Fahrzeugs bis zur Übergabe
Raumüberbrückung	Weiterleitung des Sunrider vom Automobilhersteller zum Auszubildenden
Beratung	Verkaufsgespräch
Bedarfssteuerung	Verkaufsgespräch, Werbung, Sales Promotion, ...
Markterschließung	Bedarfsanalyse, Werbung, ...

4.2.3 Betriebsfunktionen von Banken und Versicherungen

Situation:

Am folgenden Samstag inseriert das Autohaus Schlegel:

SUPERZINS FÜR DEN *SUNRIDER*

3,9 % effektiver Jahreszins

990,00 DM Anzahlung

60 Monate Laufzeit

Akim Yilmaz erscheint das Angebot sehr attraktiv. Dennoch möchte er die Konditionen seiner Bank als Vergleich heranziehen. Sein Kundenberater der Bank stellt ihm folgende Bedingungen vor:

Kreditbetrag: 10 000,00 DM, Laufzeit 36 Monate, Effektivzins 14 %

Entschlossen, die Finanzierung über das Autohaus abzuwickeln, will der Auszubildende das Gespräch mit dem Kundenberater abbrechen. Dieser stellt, um das Angebot abzurunden, die typischen Dienstleistungen seines Kreditinstitutes vor: Im Wettbewerb beweist die Sparkassen-Finanzgruppe, daß sie auf wesentlichen Leistungsfeldern die Nr. 1 im deutschen Kredtigewerbe ist.

Bei uns haben 60 % der Bevölkerung ein Konto. 51 % aller Spareinlagen und fast 35 % aller von Kreditinstituten ausgegebenen Inhaberschuldverschreibungen entfallen auf unsere Institute. Keine andere Bankengruppe vergibt so viele Kredite an die mittelständische Wirtschaft und an den Wohnungsbau wie die Sparkassen, Landesbanken und Landesbausparkassen. Von uns stammen über 60 % aller Handwerks- und Kommunalkredite. Bei uns sind die meisten Mitarbeiter tätig: 320 000 Frauen und Männer, davon 31 000 Auszubildende.

Durch Automation beschleunigen wir die Zahlungen, beraten Kunden und bieten z.B. mit „electronic banking" den Firmenkunden Datenverarbeitung für ihren Geschäftsablauf und zur Unternehmensführung.

Wir unterstützen unsere Kunden auch bei ihren Geschäften im europäischen Binnenmarkt und stehen Bürgern und Firmen aus den EG-Ländern für private und geschäftliche Finanzierungen in Deutschland zur Verfügung.

Der **Bankbetrieb** ist ein Handelsgewerbe im Sinne des Handelsgesetzbuches (HGB). Dessen wesentliche Vorschriften werden durch Sonderbestimmungen für das Bankgewerbe ergänzt. Das Gesetz über das Kreditwesen (KWG) nimmt dabei eine zentrale Rolle ein. Es ist für alle Kreditinstitute gültig, die Bankgeschäfte betreiben, soweit deren Umfang einen kaufmännisch eingerichteten Geschäftsbetrieb erfordert. Als Bankgeschäfte gelten nach dem KWG § 1:

- die Annahme fremder Gelder als Einlagen ohne Rücksicht darauf, ob Zinsen vergütet werden (Einlagengeschäft)
- die Gewährung von Gelddarlehen und Akzeptkrediten (Kreditgeschäft)
- der Ankauf von Wechseln und Schecks (Diskontgeschäft)
- die Anschaffung und Veräußerung von Wertpapieren (Effektengeschäft)
- die Verwahrung und die Verwaltung von Wertpapieren (Depotgeschäft)
- die im § 1 des Gesetzes über Kapitalgesellschaften bezeichneten Geschäfte (Investmentgeschäft)
- die Eingehung der Verpflichtung, Darlehensforderungen vor Fälligkeit zu erwerben
- die Übernahme von Bürgschaften, Garantien und sonstigen Gewährleistungen für andere (Garantiegeschäft)
- die Durchführung des bargeldlosen Zahlungsverkehrs und des Abrechnungsverkehrs (Girogeschäft)

Arbeitsvorschlag

Begründen Sie, für welches Finanzierungsangebot Sie, für welches Finanzierungsangebot sich der Auszubildende ... entscheiden , wird.

Versicherung

Unsicher ist's auf dieser Erden,
Drum will der Mensch versichert werden.
Hat er die Zukunft nicht vertraglich,
So wird's ihm vor ihr unbehaglich.
Das Leben, ständig in Gefahr,
Zahlt er voraus von Jahr zu Jahr,
Daß auch in unverdienter Not
Er was verdient, selbst durch den Tod.
Die Krankheit wird schon halb zum Spaße,
Weiß man: Das zahlt ja doch die Kasse!
Und wär das Leben jäh erloschen,
Gäb's hundert Mark für einen Groschen.
Ja, so ein Bursche spekuliert,
daß durch Gesundheit er verliert!
Der Teufel aber höhnisch kichert:
„Wie seid ihr gegen mich versichert?"
Ja, stellt der Teufel uns ein Bein,
Springt die Versicherung meist nicht ein.
Der allzu Schlaue wird der Dumme:
Zum Teufel geht die ganze Summe.
Und wirklich wertbeständig bliebe
Auch hier nur: Glaube, Hoffnung, Liebe!

Eugen Roth

Seit jeher ist der Mensch bestrebt, sich gegen wirtschaftliche Folgen von Risiken abzusichern. Diese unabwendbaren Gefahren beruhen beispielsweise auf Schäden durch Brand, Unwetter, menschlichem Fehlverhalten. Diese Aufgabe übernehmen Versicherungen. Sie sind kaufmännisch geführte Betriebe, die als Gefahrengemeinschaften zur Absicherung gegen o.g. Risiken dienen.

Versicherungen gliedern sich in öffentlich-rechtliche Anstalten (Sozialversicherungen) und private Gesellschaften (Individualversicherungen). Diese unterteilen sich wiederum nach dem Versicherungsgegenstand in

Sachversicherer	Feuerversicherung, Maschinenversicherung, Leitungswasserversicherung, Betriebsunterbrechungsversicherung u.a.
Personenversicherer	Lebensversicherung, Unfallversicherung, Krankenversicherung u.a.
Vermögensversicherer	Haftpflichtversicherung, Rechtsschutzversicherung, Kreditversicherung u.a.

Staatliche und private Vorsorge

	Sozialversicherung	Individualversicherung
Grundsatz	Pflichtversicherung	Freiwillige Versicherung
Versicherte Personen	Arbeitnehmer	natürliche und juristische Personen
Versicherte Risiken	Krankheit (Krankenversicherung) Arbeitsunfall (Unfallversicherung) Arbeitslosigkeit (Arbeitslosenversicherung) Altersversorgung (Rentenversicherung)	Alle versicherbaren Risiken des Alltags, z.B. – Krankheit – Unfall – Tod – Feuer – Einbruch, Diebstahl – Hagel – Haftpflicht
Beitragshöhe	Richtet sich nach dem Einkommen des Versicherten	Richtet sich nach Art und Höhe des versicherten Risikos
Leistungen	Sind gesetzlich festgelegt	Werden vertraglich vereinbart
Träger	Staatliche Einrichtungen	Private und öffentlich-rechtliche Versicherungsunternehmen

Akim Yilmaz beschließt, sich umgehend über die Bedingungen einer Kfz-Versicherung zu informieren. Die Mitarbeiterin einer Versicherungsgesellschaft weist ihn darauf hin, daß sich der Umfang einer Kfz-Versicherung auf drei Bereiche erstrecken kann:

1. Kfz-Haftpflichtversicherung
2. Fahrzeugversicherung (Teil- und Vollkasko)
3. Kraftfahrtunfallversicherung (Insassenversicherung)

Dabei ist zu beachten, daß jeder Kraftfahrzeughalter gesetzlich verpflichtet ist, eine Kfz-Haftpflichtversicherung abzuschließen.

Aufgaben zum Grundwissen

1 Kennzeichnen Sie die wesentlichen Zielsetzung Ihres Ausbildungsbetriebes.
2 Stellen Sie gleichgerichtete und konkurrierende Zielsetzungen heraus.
3 Erläutern Sie die Aussage Helmut Schmidts auf S.165, indem Sie mögliche Auswirkungen eines Gewinnrückgangs auf betriebswirtschaftliche und volkswirtschaftliche Bereiche darstellen.
4 Kennzeichnen Sie die Unterschiede zwischen den Aufgaben von Sach- und Dienstleistungsbetrieben.
5 Welche Funktion übernimmt Ihr Ausbildungsbetrieb in der Gesamtwirtschaft?
6 Nennen Sie 5 Dienstleistungen von Bankbetrieben.
7 Gegen welche Risiken können sich Unternehmen versichern lassen?
8 Welche Versicherungen erachten Sie für sich selbst als notwendig?

Weiterführende Problemstellungen

1. Problem

Das Streben nach Gewinn stellt die wichtigste Antriebskraft unternehmerischen Handelns dar. Erläutern Sie diese Aussage und beurteilen Sie eine ausschließlich am Gewinn orientierte Unternehmensführung.

2. Problem

Die Keramikgroßhandlung Hauke Fries OHG weist im Berichtsjahr bzw. Vorjahr folgende Werte aus:

Aufbereitete Bilanz der Hauke Fries OHG

Aktiva	Berichtsjahr -TDM-	Vorjahr -TDM-
Anlagevermögen	1 182	984
Umlaufvermögen		
- Vorräte	1 464	1 461
- flüssige Mittel	201	212
- übriges Umlaufvermögen	373	320
	3 220	2 992

Passiva	Berichtsjahr -TDM-	Vorjahr -TDM-
Eigenkapital	1 092	960
Fremdkapital		
- langfristiges Fremdkapital	867	947
- kurzfristiges Fremdkapital	1 251	1 085
	3 210	2 992

GuV-Rechnung der Hauke Fries OHG

Aufwendungen/Erträge	Berichtsjahr -TDM-	Vorjahr -TDM-
Umsatzerlöse	9 444	8 851
Sonstige betriebliche Erträge	242	252
Materialaufwand	4 525	4 420
Personalaufwand	1 686	1 562
Abschreibungen	493	501
Sonstige betriebliche Aufwendungen	2 452	2 153
Zinserträge	9	11
Zinsaufwendungen	25	26
Ergebnis der gewöhnlichen Geschäftstätigkeit	**514**	**632**
Außerordentliche Erträge	44	36
Außerordentliche Aufwendungen	52	54
Steuern	132	135
Jahresüberschuß	**374**	**479**

a) Überprüfen Sie die wirtschaftliche Situation des Unternehmens, indem Sie die betriebswirtschaftlichen Kennziffern für das Berichtsjahr und das Vorjahr ermitteln. Berücksichtigen Sie dabei, daß in beiden Jahren 32 Arbeitnehmer beschäftigt waren, die im Berichtsjahr 1 800, im Vorjahr 1 700 Aufträge abgewickelt haben.

b) Hauke Fries möchte investieren, um die wirtschaftliche Situation seines Unternehmens zu verbessern. Das erforderliche Kapital von 2 000 000,00 DM könnte er als Darlehen bei seiner Bank aufnehmen. Er müßte mit einem Zinssatz von 12 % bei einer Laufzeit von 5 Jahren rechnen. Eine Alternative wäre die Aufnahme seines Bruders als neuen Gesellschafter. Wägen Sie die beiden Möglichkeiten gegeneinander ab.

3. Problem

Familiensilber im Angebot

Von Wolfgang Hoffmann

Fester denn je ist Finanzminister Theo Waigel entschlossen, das Aktienpaket des Bundes an der Deutschen Lufthansa (51,42 Prozent) abzustoßen. Das kam so: Nach einem unfreiwilligen Stopp der Regierungsmaschine in Berlin-Tegel bat der Minister mangels anderer Örtlichkeiten um Gastrecht in der VIP-Lounge der Lufthansa. Dies aber wollte das Personal ihrem Mehrheitsaktionär verweigern, ein Mitarbeiter drohte sogar Hausrecht an. „So was passiert nur bei Unternehmen der öffentlichen Hand", knurrte der düpierte Finanzminister.

Nun hat Waigel einen Grund mehr, den seit langem geplanten – und von Waigels CSU bisher eher verzögerten – Rückzug des Staates aus der Fluggesellschaft zu beschleunigen. Eine neue Runde bei der Privatisierung von Staatsfirmen steht auf jeden Fall an. Seit 1982 hat die Bundesregierung zwar schon mehr als die Hälfte der Beteiligungen des Bundes abgestoßen, doch die Finanznot ist dank Einheitskosten und Rezession größer denn je. Jetzt geht es an den Rest des Vermögens.

In der neuen Privatisierungsrunde geht es nur noch zum Teil um Bundesbesitz. Entscheidender ist, was bisher anderswo ausgespart blieb: die Privatisierung bei Ländern und Gemeinden. Die Kabinette sämtlicher Länder haben Weisungen erteilt, alles auf den Prüfstand zu stellen, was nicht niet- und nagelfest ist. Selbst vor staatlichen Dienstleistungen und Hoheitsaufgaben soll nun nicht länger haltgemacht werden. Unter dem Diktat leerer Kassen ist nichts tabu. Das Ziel ist überaus anspruchsvoll, das Ergebnis wird freilich differenzierter ausfallen als man zunächst denkt.

Langfristig verspricht der Ausverkauf des staatlichen Tafelsilbers jedoch satten Gewinn. Der Kronberger Kreis, ein konservativer Professorenzirkel und unermüdlicher Verfechter der Privatisierung, schätzt: „Ein Betrag von zwei Billionen Mark dürfte keineswegs zu hoch gegriffen sein." Darin ist noch nicht einmal das sogenannte Hoheitsvermögen – öffentliche Infrastruktur und Verwaltungsgebäude – enthalten.

Verläßliche Schätzungen fehlen allerdings. Der Europäische Zentralverband für öffentliche Wirtschaft zählte Ende der achtziger Jahre 3 750 Unternehmen (1,7 Millionen Beschäftigte), die ganz oder teilweise im Staatsbesitz sind. Die öffentliche Hand tummelt sich auf nahezu allen Feldern der Wirtschaft; sie ist sogar Anteilseigner an Firmen in der Gruppe der hundert größten. Das RWE und die Saarbergwerke sind zwei Beispiele. Die öffentlichen Banken stellen fünfzig Prozent des Bilanzvolumens der deutschen Kreditwirtschaft. Gas, Strom, Wasser und Müllabfuhr besorgen in den meisten Gemeinden öffentliche Stadtwerke, Bahn und Busse fahren in Staatsregie – von der Post ganz zu schweigen.

Mit Bruttoanlageinvestitionen von 60 Milliarden Mark erreichten die öffentlichen Unternehmen (Nominalkapital: 170 Milliarden Mark) 1988 fast fünfzehn Prozent aller Anlageinvestitionen der Bundesrepublik. Mit 180 Milliarden Mark steuert die öffentliche Wirtschaft rund neun Prozent zur gesamten Bruttowertschöpfung bei. Betrachtet man Industrie und Handel isoliert, so ist der öffentliche Anteil durch Verkäufe in der Vergangenheit schon deutlich zurückgegangen, er liegt auch nur noch bei zwei Prozent. Insgesamt ist das Verkaufspotential aber hoch. Die Monopolkommission rechnete in ihrem Hauptgutachten vom vergangenen Jahr „bei durchgreifender Privatisierung mit Erlösen in der Größenordnung eines dreistelligen Milliardenbetrages".

Ob sich solche Erlöse jemals realisieren lassen, steht auf einem anderen Blatt. Der Bonner Finanzminister wird keine Not haben, seine Liegenschaften zu versilbern oder für die noch bei ihm verbliebenen Aktien der Industrieverwaltungsgesellschaft (IVG) — 55 Prozent — Käufer zu finden, hat sich das Unternehmen doch glänzend entwickelt. Allein der Immobilienbesitz des Konzerns (Industrie, Transport, Mineralöl) wird auf rund zwei Milliarden Mark geschätzt. Der Aktienkurs von 165 Mark, mit dem die IVG 1986 an der Börse eingeführt wurde, ist inzwischen auf 500 Mark gestiegen. Dagegen würde es ungleich schwieriger, Käufer für die Flughäfen von Bund und Ländern zu finden. Bayerns Finanzminister

Georg von Waldenfels etwa würde seinen Anteil (51 Prozent) am neuen Münchener Flughafen gern loswerden, aber: „Für einen Flughafen finden Sie niemanden, der ihn kauft." Ansonsten steuert auch Bayern, unter Ministerpräsident Franz Josef Strauß noch Ausgeburt merkantilistischer Unternehmenspolitik des Staates, umfangreiche Privatisierungen an. Waldenfels: „Zu meiner Philosophie gehörte schon immer: Der Staat ist ein schlechter Unternehmer." Einfach wird das nicht. Zwar ist es leicht, den florierenden Energiekonzern Bayernwerk AG zu privatisieren, aber wer will schon Verlustfirmen wie die Maxhütte kaufen? Außerdem: Ganz so konsequent, wie es auf den ersten Blick aussieht, ist auch Bayerns Kurswechsel nicht. So kommt die Trennung vom traditionsreichen Hofbräuhaus überhaupt nicht in Frage: „Diese emotionale Beteiligung wollen wir schon behalten; das ist auch nicht so dramatisch." Bei der

> „Für einen Flughafen finden Sie niemanden, der ihn kauft."

Bayerischen Landesbank will der Freistaat ebenfalls weiter mitmischen; sie soll als Instrument der Strukturpolitik dienen. Für diesen Zweck will München auch den Erlös aus dem Bayernwerk-Verkauf investieren. Waldenfels: „Wir wollen den Wirtschaftsstandort Bayern sichern und nicht etwa Haushaltslöcher stopfen."
Tatsächlich haben die Bundesländer, ob von CDU/CSU oder SPD regiert, bei der Privatisierung immer weniger Vorbehalte. Niedersachsen hat bereits beträchtliche Firmenbeteiligungen abgegeben, auch Dienstleistungen wie Kantinen, Straßenreinigungen und Planungsaufgaben wurden in private Hand überführt. Der Zwanzig-Prozent-Anteil des Landes bei VW ist für Ministerpräsident Gerhard Schröder (SPD) jedoch tabu. Der Konzern werde gebraucht für die Struktur- u. Standortpolitik.
Die Privatisierung kommunaler Dienstleistungen, die zum Teil durch Gesetz festgelegt sind, ist der kritischste Punkt der ideologiebeladenen Debatte. So bleibt noch abzuwarten, ob die Stadt Rostock mit der exemplarisch herausgestellten Privatisierung der Trink- und Abwasserversorgung reüssiert. Daß die französische Privatfirma Lyonnaise des Eaux-Dumez langfristig wirklich billiger als der städtische Regiebetrieb wirtschaftet, steht vorerst nur im Vertrag. In Krefeld, wo Ähnliches versucht wird, häufen sich inzwischen die Klagen über den teuren Wasserpreis. Textilfirmen mit hohem Wasserverbrauch drohen schon mit Abwanderung.
Die Gefahr, daß Kommunen nach etwaigem Scheitern einer Privatisierung später nicht nur den Schaden, sondern auch den Spott haben, ist groß. Die Fehlkalkulation der privaten Gesellschaft Duales System Deutschland mit dem Grünen Punkt ist ein Beleg. Selbst Wirtschaftsminister Günter Rexroth, Speerspitze der Privatisierung, muß kleinlaut zugeben, nicht immer sei sie das Gelbe vom Ei. In dem von ihm für die Kommunen erstellten Leitfaden zur Privatisierung der Abfallentsorgung wird ausdrücklich darauf hingewiesen, daß die Gemeinden auch bei der Entsorgung durch Private selbst verantwortlich bleiben. Für die Kontrolle müssen sie weiter Personal vorhalten.
Außerdem sollten die Privatisierer genau rechnen: Unter anderem weil das Privatunternehmen für Kredite in der Regel höhere Zinsen zahlen muß als Kommunen, kann die private Müllabfuhr trotz wirtschaftlicher Betriebsführung sogar teurer als die öffentliche sein. Private Firmen sind zudem auf Gewinn aus, Kommunen brauchen nur die Kosten zu decken. Der Deutsche Landkreistag schickte seinen Mitgliedern denn auch schon Warnbriefe: „Die Einschaltung privater Betreiber erhöht die Kosten."

Quelle: Die Zeit Nr. 33,08/1993

a) In welchen Bereichen der Wirtschaft tritt der Staat als Unternehmer auf?
b) Welche Gründe veranlassen den Staat, die Privatisierung seiner Betriebe anzustreben?
c) Welche Probleme sind bei einem angestrebten Verkauf zu erwarten?
d) Beurteilen Sie die Erfolgsaussichten eines Rückzuges des Staates aus seiner Unternehmertätigkeit.
e) Welche Folgen ergäben sich für die Konsumenten durch die Umwandlung gemeinwirtschaftlicher in privatwirtschaftliche Betriebe? Begründen Sie Ihre Einschätzung
f) Nehmen Sie in Form eines Leserbriefes Stellung zu dem Artikel.

4.3 Zahlungsverkehr

4.3.1 Eigenschaften und Funktionen des Geldes

Situation:

> **Hans im Glück**
>
> Hans hatte sieben Jahre bei seinem Herrn gedient, da sprach er zu ihm: „Herr, meine Zeit ist herum, nun wollte ich gerne wieder heim zu meiner Mutter, gebt mir meinen Lohn."
>
> Der Herr antwortete: „Du hast mir treu und ehrlich gedient, wie der Dienst war, so soll der Lohn sein", und gab ihm ein Stück Gold, das so groß wie Hansens Kopf war.
>
> – Einige Zeit war vergangen, da traf Hans, eine Gans unter dem Arme, einen Scherenschleifer. –
>
> „Aber wo habt Ihr die schöne Gans gekauft?"
> „Die hab' ich nicht gekauft, sondern für mein Schwein eingetauscht."
> „Und das Schwein?"
> „Das hab' ich für eine Kuh gekriegt."
> „Und die Kuh?"
> „Die hab' ich für ein Pferd bekommen."
> „Und das Pferd?"
> „Dafür hab' ich einen Klumpen Gold, so groß wie mein Kopf, gegeben."
> „Und das Gold?"
> „Ei, das war mein Lohn für sieben Jahre Dienst."
>
> – Er reichte ihm die Gans hin und nahm einen Wetzstein in Empfang. –
>
> Als er auf seinem Wege durstig wurde, setzte er sich auf den Rand eines Brunnen und legte den Stein neben sich ab. Da versah er's, stieß ein kleinwenig an, und der Stein plumpste hinab.
>
> Hans sprang vor Freuden auf, kniete dann nieder und dankte Gott mit Tränen in den Augen, daß er ihm auch diese Gnade noch erwiesen und ihn auf eine so gute Art von dem schweren Stein befreit hätte, der ihm allein noch hinderlich gewesen wäre. „So glücklich wie ich", rief er aus, „gibt es keinen Menschen unter der Sonne."
>
> aus: Märchen der Gebrüder Grimm (gekürzt und leicht verändert).

Arbeitsvorschlag
1. Warum tauscht Hans im Laufe seiner Wanderschaft verschiedene Dinge gegeneinander ein?
2. Welche Risiken geht Hans mit diesem Handeln ein?
3. Wieviel DM wäre das Stück Gold heute wert, wenn man von folgenden Größen ausgeht:
   - Kopfgröße: $20 \cdot 20 \cdot 20$ cm
   - 1 Kilogramm Gold kostet 18 310,00 DM
   - Dichte des Goldes 19,3

In einer komplexen, arbeitsteiligen Wirtschaft muß das Geld verschiedene Funktionen erfüllen. Um den immer vielschichtiger werdenden Anforderungen des Wirtschaftsprozesses gerecht zu werden, haben sich in der Vergangenheit verschiedene Geldarten und -formen entwickelt.

Die Menschen der Frühkulturen kamen noch völlig ohne Geld aus. Sie lebten autark und bestritten ihren Lebensunterhalt durch Jagen, Fischen und Sammeln. Die zunehmende Bevölkerungszahl, die zeitweise Übererzeugung von Gütern sowie die fortschreitende Spezialisierung bei der Erstellung dieser Güter führten bald zum sogenannten **Naturaltausch**. Der Austausch einer Ware gegen eine andere gestaltete sich allerdings äußerst schwierig und zeitraubend, denn ein entsprechender Tauschpartner konnte häufig nicht gefunden werden. Außerdem fehlte, wenn jemand zum Tausch bereit war, ein verbindlicher Wertmaßstab. Daher begann man bald, wertvolle, allgemein begehrte Waren, z.B. Vieh, als Tauschmittel einzusetzen **(Warengeld)**.

Vieh ist aber nicht teilbar, von begrenzter Lebensdauer und nur schwer zu transportieren. An Stelle lebender Tiere traten deshalb Steine, Perlen, Muscheln u.ä.. Besonders gute Voraussetzungen zur Verwendung als Tauschmittel hatten die wegen ihrer Seltenheit hochgeschätzten Edelmetalle **(Metallgeld)**. Sie mußten jedoch bei jedem Handelsgeschäft umständlich auf Gewicht und Reinheit überprüft werden.

So entstanden etwa im 7. Jahrhundert die ersten Münzen, d.h. Metallplättchen aus Gold bzw. Silber, deren Wert aufgeprägt war, was den Handel außerordentlich erleichterte. **(Münzgeld)**. Da Gold und Silber aber nur beschränkt vorhanden waren, mußte man später auf weniger wertvolle Metalle zurückgreifen. Die Autorität des Staates bestimmte von jetzt ab den Wert des Geldes, nicht mehr der tatsächliche Metallwert.

Die Ausweitung des Handels und damit auch des Geldverkehrs führte schließlich zur Entwicklung der **Banknote**. Das schwere unhandliche Münzgeld wurde durch Geldscheine ergänzt, die fast gar keinen Materialwert mehr hatten. Man spricht auch von stoffwertlosem Geld.

Die höchste Stufe dieses stoffwertlosen Geldes wurde mit der Einführung des **Buch- oder Giralgeldes** erreicht. Damit bezeichnet man Guthaben bei Geldkreditinstituten, über die jederzeit verfügt werden kann. Eine Zahlung wird veranlaßt, indem ein Schuldner seine Bank mit Scheck oder Überweisungsauftrag anweist, von seinem Konto einen bestimmten Betrag abzubuchen und dem Konto des Gläubigers gutzuschreiben.

Die heute verwendeten Geldformen Bargeld, in Form von Münzen und Banknoten, und Buchgeld erfüllen alle Anforderungen, die an ein modernes Zahlungsmittel gestellt werden. Sie sind:
- allgemein anerkannt,
- ohne Verluste beliebig teilbar,
- wertbeständig,
- leicht transportierbar,
- gut aufzubewahren,
- knapp und begehrt
- und gesetzlich geschützt.

Im Zuge der technischen Entwicklung sowohl im Zahlungsverkehr als auch in der Druck- und Kopiertechnik werden noch weitere Eigenschaften immer wichtiger. Zum einen muß das Geld fälschungssicher sein, zum anderen soll es der fortschreitenden Automatisierung des täglichen Barzahlungsverkehrs, z.B. Verkaufsautomaten, gerecht werden, d.h. maschinenlesbare Merkmale aufweisen. Die ab Oktober 1990 in Umlauf gebrachten neuen Geldscheine sollen auch diesen Anforderungen entsprechen.

Unser Geld erfüllt heute im wesentlichen vier Funktionen:

Es wird benutzt als

- **Tauschmittel:** Das Geld ermöglicht den Erwerb von Gütern und Dienstleistungen.
- **Wertmesser:** Das Geld dient der Bewertung von Gütern und Dienstleistungen, die auf diese Weise vergleichbar gemacht werden können.
- **Wertaufbewahrungsmittel:** Das Geld kann gespart und zu einem späteren Zeitpunkt für den Erwerb von Gütern und Dienstleistungen verwendet werden.
- **Wertübertragungsmittel:** Das Geld kann von Geldbesitzern auf andere übertragen werden, z.B. durch eine Schenkung.

Zusammengefaßt bedeutet das, daß Geld ein anerkanntes Mittel zur Zahlung von Gütern ist. D.h. mit dem Zahlungsmittel Geld erfolgt eine Anweisung auf einen Anteil am gesamten Güter- und Dienstleistungsangebot einer Volkswirtschaft (Sozialprodukt).

Zu den Zahlungsmitteln zählen:

Gesetzliche Zahlungsmittel	Geldersatzmittel

• Bargeld
  Banknoten
  Münzen
• Buchgeld (Giralgeld)
  Verrechnungsscheck
  Überweisung
	z.B. Schecks, Wechsel

Annahmezwang	kein Annahmezwang

Zur Regelung des Zahlungsverkehrs gibt es verschiedene gesetzliche Grundlagen:

Gesetz über die Deutsche Bundesbank
§ 14 Notenausgabe (1)
Die Deutsche Bundesbank hat das ausschließliche Recht, Banknoten im Geltungsbereich dieses Gesetzes auszugeben. [...]

Grundgesetz
Art. 73, 4
Die jeweilige Bundesregierung hat das Recht, Münzen zu prägen und in Umlauf zu bringen (Münzregal).

Gesetz über die Ausprägung von Scheidemünzen
§ 1 Als Bundesmünzen sollen Scheidemünzen über 1, 2, 5, 10 und 50 Deutsche Pfennig sowie über 1, 2 und 5 Deutsche Mark ausgeprägt werden. Scheidemünzen über 10 Deutsche Mark können ausgegeben werden.
§ 3 (1) Niemand ist verpflichtet, auf Deutsche Mark lautende Münzen im Betrag von mehr als 20 Deutsche Mark und auf Pfennig lautende Münzen im Betrag von mehr als fünf Deutsche Mark in Zahlung zu nehmen.

4.3.2 Zahlungsformen

Situation:

Die Großhandlung Scholz & Co. erhält eine monatliche Abrechnung ihrer Benzinkosten für die Betriebsfahrzeuge (Fuhrpark).

W. Dörig, Rab. Maurus-Straße 4, 36251 Petersberg	**ARAL-TANKSTELLE** Wagenpflege · Wartungs- und Reifendienst
Herrn/Firma	**ARAL** Wilhelm Dörig Rab.-Maurus-Straße 4 36251 Petersberg 1 · Telefon (0661) 65535 Konten: 6090894193, Städt. Sparkasse
Scholz & Co.	
Ringstr. 3	
36037 Fulda	RECHNUNG vom 30.10.d.J. für Monat Oktober

Ich/Wir lieferte(n) Ihnen bzw. leistete(n) für Sie gemäß beigefügter Aufstellung:
Im Namen und für Rechnung der ARAL AKTIENGESELLSCHAFT

Kraftstoffe	528,00 DM		davon Umsatzsteuer
Öle und Fette	8,95 DM		
	DM	536,95 DM	70,04 DM
Auf eigene Rechnung für Wagenpflege	24,00 DM		
Zubehör	12,00 DM		
	DM		
	DM	36,00 DM	4,70 DM
Zu zahlender Betrag		572,95 DM	74,74 DM

im Rechnungbetrag sind DM 498.22 Netto-Warenwert (Brutto/Umsatzsteuer)+ 15 % Ust enthalten.

Bankeinzug bei _____ Konto-Nr. _____

Noch offen stehen vom _____ | Betrag dankend erhalten
Zahlbar: netto Kasse nach Erhalt
Die gelieferte Ware bleibt bis zur vollständigen Bezahlung mein/unser Eigentum. | Datum _____
Erfüllungsort und Gerichtsstand ist für beide Teile Fulda.

Arbeitsvorschlag
Diskutieren Sie die Möglichkeiten zur Begleichung der Rechnung.

Sachdarstellung:

Hinsichtlich der im Zahlungsverkehr verwendeten Zahlungsmittel unterscheidet man die Barzahlung, die halbbare und die bargeldlose Zahlung.

Zahlungsformen				
Barzahlung		**Halbbare Zahlung**		**Bargeldlose Zahlung**
• Zahlung von Hand zu Hand • Zahlung durch Boten • Postanweisung • Wertbrief • Wechsel, der bar eingelöst wird		• Nachnahme • Zahlschein		• Lastschrift • Verrechnungsscheck • Überweisung • Wechsel, der weitergegeben wird oder bei einer Bank zahlbar ist Moderne Zahlungsformen: • Kreditkarte • electronic cash • Elektronisches Lastschriftverfahren • Homebanking
		Schuldner bezahlt bar	Gutschrift auf dem Konto des Gläubigers	
		• Zahlungsanweisung • Barscheck • Reisescheck		
Schuldner bezahlt bar	Gläubiger erhält Bargeld	Das Konto des Schuldners wird belastet	Gläubiger erhält Bargeld	Das Konto des Schuldners wird belastet	Gutschrift auf dem Konto des Gläubigers

■ Barzahlung

Die Zahlung **von Hand zu Hand** ist bei der Deckung des täglichen Bedarfs heute die üblichste Zahlungsform. Neben der persönlichen Übergabe des Geldes besteht auch die Möglichkeit, einen **Boten** zu beauftragen. Als Beweismittel, aber auch als Buchungsbeleg, wird eine Quittung ausgestellt, die folgende Merkmale enthalten sollte:
- Zahlungsbetrag in Ziffern und Buchstaben,
- Empfangsbestätigung,
- Name des Zahlenden,
- Grund der Zahlung,
- Ort, Datum und Unterschrift des Empfängers.

Eine weitere Form der Barzahlung ist die **Postanweisung.** Besitzen sowohl Schuldner als auch Gläubiger kein Konto oder wollen es nicht in Anspruch nehmen, so zahlt der Absender gegen eine Gebühr den fälligen Betrag bei der Post bar ein. Das Geld wird dann vom Zusteller an die Haustür des Empfängers gebracht. Die Höchstgrenze liegt bei 3 000,00 DM.

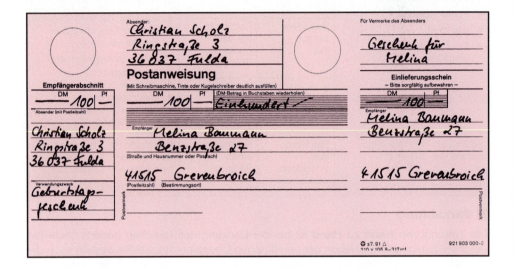

Wie auch die Postanweisung verliert der **Wertbrief** im Wirtschaftsleben zunehmend an Bedeutung. Mit ihm können bis zu 100 000,00 DM (10 000,00 DM bei Luftpost) versandt werden. Es besteht ein Versicherungsschutz ab 500,00 DM, der sich entsprechend des angegebenen Wertes der Sendung erhöht.

Barzahlungen sind sowohl risikoreich als auch arbeitsaufwendig und verursachen beispielsweise bei der Postanweisung relativ hohe Kosten. Einen Übergang auf dem Weg zum bargeldlosen Zahlungsverkehr bildet die halbbare Zahlung.

Träger des Zahlungsverkehrs
Für halbbare und bargeldlose Zahlungen sind die Dienstleistungen von kontoführenden Geld- und Kreditinstituten notwendig. Zu diesen **Trägern des Zahlungsverkehrs** zählen die im Gironetz der Bundesrepublik Deutschland zusammengeschlossenen Einrichtungen:
- Sparkassen
- Genossenschaftsbanken
- Kreditbanken
- Deutsche Bundesbank mit ihren Landeszentralbanken

Gironetze in der Bundesrepublik Deutschland

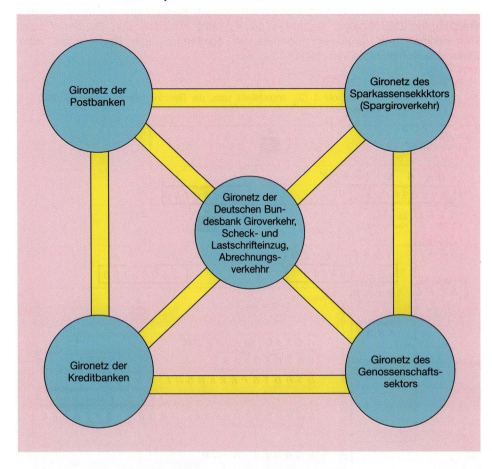

Zahlungen zwischen Kontoinhabern verschiedener Girokreise werden überwiegend über das Gironetz der Deutschen Bundesbank abgewickelt.

■ Halbbare Zahlung

Zahlschein, Barscheck, auch in Form eines Euroschecks, werden sowohl von der Post als auch von Geld- und Kreditinstituten angeboten. Die **Nachnahme** ist eine Sonderform der halbbaren Zahlung, bei der der Postzusteller den zu zahlenden Betrag zuzüglich einer Gebühr bar in Empfang nimmt. Dem Gläubiger wird dieser auf seinem Konto gutgeschrieben. Eine weitere Sonderform bildet die **Zahlungsanweisung,** die allerdings im Geschäftsleben kaum Anwendung findet. Hat der Empfänger kein Konto oder besteht er auf Barzahlung, so wird der Betrag zuzüglich der Auszahlungsgebühr dem Postbankkonto des Auftraggebers belastet.

● Zahlschein

Der Zahlschein dient der Bareinzahlung am Post- oder Bankschalter auf das Konto des Empfängers. Dabei fallen Gebühren an. Er wird meistens von Behörden oder Unternehmen mit größerem Kundenkreis zusammen mit Rechnungen oder Zahlungsaufforderungen verschickt.

Beispiel

Die Großhandlung Scholz & Co. entschließt sich, die Benzinkostenrechnung (S. 190) mit Zahlschein zu begleichen:

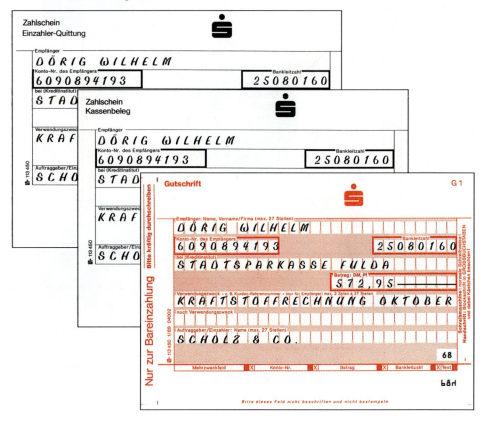

Zahlungsweg des Zahlscheins

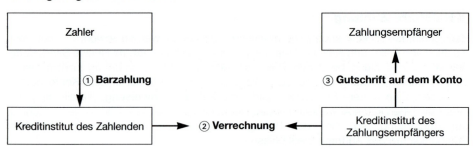

194

● Barscheck

Beispiel

Walter Nordmann holt seinen PKW aus der Inspektion ab. Der Rechnungsbetrag lautet über 1 380,00 DM. Zur Bezahlung verwendet er den unten abgebildeten Barscheck.

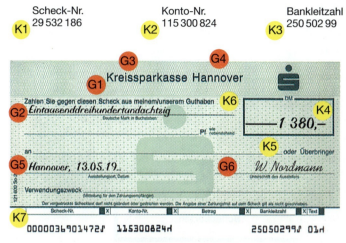

Zahlungsweg des Barschecks

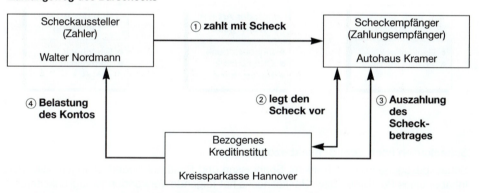

Der Scheck ist eine Urkunde, in welcher der Aussteller ein Geldinstitut anweist, bei Sicht aus seinem Guthaben einen bestimmten Geldbetrag zu zahlen.
Das Scheckgesetz, Artikel 1, schreibt folgende Bestandteile eines gültigen Schecks vor:

- **G1** die Bezeichnung **Scheck** im Text der Urkunde,
- **G2** die unbedingte **Anweisung,** eine bestimmte Geldsumme zu zahlen,
- **G3** der Name dessen, der zahlen soll **(Bezogener;** kann nur ein Geldinstitut sein)
- **G4** die Angabe des **Zahlungsortes** (Geschäftssitz des Geldinstitutes)
- **G5** die Angabe des **Ortes** und des Tages der Ausstellung
- **G6** die **Unterschrift** des Ausstellers

Zur Erleichterung der Abwicklung des Zahlungsverkehrs können Scheckvordrucke kaufmännische Bestandteile enthalten:

- K1 Schecknummer
- K2 Kontonummer
- K3 Bankleitzahl
- K4 Betrag in Ziffern
- K5 Überbringerklausel
- K6 Guthabenklausel
- K7 Kodierzeile

Voraussetzung für die Zahlung mit Scheck ist, daß der Zahlungspflichtige über ein gedecktes Girokonto bei einer Bank, Sparkasse oder der Postbank verfügt.

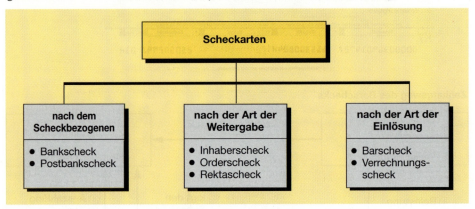

Scheckarten nach dem Scheckbezogenen

Scheckbezogene können Banken, Sparkassen und Postbankniederlassungen sein. Der Inhaber eines Postbank- bzw. Bankschecks hat folgende Verwendungsmöglichkeiten:
- Einlösung beim bezogenen Kreditinstitut (Kreditinstitut des Scheckausstellers) zur Barauszahlung,
- Einreichung bei seinem Kreditinstitut zur Gutschrift (Bargeldlose Zahlungsform),
- Weitergabe an einen seiner Gläubiger als Zahlungsmittel.

Scheckarten nach der Art der Weitergabe

Nach Artikel 5 Scheckgesetz sind bezüglich der Weitergabe die folgenden Scheckarten zu unterscheiden:
- Inhaberschecks,
- Orderschecks,
- Rektaschecks.

Der **Inhaberscheck** ist an den jeweiligen Vorleger auszuzahlen, d.h. an den Inhaber selbst oder einen Überbringer.

Der **Orderscheck** ist an den durch Indossament berechtigten Vorleger auszuzahlen. Ein Indossament ist ein Übertragungsvermerk auf der Rückseite des Schecks (vgl. Wechsel).

Der **Rektascheck** ist ausschließlich **an eine bestimmte Person** auszuzahlen. Durch den Zusatz „nicht an Order" ist die Weitergabe des Schecks ausgeschlossen. Verwendung finden Rektaschecks bei hohen Beträgen im Außenhandel.

Scheckarten nach der Art der Einlösung

Ein Barscheck kann entweder bar ausgezahlt oder dem Scheckinhaber, der diesen bei seinem Geldinstitut zum Einzug einreicht, gutgeschrieben werden. Soll die Barauszahlung aus Sicherheitsgründen verhindert werden, so wird auf dem Scheck der Vermerk „Nur zur Verrechnung" angebracht. Kreditinstitute stellen dem Kontoinhaber auf Wunsch auch Vordrucke für Verrechnungsschecks zur Verfügung.

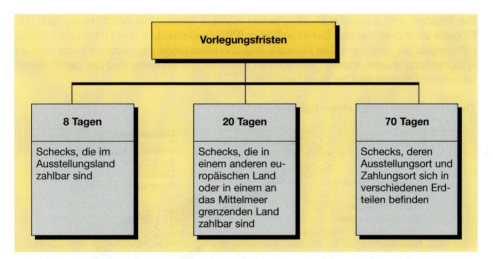

Die Vorlegungsfrist beginnt an dem Tag, der auf dem Scheck als Ausstellungstag angegeben ist. Ist der Aussteller daran interessiert, die Vorlegungsfrist zu verlängern, so kann er ein späteres Datum als Ausstellungstag angeben, allerdings hat er nicht die Gewähr, daß der Scheck auch tatsächlich erst zu diesem späteren Zeitpunkt eingelöst wird, da ein Scheck bei Vorlage fällig ist.

Werden die Vorlegungsfristen nicht eingehalten, können sich folgende Nachteile ergeben:
- Das bezogene Geldinstitut ist nicht mehr verpflichtet, den Scheck einzulösen.
- Der Scheckinhaber verliert seine scheckrechtlichen Rückgriffsansprüche. Ein Scheckinhaber kann gegen den Aussteller und diejenigen, die den Scheck weitergegeben haben, Haftungsansprüche geltend machen, wenn der rechtzeitig vorgelegte Scheck nicht eingelöst wurde. Er hat Anspruch auf die Schecksumme, Zinsen in Höhe von 2 % über dem Diskontsatz der Deutschen Bundesbank, Ersatz der Auslagen und 1/3 % Provision von der Schecksumme.

Vor Ablauf der Vorlegungsfrist ist das bezogene Kreditinstitut nicht verpflichtet, einen Scheckwiderruf zu beachten. Erfolgt ein Widerruf nach Ablauf der Vorlegungsfrist, darf das bezogene Geldinstitut keine Zahlung leisten. Bei Nichtbeachtung ist es schadensersatzpflichtig.

● Eurocheque

Die Anerkennung des Schecks als Zahlungsmittel wurde durch die Einführung des Eurocheques wesentlich erhöht, da er ein hohes Maß an Sicherheit gewährt.

Auf Wunsch erhalten kreditwürdige Kunden von ihrem girokontoführenden Institut Eurochequeformulare und eine persönliche Eurochequekarte. Die Institute übernehmen die Verpflichtung, jeden ordnungsgemäß ausgestellten Eurocheque bis 400,00 DM einzulösen.

Bei der Annahme eines Schecks überprüft der Scheckempfänger, ob
- die Scheckkartennummer auf der Rückseite des Schecks vermerkt ist,
- die Unterschrift, der Name des Kreditinstitutes sowie die Kontonummer auf Scheck und Scheckkarte übereinstimmen und
- die Eurochequekarte noch gültig ist (2 Jahre).

Die Inhaber von Euroscheckkarten haben darüber hinaus die Möglichkeit, sich mit Eingabe einer persönlichen Geheimnummer (PIN) an Geldautomaten im In- und Ausland mit Bargeld zu versorgen. Bei Handels und Dienstleistungsunternehmen kann man an entsprechend ausgerüsteten Datenkassen allein mit der ec-Karte und der persönlichen Geheimzahl schnell und bequem bezahlen.

Theoretischer Aufbau eines Banking-POS

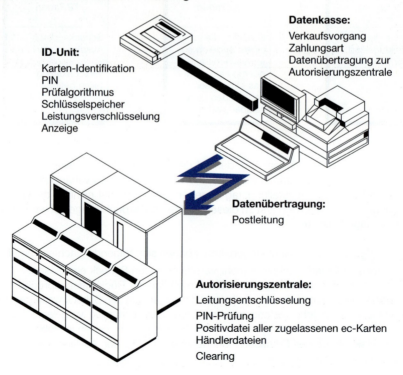

ID-Unit:
Karten-Identifikation
PIN
Prüfalgorithmus
Schlüsselspeicher
Leistungsverschlüsselung
Anzeige

Datenkasse:
Verkaufsvorgang
Zahlungsart
Datenübertragung zur Autorisierungszentrale

Datenübertragung:
Postleitung

Autorisierungszentrale:
Leitungsentschlüsselung
PIN-Prüfung
Positivdatei aller zugelassenen ec-Karten
Händlerdateien
Clearing

Grundsätzlich trägt der Kontoinhaber alle Folgen und Nachteile des Abhandenkommens, der mißbräuchlichen Verwendung, der Fälschung oder Verfälschung der ec-Karte oder der ec-Vordrucke. Deshalb sollten diese immer getrennt voneinander aufbewahrt werden, da eine Einlösug des Schecks bei Mißbrauch ohne ec-Karte schwierig ist.

Sollten ec-Karte oder ec-Formulare verlorengehen, ist sofort das Geldinstitut zu benachrichtigen. Dieses ist allerdings erst nach Ablauf der Vorlegungsfrist verpflichtet, die Zahlung der als verloren gemeldeten Schecks („gesperrt") zu verweigern. Aufgrund der Allgemeinen Geschäftsbedingungen sind die Inhaber von Euroschecks gegen den Mißbrauch oder Verlust mit 10 % Selbstbeteiligung versichert.

● **Reisescheck**

Reiseschecks (Travellerschecks) können bei allen Postbanken, Banken und Sparkassen bestellt und auch dort eingelöst werden. Beim Kauf hat der Kunde 1 % Gebühr vom Scheckwert zu bezahlen, da die Organisation im Falle eines Verlustes einen schnellen Ersatzservice anbieten.

Travellerschecks müssen beim Kauf und ein zweites Mal bei der Einlösung unterschrieben werden, wobei oftmals ein Ausweis verlangt wird.

Ihre Vorzüge sind:
- Sie gelten aus oben genannten Gründen als weitgehend sicheres Zahlungsmittel.
- Gegen Reiseschecks gibt es weltweit Bargeld in der jeweiligen Landeswährung, im Ausland in der Regel nur bei Banken, gelegentlich auch bei Postämtern.
- Auch Waren und Dienstleistungen können damit bargeldlos bezahlt werden.
- Reiseschecks können in verschiedenen Währungen ausgestellt werden.

Bargeldlose Zahlung

Beispiel

Brock Elektro GmbH · Rheinstraße 6 · 50996 Köln

Max Meteor OHG
Brühlstraße 7

30169 Hannover

Brock Elektro GmbH
Rheinstraße 6
50996 Köln

Ihre Bestellung vom /Zeichen
10.11.19..

Rechnung

Bei Zahlung bitte angeben		
Kunden-Nr.	Rechnungs-Nr.	Rechn.-Datum
15 62	104-26	20.11.19..

Wir sandten auf Ihre Rechnung und auf Ihre Gefahr

Artikel-Bezeichnung	Menge	Einzelpreis DM	Gesamtpreis DM
Kühlschränke, Marke Eisbär	20	500,00	10 000,00
Fernsehgeräte, Marke Jupiter 2000	20	400,00	8 000,00
		Summe	18 000,00 DM
		15% USt	2 700,00 DM
		Rechnungsendbetrag	20 700,00 DM

Kontoverbindung: Postgiroamt Köln
BLZ 370 100 50
Kto.-Nr. 1368 03-500

● Verrechnungsscheck

Scheck-Nr.	Konto-Nr.	Bankleitzahl
29 532 186	115 300 824	250 502 99

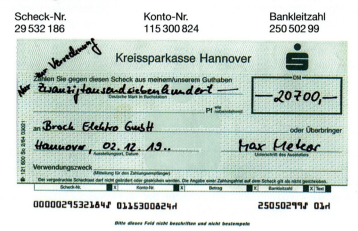

Zur Begleichung der oben abgebildeten Lieferantenrechnung kann ein Verrechnungsscheck benutzt werden. Damit kann der Zahlungspflichtige die Barauszahlung des Scheckbetrages verhindern, da lediglich eine Gutschrift auf dem Girokonto des Zahlungsempfängers erfolgen darf. Somit bietet der Verrechnungsscheck eine größere Sicherheit als der Barscheck.

Ein weiterer Vorteil besteht darin, daß die Zahlungspflicht zeitsparend auf dem Postwege erledigt werden kann und der Schuldner nicht an die Öffnungszeiten der Kreditinstitute gebunden ist. Daraus ergibt sich allerdings auch der Nachteil, daß bei Verlust der Nachweis der geleisteten Zahlung unmöglich ist.

● Überweisung

Eine weitere Möglichkeit, die obere Lieferantenrechnung zu begleichen, besteht darin, eine Überweisung zu benutzen.

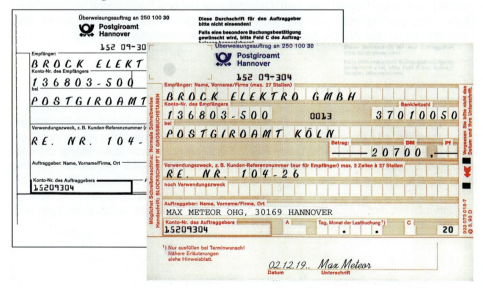

Dabei wird das Konto des Zahlungspflichtigen belastet und der Betrag dem Zahlungsempfänger gutgeschrieben. Diese typische Buchgeldzahlung verdeutlicht die bargeldlose Zahlungsform. Sie wird häufig gewählt, wenn es sich um

- einmalige Beträge,
- unregelmäßig wiederkehrende Beträge in unterschiedlicher Höhe handelt.

Eilüberweisung

Besteht beispielsweise die Gefahr des Zahlungsverzuges, so kann mittels einer Eilüberweisung der Zahlungspflichtige erreichen, daß das Institut des Zahlungsempfängers den Gutschriftsbetrag direkt erhält. Eine Verrechnung erfolgt dann nachträglich über die Girozentralen. Im Zeitalter der elektronischen Datenverarbeitung verliert dieses Verfahren zunehmend an Bedeutung.

Blitzgiroverfahren

In den Fällen, in denen eine Überweisung besonders schnell erfolgen muß, findet das Blitzgiroverfahren Anwendung, bei dem der fällige Betrag telefonisch oder telegraphisch überwiesen wird.

Belegloser Datenträgeraustausch

Durch den Einsatz von EDV-Anlagen ist es möglich, am elektronischen Zahlungsverkehr teilzunehmen. Statt des Erstellens von Belegen werden Datenträger wie Disketten, Kassetten und Magnetbänder benutzt. Bei diesem Verfahren ist der Auftraggeber verpflichtet, mit dem Datenträger den Datenträgeraustausch-Begleitzettel einzureichen. Dieses Formular enthält u.a. die Unterschriften der Verfügungsberechtigten und Kontrollangaben, wie z.B. die Anzahl der getätigten Überweisungen.

Sammelüberweisung

Sollen in ihrer Höhe verschiedene Beträge regelmäßig an unterschiedliche Empfänger gezahlt werden, so kann der Zahlungspflichtige die Sammelüberweisung verwenden, beispielsweise für Lohn- und Gehaltszahlungen. Dabei reicht er nicht jeden Monat die notwendigen Einzelüberweisungen für die entsprechenden Mitarbeiter ein, sondern er füllt einen Sammelauftrag aus. Dieser enthält die Kontonummer des Zahlungspflichtigen, die Lohn- und Gehaltssumme und die Unterschrift des Zahlungspflichtigen. Hinzugefügt werden müssen die Gutschriftvordrucke, die für jeden Mitarbeiter auszufüllen sind, und ein Verzeichnis aller Lohn- und Gehaltsbeträge.

Dauerauftrag

Vita Lebensversicherung
Direktion für Deutschland · Frankfurt am Main

Zürich
Versicherungen

Mietkennziffer:
530 5981/3231

Mietvertrag

Zwischen

Vita Lebensversicherungs-Aktiengesellschaft, Direktion für Deutschland, Zürich-Haus am Opernplatz, 60313 Frankfurt 17

– als Vermieterin –

und   Herrn Max Meteor
      Brühlstr. 7

      30169 Hannover

sowie seiner Ehefrau   – als Mieter –

wird folgender Mietvertrag geschlosssen:

§ 1 – Mieträume

1. Zur Benutzung als Wohnraum wird im Haus   Hannover-Ricklingen
                                              Beekestraße 12
                                              30459 Hannover
   die Wohnung im   3. Geschoß links/mitte/rechts vermietet.

   Die Wohnfläche beträgt   82,93 m²

   Die Wohnung umfaßt 3,5 Zimmer, Küche, Bad mit WC, Toilette, Balkon, Flur, Diele, Abstellraum, Kellerabteil/raum, Dachbodenverschlag/raum.

   Der Mieter ist berechtigt, Waschküche und Trockenraum – soweit vorhanden – mitzubenutzen.

2. Ferner werden vermietet:

3. Die Ausstattung der Wohnung ergibt sich aus beiliegender Aufstellung.

   Dem Mieter werden von der Vermieterin für die Mietzeit die erforlderichen Schlüssel ausgehändigt, die gleichfalls in dieser Aufstellung erfaßt sind.

   Die Anfertigung vom zusätzlichen Schlüsseln zu gemeinschaftlichen bentzten Räumen durch den Mieter ist nur mit ausdrücklicher vorheriger Zustimmung der Vermieterin gestattet. Schlüssel, die der Mieter zusätzlich auf seine Kosten hat anfertigen lassen, sind bei Beendigung des Mietverhältnissese ohne Kostenersatz ebenfalls an die Vermieterin zurückzugeben.

§ 5 – Miete und Nebenkosten

1. Der Mietzins beträgt monatlich

   a) für die Wohnung   DM 960,00

   b) für   DM ....

                                                                                    DM ....

   (in Worten Deutsche Mark   )

2. In diesem Mietzins (Kostenmiete) sind die Betriebskosten gemäß § 27 Abs. 1 (Anlage 3), II. BV. jedoch ohne die Kosten für den Betrieb zentraler Heizungs- und Warmwasserversorgungsanlagen enthalten.

   Für die nicht im Mietzins enthaltenen Betriebskosten werden folgende Vorschüsse erhoben: DM ....

   Heizkosten, Be- und Entwässerung, Warmwasserversorgung   DM 210,00

                                                                                    DM ....

   Über die tatsächlich entstandenen Betriebskosten wird von der Vermieterin kalenderjährlich im Verhältnis der Wohnfläche eine Abrechnung erteilt. Der Mieter ist verpflichtet, einen sich etwa ergebenden Nachzahlungsbetrag innerhalb von 4 Wochen nach Erteilung der Abrechnung an die Vermieterin zu entrichten.

   Die Vermieterin ist andererseits verpflichtet, ein sich ergebendes Guthaben innerhalb der gleichen Frist an den Mieter zurückzuzahlen.

3. Dem Mieter ist bekannt, daß für diese Wohnung die für den sozialen Wohnungsbau geltenden Gesetze und Verordungen ganz oder teilweise anzuwenden sind und gegebenenfalls Mieterhöhungen nach diesen Bestimmungen vorgenommen weden, die als vom Tage der Zulässigkeit ab als vereinbart gelten.

4. Monatlicher Gesamtbetrag   DM ...1 170,00

An **Kreissparkasse Hannover**

Ich bitte Sie, folgenden **Dauerauftrag** auszuführen:

115 300 824
Konto-Nummer

☒ monatlich ☐ 1/4jährlich ☐ 1/2jährlich ☐ jährlich
Ausführung

01.10.19..
erstmalig am

1 170,00 DM
Betrag DM

Miete
Verwendungszweck

VITA LEBENSVERSICHERUNG
Name des Empfängers

5891 700
Konto-Nummer des Empfängers

Commerzbank, Frankfurt (BLZ 500 400 00)
Bankverbindung des Empfängers

Max Meteor
Auftraggeber

Hannover, 10.08.19..
Ort/Datum

Max Meteor
Unterschrift

Dieser Teil wird von der Bank ausgefüllt

☐ Eröffnung   ☐ Löschung

| Filial-Nummer | Kenn-Nummer | Dauerauftrag-Nr. |

Auftraggeber-Konto-Nr.

erstmalig | Termin

Betrag DM

Verwendungszweck

Name des Empfängers

Konto-Nr. des Empfängers

Bankleitzahl

Auftraggeber

Unterschrift   Daten erfaßt   geprüft

Die Miete ist ein **regelmäßig fälliger Betrag in gleicher Höhe an denselben Empfänger.** Deshalb ist es sinnvoll, daß der Zahlungspflichtige seinem Geldinstitut einen Dauerauftrag zur Überweisung erteilt. Die besonderen Vorzüge liegen darin, daß Zahlungstermine eingehalten werden und der Auftrag nur einmalig erfolgen muß, somit arbeits- und zeitsparend ist.

Lastschriftverfahren

☙ T·e·l·e·k·o·m·Rechnung

Datum	für	
15.11.94	November 1994	

Artikel/Leistungs-Nr.	Art der Lieferung oder Leistung	Menge	Einzelbetrag (DM)	Gesamtbetrag (DM)	USt.-Satz v. H.
10110	TELEFONANSCHLUSS	15	24,60	369,00	
17110	TARIFEINHEITEN 04.10.-03.11.	7596	0,23	17747,08	
17111	FREIE TARIFEINHEITEN	150	0,23	- 34,50	
11194	TELEFON MIT TASTEN, TONRUF, WAHLWIEDERHOLUNG	15	2,90	43,50	
11510	AUTOMATISCHER UMSCHALTER	15	1,05	15,75	

Fernmeldeamt 3 Post fach 9013 · 30001 HANNOVER

15 12345-879   11.93   1,00

Herrn/Frau/Firma   511100142536
MAX METEOR OHG
BRÜHLSTR. 7

30169 HANNOVER

	Nettobetrag (DM)	2140,83
	Davon USt frei (DM)	
	Davon USt pflichtig (DM)	2140,83
	Umsatzsteuer (DM)	321,12
	Rechnungsbetrag (DM)	2461,95
	Übertrag aus vorangegangener Rechnung (DM)	
	Zu zahlender Betrag (DM)	2461,95

– wird abgebucht von –
Konto-Nr. 12345678   BLZ 250 502 299

Hausanschrift Hamburger Allee 25 Hannover   **Kundennummer**
Telefontakte Telefon: 0511/333-3651 Fax 0511/333-3873   **Fernmeldekonto** 511100142536   *Bitte stets angeben*

ら

Ermächtigung zum Einzug von Forderungen durch Lastschriften

An (Zahlungsempfänger)

Telekom
Hamburger Allee 25
30169 Hannover

Hiermit ermächtige(n) ich/wir[1] Sie widerruflich, die von mir/uns[1] zu entrichtenden Zahlungen wegen (Verpflichtungsgrund, evtl. Betragsbegrenzung)

Max Meteor OHG   Brühlstr. 7   30169 Hannover

bei Fälligkeit zu Lasten meines/unseres[1] Girokontos

Nr. *12345678* bei (genaue Bezeichnung des kontoführenden Kreditinstituts)

Kreissparkasse Hannover   Bankleitzahl *25050299*

durch Lastschrift einzuziehen.
Wenn mein/unser[1] Konto die erforderliche Deckung nicht aufweist, besteht seitens des kontoführenden Kreditinstituts (s. o.) keine Verpflichtung zur Einlösung.
Teileinlösungen werden im Lastschriftverfahren nicht vorgenommen.

Max Meteor OHG   Brühlstr. 7   30169 Hannover
Name, Vorname, genaue Anschrift

Hannover, 23.02.19..   *Max Meteor*
Ort, Datum   Unterschrift(en)

[1] Nichtzutreffendes bitte streichen

Das Lastschriftverfahren wird **bei ständig wiederkehrenden Zahlungen mit wechselnden oder gleichen Beträgen an denselben Empfänger** angewendet. Im Gegensatz zum Dauerauftrag geht die Initiative zur Zahlung vom Empfänger aus.

Die Vorteile für den Gläubiger bestehen darin, daß er den Zahlungszeitpunkt bestimmt, er schnell über den gesamten Forderungsbetrag verfügt und weniger Risiken bei der Aufstellung seiner eigenen Finanzierungspläne hat.

Aus der Sicht des Schuldners bietet dieses Verfahren Arbeits- und Kostenersparnis sowie die Gewähr, daß Zahlungstermine eingehalten werden. Allerdings bedeutet das Lastschriftverfahren für ihn auch eine Einschränkung seiner finanziellen Entscheidungsfreiheit.

Das Lastschriftverfahren umfaßt zwei Möglichkeiten: das Einzugsermächtigungsverfahren und das Abbuchungsverfahren.

Einzugsermächtigungsverfahren

Der Zahlungspflichtige erteilt dem Zahlungsempfänger eine schriftliche widerrufliche Einzugsermächtigung. Legt der Zahlungsempfänger seinem Kreditinstitut dieses Formular vor, so erfolgt unmittelbar nach Einreichen einer Lastschrift die Gutschrift mit dem Vermerk „Einzug vorbehalten, Wertstellung 2 – 4 Tage später" auf seinem Konto. Erst nach dieser Frist findet eine Verrechnung zwischen den Kreditinstituten des Schuldners und des Gläubigers statt.

Bei diesem Verfahren übernimmt das Kreditinstitut des Gläubigers ein Kreditrisiko, das erst mit Ablauf von 6 Wochen endet. Innerhalb dieser Zeit nach Belastung des Kontos hat der Zahlungspflichtige das Recht zum Widerruf. Die Inkassostelle wird daher nur Kunden mit einwandfreier Bonität, d.h. Zahlungswürdigkeit, zu diesem Verfahren zulassen. Das Widerspruchsrecht gibt dem Zahlungspflichtigen die Sicherheit, daß er im Falle unberechtigter Abbuchungen den Zahlungsvorgang rückgängig machen kann.

Abbuchungsverfahren

Der Zahlungspflichtige beauftragt sein Geldinstitut und erlaubt dem Empfänger, den geforderten Betrag abzubuchen. Das Abbuchungsverfahren wird von Firmen und Geldinstituten bei unbekannten Kunden mit unsicherer Zahlungsfähigkeit und bei hohen Forderungen bevorzugt, da der Schuldner kein Widerspruchsrecht hat und somit eine Rückbelastung vermieden wird.

● **Plastikgeld regiert die Welt**

Wozu diese Karten, wenn man auch anders zahlen kann?

Kreditkarten bieten dem Inhaber eine Fülle von Vorteilen:
- Sie ermöglichen die bargeldlose Bezahlung in Kaufhäusern, Restaurants, Hotels usw.
- Sie werden weltweit anerkannt.
- Sie bieten auf Reisen mehr Bequemlichkeit und Sicherheit als Bargeld.
- Bei Verlust oder Diebstahl haftet der Kunde mit maximal 100,00 DM. Diese Gebühr entfällt jedoch bei sofortiger Meldung.
- Zwischen Zahlungszeitpunkt und Abrechnungszeitpunkt liegen je nach Karteninstitut bis zu 8 Wochen. Dieser Kreditspielraum wird durch eine zusätzliche Überziehungsmöglichkeit des Kontos ergänzt.
- Sie bieten Bargeldservice im Ausland an, der jedoch in seiner Höhe auf bestimmte Tagesbeträge begrenzt ist,
- Kreditkarteninhaber genießen häufig ein umfangreiches Versicherungspaket. Darin enthalten sein kann auch ein Schutz gegen Beschädigung, Verlust oder Diebstahl der mit der Kreditkarte erworbenen Gegenstände.
- Eine Fülle von weiteren Dienstleistungen, wie z.B. Reiseplanung und Konzertkartenvorbestellung, werden von einigen Karteninstituten angeboten.

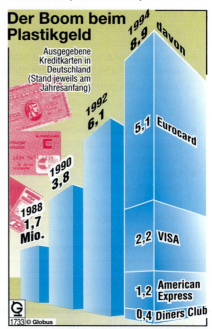

Eine zunehmende Verbreitung der Kreditkarten ist nicht nur auf die zahlreichen Verwendungsmöglichkeiten zurückzuführen, sondern auch auf den vermeintlichen Prestigegewinn des Nutzers. („Bezahlen Sie einfach mit Ihrem guten Namen!")

Vorteile der Kreditkarten bieten sich auch für die Vertragspartner. Hat beispielsweise ein Kunde einen hochwertigen Artikel mit einer Kreditkarte bezahlt, kann sich der Händler auf die Zahlungsgarantie der Kartengesellschaft verlassen. Viele Kaufleute stellen die Annahme von Kreditkarten als besonderen Service heraus, um Kunden zu gewinnen. Verkaufsdatenanalysen belegen, daß Kartenbesitzer bereit sind, mehr auszugeben als Kunden, die andere Zahlungsmittel nutzen.

Kriterium für die Vergabe einer Kreditkarte ist in der Regel das Jahresbruttoeinkommen.

Die Zahlungsabwicklung bei der Kreditkarte

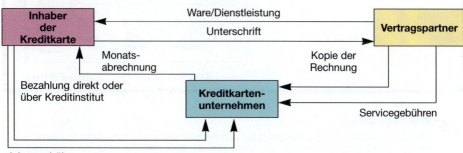

So funktioniert es

- Informieren Sie sich zunächst bei den einzelnen Kreditkarten-Unternehmen (Adressen im Telefonbuch), welche Karte für Ihre Bedürfnisse am besten ist.
- Wenn Sie sich entschieden haben, müssen Sie einen Antrag stellen; Formulare gibt es bei den Unternehmen und bei Geschäften, in denen mit Plastikgeld bezahlt werden kann.
- Die Kreditkarten-Zentralen überprüfen dann wahrscheinlich Ihre Zahlungsfähigkeit; wenn die Schutzgemeinschaft für allgemeine Kreditsicherung (Schufa) und Ihre Bank grünes Licht geben, wird die Karte innerhalb von ein bis zwei Wochen ausgestellt.
- Nun können Sie in allen Geschäften, die Kreditkarten akzeptieren (Hinweis meist an der Ladentür), bargeldlos einkaufen.
- Alle vier Wochen werden Ihre Gesamtausgaben automatisch vom Konto abgebucht. Sie erhalten eine detaillierte Abrechnung. Die Karten-Unternehmen und Ihre Bank achten darauf, daß die Kluft zwischen Einkommen und Ausgaben nicht zu groß wird.
- Der Kunde zahlt für die Benutzung der Kreditkarte keine Gebühr; die Geschäftsleute müssen jedoch zwischen zwei und acht Prozent ihrer per Kreditkarten abgewickelten Einkünfte an die Karten-Unternehmen abgeben. Was die Händler natürlich gar nicht freut. Viele sind deshalb zu einem Kuhhandel bereit: Wenn ein Kartenbesitzer seinen Ausweis stecken läßt und bar bezahlt, gewähren sie oft erhebliche Preisnachlässe.

Situation

Schreck nach dem Urlaub
[...]
Teure Reise nach Malaysia: Als Hans-Joachim und Heike Müller wieder zu Hause waren, hatten sie Ausgaben von über 20 000 Mark auf ihrem Kreditkonto, die nicht von dem Ehepaar stammten. Kartenfälscher hatten ihre Karte kopiert und dann eingekauft [...]
Quelle: Stern Nr. 40/1991

Quelle: HAZ, 3. Nov. 1990   Zeichnung: P. Leger

Arbeitsvorschlag

Stellen Sie heraus, welche Nachteile für den Karteninhaber und den Vertragspartner durch die Verwendung der Kreditkarte entstehen können. Benutzen Sie dafür die Abbildung „Die Zahlungsabwicklung bei der Kreditkarte", den Zeitungsausschnitt und die Karikatur.

Ein typisches Beispiel für electronic cash

209

● Homebanking

Mit zunehmender Verbreitung der elektronischen Datenverarbeitung haben sich zwei Verfahren des homebanking etabliert.

Bildschirmtext ermöglicht dem Anwender, Bankangelegenheiten über einen Telefonanschluß und ein Btx-fähiges Fernsehgerät vorzunehmen. So kann er beispielsweise seinen Kontostand abfragen, Überweisungsaufträge, Daueraufträge und Lastschriften erteilen, ändern und widerrufen sowie sich über Kreditkonditionen informieren. Um sich vor dem Zugriff Unberechtigter zu schützen, erhält der Nutzer eine persönliche Identifikationsnummer (PIN) und muß bei jeder Transaktion eine Transaktionsnummer (TAN) eingeben. Diese kann er jeweils nur einmal benutzen.

Ein ähnliches Verfahren auf der Basis des Telefonnetzes wird von verschiedenen Kreditinstituten angeboten (Tele Banking). Unter Angabe eines Codewortes können auch hier verschiedene Transaktionen per Telefon durchgeführt werden.

Der Wechsel

Situation:

Beispiel

Das HIFI-Fachgeschäft Bruno Bezmann, Goethestraße 17, 30169 Hannover, beabsichtigt, ein Angebot der Elektrogroßhandlung AUSTY OHG, Nikolaus-Groß-Straße 18, Leverkusen, über hochwertige HIFI-Geräte zum Preis von 45 000,00 DM anzunehmen. Unglücklicherweise befindet sich Bruno Bezmann in einem finanziellen Engpaß, den er aber kurzfristig (3 Monate) zu überbrücken hofft. Die AUSTY OHG unterbreitet Bruno Bezmann den Vorschlag, die fällige Rechnung mit einem Wechsel zu bezahlen. Bruno Bezmann nimmt diesen Vorschlag an.

Einige Tage später erhält Herr Bezmann von der AUSTY OHG einen Geschäftsbrief, dem der Wechsel (Tratte) beigelegt ist.

Begleitschreiben zur Wechselziehung

```
                                        AUSTY OHG
                                   Nikolaus-Groß-Str. 18
                                   51377 Leverkusen


HIFI-Fachgeschäft
Bruno Bezmann
Goethestraße 17

30169 Hannover              Leverkusen, 27.05.19..



Wechselziehung


Sehr geehrter Herr Bezmann,

als Anlage erhalten Sie die Rechnung Nr. 785 29 20 über
die heute an Sie abgeschickten HIFI-Geräte.
Vereinbarungsgemäß haben wir zum Ausgleich des
Rechnungsbetrages einen Wechsel auf Sie gezogen:

          45 000,00 DM, fällig am 27.08.19..,
          Verfügung Repoint KG, Halle

Wir bitten Sie, den Wechsel zu akzeptieren. Für eine bal-
dige Rücksendung des Akzepts sind wir Ihnen dankbar.

Mit freundlichen Grüßen

AUSTY OHG
W. Austy

W. Austy



Anlagen:
1 Tratte
1 Rechnung
```

Zeile 1	Leverkusen, den 27. Mai 19..		250	Hannover	27.08.19..	
	Ort und Tag der Ausstellung (Monat in Buchstaben)		Nr. d. Zahl-Ortes	Zahlungsort	Verfalltag	
Zeile 2	Gegen diesen **Wechsel** - erste Ausfertigung - zahlen Sie am 27. Mai 19..					
Zeile 3	an Repoint KG, Halle			DM 45.000,00		
Zeile 4	Deutsche Mark Fünfundvierzigtausend=============					Pfennige wie oben
Zeile 5	**Bezogener** Bruno Bezmann			AUSTY OHG		
	Goethestr. 17			Nikolaus-Groß-Straße 18		
Zeile 6	in 30169 Hannover			51377 Leverkusen		
Zeile 7	Zahlbar in 30169 Hannover					
	bei Stadtsparkasse Hannover 115300284			Zeile 8 W. Austy		

(Zeile 9 Angenommen)

Sachdarstellung:

Der gezogene Wechsel ist eine Urkunde. Mit dieser fordert der Gläubiger (Aussteller) den Schuldner (Bezogenen) auf, eine bestimmte Geldsumme an ihn selbst (an eigene Order) oder an eine andere Person zu einem späteren Zeitpunkt zu zahlen. Somit ist der gezogene Wechsel als Zahlungsaufforderung (Tratte) zu verstehen. Wenn der Bezogene auf dem Wechsel seine Schuld annimmt (Akzept), tritt eine Zahlungsverpflichtung hinzu.

Grundsätzlich unterscheidet man den Handelswechsel und den Finanzwechsel. Ein Handelswechsel liegt vor, wenn er dazu dient, einen Warenkauf zu finanzieren. Erfüllt dieser Wechsel die folgenden Kriterien, so spricht man von einem **guten Handelswechsel**.

- Die Restlaufzeit des Wechsels muß zwischen 7 und 90 Tagen liegen.
- Der Wechsel muß bei einer Stelle der Deutschen Bundesbank oder einem anderen Geldinstitut an einem Bankplatz zahlbar sein.
- Der Wechsel muß mindestens 3 Unterschriften von als zahlungsfähig bekannten Personen tragen.

Finanzwechsel dienen dagegen der kurzfristigen Geldbeschaffung. Ihnen liegt kein Warenumsatz zugrunde.

● Bestandteile des Wechsels

Zeile	gesetzliche Bestandsteile	kaufmännische Bestandteile
1	Ort und Tag der Ausstellung	Nr. des Zahlungsortes, Zahlungsort u. Verfalltag (Wdh.)
2	Wort „Wechsel" im Text der Urkunde, Verfalltag	Nr. der Ausfertigung
3	Wechselnehmer (Remittent)	Betrag in Ziffern
4	Wechselsumme in Buchstaben	
5	Bezogener (Trassat)	
6	Zahlungsort	
7		Zahlstellenvermerk
8	Unterschrift des Ausstellers	Anschrift des Ausstellers
9		Annahmeerklärung (Akzept)

Verwendungsmöglichkeiten des Wechsels

Die AUSTY OHG (Gläubiger) hat 3 Verwendungsmöglichkeiten:

- **Aufbewahrung:** Sie kann den Wechsel am Verfalltag dem Bezogenen zur Einlösung vorlegen. So gewährt sie ihrem Geschäftsmann (Bezmann) bis zum Verfalltag einen Kredit, mit dem dieser sein Warengeschäft finanzieren kann. Hier liegt deshalb ein Handelswechsel vor.
  ①

- **Weitergabe:** Die AUSTY OHG hat ihrerseits Verbindlichkeiten in Höhe von 60 000,00 DM bei der Repoint KG, Riebeckplatz 10, 06108 Halle. Sie beabsichtigt deshalb zum Ausgleich eines Teils ihrer Verbindlichkeiten, den von Bruno Bezmann akzeptierten Wechsel an die Repoint KG weiterzugeben.
  ②

- **Diskontierung:** Die Austy OHG hätte außerdem die Möglichkeit, den Wechsel vorzeitig bei der Bank zur Diskontierung einzureichen. Dieses wäre sinnvoll, wenn sie dringend Bargeld benötigt, Skontovorteile nutzen oder mit dem Barwert des Wechsels höherverzinsliche Schulden ablösen möchte.
  ③

  Der Barwert eines Wechsels errechnet sich wie folgt:
  Wechselsumme
  – Diskont (≙ Zinsen für die Restlaufzeit des Wechsels)
  – Auslagen (Spesen)
  = Barwert am Verkaufstag

Gibt ein Aussteller den Wechsel weiter an einen Wechselnehmer (Repoint KG), so stehen diesem dieselben Verwendungsmöglichkeiten zur Verfügung (4, 5, 6).

Im Falle der Diskontierung hat die Bank grundsätzlich die Möglichkeit, den Wechsel am Verfalltag vorzulegen (7). Außerdem kann sie, sofern es sich um einen guten Handelswechsel handelt, diesen bei der zuständigen Landeszentralbank (LZB) rediskontieren (8). Durch diesen Verkauf verschafft sie sich liquide Mittel. Am Verfalltag legt die LZB dem Bezogenen den Wechsel zur Einlösung vor (9).

Weg des Wechsels

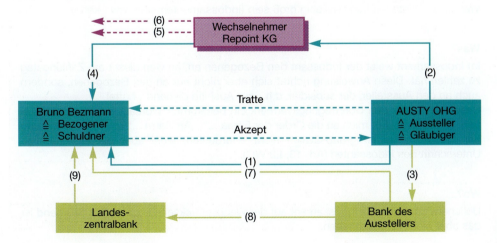

● Funktionen des Wechsels

Aus den dargestellten Verwendungsmöglichkeiten lassen sich folgende Funktionen ableiten:

- **Sicherungsmittelfunktion** für den Aussteller als urkundliche Absicherung seiner Forderungen

- **Kreditmittelfunktion** für den Schuldner (Lieferantenkredit) und für den Gläubiger bei der Diskontierung

- **Zahlungsmittelfunktion** bei der Weitergabe an einen Wechselnehmer

- **Refinanzierungsmittelfunktion** der Geschäftsbanken gegenüber den LZB.

● Weitergabe des Wechsels

Wie?
Die Weitergabe eines Wechsels erfolgt gewöhnlich durch einen Übertragungsvermerk auf der Rückseite des Wechsels; das Fremdwort hierfür ist „Indossament" (ital. in dosso: auf dem Rücken). Der Übertragungsvermerk kann sowohl handschriftlich als auch durch Maschinenschrift oder Stempel angebracht werden.

Wer?
An der Wechselweitergabe sind zwei Personen beteiligt, einmal der Weitergebende (Indossant), zum anderen der Wechselnehmer (Indossatar). Die Anzahl der Wechselweitergaben kann beliebig groß sein (Indossamentenreihe bzw. -kette).

Was?
Im Indossament weist der Indossant den Bezogenen an, an wen dieser am Zahlungstag zu zahlen hat. Diese Anweisung richtet sich aber nicht nur an den Bezogenen, sondern auch an den Aussteller, der subsidiär, d.h. „zur Aushilfe dienend", haftet.
Gesetzlich ist für den Übertragungsvermerk ein bestimmter Wortlaut nicht vorgeschrieben. Üblich sind „Für mich an die Order der Firma ...", „An Herrn ..." usw. Eine Datierung der Indossamente ist grundsätzlich nicht erforderlich, wohl aber die eigenhändige Unterschrift des Indossanten (Art. 13, I,2 WG).

Wo?
Üblicherweise wird das Indossament auf der Wechselrückseite angebracht; zwingend ist das aber nicht vorgeschrieben.

Wechsel (Rückseite)

```
Für mich an die Order der
Repoint KG, Halle

Leverkusen, 01.07.19..

                AUSTY OHG
                Leverkusen

                W. Austy

Repoint KG,
Halle

                ppa. J. Marshall

Für uns an die Dresdner Bank AG,
Dresden zum Einzug

Dresden,    21.08.19..

                Titan GmbH

                ppa. Titus Titan

Betrag erhalten

Dresden,    27.08.19..

                Dresdner Bank AG
                Dresden

i.V. Mogler
```

»»»» Vollindossament
     an

Repoint KG, Halle

»»»» Kurz- oder Blanko-
     indossament
     an

Titan GmbH, Dresden

»»»» Inkasso- oder Ein-
     zugsindossament
     an

Dresdner Bank AG,
Dresden

»»»» Quittungsvermerk

Die AUSTY OHG gibt den Wechsel vereinbarungsgemäß an die Repoint KG mittels Vollindossament weiter. Dieses enthält mindestens den Namen des Empfängers und die Unterschrift des Weitergebenden. Zusätzlich können ein Ordervermerk sowie Ort und Datum angeführt werden.

Die Repoint KG gibt den Wechsel mit einem Kurz- oder Blankoindossament an die Titan GmbH weiter. Dieses besteht lediglich aus der Unterschrift des Weitergebenden. Er sollte allerdings darauf achten, daß über seiner Unterschrift ausreichender Platz (blanko) für eine Ergänzung zum Vollindossament vorhanden ist.

In der Praxis kann es vorkommen, daß ein Wechsel nicht angenommen wird. Im Unterschied zum blankoindossierten Wechsel, der ohne weitere Maßnahmen an den Wechselgeber zurückgeschickt wird, muß bei einem vollindossierten Wechsel der Weitergabevermerk gestrichen werden. Die Diskontfähigkeit wird dadurch eingeschränkt. Das Blankoindossament macht den Wechsel zum Inhaberpapier.

Die Titan GmbH reicht nun den Wechsel mit einem Einzugsindossament zum Inkasso bei der Dresdner Bank AG ein. Damit ist das Geldinstitut zum Einzug des Wechsels am Verfalltag und zur Protesterhebung ermächtigt. Kann der Wechsel ordnungsgemäß beim Bezogenen eingelöst werden, so erfolgt ein Quittungsvermerk und eine Gutschrift des Barwertes auf dem Konto der Titan GmbH.

● Wechselvorlage

Bei der Einlösung eines Wechsels müssen wiederum verschiedene Gesichtspunkte berücksichtigt werden:

Zahlungszeitpunkt

Der Wechsel ist am Zahlungstag oder an einem der beiden folgenden Werktage zur Zahlung vorzulegen.

Verfalltag	Zahlungstag	letzter Vorlegungstag
Mo.	Mo.	Mi.
Do.	Do.	Mo.
Do. ≙ Feiertag	Fr.	Di.
Fr.	Fr.	Di.
Sa./So.	Mo.	Mi.

Zahlungsort

„... Der Wechsel kann ... am Wohnort des Bezogenen oder an einem anderen Ort zahlbar gestellt werden." (Art. 4 WG)

z.B. – Geschäftslokal
– Wohnung
– Zahlstelle (Bank)

Vorlageberechtigter

Der Wechsel kann eingelöst werden durch
– den Wechselberechtigten selbst
– Boten, Geschäftsfreund, Angestellten
– ein Kreditinstitut
– die Postbank AG bis 3 000,00 DM.

Bei der Einlösung des Wechsels prüft der Bezogene bzw. die Zahlstelle das Vorliegen eines Einlösungsauftrages, die formale Ordnungsmäßigkeit (gesetzliche Bestandteile) und die Lückenlosigkeit der Indossamentenkette. Sind diese Kriterien erfüllt und die Wechselschuld beglichen, kann der Bezogene die Aushändigung des quittierten Wechsels verlangen.

● Der notleidende Wechsel

Von einem notleidenden Wechsel spricht man, wenn
– der Bezogene das Akzept verweigert
– die Zahlung während der Laufzeit unsicher wird, z.B. beim Konkurs
– der Bezogene den Betrag am Zahlungstag bzw. innerhalb der Vorlegungsfrist nicht oder nur teilweise zahlt.

Situation:

> In der Abteilung Rechnungswesen der Peter Kamann KG, einem Automobilzulieferer, wird festgestellt, daß ein Wechsel über 72 000,00 DM, gezogen von der Sunrider AG, in 8 Tagen fällig wird.
> Da erwartete Zahlungseingänge, die zum Ausgleich dieses Wechsels vorgesehen waren, nicht eingetroffen sind, entschließt sich Peter Kamann, eine Verlängerung des Zahlungszieles zu erwirken, um eine mögliche gerichtliche Auseinandersetzung zu vermeiden.

Sachdarstellung:
Unter der Voraussetzung, daß der Gläubiger der Bitte um einen Zahlungsaufschub entspricht, bietet sich eine **Prolongation** an.

Darunter versteht man eine Verlängerung der Wechsellaufzeit durch Ausstellung eines neuen Wechsels.

Ist der Gläubiger noch im Besitz des von ihm ausgestellten Wechsels, kann er diesen vernichten und einen neuen mit verlängertem Verfalldatum ausschreiben. Für ihn ergeben sich damit wieder alle drei Verwendungsmöglichkeiten des Wechsels.

Hat der Aussteller den Wechsel bereits indossiert, so kann er dem Bezogenen den benötigten Betrag zur Einlösung des ersten Akzepts überweisen und für diesen Kredit einen neuen Wechsel ausstellen. Die Kosten für diese Verfahren trägt der Bezogene.

Zur Sicherung von Wechselforderungen ist es insbesondere bei Auslandsgeschäften üblich, daß der Aussteller, wenn er beispielsweise den Importeur nicht kennt, einen Bürgen verlangt **(Wechselbürgschaft).**

Dieser würde im Falle von Zahlungsschwierigkeiten für die Wechselverbindlichkeiten des Bezogenen haften.

Seltener dagegen ist die Form des **Ehreneintritts.** Dabei verpflichtet sich eine Person zur Annahme und Einlösung eines Wechsels für den Aussteller, Indossanten oder Wechselbürgen.

● Wechselprotest
Situation:

> Peter Kamann gelingt es nicht, eine Prolongation beim Aussteller des Wechsels zu erreichen. Die Sunrider AG hatte die Urkunde zur Begleichung eigener Verbindlichkeiten bereits an den Reifenhersteller Unicontal weitergegeben. Sie ist auch nicht bereit, einen neuen Wechsel auszustellen. Es kommt zum Wechselprotest.

Sachdarstellung:
Der **Wechselprotest** ist eine öffentliche Urkunde, in der bestätigt wird, daß der Wechsel erfolglos zur rechten Zeit, am rechten Ort zur Annahme oder zur Zahlung vorgelegt wurde. Er ist Beweismittel für das gesetzliche Vorliegen eines notleidenden Wechsels und gleichzeitig Voraussetzung für den Rückgriff. „Ohne Protest kein Regreß."

Der Wechselprotest kann von einem Gerichtsbeamten oder von der Deutschen Bundespost, hier nur bis 3000,00 DM, erhoben werden. Dieser Vorgang hat am 1. oder 2. Werktag nach dem Zahlungstag zu erfolgen. Darüber hinaus muß der Wechselnehmer innerhalb von 4 Tagen nach Protest seinen Vormann und den Aussteller benachrichtigen. Jeder weitere Indossant hat die Pflicht, seinen unmittelbaren Vormann innerhalb von 2 Werktagen zu informieren (Notifikationspflicht). Wer die rechtzeitige Benachrichtigungspflicht versäumt, verliert nicht sein Rückgriffsrecht, aber er haftet für einen möglichen entstandenen Schaden bis zur Höhe der Wechselsumme.

● Rückgriff
Als Gesamtschuldner haften dem Inhaber eines Wechsels alle diejenigen Personen, die einen Wechsel angenommen, ausgestellt, indossiert oder mit einer Bürgschaftserklärung versehen haben. Der Wechselgläubiger kann daher ein, mehrere oder alle Personen gemeinsam für die Wechselsumme haftbar machen. Er ist an keine Reihenfolge gebunden, sondern kann wahlweise zahlungskräftige Vormänner bestimmen.

Man spricht vom **Reihenregreß,** wenn der unmittelbare Indossant für die Verbindlichkeiten vom letzten Indossatar in Anspruch genommen wird. Wendet sich dieser dagegen an einen beliebigen Vormann, so handelt es sich um einen **Sprungregreß.**

● **Wechselklage**

Situation:

Wechselrückrechnung: Brief von der Unicontal AG an die Sunrider AG

UNICONTAL REIFEN AG
Steinbrecher Straße 32
38102 Braunschweig

Sunrider AG
Rudolf-Breitscheid-Str. 103

40595 Düsseldorf   Braunschweig, 03.09.19..

Wechselrückrechnung

Sehr geehrte Damen und Herren,

den uns in Zahlung gegebenen Wechsel über

         72 000,00 DM zum 31.08.19.. auf Peter Kamann

erhalten Sie in der Anlage mangels Zahlung protestiert zurück. Wir haben Ihr Konto mit dem Betrag der folgenden Rückrechnung belastet und bitten um Ausgleich.

Mit freundlichen Grüßen

UNICONTAL REIFEN AG

i.V. Kleinert
Kleinert

Wechselbetrag	72 000,00 DM
Protestkosten	20,00 DM
Postspesen für Benachrichtigung	3,00 DM
8,75 % Zinsen für 3 Tage	52,50 DM
1/3 % Provision	240,00 DM
15 % USt von 263,00 DM	39,45 DM
Gesamtbetrag	72 354,95 DM

Die Sunrider AG begleicht die obige Rechnung, erhält dafür den Wechsel, die Protesturkunde und eine quittierte Rückgriffsrechnung. Von der Möglichkeit, einen letzten Zahlungsaufschub per Wechselmahnbescheid einzuräumen, macht die Sunrider AG keinen Gebrauch. Um die entstandenen Ansprüche schnell zu befriedigen, strengt sie gegen die Peter Kamann KG eine Wechselklage an.

Der **Wechselprozeß** ist durch folgende Besonderheiten gekennzeichnet:
- Kurze Einlassungsfristen. Der Zeitraum zwischen der Zustellung der Klageschrift und der mündlichen Verhandlung ist gering.
- Begrenzte Beweismittel. Beweismittel sind nur Urkunden und auf Antrag die Vernehmung der Parteien, nicht etwa andere Schriftstücke oder Zeugenaussagen. Damit wird deutlich, daß der Wechsel im juristischen Sinne als abstraktes Zahlungsversprechen gilt. Er ist vom ursprünglichen Warengeschäft losgelöst.
- Beschränkte Einrede der Beklagten. Einwendungen sind nur beschränkt möglich, nämlich gegen Formfehler, fehlende Geschäftsfähigkeit oder Fälschung usw.
- Sofortige Vollstreckung des Urteils.

● Folgen für den Bezogenen

Ein zu Protest gegangener Wechsel hat für den Bezogenen weitreichende Konsequenzen. Er verliert fast immer das Vertrauen seiner Geschäftspartner. Außerdem registrieren die üblicherweise mit dem Einzug von Wechseln beauftragten Geldinstitute einen derartigen Vorfall in sogenannten „Schwarzen Listen", was den Betroffenen für längere Zeit um seine Kreditwürdigkeit bringt.

● Verjährung

Die wechselrechtlichen Ansprüche verjähren innerhalb gesetzlich festgelegter Fristen:
- Ansprüche gegen den Akzeptanten verjähren 3 Jahre nach Verfall des Wechsels.
- Ansprüche des letzten Inhabers gegen Vormänner und Aussteller verjähren 1 Jahr nach Protesterhebung.
- Ansprüche von Nachmännern gegenüber Vormännern und Aussteller verjähren binnen 6 Monaten.

Aufgaben zum Grundwissen

1. *Wodurch unterscheiden sich Barzahlung, halbbare Zahlung und bargeldlose Zahlung?*
2. *Welche Probleme sind mit der Benutzung von Bargeld verbunden?*
3. *Welche Aufgaben übernehmen die Gironetze in der Bundesrepublik Deutschland?*
4. *Stellen Sie den Zahlungsweg für die folgende Überweisung dar.*

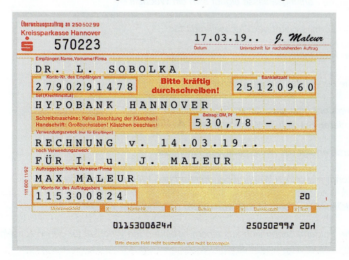

5 Welche Zahlungsart würden Sie in den folgenden Fällen wählen?
Begründen Sie Ihre Entscheidung.
a) Die Versicherungsprämie für das Geschäftsgebäude ist zu zahlen.
b) Ein Mitarbeiter soll die Auslagen für eine Geschäftsreise erstattet bekommen.
c) Die Stromkosten für das Geschäftsgebäude sind zu begleichen.
d) Eine Lieferantenrechnung ist zu bezahlen.
e) Die Gehälter sind an die Mitarbeiter zu zahlen.

6 Nennen Sie
a) die gesetzlichen,
b) die kaufmännischen,
Bestandteile des Schecks.

7 Nach welchen Merkmalen können Scheckarten unterschieden werden?

8 Felix Herzog weist seinen Angestellten an, zur Erhöhung der Sicherheit folgendes im Zahlungsverkehr zu beachten:
a) Von Kunden grundsätzlich nur Eurocheques anzunehmen.
b) An Lieferer stets nur Verrechnungsschecks weiterzugeben.
Begründen Sie diese Anweisungen, und erläutern Sie, worauf in beiden Fällen die größere Sicherheit zurückzuführen ist.

9 Klären Sie mit Hilfe des Scheckgesetzes:
Welche Bedeutung hätte es, wenn auf einem Scheck
a) die Klausel „oder Überbringer" gestrichen wäre?
b) der Ausstellungsort fehlte?
c) der Scheck um 2 Wochen vordatiert wäre?
d) der Aufdruck „Nur zur Verrechnung" gestrichen würde?

10 Welche Vorteile bieten Kreditkarten ihren Inhabern?

11 Welche Nachteile können sich bei der Bezahlung mit Kreditkarte ergeben?
a) für den Kreditkarteninhaber?
b) für den Zahlungsempfänger?

12 Für welche Zahlungsanlässe eignet sich ein Wechsel?

13 Welche Vorteile bietet der Wechselkredit für
a) den Kreditgeber?
b) den Kreditnehmer?

14 Welche Funktionen hat ein Wechsel?

15 Was versteht man unter einem Sichtwechsel?
(Informieren Sie sich im Wechselgesetz, Art. 34).

16 Wodurch erfolgt die Weitergabe des Wechsels?

17 Wie nennt man einen Weitergebenden und den Wechselempfänger?

18 In welchen Fällen spricht man von einem notleidenden Wechsel?

19 Welche Folgen können sich aus einem notleidenden Wechsel für den Wechselgläubiger und den Wechselschuldner ergeben?

? 20

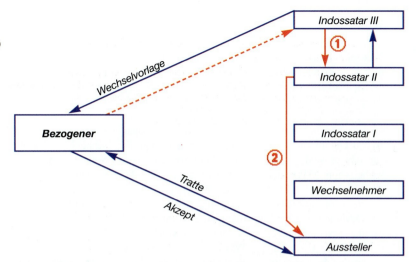

a) Um welche Form des Regresses handelt es sich in den Fällen ① und ②?
b) Welche Gründe sind ausschlaggebend für die Wahl der Regreßform?

21 Welche Aussage trifft für einen Wechsel an eigene Order zu?
a) Er heißt auch eigener Wechsel.
b) Wechselaussteller und Wechselbezogener sind dieselbe Person.
c) Dieser Wechsel ist zusätzlich zu versteuern.
d) Wechselaussteller und Wechselnehmer sind dieselbe Person.
e) Es ist ein Wechsel mit Weitergabeverbot.
f) Wechselaussteller und Akzeptant sind dieselbe Person.

22 Welchen Barwert würde die Bank der AUSTY OHG gutschreiben, wenn sie den Wechsel am 06.07.19.. an ihre Hausbank verkauft, die neben 6 % Diskontzinsen noch Auslagen in Höhe von 5,00 DM berechnet?

Weiterführende Problemstellungen

1 a) Beschreiben Sie die in dem folgenden Zeitungsartikel dargestellte Situation und erläutern Sie die Auswirkungen auf die Geldfunktionen.
b) Welche Folgen hat die beschriebene Entwicklung für das Konsum- und Sparverhalten der Wirtschaftssubjekte?
c) In welcher Lage befinden sich Gläubiger und Schuldner?

10 Punkte für eine Portion Ćevapčići

Die Belgrader haben sich wegen der rasanten Inflation von ihrer Währung verabschiedet

Von Gustav Chalupa
Belgrad

Serbien und Montenegro haben eine neue Valuta entdeckt – Punkte. Nicht mehr in Dinaren, deren Nennwert durch die rasante Inflation abnimmt, sondern in Punkten wird gerechnet. Aus den meisten Auslagen in den Hauptstraßen Belgrads sind die Preisschilder verschwunden, und auch in Restaurants und Kantinen hat das Punktesystem Einzug gehalten. Eine Portion Cevapcici kostet 10 Punkte, ein Schnitzel 20 Punkte, dazu ein Salat für 4 Punkte und eine Scheibe Brot zu einem Punkt. [...]

Was ein Punkt gerade wert ist, kann am Einband der Speisekarte oder an einem Aushang im Lokal nachgelesen werden – beispielsweise ein Punkt = 20 000 Dinare zu Mittag, am Abend sind es vielleicht schon 25 000 oder 30 000 Dinare. Das Punktesystem orientiert sich am Devisenschwarzmarkt, wo die Leitwährung die D-Mark ist. Die Kurse klettern nach so geheimnisvollen Kriterien, daß sogar balkanische Geldwechsler Mühe haben, Kurssprünge nicht zu verpassen. Gastwirte und Kellner hatten es satt, täglich neue Speisekarten mit neuen Preisen auszuschreiben, oftmals sogar zweimal am Tag. So greift das Punktesystem von einer Branche auf die andere über [...]
Auch die Stadt Belgrad plant, die kommunalen Gebühren für Müllabfuhr, Wasser und Gas in Punkten vorzuschreiben, deren Wert variiert und die mit der Dinarinflation Schritt halten sollen. Die Einnahmen der Stadtkasse seien bei dem rasanten Tempo der Inflation vom Tag der Vorschreibung zum Tag der Einzahlung der Taxen schneller als Butter in der Sonne geschmolzen, klagte eine Belgrader Tageszeitung. Ein Drittel der Belgrader aber zahlen weder Mieten noch Stromrechnungen, da ihre Einnahmen kaum zum Leben reichen, und daran dürften auch Punkte nichts ändern.

Quelle: HAZ vom 23.11.1993

2 Sind wir auf dem Weg zur bargeldlosen Gesellschaft? Diskutieren Sie die Frage, ob es in Zukunft möglich sein wird, völlig auf Bargeld zu verzichten. Gehen Sie dabei auf die Vor- und Nachteile einer solchen Entwicklung ein.

3 Ein Großhandelskaufmann legt seiner Hausbank folgende Schecks am 22.05. in Dresden zur Einlösung vor:

Art	im selben Jahr	Ausstellungsort	Betrag	
1) Verrechnungsscheck	16.05.	Düsseldorf	850,00	DM
2) Barscheck	18.05.	München	1 500,00	DM
3) Eurocheque	10.05.	Rostock	630,00	DM
4) Verrechnungsscheck	08.05.	Mailand	400 000,00	Lire
5) Verrechnungsscheck	10.03.	New York	5 000,00	US-$
6) Traveller-Scheck	19.04.	Tokyo	500,00	US-$

  a) Welche Schecks werden fristgerecht vorgelegt?
  b) Berechnen Sie zum Tageskurs den DM-Wert der fristgerecht vorgelegten Schecks.
  c) Wie würden Sie sich als Großhandelskaufmann verhalten, wenn nicht alle Schecks von Ihrer Hausbank gutgeschrieben würden?

4 Benno Blitz verfügt über einen Besitzwechsel in Höhe von 25 000,00 DM. Am Verfalltag, dem 28.03. d.J., legt er ihn zur Einlösung vor. Der Bezogene Fred Donner kann nicht zahlen.
  a) Wie kann Benno Blitz beweisen, daß er den Wechsel vorgelegt hat und dieser nicht eingelöst wurde?
  b) Wer ist neben dem Bezogenen Benno Blitz außerdem zur Zahlung aus diesem Wechsel verpflichtet, nachdem er die unter a) erforderlichen Schritte eingeleitet hat?
  c) Benno Blitz nimmt am 05.04.d.J. Rückgriff bei dem Indossanten Michael Hagel. Er berechnet 6 % Zinsen (für 7 Tage), 5,40 DM Auslagen, 45,00 DM Protestkosten sowie 2/3 % Provision von der Wechselsumme. Stellen Sie die Rückrechnung auf und bilden Sie den dazugehörigen Buchungssatz.

4.4 Kapitalbeschaffung und Kapitalverwendung

4.4.1 Investitionsanlässe

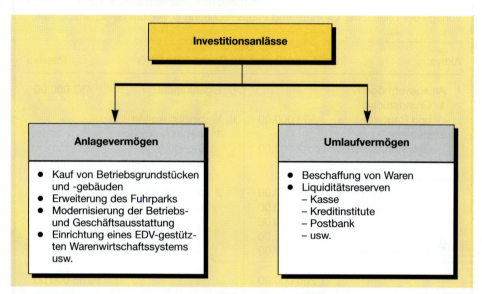

Faßt man die beschafften Mittel zusammen, so ergibt sich das Vermögen eines Unternehmens, bestehend aus Anlagevermögen und Umlaufvermögen. Es stellt die **Aktivseite** der Bilanz dar. Sie gibt Auskunft über die **Mittelverwendung**. Diese bezeichnet man als **Investition**.

Die **Passivseite** informiert über die **Mittelherkunft**. Die Bereitstellung von Geld- und Sachmitteln wird auch **Finanzierung** genannt.

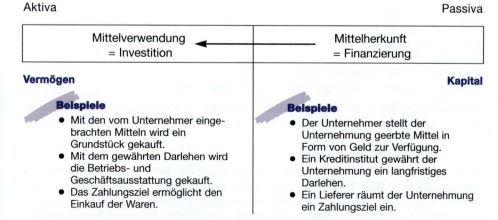

Jede Zu- oder Abnahme des Vermögens verändert das Kapital in gleicher Höhe.

Situation:

Die Elektrogroßhandlung Benno Blitz OHG beantragt bei ihrer Hausbank einen Kredit über 250 000,00 DM zur Finanzierung eines Geschäftsausbaus in Hannover. Die Bank macht die Vergabe des Kredits von der Kreditwürdigkeit und dem Leistungsvermögen der Großhandlung abhängig. Zu diesem Zweck verlangt sie die Vorlage der Bilanz, der Gewinn- und Verlustrechnung sowie der Geschäftsbücher.

Bilanz
Elektrogroßhandlung Benno Blitz OHG

Aktiva		Passiva	
I. Anlagevermögen		I. Eigenkapital	452 000,00
1 Grundstücke und Bauten	569 000,00	II. Verbindlichkeiten	
2 Betriebs- und Geschäftsausstatt.	222 000,00	1 Verbindlichkeiten gegenüber Kreditinstituten	342 000,00
II. Umlaufvermögen			
1 Warenvorräte	383 000,00	2 Verbindlichkeiten a.L.L.	471 000,00
2 Forderungen a.L.L.	24 000,00		
3 Kasse	3 000,00		
4 Postbank	10 000,00		
5 Kreditinstitute	54 000,00		
	1 265 000,00		**1 265 000,00**

Hannover, 31. Dezember 19..   *Benno Blitz*

Sachdarstellung:

Um über eine Kreditvergabe zu entscheiden, stellen Geldinstitute u.a. bestimmte Anforderungen an die Bilanz des Unternehmens.

In der Praxis haben sich bestimmte Erfahrungswerte als Grundlage für Finanzierungsentscheidungen herausgebildet. Im Mittelpunkt stehen dabei:

- Vermögensaufbau,
- Kapitalaufbau,
- die Deckung des Anlagevermögens,
- die Deckung des kurzfristigen Fremdkapitals (Liquidität).

Zur Analyse der Bilanz, die die o.g. Kriterien beinhaltet, werden zwei wesentliche Regeln herangezogen.

1. „Goldene Finanzierungsregel"

Die Nutzungsdauer der Investitionsmittel soll mit der Laufzeit der Finanzierungsmittel übereinstimmen. Das bedeutet, daß kurzfristige Anschaffungen, wie z.B. der Wareneinkauf, durch Wechsel oder Lieferantenkredite finanziert werden sollten, langfristige Mittelverwendungen dagegen, beispielsweise Kauf eines Grundstückes, durch eine Hypothek.

2. „Goldene Bilanzregel"

Die goldene Bilanzregel besagt in ihrer engsten Fassung, daß das Anlagevermögen mit Eigenkapital zu finanzieren sei, in einer weiteren Fassung, daß das Anlagevermögen langfristig, also mit Eigenkapital und langfristigem Fremdkapital finanziert werden müsse.

Vermögens- und Kapitalstruktur ausgewählter Unternehmen
Durchschnitt der Jahre 1988 bis 1991

Kennzahl	Einzel-kaufleute	Personen-gesellschaften	Kapital-gesellschaften
	in % der Bilanzsumme [1]		
Sachanlagen [2]	33,2	28,9	20,9
Vorräte	33,2	30,2	32,3
Kassenmittel [3]	3,2	4,8	6,0
Forderungen [2]	29,0	33,8	38,9
kurzfristige	28,0	31,5	37,1
darunter aus Lieferungen und Leistungen	19,7	20,7	23,9
langfristige	1,0	2,2	1,8
Wertpapiere	0,1	0,3	0,4
Beteiligungen	0,7	1,6	1,8
Eigenmittel [4] [5]	8,7	10,0	15,5
Verbindlichkeiten	87,2	81,4	71,4
kurzfristige	60,2	52,6	57,6
langfristige	27,0	28,8	13,7
Rückstellungen [5]	3,9	8,5	13,1
Nachrichtlich: Anzahl der Unternehmen	4 732	9 275	10 974

[1] Abzüglich Berichtigungsposten zum Eigenkapital und Wertberichtigungen. – [2] Abzüglich Wertberichtigungen. – [3] Kasse, Bank und Postgiroguthaben. – [4] Einlagen bzw. gezeichnetes Kapital, Rücklagen sowie Gewinnvortrag abzüglich Berichtigungsposten zum Eigenkapital. – [5] Einschl. anteiliger Sonderposten mit Rücklageanteil.

Deutsche Bundesbank

Arbeitsvorschlag

Berechnen Sie unter Berücksichtigung der vorgegebenen Informationen die folgenden Bilanzkennziffern. Beurteilen Sie, ob die Benno Blitz OHG unter diesen Aspekten die benötigten Mittel erhalten wird.
1. Wie groß ist der Anteil der einzelnen Bilanzpositionen an der Bilanzsumme?
2. Wie groß ist das Anlagevermögen im Verhältnis zum Umlaufvermögen (Konstitution)?
3. Wie hoch ist der Eigenkapitalanteil? Bewerten Sie diesen im Vergleich zur oben dargestellten Statistik.
4. Berechnen Sie die Deckung des Anlagevermögens (Investierung) nach der „Goldenen Bilanzregel".
5. Erfahrungsregeln besagen, daß zur Aufrechterhaltung der Zahlungsfähigkeit die Liquidität 1. Grades mindestens 20 % betragen sollte. Wie hoch ist die Liquidität 1. Grades bei der Benno Blitz OHG?

4.4.2 Finanzierungsarten

4.4.2.1 Fremdfinanzierung

Kreditarten

■ **Personalkredite**

Erhält Benno Blitz den gewünschten Kredit von seiner Hausbank, so fließen dem Unternehmen Geldmittel von außen zu (Außenfinanzierung). Da es sich dabei um Fremdkapital handelt, gehören Kredite zur Fremdfinanzierung.

Ein Kredit (lat. credere, glauben, vertrauen) ist die Überlassung von Geld- oder Sachmitteln gegen die Verpflichtung zur Rückzahlung zu einem späteren Zeitpunkt.

Der Kreditvertrag

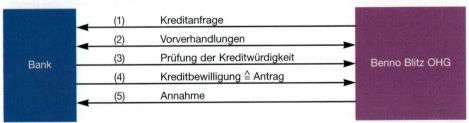

Beispiel:

Inhalt des Kreditvertrages

Kredithöhe:	250 000,00 DM
Kreditdauer:	6 Monate
Kreditkosten:	Zinsen: 10 %
	Provision: 1,5 % von der Kreditsumme
	Gebühren: 50,00 DM
Kündigung:	jederzeit ohne Einhaltung einer Kündigungsfrist
Rückzahlung:	43 341,66 pro Monat
Sicherheiten:	Bonität des Kunden

Einige Faktoren, die auf die Bonität von Geschäftspartnern schließen lassen

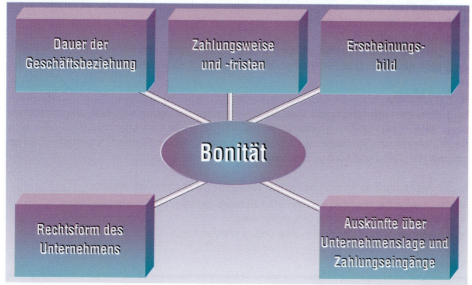

Im o.g. Fall verlangt die Bank keine besonderen Sicherheiten. Es handelt sich um einen **einfachen Personalkredit.** Daneben gibt es **verstärkte Personalkredite,** z.B. Bürgschaften und Diskontkredite. Dabei haften neben der Person des Kreditnehmers noch weitere Personen.

Verlangt die Bank eine weitergehende Sicherung, z.B. die Übertragung bestimmter Rechte an Sachen, spricht man von einem **Realkredit** (dingliche Sicherung).

Bei größeren Kreditbeträgen kann der Kreditgeber Auskünfte über den Kreditnehmer einholen. Informationen erhält er beispielsweise bei der SCHUFA oder aus dem Handelsregister beim Amtsgericht.

Hinter der Kurzbezeichnung **SCHUFA** verbirgt sich die Schutzgemeinschaft für allgemeine Kreditsicherung, eine Gemeinschaftseinrichtung der kreditgebenden Wirtschaft.

Ihre Aufgabe ist es, den Vertragspartnern, z.B. Kreditinstituten, Versandhandelsunternehmen, Waren- und Kaufhäusern, Informationen zu geben, um sie vor Verlusten im Konsumentenkreditgeschäft zu schützen und ihnen damit gleichzeitig die Möglichkeit zu eröffnen, die Kreditnehmer vor einer übermäßigen Verschuldung zu bewahren.

Zu diesem Zweck übermitteln Kreditinstitute bestimmte Daten aus der Geschäftsverbindung mit ihren Privatkunden an die SCHUFA. Diese speichert die Daten, um daraus ihren Vertragspartnern Informationen zur Beurteilung der Kreditwürdigkeit von Kunden geben zu können. Somit arbeitet die SCHUFA nach dem Prinzip der Gegenseitigkeit. Nur wer Informationen gibt, kann auch selbst Auskünfte erhalten.

● **Kontokorrentkredit**

Der Kontokorrentkredit ist ein Kredit, bei dem ein Kreditnehmer bis zu einer bestimmten Kreditgrenze über sein Konto verfügen kann. Diese Kreditform dient vorrangig nur der kurzfristigen Finanzierung, da die Kreditkosten relativ hoch sind.

Während der Kontokorrentkredit Kaufleuten gewährt wird, besteht auch für Nichtkaufleute die Möglichkeit, ihr Konto bis zu einem bestimmten Limit – häufig handelt es sich um 3 Nettomonatsgehälter – zu belasten.

Bei größeren Kontokorrentkrediten verlangen die Kreditinstitute im allgemeinen eine zusätzliche Sicherung in Form einer Grundschuld (vgl. Grundpfandrechte).

● Darlehen

Mit jedem Bar- oder Buchgeld, das ein Kreditinstitut zur Verfügung stellt, wird im rechtlichen Sinne ein Darlehen gewährt. Hierbei wird dem Darlehensnehmer Geld oder eine andere vertretbare Sache mit der Verpflichtung zur späteren Rückerstattung von Sachen gleicher Art, Güte und Menge überlassen.

In der Praxis handelt es sich bei einem Darlehen meist um einen Kredit.
- der in einer bestimmten vereinbarten Summe gewährt und ausbezahlt wird,
- dessen Laufzeit im voraus festgelegt wird,
- und der einmalig oder ratenweise getilgt werden kann.

Situation:

> Benno Blitz läßt sich über die Aufnahme eines Darlehens in Höhe von 20 000,00 DM zur Vernetzung seiner PC im Betrieb bei seiner Hausbank beraten. Der Bankkaufmann Rolf Schimmelpfennig stellt folgende Möglichkeiten vor.:

Sachdarstellung:

1. Annuitätendarlehen

Der Darlehnsnehmer zahlt eine feste Annuität, die sich aus Zins und Tilgung zusammensetzt. Die jährlichen Tilgungsbeiträge steigen dabei um die ersparten Zinsen, da jeweils nach Abzug der jährlichen Tilgung nur die Restzahlung verzinst wird.

Beispiel

Darlehensbetrag:	20 000,00 DM	Auszahlung:	100 %
Zins 8 % p.a.	1 600,00 DM	Kosten:	keine
Tilgung 2 % p.a.	400,00 DM		
Annuität	2 000,00 DM		

Jahr	Darlehensbetrag	Zinsen	Tilgung	Annuität
1	20 000,00 DM – 400,00 DM	1 600,00 DM	400,00 DM	2 000,00 DM
2	19 600,00 DM – 432,00 DM	1 568,00 DM	432,00 DM	2 000,00 DM
3	19 168,00 DM – 466,56 DM	1 533,44 DM	466,56 DM	2 000,00 DM
4	18 701,44 DM – 503,88 DM	1 496,12 DM	503,88 DM	2 000,00 DM
⋮	⋮	⋮	⋮	⋮

2. Abzahlungsdarlehen

Die Tilgung erfolgt in stets gleichbleibenden Raten zu festgelegten Terminen. Die Zinsbelastung sinkt im Laufe der Zeit, da sie jeweils von der Restschuld berechnet wird.

Beispiel

Darlehensbetrag: 20 000,00 DM
Zins 8 % p.a. 1 600,00 DM
Tilgung 2 % p.a. 400,00 DM

Jahr	Darlehensbetrag	Zinsen	Tilgung	Annuität
1	20 000,00 DM − 400,00 DM	1 600,00 DM	400,00 DM	2 000,00 DM
2	19 600,00 DM − 400,00 DM	1 568,00 DM	400,00 DM	1 968,00 DM
3	19 168,00 DM − 400,00 DM	1 536,00 DM	400,00 DM	1 936,00 DM
4	18 701,44 DM − 400,00 DM	1 504,00 DM	400,00 DM	1 904,00 DM
⋮	⋮	⋮	⋮	⋮

3. Fälligkeitsdarlehen

Die gesamte Darlehenssumme wird am Ende der festgelegten Laufzeit zurückgezahlt. Während dieses Zeitraumes sind lediglich in vertraglich vereinbarten Zeitabständen die von der gesamten Darlehenssumme berechneten Zinsen zu zahlen.

Beispiel

Darlehensbetrag: 20 000,00 DM
Zins 8 % p.a. 1 600,00 DM
Laufzeit 10 Jahre

Jahr	Darlehensbetrag	Zinsen	Tilgung	Annuität
1	20 000,00 DM	1 600,00 DM	400,00 DM	2 000,00 DM
1	20 000,00 DM	1 600,00 DM	./.	1 600,00 DM
2	20 000,00 DM	1 600,00 DM	./.	1 600,00 DM
3	20 000,00 DM	1 600,00 DM	./.	1 600,00 DM
4	20 000,00 DM	1 600,00 DM	./.	1 600,00 DM
⋮	⋮	⋮	⋮	⋮

Arbeitsvorschlag

Benno Blitz muß sich für eine der vorgestellten Darlehensformen entscheiden.
a) Berechnen Sie die endgültigen Darlehenskosten bis zum Ende der jeweiligen Laufzeit.
b) Wägen Sie Vor- und Nachteile der jeweiligen Finanzierungsform ab.

■ Verstärkte Personalkredite

Von einem verstärkten Personalkredit spricht man, wenn neben der Person des Kreditnehmers noch weitere Personen für die Erfüllung der Kreditverpflichtungen haften.

● Bürgschaftskredit

Häufig verlangen Banken oder Sparkassen für die Bereitstellung eines Kredites neben dem Kreditnehmer als Hauptschuldner eine weitere Person, die für die pünktliche Erfüllung der Verpflichtungen haftet. Es entsteht eine Bürgschaft, mit der sich eine Person als Nebenschuldner vertraglich verpflichtet, für die Verbindlichkeiten des Hauptschuldners einzustehen.

Bei diesem verstärkten Personalkredit handelt es sich um einen einseitig verpflichtenden Vertrag, der zwischen dem Bürgen und dem Gläubiger, also der Bank oder Sparkasse, ohne Mitwirkung des Kreditnehmers abgeschlossen wird. Der Bürge erklärt darin, daß er die Ansprüche übernimmt, die dem Kreditinstitut aus der Kreditvergabe an den Hauptschuldner zustehen. In der Regel ist die Schriftform vorgeschrieben, es sei denn, der Bürge ist ein Vollkaufmann, für den die Bürgschaft ein Handelsgeschäft darstellt.

Zustandekommen der Bürgschaft

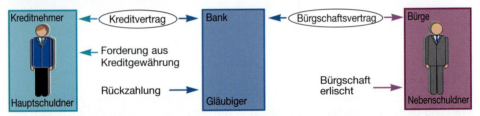

Der Umfang der Haftung durch den Bürgen hängt von der Höhe der Hauptschuld ab. Ist diese beglichen, so erlischt auch die Bürgschaft. Wird der Bürge dagegen in Anspruch genommen, so geht die Forderung des Gläubigers auf ihn über, so daß er ein Rückgriffsrecht auf den Hauptschuldner erwirbt.

Nach der Art der Haftung werden zwei Formen der Bürgschaft unterschieden:

Die Ausfallbürgschaft

Der Bürge hat bei einer Ausfallbürgschaft das Recht auf Einrede der Vorausklage. Das bedeutet, daß er erst dann seinen Verpflichtungen nachkommen muß, wenn der Gläubiger alle außergerichtlichen und gerichtlichen Maßnahmen ergriffen hat, um vom Hauptschuldner die fällige Zahlung zu erhalten.

Für das Kreditinstitut ist diese Form der Bürgschaft mit Nachteilen verbunden. Sie ist zeitaufwendig und unsicher, da sich die finanzielle Lage des Bürgen währenddessen verschlechtert haben könnte.

Die selbstschuldnerische Bürgschaft

Verzichtet der Bürge im Bürgschaftsvertrag ausdrücklich auf das Recht der Einrede auf Vorausklage, so handelt es sich um eine selbstschuldnerische Bürgschaft. Sie ermöglicht dem Gläubiger, sich sofort an den Bürgen zu halten, wenn die Forderung fällig wird.

Diese Form ist die unter Vollkaufleuten übliche Kreditsicherung, da die Kreditinstitute relativ sicher und schnell ihre Forderung erhalten.

Gesamtschuldnerische Bürgschaft

Bei der gesamtschuldnerischen Bürgschaft bürgen mehrere Personen gemeinschaftlich. Der Gläubiger kann nach seiner Wahl jeden Bürgen ganz oder teilweise zur Zahlung heranziehen.

Der in Anspruch genommene Bürge hat neben der Forderung gegen den Hauptschuldner einen Ausgleichsanspruch gegenüber den anderen Bürgen.

● Avalkredit

Der Avalkredit stellt einen Sonderfall der Bürgschaft dar. Als Bürge haftet ein Kreditinstitut. Avalkredite werden von Unternehmen benötigt, um die Stundung bestimmter Verbindlichkeiten zu erhalten, z.B. Frachtstundung bei der Deutschen Bahn AG, Zoll- und Steuerstundung bei der Finanzverwaltung.

● Wechseldiskontkredit (Diskontkredit)

Verfügt ein Kreditnehmer über noch nicht fällige Wechsel, so kann er diese vorzeitig bei seiner Bank einreichen. Diese stellt ihm den Gegenwert unter Abzug von Diskontzinsen, Provisionen und Spesen zur Verfügung. Wird der Wechsel am Verfalltag nicht eingelöst, belastet die Bank den Einreicher mit der Regreßsumme. Darüber hinaus könnte sie weitere Indossanten oder den Bezogenen in Anspruch nehmen.

● Akzeptkredit

Beim Akzeptkredit akzeptiert ein Kreditinstitut einen Wechsel, den ein Bankkunde ausgestellt hat. Dem Wechsel liegt kein Warengeschäft zugrunde, er dient lediglich zur Finanzierung. Der Kunde kann das Bankakzept als Zahlungsmittel an einen Lieferer weitergeben oder bei der bezogenen Bank diskontieren.

● Zessionskredit

Der Zessionskredit bietet einem Gläubiger die Möglichkeit, Forderungen an ein Kreditinstitut abzutreten ($\triangleq$ zedieren). Dadurch wird das Kreditinstitut zum neuen Eigentümer und Gläubiger der Forderung (§ 398 BGB). Der Zessionsvertrag, der zu den Kreditsicherungsverträgen zählt, ist formfrei gültig. Der Drittschuldner (Kunde des Altgläubigers) erfährt in der Regel nicht von der Forderungsabtretung (stille Zession) und zahlt an den Altgläubiger (Zedent). Sollte der Zedent jedoch seinen Verpflichtungen gegenüber dem Kreditinstitut (Zessionar) nicht nachkommen, behält dieser sich meistens vor, den Drittschuldner von der Zession zu informieren (offene Zession). Bei der offenen Zession muß der Drittschuldner direkt an das Kreditinstitut zahlen (schuldbefreiende Wirkung § 407 BGB).

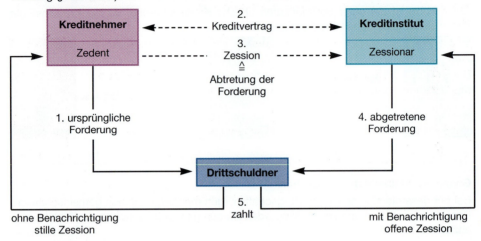

Zessionskredite werden überwiegend als kurz- und mittelfristige Kredite in Anspruch genommen. Die Kreditsumme beträgt ca. 60 – 70 % des Forderungswertes.

In der Praxis haben sich verschiedene Zessionsarten entwickelt. Die wichtigsten sind die:

- **Einzelzession,** d.h. **eine** genau bestimmte Forderung wird an das Kreditinstitut abgetreten.

- **Kollektivzession,** d.h. das Kreditinstitut übernimmt alle Forderungen **im Ganzen.** Dabei spricht man von einer Mantelzession, wenn der Zedent Forderungen an den Zessionar abtritt, bis eine vorab vereinbarte Gesamthöhe erreicht ist. Das hat zur Folge, daß der Zedent dem Zessionar in regelmäßigen Abständen eine aktuelle Debitorenliste übergeben muß, aus der ersichtlich wird, welche Forderungen beglichen worden und welche neu hinzugekommen sind. Mit der Übergabe der Debitorenliste gehen die aufgeführten Forderungen an das Kreditinstitut über (konstitutive Wirkung).
  Übernimmt das Kreditinstitut unabhängig von ihrer Höhe alle gegenwärtigen und zukünftigen Forderungen, die der Zedent gegenüber einem oder einer Gruppe von Schuldnern hat, spricht man von einer Globalzession.

■ Realkredite

- **Lombardkredit**

Der Lombardkredit ist ein Realkredit, der durch Verpfändung von beweglichen Sachen und Rechten gesichert wird. Er wird ebenso wie das Darlehen in einer Summe ausgezahlt und zurückgezahlt.

Voraussetzung für eine **Pfandbestellung** ist das Bestehen einer Forderung. Somit ist das Pfandrecht ein akzessorisches Recht, da es als Nebenrecht zu einem vorhandenen Hauptrecht, z.B. der Tilgung eines Darlehens, hinzutritt.

Lombardfähige Gegenstände müssen wertbeständig, leicht verkäuflich und leicht beweglich sein. Als **Pfandobjekte** können bestimmt werden:

- Effekten (Wertpapiere),
- Waren,
- Warendokumente,
- Edelmetalle,
- Forderungen aus Lieferungen und Leistungen,
- Forderungen aus Sparguthaben,
- Gehaltsforderungen.

In der Praxis hat lediglich die Verpfändung von Effekten Bedeutung, da Waren und Warendokumente sicherungsübereignet und Forderungen abgetreten werden.

Die Bestellung des Pfandes erfolgt durch Einigung der beiden Parteien und Übergabe des verpfändeten Gegenstandes.

Da der Schuldner Eigentümer bleibt und der Gläubiger Besitzer wird, ist der Lombardkredit verhältnismäßig sicher. Zahlt der Schuldner nämlich nicht fristgerecht, so tritt die **Pfandreife** ein. Damit eröffnen sich für den Pfandbesitzer zwei Möglichkeiten. Er kann den Verkauf des Pfandes androhen und nach Ablauf einer vierwöchigen Wartezeit durchführen oder das Pfand im Rahmen eines Selbsthilfeverkaufs veräußern.

- **Sicherungsübereignungskredit**

  Beispiel
  Benno Blitz benötigt für seinen Betrieb eine neue Büroeinrichtung. Zur Finanzierung nimmt er einen Kredit auf und übereignet die Büroeinrichtung der kreditgebenden Bank als Sicherheit. Die Bank wird damit Eigentümerin, Benno Blitz bleibt aber durch eine zusätzliche Vereinbarung (Besitzkonstitut) Besitzer der Büromöbel.

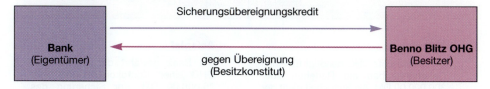

Diese Kreditsicherung hat wesentliche Vorteile für den Kreditnehmer. Er kann die übereigneten Sachen weiterhin wirtschaftlich nutzen. Hierfür eignen sich vor allem Maschinen, Kraftfahrzeuge und Warenlager.

Die Übereignung wird nach außen nicht sichtbar. Allerdings muß der Kreditnehmer die Gegenstände auf seine Kosten ausreichend versichern lassen.

Der Kreditgeber muß die sicherungsübereigneten Sachen nicht wie ein Pfand aufbewahren und kann, wenn der Kreditnehmer seinen Verpflichtungen nicht nachkommt, die Herausgabe der Sache verlangen. Ein Risiko besteht für ihn allerdings darin, daß die Gegenstände bereits übereignet sind oder ein Eigentumsvorbehalt des Lieferers darauf lastet.

- **Grundpfandkredit**

Mittel- und langfristige Kredite bedürfen einer Sicherung, die möglichst unabhängig von den personellen Verhältnissen des Kreditnehmers ist. Die Kreditinstitute verlangen deshalb in diesen Fällen eine Verpfändung wertbeständiger, unbeweglicher Sachen, z.B. Grundstücke, Gebäude. Ein solches Grundpfandrecht wird in das Grundbuch eingetragen, da eine Übergabe des Pfandes nicht möglich ist.

Das Grundbuch ist ein öffentliches Register, das beim Amtsgericht geführt wird. Jeder, der ein berechtigtes Interesse nachweisen kann, hat das Recht, Einsicht in das Grundbuch zu nehmen. Aus dem Grundbuch ersichtlich sind:

- die Größe, die Lage, die Benutzungsart und der bzw. die Eigentümer eines Grundstücks,
- die Rechte, die mit einem Grundstück verbunden sind, z.B. ein Vorkaufsrecht,
- die Lasten und Beschränkungen des Eigentums, z.B. Wohnrecht,
- und die Grundpfandrechte.

Man unterscheidet bei den Grundpfandrechten die Hypothek und die Grundschuld.

Hypothek	Grundschuld
≙ Pfandrecht an einem Grundstück zur Sicherung einer bestimmten Forderung	≙ Pfandrecht an einem Grundstück, das an keine bestimmte Forderung gebunden ist
– Der Kreditnehmer haftet nicht nur mit dem Grundstück, sondern auch mit seinem sonstigen Vermögen. ⇒ dingliche und persönliche Haftung	– Der Kreditnehmer haftet nicht persönlich, sondern nur mit seinem Grundstück. ⇒ dingliche Haftung
– Mit der Rückzahlung des Darlehens erlischt die Hypothek	– Auch bei zeitweiliger Rückzahlung der Verbindlichkeiten an den Schuldner bleibt die Grundschuld bestehen. Sie erlischt erst, wenn sie im Grundbuch gestrichen wird.

Beispiel

Die Benno Blitz OHG benötigt für einen Geschäftsanbau ein Darlehen über 300 000,00 DM. Als Sicherheit dient der Bank eine Hypothek über 300 000,00 DM, mit der das bestehende Grundstück belastet wird. Die Gesellschafter der OHG haften nicht nur mit dem Grundstück, sondern auch mit ihrem Privatvermögen. Nach Tilgung des Darlehens erlischt die Hypothek.

Beispiel

Die Bank gewährt der Benno Blitz OHG einen Kontokorrentkredit über 25 000,00 DM. Zur Sicherung des Kredits wird eine Grundschuld über 35 000,00 DM bestellt. Diese Grundschuld bleibt bestehen, auch wenn zwischenzeitig vorübergehend das Konto ausgeglichen ist oder sogar ein Guthaben aufweisen sollte.

Eine Besonderheit stellt die Eigentümergrundschuld dar. Hier ist der Eigentümer selbst der Berechtigte aus der Grundschuld. Indem er für sich eine Grundschuld eintragen bzw. eine getilgte Hypothek umschreiben läßt, hat der Eigentümer die Möglichkeit, bei plötzlichem Kapitalbedarf die Grundschuld abzutreten oder zu verpfänden. Auf diese Weise spart er Zeit und Kosten.

- **Lieferantenkredit**

Beispiel
In der Buchhaltung der Benno Blitz OHG wird folgende Rechnung vorgenommen:
301 Wareneingang ....10 000,00 DM
14   Vorsteuer.. 1 500,00 DM
an 171 Verbindlichkeiten aus Lieferungen und Leistungen ....11 500,00 DM

Bei diesem Geschäftsfall handelt es sich um einen Lieferantenkredit. Er entsteht, indem der Lieferer seinem Kunden ein Zahlungsziel gewährt. Dieses Mittel wird häufig mit dem Ziel der Absatzförderung eingesetzt. Der Kredit wird nicht durch einen Kreditvertrag, sondern oftmals nur durch einen Eigentumsvorbehalt abgesichert. Darunter versteht man, daß der Verkäufer bis zur vollständigen Bezahlung Eigentümer der Ware bleibt.

Räumt der Lieferer dem Kunden einen Kredit ein, so berechnet er für diese Bereitschaft Zinsen, die er in den Rechnungspreis einkalkuliert. Diese liegen meistens über denen eines Bankkredits, wie das folgende Beispiel zeigt.

Beispiel
Die Fred Schuhhahn KG liefert an die Benno Blitz OHG Waren im Wert von 11 500,00 DM, zahlbar innerhalb von 30 Tagen netto Kasse oder innerhalb 8 Tagen unter Abzug von 2 % Skonto.

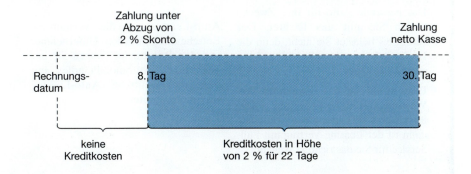

Bezieht man die Kreditkosten auf 1 Jahr, so ergibt sich ein Jahreszinssatz von 32,73 %!

$$22 \text{ Tage} = 2 \,\%$$
$$360 \text{ Tage} = x$$
$$x = \frac{2 \cdot 360}{22} = 32,73$$

Dieser Zinssatz zeigt, daß es sinnvoll ist, andere Finanzierungsarten zu wählen, so lange der vergleichbare Jahreszinssatz unter dem oben berechneten liegt.

■ Leasing

Situation:

Die Benno Blitz OHG beabsichtigt, ihren Fuhrpark zu erweitern, um ihren Lieferungsservice ausbauen zu können. Der Anschaffungswert der sechs neuen Fahrzeuge beträgt 300 000,00 DM.

Blitz überlegt, wie er diese Fahrzeuge am günstigsten finanzieren kann, ohne schwerwiegende Liquiditätsprobleme zu bekommen. Seine Hausbank macht ihn auf seine ausgereizte Kreditlinie aufmerksam und bietet ihm unter Vorbehalt einer Sicherungsübereignung einen Bankkredit über 300 000,00 DM mit einer Effektivverzinsung von 12 % und einer Tilgungsrate von 25 % pro Jahr an.

Blitz ist unschlüssig. Während er noch über eine Entscheidung nachdenkt, fällt sein Blick auf folgende Annonce in einer Fachzeitung:

Ein vernünftiger Weg zu Ihrem neuen Fahrzeug - Deutsche Leasing

Wirtschaftliche Vernunft und Sicherheit gewinnen bei der Entscheidung für ein neues Automobil einen höheren Stellenwert.

Das passende Auto für Ihre Zwecke finden Sie mit uns leichter. Der Kaufpreis belastet Sie nicht, denn die Leasinggebühr zahlen Sie monatlich – so wie Sie nutzen.

Und wenn Sie den Einschluß von Wartung, Reifenerneuerung, Kfz-Steuer und Versicherungen wünschen, dann ist der Leasing-Vertrag mit Full-Service für Sie das richtige Angebot.

Wenn Sie bei der Deutschen Leasing mieten, dann ersparen Sie sich nicht nur den Kaufpreis, vielmehr nutzen Sie ein ganzes Bündel von Dienstleistungen.

Auto-Leasing ist die vernünftige Entscheidung für den Unternehmer und den Privatmann. Fragen Sie uns oder Ihren Automobilhändler, mit dem die Deutsche Auto-Leasing zusammenarbeitet.

Deutsche Leasing AG, Hungener Straße 6 — 12, 60389 Frankfurt/M. 60, Tel. (0611) 1 52 91
Deutsche Auto-Leasing GmbH, Tel. (06 11) 1 52 92 40 XXX OAL Auto Leasing GmbH & Co. KG, Tel. (06 11) 1 52 93 80
Geschäftsstellen: Hamburg (040) 20 16 61, Hannover (05 11) 34 58 14, Bielefeld (05 21) 6 80 90, Düsseldorf (02 11) 8 04 34, Köln (02 21) 72 10 12, Frankfurt (06 11) 6 66 40 11, Nürnberg (09 11) 3 71 73, Karlsruhe (07 21) 2 29 52, Stuttgart (07 11) 29 96 81, München (089) 5 02 70 61

Deutsche Leasing

Sachdarstellung:

Jedes Unternehmen, das Wirtschaftsgüter beschaffen will, hat grundsätzlich die Möglichkeit, diese zu kaufen oder zu leasen.

Unter **Leasing** (to lease: mieten) versteht man die miet- oder pachtweise Überlassung von Wirtschaftsgütern durch den Produzenten (direktes Leasing), z.B. V.A.G. Leasing, oder durch Leasing-Gesellschaften (indirektes Leasing), z.B. Deutsche Leasing AG. In der Bundesrepublik Deutschland überwiegt das indirekte Leasing.

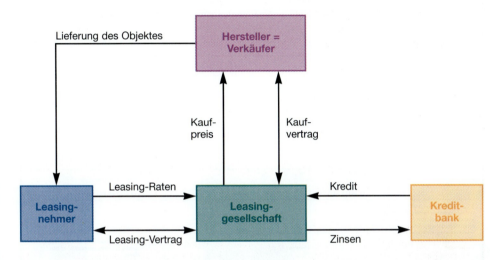

Die Leasinggesellschaft übernimmt die Finanzierung und Beschaffung des Leasinggutes.

Es haben sich viele Formen des Leasing, z.B. Equipment-Leasing, Industrie-Leasing, Konsumgüter-Leasing, Financial-Leasing und Operating-Leasing entwickelt, die in der besonderen Gestaltung des jeweiligen Leasingvertrages zum Ausdruck kommen.

Der Inhalt eines Leasingvertrages umfaßt u.a.: Leasingobjekt, Höhe und Anzahl der Raten, Leasingdauer, Versicherungen, Kündigungsfristen, einmalige Anzahlungen, Abschreibungsmöglichkeiten, zukünftige Einkommensverhältnisse.

Deutsche Leasing AG

60389 Frankfurt/M.
Postfach 600 227, Hungener Straße 6 – 12
Telefon 06 11/1 52 91, Telex 04 14 098 diag

Mietvertrag – Antrag des Mieters	Mietvertrags-Nummer	
Benno Blitz	18495	Standard

Name/Firma (Mieter)	Branche	Telefon
Blitz OHG	Großhandel	0214/51945

genaue Anschrift	Bankverbindung
Rehwinkel 17 30952 Ronnenberg	Kreissparkasse Hannover Kto.-Nr. 132645

Mietgegenstand (genaue Bezeichnung)

  zwei (2) VW Golf
  drei (3) Mercedeskleintransporter
  ein (1) Mercedes-LKW

Lieferort (Standort) wie oben	Freibleibende Lieferzeit 1 Monat

Lieferfirma		Geschäftsstelle/Verkäufer
1) VAG - Wolfsburg		Hannover
2,3) Daimler-Benz AB, Stuttgart		

§ 1 Zwischen dem vorgenannten Mieter und der Deutschen Leasing AG (Vermieter) wird ein Mietvertrag über oben näher bezeichneten Mietgegenstand vereinbart.

für die Vertragsdauer von Monaten	in Worten Monaten	beginnend mit dem Tag der Zurverfügungstellung des Mietgegenstandes an den Mieter
48	achtundvierzig	01.12.19..

§ 2 Der Mietpreis beträgt monatlich DM + Mehrwertsteuer	in Worten DM	
8 983,— DM	achttausendneunhundertdreiundachtzig	

und ist ohne jeden Abzug wie folgt zur Zahlung fällig:	1. Mit einer Monatsmiete bei Anlieferung des Mietgegenstandes (Beginn der Vertragszeit).	2. Die laufenden Monatsmieten jeweils am Ersten eines Kalendermonats im voraus.
monatlich	01.12.	ja

| Die Monatsmieten sind auf das nebenstehende Konto der Deutschen Leasing AG zu zahlen. Der Mieter soll seiner Bank einen Dauerauftrag geben. | (wird vom Vermieter eingesetzt)
Kto.Nr. 5869441 | Mietvertragsnummer bei Zahlung angeben.
M 18495 |

Fortsetzung des Vertrages auf der Rückseite

Die vorstehenden und umseitigen Bedingungen dieses Vertrages werden von den Vertragspartnern hiermit anerkannt.

Frankfurt/M., den 20.10. 19   Frankfurt, den 20.10. 19

Deutsche Leasing AG   Blitz OHG
                                        Rehwinkel 17
Schulz   30952 Ronnenberg   *Blitz*

(Vermieter)   Firmenstempel und Unterschrift
                                        (Mieter)

Ob Leasing eine günstige Finanzierungsalternative für ein Unternehmen darstellt, hängt von den jeweiligen betriebs- und volkswirtschaftlichen Rahmenbedingungen ab. Bei einer Abwägung gegenüber einem Bankkredit ergeben sich im Regelfall Vor- und Nachteile.

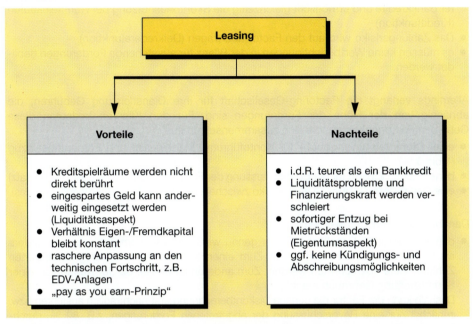

Leasing stellt somit gerade in Hochzinsphasen eine Finanzierungsalternative dar. Voraussetzung für jede Form des Leasings ist eine ausreichende Bonität.

■ Factoring

Die Benno Blitz OHG steht vor dem Abschluß eines Kaufvertrages mit einem ukrainischen Importeur, der Waren im Wert von 400 000,00 DM zu kaufen beabsichtigt. Aufgrund fehlender Erfahrungen im Handel mit der Ukraine möchte B. Blitz zwar das Geschäft abschließen, aber seine daraus entstehenden Forderungen besonders absichern.

Eine Möglichkeit dazu bietet das Factoring, d.h. der Verkauf von Forderungen an eine Factoring-Gesellschaft (Factor).

Ablauf des Factoring

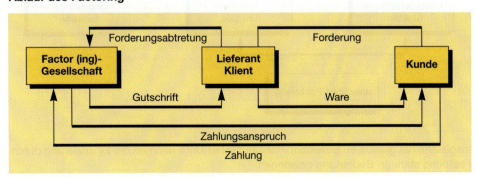

Aus der Sicht des Lieferanten sprechen vier Gründe für das Factoring:
- die Kosten der Buchhaltung, die durch eine ständige Debitorenkontrolle erforderlich sind, entfallen (Dienstleistungsfunktion)
- die Liquidität steigt und erübrigt somit die Inanspruchnahme sonst notwendiger höherer Bankkredite und ermöglicht gleichzeitig die Skontoausnutzung bei Wareneinkäufen (Kreditfunktion)
- Das Zahlungsrisiko wird auf den Factor übertragen (Delkrederefunktion)
- es müssen keine Wertberichtigungen in der Bilanz für ausstehende Forderungen gebildet werden.

Allerdings verlangt die Factoring-Gesellschaft für ihre Dienstleistung Gebühren, die abhängig von der Höhe der Forderungen sind. Für den Klienten bedeuten diese Gebühren Factoringkosten, die sich zusammensetzen aus:
- einer **Dienstleistungsgebühr** für Kontoführung, Mahnwesen und Forderungseinzug (1 bis 3 %)
- banküblichen **Zinsen** für die Bevorschussung der Forderung (ca. 4,5 % über Diskontsatz)
- eine **Delkredere-Gebühr** (je nach Risiko zwischen 1 und 2 % des Forderungsbestandes).

Daneben muß beachtet werden:
- daß die Factoring-Gesellschaft nicht genau weiß, mit welchem Zahlungsziel, anders als beim Wechsel, zu rechnen ist. Zum einen können die im Vertrag vereinbarten Zahlungsziele überschritten werden. Zum anderen ist unklar, ob der Kunde von einer Skontoziehung Gebrauch macht.
Deshalb kann der Factor die genaue Diskontberechnung erst nachträglich ausführen bzw. zunächst nur eine Bevorschussung der abgetretenen Forderungen, z.B. 80 %, durchführen. Die Restforderungen werden je nach vertraglicher Vereinbarung später beglichen.
- In der Praxis werden nur Forderungen gekauft, die eine Höchstlaufzeit von 150 Tagen haben. Die durchschnittliche Laufzeit beträgt 90 Tage.
- Die Delkrederefunktion wird vom Factor nicht immer übernommen.

Factoringarten und -funktionen

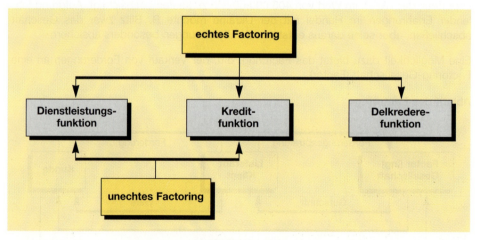

Insgesamt hat gerade im Bereich mittelständischer Unternehmen die Finanzierung durch Factoring stark an Bedeutung gewonnen.

Einteilung der Kredite

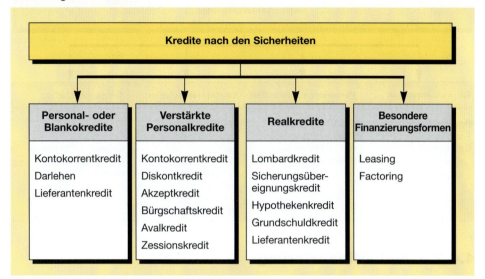

Kredite können auch nach der Fristigkeit eingeteilt werden. Daher werden
- kurzfristige Kredite, Laufzeit 1 Jahr
- mittelfristige Kredite, Laufzeit 1 – 4 Jahre und
- langfristige Kredite unterschieden.

4.4.2.2 Beteiligungsfinanzierung

Geschäftsgründung oder -erweiterung, Modernisierung. Rationalisierung u.v.a.m. können Anlässe bieten, daß der Unternehmung Kapital zugeführt werden muß.

Stellen die Eigentümer das benötigte Kapital zur Verfügung, indem sie
- eine zusätzliche Einlage leisten oder
- neue Kapitalgeber in die Gesellschaft aufnehmen,
  so handelt es sich um Beteiligungs- oder Eigenfinanzierung.

Die Vorteile dieser Finanzierungsart liegen darin, daß
- das Eigenkapital zeitlich unbegrenzt zur Verfügung steht,
- keine festen Zinsen anfallen,
- die Kreditwürdigkeit für Fremdfinanzierung, z.B. in Form eines Bankkredites, erhöht wird, da das zusätzliche Eigenkapital gleichzeitig haftendes Kapital ist.

Mögliche Nachteile der Beteiligungsfinanzierung liegen darin, daß der Kapitalgeber nicht nur die Pflicht, sondern auch das Recht zur Geschäftsführung und Vertretung haben kann, wenn es sich um vollhaftende Gesellschafter handelt. Dadurch werden die bisherigen Gesellschafter u.U. hinsichtlich ihrer Mitsprache- und Kontrollmöglichkeiten eingeschränkt.

Ein weiteres Problem liegt darin, daß die Beteiligungsfinanzierung für Kapitalgeber nur dann eine attraktive Finanzierungsart darstellt, wenn die Verzinsung des eingesetzten Kapitals über der des Kapitalmarktes liegt. Das setzt also voraus, daß sich nur dann Voll- und Teilhafter finden, solange es dem Unternehmen wirtschaftlich gut geht oder eine positive Entwicklung zu erwarten ist.

Da die Kapitalgeber aber letztlich an einer hohen Gewinnausschüttung interessiert sind, kann die Liquidität beeinträchtigt werden.

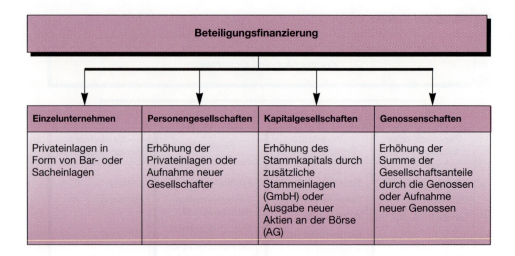

4.4.2.3 Selbstfinanzierung

Wenn Unternehmensgewinne bei Kapitalgesellschaften nicht ausgeschüttet und bei Personengesellschaften nicht entnommen werden, spricht man von Selbstfinanzierung. Diese in der Unternehmung verbleibenden Gewinne stehen für Investitionen zur Verfügung.

Da in diesem Fall das Eigenkapital von innen, also aus der erfolgreichen Tätigkeit des Unternehmens heraus gebildet wird, zählt diese Art der Finanzierung zur Innenfinanzierung.

Man unterscheidet die offene und die verdeckte (stille) Selbstfinanzierung.

Offene Selbstfinanzierung

Hier werden die Gewinne offengelegt, d.h. auf dem Gewinn- und Verlustkonto und in der Bilanz ausgewiesen. Da sie nicht ausgeschüttet bzw. entnommen werden, erhöhen sie das in der Bilanz ausgewiesene Eigenkapital.

Bei Personengesellschaften wird der Gewinn dem Eigenkapitalkonto gutgeschrieben:

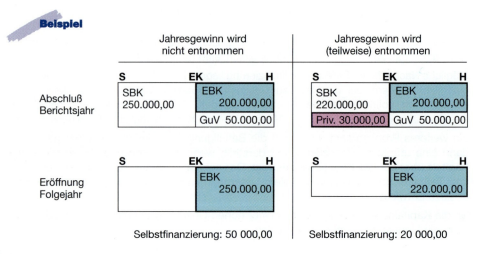

Bei Kapitalgesellschaften werden die nicht ausgeschütteten Gewinne den sogenannten Rücklagen zugeführt. Dies erfolgt zum einen aufgrund gesetzlicher Vorschriften (gesetzliche Rücklagen). So muß bei Aktiengesellschaften 1/20 des Jahresüberschusses so lange den Rücklagen zugeführt werden, bis die Rücklagen 1/10 des Grundkapitals betragen.

Zum anderen gibt es die Möglichkeit, aufgrund der Satzung, durch Entscheidungen des Vorstandes und des Aufsichtsrates sowie der Beschlüsse der Hauptversammlung, freie Rücklagen zu bilden.

Stille (verdeckte) Selbstfinanzierung

Die stille Selbstfinanzierung erfolgt durch Unterbewertung der Aktiva und Überbewertung der Passiva. Dazu werden innerhalb der gesetzlichen Bewertungsvorschriften z.B. sehr hohe Abschreibungen auf das Anlagevermögen bzw. besonders hoch angesetzte Rückstellungen für ungewisse Schulden, z.B. Steuerverbindlichkeiten vorgenommen. In die Gewinn- und Verlustrechnung fließen dann höhere Aufwendungen ein als tatsächlich entstanden sind, wodurch der Gewinn buchmäßig niedriger ausgewiesen wird. In Höhe des nicht ausgewiesenen Gewinns entstehen somit stille Reserven.

Vorteile der Selbstfinanzierung

- Es entstehen keine Finanzierungskosten.
- Es entstehen keine Belastungen durch Zins- und Tilgungsverpflichtungen.
- Die Unternehmung wird unabhängiger von fremden Kapitalgebern.
- Durch zusätzliches Eigenkapital wird die Sicherheit und Kreditwürdigkeit der Unternehmung erhöht.
- Die Investitionsbereitschaft der Unternehmung wird durch das zusätzliche Eigenkapital gesteigert.

Nachteile der Selbstfinanzierung

- Das zinslose Eigenkapital verführt leicht zu Kapitalfehlleitungen mit der Gefahr von Fehlinvestitionen.
- Die verdeckte Selbstfinanzierung verschleiert häufig die tatsächliche Rentabilität. Den Berechnungen liegt nur das ausgewiesene, nicht das wirkliche Eigenkapital zugrunde.
- Die Auflösung stiller Reserven kann auch dann noch Gewinn erscheinen lassen, wenn überhaupt keiner mehr erzielt wurde. Fehler in der Unternehmensführung können so verdeckt werden.
- Da die Finanzierung über den Preis erfolgt, trägt letztlich der Käufer die Kosten für die Bildung zusätzlichen Eigenkapitals.

4.4.2.4 Finanzierung aus Abschreibungen

Die Finanzierung aus Abschreibungen gehört wie beispielsweise die Veräußerung nicht mehr betriebsnotwendiger Betriebs- und Geschäftsausstattung zur Gruppe der Finanzierung aus freigesetztem Kapital (Innenfinanzierung). Da jedoch keine zusätzlichen Finanzmittel beschafft werden, sondern nur ein Aktivtausch der bilanzierten Vermögenspositionen stattfindet, handelt es sich im eigentlichen Sinn um eine Uminvestierung.

Beispiel

Die T. Schörd OHG kauft sechs baugleiche Maschinen zur Produktion von Textilien. Der Anschaffungswert je Maschine beträgt 50 000,00 DM. Sie werden mit 20 % linear abgeschrieben.

Jahr	Maschinen	Anschaffungs-wert	Gesamtab-schreibung	Maschinen neu	Abgang	Rest-mittel
1.	6	300 000,00	60 000,00	+ 1		10 000,00
2.	7	350 000,00	70 000,00	+ 1		30 000,00
3.	8	400 000,00	80 000,00	+ 2		10 000,00
4.	10	500 000,00	100 000,00	+ 2		10 000,00
5.	12	600 000,00	120 000,00	+ 2	− 6	30 000,00
6.	8	400 000,00	80 000,00	+ 2	− 1	10 000,00
7.	9	450 000,00	90 000,00	+ 2	− 1	−
8.	10	500 000,00	100 000,00	+ 2	− 2	−
9.	10	500 000,00	100 000,00	+ 2	− 2	−

Anhand der Tabelle ist zu erkennen, daß die Anzahl der Maschinen von sechs (100 %) auf zehn neue Maschinen (167,67 %) gesteigert werden konnte, ohne daß neue Finanzmittel aufgenommen werden mußten. Dieser Kapazitätserweiterungseffekt wird in der Betriebswirtschaftslehre auch als Lohmann-Ruchti-Effekt (oder Marx-Engels-Effekt) bezeichnet. Voraussetzung dafür ist allerdings, daß die Abschreibungen als Aufwand kalkuliert worden sind und über den Verkaufspreis in das Unternehmen zurückfließen.

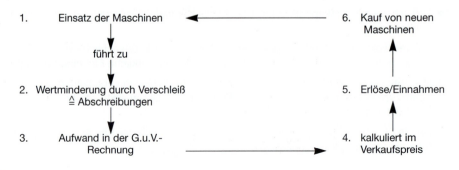

4.4.3 Zahlungsschwierigkeiten und Zahlungsunfähigkeit

Situation:

Kleinbetriebe – oft mit „Volldampf in den Nebel"

München (dpa). Viele pleite gegangene Kleinbetriebe sind nach Ansicht von Fachleuten an ihrem Schicksal selbst schuld. Die meisten haben praktisch kein Management und etliche produzieren noch wie vor 20 Jahren.

Dieses Zeugnis, das jetzt das Rationalisierungs-Kuratorium der deutschen Wirtschaft (RKW) und führende Unternehmensberater einem großen Teil der deutschen Mittelstandsunternehmen ausgestellt haben, muß deren Chefs, insbesondere der „alten Schule", wie ein Faustschlag treffen. Hatte sich doch ihre Initiative und Planung zum Wiederaufbau nach dem Krieg bewährt.

Nach einer Untersuchung des RKW über das Management im Mittelstand muß es den Unternehmensleitern heute nicht mehr allein darauf ankommen, „Waren zu produzieren". Es sei für den Mittelstand zum Überleben notwendig, neue Märkte zu erschließen und „Waren auch zu verkaufen".

Nicht einmal 20% der befragten Unternehmen mit höchstens 1 000 Beschäftigten aus sieben Wirtschaftszweigen besitzen irgendeine Form von Management. Nicht wenige verhielten sich wie „Kapitäne, die die Radaranlage (Marktinformation) sparen" und „mit Volldampf in den Nebel fahren". Der Trend, die Betriebe vom Markt her zu steuern und die Konkurrenz zu beobachten, wie es bei Großunternehmen schon lange der Fall ist, setze sich nur zögernd beim Mittelstand durch.

Die Befrager konstatierten auch veraltete Zielvorstellungen und fehlende Planungskonzepte. Es reiche nicht aus, Wunschvorstellungen hochzurechnen, die übliche Massenware zu produzieren und nur an der Kostenschraube zu drehen, heißt es. Viele Betriebe machen auch den Fehler, nur auf die Konjunktur zu hoffen und die tatsächliche Strukturkrise nicht zu erkennen.

Quelle: Neu Westfälische

Arbeitsvorschlag

Berücksichtigen Sie bei der Erarbeitung der folgenden Fragen die Materialien auf dieser und der vorherigen Seite.
1. Welche Ursachen werden in dem Artikel für Unternehmenskrisen angesprochen?
2. Welche Ursachen sind innerbetrieblich, welche außerbetrieblich bedingt?

Die notleidende Unternehmung

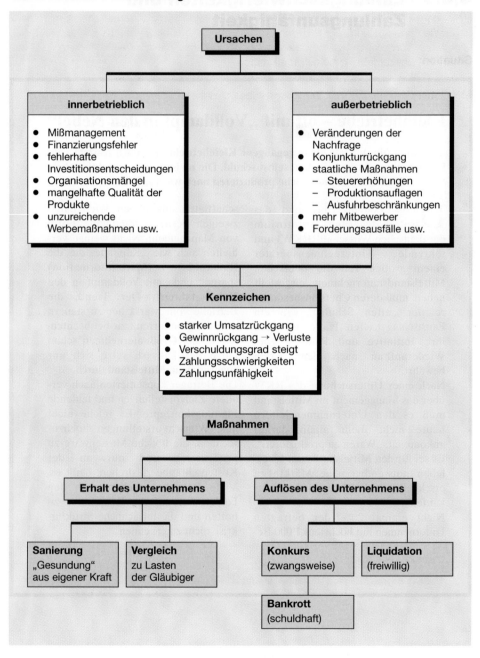

■ Die Sanierung

Unter dem Begriff Sanierung versteht man alle Maßnahmen zur dauerhaften Gesundung und Wiederherstellung der Leistungsfähigkeit eines Unternehmens ohne Hilfe der Gläubiger. Voraussetzung für das Gelingen ist eine Analyse der Ursachen, die zur Unternehmenszerstörung beigetragen haben.

Mögliche Maßnahmen zur Sanierung eines Unternehmens

personeller Art	finanzieller Art	technisch-organisatorischer Art
• Umbesetzung • Personalabbau • Qualifizierung der Mitarbeiter • Wechsel im Management	• Kapitalerhöhung: Aufnahme von Gesellschaftern, Ausgabe von Aktien, Kapitaleinlagen • Kapitalherabsetzung: bei AG zur Verringerung des Bilanzverlustes • Umschuldung • Verkauf von Anlagevermögen	• Lean production • Einsatz von Consulting-Unternehmen • Rationalisierung • Sortimentspolitische Veränderungen • Absatzpolitische Maßnahmen

Die oben angeführten Maßnahmen führen i.d.R. nur zum Erfolg, wenn sie miteinander kombiniert werden. Die folgende Wirkungskette verdeutlicht einen möglichen Zusammenhang.

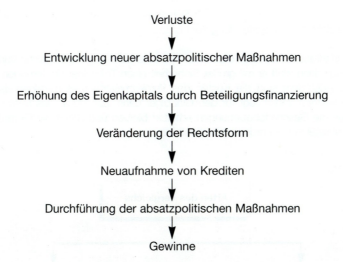

Sind auch Sanierungsmaßnahmen mit starken Einschnitten verbunden, insbesondere im personellen Bereich, so stellt doch diese Form der Gesundung eines Unternehmens eine verhältnismäßig sinnvolle Alternative dar, um einen Betrieb aus der Krise zu führen.

Begründet werden kann diese Aussage damit, daß keine Außenstehenden einbezogen werden, somit eine interne Gesundung erfolgt. Die eventuell vorübergehenden Schwierigkeiten gelangen nicht an die Öffentlichkeit und verursachen keine zusätzlichen Abhängigkeitsverhältnisse.

Der Vergleich

Amtsgericht Mönchengladbach

Vergleichsverfahren:

20 VN 2/93: Über das Vermögen der Firma NOUVELLE LIGNE PARIS-Modellbrillen GmbH, vertreten durch den Geschäftsführer Peter Biller, Neckarstraße 15, 41836 Hückelhoven, eingetragen im Handelsregister des Amtsgerichts Erkelenz unter HRB 518, Geschäftszweig: Großhandel mit Brillen und Brillenzubehör, ist am 22. Dezember 1993, 16.00 Uhr, das Vergleichsverfahren zur Abwendung des Konkurses eröffnet worden. Vergleichsverwalter: Dipl.-Kaufmann Steuerberater Wolfgang von Betteray, Rheinort 1, 40213 Düsseldorf, Tel.: 0211/31 27 27. Termin zur Verhandlung und Abstimmung über den Vergleichsvorschlag: 17. März 1994, 11.00 Uhr, vor dem Amtsgericht Mönchengladbach 1, Hohenzollernstraße 157, Erdgeschoß rechts, Saal 7. Die Gläubiger werden aufgefordert, ihre Forderungen alsbald anzumelden. Der Antrag auf Eröffnung des Verfahrens nebst Anlage und das Ergebnis der weiteren Ermittlungen sind auf der Geschäftsstelle des Amtsgerichts zur Einsichtnahme durch die Beteiligten niedergelegt.

Mönchengladbach, 23. Dezember 1993

Der Vergleich ist eine Vereinbarung eines Schuldners mit seinen Gläubigern auf teilweisen Forderungsverzicht bzw. eine Stundung der Forderung.

Ziel dieses Verfahrens ist es, einen drohenden Konkurs abzuwenden. Mögliche Vorteile für den Gläubiger liegen darin, daß er mit großer Sicherheit einen Teil seiner Forderungen sofort oder später erhält. Außerdem sind die Kosten des Vergleichsverfahrens niedriger als bei einem Konkurs. Ein weiterer Vorteil liegt für den Gläubiger darin, daß durch das Fortbestehen des Unternehmens die Geschäftsbeziehungen erhalten bleiben und damit die Grundlage für die Begleichung ausstehender Forderungen darstellen.

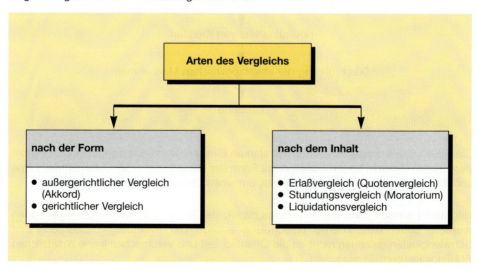

Der außergerichtliche Vergleich

Situation:

> Die T. Ebbenhoff OHG ist in Zahlungsschwierigkeiten geraten. Ein bedeuter Geschäftspartner mußte Konkurs anmelden. Nach Einschätzung der Geschäftsführung sind die daraus resultierenden Forderungsausfälle mittelfristig ausgleichbar, so daß die 550 Arbeitsplätze nur geringfügig reduziert werden müssen. Um die akuten Liquiditätsprobleme zu lösen, wird ein Termin mit den Hauptgläubigern vereinbart. Ihnen soll ein Sanierungskonzept vorgestellt werden, deren Schwerpunkte die Eigenkapitalquote von 60 %, die hohen Auftragsbestände und die damit verbundenen Gewinnerwartungen bilden.

Arbeitsvorschlag
Führen Sie ein Rollenspiel durch. Benutzen Sie dabei die folgenden Rollenkarten.

Rolle T. Ebbenhoff:
Überlegen Sie sich, mit welchen Maßnahmen Sie die Sanierung mit dem Ziel eines außergerichtlichen Vergleichs durchführen wollen und wie Sie Ihre Gläubiger davon überzeugen können.

Rolle Gläubiger:
Stellen Sie für den Fall des außergerichtlichen Vergleichs die für Sie damit verbundenen Risiken heraus.

Beobachter:
- Überprüfen Sie, ob im beobachteten Gespräch die in der folgenden Übersicht aufgeführten Vor- und Nachteile für den Schuldner bzw. für die Gläubiger herausgestellt wurden.
- Welche Folgen würden für die Gläubiger und für den Schuldner entstehen, wenn es nicht zum Vergleich käme?

Vorteile
- keine Gerichtskosten
- schnelle und unbürokratische Durchführung
- keine Veröffentlichung
- Vereinbarung mit einzelnen Gläubigern möglich
- Fortbestehen der Geschäftsbeziehungen
- Gläubiger erhält einen Teil seines Geldes

Nachteile
- beim Anschlußkonkurs zählt nur die Restforderung
- eventuell schwierige Verhandlungen

Der gerichtliche Vergleich

Einigen sich Gläubiger und Schuldner nicht außergerichtlich, so hat der Zahlungspflichtige die Möglichkeit, beim zuständigen Amtsgericht einen Antrag auf Eröffnung des gerichtlichen Vergleichsverfahrens zu stellen.

Der Antrag muß eine Vermögensübersicht, ein Gläubiger- und Schuldnerverzeichnis sowie einen Vergleichsvorschlag enthalten. Dieser sieht vor, daß den Gläubigern mindestens 35 % ihrer Forderungen innerhalb eines Jahres gewährt werden (Mindestsatz). Der Mindestsatz erhöht sich auf 40 %, wenn der Schuldner eine Zahlungsfrist zwischen 12 und 18 Monaten beansprucht (VerglO § 7). Für die Rückzahlungen über 40 % kann der Schuldner ein längeres Zahlungsziel vorschlagen.

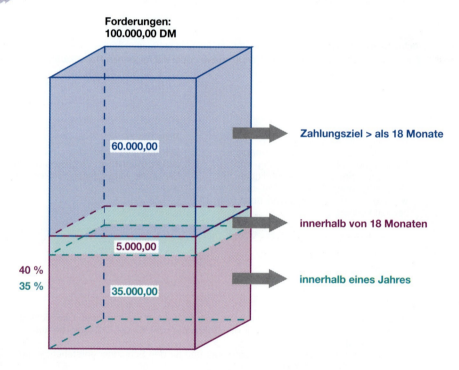

Geht der Antrag beim zuständigen Amtsgericht ein, so hat dies folgende Konsequenzen:
- Bestellung eines Vergleichsverwalters,
- Einholen eines IHK-Gutachtens,
- Veröffentlichung des Antrags und des Antragstellers.

Der Vergleichsverwalter legt einen Vergleichstermin fest und prüft die wirtschaftliche Situation des Schuldners. Dabei hat er das Recht, die Geschäftsführung und die Ausgaben für die Lebensführung zu überwachen. Es muß die Gewähr bestehen, daß nach Ablauf des Vergleichsverfahrens der Schuldner seinen Zahlungsverpflichtungen beständig nachkommen kann. Ansonsten wird der Antrag abgelehnt, und es kommt zum Anschlußkonkurs.

Wird dem Antrag stattgegeben, so beruft der Vergleichsverwalter eine Gläubigerversammlung. An dieser können alle nicht bevorrechtigten Gläubiger teilnehmen.

Abstimmungsverfahren

Schuldner bietet Vergleichsquote	Gläubiger	
	stimmen ab	und besitzen mindestens
35 % bis unter 50 %	Mehrheit	80 % der Forderungen
50 % und mehr	Mehrheit	75 % der Forderungen

Wird dem Vergleichsvorschlag unter den o.g. Bedingungen zugestimmt, so bestätigt das Gericht den Vergleich. Damit wird er für alle Gläubiger verbindlich. Er wird nun in das Handelsregister eingetragen und veröffentlicht.

Mit der Erfüllung der Verbindlichkeiten durch den Schuldner erfolgt die Aufhebung des Vergleichsverfahrens. Gerät er jedoch gegenüber einem Gläubiger in Verzug, so wird die Stundung oder der Erlaß gegenüber diesem hinfällig. Wird der Schuldner während der Laufzeit des Vergleichsverfahrens zahlungsunfähig, muß ein Konkursverfahren eröffnet werden. Das führt dazu, daß die Stundung oder Erlaß gegenüber **allen Gläubigern** hinfällig wird (Wiederauflebensklausel).

Gang eines Vergleichsverfahrens

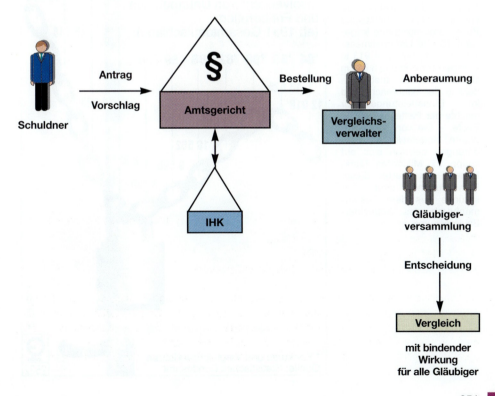

Der Konkurs

Konkursverfahren bei Sachsenmilch eröffnet

Dresden (dpa)

Bei der Sachsenmilch AG in Dresden ist am Freitag das Gesamtvollstreckungsverfahren, die ostdeutsche Variante des Konkurses, eröffnet worden. Zum Konkursvollstreckungsverwalter wurde der bisherige Sequester Hans-Jörg Derra bestellt, teilte das Unternehmen mit. Nach Angaben Derras werde trotz der Konkurseröffnung das operative Geschäft fortgeführt. Auch die Milchzahlungen an die Bauern würden nicht in Frage gestellt.

Ende Juli hatte die Sachsenmilch, eine hundertprozentige Tochter der Stuttgarter Südmilch AG, wegen von Zahlungsunfähigkeit die Gesamtvollstreckung beantragt. Die finanziellen Schwierigkeiten hatten sich durch den Neubau der Großmolkerei in Dresden-Leppersdorf ergeben, für den ursprünglich 260 Millionen DM veranschlagt worden waren und dessen Kosten höher als erwartet waren.

Von dem Konkurs sind 420 Beschäftigte und 600 sächsische Milchlieferanten mit einer Jahresmenge von 450 Mill. Kilogramm Milch betroffen. Rund 75 Prozent dieser Milchmenge sind mittlerweile durch die 312 Mitglieder der nach dem Sachsenmilch-Konkurs gegründeten Milcherzeugergemeinschaft gebunden. (Sequester ≙ Zwangsverwalter)

Rezessionsfolgen

Die Auswirkungen der Rezession waren auch im Aufschwungjahr 1994 noch zu spüren. Das Statistische Bundesamt registrierte insgesamt 18 824 Unternehmensinsolvenzen, davon 14 913 in Westdeutschland und 3 911 in Ostdeutschland. Insbesondere in der Baubranche und im Dienstleistungssektor machte der Pleitegeier reiche Beute. – Die von den Gläubigern angemeldeten Forderungen beliefen sich auf knapp 27 Milliarden Mark. Nahezu ein Viertel dieser Riesensumme sind Ansprüche aus dem Zusammenbruch des Schneider-Bauimperiums.

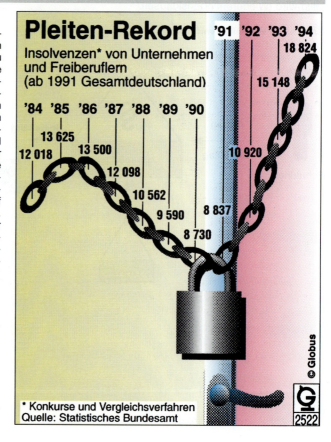

Konkurs bezeichnet die zwangsweise Auflösung des Unternehmens durch das Amtsgericht. Gründe für den Konkurs sind Zahlungsunfähigkeit und bei Kapitalgesellschaften Überschuldung (Schulden > Vermögen). Stellt ein Unternehmen seine Zahlungen ein, so geht man davon aus, daß der Tatbestand der Zahlungsunfähigkeit erfüllt ist.

Antrag auf Eröffnung des Konkursverfahrens
Sowohl Schuldner als auch Gläubiger sind berechtigt, schriftlich einen Antrag auf Eröffnung des Konkursverfahrens beim Amtsgericht zu stellen. Dem Gericht müssen außerdem Gläubiger- und Schuldnerverzeichnis, Inventar und Bilanz vorliegen. Es prüft den Antrag und eröffnet das Verfahren, wenn das Vermögen des Schuldners groß genug ist, die entstehenden Konkurskosten zu decken. Sollte dies nicht der Fall sein, wird der Konkurs mangels Masse abgelehnt. Die Gläubiger können dann Einzelvollstreckungen erwirken.

Mit der Eröffnung des Konkursverfahrens:
- ernennt das Gericht den Konkursverwalter,
- legt den Termin über die Bestellung eines Gläubigerausschusses fest,
- erläßt einen offenen Arrest, was bedeutet, daß alle Schuldner nur noch an den Konkursverwalter zahlen dürfen
- und bestimmt die Anmeldefrist und den allgemeinen Prüfungstermin.

Der Eröffnung des Verfahrens ist in das Handelsregister einzutragen sowie öffentlich bekannt zu geben. Im Anschluß bestellt das Amtsgericht einen Konkursverwalter. Er hat die Aufgabe,
- die Geschäftsleitung zu übernehmen,
- die Vermögensmasse festzustellen,
- Forderungen einzuziehen,
- Vermögensgegenstände zu veräußern
- und die Konkursmasse zu verteilen.

Auch Technocell am Ende
Bayerische Zellstoff reißt Mutter mit in den Konkurs

München (tmh/rtr/dpa)

Die Bayerische Zellstoff GmbH in Kelheim hat den Münchener Mutterkonzern Technocell AG mit in den Konkurs gerissen. Gesamtverbindlichkeiten von knapp 700 Millionen DM haben Konkursverwalter Hans-Ulrich Tittel am Freitag in München veranlaßt, das Anschlußkonkursverfahren für Technocell zu eröffnen, weil die für einen Vergleich nötige Quote von 35 Prozent nicht mehr erreicht werden kann.

Quelle: HAZ, 02.10.93

Zur bestmöglichen und gleichmäßigen Befriedigung der Ansprüche der Gläubiger muß der Konkursverwalter die Verteilung der Konkursmasse nach den Vorschriften der Konkursordnung vornehmen.

Verteilung der Konkursmasse

Zur Konkursmasse zählen: Absonderung, Aufrechnung, Masseschulden, Massekosten und bevorrechtigte Forderungen und ggf. der gedeckte Teil der gewöhnlichen Forderungen.

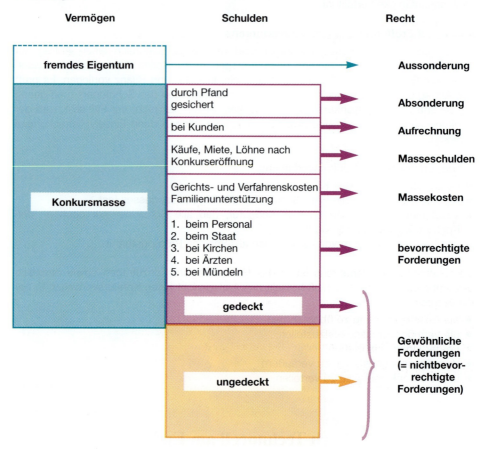

Aussonderung
Um die Konkursmasse zu ermitteln, müssen die Gegenstände ausgesondert werden, die nicht zum Eigentum des Schuldners gehören, z.B. gemietete, geliehene oder unter Eigentumsvorbehalt gelieferte Vermögenswerte. Die Forderungen der aussonderungsberechtigten Gläubiger müssen voll befriedigt werden.

Absonderung
Darunter versteht man Verbindlichkeiten, die mit Sicherungsrechten belastet sind, z.B. Sicherungsübereignung, Hypothek, Zession. Daraus entstehende Mehrerlöse gehen in die Konkursmasse ein, Mindererlöse werden zu gewöhnlichen Forderungen.

Aufrechnung
Die Verbindlichkeiten werden mit bestehenden Forderungen verrechnet.
Von der verbleibenden Konkursmasse werden zuerst die Massegläubiger befriedigt, die Ansprüche aus Masseschulden und Massekosten haben.

Masseschulden

Dazu zählen die Schulden, die nach Eröffnung des Verfahrens entstanden sind, z.B. Löhne, Gehälter und Mieten, sowie Gehaltsforderungen der letzten 6 Monate vor der Eröffnung des Verfahrens.

Massekosten

Die Massekosten setzen sich zusammen aus den Gerichtskosten, aus den Ausgaben für die Verwaltung, Verwertung und Verteilung der Masse sowie der dem Gemeinschuldner und dessen Familie bewilligten Unterstützung.

Bevorrechtigte Forderungen

Die nächste Verteilungsebene berücksichtigt die bevorrechtigten Forderungen der Konkursgläubiger, die in 5 Rangklassen eingeteilt werden:

1. Lohn- und Gehaltsforderungen (soweit die Forderungen nicht zu den Masseschulden zählen)
2. Forderungen des Bundes, der Länder und Gemeinden wegen öffentlicher Abgaben
3. Forderungen der Kirchen, Schulen und öffentlichen Verbände
4. Forderungen der Ärzte, Apotheker, Hebammen und Krankenpfleger wegen Kur- und Pflegekosten
5. Forderungen der Kinder, der Mündel und Pflegebefohlenen

jeweils für das letzte Jahr vor Eröffnung des Verfahrens

Die nächste Rangklasse wird erst dann herangezogen, wenn die vorhergehende zu 100 % befriedigt wurde.

Reicht die Konkursmasse für die Befriedigung aller Forderungen einer Rangklasse nicht aus, so werden die Forderungen zu gleichen Prozentsätzen beglichen.

Nach Abzug der oben genannten Posten entsteht die **Restmasse,** die auf die nicht bevorrechtigten Gläubiger anteilsmäßig verteilt wird.

Berechnung der Konkursquote:

$$\frac{\text{Restvermögen} \cdot 100}{\text{gewöhnliche Forderungen}} = \text{Konkursquote}$$

Daraus folgt, daß die gewöhnlichen Gläubiger Forderungen nur in Höhe des ermittelten Prozentsatzes erhalten. Für die nicht befriedigten Restforderungen besteht eine Verjährungsfrist von 30 Jahren.

Beendigung des Verfahrens

Der Konkursverwalter stellt eine Schlußrechnung auf, die er dem Gericht und der Gläubigerversammlung bei einem gemeinsamen Schlußtermin vorlegt. Sie wird abgenommen, und es können eventuell bestehende Einwände der Gläubiger gegen das gesamte Verfahren geltend gemacht werden.

Folgen des Konkursverfahrens

Das Unternehmen ist aufgelöst. Da die Konkursgläubiger das Recht haben, 30 Jahre ihre unbefriedigten Forderungen geltend machen zu können, haben sie ein Interesse daran, daß der Schuldner wieder Einkommen erzielt. Andererseits sind die Voraussetzungen dafür äußerst schwierig, weil durch die Veröffentlichung des Konkurses die Bonität des Schuldners langfristig leidet.

> **Konkurs-Tips für den Arbeitnehmer**
>
> Nicht länger als drei Monate ohne Bezahlung arbeiten. Was weiter zurück liegt, ist schwerer geltend zu machen! Der Konkursverwalter muß aber Lohnansprüche, die zwischen drei und sechs Monaten vor der Konkurseröffnung entstanden sind, als sogenannte Masseschulden vor allen anderen befriedigen. ...
>
> Die Frist im Tarifvertrag beachten, innerhalb derer man Forderungen beim Konkursverwalter geltend machen muß. Ein bis drei Monate beträgt sie in der Regel. Wird sie versäumt, kann der Konkursverwalter die Zahlung verweigern! ...
>
> Beim Gericht erkundigen, bis wann ausstehende Forderungen geltend gemacht werden können. Sonst könnten Prüfungskosten entstehen, die der AN tragen müßte. Ist seine Forderung nicht älter als ein Jahr, hat der AN eine reelle Chance. ...
>
> Ansprüche wie das Weihnachtsgeld dürfen nicht länger als 12 Monate vor Konkurseröffnung entstanden sein – sonst sinken die Chancen auf Erfüllung beträchtlich!
>
> Ein vollständiger Ausschluß vom Sozialplan ist übrigens auch bei eigener Kündigung des Arbeitnehmers nicht zulässig. ...
>
> Quelle: NDR

Bankrott

Hat der Schuldner den Konkurs verschuldet, so liegt ein Bankrott vor. Dieser Tatbestand führt zu strafrechtlichen Folgen. Diese können in Geldstrafen oder Freiheitsstrafen bis zu 16 Jahren ausgesprochen werden.

Zwangsvergleich

Der Zwangsvergleich ist die letzte Möglichkeit, ein Unternehmen vor der zwangsweisen Auflösung zu bewahren. Spätestens bis zum Zeitpunkt der Genehmigung der Schlußverteilung kann ein Zwangsvergleich durchgeführt werden. Dabei bietet der Schuldner den nicht bevorrechtigten Gläubigern einen höheren Prozentsatz (mindestens 20 %) an, als bei Durchführung eines Konkursverfahrens erzielt werden könnte. Dieser Vorschlag kann angenommen werden, wenn in der Gläubigerversammlung die Mehrheit der anwesenden Gläubiger, die mindestens 75 % der Forderungen vertreten müssen, dem zustimmt. In diesem Fall bestätigt das Gericht den Vergleich, und er wird auch für die nicht zustimmenden Gläubiger verbindlich.

■ Liquidation

Situation:

Gewerbekreditbank kann Schulden zahlen
Stille Liquidation / Intaktes Eigenkapital / Suche nach neuen Partnern

Gewerbekreditbank AG, Düsseldorf. „Wir werden unseren Verbindlichkeiten nachkommen", erklärt Vorstandssprecher Peter Lorenz auf Anfrage. Sein Institut, das zu Jahresbeginn beim Bundesaufsichtsamt für das Kreditwesen die Zahlungsunfähigkeit angemeldet hatte, befindet sich inzwischen in stiller Liquidation. Die erst 1986 gegründete Gewerbekreditbank steht bei anderen Banken zwar mit 60 Millionen DM in der Kreide. „Die werden aber auf jeden Fall zurückgezahlt", heißt es aus Düsseldorf. Lorenz ist stolz darauf, daß das Eigenkapital seiner Bank von 41 Millionen DM voll intakt ist und zudem Rückstellungen in Höhe von 64 Millionen DM und Gesellschafterdarlehen über 85 Millionen DM die Eigenmittel anreichern.

Auch die von den 250 Millionen DM Kundenforderungen aus Investitionskrediten und Leasingverträgen erhofft sich die Gewerbekreditbank das meiste zurück. Die Bilanzzahlen zeigen, daß der Gang zum Berliner Bankenaufsichtsamt zu Jahresbeginn keine Schieflage der Bank zur Ursache hatte. Die Gewerbekreditbank wurde durch den Zusammenbruch der holländischen Muttergesellschaft – des Nutzfahrzeugherstellers Daf NV – in Mitleidenschaft gezogen. Daf-Kunden versuchten mit Rücklastschriften sich an der Bank gütlich zu halten. Jetzt sei der Vorstand wieder frei handelsfähig.

Nun sucht Lorenz für seine verkleinerte Bank einen Übernahmeinteressenten. „Ja, es besteht die Absicht, die Bank zu veräußern. Erfolgversprechende Verhandlungen werden aktuell geführt", gibt der Vorstandssprecher zu. wwe.

Quelle: FAZ 28.09.93

Arbeitsvorschlag

1. Lesen Sie folgende Sachdarstellung, und grenzen Sie die Begriffe „Konkurs" und „Liquidation" voneinander ab.
2. Erläutern Sie die finanzielle Situation der Gewerbekreditbank AG.
3. Stellen Sie Überlegungen an, welche weiteren Gründe ein Unternehmen veranlassen können, in Liquidation zu gehen.

Sachdarstellung:

Stellt ein Unternehmen seine Tätigkeit freiwillig ein, so wird es aufgelöst. Hierfür können sowohl sachliche als auch persönliche Gründe sprechen. Ist beispielsweise das Unternehmensziel erreicht oder sind die Erben eines Unternehmens nicht bereit bzw. in der Lage, das Unternehmen weiterzuführen, so kommt es zur freiwilligen Auflösung.

An den rechtlichen Vorgang schließt sich die Liquidation (Abwicklung) an. Die vorhandenen Vermögenswerte werden veräußert, die Schulden getilgt und das Restvermögen an die Eigentümer verteilt.

Abwicklung des Verfahrens

Der Liquidator (Abwickler) stellt unmittelbar nach beschlossener Liquidation eine Liquidationseröffnungsbilanz auf. Diese enthält auf der Aktivseite die Vermögenswerte unter Berücksichtigung der zu erwartenden Verkaufserlöse. Die Passivseite enthält neben den Eigenkapitalanteilen die Verbindlichkeiten. Sind bei Kapitalgesellschaften die Verbindlichkeiten nicht mehr gedeckt, dann müssen die Liquidatoren Konkurs anmelden. Im Rahmen des Liquidationsverfahrens werden die Vermögensteile verkauft. Zur Beachtung des Gläubigerschutzes sind folgende Bestimmungen einzuhalten.

- Der Liquidationsbeschluß muß in das Handelsregister eingetragen werden.
- Der Liquidator zeichnet für die Firma mit dem Zusatz „i.L.".
- Gesellschafter von Personengesellschaften haften noch für weitere 5 Jahre ab Handelsregistereintragung des Liquidationsbeschlusses.
- Nach Beendigung der Liquidation muß das Erlöschen der Firma in das Handelsregister eingetragen werden.
- Geschäftsbücher müssen nach Liquidation noch 10 Jahre aufbewahrt werden.

Nach Abwicklung des Verfahrens ist eine Liquidationsschlußbilanz aufzustellen. Dabei enthält die Passivseite keine Verbindlichkeiten mehr, da diese inzwischen abgewickelt sein müssen.

Aufgaben zum Grundwissen

1. Ordnen Sie folgende Begriffe der Aktiv- oder Passivseite der Bilanz zu:
   - Kapital
   - Mittelverwendung
   - Mittelherkunft
   - Finanzierung
   - Investition
   - Vermögen

2. Aus welchen Gründen investieren Unternehmen?

3. Was versteht man in der Betriebswirtschaftslehre unter der „Goldenen Bilanzregel"?

4. a) Unterscheiden Sie Personalkredite, verstärkte Personalkredite und Realkredite, und stellen Sie für jede Kreditart jeweils ein Beispiel vor.
   b) Welche Vor- und Nachteile sind mit den von Ihnen vorgestellten Sicherungsmitteln verbunden?
      a) aus der Sicht des Kreditgebers
      b) aus der Sicht des Kreditnehmers

5. Ermitteln Sie die Kreditkosten für folgendes Abzahlungsdarlehen.
   Darlehensbetrag: ....80 000,00 DM
   Zinsen: ....9 % p.a.
   Tilgung: ....1 %

   Fertigen Sie eine tabellarische Übersicht an.

6. Wodurch unterscheiden sich Diskont-, Aval und Akzeptkredit?

7. Was versteht man unter einer Zession?

8. Warum wird der Zedent eine stille Zession einer offenen Zession vorziehen?

9. Bilden Sie ein Beispiel für eine Mantel- und eine Globalzession.

10. Die Deutsche Bundesbank erhöht den Lombardsatz von 6,75 auf 7 %. Welche Auswirkungen ergeben sich für die Kapitalbeschaffung?

11. Worin bestehen die wesentlichen Unterschiede zwischen einer Hypothek und einer Grundschuld?

12. Welche Kreditart verbirgt sich hinter dem Buchungssatz
    Forderungen . . . . 23 000,00 DM
    an Warenverkauf . . . . 20 000,00 DM
    an Umsatzsteuer . . . .   3 000,00 DM?

13. a) Überlegen Sie, welche Produkte durch Leasing finanziert werden können.
    b) Welche Gründe sprechen für diese Finanzierungsform?
    c) Welche Gründe sind für die Ausweitung des Leasings verantwortlich?

14. Ein Großhändler hat einen finanziellen Engpaß zu überwinden. Stellen Sie die unterschiedlichen Merkmale des Factorings und des Leasings heraus.

15. a) Grenzen Sie die Beteiligungsfinanzierung von der Selbstfinanzierung ab.
    b) Welche Vor- und Nachteile bietet eine Beteiligungsfinanzierung?

16. Welches sind die häufigsten Ursachen für Unternehmenskrisen?

17. Woran läßt sich ein notleidendes Unternehmen erkennen?

18. Zeigen Sie Maßnahmen zur Sanierung eines Unternehmens auf.

19. Unterscheiden Sie die verschiedenen Arten des Vergleichs.

20. Schildern Sie den Ablauf eines gerichtlichen Vergleichsverfahrens.

Weiterführende Problemstellungen

1 a) Welche Arten der Finanzierung werden in den Fällen a) – c) dargestellt?
b) Beschreiben Sie diese Finanzierungsarten mit eigenen Worten

Fall a)

Fall b)

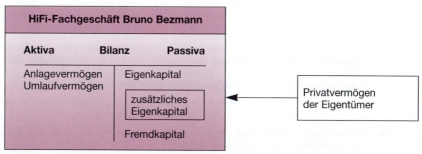

Fall c)

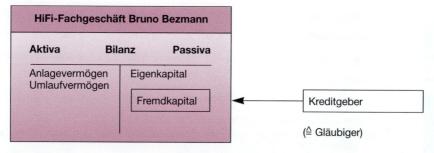

2 Gerrit Boyer ist Inhaber einer Süßwarenfabrik. Er beabsichtigt, seine Produktion unter ökologischen Gesichtspunkten umzustellen. Die 1,2 Millionen Tonnen Bonbons sollen zukünftig statt einzeln in Folie in kleine Pappschachteln abgepackt werden.
Das erforderliche Kapital in Höhe von 1 250 000,00 DM soll durch mittel- bis langfristige Verbindlichkeiten bereitgestellt werden.
a) Welche Möglichkeiten hat Gerrit Boyer, seine Investition zu finanzieren?
b) Wägen Sie die Finanzierungsarten gegeneinander ab, indem Sie Vor- und Nachteile gegenüberstellen.
c) Sein Steuerberater rät ihm, kurzfristige Bankkredite in Höhe von 45 000,00 DM in eine langfristige Finanzierung umzuwandeln. Zur Umstellung der Produktionsanlagen sollte er einen Leasingvertrag abschließen. Bewerten Sie die Vorschläge.

3 Die Hausbank der Gerrit Boyer Süßwarenfabrik verlangt zur Absicherung ihrer Forderungen eine Bürgschaft. Der Bruder des Unternehmers, Peter Boyer, erklärt sich bereit, eine Bürgschaft über 450 000,00 DM zu übernehmen.
 a) Welches Rechtsverhältnis entsteht zwischen den Beteiligten?
 b) In welchem Umfang haftet der Bürge dem Gläubiger?
 c) Die Bürgschaftserklärung beinhaltet die Klausel: „Ich verzichte auf das Recht der Einrede auf Vorausklage." Welche Bedeutung hat diese, und welcher Unterschied besteht zu einer gewöhnlichen Bürgschaft?

4 Lesen Sie die folgenden Zeilen aus der Ballade „Die Bürgschaft" von Friedrich Schiller.
 „Ich lasse den Freund Dir als Bürgen,
 Ihn magst Du, entrinn ich, erwürgen."
 a) Welche Problematik wird in diesen Zeilen angesprochen?
 b) Schiller löst das Problem mit den Zeilen:
 „Mich, Henker!" ruft er, „erwürget,
 Da bin ich, für den er gebürget!"
 Übertragen Sie den Grundgedanken auf eine selbstschuldnerische Bürgschaft.

5 Zur Sicherung eines Darlehens verpflichtet sich Gerrit Boyer gegenüber der Nord LB, Telefonkarten im Wert von 20 000,00 DM zu verpfänden.
 a) Wie kann dieses Pfandrecht rechtswirksam bestellt werden?
 b) Welches Recht hat das Kreditinstitut an den verpfändeten Telefonkarten?
 c) Wer ist Eigentümer, wer ist Besitzer der verpfändeten Telefonkarten?

6 Die Riederer GmbH & Co. KG kauft 8 baugleiche Maschinen zur Produktion von Teigwaren. Der Anschaffungswert je Maschine beträgt 200 000,00 DM. Die Maschinen werden mit 12,5 % linear abgeschrieben. Zeigen Sie in einer Tabelle den Abschreibungsverlauf und den Kapazitätserweiterungseffekt.

7 Welche Auswirkungen auf die Finanzierung aus Abschreibungen könnte es haben, wenn die Abschreibungen nicht über den Verkaufspreis zurückfließen?

8 Die Felix Bein KG, Baustoffgroßhandlung in Hannover, hatte in den vergangenen Jahren folgende Erfolgsrechnungen auszuweisen:

	TDM 1992	TDM 1993	TDM 1994	TDM 1995
Umsatzerlöse	5 740	5 860	5 660	5 400
Personalkosten	2 420	2 680	2 840	2 860
Materialkosten	2 480	2 520	2 600	2 600
Abschreibungen	40	40	40	40
Gewinn vor Steuern	500	320	– 120	– 400

Eigenkapital vor Gewinnzuschreibung: 240 000,00 DM

 a) Ermitteln Sie zum 31.12.95 die Überschuldung unter Berücksichtigung folgender Werte:
 Anlagevermögen ....200 000,00 DM
 Umlaufvermögen........................... 80 000,00 DM
 Verbindlichkeiten ....440 000,00 DM
 b) Der Komplementär Richard Herz hat die laufenden Bankkredite durch Bürgschaftsverträge abgesichert. Prüfen Sie, ob ein Konkursverfahren einzuleiten ist.
 c) Welche innerbetrieblichen und außerbetrieblichen Gründe könnten die wirtschaftliche Situation des Unternehmens herbeigeführt haben?
 d) Welche Chancen sehen Sie für die Baustoffgroßhandlung, die Lage zu verbessern?

9 Zahlreiche Betriebe aus der Industrie und dem Handel arbeiten heute mit sehr geringer Umsatzrendite. Begründen Sie, warum gerade in diesen Unternehmen die Kreditsicherung besonders wichtig ist.

5 Steuern

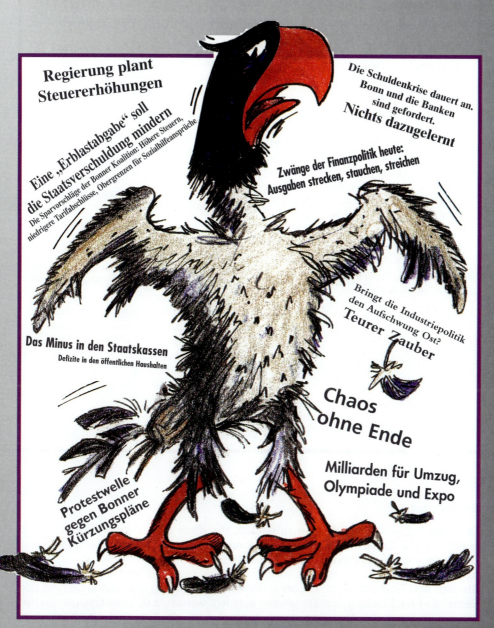

5.1 Notwendigkeit der Besteuerung

Situation:

Staatsfinanzen in der Klemme?

Standpunkt 1
Bundesfinanzminister: Steuererhöhung unumgänglich

40 Milliarden müssen [...] nach Auffassung des Bundesfinanzministers [...] von 1995 an durch Steuererhöhungen zusammengekehrt werden.
Die Instrumente sind bekannt. Ein Solidarzuschlag zur Einkommensteuer von 10 Prozent für Einkommen über 60 000 Mark für Ledige und 120 000 Mark für Verheiratete ergibt 13 Milliarden an Mehreinnahmen. Ohne Einkommensgrenzen erhöht sich der Betrag auf 27 Milliarden. Ein Prozentpunkt Mehrwertsteuer mehr bringt 15 Milliarden. Zumindest die Mineralölsteuer, so ist zu vermuten, wird merklich angehoben.

Quelle: Spiegel, 18. Januar 1993, 47. Jahrgang

Standpunkt 2
Bundesbank-Chefvolkswirt warnt vor Steuererhöhung

Würzburg (ap)
Der Bundesbank-Chefvolkswirt Otmar Issing hat Bund, Länder und Gemeinden dringend vor einer weiteren Erhöhung der steuerlichen Gesamtbelastung gewarnt. Wie das Mitglied des Bundesbankdirektoriums am Montag in Würzburg sagte, habe die Belastung der Bevölkerung durch Steuern und Sozialabgaben inzwischen den höchsten Wert seit Bestehen der Bundesrepublik erreicht. Jedes weitere Drehen an der Abgabenschraube würde die Wachstumskräfte schwächen und die internationale Wettbewerbsfähigkeit Deutschlands beeinträchtigen, warnte Issing. Zu einer Beschränkung der Staatsausgaben gebe es daher keine Alternative. Issing zufolge werden sich die Schulden von Bund, Ländern und Gemeinden bis 1996 mit 2 000 Milliarden DM gegenüber 1989 mehr als verdoppeln und gut 51 Prozent des Bruttosozialprodukts erreichen.

Quelle: HAZ, 12.03.1993

Sachdarstellung:

Der Staat hat vielfältige Aufgaben zu erfüllen. Um diese zu finanzieren, stehen ihm in erster Linie drei Einnahmequellen zur Verfügung: Steuern, Beiträge und Gebühren.
Diese werden auch als **öffentliche Abgaben** bezeichnet.

Steuern sind Geldleistungen, die ohne direkte Gegenleistung von Bund, Ländern und Gemeinden zur Erzielung von Einnahmen auferlegt werden, z.B. Umsatzsteuer. Zu den Steuern im Sinne der Abgabenordnung gehören auch die Zölle und Abschöpfungen.

Letztere werden an den Grenzen der Europäischen Gemeinschaft zum Schutze der Landwirtschaft erhoben. Sie sind die Differenz zwischen dem Einfuhrpreis und dem EU-Preis für ein vergleichbares Produkt.

Gebühren sind Zahlungen für die Inanspruchnahme einer direkten öffentlichen Dienstleistung, z.B. Ausstellen eines Reisepasses.

Beiträge sind für das Nutzungsrecht einer öffentlichen Dienstleistung zu entrichten, unabhängig von der tatsächlichen Inanspruchnahme, z.B. Erschließungsbeiträge für Grundstücke.

Neben diesen Quellen stehen dem Staat zusätzlich **Einnahmen aus Wirtschaftstätigkeit,** so z.B. aus Erträgen der Staatsforste, und **kreditwirtschaftliche Einnahmen** zur Verfügung.

In der Bundesrepublik Deutschland stehen sich folgende Einnahmen- und Ausgabenverteilung gegenüber:

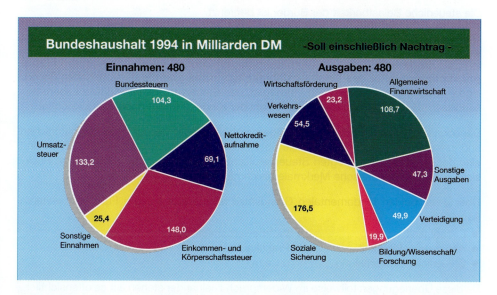

5.2 Grundsätze der Besteuerung

1993 betrug das Steueraufkommen der Bundesrepublik Deutschland ca. 750 Mrd. DM. Dieses wurde von ca. 80 Mio. Steuerzahlern aufgebracht. Somit entfielen theoretisch auf jeden einzelnen im Durchschnitt ca. 9 375,00 DM.

Da aber der einzelne keine „Kopfsteuer" zu entrichten hat, die allgemein als ungerecht empfunden wird, weil sie jeden Bürger vom Kleinkind bis zur Sozialhilfe empfangenden

Rentnerin gleich hoch belasten würde, sind im Laufe der Zeit eine Vielzahl von Steuern entstanden, die unterschiedliche Gesichtspunkte zu berücksichtigen versuchen.

Ausgequetscht
Quelle: Wirtschaftswoche Nr. 32/19789

Die steuerliche Belastbarkeit der Bürger ist begrenzt.

Grundsätzlich sollte die individuelle Leistungsfähigkeit des Steuerzahlers berücksichtigt werden.

Anknüpfungspunkte des Leistungsfähigkeitsprinzips sind die ökonomischen Grundlagen, vorrangig Einkommen und Vermögen, des Steuerzahlers. Individuelle Lebensverhältnisse, z.B. Familienstand und die Anzahl der Kinder, werden dabei berücksichtigt.

Daneben steht der **Grundsatz der Allgemeinheit.** Dieser besagt, daß alle natürlichen und juristischen Personen, soweit sie über steuerliche Leistungsfähigkeit verfügen und eine der gesetzlich festgelegten Steuerverpflichtungsgründe auf sie zutrifft, ohne Rücksicht auf außerökonomische Merkmale gleichmäßig heranzuziehen sind.

Über diese beiden fundamentalen Grundsätze hinaus gibt es eine Fülle von weiteren Aspekten:

- Ergiebigkeit
- Anpassungsfähigkeit
- Steuerliche Umverteilung
- Wettbewerbsneutralität
- Praktikabilität
  u.v.a.m.

Da diese Überlegungen teilweise im Widerspruch zueinander stehen, ist es offensichtlich, daß nicht mit jeder Steuer jeder Grundsatz beachtet werden kann.

Weitere Ursachen für den „Steuerschungel" sind die wachsenden und die sich laufend verändernden Ansprüche an den Staat und die Möglichkeit, Steuern als fiskalpolitisches Instrument zur Umsetzung volkswirtschaftlicher Ziele einzusetzen.

1960	27,38 %	1987	42,28 %	1991	42,82 %	1995	47,77 %
1980	33,80 %	1988	41,09 %	1992	43,99 %	1996	48,69 %
1985	38,57 %	1989	41,87 %	1993	44,06 %	1997	48,87 %
1986	40,68 %	1990	40,18 %	1994	45,71 %		

Quelle: Die Zeit 1/94

5.3 Einteilung der Steuern

■ Einteilung nach der Ertragskompetenz

Die Verteilung der Steuereinnahmen auf die drei staatlichen Ebenen Bund, Länder und Gemeinden ergibt sich aus der Aufgabenverteilung. Durch dieses Verbundsystem bei den ertragreichsten Steuern soll sowohl hinsichtlich der Entwicklung der Einnahmen als auch der Auswirkungen steuerpolitischer Maßnahmen eine bestmögliche Leistung für Bund, Länder und Gemeinden gewährleistet sein.

Steuer- und Aufgabenverteilung auf einen Blick (ohne EU)

	Gemeinden	Länder	Bund
Steuereinnahmen	Gemeindeanteil an Lohn- und Einkommensteuer (einschließlich Zinsabschlag), Gewerbesteuer[1], kleinere eigene Steuern (u.a. Hundesteuer, Getränkesteuer, Vergnügungsteuer, Jagd- und Fischereisteuer)	Länderanteil an Lohn- und Einkommensteuer (einschließlich Zinsabschlag), Körperschaftsteuer, Umsatzsteuer, Vermögensteuer, Erbschaftsteuer, Kraftfahrzeugsteuer, Grunderwerbsteuer, Biersteuer, Spielbankabgabe	Bundesanteil an Lohn- und Einkommensteuer (einschließlich Zinsabschlag), Körperschaftsteuer, Umsatzsteuer, Mineralölsteuer, Tabaksteuer, Branntweinsteuer, Kaffeesteuer, Versicherungsteuer
wichtige Aufgaben	Wasser- und Energieversorgung, Müllabfuhr, Kanalisation, Sozialhilfe, Baugenehmigungen, Meldewesen	Schulen, Universitäten, Polizei, Rechtspflege, Gesundheitswesen, Kultur, Wohnungsbauförderung	Soziale Sicherung (Schwerpunkt Rentenversicherung, Arbeitslosenversicherung), Verteidigung, auswärtige Angelegenheiten, Verkehrswesen, Geldwesen, Wirtschaftsförderung, Forschung (Großforschungseinrichtungen)

---

[1] Die Gemeinden führen Teile ihres Gewerbesteueraufkommens in Form der Gewerbesteuerumlage an die Länder und den Bund ab.

Einteilung nach dem Steuergegenstand

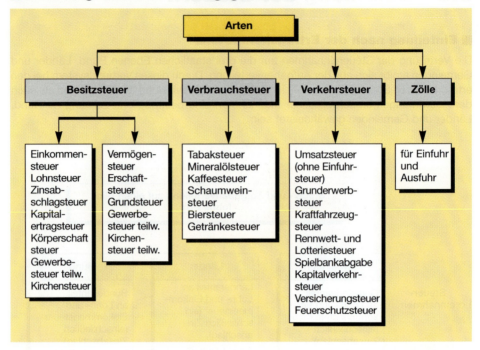

Besitzsteuern sind Steuern, die an den Ertrag, an das Einkommen oder das Vermögen anknüpfen. Verbrauchsteuern sind Abgaben, die den Ge- oder Verbrauch von Waren belasten. Die Steuer ist vom Hersteller oder Importeur zu entrichten, der sie in den Verkaufspreis einkalkuliert, so daß der Verbraucher damit belastet wird. Verkehrsteuern erfassen Vorgänge des Rechts- und Wirtschaftsverkehrs. Zölle werden vom Staat bei der Einfuhr von Waren erhoben. In der Bundesrepublik Deutschland wird allerdings nur die Einfuhr besteuert, da eine Ausfuhrsteuer eine exporthemmende Wirkung hat.

Weitere Einteilungen

Eine weitere Methode der Unterscheidung ist die Trennung direkter und indirekter Steuern. Die Einkommensteuer beispielsweise zählt zu den direkten Steuern, weil sie der Steuerpflichtige unmittelbar an das Finanzamt entrichten muß. Er ist sowohl Steuerschuldner als auch Steuerträger. Bei den indirekten Steuern, worunter grundsätzlich alle Verbrauchsteuern fallen, sind Steuerschuldner und Steuerträger nicht identisch. Steuerschuldner sind z.B. bei der Umsatzsteuer die Unternehmen. Sie rechnen die Steuer in ihre Preise ein und überwälzen sie auf den Konsumenten, den Steuerträger.

Die Unterscheidung von Subjekt- und Objektsteuern bzw. Personen- und Realsteuern ist eine weitere Einteilungsmöglichkeit. Während die Subjektsteuern, z.B. die Einkommensteuer, auf die persönlichen Verhältnisse des Besteuerten gerichtet sind, belastet die Objektsteuer, z.B. die Grundsteuer, bestimmte Güter unabhängig von den persönlichen Verhältnissen des Steuerzahlers.

5.4 Wichtige Steuerarten

Der Anteil der einzelnen Steuerarten am gesamten Aufkommen 1994 wird aus der folgenden Übersicht deutlich:

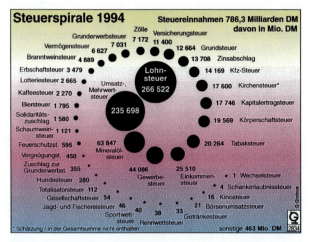

Lohn-, Einkommen-, Umsatz- und Gewerbesteuer erbringen ca. 72 % aller Steuereinnahmen und sind somit wichtigste Einnahmequellen des Staates.

5.4.1 Einkommen- und Lohnsteuer

Situation:

Sachdarstellung:

Einkommen- und Lohnsteuer bilden den größten Anteil aller Steuern in der Großhandlung Torsten Henjes.

Steuerpflichtig bzw. Steuersubjekt sind die im Betrieb tätigen Menschen.

Die **Einkommensteuer** ist eine Personensteuer, bei der die sach- und personenbezogenen Verhältnisse des Steuerpflichtigen berücksichtigt werden. **Steuergegenstand bzw. Steuerobjekt ist das Jahreseinkommen.**

Der Gesetzgeber hat im EStG genau festgelegt, welche Einkünfte der Einkommensteuer unterworfen werden sollen.

Einkunftsart	Beispiele
1. Land- und Forstwirtschaft	Land- und Forstwirtschaft, Tierzucht, Binnenfischerei
2. Gewerbebetrieb	Gewinnanteile der Gesellschafter einer OHG, einer KG, Einkünfte aus der Tätigkeit einer Personengesellschaft
3. Selbständige Arbeit	Einkünfte aus freiberuflicher Tätigkeit von Ärzten, Rechtsanwälten, Notaren
4. Nichtselbständige Arbeit	Gehälter, Löhne, Gratifikationen
5. Kapitalvermögen	Dividenden, Anteile an einer GmbH
6. Vermietung und Verpachtung	Einkünfte aus Vermietung und Verpachtung von Grundstücken, Gebäuden, Wohnungen
7. Sonstige Einkünfte	Renten, Spekulationsgeschäfte

Die **Einkommensteuer** wird im **Veranlagungsverfahren** durchgeführt.
Das heißt, der Steuerpflichtige führt die zu zahlenden Steuern während des Jahres selbst ab. Die Höhe richtet sich nach dem voraussichtlich zu erzielenden Einkommen auf der Grundlage des Vorjahres. Zahlungstermine sind der 10.03., 10.06., 10.09. und der 10.12. eines jeden Jahres.

Die **Lohnsteuer** stellt eine besondere Form der Einkommensteuer dar. Sie wird auf Einkünfte aus nichtselbständiger Arbeit erhoben, im **Quellenabzugsverfahren** vom Arbeitgeber einbehalten und an das Finanzamt monatlich abgeführt. Der Arbeitnehmer ist der **Steuerschuldner,** der Arbeitgeber dagegen haftet für die Einbehaltung und Abführung an den Fiskus.

Die **Kapitalertragsteuer** ist eine besondere Erhebungsart der Einkommensteuer. Bei der Ausschüttung von Kapitalerträgen aus Dividenden und Zinsen wird sie von den Kapitalgesellschaften einbehalten und an das Finanzamt überwiesen.

Gewinne von Kapitalgesellschaften und Erwerbs- und Wirtschaftsgenossenschaften unterliegen der **Körperschaftsteuer.** Sie ist die Einkommensteuer der juristischen Personen.

Betrachtet man die wichtigsten Gesichtspunkte, die bei der Ermittlung des zu versteuernden Einkommens aus nichtselbständiger Arbeit zu berücksichtigen sind, läßt sich die folgende Übersicht erstellen:

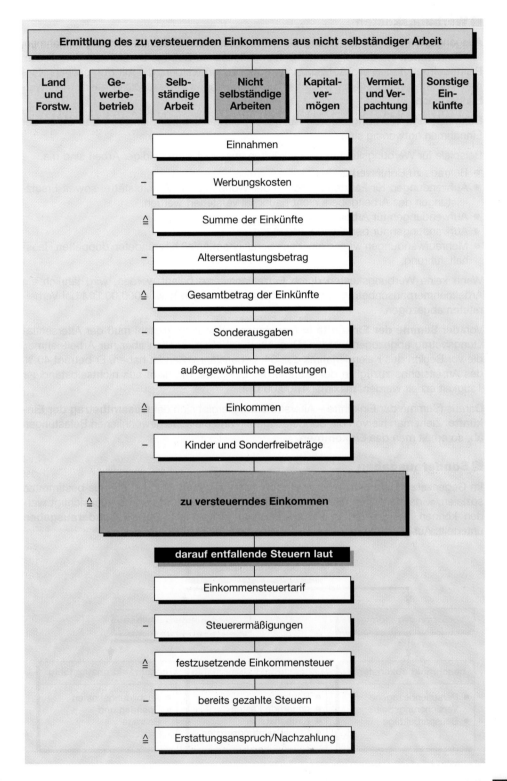

■ Werbungskosten

Ausgangspunkt für die Ermittlung der zu versteuernden Einkünfte sind die Einnahmen. Mit **Einnahmen** werden die tatsächlich zugeflossenen Beträge bezeichnet. Von diesem Bruttobetrag können alle Aufwendungen abgezogen werden, die mit den erzielten Einnahmen in einer objektiven wirtschaftlichen Beziehung stehen. Diese nennt man Werbungskosten.

Demnach sind **Werbungskosten** Ausgaben, die für Erwerb, Sicherung und Erhalt der Einnahmen notwendig sind.

Beispiele für Werbungskosten bei Einkünften aus nicht selbständiger Arbeit sind u.a.:
- Beiträge zu Berufsverbänden,
- Aufwendungen für Fahrten zwischen der Wohnung und Arbeitsstätte, soweit Ersatzleistungen des Arbeitgebers nicht pauschal versteuert werden,
- Aufwendungen für Arbeitsmittel,
- Aufwendungen für berufliche Fortbildung,
- Mehraufwendungen wegen einer aus beruflichem Anlaß begründeten doppelten Haushaltsführung.

Wenn keine Werbungskosten durch Einzelnachweise belegt werden, wird jährlich ein Arbeitnehmerpauschbetrag von 2 000,00 DM bei Ledigen bzw. 4 000,00 DM bei Verheirateten abgezogen.

Von der **Summe der Einkünfte** (= Einnahmen – Werbungskosten) muß der Altersentlastungsbetrag abgezogen werden. Den Altersfreibetrag erhalten aber nur Arbeitnehmer, die vor Beginn des Kalenderjahres das 64. Lebensjahr vollendet haben. Er beträgt 40 % des Arbeitslohns zuzüglich der Summe der Einkünfte, die nicht aus nichtselbständiger Tätigkeit erzielt werden, maximal 4 800,00 DM.

Daraus (Summe der Einkünfte – Altersfreibetrag) ergibt sich der **Gesamtbetrag der Einkünfte**. Zieht man hiervon die Sonderausgaben und die außergewöhnlichen Belastungen ab, so erhält man das **Einkommen**.

■ Sonderausgaben

Im Gegensatz zu Werbungskosten sind **Sonderausgaben** Beträge, die aus bestimmten sozialen, wirtschaftlichen und steuerpolitischen Gründen steuerlich berücksichtigt werden können. Sie werden in **Vorsorgeaufwendungen** und **übrige Sonderausgaben** unterteilt. Ausgewählte Bereiche finden sich im folgenden Überblick:

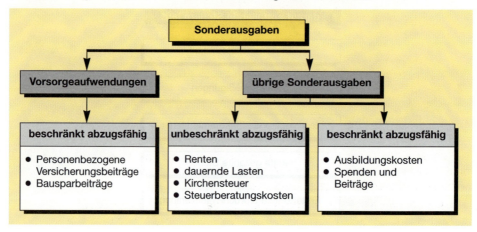

■ Außergewöhnliche Belastungen

Aufwendungen, die einem Steuerpflichtigen im privaten Bereich zwangsläufig und in einem größeren Umfang als der überwiegenden Mehrzahl vergleichbarer Steuerpflichtiger erwachsen, nennt man **außergewöhnliche Belastungen**.

Diese lassen sich unterscheiden in außergewöhnliche Belastungen **besonderer und allgemeiner Art**.

Die erste Gruppe ist bis zu bestimmten Höchst- und Pauschbeträgen abziehbar, unabhängig von der Höhe der Einkünfte. Im Gegensatz dazu wirken sich außergewöhnliche Belastungen allgemeiner Art nur dann steuermindernd aus, wenn sie eine persönlich „zumutbare Belastung" übersteigen – dann allerdings in unbegrenzter Höhe.

■ Kindergeld und Kinderfreibetrag

Ab 1996 erhalten Arbeitnehmer, deren Kind/er zu Beginn des Kalenderjahres noch nicht das 18. Lebensjahr vollendet hat/haben, Kindergeld oder Kinderfreibeträge.

Kinder zwischen dem 18. und 27. Lebensjahr werden nur dann berücksichtigt, wenn eine der folgenden Voraussetzungen erfüllt ist und die Einkünfte des Kindes unter 12.000,00 DM im Kalenderjahr liegen:

- Für **Kinder bis zum 21. Lebensjahr** gibt es die Förderung, wenn sie arbeitslos sind und der inländischen Arbeitsvermittlung zur Verfügung stehen
- für **Kinder bis zum 27. Lebensjahr** gibt es die Förderung, wenn sie
  - für einen Beruf ausgebildet werden;
  - sich in einer Übergangszeit zwischen zwei Ausbildungsabschnitten von höchstens vier Monaten befinden (beispielsweise zwischen Abitur und Studienbeginn);
  - eine Berufsausbildung mangels Ausbildungsplatzes nicht beginnen oder fortsetzen können;
  - ein freiwilliges soziales Jahr oder ein freiwilliges ökologisches Jahr leisten.
- **Behinderte Kinder**, die sich nicht selbst unterhalten können, werden ohne jede Altersgrenze berücksichtigt.

Bei Kindern, die Grundwehrdienst, Zivildienst oder freiwilligen Wehrdienst bis zu drei Jahren leisten, verlängert sich der Zeitraum der Berücksichtigung um die Zeit des Grundwehrdienstes bzw. Zivildienstes

- bei arbeitslosen Kindern entsprechend über das 21. Lebensjahr hinaus,
- bei Kindern in Berufsausbildung entsprechend über das 27. Lebensjahr hinaus.

■ Einkommensteuertarif

Von dem so zu versteuernden Einkommen wird ein bestimmter Prozentsatz als Steuer beansprucht. Die Grundlage dafür bildet der **Einkommensteuertarif.**

Steuertarif aus einer Einkommensteuerveranlagung von 1898

Steuertarif
§ 17 des Einkommen-Steuer-Gesetzes

Die Einkommensteuer beträgt jährlich bei einem Einkommen

von mehr als: Mark	bis einschließlich: Mark	Mark
900	1050	6
1050	1200	9
1200	1350	12
1350	1500	16
1500	1650	21
1650	1800	26
1800	2100	31
2100	2400	36
2400	2700	44
2700	3000	52
3000	3300	60
3300	3600	70
3600	3900	80
3900	4200	92
4200	4500	104
4500	5000	118
5000	5500	132
5500	6000	146
6000	6500	160
6500	7000	176
7000	7500	192
7500	8000	212
8000	8500	232
8500	9000	252
9000	9500	276
9500	10500	300

Sie steigt bei höherem Einkommen

von mehr als: Mark	bis einschließlich: Mark	In Stufen von: Mark	um je Mark
10500	30500	1000	30
30500	32000	1500	60
32000	78000	2000	80
78000	100000	2000	100

Bei Einkommen von mehr als 100 000 Mark bis einschließlich 105 000 Mark beträgt die Steuer 4 000 Mark und steigt bei höherem Einkommen in Stufen von 5 000 Mark um je 200 Mark.

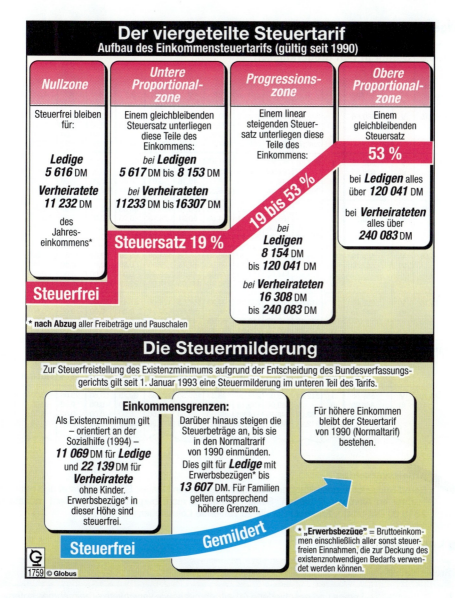

Betrachtet man den viergeteilten **Steuertarif,** ergeben sich folgende Fragen:
- Warum wird das Existenzminimum nicht mit Einkommensteuer belegt?
- Warum steigt der Steuersatz zunächst mit zunehmendem Einkommen an?
- Welche Absicht verfolgt der Gesetzgeber mit der Begrenzung des Spitzensteuersatzes von 53 %?

Es stellt sich nun weiterhin das Problem, wie ein Arbeitgeber für sich und seine Mitarbeiter die fällige Einkommen- bzw. Lohnsteuer ermitteln kann. Der Bundesminister für Finanzen veröffentlicht zu diesem Zweck Monatslohnsteuertabellen. Diese ermöglichen eine korrekte und zeitsparende Festsetzung der abzuführenden Einkommensteuer. Neben der tabellarischen Berechnung steht zunehmend anwenderfreundliche Software in Form von Lohn- und Gehaltsprogrammen zur Verfügung.

Allgemeine Monatslohnsteuertabelle

Monats-arbeits-lohn in DM bis	Steuer in den Steuerklassen											
	V, VI		I – IV									
		DM	0	0,5	1	1,5	2	3	3,5	4	4	4,5	5
2493,15	V VI	580,66 637,50	I II III IV	306,58 – 176,66 306,58	266,75 163,33 142,83 286,58	228,08 127,58 109,66 266,75	190,41 92,83 76,83 247,33	153,83 59,16 44,33 228,08	118,33 26,50 11,83 209,08	83,83 0,00 0,00 190,41	50,50 0,00 0,00 172,00	17,91 0,00 0,00 153,83	0,00 0,00 0,00 135,91	0,00 0,00 0,00 118,33
2497,65	V VI	582,16 638,83	I II III IV	307,66 – 178,50 308,66	267,83 164,33 144,66 287,58	229,08 128,50 111,33 267,83	191,41 93,75 78,66 248,33	154,75 60,00 46,16 229,08	119,25 27,33 13,66 210,08	84,75 0,00 0,00 191,41	51,33 0,00 0,00 172,91	18,75 0,00 0,00 154,75	0,00 0,00 0,00 136,83	0,00 0,00 0,00 119,25
2502,15	V VI	583,50 640,50	I II III IV	308,66 – 178,50 308,66	268,83 165,25 144,66 288,66	230,08 129,41 111,33 268,83	192,33 94,58 78,66 249,33	155,75 60,91 46,16 230,06	120,16 28,16 13,66 211,08	85,66 0,00 0,00 192,33	52,16 0,00 0,00 173,91	19,66 0,00 0,00 155,75	0,00 0,00 0,00 137,83	0,00 0,00 0,00 120,16
2506,65	V VI	585,16 642,00	I II III IV	309,75 – 178,50 309,75	269,91 166,25 144,66 289,66	231,06 130,33 111,33 269,91	193,33 95,50 78,66 250,33	156,66 61,75 46,16 231,06	121,08 29,00 13,66 212,08	86,50 0,00 0,00 193,33	53,06 0,00 0,00 174,91	20,50 0,00 0,00 156,66	0,00 0,00 0,00 138,75	0,00 0,00 0,00 121,06
2511,15	V VI	586,66 643,66	I II III IV	310,83 – 180,16 310,83	270,91 167,16 146,33 290,75	232,06 131,25 113,00 270,91	194,33 96,41 80,33 251,41	157,66 62,66 47,83 232,06	122,00 29,91 15,33 213,08	87,41 0,00 0,00 194,33	53,91 0,00 0,00 175,83	21,33 0,00 0,00 157,66	0,00 0,00 0,00 139,66	0,00 0,00 0,00 122,00
2515,65	V VI	588,33 645,16	I II III IV	311,91 – 180,16 311,91	272,00 168,16 146,33 291,83	233,06 132,16 113,00 272,00	195,33 97,33 80,33 252,41	158,58 63,50 47,83 233,08	122,91 30,75 15,33 214,08	88,33 0,00 0,00 195,33	54,83 0,00 0,00 176,83	22,16 0,00 0,00 158,58	0,00 0,00 0,00 140,58	0,00 0,00 0,00 122,91
2520,15	V VI	589,66 646,83	I II III IV	312,91 – 182,00 312,91	273,00 169,06 148,16 292,83	234,06 133,16 114,83 273,00	196,33 98,25 82,00 253,41	159,50 64,41 49,50 234,08	123,83 31,58 17,00 215,08	89,25 0,00 0,00 196,33	55,66 0,00 0,00 177,75	23,08 0,00 0,00 159,50	0,00 0,00 0,00 141,58	0,00 0,00 0,00 123,83

Arbeitsvorschlag

Bernd Busse ist Angestellter der Großhandlung Torsten Henjes. Er ist verheiratet und hat eine Tochter im Alter von 2 Jahren. Seine Ehefrau ist nicht berufstätig. Er verdient monatlich 2 510,00 DM brutto. Ermitteln Sie die zu zahlende Lohnsteuer.

■ Lohnsteuerklassen

Steuerklasse	Personenkreis
I	Ledige und geschiedene Arbeitnehmer sowie verwitwete Arbeitnehmer, sofern sie nicht in die Steuerklasse II oder III fallen.
II	Ledige, geschiedene oder verwitwete Arbeitnehmer, die mindestens ein Kind haben, das zu ihrem Haushalt gehört, verwitwete Arbeitnehmer aber nur, wenn sie nicht in die Steuerklasse III fallen.
III	Verheiratete Arbeitnehmer sowie verwitwete Arbeitnehmer, diese aber nur für die auf das Todesjahr des Ehegatte folgende Kalenderjahr.
IV	Verheiratete Arbeitnehmer, wenn beide Ehegatten Arbeitslohn beziehen.
V	Einer der Ehegatten, wenn der andere Ehegatte Steuerklasse III wählt.
VI	Arbeitnehmer, die gleichzeitig von mehreren Arbeitgebern Arbeitslohn erhalten, mit ihren zweiten und weiteren Steuerkarten.

■ Kirchensteuer

Steuerpflichtig sind alle Mitglieder einer Kirchensteuer einbehaltenden Institution. Bemessungsgrundlage ist die zu zahlende Jahreseinkommensteuer (Lohnsteuer), von der je nach Bundesland 8 % oder 9 % als Kirchensteuer festgesetzt werden.

■ Steuerermäßigungen

Kommen wir noch einmal auf den Überblick zur Ermittlung des zu versteuernden Einkommens zurück. Nachdem auf der Basis des Einkommensteuertarifs die vorläufige Steuerschuld berechnet worden ist, können weitere Steuerermäßigungen geltend gemacht werden. So z.B.:
- Baukindergeld, darunter versteht man eine bestimmte Form der Förderung des Wohneigentums für Familien mit Kindern,
- Spenden und Beiträge an Parteien und unabhängige Wählervereinigungen,
- Anrechnung ausländischer Steuern vom Einkommen.

Wurden bereits Steuern entrichtet, z.B. Lohnsteuer, Solidaritätszuschlag oder Einkommensteuervorauszahlung, so sind diese von der **festzusetzenden Einkommensteuer** abzuziehen. Das so ermittelte Ergebnis spiegelt den **Erstattungsanspruch** oder eine **mögliche Nachzahlung** des Steuerzahlers wider.

■ Einkommensteuererklärung

In der Praxis benutzt der Arbeitgeber Monatslohnsteuertabellen, in die die wichtigsten Freibeträge schon eingearbeitet sind. Dabei werden jedoch nicht alle steuerlich relevanten individuellen Besonderheiten jedes Arbeitnehmers erfaßt, z.B. die Änderung der Lohnsteuerklasse oder unterschiedlich hohe Monatseinkünfte. Um gegebenenfalls zuviel gezahlte Steuern zurückzuerhalten, sollte jeder Arbeitnehmer beim Finanzamt einen Einkommensteuererklärungsvordruck ausfüllen, den er nach Ablauf des Jahres beim Finanzamt kostenlos erhält. Dabei muß er bestimmte Antragsfristen beachten.

In bestimmten Fällen sind Arbeitnehmer verpflichtet, nach Ablauf des Kalenderjahres unaufgefordert eine Einkommensteuererklärung abzugeben. Diese trifft u.a. zu, wenn
- das Einkommen bei Ledigen 27 000 DM, bei Verheirateten 54 000,00 DM übersteigt,
- neben dem Arbeitslohn Einkünfte aus anderen Einkunftsarten (z.B. Zinsen aus Sparguthaben) von mehr als 800,00 DM erzielt wurden,
- Arbeitslohn von mehreren Arbeitgebern bezogen wurde.

Die Einkommensteuererklärung muß spätestens am 31.05. des Folgejahres abgegeben werden.

Bei verspäteter Abgabe oder bei Nichtabgabe der Einkommensteuererklärung kann das Finanzamt einen Verspätungszuschlag von bis zu 10 % der veranschlagten Einkommensteuer, erforderlichenfalls auch als Zwangsgelder, festsetzen.

Im **Splitting-System** können die zu versteuernden Jahreseinkommen Verheirateter addiert werden. Dieses Gesamteinkommen wird halbiert und dem entsprechenden Betrag der Grundtabelle zugeordnet. Der so ermittelte Wert wird mit 2 multipliziert.

Dadurch ergibt sich insgesamt eine geringere Steuerschuld, d.h. der Splitting-Tarif mindert die Progressionswirkung der Einkommen- bzw. Lohnsteuer.

Einkommensteuerbelastung im Jahr 1994[1]

zu versteuerndes Einkommen DM	Tarifliche Einkommensteuer			
	Ledige (Grundtabelle)		Verheiratete (Splittingtabelle)	
	DM	%	DM	%
5 000,00	0	0	0	0
10 000,00	0	0	0	0
20 000,00	2 943	16,8	0	0
30 000,00	5 354	17,8	3 692	12,3
50 000,00	11 084	22,8	8 208	16,4
70 000,00	18 048	25,8	13 360	19,1
100 000,00	30 743	30,7	22 168	22,2
500 000,00	242 150	48,4	219 278	43,9
1 000 000,00[2]	507 143	50,7	484 300	48,4

[1] mit Berücksichtigung der Sonderregelung zur Freistellung des Existenzminimums.
[2] ohne gewerbliche Einkünfte

■ Zinsabschlagsteuer

Zinseinkünfte aus Sparguthaben, festverzinslichen Wertpapieren, Festgeldern, Termingeldern u.ä. sind in der Bundesrepublik Deutschland **grundsätzlich steuerpflichtig.** Sie sind in der Einkommensteuererklärung anzugeben und zusammen mit dem übrigen Einkommen zu versteuern.

Die Durchsetzung des staatlichen Steueranspruchs hängt aber davon ab, ob die Steuerpflichtigen vollständige Angaben machen, da der soge

nannte **Bankenerlaß** (§ 30 a Abgabenordnung) Kontrollmitteilungen der Kreditinstitute an die Behörden verhindert. Folglich wurden die Zinseinkünfte den Finanzämtern zu einem großen Teil verschwiegen, und dem Fiskus entgingen auf diese Weise Steuereinnahmen in Milliardenhöhe.

Durch das Urteil des Bundesverfassungsgerichts vom 27.06.1991, das den Zustand der weitgehend risikolosen Steuerhinterziehung als Verstoß gegen das Rechtsstaatsprinzip und den Grundsatz der Gleichbehandlung wertete, wurde der Gesetzgeber deshalb erneut zum Handeln gezwungen: Er schuf das **Zinsabschlaggesetz.** Die folgende Darstellung gibt einen Überblick über die wesentlichen Bestandteile des Gesetzes.

■ **Mögliche Auswirkungen**

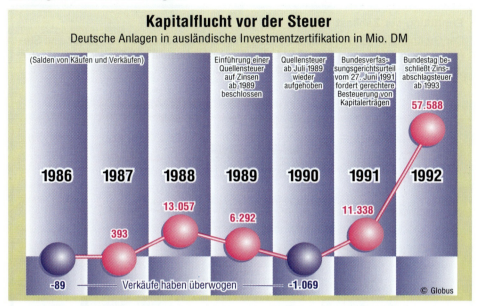

Quelle: Geschäftswelt 9/93

5.4.2 Umsatzsteuer

Die **Umsatzsteuer,** auch **Mehrwertsteuer** genannt, ist in ihrer wirtschaftlichen Wirkung eine allgemeine Verbrauchsteuer, die vom Endverbraucher getragen wird. Besteuert werden:
- Lieferungen und Leistungen, die ein Unternehmer im Rahmen seines Unternehmens im Inland gegen Entgelt erbringt.
- Eigenverbrauch des Unternehmers, d.h. Privatentnahme von Waren und die Nutzung betrieblicher Gegenstände.
- Einfuhr von Gegenständen in die Bundesrepublik Deutschland.

Der allgemeine Steuersatz beträgt 15 %. Auf bestimmte Waren und Leistungen wird ein ermäßigter Steuersatz von 7 % erhoben, so z.B. auf
- Grundnahrungsmittel,
- Bücher, Zeitschriften u.ä..
- Kunstgegenstände.

Von der Umsatzsteuer befreit sind u.a. Umsätze:
- der Bundespost im Bereich der Postdienste und der Postbank,
- der Telekom, sofern deren Leistungen nicht im Wettbewerb mit anderen Unternehmen stehen,
- aus Mieten und Verpachtungen,
- von Ärzten und aus den Tätigkeiten anderer Heilberufe.

Situation:

Ermittlung der Zahllast

Der Großhändler Torsten Henjes verkauft an den Einzelhändler Power Tower eine Stereoanlage im Wert von 1 200,00 DM, die dieser nachbestellt hat. Dieser Vorgang ist in der folgenden Übersicht vereinfacht dargestellt:

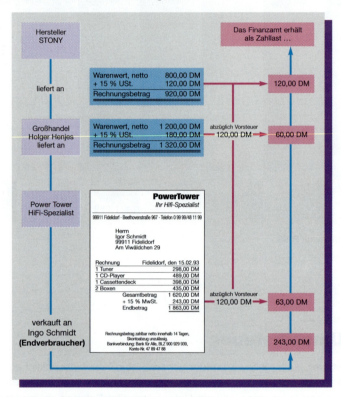

Die Zahllast wird wie folgt berechnet:

| Umsatzsteuerschulden gemäß Ausgangsrechnungen |
| – Vorsteuerforderungen gemäß Eingangsrechnungen |
| = Zahllast |

Betrachtet man einmal den Elektrogroßhändler Henjes, so stellt man fest, daß dieser bereits beim Einkauf der Stereoanlage beim Hersteller STONY 120,00 DM Vorsteuer gezahlt hat. Anschließend hat er dem Einzelhändler Power Tower dann eine Rechnung inkl. 180,00 DM Umsatzsteuer ausgestellt.

Zieht Henjes nun von den erhaltenen 180,00 DM die gezahlten 120,00 DM ab, so ergibt sich die Zahllast in Höhe von 60,00 DM. Das ist die Umsatzsteuerschuld, die er an das Finanzamt zu entrichten hat.

Jeder Unternehmer hat binnen 10 Tagen nach Ablauf eines jeden Kalendermonats eine **Umsatzsteuer-Voranmeldung** abzugeben, in der er die Steuer für den abgelaufenen Kalendermonat (Voranmeldungszeitraum) selbst berechnen muß. Betrug die Umsatzsteuerschuld des vorangegangenen Kalenderjahres 6 000,00 DM oder weniger, so gelten statt der Monatsfristen Vierteljahresfristen.

1995

— Bitte weiße Felder ausfüllen, oder ☒ ankreuzen, Anleitung beachten —

Zeile					
	Steuernummer				
	FA-Nr.	Bezirk	Unterscheid-Nr.	Schlüsseltext	Zeitraum
				21 56 11	siehe unten

30 Eingangsstempel oder -datum

Finanzamt

Umsatzsteuer-Voranmeldung 1995

Voranmeldungszeitraum
bei monatlicher Abgabe bitte ankreuzen — bei vierteljährlicher Abgabe bitte ankreuzen

95 01 Jan.	95 07 Juli	95 41 I. Kalendervierteljahr
95 02 Feb.	95 08 Aug.	95 42 II. Kalendervierteljahr
95 03 März	95 09 Sept.	95 43 III. Kalendervierteljahr
95 04 April	95 10 Okt.	95 44 IV. Kalendervierteljahr
95 05 Mai	95 11 Nov.	
95 06 Juni	95 12 Dez.	

Unternehmen – Art und Anschrift – Telefon

Berichtigte Anmeldung (falls ja, bitte eine „1" eintragen) **10**

I. Anmeldung der Umsatzsteuer-Vorauszahlung

Innergemeinschaftliche Warenbewegungen (§ 18a Abs. 3 UStG) (falls ja, bitte eine „1" eintragen) **95**

	Bemessungsgrundlage volle DM		Steuer DM	Pf

Lieferungen, sonstige Leistungen und Eigenverbrauch

Steuerfreie Umsätze mit Vorsteuerabzug
Innergemeinschaftliche Lieferungen (§ 4 Nr. 1b UStG)
an Abnehmer **mit** USt-IdNr. **41**
neuer Fahrzeuge an Abnehmer **ohne** USt-IdNr. **44**
neuer Fahrzeuge außerhalb eines Unternehmens (§ 2a UStG) **49**
Weitere steuerfreie Umsätze mit Vorsteuerabzug
(z. B. Ausfuhrlieferungen, Umsätze nach § 4 Nr. 2 bis 7 UStG) **43**

Steuerfreie Umsätze ohne Vorsteuerabzug
Umsätze nach § 4 Nr. 8 bis 28 UStG **48**

Steuerpflichtige Umsätze
(Lieferungen, sonstige Leistungen und Eigenverbrauch)
zum Steuersatz von 15 v. H. **50**
zum Steuersatz von 7 v. H. **86**
Umsätze, die anderen Steuersätzen unterliegen .... **35** ▬ **36**

Umsätze land- und forstwirtschaftlicher Betriebe nach § 24 UStG
Lieferungen in das übrige Gemeinschaftsgebiet
an Abnehmer **mit** USt-IdNr. **77**
Umsätze, für die eine Steuer nach § 24 UStG zu entrichten ist
(Sägewerkserzeugnisse, Getränke und alkoholische Flüssigkeiten) ... **76** ▬ **80**

Innergemeinschaftliche Erwerbe

Steuerfreie innergemeinschaftliche Erwerbe
Erwerbe nach § 4b UStG **91**

Steuerpflichtige innergemeinschaftliche Erwerbe
(§ 1a UStG)
zum Steuersatz von 15 v. H. **92**
zum Steuersatz von 7 v. H. **93**
neuer Fahrzeuge
von Lieferern **ohne** USt-IdNr. zum Steuersatz von 15 v. H. **94**
Steuer infolge Wechsels der Besteuerungsart/-form
sowie Nachsteuer auf versteuerte Anzahlungen wegen Steuersatzerhöhung **65**

Umsatzsteuer .... zu übertragen in Zeile 45

Nordrhein-Westfalen

USt 1 A – Umsatzsteuer-Voranmeldung 1995 –
Nr. 754/1 (12.94) OFD Dü – St 14 (gilt nur zur Abgabe bei Finanzämtern in Nordrhein-Westfalen)

Recyclingpapier aus 100% Altpapier – erspart Energie, Rohstoffe und Abfall

Zeile			Steuer DM	Pf
44				
45		Übertrag		
46	**Abziehbare Vorsteuerbeträge**			
47	Vorsteuerbeträge aus Rechnungen von anderen Unternehmern (§ 15 Abs. 1 Nr. 1 UStG)		66	
48	Vorsteuerbeträge aus dem innergemeinschaftlichen Erwerb von Gegenständen (§ 15 Abs. 1 Nr. 3 UStG) .		61	
49	entrichtete Einfuhrumsatzsteuer (§ 15 Abs. 1 Nr. 2 UStG)		62	
50	Vorsteuerbeträge, die nach allgemeinen Durchschnittssätzen berechnet sind (§§ 23 und 23 a UStG)		63	
51	Berichtigung des Vorsteuerabzugs (§ 15 a UStG)		64	
52	Vorsteuerabzug für innergemeinschaftliche Lieferungen **neuer Fahrzeuge** außerhalb eines Unternehmens (§ 2 a UStG) sowie von Kleinunternehmern im Sinne des § 19 Abs. 1 UStG (§ 15 Abs. 4 a UStG)		59	

Zeile		Bemessungsgrundlage volle DM	Pf	Steuer DM	Pf
53	**Kürzungen nach dem BerlinFG** für frühere Kalenderjahre				
54	nach den §§ 1, 1 a und 2 BerlinFG	57			58	
55	Verbleibender Betrag					
56	In Rechnungen unberechtigt ausgewiesene Steuerbeträge (§ 14 Abs. 2 und 3 UStG) sowie Steuerbeträge, die nach § 6 a Abs. 4 Satz 2 und § 17 Abs. 1 Satz 2 UStG geschuldet werden				69	
57	**Umsatzsteuer-Vorauszahlung/Überschuß**					
58	**Anrechnung** (Abzug) der festgesetzten **Sondervorauszahlung** für Dauerfristverlängerung (nur auszufüllen in der letzten Voranmeldung des Besteuerungszeitraums, in der Regel Dezember)				39	
59	**Verbleibende Umsatzsteuer-Vorauszahlung** .... (Bitte in jedem Fall ausfüllen)				83	
60	**Verbleibender Überschuß** (rot eintragen oder mit Minuszeichen versehen)				(kann auf 10 Pf zu Ihren Gunsten gerundet werden)	

II. Anmeldung der Umsatzsteuer im Abzugsverfahren (§§ 51 bis 56 UStDV)

Zeile		Bemessungsgrundlage volle DM	Pf	Steuer DM	Pf
61					
62	für Werklieferungen und sonstige Leistungen im Ausland ansässiger Unternehmer (§ 51 Abs. 1 Nr. 1 UStDV)				
63	Leistungen, für die wegen Anwendung der sog. Null-Regelung (§ 52 Abs. 2 UStDV) keine Umsatzsteuer einzubehalten ist	71			
64	Leistungen, für die Umsatzsteuer einzubehalten ist	72			
65	für Lieferungen von sicherungsübereigneten Gegenständen (§ 51 Abs. 1 Nr. 2 UStDV) sowie von Grundstücken				
66	im Zwangsversteigerungsverfahren (§ 51 Abs. 1 Nr. 3 UStDV)				
67	Lieferungen, für die wegen Anwendung der sog. Null-Regelung (§ 52 Abs. 2 UStDV) keine Umsatzsteuer einzubehalten ist	78			
68	Lieferungen, für die Umsatzsteuer einzubehalten ist	79			
69	**Umsatzsteuer im Abzugsverfahren**			75	
				(kann auf 10 Pf zu Ihren Gunsten gerundet werden)	
70					
71	Ein Erstattungsbetrag wird auf das dem Finanzamt benannte Konto überwiesen, soweit nicht eine Verrechnung mit Steuerschulden vorzunehmen ist.				
72	**Verrechnung** des Erstattungsbetrages erwünscht (falls ja, bitte eine „1" eintragen)			29	
73	Geben Sie bitte die Verrechnungswünsche auf einem besonderen Blatt oder dem beim Finanzamt erhältlichen Vordruck „Verrechnungsantrag" an.				
74	Die **Einzugsermächtigung** wird ausnahmsweise (z. B. wegen Verrechnungswünschen) für diesen Voranmeldungszeitraum **widerrufen** (falls ja, bitte eine „1" eintragen)			26	
75	Ich versichere, die Angaben in dieser Steueranmeldung wahrheitsgemäß nach bestem Wissen und Gewissen gemacht zu haben.				
76	Bei der Anfertigung dieser Steueranmeldung hat mitgewirkt: (Name, Anschrift, Telefon)				
77					
78		Datum, Unterschrift			
79		**Hinweis nach den Vorschriften der Datenschutzgesetze:** Die mit der Steueranmeldung angeforderten Daten werden aufgrund der §§ 149 ff. der Abgabenordnung und der §§ 18, 18 b des Umsatzsteuergesetzes erhoben. Die Angabe der Telefonnummern ist freiwillig.			
80					
81	─────────────── Vom Finanzamt auszufüllen ───────────────				
82	**Bearbeitungshinweis** 1. Die aufgeführten Daten sind mit Hilfe des geprüften und genehmigten Programms sowie ggf. unter Berücksichtigung der gespeicherten Daten maschinell zu verarbeiten.				
83	2. Die weitere Bearbeitung richtet sich nach den Ergebnissen der maschinellen Verarbeitung.				
84					
85		Kontrollzahl und/oder Datenerfassungsvermerk			
86	Datum, Namenszeichen/Unterschrift				

Die Umsatzsteuer muß also von dem Unternehmer (Steuerschuldner) an das Finanzamt gezahlt werden. Die wirtschaftliche Belastung trägt jedoch, wie dem o.g. Beispiel zu ersehen ist, der Endverbraucher.

Der Endverbraucher hat den Bruttoverkaufspreis zu entrichten und übernimmt damit, unabhängig von seiner individuellen Leistungsfähigkeit, die Steuerlast.

Das hat zur Folge, daß die Umsatzsteuer die Bezieher niedriger Einkommen relativ stärker belastet als diejenigen höherer Einkommen. Da in der Regel die Konsumquote niedriger Einkommensbereiche größer ist als bei den Besserverdienenden, haben die unteren Bereiche eine stärkere Belastung zu tragen. Abgeschwächt wird diese regressive Wirkung allerdings durch den verringerten Steuersatz von 7 %, der in erster Linie auf Grundnahrungsmittel entfällt.

Beispiel

	Monatsnettoeinkommen in DM	Konsumausgaben in DM	Umsatzsteuer in DM[1]	Umsatzsteuer in % vom Monatsnettoeinkommen[1]
Auszubildender I. Schmidt	1 000,00 DM	888,00 DM	88,00 DM	8,8
Unternehmer T. Henjes	10 000,00 DM	5550,00 DM	550,00 DM	5,5

Im Rahmen der Harmonisierung des EG-Binnenmarktes ist allerdings nicht auszuschließen, daß der Umsatzsteuersatz weiter angehoben wird. Nicht zuletzt, weil davon auszugehen ist, daß beispielsweise eine Erhöhung des Steuersatzes um einen Prozentpunkt von 15 auf 16 % zusätzliche Mehreinnahmen von ca. 20 Mrd. DM für den Fiskus erbrächten.

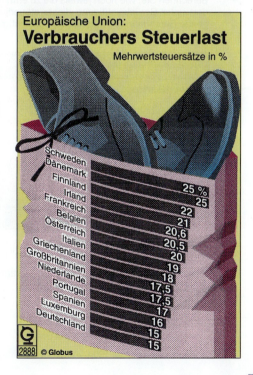

[1] Gemittelt aus allgemeinen (15%) und ermäßigten (7%) Steuersatz.

5.4.3 Gewerbesteuer

Die **Gewerbesteuer** gehört zu den Real-, Objekt- oder Sachsteuern. **Besteuerungsgrundlage** sind das **Gewerbekapital** und der **Gewerbeertrag**[1], unabhängig von der individuellen Leistungsfähigkeit des Unternehmers. Sie ist eine Betriebsausgabe, die den steuerlichen Gewinn mindert und damit auch die Höhe der Einkommen- bzw. Körperschaftsteuer beeinflußt.

Situation:

> Torsten Henjes möchte sein Unternehmen vergrößern und sucht nach einem weiteren Standort. Er erhält u.a. Angebote von Maklern aus Magdeburg in Sachsen-Anhalt und Remscheid in Nordrhein-Westfalen.
>
> Torsten Henjes fertigt eine Überschlagsrechnung an, aus der hervorgeht, welche Kosten mit der jeweiligen Entscheidung für Magdeburg oder Remscheid verbunden wären. Besondere Unterschiede stellt er bei der Gewerbesteuer fest.
>
> Die Elektrogroßhandlung Torsten Henjes verfügt am neuen Standort über ein Gewerbekapital von 1,5 Mio. DM. Für das nächste Geschäftsjahr ist ein Gewerbeertrag von 200 000 DM zu erwarten.

Arbeitsvorschlag:
Berechnen Sie, wie hoch jeweils die zu entrichtende Gewerbesteuer wäre, und welcher Standort unter Berücksichtigung dieser steuerlichen Belastung der günstigere wäre, wenn folgende Berechnungsgrundlage berücksichtigt werden muß.

Besteuerungsgrundlage	Magdeburg	Remscheid
Gewerbeertrag:		
Freibetrag	48 000,00 DM	48 000,00 DM
Steuermeßzahl[2]	5 %	5 %
Steuermeßbetrag	?	?
Gewerbekapital[3]**:**		
Freibetrag	entfällt	120 000,00 DM
Steuermeßzahl	entfällt	2 %
Steuermeßbetrag	entfällt	?
Hebesatz:	320 %	410 %

---

[1] Diese Begriffe sind nicht identisch mit „Gewinn" und „Eigenkapital".

[2] Die Steuermeßzahl für den Gewerbeertrag beträgt bei diesen Betrieben ab 1993:
- 1 % für die ersten 24 000,00 DM,
- 2 % für die zweiten 24 000,00 DM,
- 3 % für die dritten 24 000,00 DM,
- 4 % für die vierten 24 000,00 DM,
- 5 % für jede weitere 24 000,00 DM,

[3] Bis zum Veranlagungsjahr 1994 wurde im Beitrittsgebiet die Gewerbekapitalsteuer ausgesetzt.

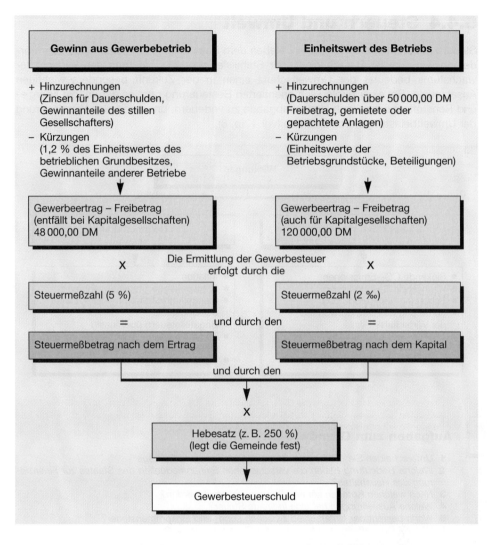

Aus dem Ergebnis des o.g. Rechenbeispiels geht hervor, daß die Gewerbesteuer wesentliches Kriterium bei der Standortwahl des Unternehmers sein kann.

Die Gewerbesteuer ist eine Gemeindesteuer und die wichtigste Einnahmequelle der Kommunen. Bund und Länder werden durch eine Umlage von zur Zeit ca. 15 % des Aufkommens an der Gewerbesteuer beteiligt.

Da der Hebesatz von der jeweiligen Gemeinde festgelegt wird, ist die Gewerbesteuer entscheidendes Instrument zur Steuerung von Gewerbeansiedlungen. Ein Heraufsetzen bringt den Kommunen somit einerseits höhere Einnahmen, andererseits beinhaltet dies die Gefahr einer Abwanderung der Unternehmen, so auch die Gefährdung von Arbeitsplätzen.

Ebenso wichtig ist der internationale Zusammenhang. Im zusammenwachsenden europäischen Binnenmarkt muß sich die Wirtschaft — besonders auch in den neuen Bundesländern — auf zunehmenden Wettbewerb in offenen Märkten einstellen. Die deutsche Steuerpolitik muß also im Interesse der gesamtwirtschaftlichen Entwicklung auch beachten, wie sich die steuerliche Belastung von Unternehmen im Ausland verändert.

5.4.4 Steuern und Umwelt

Steuern haben mehrere Funktionen. Neben dem Beschaffen von Finanzmitteln, der Förderung von sozialer Gerechtigkeit, der Stabilisierung und Förderung des Wirtschaftswachstums bedeutet der Umweltschutz einen in der Zukunft besonders wichtigen Ansatzpunkt. Bei einer ökologisch orientierten Besteuerung geht es darum, die Energie- und Rohstoffnutzung durch Umweltabgaben zu verteuern, um damit eine Verminderung der Umweltbelastung herbeizuführen (vgl. Kap. 8).

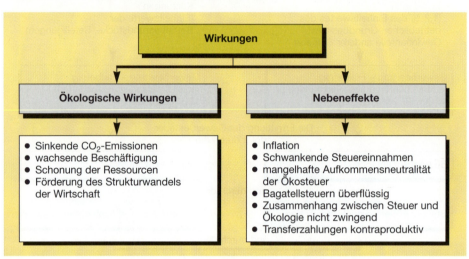

Aufgaben zum Grundwissen

1. Unterscheiden Sie die Begriffe Steuern, Gebühren und Beiträge.
2. Welche Bedeutung haben die verschiedenen Einnahmequellen des Staates zur Finanzierung des Haushaltes?
3. Nach welchen Kriterien können Steuern eingeteilt werden?
4. Welche Auswirkungen hat eine indirekte Steuer?
5. Worin besteht der Unterschied zwischen Lohn- und Einkommensteuer?
6. Welche Einkunftsarten unterliegen der Einkommensteuer?
   Bilden Sie zu jeder ein Beispiel.
7. Welche Unterlagen werden zur Berechnung der Einkommen- bzw. Lohnsteuer eines Arbeitnehmers benötigt? Welche Angaben sind auf ihnen enthalten?
8. Welche Abzugsmöglichkeiten hat ein Arbeitnehmer, um sein steuerpflichtiges Einkommen zu reduzieren?
9. Ordnen Sie drei der insgesamt 6 Ausgaben (a bis f) den steuerlich berücksichtigungsfähigen Ausgaben zu.
   a) Prämie für die Lebensversicherung
   b) Prämie für die Hausratversicherung
   c) Bezugsgebühren für die Tageszeitung
   d) Gewerkschaftsbeitrag
   e) Beiträge für den Mieterschutzbund
   f) Kosten für die auswärtige Unterbringung von Kindern zur Berufsausbildung
   Steuerlich berücksichtigungsfähige Ausgaben:
   Werbungskosten, Sonderausgaben, Außergewöhnliche Belastungen
10. Wer ist Steuerschuldner und Steuerträger bei der Umsatzsteuer?
11. Wie wird die Zahllast bei der Umsatzsteuer ermittelt?
12. Wer hat die Ertragskompetenz bei der Gewerbesteuer?
13. Welche Besteuerungsgrundlage hat die Gewerbesteuer?

Weiterführende Problemstellungen

1. Problem

Bruttoeinkommen	3 000,00 DM
abzüglich Lohnsteuer	488,16 DM
Kirchensteuer	48,00 DM
Sozialversicherungsbeiträge	570,00 DM
Nettoeinkommen	
Ersparnis	93,84 DM

1. Errechnen Sie unter Berücksichtigung der o.g. Angaben die möglichen Ausgaben und die reale Kaufkraft.
2. Stößt das Steuersystem an die Grenzen der Akzeptanz bzw. Belastungsfähigkeit der Steuerzahler, so versuchen viele, dieser Belastung zu entgehen. Beschreiben Sie mögliche Auswirkungen.

2. Problem

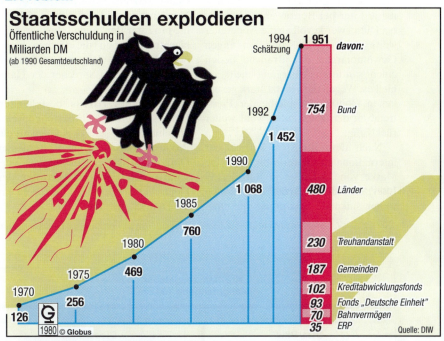

1. Wie hoch ist die Pro-Kopf-Verschuldung?
2. Erläutern Sie, warum eine steigende Verschuldung problematisch für unsere Gesellschaft wäre.
3. Auf welche Ausgaben sind Sie bereit zu verzichten? Diskutieren Sie Ihre Vorschläge!
4. Welche Steuern würden Sie erhöhen? Begründen Sie Ihre Auswahl!

3. Problem

Der HIFI-Einzelhändler Power Tower bietet Videocassetten für 9,98 DM an. Welche Auswirkungen hat eine Umsatzsteuererhöhung um einen Prozentpunkt auf die Preisgestaltung?

4. Problem

Besorgen Sie sich einen Antrag für die Einkommensteuererklärung. Füllen Sie diesen, bezogen auf Ihre Einkommensverhältnisse, aus.

5. Problem

1. Diskutieren Sie die Absicht des Staates bei der Festsetzung der Kraftfahrzeugsteuer und der Mineralölsteuer

Kein sanfter Übergang
Mineralölbranche gibt Steuererhöhung vollständig weiter

Bonn 02.02.2010

Die deutschen Autofahrer müssen sich vom kommenden Sonnabend an auf deutlich höhere Spritpreise einstellen. In einer Umfrage erklärten Sprecher der großen Mineralölfirmen, die Mineralölsteuererhöhung um 16 Pfennig je Liter bei Benzin und 7 Pfennig bei Diesel werde voll an die Abnehmer weitergegeben. Die ohnehin engen Gewinnmargen der Branche ließen einen sanfteren Übergang nicht zu, hieß es. Wegen der zuletzt stark gesunkenen Rohölpreise bleibe der Preistrend an den Zapfsäulen wohl weiter rückläufig.

Nach dem jüngsten Rutsch der internationalen Ölpreise bis unter die Marke von 13 Dollar je Barrel (159 Liter) hält die Mehrzahl der Firmen weiter sinkende Spritpreise für möglich. Allerdings seien die Preise schon jetzt relativ weit unten, sagte ein Sprecher der Bochumer Aral AG.

Alle Firmenvertreter beklagten den zunehmenden Wettbewerbsdruck innerhalb der Branche, der nun noch weiter zunehmen werde. „Bei einem Verdienst von lediglich 30 bis 35 Pfennig pro Liter Benzin und stagnierender Nachfrage haben die Firmen kaum noch Luft für weitere Verschärfungen", erklärte ein Sprecher der Hamburger Esso AG.

Wegen des bereits bestehenden Drucks seien die Tankstellenpreise ohnehin bereits stärker gefallen als die Produktnotierungen am Rotterdamer Ölmarkt. „Die Erlösklemme verschärft sich", so ein Vertreter der Deutschen Shell AG. Ähnlich sieht das die Deutsche BP AG.

Kraftfahrzeugsteuer je angefangene 100 cm³	
Otto-Pkw	**Diesel-Pkw**
schadstoffarm — 13,20 DM	schadstoffarm — 37,10 DM
nicht schadstoffarm — 18,80 DM (Erstzulassung vor 1.1.86)	nicht schadstoffarm — 42,70 DM (Erstzulassung vor 1.1.86)
nicht schadstoffarm — 21,60 DM (Erstzulassung nach 31.12.85)	nicht schadstoffarm — 45,50 DM (Erstzulassung nach 31.12.85)

2. Welchen Betrag wären Sie bereit, für einen Liter bleifreies Benzin zu bezahlen?

6 Markt und Preis

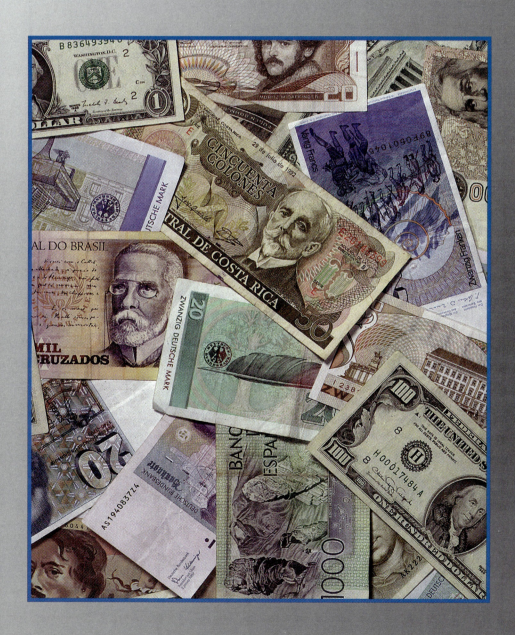

6.1 Markt — Begriff, Funktion und Arten

6.1.1 Nachfrageseite

Situation:

Der Otto Opitz aus Magdeburg in Sachsen-Anhalt beabsichtigt, seinen Fuhrpark für den Bereich des Güternahverkehrs zu erweitern. Dazu benötigt er zehn Lastkraftwagen. Die Fahrzeuge sollen folgende Bedingungen erfüllen:
- alle Fahrzeuge sollen vom selben Hersteller sein,
- ca. 20 t Nutzlast,
- Dieselmotoren,
- ca. 180 PS,
- Preis: max. 200 000,00 DM pro LKW.

Nach vierzehn Tagen liegen ihm folgende Angebote vor:

Vertragshändler	Angebote				
	A	B	C	D	E
Preis pro LKW	375 000,00	250 000,00	250 000,00	200 000,00	180 000,00
Rabatt	20 %		20 %	10 %	30 000,00
sonstige Bedingungen	15 LKW vorrätig	Mindestabnahme 5 LKW	Mindestabnahme 10 LKW	Lieferfrist vorbehalten	3 LKW vorrätig

Arbeitsvorschlag
Entscheiden Sie sich für einen Anbieter. Begründen Sie Ihre Entscheidung.

Sachdarstellung:

■ Bestimmungsgründe der Nachfrage

> Nachfrage ist der in Kaufentscheidungen umgesetzte Bedarf am Markt.

Grundsätzlich bestimmen die individuellen Nachfrager frei und selbständig, was sie nachfragen und ge- bzw. verbrauchen wollen.

Ihre Entscheidungen sind u.a. von verschiedenen Faktoren abhängig:
- Stärke und Rangordnung des Bedürfnisses bzw. der betrieblichen Notwendigkeit,
- Preis des nachgefragten Gutes,
- Preis anderer Güter,
  - Substitutionsgüter,
  - Komplementärgüter,
- verfügbares Einkommen,
- Einschätzung der zukünftigen wirtschaftlichen Entwicklung,
- Anzahl der Nachfrager.

Setzt man die nachgefragte Menge ins Verhältnis zu den oben genannten Bestimmungsfaktoren, so ergibt sich eine **Nachfragefunktion**. Hierbei soll zunächst nur das Verhältnis zwischen der Nachfragemenge und dem Preis betrachtet werden, da der Preis in den meisten Fällen die wichtigste Größe für die Kaufentscheidung darstellt. Bei dieser Überlegung wird von der Annahme ausgegangen, daß die übrigen Bedingungen konstant bleiben (≙ ceteris-paribus-Klausel).

Bezogen auf die Ausgangssituation bedeutet das, daß der Spediteur Otto Opitz bereit ist, zum Stückpreis von 200 000,00 DM zehn Lastkraftwagen zu erwerben (P_1). Durch den Angebotsvergleich stellt er jedoch fest, daß der Stückpreis im günstigsten Fall 250 000,00 DM beträgt. Im Rahmen seines geplanten Investitionsvolumens kann er deshalb nur acht Lastkraftwagen kaufen (P_2). Würde er das Angebot des teuersten Anbieters auswählen, könnte er nur fünf Fahrzeuge bestellen (P_3).

Graphisch läßt sich dieser Zusammenhang als Nachfragekurve vereinfacht darstellen:

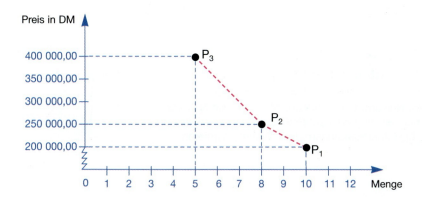

Daraus kann das sogenannte „Gesetz der Nachfrage" abgeleitet werden.

- Mit steigendem Preis eines Gutes sinkt die Nachfrage nach diesem Gut. $P\uparrow \Rightarrow N\downarrow$
- Mit sinkendem Preis eines Gutes steigt die Nachfrage nach diesem Gut. $P\downarrow \Rightarrow N\uparrow$

Die oben beschriebene Nachfragekurve kennzeichnet das normale Verhalten der Nachfrager. Aus ihr läßt sich aber nicht ableiten, in welchem Verhältnis bzw. mit welcher Intensität die Nachfrager auf Preisänderungen reagieren. Da diese Reaktionen auch sehr stark von der Bedürfnisstruktur bezüglich des nachgefragten Gutes abhängen, sind verschiedene Verhaltensweisen voneinander zu unterscheiden.

■ Preiselastizität der Nachfrage

Die Preiselastizitäten geben Auskunft, in welchem Ausmaß die Nachfrager auf Preisänderungen eines Gutes reagieren.

$$\text{Preiselastizität der Nachfrage} = \frac{\text{prozentuale Veränderung der nachgefragten Menge}}{\text{prozentuale Veränderung des Preises}}$$

Die Nachfrageelastizität kann theoretisch jeden Wert von Null bis Unendlich einnehmen, wobei die unelastische und elastische Nachfrage der Realität am nächsten kommen.

● Vollkommen unelastische Nachfrage

Der Wert der Preiselastizität der Nachfrage ist Null, wenn die Nachfrager überhaupt nicht bereit sind, mengenmäßig auf Preisänderungen zu reagieren, z.B. bei lebensnotwendigen Medikamenten, Blutkonserven und Suchtmitteln.

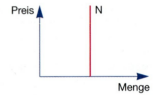

● Unelastische Nachfrage

Liegt der Wert der Preiselastizität der Nachfrage zwischen Null und Eins, bedeutet das, daß die Nachfrager nur sehr begrenzt auf Preisänderungen reagieren, z.B. bei Grundnahrungsmitteln, Wohnungsmieten.

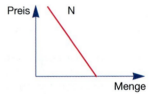

● Elastische Nachfrage

Man spricht von einer elastischen Nachfrage, wenn der Wert der Preiselastizität größer als Eins ist. In diesem Fall reagieren die Nachfrager sehr stark auf Preisänderungen. Je stärker die Reaktion der Nachfrager ausfällt, desto größer wird dieser Wert, z.B. bei Gütern des gehobenen Bedarfs.

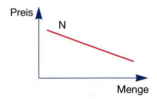

● Vollkommen elastische Nachfrage

In diesem theoretischen Grenzfall hat die Preiselastizität einen Wert von Unendlich. Theoretisch bedeutet das, daß die Nachfrager nur bereit sind, zu einem bestimmten Preis ein Gut zu erwerben. Jede – auch minimale – Preisänderung würde dazu führen, daß die Gesamtnachfrage nach diesem Gut ausbleibt.

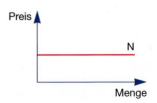

Weitere Verhaltensmöglichkeiten der Nachfrager

● Substitutionsgüter

Läßt sich ein Gut durch ein anderes Gut mit gleichem Nutzen bzw. Ertrag ersetzen, spricht man von einem Substitutionsgut. Aus der Sicht des Nachfragers stehen beide Güter in Konkurrenz zueinander. Das gilt sowohl für Konsum- als auch für Produktionsgüter. Betrachtet man den Produktionsprozeß eines Unternehmens, dann wird ein Unternehmer bei steigenden Personalkosten den Produktionsfaktor Arbeit durch den Produktionsfaktor Kapital (Maschinen) zu ersetzen versuchen.

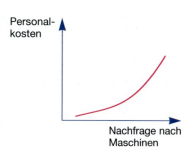

● Komplementärgüter

Güter, die sich gegenseitig ergänzen und nur im Zusammenhang verwendet werden können, bezeichnet man als Komplementärgüter. Nimmt beispielsweise durch Preissenkungen der Absatz von Druckern zu, dann steigt gleichzeitig die Nachfrage nach Druckerpapier.

● Snob-Effekt

Nachfrager verhalten sich nicht immer ökonomisch rational (vernunftsbezogen). So kann es sein, daß steigende Preise zu einer Nachfragesteigerung führen. Dies ist bei Gütern mit einem sogenannten „snob-value" zu beobachten, denen erst ab einem bestimmten Preis ein hoher Wert beigemessen wird. Die Nachfrager zeigten ein Interesse an den Gütern, um sich von anderen abzugrenzen. Dieses Phänomen ist oftmals bei prestigeträchtigen Markenartikeln in den Bereichen Textil, HiFi und EDV zu beobachten.

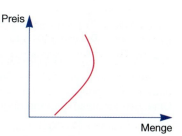

Gesamtnachfrage

Nicht nur der Spediteur Otto Opitz fragt Lastkraftwagen nach. Vier weitere Spediteure aus Sachsen-Anhalt sind ebenfalls an der Anschaffung entsprechender Kraftfahrzeuge interessiert. Dabei läßt sich folgendes Nachfrageverhalten beobachten:

Spediteure	Höchstpreis je LKW in DM	nachgefragte Menge
A) F. Fahrmacher	300 000,00	5
B) K. Brendel	250 000,00	8
C) O. Opitz	200 000,00	10
D) T. Ostmann	175 000,00	12
E) W. Gänsler	150 000,00	15

Daraus ergibt sich die regional begrenzte Gesamtnachfrage. Dabei ist zu berücksichtigen, daß die Nachfrager, die bereit wären, mehr zu bezahlen, auch zu niedrigeren Preisen kaufen würden.

Preis	Nachfrage in Stück					insgesamt
	A	B	C	D	E	
300 000,00	5	–	–	–	–	5
250 000,00	5	8	–	–	–	13
200 000,00	5	8	10	–	–	23
175 000,00	5	8	10	12	–	35
150 000,00	5	8	10	12	15	50

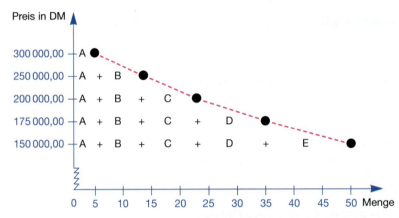

Faßt man in einer Volkswirtschaft die individuellen Nachfragemengen nach einem Gut zusammen, so ergibt sich die Gesamtnachfrage. Diese Gesamtnachfrage kann sich verändern. Es kann zu Nachfragesteigerungen und Nachfragesenkungen kommen. Die Ursachen für diese Veränderungen sind vielfältig.

Änderungen der Nachfragekurve

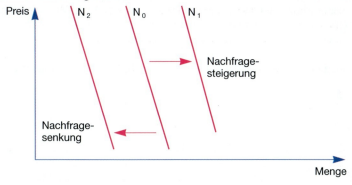

6.1.2 Angebotsseite

Situation:

Der Vertragshändler für Lastkraftwagen Ernst Ehrlich macht Otto Opitz das folgende Angebot:
- Lastkraftwagen, Marke XY
- Stückpreis frei Haus 250 000,00 DM
- 20 % Mengenrabatt bei Abnahme von mindestens 10 LKW

Sachdarstellung:

■ Bestimmungsgründe des Angebots

> Unter dem Begriff Angebot versteht man die Gütermenge, die die Unternehmen auf dem Markt absetzen wollen.

Grundsätzlich bestimmen die individuellen Anbieter frei und selbständig, welche Güter sie wem anbieten wollen. Ihre Entscheidungen u.a. sind von verschiedenen Faktoren abhängig:

- Preis des angebotenen Gutes,
- Preis anderer Güter,
  - Substitutionsgüter,
  - Komplementärgüter,
- Preis der Produktionsfaktoren,
- Gewinnerwartung,
- Unternehmensziele,
- Stand der technischen Entwicklung,
- Finanzsituation,
- Wettbewerbssituation auf dem Markt,
- Einschätzung der zukünftigen wirtschaftlichen Entwicklung.

Setzt man die angebotene Menge zu den oben genannten Bestimmungsfaktoren ins Verhältnis, so ergibt sich eine Angebotsfunktion. Das Interesse des Anbieters wird im allgemeinen an der Gewinnmaximierung, der obersten Zielsetzung einer Unternehmung, ausgerichtet sein. Er wird im Normalfall versuchen, dieses Ziel über den Preis zu realisieren.

Legt man einen Angebotspreis von 200 000,00 DM pro Lastkraftwagen bei einer Menge von 10 Stück zugrunde (P_1), dann kann der Vertragshändler E. Ehrlich seine geplanten Unternehmensziele erreichen. Das bedeutet, daß er z.B. seine Gewinnerwartungen,

Kapazitätsausnutzungen und Personalstand verwirklicht. Seine Kostenrechnung sieht vor, daß er, um seine Zielvorstellungen realisieren zu können, 15 LKW zum Stückpreis von 300 000,00 DM verkaufen müßte (P_2). Auf der anderen Seite müßte er mindestens 5 LKW zu 150 000,00 DM absetzen, um wenigstens kostendeckend wirtschaften zu können (P_3).

Graphisch läßt sich dieser Zusammenhang als Angebotskurve vereinfacht darstellen:

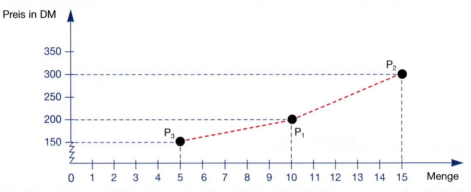

Daraus kann das sogenannte „Gesetz des Angebots" abgeleitet werden.

- **Mit steigendem Preis eines Gutes steigt das Angebot dieses Gutes** $P\uparrow \Rightarrow A\uparrow$
- **Mit sinkendem Preis eines Gutes sinkt das Angebot dieses Gutes.** $P\downarrow \Rightarrow A\downarrow$

Die oben beschriebene Angebotskurve kennzeichnet das normale Verhalten der Anbieter. Aber auch auf der Angebotsseite sind abweichende Verhaltensweisen möglich.

Der Preis steigt – das Angebot sinkt

Trotz steigender Preise nimmt die Angebotsmenge ab. Hierbei handelt es sich um eine künstliche Verknappung des Angebotes mit dem Ziel, entweder einen Preisverfall dieses Gutes zu verhindern oder einen Preisauftrieb zu verstärken, z.B. große Mengen von Gemüse werden vernichtet.

Der Preis sinkt – das Angebot steigt

Trotz fallender Preise steigt die Angebotsmenge. Dieser Sachverhalt ist z.B. auf dem Markt für Personal Computer zu beobachten. Die technische Entwicklung ist in diesem Bereich derartig rasant, daß die Anbieter gezwungen sind, trotz sinkender Preise ihre Läger zu räumen und damit das Angebot auf dem Markt zu erhöhen. Sie müssen sich sonst der Gefahr aussetzen, ihre Produkte wegen der technischen Veraltung überhaupt nicht oder nur mit großem Verlust absetzen zu können.

Der Preis sinkt (steigt) – das Angebot bleibt konstant

In diesem Fall wird unabhängig von Preisänderungen die gleiche Menge angeboten. Selbst Preissenkungen bewirken keine Mengenveränderungen, z.B. ist die Bodenfläche in einer Volkswirtschaft konstant. Sie läßt sich auch durch Preissteigerungen nicht ausweiten.

Gesamtangebot

Betrachtet man die Anbieter des Angebotsvergleichs, so läßt sich die folgende Übersicht ableiten:

Vertragshändler	Mindestpreis je LKW in DM	angebotene Menge
A) W. Wucher	300 000,00	15
B) S. Schimmel	250 000,00	12
C) E. Ehrlich	200 000,00	10
D) Z. Zwerg	180 000,00	7
E) B. Schreier	150 000,00	3

Daraus ergibt sich das regional begrenzte Gesamtangebot. Dabei ist zu beachten, daß die Anbieter, die bereit sind, zu einem niedrigen Preis zu verkaufen, auch zu einem höheren Preis verkaufen würden.

Preis	Angebot in Stück					insgesamt
	A	B	C	D	E	
150 000,00	–	–	–	–	3	3
175 000,00	–	–	–	7	3	10
200 000,00	–	–	10	7	3	20
250 000,00	–	12	10	7	3	32
300 000,00	15	12	10	7	3	47

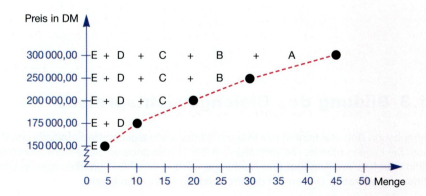

Faßt man in einer Volkswirtschaft die individuellen Angebotsmengen eines Gutes zusammen, so ergibt sich das Gesamtangebot. Das Gesamtangebot kann sich verändern. Die Ursachen für diese Veränderungen sind vielfältig und lassen sich aus den Bestimmungsgründen des Angebots ableiten.

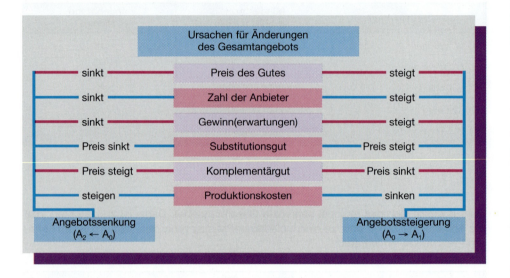

Änderungen der Angebotskurve

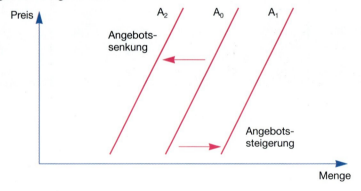

6.1.3 Bildung des Gleichgewichtspreises

Nachfrager und Anbieter richten ihre Pläne zunächst nach eigenen Bedürfnissen und Zielen aus. Sie kennen oftmals die Vorstellungen der jeweils anderen Seite nicht. Durch das Zusammentreffen von Angebot und Nachfrage werden ihre Pläne preisbezogen in Übereinstimmung gebracht. Diesen Ort der Preisbildung nennt man **Markt**.

Situation:

Für den regionalen Markt für Lastkraftwagen in Sachsen-Anhalt ergibt sich daraus folgende graphische Darstellung des Gleichgewichtspreises:

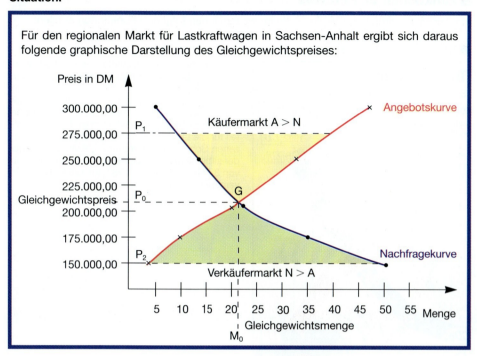

Sachdarstellung:

Nur im Punkt G befindet sich der Markt im **Gleichgewicht.** Zieht man vom Punkt G nach links eine Parallele zur Mengenachse, kann man auf der Preisachse den **Gleichgewichtspreis** P_0 ablesen. Fällt man vom Punkt G ein Lot, kann auf der Mengenachse die Gleichgewichtsmenge M_0 ermittelt werden.

Bei jedem Preis ober- oder unterhalb des Gleichgewichtspreises stimmen die Nachfrage- und die Angebotsmenge nicht mehr überein. So ist bei jedem Preis, der größer ist als der Gleichgewichtspreis, z.B. $P_1 > P_0$, die angebotene Menge größer als die nachgefragte Menge A > N. Man spricht von einem **Käufermarkt** bzw. von einem **Angebotsüberhang.** Entsprechend der Marktgesetze sind in dieser Marktsituation die Anbieter gezwungen, ihren Angebotspreis zu reduzieren. Ist im umgekehrten Fall der Preis kleiner als der Gleichgewichtspreis, z.B. $P_2 < P_0$, dann ist die nachgefragte Menge größer als die angebotene Menge N > A. Man spricht von einem **Verkäufermarkt** bzw. von einem **Nachfrageüberhang.** Die Nachfrager sind gezwungen, ihre Preisvorstellungen nach oben anzupassen, wenn sie das Gut erwerben wollen.

■ Funktionen des Preises

In einer Marktwirtschaft soll der Preis im wesentlichen folgende Funktionen erfüllen:

● Lenkungsfunktion

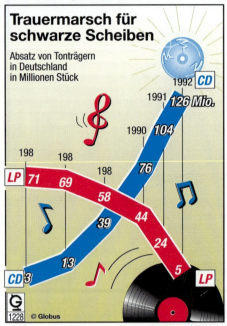

Die gute alte Langspielplatte aus Vinyl ist praktisch tot. Nach einem rapiden Absatzschwund in den letzten Jahren gingen 1992 nur noch 5 Millionen schwarze Scheiben über die Ladentische der Plattengeschäfte. Acht Jahre zuvor, 1984, waren noch 71 Millionen verkauft worden. Das Todesurteil für die LP wurde von der sprunghaft gewachsenen Schar der CD-Freunde gefällt. Der Absatz der silberglänzenden Compact Discs erhöhte sich von 3 Millionen im Jahr 1984 auf 126 Millionen im vergangenen Jahr.

Durch technische Veränderungen werden Unternehmen veranlaßt, ihr Güterangebot dem Markt anzupassen. Dabei reicht es häufig nicht aus, nur die Angebotsmenge zu reduzieren, sondern unter Umständen muß das Produktionsprogramm bzw. das Sortiment vollständig umgestaltet werden. In der obigen Graphik wird deutlich, daß für den Tonträger Langspielschallplatte (LP) keine ausreichende Nachfrage mehr vorhanden war und er deshalb von der Compact-Disk substituiert wurde.

Auf diese Weise werden die bei der Herstellung von LP freigesetzten Produktionsfaktoren über den Preis in die rentablen Unternehmensbereiche gelenkt. Unternehmen, die sich den neuen Marktgegebenheiten nicht anpassen, werden aus dem Wettbewerb gedrängt. Vergleichbares gilt für die Nachfrageseite, wenn die Käufer nicht in der Lage oder willens sind, den Preis für ein Gut zu bezahlen (Marktausschaltungsfunktion), z.B. Preis für CD höher als der Preis für LP.

● Ausgleichsfunktion

Durch den Gleichgewichtspreis erfolgt ein Interessenausgleich zwischen Nachfragern und Anbietern, da beide Seiten ihre Vorstellungen verwirklichen können. Alle Marktteilnehmer auf dem LKW-Markt, die bereit sind, den Gleichgewichtspreis P0 zu akzeptieren, kommen zum Zuge.

● Signalfunktion

Werden Produktionsfaktoren wie Rohstoffe zunehmend knapper, so steigen ihre Preise. Der Preis signalisiert somit den Knappheitsgrad des Gutes.

■ Begriff des Marktes

> Als Markt bezeichnet man den Ort, an dem Angebot und Nachfrage zusammentreffen.

● Marktarten

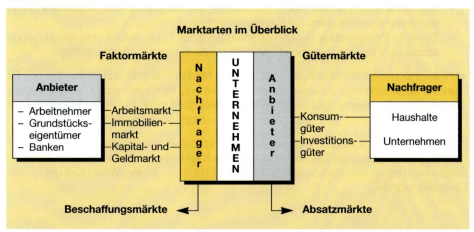

Zur Herstellung von Gütern oder zum Angebot von Dienstleistungen benötigen Unternehmen Produktionsfaktoren, die sie auf den entsprechenden **Faktormärkten** erwerben. Die Faktormärkte untergliedern sich in die Teilmärkte **Arbeitsmarkt, Immobilienmarkt, Kapital- und Geldmarkt.** Da die Unternehmen in diesen Fällen als Nachfrager auftreten, handelt es sich aus der Sicht dieser Unternehmen um **Beschaffungsmärkte.** Die von den Unternehmen produzierten Güter und erstellten Dienstleistungen werden auf **Gütermärkten** in Form von Investitionsgütern **(Investitionsgütermarkt)** und Konsumgütern **(Konsumgütermarkt)** angeboten. Die Unternehmen treten hier als Anbieter auf den **Absatzmärkten** auf.

● Markttypen

Markttypen kennzeichnen die Beschaffenheit eines Marktes. Danach werden der
- vollkommene Markt und der
- unvollkommene Markt

unterschieden.

An einen vollkommenen Markt werden folgende Anforderungen gestellt:
- Die angebotenen Güter und Dienstleistungen sind homogen, d.h. gleichartig. Sie unterscheiden sich nicht hinsichtlich ihrer Qualität, Ausstattung, Verpackung usw. Das trifft weitestgehend auf vertretbare Güter wie Heizöl, Aktien einer bestimmten Aktiengesellschaft und Edelmetalle zu.
- Das Marktgeschehen gestaltet sich für Anbieter und Nachfrager vollständig transparent, d.h. durchsichtig. Die Marktteilnehmer sind über Preise, Qualitäten, Lieferungs- und Zahlungsbedingungen usw. vollständig informiert.
- Die Marktteilnehmer handeln ausschließlich nach dem ökonomischen Prinzip. Sie treffen ihre Entscheidungen vernunftsbezogen. Demzufolge haben sie keine Präferenzen

(Bevorzugungen) gegenüber bestimmten Anbietern und Nachfragern. Man unterscheidet folgende Präferenzen:
- **Persönliche Präferenzen:** Freundschaftliche Beziehungen zwischen den Geschäftspartnern beeinflussen Vertragsabschlüsse.
- **Räumliche Präferenzen:** Die Ortsansässigkeit eines Anbieters sichert ihm überdurchschnittlich viele Aufträge aus dem Ort, obwohl ein Anbieter im Nachbarort preiswertere Angebote unterbreitet.
- **Sachliche Präferenzen:** Werbemaßnahmen und die äußere Produktgestaltung und Verpackung beeinflussen die Kaufentscheidung.
- **Zeitliche Präferenzen:** Die Dienstleistungen eines Schlüsseldienstes werden auch nachts in Anspruch genommen, obwohl sie dann teurer sind als am Tage.

- Ändern sich die Marktdaten, so reagieren die Marktteilnehmer unmittelbar darauf. Es treten keine time-lags (zeitliche Verzögerungen) auf. Verringern sich z.B. die Einkommen der Arbeitnehmer aufgrund von Arbeitslosigkeit oder Steuererhöhungen, führt dies unmittelbar zu einem Rückgang der Konsumartikelnachfrage.

Die Anforderungen an einen vollkommenen Markt stellen eine Idealsituation dar. In der Realität gibt es allerdings keinen vollkommenen Markt, da eine oder mehrere Anforderungen nicht erfüllt werden können. Es handelt sich folglich in der Wirklichkeit um unvollkommene Märkte.

● **Marktformen**

Die voranstehende qualitative Betrachtung des Marktes führt zu den zwei grundlegenden Markttypen. Dabei wird nicht berücksichtigt, wieviele Marktteilnehmer das Marktgeschehen auf der Angebots- und Nachfrageseite beeinflussen. Diese quantitative Sichtweise steht bei der Untersuchung der **Marktformen** im Mittelpunkt.

		Anbieter		
		viele	wenige	einer
Nachfrager	viele	Polypol A: Lebensmittel- einzelhandel N: Konsumenten	Angebotsoligopol A: Mineralöl- gesellschaften N: Autofahrer	Angebotsmonopol A: Energieversor- gungsunternehm. N: Haushalte
	wenige	Nachfrage- oligopol A: Landwirte N: Zuckerfabriken	zweiseitiges Oligopol A: Flugzeug- hersteller N: Fluggesell- schaften	beschränktes Angebotsmonopol A: Hersteller von spez. Teleskop. N: Raumfahrt- unternehmen
	einer	Nachfragemonopol A: Bauunternehmen N: Staat	beschränktes Nachfragemonopol A: Lokomotiven- hersteller N: Deutsche Bahn AG	zweiseitiges Monopol A: Künstler N: Auftraggeber eines Portraits

Die Anzahl der Marktteilnehmer auf der Angebots- und Nachfrageseite ist mitentscheidend für ihr Verhalten. Die obige Modelleinteilung stellt ein vereinfachtes Schema dar, an dem der unterschiedliche Einfluß der Anbieter und Nachfrager auf die Preisbildung untersucht werden kann. Grundsätzlich nehmen mit steigender Anzahl der Marktteilnehmer die Durchsetzungsmöglichkeiten jedes einzelnen ab. Die Marktmacht, d.h. die Möglichkeit, den Preis eines Gutes zu beeinflussen, ist am größten, wenn nur ein Anbieter bzw. Nachfrager am Markt auftritt. In diesem Fall findet allerdings kein Wettbewerb im eigentlichen Sinne statt.

Vollkommener Wettbewerb herrscht nur bei der Marktform des Polypols. Um die Wirkungsweisen der Marktformen auf die Preisbildung zu verdeutlichen, sollen Polypol. Angebotsoligopol und Angebotsmonopol näher betrachtet werden.

6.2 Preispolitik

6.2.1 Preispolitik beim Polypol

Situation:

> Das Einzelhandelsgeschäft Marta Bolte Lebensmittel, am Rande einer norddeutschen Großstadt gelegen, führt ein breites Sortiment. Obwohl die angebotenen Artikel teurer als in den Supermärkten der Stadt sind, gibt es zahlreiche Kunden, die dieses Geschäft bevorzugen.
> Welche Gründe können die Kunden bewegen, bei Marta Bolte zu kaufen?

Sachdarstellung:

In der beschriebenen Situation handelt es sich um ein Polypol, bei dem aber kein vollständiger Wettbewerb herrscht. Es fehlt beispielsweise die Markttransparenz, da die Kunden nicht über alle regionalen Preisunterschiede informiert sind. Außerdem unterstützt die freundliche Bedienung und sachkundige Beratung von Frau Bolte die persönlichen Präferenzen der Nachfrager.

Zudem ermöglicht diese Ausgangslage dem Anbieter, die Unvollkommenheiten des Marktes für seine Ziele zu nutzen. Er versucht durch Leistungs- und Produktdifferenzierungen die Homogenitätsanforderungen des vollkommenen Marktes zu brechen, z.B. Angebot besonders kleiner Mengen für Singles, älteren Menschen wird die Ware kostenlos nach Hause geliefert.

Daraus ist die Schlußfolgerung zu ziehen, daß zwischen dem Verhalten eines Polypolisten auf einem vollkommen Markt und dem auf einem unvollkommenen Markt, deutliche Unterschiede festzustellen sind. Während sich ein Polypolist auf einem vollkommen Markt nur als Mengenanpasser verhalten kann, da sein Marktanteil zu gering ist (atomistisch), um den Marktpreis zu beeinflussen, gelingt es ihm auf unvollkommenen Märkten, begrenzt monopolistische Verhaltensweisen zu entwickeln.

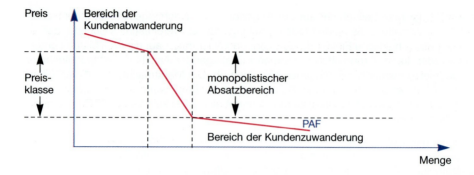

Die Kurve PAF wird als **Preisabsatzfunktion** bezeichnet. Sie macht deutlich, wie sich der Absatz im Verhältnis zum Preis entwickelt.

Innerhalb des monopolisitischen Absatzbereiches kann der polypolistische Anbieter die Preise festsetzen, ohne daß die Nachfrage nennenswert zurückgeht. Bietet er die Güter und Dienstleistungen unterhalb dieses Preisbereiches an, wird er einen großen Kundenzuwachs verzeichnen können. Überzieht er andererseits seine Preisforderungen, muß er damit rechnen, daß die Kunden abwandern.

6.2.2 Preispolitik beim Angebotsoligopol

Ein oligopolistischer Anbieter kann im Rahmen seiner Preispolitik und seiner anderen absatzpolitischen Maßnahmen grundsätzlich zwei unterschiedliche Strategien verfolgen. Er kann versuchen, seine Mitbewerber vom Markt zu verdrängen oder darauf hinwirken, mit ihnen ein Parallelverhalten zu erreichen.

Setzt sich der Oligopolist die Verdrängung seiner Mitbewerber vom Markt zum Ziel, dann muß er kurz- bis mittelfristig auf die Erreichung des Formalzieles Gewinnmaximierung verzichten. Er wird mit sehr niedrigen „Kampfpreisen", die u.U. unterhalb seiner Selbstkostenpreise liegen, seine Marktanteile zu vergrößern anstreben. Im Extremfall wird es ihm gelingen, Monopolist zu werden. Allerdings muß er damit rechnen, daß sich seine Konkurrenten vereint verteidigen. Beispielsweise können sie über gemeinsame Einkaufsaktionen bessere Konditionen aushandeln, die sie an die Nachfrager in Form von Dumpingpreisen weitergeben. In der Folge dieses ruinösen Wettbewerbs kann es dazu kommen, daß der ursprünglich angreifende Oligopolist selbst vom Markt verdrängt wird.

Deshalb ist in der Realität auch häufiger ein Parallelverhalten der Oligopolisten anzutreffen. Die Oligopolisten versuchen dabei nicht, sich in einem Preiskampf vom Markt zu verdrängen, sondern durch abgestimmtes Verhalten ihren Gewinn zu maximieren.

Beispiel

Die beiden Waschmittel BIOCLEAN und ÖKOLAV haben bei einem Test der Zeitschrift Ökotest sehr gut abgeschnitten. Sie werden von zwei verschiedenen Herstellern angeboten.

Hersteller	bisheriger Preis pro 3 kg	Absatzmenge in 3 kg Eimern
BIOCLEAN	20,00 DM	180 000
ÖKOLAV	22,00 DM	120 000

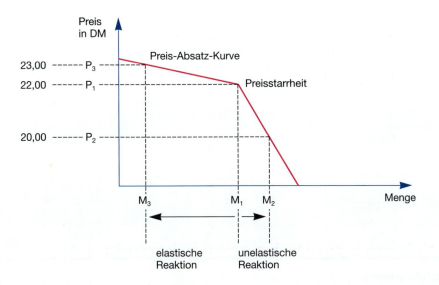

Preis-Absatz-Kurve von ÖKOLAV

Setzt beispielsweise ÖKOLAV seinen Preis von 22,00 DM auf P_2 20,00 DM herab, ist damit zu rechnen, daß BIOCLEAN daraufhin ebenfalls seinen Preis reduziert. Die geplante Steigerung des Marktanteils von ÖKOLAV wird nicht im vollen Umfang realisiert werden ($M_1 \rightarrow M_2$), da die Nachfrager auf die Preissenkungen des Mitbewerbers BIOCLEAN reagieren und weiterhin dieses Waschmittel kaufen werden. Demzufolge wird nicht nur der Gewinn von ÖKOLAV sinken, sondern auch der von BIOCLEAN. Also lohnt es sich nicht, den Preis zu senken.

Versucht ÖKOLAV Preiserhöhungen auf 23,00 DM, P_3, durchzusetzen, ohne daß sich BIOCLEAN diesem Verhalten anpaßt, muß mit starken Absatzrückgängen ($M_3 \leftarrow M_1$) rechnen, die zu Gewinneinbußen führen.

Daraus ergibt sich eine typische oligopolistische **Preisstarrheit.** Diese besteht insbesondere im Bereich der Preissenkungen. Bei Preissteigerungen, die mit gestiegenen Kosten begründet werden können, ist oft ein „stillschweigendes", nahezu synchrones Preisverhalten feststellbar.

6.2.3 Preispolitik beim Angebotsmonopol

Situation:

Im September findet im Niedersachsenstadion, Hannover, ein Phil Collins Konzert statt. Das Stadion faßt 60 000 Zuschauer. Die Veranstalter rechnen mit einer großen Nachfrage. Aus Erfahrungen vorausgegangener, vergleichbarer Veranstaltungen gehen sie von folgenden Besucherzahlen aus:

\multicolumn{3}{c}{Geschätzte Besucherzahlen}		
Eintrittspreis in DM	Zuschauer	Gesamterlös in DM
40,00	70 000	2 800 000,00
50,00	60 000	3 000 000,00
60,00	55 000	3 300 000,00
70,00	45 000	3 150 000,00
80,00	30 000	2 400 000,00
90,00	20 000	1 800 000,00

Sachdarstellung:

Grundlegend besteht auch beim Angebotsmonopol der Zusammenhang, daß bei steigendem Preis die Nachfrage sinkt. Für den Monopolisten ist es jedoch besonders wichtig zu wissen, wie sich seine Gesamterlöse im Verhältnis zum Angebotspreis entwickeln.

Unter der Voraussetzung, daß der monopolistische Veranstalter alle Plätze zum gleichen Preis anbietet, gelten folgende Aussagen. Bei einem Preis von 40,00 DM ist ein Gesamterlös von 2,8 Millionen DM theoretisch zu erwarten, würde allerdings die Zuschauerkapazität des Stadions überschreiten. Steigt der Preis auf 50,00 DM, so nimmt der Gesamterlös trotz sinkender Zuschauerzahlen zu.

Den maximalen Erlös von 3,3 Millionen DM erzielt der Veranstalter bei einem Eintrittskartenpreis von 60,00 DM. Bei 70,00 DM gehen die Zuschauerzahlen auf 45 000 zurück. Dies entspricht einem Zuschauerrückgang von 18,1 % bei einem Preisanstieg von nur 16,7 %. Dieser prozentual stärkere Rückgang der Zuschauerzahlen führt zu einem sinkenden Gesamterlös. Jede weitere Preiserhöhung führt zu weiteren überproportionalen Nachfragerückgängen, da viele Zuschauer nicht bereit sind, jeden Preis zu bezahlen.

Bei gleichbleibenden Kosten entspricht die Entwicklung der Gesamterlöse der Gewinnentwicklung. Demnach erreicht der Monopolist in dem Beispiel sein Gewinnmaximum bei einem Angebotspreis von 60,00 DM.

Erlöskurve eines Monopolisten

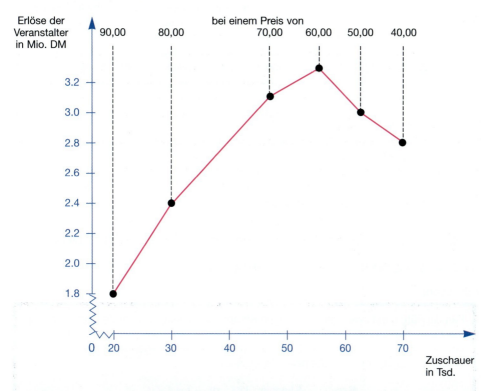

Beim Preis von 60,00 DM nimmt der Monopolist bewußt in Kauf, daß er seine Kapazitäten nicht voll auslastet und die Marktversorgung nicht optimal ist. Es wird zudem deutlich, daß ein Angebotsmonopolist, da er keine Konkurrenten hat, entweder den Preis oder die Absatzmenge festlegen kann.

Aus der Sicht der Nachfrager bedeutet das, daß insbesondere die kaufkraftschwachen Nachfrager benachteiligt werden und ihre Bedürfnisse nicht befriedigen können.

Angenommen der monopolistische Veranstalter will mittels Preisdifferenzierungen die vorhandenen Kapazitäten voll ausnutzen und seinen Gewinn maximieren. Dies kann ihm gelingen, wenn es Nachfrager gibt, die bereit sind, mehr als 60,00 DM für eine Eintrittskarte zu bezahlen.

Geschätzte Besucherzahlen		
Eintrittspreis in DM	Zuschauer	Gesamterlös in DM
50,00	5 000	250 000,00
60,00	10 000	600 000,00
70,00	15 000	1 050 000,00
80,00	10 000	800 000,00
90,00	20 000	1 800 000,00
Summe	60 000	4 500 000,00

Die Preisdifferenzierung führt dazu, daß der Monopolist seine Gewinnsituation wesentlich verbessern und seine Kapazität voll ausnutzen kann. Für einkommensschwächere Nachfrager ergibt sich auch bei dieser Vorgehensweise nur teilweise die Möglichkeit, das Angebot preiswerterer Plätze, z.B. Stehplätze zu nutzen.

Bei der Marktform des Angebotsmonopols ist die Marktmacht des Anbieters am größten. Allerdings stößt jedes Angebotsmonopol in der Wirklichkeit an Grenzen, weil

- i.d.R. kein Anbieter genau weiß, wie elastisch Nachfrager auf Preisänderungen reagieren;
- überhöhte Preisforderungen dazu führen können, daß
  - die Nachfrager das Interesse an der angebotenen Dienstleistung oder dem angebotenen Gut verlieren;
  - die Gewinnerwartungen andere Mitbewerber auf den Markt ziehen, z.B. Veranstalter anderer Popkonzerte;
- aufgrund volkswirtschaftlicher Nachteile für die Verbraucher und zur Aufrechterhaltung eines ordnungspolitisch gewünschten Wettbewerbs das Bundeskartellamt versucht, die Monopolstellung zu verhindern bzw. aufzulösen.

6.2.4 Staatliche Eingriffe in die Preisbildung

6.2.4.1 Marktkonforme Maßnahmen

Situation:

Familie Rührig mit zwei schulpflichtigen Kindern sucht seit längerer Zeit eine Drei- bis Vierzimmerwohnung. Die Rührigs verfügen über ein monatliches Nettoeinkommen von 2 500,00 DM. Zum wiederholten Male erscheint folgende Annonce in der Wochenendausgabe der regionalen Tageszeitung.

> **Berufstät. Ehepaar** (45 J.) su. 3- bis 4-Zi.-Whg., ca. 80 m2, mit Blk. u. Garg., bis 1000,00 KM, zum 1.6. od. später

Familie Rührig kontrolliert, ob ihre Anzeige erschienen ist und vergleicht dabei auch mögliche Angebote. Da die meisten aber nicht ihren Preisvorstellungen entsprechen, ist sie gezwungen, eine auszuwählen, die ihren Wünschen am nächsten kommt.

> List, ruh. Wohnstraße, 3 Zi, ca. 103 m2, exklus. saniert, 2 Balkone, KM 1 700,00 + NK/MS, keine Prov., dir. vom Eigentümer. **Mercator Immobilien,** ☎ 66 20 22, Mo.– Fr. ab 9 Uhr

Arbeitsvorschlag

1. Welche Möglichkeiten sehen Sie für Familie Rührig, die angebotene Wohnung trotz des hohen Preises zu mieten?
2. Welche staatlichen Hilfen könnte Familie Rührig in Anspruch nehmen, um ihren Wunsch zu verwirklichen?
3. Warum greift der Staat in den Wohnungsmarkt ein?
4. Welche Auswirkungen auf die Situation am Wohnungsmarkt ergäben sich, wenn der Staat in bestimmten Fällen keine Hilfen gewähren würde?

Grundsätzlich greift der Staat nicht in das Marktgeschehen ein und überläßt die Preisbildung den Marktteilnehmern. Dabei ergeben sich unter Umständen für Anbieter und/oder Nachfrager Nachteile, wenn sie ihre Preisvorstellungen nicht verwirklichen können.

Staatliche Transferleistungen können somit dazu beitragen, die monetären Lücken zwischen den Preisvorstellungen der Anbieter und den Zahlungsmöglichkeiten der Nachfrager zu schließen.

Politische Preisbildung am Beispiel: Wohngeld

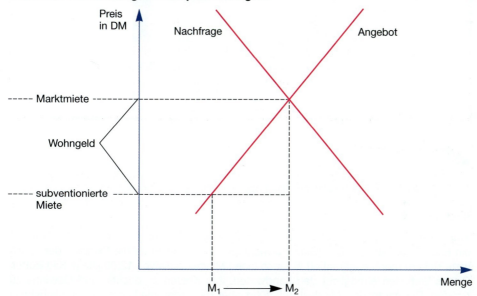

Aus politischen Gründen wird durch die staatliche Subvention in Form des Wohngeldes zum einen die Mietlast des Mieters gesenkt, um ein Existenzbedürfnis zu befriedigen. Zum anderen erhält der Vermieter den Marktpreis. Damit kann der Investitionsanreiz aufrechterhalten werden, neue Wohnungen zu bauen. Als Folge davon, wird die Versorgung der Bevölkerung mit Wohnungen verbessert ($M_1 \rightarrow M_2$).

In diesem Fall werden somit das Angebot und die Nachfrage beeinflußt, ohne daß der grundsätzliche Preismechanismus außer Kraft gesetzt wird. Man spricht deshalb von marktkonformen bzw. indirekten Maßnahmen. Dazu zählen auch:

- Kindergeld,
- BaFöG,
- Steuerfreibeträge,
- Einfuhrzölle,
- Exportförderung,
- Subventionen.

Neben den preisbezogenen Anpassungen kann der Staat auch als Mengenregulierer auftreten, z.B. bei:

- staatlichen Vorratshaltungen,
- Einfuhrkontingenten,
- Einfuhrverboten.

6.2.4.2 Marktkonträre Maßnahmen

Situation:

Europa – deine Berge, deine Seen

Arbeitsvorschlag

Beantworten Sie die Fragen:
1. Welche Ursachen führen zu den Butterbergen, Apfelbergen und Milchpulverbergen?
2. Welche Faktoren bestimmen das Angebotsverhalten von Landwirten?

Sachdarstellung:

Würde der Staat nicht „regulierend" in den Marktprozeß eingreifen, so läge der Preis für ein Kilo Butter bei 6,00 DM (Gleichgewichtspreis). Da der Staat die Existenz der Landwirte sichern möchte, garantiert er ihnen einen Mindestpreis von 12,00 DM je Kilo Butter. Dieses Verhalten ermöglicht den Landwirten, ihre Kosten zu decken und Gewinne zu erzielen. Der garantierte Mindestpreis führt aber dazu, daß die Landwirte möglichst viel produzieren und damit ein künstlicher Angebotsüberhang entsteht. Dies führt gleichzeitig auf der Nachfrageseite zu einer Schlechterversorgung, da die Nachfrager nicht bereit sind, den hohen Preis zu bezahlen.

Um das überschüssige Angebot zu reduzieren bzw. vom Markt zu nehmen, bieten sich zwei Möglichkeiten an. Erstens: es werden Maßnahmen zur Vorratshaltung (Kühlhäuser) getroffen, die einen Verkauf ins Ausland oder eine Verwertung zu minderwertigen Gütern, z.B. Konserven, Futtermittel ermöglichen. Zweitens versucht der Staat durch die Festlegung von Quoten, die Produktion zu begrenzen. Da der Staat in diesen Fällen dem normalen Marktmechanismus entgegenwirkt, spricht man von marktkonträren Maßnahmen.

Politische Preisbildung am Beispiel: Butter

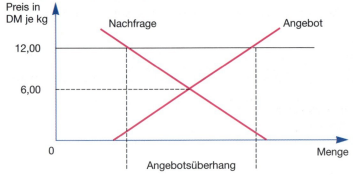

Aufgaben zum Grundwissen

1 Von welchen Bestimmungsgrößen sind das Angebot und die Nachfrage abhängig?

2 Erläutern Sie das Marktgesetz der Nachfrage (des Angebots).

3 Bilden Sie Beispiele für die unterschiedlichen Preiselastizitäten der Nachfrage.

4 Unterscheiden Sie anhand der folgenden Beispiele substitutive und komplementäre Güter.
a) Auto – Reifen
b) Butter – Margarine
c) Drucker – Farbbänder
d) Holz – Kunststoff
e) Wein – Bier
f) Haushaltshilfe – Spülmaschine

5 Worauf ist der Anstieg der Nachfrage nach Mobiltelefonen zurückzuführen?

6 Welche Gründe sprechen für das Angebot von chlorfrei gebleichtem Papier für den Bürobedarf?

7 Was versteht man unter dem Begriff „Markt"?

8 a) Ordnen Sie zu, indem Sie die Kennziffern der sechs Bestandteile der abgebildeten Graphik bei den Bedeutungen eintragen.

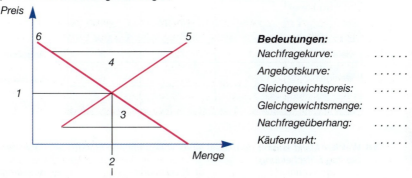

b) Erläutern Sie die Situation Angebotsüberhang und Verkäufermarkt.
c) Unter welchen Bedingungen bildet sich ein Gleichgewichtspreis?
d) Welche Funktion übernimmt der Gleichgewichtspreis in diesem Modell?

9 Erklären Sie die Kennzeichen eines vollkommenen Marktes.

10 Ordnen Sie Ihren Ausbildungsbetrieb in das Marktformenschema ein, und begründen Sie Ihre Entscheidung.

11 Über welche preispolitischen Handlungsspielräume verfügt ein Großhandelsunternehmen, das Mountainbikes (Lebensmittel, Textilien, Holz) anbietet?

12 In welchen Bereichen besitzt der Staat eine Monopolstellung? Geben Sie mögliche Gründe für ein Aufrechterhalten dieser Position an.

13 Welche Funktionen kann der Preis in einer Marktwirtschaft übernehmen?

14 Auf dem Markt für Tennisschläger wird der Schläger Typ „Bosshammer" als Auslaufmodell vom Sportgroßhandel angeboten und vom Einzelhandel nachgefragt. Dabei gelten die folgenden Bedingungen:

Nachfrager		Anbieter	
7 zahlen höchstens	148,00 DM	14 verkaufen zu jedem Preis	
8 zahlen höchstens	149,00 DM	13 wollen mindestens	147,00 DM
3 zahlen höchstens	150,00 DM	10 wollen mindestens	148,00 DM
6 zahlen höchstens	151,00 DM	5 wollen mindestens	149,00 DM
15 zahlen höchstens	152,00 DM	12 wollen mindestens	150,00 DM
10 zahlen jeden Preis		23 wollen mindestens	151,00 DM

a) Ermitteln Sie den Gleichgewichtspreis
b) Stellen Sie graphisch dar:
   - die Nachfragekurve
   - die Angebotskurve
   - den Gleichgewichtspreis
   - die Gleichgewichtsmenge.

15 Ordnen Sie zu, indem Sie die Kennziffern von 3 der insgesamt 9 Kennziffern der Matrix bei den Marktformen eintragen.

Matrix

Anbieter / Nachfrager	viele	wenige	einer
viele	1	2	3
wenige	4	5	6
einer	7	8	9

Marktformen

Angebotsoligopol:

Nachfragemonopol:

Polypol:

16 Welcher Markt kommt dem Ideal eines vollkommenen Marktes am nächsten? Begründen Sie Ihre Entscheidung.
a) Immobilienmarkt
b) Arbeitsmarkt
c) Kreditmarkt
d) Devisenmarkt
e) Konsumgütermarkt
f) Investitionsgütermarkt

17 Unterscheiden Sie marktkonforme und marktkonträre Maßnahmen des Staates anhand von Beispielen.

Weiterführende Problemstellungen

1. Problem
Betrachten Sie den Arbeitsmarkt.
a) Wodurch entsteht der „Preis" für den Produktionsfaktor Arbeit?
b) Weisen Sie die Preisfunktionen am Beispiel des Arbeitsmarktes nach.

2. Problem
Welche Auswirkungen hat eine hohe Arbeitslosenquote auf die Verhandlungspositionen der Sozialpartner bei Tarifverhandlungen hinsichtlich des „Preises" der Arbeit?

3. Problem
Auf einem vollkommenen Markt erhöht sich die Nachfrage von N1 auf N2 bei gleichbleibendem Angebot. Stellen Sie dieses Problem im ersten Quadranten eines Koordinatenkreuzes graphisch dar.

4. Problem
In Ihrer Gemeinde, am Rande einer Großstadt, läuft der Vertrag mit den städtischen Elektrizitätswerken aus. Die verantwortlichen Kommunalpolitiker diskutieren mit den Bürgern, welche Gründe für und gegen eine Fortsetzung des Vertrages sprechen. Bereiten Sie sich für die kommende Gemeindesitzung vor.
Bilden Sie zwei Gruppen.

Gruppe A:
Erstellen Sie eine Wandzeitung aus Sicht der Verbraucher, in der Argumente gegen das „Städtische Strom-Monopol" zum Ausdruck gebracht werden.

Gruppe B:
Die Public Relation Abteilung der städtischen Elektrizitätswerke will eine Flugblattaktion starten. Damit sollen alle Gemeindehaushalte von der kostengünstigen „Sanften Energie" überzeugt werden.

5. Problem
Planspiel
Spielbeschreibung:
Vier Textil-Großhandelsunternehmen stehen im Wettbewerb, um Textil-Einzelhandelsunternehmen im Bereich Hannover mit Hemden beliefern zu können.
A)   B)   C)   D)
Jedes dieser Großhandelsunternehmen wird durch eine Spielgruppe dargestellt.

Bei Marktuntersuchungen wurde ermittelt, daß die Textil-Einzelhandelsunternehmen im Bereich Hannover in einem Vierteljahr:

10 000 Hemden → Modisches Freizeithemd aus reiner Baumwolle mit aufgesetzten Taschen und klassischem Kragen. Weite Form mit überschnittenen Armen und Hornknöpfen, bedruckt mit Graffiti-Motiven,

aufgrund der hervorragenden Trageeigenschaften verkaufen.
Das in der Zeitschrift NATUR getestete umweltfreundliche Produktionsverfahren des Herstellers und der Verzicht auf jegliche zusätzliche Umverpackung im Einzelhandel versprechen auch für die Zukunft konstante Verkaufserfolge.

Die Selbstkosten der vier Großhandelsunternehmen betragen 15,00 DM je Hemd. Sie wollen durch den Verkauf der Hemden langfristig einen möglichst großen Gewinn machen. Da sie ihre Kostensituation (feststehende Selbstkosten) kurzfristig nicht beeinflussen können, müssen sie versuchen, durch geschickte Preisbildung ihr Ziel zu erreichen.

Beispiel:

	Verkaufspreis	18,00 DM je Hemd
−	Selbstkosten	15,00 DM je Hemd
=	Gewinn	3,00 DM je Hemd

Der Verkaufspreis von 25,00 DM darf nicht überschritten werden, da die Einzelhandelsunternehmen sonst auf andere Hemden ausweichen, die sie direkt aus Malaysia beziehen würden. Umsatz und Marktanteil, damit auch der Gewinn, werden durch die Faktoren:
- Abweichungen vom Durchschnittspreis
- Preiswürdigkeit
- Kundentreue
- Werbung

beeinflußt.

Spielregeln:

Abweichung vom Durchschnittspreis

Die Wettbewerbsfähigkeit hinsichtlich der Verkaufspreise soll durch einen Vergleich mit dem Durchschnittspreis aller Mitbewerber ermittelt werden.

Der Angebotspreis jeder Spielgruppe soll auf volle DM lauten. Liegt der Preis eines Unternehmens (Spielgruppe) unter/über dem Durchschnittspreis, so erringt das Unternehmen einen größeren/kleineren Marktanteil. Das Steigen oder Sinken des Marktanteils wird mit Punkten bewertet, die die Grundlage für die Berechnung des Marktanteils bilden.

1. Regel: Jede 0,25 DM, die der Preis eines Unternehmens unter dem Durchschnittspreis liegt = 1 Pluspunkt. Für jede 0,25 DM über dem Durchschnittspreis = 1 Minuspunkt.

Beispiel: Durchschnittspreis: 19,50 DM
Preis des Unternehmens: 17,00 DM $\Rightarrow$ 2,50 : 0,25 = 10 Pluspunkte

Preiswürdigkeit

Je niedriger der eigene Preis ist, desto höher wird der Absatz sein.

2. Regel: Folgende Übersicht gibt Auskunft über das Verhältnis von Angebotspreis und Punkten für die Preiswürdigkeit:

Angebotspreis in DM
Preiswürdigk.-punkte

Angebotspreis in DM	15–16	17–18	19–20	21–22	23–24	25
Preiswürdigk.-punkte	5	4	3	2	1	–

Maximal sind 5 Punkte für die Preiswürdigkeit möglich.

Beispiel: Angebotspreis 19,00 DM $\Rightarrow$ 3 Pluspunkte

Kundentreue

Die Kundentreue wird in Abhängigkeit vom Umsatz der vorhergehenden Spielrunde bewertet. Daraus folgt, daß es in der ersten Spielrunde keine Punkte gibt.

3. Regel: Für jede angefangene 1 000 Stück verkaufter Hemden in der vorausgegangenen Spielperiode: = 1 Pluspunkt

Beispiel: Absatz vorausgegangener Periode 3 600 Stück
$\Rightarrow$ 4 000 : 1 000 = 4 Pluspunkte

Werbemaßnahmen

Zur Förderung des Absatzes kann jedes Großhandelsunternehmen eigene Werbemaßnahmen einsetzen. Werben alle Großhandelsunternehmen gleichzeitig, heben sich die Wirkungen gegenseitig auf.

Da zunächst die Marktentwicklung beobachtet werden soll, dürfen Werbemaßnahmen erst ab der dritten Spielperiode durchgeführt werden.

4. Regel: Die Entscheidung zur Durchführung der Werbeaktion muß auf dem Entscheidungsblatt angegeben werden. Jede Werbeaktion kostet 3 000,00 DM, die den Gewinn verringern bzw. den Verlust erhöhen.

werbende Unternehmen	0	1	2	3	4
Pluspunkte	0	6	3	2	0

Beispiel: 3 Unternehmen werben ⇒ je 2 Pluspunkte

Mitarbeiter in jedem Unternehmen:
a) 1 Verkaufsdirektor(in), der (die) die Besprechung leitet;
b) 1 Chefbuchhalter(in), der (die) den Spielverlauf auf den Ergebnisblättern festhält;
c) 1 Direktionsassistenten bzw. Direktionsassistentin, der (die) das Entscheidungsblatt ausfüllt;
d) Absatzspezialisten und Absatzspezialistinnen, die den Markt beobachten und aufgrund von Schätzungen und Proberechnungen Empfehlungen für die Entscheidungen abgeben.

Unternehmen:

Spielperiode

Entscheidungsblatt

An der Entscheidung waren beteiligt als

Verkaufsdirektor(in):

Chefbuchhalter(in):

Absatzspezialist(innen):

Der Verkaufspreis wurde festgelegt auf: _____ DM
(Der Verkaufspreis soll auf volle DM-Beträge lauten, Höchstpreis 25,00 DM.)

Begründung der Entscheidung:
_____
_____
_____
_____
_____
_____

Eine Werbeaktion (Kosten 3 000,00 DM) soll ja ○
in dieser Periode durchgeführt werden. nein ○

Für die Richtigkeit:

_____
Direktionsassistent(in):

Ergebnisblatt der Spielperiode: _____

Durchschnittspreis: _____ DM

Unternehmen

gemeldeter Preis der Spielperiode				
Punkte gemäß 1. Regel				
Punkte gemäß 2. Regel				
Punkte gemäß 3. Regel				
Punkte gemäß 4. Regel				
Summe 1. + 2. + 3. + 4. (negatives Ergebnis = 0)				
Marktanteil in Prozent: $\dfrac{\text{Unternehmensprodukte} \times 100}{\text{Gesamtpunkte}}$				
Verkaufte Stückzahl: (Prozentzahl x 100)				
Gewinn bzw. Verlust pro Stück				
Gesamtgewinn bzw. Gesamtverlust				
Werbeaufwand (Gewinn (–), Verlust (+))				
Reingewinn der laufenden Periode				
Reingewinn/-verlust aller Perioden				

Quelle: Hohendorf, M.: Planspiel Preispolitik, in: Pilz (Hrsg.): Entscheidungsorientierte Unterrichtsgestaltung in der Wirtschaftslehre. Die Spielidee läßt sich auf diese Quelle zurückführen. Das Planspiel wurde aber in wesentlichen Bereichen modifiziert.

6.3 Unternehmenszusammenschlüsse

6.3.1 Kooperation

Situation:

> Betriebsrat kündigt Entscheidung an
>
> ### VW und Mercedes bauen Transporter gemeinsam
> **Nachfolgelösung für überalterten LT zeichnet sich ab**
>
> Die Entscheidung über die Nachfolge des im Stöckener Volkswagen-Werkes produzierten Transporter-Typen LT ist gefallen. Wie der hannoversche VW-Betriebsrat der HAZ am Sonntag auf Anfrage bestätigte, werden der niedersächsische Automobilkonzern und Mercedes-Benz gemeinsam einen Transporter bauen. Bereits am Donnerstag werden beide Unternehmen eine Kooperationsvereinbarung unterzeichnen. Mit der Produktion des neuen Fahrzeugs soll in Hannover 1995 begonnen werden.
>
> Quelle: HAZ v. 01.11.1993

Arbeitsvorschlag
Beantworten Sie die Fragen.
1. Welche Ursachen veranlassen zwei starke Anbieter von Kraftfahrzeugen zusammenzuarbeiten?
2. Wie wirkt sich diese Zusammenarbeit auf die betrieblichen Bereiche: Beschaffung, Produktion, Absatz und Finanzierung aus?

Sachdarstellung:

> Unter dem Begriff Kooperation versteht man die Zusammenarbeit zwischen rechtlich und wirtschaftlich selbständigen Unternehmen.

Unternehmen kooperieren in vielfältiger Weise, um ihre betriebswirtschaftlichen Ziele besser zu erreichen. Dazu gehören:

- **Gewinnmaximierung durch:**
  - Kostensenkungen in den Bereichen: Beschaffung, Lagerung, Produktion, Absatz, Forschung, Entwicklung usw.
  - Umsatzsteigerungen über Senkung der Verkaufspreise, Werbung, verbesserten Kundendienst usw.

- **Risikominimierung**

- **Steigerung der wirtschaftlichen Macht**
  - über eine Verbesserung der Marktstellung,

- **Finanzierungsvorteile**
  - Verbreiterung der Kapitalbasis, Erhöhung der Kreditwürdigkeit.

Das „Gesetz gegen Wettbewerbsbeschränkungen" (Kartellgesetz) erlaubt ausschließlich Formen zwischenbetrieblicher Zusammenarbeit, wenn diese den Wettbewerb fördern bzw. nicht wesentlich negativ beeinflussen. Es ist der Zweck des Gesetzes, die Marktmacht kleinerer und mittlerer Unternehmen zu stärken.

Kooperationen zwischen Unternehmen können in sehr unterschiedlichen Ausprägungen stattfinden:

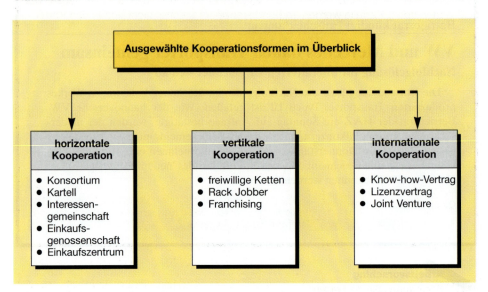

■ Horizontale Kooperation

Bei der Kooperation von Unternehmen unterscheidet man zwischen horizontalen und vertikalen Formen. Eine horizontale Kooperation liegt vor, wenn Unternehmen derselben Wirtschaftsstufe zusammenarbeiten. Im vertikalen Bereich kooperieren Unternehmen aus aufeinanderfolgenden Produktions- und Handelsstufen.

● Konsortium

Ein **Konsortium** ist ein vertraglicher Zusammenschluß von Unternehmen zur Abwicklung eines genau abgegrenzten Projektes. Nach Erfüllung des Projektes löst sich das Konsortium auf. Die Unternehmen arbeiten i.d.R. nur eine relativ kurze Zeit zusammen, beispielsweise bei einem Brücken- oder Tunnelbau.

● Kartell

Der wichtigste horizontale Unternehmenszusammenschluß ist das Kartell. Dabei handelt es sich um vertragliche Absprachen von Unternehmen, deren Selbständigkeit im rechtlichen und weitestgehend auch im wirtschaftlichen Bereich erhalten bleibt.

Aufgrund des Gesetzes gegen Wettbewerbsbeschränkungen sind Kartelle grundsätzlich verboten: Die Aufsicht über die Einhaltung des Gesetzes obliegt dem Bundeskartellamt in Berlin. Das Verbot umfaßt ausdrücklich: Preis- Produktions-, Gebiets-, Quoten- und Kalkulationskartelle.

Ausnahmen von der grundlegenden gesetzlichen Regelung sind:
- genehmigungspflichtige Kartelle. Sie werden nur durch die Erteilung einer ausdrücklichen Genehmigung des Bundeskartellamtes wirksam;

- anmeldepflichtige Kartelle. Sie bedürfen der schriftlichen Anmeldung beim Bundeskartellamt, wobei einige nur dann Rechtsgültigkeit erlangen, wenn das Bundeskartellamt innerhalb von drei Monaten nicht widerspricht, z. B. Rabattkartell als Widerspruchskartell.

Darüber hinaus können vom Bundeswirtschaftsminister ursächlich verbotene Kartelle zugelassen werden, wenn dadurch die Gesamtwirtschaft und/oder das Gemeinwohl gefördert werden. Kartelle werden im Bundesanzeiger veröffentlicht und in das Kartellregister eingetragen.

Kartelle

Kartellart	Beispiele
Verbotene Kartelle	
Preiskartell	Die Hersteller von Pappe verpflichten sich, Vollpappe und Kartonage nur zu einem bestimmten Preis anzubieten.
Submissionskartell	Durch Preisabsprachen verhindern Bauunternehmen den Wettbewerb, der durch die öffentliche Ausschreibung (Submission) über einen zu bauenden Kindergarten in einer Gemeinde beabsichtigt war.
Gebietskartell	Mehrere Fluggesellschaften teilen bestimmte Flugstrecken untereinander auf, indem sie nur bestimmte Flughäfen anfliegen.
Quotenkartell	Die sechs wichtigsten süddeutschen Zementhersteller legen genaue Produktionsquoten fest, um die Angebotsmenge zu beschränken.
Genehmigungspflichtige Kartelle	
Rationalisierungskartell	Zur Erschließung von Uranminen für die Produktion von Kernbrennstoffen kooperieren mehrere Energieversorgungsunternehmen. Dadurch werden die wirtschaftlichen Risiken minimiert und die Versorgungsaufträge sichergestellt.
Syndikat	Mehrere kleinere Stahlgroßhändler schließen sich zu einem sogenannten Einkaufskontor (Beschaffungssyndikat) zusammen, um in den Genuß von höheren Mengenrabatten zu kommen.
Exportkartell mit Inlandswirkung	Die Hersteller von optischen Geräten vereinbaren, ihre Exportpreise zu senken, um auf diese Weise den Auslandsabsatz zu sichern. Als Ausgleich werden die Inlandspreise erhöht.
Importkartell	Die Importeure von Kautschukwaren schließen sich zusammen, um auf die Beschaffungspreise Einfluß zunehmen. Jeder Importeur verpflichtet sich, keinen Abschluß oberhalb eines vorher festgelegten Höchstpreises zu tätigen. Mit dieser Maßnahme wird die Verhandlungsposition der Importeure gegenüber marktmächtigen Anbietern im Ausland gestärkt.
Strukturkrisenkartell	Da die Steinkohle immer mehr von anderen Energieträgern, z.B. Erdöl und Erdgas verdrängt wird, beschließen die Betriebe des Kohlebergbaus, ihre Förderkapazitäten an die veränderte Marktlage eines verstärkten Nachfragerückgangs anzupassen und die Kohleförderung um 10 Millionen Tonnen zu senken.

Widerspruchskartelle	
Konditionenkartell	Die deutschen Hersteller von Oberhemden vereinbaren einheitliche Lieferbedingungen an den Groß- und Einzelhandel.
Rabattkartell	Die inländischen Produzenten von Mountainbikes legen für die Belieferung des Handels einheitliche Preisnachlässe fest.
Spezialisierungskartell	Die europäischen Schraubenhersteller stimmen ihr Fertigungsprogramm aufeinander ab, indem jeder Produzent ein bestimmtes, genau festgelegtes Teilsortiment herstellt. Die fehlenden Abmessungen werden vom „Mitbewerber" bezogen, um das Programm zu vervollständigen.
Anmeldepflichtige Kartelle	
Normen- und Typenkartell	Ein Versandhaus vereinbart mit seinen Lieferern, die bestellten Waren in genormten Kartonagen zuzusenden, um die Tätigkeitsabläufe im Wareneingang und Lager zu beschleunigen. Potentielle Lieferer, die diese Bedingung nicht erfüllen, werden nicht mehr gelistet.
Exportkartell ohne Inlandsregelung	Exporteure von Klimaanlagen einigen sich auf eine einheitliche Preispolitik auf dem afrikanischen Markt.

● Interessengemeinschaft

Eine Interessengemeinschaft ist ein Zusammenschluß von Unternehmen zur Wahrung und Förderung gemeinsamer Interessen, z.B. Zusammenarbeit im Bereich Forschung und Entwicklung, Abstimmung von Produktionsprogrammen, Patentauswertung, einheitliche Verwaltung, gegenseitige Abnahme von Lieferungen. In den genannten Bereichen geben sie ihre wirtschaftliche Selbständigkeit vollständig auf. Daher ist diese Kooperationsform i.d.R. enger als bei einem Kartell. Die rechtliche Selbständigkeit bleibt allerdings auch hier erhalten.

● Einkaufsgenossenschaft

Ursprünglich waren Einkaufsgenossenschaften von selbständigen Einzelhändlern gegründete Vereinigungen, die zum Ziel hatten, die Marktmacht der Mitglieder durch den gemeinsamen Einkauf zu stärken. Um dieses Ziel noch besser verwirklichen zu können, haben sich aus den reinen Einkaufsgenossenschaften im Laufe der Zeit sogenannte Marketingszentralen entwickelt, an denen mehrere Einkaufsgenossenschaften beteiligt sind. Neben dem Einkauf von Waren werden den angeschlossenen Einzelhändlern noch vielfältige andere Dienstleistungen geboten, z.B. Einrichtungsberatung, Gewährung von Finanzierungshilfen, Unterstützungen bei der Wahl der Absatzmethoden.

● Einkaufszentrum

Einkaufszentren stellen eine weitere Kooperationsform auf der Einzelhandelsstufe dar. Mehrere selbständige Einzelhandels- und Dienstleistungsbetriebe sind in einem oder mehreren miteinander verbundenen Gebäuden zusammengefaßt. Man spricht auch von Shopping-Centern. Gemeinsame Aufgaben der an einem Zentrum beteiligten Betriebe, z.B. Bewachung, Reinigung, Werbung, werden häufig durch eine zentrale Verwaltung wahrgenommen.

■ Vertikale Kooperation

● Freiwillige Kette

Der vertragliche Zusammenschluß von Groß- und Einzelhandelsunternehmen mit dem Ziel einer gemeinsamen Marktstrategie wird als freiwillige Kette bezeichnet. Merkmale dieser vertikalen Kooperation sind:

- Groß- und Einzelhandelsunternehmen gehören meist der selben Branche an, z.B. Lebensmittel;
- unternehmerische Aufgaben, z.B. Einkauf, Werbung, Verkaufsschulung (sales promotion), werden gemeinsam durchgeführt;
- die Unternehmen arbeiten i.d.R. unter einem gemeinsamen Organisationszeichen, z.B. Interspar, Spar:

Die **Vorteile** bestehen für die Vertragspartner darin, daß durch den zentral organisierten Einkauf Preisvorteile, z.B. in Form von Mengenrabatten, günstigen Zahlungs- und Lieferbedingungen, zu erzielen sind. Kosteneinsparungen durch die Übernahme von Abrechnungs- und Buchführungsaufgaben durch die beteiligten Großhandelsunternehmen und gemeinsame Werbeaktionen sowie der Handel unter einem dem Verbraucher gut bekannten Organisationslogo machen diese Kooperationsform auch für die Einzelhandelspartner attraktiv.

Die Großhandelsunternehmen dürfen laut Kartellgesetz nicht gezwungen werden, ausschließlich ihre Vertragspartner zu beliefern. Allerdings gewähren sie, sofern es sich um eine leistungsstarke freiwillige Kette handelt, den belieferten Einzelhändlern einen Gebietsschutz. Gleichzeitig versuchen die Großhandelsunternehmen zu erreichen, daß bestimmte Waren nur von ausgewählten Einzelhändlern bei ihnen geordert werden können, um die Vertriebsbindung zu festigen.

● Rack Jobber

Rack Jobbing, auch als Service-Merchandising bezeichnet, ist die Vermietung von Regalflächen eines Einzelhändlers an einen Großhändler. Der Rack Jobber (Rack = Regal, Jobber = Arbeiter) verpflichtet sich, die auf Kommissionsbasis gelieferten Waren selbst auszuzeichnen, zu präsentieren und bei Bedarf nachzufüllen. Die nicht verkauften Artikel tauscht er gegen besser verkäufliche aus.

Für den Einzelhändler bietet dieses System verschiedene Vorteile. Er kann sein Sortiment erweitern, ohne ein Absatzrisiko dafür zu tragen. Außerdem profitiert er vom Know-how des Jack Robbers, der ihm zur Unterstützung des Absatzes Konzeptionen zur Verkaufsförderung und Verkaufsraumgestaltung u.a. Dienstleistungen anbietet. Dazu kann die Übernahme des Rechnungswesens zählen.

Für den Großhändler bietet das Rack Jobbing die Möglichkeit, einen festen Kundenstamm in guten Verkaufslagen, beispielsweise Verbrauchermärkte zu beliefern. Dabei kann er sein eigenes absatzpolitisches Konzept realisieren. Lassen sich Artikel in einer bestimmten Region nicht absetzen, so kann er diese in anderen anbieten.

In der Praxis findet man dieses System insbesondere bei Niedrigpreisartikeln, die einen hohen Lagerumschlag aufweisen. Dazu zählen z.B. Fleisch, Obst, Gemüse und Molkereiprodukte. Aber auch bei Blumen, Zeitschriften, Kosmetikartikeln und Compact Discs kooperieren Groß- und Einzelhandel in Form des Rack Jobbings.

Franchising

Situation:

Der Groß- und Außenhandelskaufmann Dieter Schewe ist seit längerer Zeit nicht mehr mit seiner Stelle in einem kleinen, mittelständigen Textilgroßhandel zufrieden. Ständig gibt es Auseinandersetzungen mit seiner Vorgesetzten Nora Kuhlmann, die ihm zu wenig Freiräume für eigene Entscheidungen läßt. Seine letzte außertarifliche Gehaltserhöhung liegt nun schon drei Jahre zurück, und aufgrund der schlechten Beziehungen zu seiner Abteilungsleiterin ist auch nicht mit einer mittelfristigen Verbesserung zu rechnen. Er würde sich schon ganz gern verändern. In der Samstagausgabe der Tageszeitung liest er folgende Annonce:

EINE IDEE WIRD VERMIETET:
1 + 1 = 3
SELBSTÄNDIG DURCH DAS FRANCHISING-SYSTEM

Werden Sie Ihr eigener Chef bzw. Ihre eigene Chefin, und verdienen Sie in 10 Monaten so viel, daß Sie sich 2 Monate Urlaub leisten können!

Noch nie war der Schritt zur Selbständigkeit so leicht. Wir suchen sie oder ihn für den Außendienst. Alles, was Sie zu Ihrer Selbständigkeit brauchen, haben wir bereits geplant und entwickelt:

Ihre Ausbildung, ein gutes Produkt, das Sie herstellen und verkaufen, dazu eine komplette Ausrüstung und alle nötigen Organisationshilfen. Außerdem arbeiten Sie auf dem Gebiet konkurrenzlos.

Sie arbeiten im Dienstleistungsbereich. Ihr Produkt gehört in den Freizeit- und Geschenksektor. Als Franchise-Nehmer der A-B-C genießen Sie alle Vorteile eines bewährten Systems – und das bei völliger finanzieller Sicherheit und unternehmerischer Selbständigkeit.

Branchenkenntnisse sind nicht erforderlich. Informieren Sie sich! Wir sagen Ihnen offen und ehrlich, was Sie erwartet.

Schreiben Sie noch heute an:

A-B-C-FRANCHISE VERTRIEBS GMBH
GARTENSTRASSE 12
30419 HANNOVER

Arbeitsvorschlag

1. Welche Perspektiven bieten sich für Dieter Schewe?
2. Beschreiben Sie die oben angestrebte Kooperationsform.
3. Welche Voraussetzungen sollte Dieter Schewe nach Ihrer Meinung mitbringen, um Vertragspartner der A-B-C-Franchise Vertriebs GmbH zu werden?
4. Lesen Sie die folgende Sachdarstellung! Führen Sie in Form eines Rollenspiels ein Gespräch über einen beabsichtigten Vertragsabschluß zwischen Dieter Schewe und der A-B-C-Franchise Vertriebs GmbH!

Franchising, hat das etwas mit Frankreich zu tun? Und überhaupt: wie spricht man denn dieses Wort aus? Ganz einfach: <fränscheising>. Franchising ist dadurch gekennzeichnet, daß ein Unternehmer gegen Gebühr anderen Unternehmern oder Existenzgründern eine Geschäftsidee anbietet, die in der Praxis bereits erprobt wurde. Man spricht auch von Franchise-Geber (Anbieter der Geschäftsidee) und von Franchise-Nehmer (Abnehmer der Geschäftsidee). Die Gebühr zur Nutzung der Geschäftsidee wird als Franchise-Gebühr bezeichnet.

Der Franchise-Nehmer kauft eine komplette Existenz, die vor allem folgende Leistungen des Franchise-Gebers umfaßt:
- Nutzung einer bereits praktizierten Geschäftsidee
- Lieferung,der Ware
- betriebswirtschaftliche Beratung
- Gebietsschutz
- Image des Franchise-Gebers bzw. der Ware
- Aus- und Weiterbildung des Franchise-Nehmers
- laufende Unterstützung des Franchise-Nehmers wie z.B. Bereitstellung von Werbekonzeptionen und -material, Informationsbroschüren, EDV-Programmen zur Verkaufsabrechnung .
- überregionale Werbung
- ausgereifte und erprobte Marketingkonzeptionen

Der Franchise-Nehmer hat folgende Leistungen zu erbringen:
- Bereitstellung der notwendigen Investitionssumme, z.B. für die Geschäftsausstattung
- eigene Arbeitskraft und notwendiges Personal
- Erschließung des jeweiligen Marktes vor Ort.

In der Bundesrepublik Deutschland zählen zu den bekanntesten Franchiseunternehmen u.a. die Fastfood-Restaurants von Mc Donald und Burger King, die Baumärkte von OBI, die Boutiquen von Marc O'Polo und Benetton sowie die Kosmetikgeschäfte von Yves Rocher.

Der entscheidende Vorteil dieser Kooperationsform liegt in dem verhältnismäßig niedrigen notwendigen Kapitaleinsatz im Vergleich zu einem komplett neuen Aufbau einer Existenz des Franchise-Nehmers. Hinzu kommt, daß aufgrund eines bereits erprobten Konzeptes ein relativ geringes Risiko besteht. Anlaufschwierigkeiten und -zeiten können minimiert werden.

Diesen Vorzügen stehen allerdings auch gewisse Nachteile gegenüber: So sind neben den regelmäßig zu zahlenden Gebühren Einschränkungen in der unternehmerischen Freiheit zu akzeptieren. Ein straffes, vorgegebenes Konzept läuft individuellen Unternehmerstrategien zuwider. Dazu gehören u.a. die Übernahme eines Firmennamens zugunsten einer Einheitsbezeichnung, der Öffnungszeiten, Verkaufspreise, Herstellungsmethoden und des Personaleinsatzes.

■ Internationale Kooperation

Neben inländischen etablieren sich zunehmend internationale Kooperationsformen, da in offenen Volkswirtschaften der Marktzugang für ausländische Anbieter weitestgehend frei ist. Hauptziele der kooperierenden Unternehmen sind, Produktionsfaktoren kostenminimierend zu kombinieren und gewinnträchtige Absatzmärkte zu erschließen. Aus der breitgestreuten Palette internationaler Kooperationsmöglichkeiten sollen drei Formen näher betrachtet werden.

● Know-how-Vertrag

Will ein ausländisches Unternehmen eine nicht patentierte Erfindung, ein Produktionsverfahren, eine spezifische Technologie oder eine bestimmte Konstruktion eines inländischen Unternehmens im Ausland nutzen, so ist es möglich, einen grenzüberschreitenden Know-how-Vertrag abzuschließen.

Der Know-how-Geber übergibt dem Know-how-Nehmer die notwendigen Unterlagen und bildet ggf. im Bereich der Sales Promotion Mitarbeiter des Know-how-Nehmers fort. Für diese Leistungen erhält er vom Know-how-Nehmer eine vereinbarte Nutzungsgebühr; Beispiel: Herstellung von Nudeln eines deutschen Teigwarenproduzenten nach einem italienischen Produktionsverfahren.

● Lizenzvertrag

Besitzt ein in der Bundesrepublik Deutschland ansässiges Unternehmen gewerbliche Schutzrechte, so hat es dafür u.a. erhebliche Entwicklungskosten aufbringen müssen.

Gewerbliche Schutzrechte	Patent	Gebrauchsmuster	Warenzeichen	Geschmacksmuster
Gegenstand des Rechtsschutzes:	Erfindungen (Gegenstände, Stoffe, Herstellungs- und Arbeitsverfahren)	Erfindungen (nur Neuerungen an Gegenständen)	Wort- und Bildzeichen zur Kennzeichnung und Unterscheidung von Waren oder Dienstleistungen	Muster und Modelle in gewerblicher Verwendung
Voraussetzungen:	Neuheit, Erfindungshöhe, Anwendbarkeit auf einem gewerblichen Gebiet	Neuheit, Erfindungshöhe, Anwendbarkeit auf einem gewerblichen Gebiet	Unterscheidungskraft, Eignung als Betriebskennzeichen	Neuheit und Eigentümlichkeit der Gestaltung
Erteilung der Schutzrechte durch:	Deutsches Patentamt	Deutsches Patentamt	Deutsches Patentamt	Deutsches Patentamt
Schutzdauer:	20 Jahre	3 Jahre Verlängerung bis höchstens 8 Jahre	10 Jahre Verlängerung um jeweils weitere 10 Jahre	5 Jahre Verlängerung bis höchstens 20 Jahre

Aus: Deutscher Sparkassenverlag (Hrsg.), WirtschaftsSpiegel, 29. Jg. (1989), Nr. 10, S. 12

Deshalb ist es für das Unternehmen unter betriebswirtschaftlichen Gesichtspunkten überlegenswert, diese Schutzrechte über den nationalen Markt hinaus international zu verwerten. Dabei steht es vor der Entscheidung, entweder im Ausland selbst zu produzieren bzw. Güter anzubieten oder interessierte ausländische Unternehmer als Lizenznehmer zu suchen, die gegen eine Lizenzgebühr die gewerblichen Nutzungsrechte erwerben. Beide Vertragspartner können von dieser Kooperationsform profitieren. Der Lizenznehmer spart die hohen Entwicklungskosten. Der Lizenzgeber benötigt keine eigenen Produktions- und Absatzkapazitäten im Ausland.

● Joint Venture

Von einem Gemeinschaftsunternehmen oder Joint Venture spricht man, wenn ein inländisches Unternehmen im Ausland gemeinsam mit einem ausländischen Unternehmen ein neues Unternehmen gründet. Dabei beteiligen sich die beiden Unternehmen mit einem bestimmten Prozentsatz an dem neuen Unternehmen.

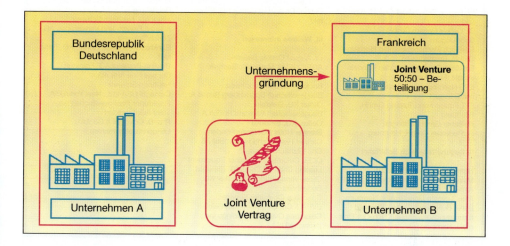

Joint Ventures sind immer dann angebracht, wenn beispielsweise ein inländisches Unternehmen
- die finanziellen Mittel zur Gründung eines neuen Unternehmens im Ausland nicht allein aufbringen kann oder will,
- notwendige Landeskenntnisse nicht im ausreichenden Umfang vorhanden sind,
- die Gesetzgebung des Auslandes größere und/oder andere Beteiligungsmöglichkeiten nicht zuläßt.

Durch das gemeinsame Engagement des ausländischen und des inländischen Unternehmens werden sowohl das Risiko als auch die Gewinne und Verluste zwischen den Kooperationspartnern aufgeteilt. Ein reibungsloses Funktionieren dieser Kooperationsform hängt sehr stark von der gemeinsamen Formulierung der Unternehmensziele und übereinstimmender Geschäftsführungsstrategien ab.

6.3.2 Konzentration

Situation:

Verzeichnis der aktiven konsolidierten Unternehmen der Oetker-Gruppe

I. Geschäftsbereich Nahrungsmittel

Dr. August Oetker Nahrungsmittel KG, Bielefeld
Agrano AG, Allschwil/Schweiz
Agrano Sarl, Mulhouse/Frankreich
Cameo S.p.A., Desenzano/Italien
Copa Bade GmbH & Co. KG, Hannover
DIBONA Markenvertrieb KG, Bielefeld
Dott. A. Oetker S.p.A., Desenzano/Italien
Dr. August Oetker Nahrungsmittel Werk Wittenburg GmbH, Wittenburg
Dr. Oetker Eiskrem GmbH, Ettlingen
Dr. Oetker Nahrungsmittel Gdansk-Oliwa GmbH, Danzig/Polen
Dr. Oetker Pilsen spol. sr.o/Tschechische Republik
Dr. Oetker Tiefkühl-Backwaren GmbH, Wittlich
Dr. Oetker Tiefkühlkost GmbH, Bielefeld
Dr. Oetker Ungarn GmbH, Györ/Ungarn
Edelfisch Fischspezialitäten Handels-GmbH, Bremerhaven
Edelfisch Fischspezialitäten Handels-GmbH, Frankfurt
ETO Nahrungsmittel Richard Graebener, Ettlingen
FFT Frozen Food Trading GmbH, Friedberg
Fleischer GmbH, Ettlingen
Fr. Pedersen GmbH, Hamburg

II. Geschäftsbereich Schiffahrt

Hamburg-Südamerikanische Dampfschiffahrtsgesellschaft Eggert & Amsinck KG, Hamburg
Atlas Levante Linie GmbH, Hamburg
Bahia Bulkcarrier GmbH, Bielefeld
Beteiligungsgesellschaft Nah-Ost-Linie mbH, Hamburg
Bock, Godeffroy & Co., Hamburg
Caravelle Assekuranz Vermittlungs- und Schadenskontor GmbH, Hamburg
Columbus Line Inc., Delaware/USA
Columbus Line Management GmbH, Hamburg
Columbus Line Reederei GmbH, Hamburg
Columbus Maritime Services Ltd., Auckland/Neuseeland
Columbus Overseas Services Pty Ltd., Sydney/Australien
Columbus Schiffahrts- u. Befrachtungsges. mbH, Hamburg
CONTAINERSCHIFF-REEDEREI Gesellschaft mbH MS „Cap Polonio", Bielefeld
CONTAINERSCHIFF-REEDEREI Gesellschaft mbH MS „Cap Trafalgar", Bielefeld
Containerschiffreederei MS „Columbus Ohio" Dr. August Oetker KG, Bielefeld
Containerschiffreederei MS „Columbus Olinda" Dr. August Oetker KG, Bielefeld

III. Weitere Interessen

Dr. August Oetker, Bielefeld
AGRICHEMA Materialflußtechnik GmbH, Budenheim
Backag AG, Zürich/Schweiz
Baugesellschaft Sparrenberg Rudolf A. Oetker KG, Bielefeld
Baugesellschaft Vorwärts Rudolf A. Oetker KG, Bielefeld
Brenner Hotel KG, Baden-Baden
Caravel Hotel Management Bally & Co., Vitznau/Schweiz
CCEL Columbus Container Equipment Leasing GmbH & Co. oHG, Bielefeld
Ceres-Verlag Rudolf A. Oetker KG, Budenheim
Columbus Container Services BVBA & Co. CV, Antwerpen/Belgien
Columbus Overseas Holdings Inc., Delaware/USA
Columbus Properties Inc. Alaska/USA
Deutsche Hyperphosphat GmbH, Budenheim
Dr. August Oetker Finanzierungs- und Beteiligungs-Gesellschaft mbH, Bielefeld
Dr. Oetker Verwaltungs GmbH, Bielefeld
Dr. Oetker Verwaltungs GmbH GBR II, Hamburg
Dr. Oetker Verwaltungs GmbH GBR III, Bielefeld
Eufra Holding AG, Neuheim/Schweiz
Freiherr von Maltzan Immobilienverwaltungsgesellschaft KG, Bielefeld

IV. Equity-Bewertung

Ahlmann Fahrzeugdienst GmbH & Co. KG, Rendsburg
Ahlmann Schiffahrt GmbH & Co. KG, Rendsburg
Ahlmann Transport GmbH & Co. KG, Rendsburg
Allwa AG, Neuheim/Schweiz
Atlantic Finanz- und Verwaltungs AG, Zürich/Schweiz
Bankhaus Hermann Lampe KG, Bielefeld
Binding-Brauerei AG, Frankfurt
Caravel Fine Arts AG, Neuheim/Schweiz
Colnaghi USA Ltd., New York/USA
Frankfurter Bankgesellschaft gegr. 1899 AG, Frankfurt
P. u. D. Colnaghi & Co. Ltd., London/Großbritannien
.
.
.

Arbeitsvorschlag

1. Stellen Sie fest, ob es Ihnen gelingen könnte, Ihre Existenz-, Kultur- und Luxusbedürfnisse mittels Gütern und Dienstleistungen des Oetker-Konzerns zu befriedigen.
2. Legen Sie eine Liste an, in der Sie die Güter und Dienstleistungen den Bedürfnisarten zuordnen.
3. Warum beschränken sich die Eigentümer des Oetker-Konzerns nicht ausschließlich auf die Herstellung von Back- und Puddingpulver?
4. Der Oetker-Gruppe unterstehen viele rechtlich selbständige Unternehmen, die in diversen Bereichen ihre Güter und Dienstleistungen unter eigenem Namen anbieten. Welche Gründe sprechen für diese Form von Unternehmenszusammenschlüssen?
5. Welche wirtschaftlichen Konsequenzen sind für die untergeordneten Firmen mit der Konzentration verbunden?
6. Welche Auswirkungen können derartige Unternehmenszusammenschlüsse für die Verbraucher haben?
7. Warum schreitet das Bundeskartellamt gegen Unternehmenszusammenschlüsse dieser Art nicht ein?

■ Konzern

> Ein Konzern ist ein Zusammenschluß von rechtlich selbständigen Unternehmen unter einheitlicher Leitung. Die Unternehmungen des Konzerns geben dabei ihre wirtschaftliche Selbständigkeit auf.

Entsprechend § 18 Aktiengesetz lassen sich zwei wesentliche Konzernarten voneinander unterscheiden:

(1) Sind ein herrschendes und ein oder mehrere anhängige Unternehmen unter der einheitlichen Leitung des herrschenden Unternehmens zusammengefaßt, so bilden sie einen Konzern → Unterordnungskonzern.
(2) Sind rechtlich selbständige Unternehmen, ohne daß das eine Unternehmen von dem anderen abhängig ist, unter einheitlicher Leitung zusammengefaßt, so bilden sie auch einen Konzern → Gleichordnungskonzern.

● Unterordnungskonzern

Für die Charakterisierung eines Unterordnungskonzerns benutzt man die Symbolik eines Mutter-Tochter-Verhältnisses.

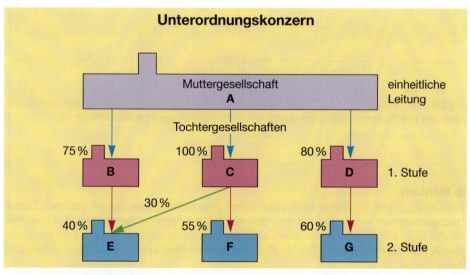

Das Mutterunternehmen (A) ist das den Konzern beherrschende Unternehmen. Dabei kann die Einflußnahme der Konzernmutter durch verschiedene Rechtskonstruktionen gewährleistet werden:

- dem Unternehmen A stehen die Mehrheiten der Stimmrechte der Gesellschafter entsprechend der prozentualen Kapitalbeteiligungen an den Unternehmen B – D zu. Über die untergeordneten Beteiligungen der 2. Stufe lassen sich tiefstrukturierte Abhängigkeitsketten aufbauen, die zur Beherrschung der Unternehmen E – G führen.
- Das Unternehmen A hat das Recht, die Mehrheit der Mitglieder der Verwaltungs-, Leitungs- und/oder Aufsichtsorgane der Unternehmen B – G zu bestellen und abzuberufen.
- Das Unternehmen A kann seinen beherrschenden Einfluß durch einen Beherrschungsvertrag und/oder einen Gewinnabführungsvertrag absichern.

● Gleichordnungskonzern

Sind rechtlich selbständige Unternehmen unter einheitlicher Leitung zusammengefaßt, ohne daß ein Abhängigkeitsverhältnis entsteht, so spricht man von einem Gleichordnungskonzern. Für diese Konzernform wird der Begriff Schwestergesellschaft verwendet, da hier aufgrund ausgewogener Beteiligungsverhältnisse ein relativ gleichwertiger, gegenseitiger Einfluß besteht.

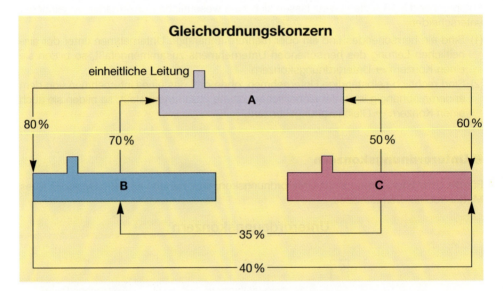

Die Gesellschaften A, B und C sind wechselseitig beteiligt, wobei jedes Unternehmen mit mehr als der Sperrminorität von 25 % am Schwesterunternehmen beteiligt ist.

● Holding

Die Leitung eines Konzerns kann auch durch eine Holdinggesellschaft erfolgen. Dieser Dachgesellschaft werden dabei von den einzelnen Konzernunternehmen das gesamte Kapital bzw. alle Kapitalanteile übertragen. Im Gegenzug erhalten die Konzernunternehmen Anteile an der Holding. Die Holding übernimmt selbst keine Produktions- oder Handelsaufgaben.

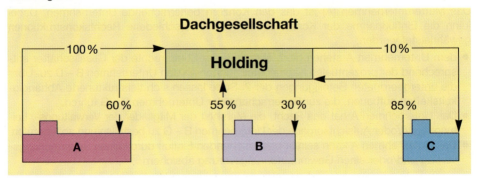

■ **Fusion (Trust)**

Situation:

Kartellamt genehmigt Karstadt/Hertie-Fusion nur mit Auflagen

Berlin (dpa/ap)
Die Übernahme der Hertie Waren- und Kaufhaus GmbH in Frankfurt durch die Karstadt AG in Essen ist vom Bundeskartellamt mit Auflagen genehmigt worden. Beide Kaufhauskonzerne haben sich in einem Zusatzvertrag verpflichtet, sich von Musikgeschäften mit sogenannten Tonträgern – also Schallplatten, CDs und Kassetten – in vier Standorten in Hamburg, München und Schleswig-Holstein und von drei bis vier der 16 Warenhäuser in Berlin zu trennen. Das sagte Kartellamtspräsident Dieter Wolf am Donnerstag in Berlin. Erst nach diesen Zusagen habe das Kartellamt zustimmen können, sagte Wolf.

Ein Karstadt-Sprecher sagte, man sei mit dem Kartellamtsspruch durchaus zufrieden und könne mit den Auflagen leben. Durch die Fusion des größten deutschen Warenhauskonzerns Karstadt mit dem Branchendritten Hertie entsteht ein Handelsriese mit einem Jahresumsatz von etwa 28 Milliarden DM. Allein Karstadt wies 1993 rund 20,8 Mrd. DM Konzernumsatz auf, darunter 13,26 Mrd. DM mit den 165 Kaufhäusern der Karstadt AG. Hertie mit seinen 80 Kaufhäusern und Beteiligungen an diversen Fachketten kam auf 7,1 Mrd. DM Umsatz.

Wolf wollte sich nicht dazu äußern, ob das Votum für diese Fusion ein positives Zeichen für den angemeldeten Zusammenschluß von Kaufhof und Horten, den Nummern zwei und vier der Branche, ist. Er räumte aber ein, daß es auf dem Markt bis auf regionale Ausnahmen bisher keine Anzeichen für fehlenden Wettbewerb gebe. Die Regelung des Zusagenvertrages habe sich im Handel bewährt.

Bei der Prüfung habe sich herausgestellt, daß sich für die Hertie-Warenhäuser in Berlin, Hamburg, Frankfurt am Main sowie in Schleswig-Holstein und München hohe Konzentrationen ergeben. Eine Wettbewerber- und Lieferantenbefragung habe ergeben, daß durch die Zusammenfassung des Karstadt-Geschäfts mit den Hertie-Töchtern WOM World of Musik und Schaulandt bei Tonträgern in Hamburg, München und Schleswig-Holstein eine überragende Marktstellung erreicht würde. In Berlin passiere dies im Bereich Heimtextilien, Spielwaren und Parfüm/Kosmetik.

In Berlin hätten Karstadt und Hertie in sechs von acht Einkaufszentren einen Verkaufsflächenanteil von 40 bis 50 Prozent und seien somit „dominierende Einzelhandelsunternehmen". Der Verkauf der Häuser in Berlin sei definitiv zugesagt worden.

Wolf verwies auf das kürzlich vorgelegte Gutachten der Monopolkommission zum Einzelhandel, wonach die Konzentration nicht grundsätzlich schädlich, sondern wegen der Rationalisierungspotentiale für die Verbraucher meist vorteilhaft sei.

Darauf deute auch die Umsatzrendite im Einzelhandel hin, die mit 2 Prozent niedriger sei als in Frankreich mit 4 Prozent oder England mit 6 Prozent.

Nach bisherigen Plänen der Kaufhäuser soll Karstadt alle Hertie-Anteile übernehmen. Im Gegenzug sollen die bisherigen Hertie-Eigentümer Karstadt-Aktien von den Karstadt-Großaktionären Commerzbank und Deutsche Bank erwerben.

Beide Banken, die jeweils etwas mehr als 25 Prozent besitzen, wollen je mehr als 10 Prozent an Karstadt behalten. Das dann verfügbare rund 30prozentige Aktienpaket dürfte rund 1,5 Milliarden DM wert sein.

Quelle: HAZ vom 25.02.1994

Arbeitsauftrag
1. Was versteht man unter einer Fusion?
2. Welche Unterschiede bestehen zwischen einem Konzern und einer Fusion?
3. Warum stimmt das Bundeskartellamt der Karstadt/Hertie-Fusion nur mit Auflagen zu?
4. Welches Interesse haben die Anteilseigner der Unternehmen an einer Fusion?
5. Welche Probleme können für Verbraucher durch Fusionen entstehen?

> Geben Unternehmen bei einem Zusammenschluß neben ihrer wirtschaftlichen auch ihre rechtliche Selbständigkeit auf, so daß nach dem Zusammenschluß nur noch eine rechtliche Unternehmenseinheit existiert, so spricht man von einer Fusion (≙ Verschmelzung).

Das Aktiengesetz (§§ 339ff.) unterscheidet zwei Formen der Verschmelzung:

(1) Die **Verschmelzung durch Aufnahme:** das Vermögen einer übertragenden Gesellschaft wird als Ganzes auf eine übernehmende Gesellschaft gegen Gewährung von Aktien dieser Gesellschaft übertragen.

(2) Die **Verschmelzung durch Neubildung:** es wird eine neue Aktiengesellschaft gebildet, auf die das Vermögen jedes der sich vereinigenden Unternehmen als Ganzes gegen Gewährung von Aktien der neuen Aktiengesellschaft übergeht.

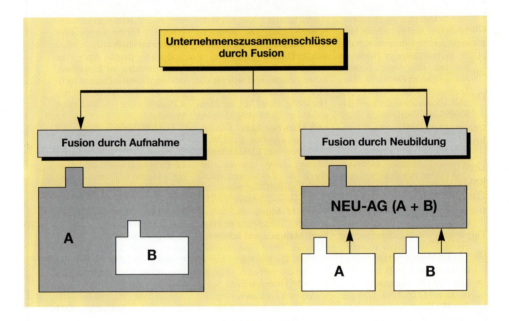

Bei Unternehmenszusammenschlüssen spricht man von horizontalen Unternehmenszusammenschlüssen, wenn die Unternehmen auf demselben Markt tätig sind. Um vertikale Zusammenschlüsse handelt es sich, wenn die Unternehmen auf vor- und nachgelagerter Marktstufe operieren. Sind die beteiligten Unternehmen auf ganz unterschiedlichen Märkten tätig, so spricht man von diagonalen bzw. konglomeralen Zusammenschlüssen.

6.4 Staatliche Wettbewerbspolitik

6.4.1 Kontrolle von Unternehmenszusammenschlüssen

Kartellbildungen und insbesondere Unternehmenszusammenschlüsse in Form von Konzernen und Trusts beinhalten das Problem, Marktmacht so stark zu bündeln, daß der Wettbewerb auf der Angebots- oder Nachfrageseite in Gefahr gerät. Ein funktionierender Wettbewerb bildet aber das Fundament einer Marktwirtschaft. Er ist Garant für niedrige Preise und hohe Qualität der Produkte. Deshalb müssen Maßnahmen getroffen werden, die dazu beitragen, den Wettbewerb zu sichern bzw. wieder herzustellen.

Die wichtigste gesetzliche Grundlage stellt in diesem Zusammenhang das Gesetz gegen Wettbewerbsbeschränkungen (GWB), kurz Kartellgesetz genannt, dar. Auf dieser Basis wird das Bundeskartellamt tätig. Es ist eine selbständige Bundesoberbehörde mit Sitz in Berlin und gehört zum Geschäftsbereich des Bundesministeriums für Wirtschaft. Das Bundeskartellamt ist für alle Wettbewerbsbeschränkungen zuständig, die sich im Geltungsbereich des Gesetzes auswirken (§ 98 Abs. 2 GWB) und über das Gebiet eines Bundeslandes hinausreichen (§ 44 GWB). Wirken sich Wettbewerbsbeschränkungen nur in einem Bundesland aus, so ist grundsätzlich die jeweilige Landeskartellbehörde zuständig. Für bestimmte Prüfungen, z.B. Fusionskontrolle, besitzt jedoch das Bundeskartellamt die alleinige Zuständigkeit.

Bei Verstößen gegen Verbote des GWB können die Kartellbehörden Geldbußen bis zu 1 Million DM verhängen. Darüber hinaus sind Geldstrafen bis zum Dreifachen des durch die Zuwiderhandlung erzielten Mehrerlöses möglich (§ 38 Abs. 4 GWB). Die Bußgelder kommen den öffentlichen Haushalten zugute.

Das Bundeskartellamt hat zur Durchsetzung des Kartellgesetzes weitreichende Ermittlungsbefugnisse. Es kann beispielsweise von Unternehmen Auskünfte verlangen, Geschäftsunterlagen einsehen, nach richterlicher Anordnung Durchsuchungen durchführen und Beweismittel beschlagnahmen.

Die wichtigsten gesetzlichen Bestimmungen zum Schutz des Wettbewerbs sind:
- das Kartellverbot und das Verbot anderer wettbewerbsbeschränkender Verträge (§ 1 GWB);
- das Verbot aufeinander abgestimmten Verhaltens (§ 25 Abs. 1 GWB);
- das Verbot vertikaler Bindungen (§ 15 GWB);
- die Mißbrauchsaufsicht über marktbeherrschende Unternehmen (§ 22 GWB);
- das Diskriminierungsverbot für marktbeherrschende und marktstarke Unternehmen (§ 26 GWB);
- Gutachten der Monopolkommission (§§ 24 b, 24 c GWB) ;
- die Kontrolle von Unternehmenszusammenschlüssen mit der Möglichkeit, Fusionen zu verbieten (§§ 23 ff. GWB).

Besonders der letzte Punkt, die sogenannte Fusionskontrolle, soll helfen, Wettbewerbsbeschränkungen, die sich durch starke Unternehmenskonzentrationen bis hin zu Monopolstellungen ergeben können, zu verhindern. Zusammenschlüsse, die gewisse Größenmerkmale erfüllen (§ 23 Abs. 1 GWB) unterliegen der Anzeige- und Prüfungspflicht. Sind Großunternehmen an einem Zusammenschluß beteiligt, deren Umsätze mehr als 1 Milliarde DM betragen, so muß bereits das Vorhaben des Zusammenschlusses, also vor Vollzug, beim Bundeskartellamt gemeldet werden. Sie unterliegen der vorbeugenden Fusionskontrolle.

Ist zu erwarten, daß durch einen Zusammenschluß eine marktbeherrschende Stellung entsteht oder eine bereits bestehende verstärkt wird, so hat das Bundeskartellamt den Zusammenschluß zu untersagen, es sei denn, die beteiligten Unternehmen weisen nach, daß durch den Zusammenschluß Verbesserungen der Wettbewerbsbedingungen eintreten und daß diese Verbesserungen die Nachteile der Marktbeherrschung überwiegen.

Seit Einführung der Fusionskontrolle bis Ende 1992 sind 101 Zusammenschlüsse oder Zusammenschlußvorhaben untersagt worden. Im letzten Berichtszeitraum (1991/92) sind vier Zusammenschlüsse untersagt worden:

Beim Bundeskartellamt angezeigt vollzogene Unternehmenszusammenschlüsse 1973–1992

Jahr	Zusammenschlüsse
1973	34
1974	294
1975	445
1976	453
1977	554
1978	558
1979	602
1980	635
1981	618
1982	603
1983	506
1984	575
1985	709
1986	802
1987	887
1988	1 159
1989	1 414
1990	1 548
1991	2 007
1992	1 743
insgesamt	16 146

Quelle: Deutscher Bundestag, Drucksache 12/5 200

Zusammenschluß (Kurzbezeichnung)	Entscheidungsgründe
1. BayWa/WLZ Raiffeisen AG	Verstärkung marktbeherrschender Stellungen auf den süddeutschen Groß- und Einzelhandelsmärkten für Dünge- und Pflanzenschutzmittel und den süddeutschen Erfassungs- und Vertriebsmärkten für Brotgetreide und Braugerste
2. Axel Springer Verlag/ Leipziger Stadtanzeiger	Verstärkung marktbeherrschender Stellungen auf dem Anzeigen- und Lesermarkt für regionale Abonnement-Tageszeitungen im Großraum Leipzig (Stadt und Landkreis)
3. Krupp/Daub & Söhne	Entstehung einer marktbeherrschenden Stellung auf dem Markt für Großbacköfen
4. Gillette/Wilkinson	Entstehung eines marktbeherrschenden Duopols auf dem Markt für Rasierapparaturen zum Zwecke der Naßrasur

Quelle: Deutscher Bundestag, Drucksache 12/5 200

Um auch innerhalb der Europäischen Union den Wettbewerb kontrollieren zu können, gibt es seit dem 21. September 1990 eine europäische Fusionskontrolle, die in allen Wirtschaftsbereichen gemeinschaftsweite Zusammenschlüsse mit einem Umsatzvolumen von über 5 Milliarden ECU erfaßt.

6.4.2 Maßnahmen zum Schutz der Verbraucher
6.4.2.1 Verbraucherberatung

Situation:

Die Auszubildende Helga Meier wird am 10.11. d. J. in der Innenstadt Hannovers von einer jungen Dame angesprochen. Sie bietet die Mitgliedschaft in einem Buchclub zu außergewöhnlich günstigen Konditionen an. H. Meier ist zunächst unschlüssig, unterschreibt aber dennoch einen Vordruck, nachdem die Dame ihr versichert hat, daß die Unterschrift unverbindlich sei und nur eine verbilligte Einkaufsmöglichkeit bedeuten würde. Nach vierzehn Tagen erhält sie eine Büchersendung im Wert von 48,00 DM mit beiliegender Rechnung. Erst jetzt wird ihr die Tragweite ihrer Unterschrift deutlich. Sie wendet sich an die örtliche Verbraucher-Zentrale. Eine Rechtsanwältin. die für die Verbraucher-Zentrale tätig ist, unterhält sich mit H. Meier über den Fall und setzt folgendes Schreiben auf:

Arbeitsvorschlag

1. Was veranlaßt die Verbraucher-Zentrale, in diesem Fall einzugreifen?
2. Welche Argumente bringt die Verbraucher-Zentrale gegen den Buchclub vor, um die Rechtmäßigkeit des Vertrages außer Kraft zu setzen?
3. Welche Aufgaben und Ziele verfolgen Verbraucher-Zentralen?
4. Welche anderen Einrichtungen und Informationsquellen stehen den Verbrauchern zu ihrem Schutz zur Verfügung?

Situation:

Die Verbraucher-Zentrale benachrichtigt am 11.12. d. J. die Auszubildende H. Meier über die Reaktion des Buchclubs und legt folgenden Brief als Fotokopie bei.

DEUTSCHE BUCH-GEMEINSCHAFT

D. A. Koch's Verlag Nachf.　　Berlin　　Darmstadt　　Wien

An die
Verbraucher-Zentrale Niedersachsen
e.V.
Georgswall 7
30153 Hannover

EINGEGANGEN
1 6. Dez. 1995
Erl.............

64295 Darmstadt
Berliner Allee 6
Postfach 4131
Sammelruf: (0 61 51) 3 96-1
Fernschreiber: 04 19 261

Ihr Zeichen　　　　　Datum　　　　　Mitglied./Kunden
mk-ptv-jull-n　　　　09.12.1995　　　612 850 6/0

Betr.: Mitgliedschaft von Frl. Helga Meier, Voltastr. 22, 30165 Hannover

Sehr geehrte Damen und Herren,

in vorgenannter Sache sind wir im Besitz Ihres Schreibens vom 01.12.1995 Pp und teilen Ihnen der Ordnung halber mit, daß wir obiges Mitgliedskonto gelöscht haben.

Mit freundlichen Grüßen

DEUTSCHE BUCH-GEMEINSCHAFT
D.A. Koch's Verlag Nachf.

i.A.

Postgiroamt Ffm 396-602 XXX Bankk. Dresdner Bank Darmstadt Nr. 1733 977, Stadt- und Kreis-Sparkasse Darmstadt Nr. 10 001 900

Arbeitsvorschlag
1. Welche Gründe mögen den Buchclub veranlaßt haben, vom Vertrag zurückzutreten?
2. Welche weiteren Möglichkeiten hätte Helga Meier gehabt, gegen den Buchclub vorzugehen, wenn die Entscheidung zu ihrem Nachteil ausgefallen wäre?

Der Markt – Ein Labyrinth für den Verbraucher

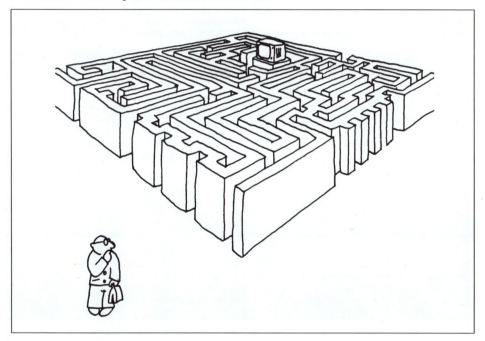

Der Verbraucher beeinflußt mit seinen Kaufentscheidungen wesentlich das Marktgeschehen. Fragt der Verbraucher ein bestimmtes Gut oder eine Dienstleistung nach, so stärkt er damit den jeweiligen Anbieter. Im Gegensatz dazu bedeutet eine fehlende Nachfrage für den Produzenten und Händler, daß er seine Angebotspolitik überdenken muß. Die Mitbewerber werden damit zu einer ständigen Verbesserung ihrer Leistungen zum wachsenden Nutzen des Verbrauchers angeregt.

Die Umsetzung dieser theoretischen Überlegungen hängt wesentlich davon ab, wie gut der Verbraucher über das Marktgeschehen informiert ist. Eine kritische Kaufentscheidung setzt u.a. Kenntnisse über das Funktionieren des Marktes, Informationen über die Preise, Qualität und Nutzen des Waren- und Dienstleistungsangebots voraus. In der Praxis bleibt der sogenannte **„kritische Verbraucher"** aber häufig eine Wunschvorstellung, weil seine Einflußmöglichkeiten dadurch beschränkt sind, daß er

- wegen fehlender Markttransparenz keine marktgerechten Entscheidungen treffen kann,
- in seinen Rechten beschnitten wird,
- Opfer unlauterer Marktpraktiken wird.

Dennoch oder gerade deshalb ist es Ziel staatlicher Verbraucherpolitik, die Stellung der Verbraucher als Nachfrager auf den Konsumgütermärkten zu schützen und zu stärken. Die staatliche Verbraucherpolitik im engeren Sinne umfaßt dabei die **Verbraucheraufklärung** und den **Verbraucherschutz**.

Staatliche Verbraucherpolitik

Ziele	Institutionen/Gesetze
Verbraucheraufklärung	
Der Verbraucher soll informiert sein und bewußt handeln, d.h. er muß seine Kaufentscheidungen abwägen können.	– Verbraucherverbände – Verbraucher-Zentralen – Arbeitsgemeinschaft der Verbraucher – Stiftung „Warentest"
Verbraucherschutz	
Rechtsschutz, d.h. der Verbraucher kann in bestimmten Bereichen besondere Schutzrechte geltend machen.	– Verbraucherkreditgesetz – Gesetz über den Widerruf von Haustürgeschäften und ähnlichen Geschäften – Gesetz zur Regelung des Rechts der Allgemeinen Geschäftsbeziehungen – Produkthaftungsgesetz
Gesundheitsschutz, d.h. Schutz der Verbraucher vor Gesundheitsschäden.	– Lebensmittelgesetz – Arzneimittelgesetz
Wettbewerbsschutz d.h. Schutz und Förderung des Wettbewerbs der Anbieter sowie Verbesserung der Markttransparenz der Nachfrager	– Gesetz gegen Wettbewerbsbeschränkungen – Gesetz gegen unlauteren Wettbewerb – Rabattgesetz – Zugabeordnung – Preisangabeverordnung

6.4.2.2 Verbraucherkreditgesetz

Constanze Kurz-Sichtig, 21 J., hat einen Personenkraftwagen „Eco-Sprinter" im Wert von 20 000,00 DM einschließlich Zinsen, zahlbar in zehn Monatsraten gekauft. Sie ist beim Abschluß des Vertrages ordnungsgemäß über ihr Widerrufsrecht belehrt worden.

Stolz fährt sie sofort mit dem neuen Auto zu ihrer besten Freundin. Diese ist schwer beeindruckt, gibt aber zu bedenken, daß eine monatliche Belastung von 2.000,00 DM die Einkommensverhältnisse von Constanze bei weitem übersteigt. Constanze muß zugestehen, daß ihre Freundin Recht hat. Selbst unter Berücksichtigung ihrer Ersparnisse ist die finanzielle Belastung durch das neue Auto zu hoch. Sie entschließt sich deshalb, gleich am folgenden Montag, den Vertrag zu widerrufen. Beide wollen aber noch am Wochenende eine Discothek außerhalb der Stadt besuchen. Gegen 4.00 Uhr morgens verlassen sie die Disco. Im dichten Nebel . . .

Am Montag beim „Eco-Sprinter"-Vertragshändler:

Arbeitsvorschlag
Lesen Sie den folgenden Text und klären Sie die in der Karikatur dargestellte Situation.

Geltungsbereich

> Ein Abzahlungsgeschäft liegt vor, wenn eine bewegliche Sache erworben und die Gegenleistung in mindestens zwei Ratenzahlungen erfolgt sowie einen Bagatellbetrag von 400,00 DM übersteigt.

Grundsätzlich gilt das Gesetz für folgende Sachverhalte, sofern der Empfänger der Ware nicht als Kaufmann in das Handelsregister eingetragen ist:
- Kauf einer Sache, die in einem Stück geliefert, aber auf Raten gezahlt wird, z.B. Auto.
- Teillieferung von an sich zusammengehörenden Sachen. Die Zahlung erfolgt in Raten, z.B. Wohnzimmereinrichtung.
- Regelmäßige Lieferung von Sachen der gleichen Art, z.B. Zeitungsabonnement.
- Die Verpflichtung, regelmäßig eine Leistung aus dem Sortiment eines Anbieters abzunehmen, z.B. Leistungen einer Buchgemeinschaft in Form von Büchern, Compact Discs, Landkarten usw.

Formvorschriften und Pflichtangaben

Die Schriftform ist zwingend für einen Vertrag, der ein Abzahlungsgeschäft zum Inhalt hat, vorgeschrieben. Der Vertrag muß folgende Angaben beinhalten:
- Barzahlungspreis
- Teilzahlungspreis
- Teilzahlungsplan, d.h. Betrag, Anzahl und Fälligkeit der Teilzahlungen
- effektiver Jahreszins, einschließlich sonstiger Kosten
- Kosten einer Versicherung, die im Zusammenhang mit dem Kreditvertrag abgeschlossen wird
- Vereinbarung über Eigentumsvorbehalte
- Ausnahme: Bietet der Händler die Ware nur auf Teilzahlung an, dann ist er von der Angabepflicht des Barzahlungspreises und des effektiven Jahreszinses befreit.

Der Verkäufer hat den Käufer über dessen Widerrufsrecht, das deutlich lesbar sein muß, zu informieren. Der Käufer hat diese Belehrung, gesondert zu unterschreiben.

Widerrufsrecht

Die auf den Vertragsschluß gerichtete Willenserklärung des Käufers wird erst wirksam, wenn der Käufer sie nicht dem Verkäufer gegenüber binnen einer Frist von einer Woche schriftlich widerruft.

Es bedarf dabei **keiner** Angabe von Gründen. Wegen der Beweislast empfiehlt es sich, den Widerruf als Einschreiben mit Rückschein zu versenden. Die Widerrufsfrist beginnt, wenn dem Käufer die ordnungsgemäße Abschrift des Vertrages ausgehändigt worden ist. In der Praxis sind drei Fälle grundlegend zu unterscheiden:

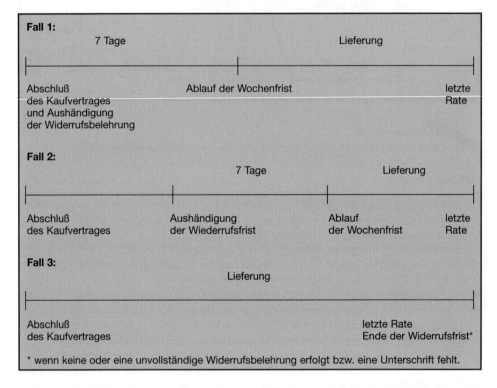

Sollte der Verkäufer die Abschrift des Vertrages überhaupt nicht oder unvollständig, z.B. ohne Unterschrift des Widerrufs, erhalten, erlischt das Widerrufsrecht erst bei Vertragserfüllung, d.h. nach Lieferung der Ware oder nach vollständiger Bezahlung des Kaufpreises.

Setzt der Verkäufer ein falsches Datum ein, beispielsweise durch Zurückdatieren des Tages des Vertragsabschlusses und wird dieses Datum durch die Unterschrift des Käufers bestätigt, so trägt dieser im Streitfall die Beweislast.

Verpflichtungen der Vertragspartner

Die Verpflichtungen des Verkäufers und des Käufers sind bei fristgerechtem Widerruf bzw. Rücktritt zwingend. Dazu zählen u.a.:
- der Widerruf des Käufers wird durch eine Verschlechterung oder den Untergang der Sache, z.B. Diebstahl, Explosion und Beschädigung nicht ausgeschlossen.
- Der Käufer hat den Wert der Gebrauchsüberlassung bis zum Zeitpunkt des Widerrufs zu ersetzen. Eine darüber hinausgehende Wertminderung hat er nur dann zu ersetzen, wenn er die Wertminderung oder den Untergang der Sache verschuldet hat.

Aufgaben zum Grundwissen

1. Was versteht man unter den Begriffen Kooperation und Konzentration? Arbeiten Sie die wesentlichen Unterscheidungsmerkmale heraus.

2. Nennen Sie Ziele, die mit einem Unternehmenszusammenschluß erreicht werden sollen.

3. Charakterisieren Sie eine horizontale Kooperation am Beispiel eines Kartells.

4. Welche grundsätzliche Aussage trifft der Gesetzgeber im Gesetz gegen Wettbewerbsbeschränkungen?

5. Nennen Sie Ausnahmen, die Kartellbildungen ermöglichen.

6. Ordnen Sie zu, indem Sie die eingerahmten Kennziffern von 3 der insgesamt 6 Inhalte der Absprachen in die Kästchen bei den Kartellarten auf einem gesonderten Blatt eintragen.

    Inhalt der Absprachen:
    a) Anpassung der Produktionskapazität an den Bedarf bei Rückgang der Nachfrage
    b) Vereinbarung über genau festgelegte regionale Marktaufteilung
    c) Vertrag über gemeinsame Beschaffungs- oder Vertriebseinrichtungen
    d) Absprachen über die Regelung des Wettbewerbs auf ausländischen Märkten
    e) Beschluß über die Verknappung des Angebots durch Vereinbarungen von Produktionsmengen
    f) Verträge zwischen Unternehmen über die Anwendungen einheitlicher Geschäftsbedingungen

    Kartellarten:

    Konditionenkartell ☐

    Syndikat ☐

    Gebietskartell ☐

7. Nennen Sie die wichtigsten Teilbereiche des Gesetzes gegen Wettbewerbsbeschränkungen.

8. Welche Gründe hat das Bundeskartellamt im Rahmen der Fusionskontrolle geäußert, um Unternehmensfusionen abzulehnen?

9. Erläutern Sie die wesentlichen Ziele der staatlichen Verbraucherpolitik.

10. Welches Gesetz schützt Verbraucher bei Ratenkäufen?

11. Geben Sie Beispiele, für die das Verbraucherkreditgesetz zutrifft.

12. Innerhalb welcher Frist kann der Käufer von seinem Widerrufsrecht bei Abzahlungsgeschäften Gebrauch machen? Bilden Sie drei unterschiedliche Beispiele.

13. Welche Probleme können beim Vordatieren von Ratenverträgen für den Kunden auftreten?

Weiterführende Problemstellungen

1. Problem

Welche größeren Konzerne haben ihren Sitz in der näheren Umgebung Ihres Wohnsitzes? Beschaffen Sie sich Informationen über einen dieser Konzerne.
Informieren Sie Ihre Mitschüler in Form eines Kurzreferates über das Unternehmen. Beachten Sie dabei folgende Gesichtspunkte:
- Konzernaufbau, betriebswirtschaftliche Zielsetzungen des Konzerns,
- Vor- und Nachteile für Verbraucher, Arbeitnehmer, Umwelt und Mitbewerber.

2. Problem

Die folgende Darstellung verdeutlicht den Grad der Unternehmenskonzentration in der Bundesrepublik Deutschland.

Unternehmens-Konzentration in den alten Bundesländern (ausgewählte Wirtschaftszweige)
Anteil der sechs größten Unternehmen am jeweiligen Branchenumsatz in %.

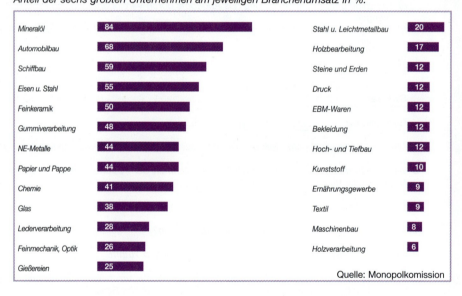

Quelle: Monopolkomission

Gespalten

Die Entwicklung der Unternehmenskonzentration hat sich – auf hohem Niveau – in den vergangenen Jahren etwas beruhigt. In den Branchen des produzierenden Gewerbes sieht die Monopolkommission einen gespaltenen Prozeß. Bei rund der Hälfte der insgesamt 41 Wirtschaftsbereiche hat sich der Konzentrationsgrad um bis zu fünfzig Prozent erhöht (so im Bekleidungsgewerbe), bei der anderen Hälfte (zum Beispiel im Maschinenbau) zum Teil um mehr als fünfzig Prozent verringert. Mit der deutschen Einheit begann sich das Fusionskarussell jedoch zu drehen: 1990/91 wurden beim Bundeskartellamt über 3 550 Unternehmenszusammenschlüsse angezeigt – soviel wie noch nie. Unternehmen aus dem Kreis der hundert Größten waren daran zu über 42 Prozent beteiligt.

Welche wirtschaftlichen Auswirkungen haben derartige Unternehmenskonzentrationen? Bedenken Sie dabei sowohl betriebswirtschaftliche als auch volkswirtschaftliche Aspekte.

3. Problem

Die Benetton-Händler zeigen sich aufmüpfig
Auch provozierende Werbung wird für Umsatzeinbußen verantwortlich gemacht

Frankfurt.(kdo). Von den ehedem 650 Benetton-Läden in Deutschland sollen 150 bereits aufgegeben haben. Rund ein Drittel der verbliebenen 500 überleben derzeit nur, weil sie direkte Unterstützung aus der Konzernzentrale erhalten. Die Schuld daran geben die Händler insbesondere der Werbung.

Rund 7 000 Händler meldeten, daß die Umsatzeinbußen auf die auffallende Werbung zurückzuführen sind. ...

Plakate mit dem blutgetränkten T-Shirt eines Soldaten in Bosnien oder ein im Sterben liegender Aids-Kranker sind für Luciano Benetton Dinge, die man doch tagtäglich im Fernsehen sieht. Und da auch Priester Unterwäsche tragen, schreckt Benetton nicht davor zurück, diese öffentlich zu präsentieren.

Warum also sollte die Werbung damit auch nur einen Kunden davon abhalten, einen Benetton-Pullover zu kaufen? Und außerdem, so versicherte Benetton im Herbst in Frankfurt ausdrücklich, sei sein Unternehmen sehr demokratisch. Er werden seinen kreativen Werbeleuten nie vorschreiben, was sie zu tun hätten.

Für die rund 75 Benetton-Händler aus Deutschland, Italien und Frankreich, die sich am Sonntag zur „Krisensitzung" in Mainz trafen, klingen solche Versprechen wie hohn. Nach einem dreistündigen Erfahrungsaustausch kamen sie zu dem Fazit, daß ein enger Zusammenschluß dringender denn je sei. In einer einstimmig verabschiedeten Resolution forderten die Händler die Unternehmensleitung auf, sich zu entscheiden, ob Benetton einen weiteren Imageverlust hinnehmen wolle. Die Hoffnung allerdings auf „ausgewogene" Verträge sei sehr gering, erklärte ein Sprecher der Händler im Anschluß an das Treffen. Wie sehr Benetton seine Händler gängele, werde daran deutlich, daß Familienmitglieder sogar Preiskontrollen in den Geschäften vornehmen würden. Von dem Wörtchen „united", das in allen Benetton-Anzeigen steht, finden sie im täglichen Umgang mit dem Konzern nichts wieder. „Einigkeit" scheint für Luciano Benetton nur zu bedeuten, daß er mit sich selbst einig werden muß, meint ein Händler.

Ein Jahr im voraus müssen die Händler bei ihrem Hersteller bestellen. Für Kenner der Modeszene sind das ungewöhnlich lange Vorlaufzeiten. „Sie haben auch nur den Zweck, uns möglichst lange an die Verträge zu binden", klagt ein Händler. So nämlich sei ein schneller Ausstieg aus den einmal getroffenen Franchise-Verbindungen kaum möglich. Rund 100 000 DM muß jeder mitbringen, der es zum Benetton-Händler bringen will. Dafür erhält er einen eingerichteten Laden und darf den Namen Benetton ans Schaufenster kleben.

Auf der anderen Seite aber hat er keine Chance, sein Sortiment anzureichern, wenn ihm einmal das Angebot aus Italien nicht ausreichen sollte. Ausschließlichkeit ist oberstes Prinzip bei Benetton. Diese Exklusivität gilt allerdings nicht, wenn sich die jeweiligen Gebietsvertreter des Italieners einfallen lassen, in der Nähe eines bestehenden Geschäftes ein weiteres aufzubauen.

„Dieser interne Konkurrenzkampf ist durch die Werbekampagne noch verschärft worden", klagt ein Händler. Und so haben sich schon zum Jahresende zwei Betroffene aus Braunschweig und Kassel an den Kasseler Rechtsanwalt Ulfert Engels gewandt. Er soll nun für sie einen Anspruch auf Schadenersatz durchboxen. Vielen Händlern seien mittlerweile Schäden zwischen 500 000 und 600 000 DM entstanden. In Treviso, so meint der Anwalt, wäre dies wohl schwer möglich gewesen.

Quelle: HAZ v. 16.01.1995

---

1. Beschreiben Sie die Ursache, die zur Verärgerung der Benetton-Einzelhändler geführt hat.
2. Benennen Sie Franchise-Geber und Franchise-Nehmer.
3. Charakterisieren Sie die Beziehung zwischen Franchise-Nehmer und Franchise-Geber.
4. Welchen Einfluß hat die Benetton-Werbung auf Ihr Konsumverhalten?

4. Problem

Lesen Sie den folgenden Text und überprüfen Sie, welche Auswirkungen der ab dem 01.01.1997 geltende Verbraucherkonkurs auf hochgradig verschuldete Verbraucher und deren Gläubiger haben kann.

Sieben magere Jahre

Nicht nur Unternehmen können in Zukunft in Konkurs gehen, auch private Haushalte. Die vom Bundestag beschlossene Insolvenzordnung gilt für jeden. Dadurch soll überschuldeten Verbrauchern ein Neuanfang ermöglicht werden. Wer sich mit Konsumenten- und anderen Krediten übernommen hat, muß bisher unter Umständen bis ans Ende seiner Tage in einem „modernen Schuldturm" (Justizministerin Sabine Leutheusser-Schnarrenberger) sitzen. Zur Zeit befinden sich dort rund 1,7 Millionen Haushalte.

Der Verbraucherkonkurs kann eingeleitet werden, wenn außergerichtliche Einigungsversuche des Schuldners mit seinen Gläubigern, zum Beispiel mit Hilfe von Schuldnerberatungen fruchtlos geblieben sind. Bevor es jedoch zum Verfahren kommt, sollen auch noch die Gerichte einen Schuldenbereinigungsplan vorlegen. Lehnt ihn die Mehrheit der Gläubiger ab, wird das vorhandene Restvermögen des Schuldners versilbert und unter die Gläubiger verteilt.

Danach beginnen sieben magere Jahre. Während dieser Frist muß der Schuldner über einen Treuhänder alle Einkünfte bis zum pfändungsfreien Grundbetrag von 1 220 Mark an seine Schuldherren abliefern. Hält er die Durststrecke durch, gilt er am Ende als entschuldet. „Wenn aber nach drei oder vier jahren ein unvorhergesehenes Ereignis wie Arbeitsplatzverlust eintritt, bricht der ganze Insolvenzplan zusammen", kritisiert Hugo Grote von der Verbraucher-Zentrale Nordrhein-Westfalen die lange Wohlverhaltensfrist.

Außerdem hätten während der ersten Zeit die Banken nach wie vor die Nase vorn. Denn sie sicherten ihre Forderungen in der Regel durch Lohnabtretungen ab, die drei Jahre lang Vorrang hätten. Erst dann kämen andere Parteien wie Vermieter, Wasser- und Stromversorger, Handwerker und Unterhaltsberechtigte sowie Sozialamt zum Zuge. Erhebliche Alltagsschwierigkeiten bis hin zur Wohnungskündigung seien so unausweichlich.

Kritisiert wird auch der bürokratische Aufwand durch die Pflicht zum Einigungsversuch und zum Schuldenbereinigungsplan. „Bei über der Hälfte der Betroffenen ist ohnehin nichts zu holen", rügt Grote. Das Gesetz sei praxisfern.

Probleme bereitet das neue Gesetz auch der Justiz. Der Deutsche Richterbund glaubt, daß die Insolvenzreform „nach einer vorsichtigen Hochrechnung" 500 zusätzliche Richter- und 1 800 Rechtspflegerstellen erforderlich macht, vom Verwaltungspersonal ganz zu schweigen. Die Richter bezweifeln deshalb, daß die Reform angesichts der öffentlichen Finanznot überhaupt umgesetzt werden kann. Daran ändere auch die Verschiebung des Inkrafttretens auf das Jahr 1997 nichts.

Ralf Rumpel

Quelle: ZEIT vom 29. April 1994

7 Wirtschaftsordnungen

7.1 Idealtypen

7.1.1 Ordnungspolitische Grundlagen

Wer bestimmt, was in einer Wirtschaft geschieht, und wer plant und lenkt die Wirtschaft?

> „Nicht vom Wohlwollen des Metzgers, Brauers und Bäckers erwarten wird das, was wir zum Essen brauchen, sondern daß sie ihre eigenen Interessen wahrnehmen. Wir wenden uns nicht an ihre Menschenliebe, sondern an ihre Eigenliebe." (Adam Smith)
>
> „Die Welt der Wirtschaft ist das Produkt der menschlichen Natur, sie kann sich nicht schneller ändern als die Menschen selbst." (Alfred Marshall)
>
> „Das Wesen der Staatstätigkeit ist, Menschen durch Gewaltanwendung oder Gewaltandrohung zu zwingen, sich anders zu verhalten, als sie sich aus freiem Antriebe verhalten würden." (Ludwig von Mises)
>
> „Es wird die Zeit kommen, da alle guten und normal entwickelten Menschen einen anständigen Erwerbstrieb und das Streben nach Individualität, Selbstbehauptung, Ichbejahung verstehen werden zu verbinden mit vollendeter Gerechtigkeit und höchstem Gemeinsinn. Hoffentlich ist der Weg dazu nicht so lang wie der war, der von den Brutalitäten der körperlichen Kraftmenschen zum heutigen Kulturmenschen führte." (Gustav von Schmoller)
>
> „Was für den einzelnen gut ist, muß nicht zwangsläufig der Gesellschaft nützen." (Michael Kalecki)
>
> „Eine staatlich gelenkte Wirtschaft tut gut daran, wenn sie nur wenige Massenwaren produziert. (Walter Eucken)
>
> „Es ist die Furcht vor Arbeitslosigkeit, die die Arbeiter veranlaßt, sich der Autorität ihrer Arbeitgeber zu beugen." (Joan Violet Robinson)
>
> „Der Staat hat lediglich die Pflicht, die Grenzen zu bewachen und die Ruhe im Innern des Staates zu sichern." (Nachtwächterstaat). (Walter Eucken)
>
> „Die beste Sozialpolitik ist eine freie Marktwirtschaft." (Milton Friedmann)
>
> „Gelegentlich muß der Staat sein wirtschaftliches Gewicht gezielt einsetzen, um die Lage wieder zu reparieren." (John Maynard Keynes)

Die Beantwortung der Eingangsfrage hängt von unterschiedlichen Theorien ab, die sich in den obigen Zitaten widerspiegeln. Dabei stehen die Knappheit der Güter und die Arbeitsteilung der Wirtschaft im Mittelpunkt des Problems. Damit verbunden sind Planungs- und Lenkungsprobleme der gesamten Volkswirtschaft. Es lassen sich zwei Grundmodelle der Lenkung und damit der Ordnung der Volkswirtschaft unterscheiden:

Dezentrale Planung und Lenkung der Wirtschaftsprozesse $\triangleq$ **Marktwirtschaft**
Zentrale Lenkung des Wirtschaftsprozesses $\triangleq$ **Zentralverwaltungswirtschaft**

Situation

Eine galaktische Entscheidung

Die galaktische Geschichte schien ein wenig durcheinander zu geraten, als das große, graue grebulonische Aufklärungsschiff „Pacha Mama" sich lautlos durch die schwarze Leere bewegte.

Urknallplötzlich meldete der Sektorenfunktionsüberwachungscomputer (SFÜWC) den Ausfall des zentralen Missionschips. Captain D. Adams wurde augenblicklich klar, daß dies das Ende von „Pacha Mama" und mit hoher Koinzidenz auch das der 30 mitfliegenden Astronautinnen und Astronauten sowie sein eigenes sein würde, wenn er seinem noch halb schlummernden Kybernetikhirn nicht eine interstellare Idee entlocken könnte.

Er griff instinktiv zu seinem in feine Plaste & Elaste eingebundenen „The Hitchhiker's Guide to the Galaxy", klickte die AS-Taste (automatic search) an, ... nichts. Also benetzte er nahezu klassisch den Zeigefinger seiner rechten Hand und fing an zu blättern...

Krzch-Rubbel-Grubbbel, Bubbbbel. Ein sandiges Geräusch und der durchdringende obsessionierende Duft verriet Captain D. Adams, daß sein Raumschiff strandend gelandet war. Dieses Geräusch, dieser Duft, wie schon in seinen Schulbüchern beschrieben, konnte dieses nur der Planet RUPERT sein.

Es war RUPERT; RUPERT mit dem legendären „Restaurant at the End of the Universe". Sie hatten noch einmal Glück gehabt. Wohl gelaunt verließen alle Passagiere und Captain D. Adams vorbildlich als letzter „Pacha Mama". Hier konnten sie es wahrscheinlich einige Jahre aushalten, bis sie die Rettungscrew mit Tricia Mc Millian wieder zur Erde zurückholen würde. Allerdings war allen bewußt, daß sie überleben wollten, wenn sie sich in zwei Teams aufteilen müßten, wie es der modulen Aufteilung des Planeten RUPERT entsprach.

Da huschten auch schon mit 17,43facher Lichtgeschwindigkeit Ford Prefect und Zaphol Beeblebrax aus dem Hyperraum heran. Ford Prefect war der Public Relation Officer von Indifoon, der der 3. Galaxy zugeneigten Seite von RUPERT. Zaphol Beeblebrax vertrat als Abgesandte die Planungsbehörde von Kollektotron, der zweiten modulen Einheit des Planeten.

Die Erdys, so nannte man hier die Erdbewohner, standen etwas hilflos im luftleeren Raum herum, vergleichbar den Begrüßungscocktailpartys auf Mallorca. Sie benötigten mehr Informationen, um sich für ein Modul entscheiden zu können. Ford Prefect erkannte die Situation, ließ aber oxforderzogen Zaphol den Vortritt. Zaphol fing mit glühenden Augen an zu erzählen: „In Kollektotron ...:

- garantieren wir einen gleichmäßigen Konjunkturverlauf, was z.B. Vollbeschäftigung bedeutet.
- Es existiert außerdem eine gerechte Einkommens- und Vermögensverteilung.
- Alle Bedürfnisse werden sofort befriedigt.
- Die Produktionsmittel gehören der Gemeinschaft.
- Der Staat übernimmt die Planung und Lenkung des gesamten Wirtschaftslebens.

„Und wie sieht es bei Ihnen aus, Herr Ford?", schnatterte Arthur Dent, der treue Begleiter von Captain D. Adams dazwischen.

Ford Prefect aus Indifoon bietet Ihnen an:
- Wir erkennen den Freiheits- und Selbstverantwortungsanspruch jedes Individuums als natürliches Recht an.
- Jede Person kann mit jeder beliebigen anderen Person Verträge abschließen.
- Der einzelne kann nach eigener, freier Entscheidung produzieren und konsumieren, was und soviel er will.
- Es besteht die Garantie einer freien Berufs- und Arbeitsplatzwahl.
- Wer möchte, darf ein Gewerbe gründen.
- Es gilt das Gesetz des Marktes.
- Zwar existiert ein Staat, dieser enthält sich jedoch jeglicher Aktivität hinsichtlich wirtschaftlicher Restriktionen.

Arbeitsvorschlag

Diskutieren Sie in einem Unterrichtsgespräch die Vor- und Nachteile der beschriebenen Lebensformen. Begründen Sie Ihre Entscheidung für oder gegen das Leben in einer der beiden Module.

7.1.2 Modell der freien Marktwirtschaft

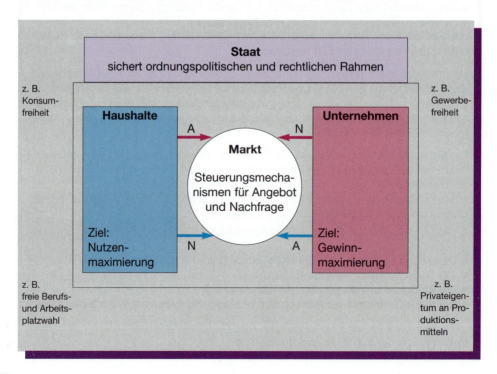

Die freie Marktwirtschaft setzt die Selbstverantwortlichkeit und Freiheit der Individuen voraus. Das führt dazu, daß dieses Modell durch dezentrale und von staatlichen Vorschriften unabhängige Entscheidungen gekennzeichnet ist. In der freien Marktwirtschaft regulieren sich Angebot und Nachfrage auf den Märkten mit Hilfe des Preises.

Wesentliche Kennzeichen des Modells

- **Rolle des Staates:** Der Staat greift grundsätzlich nicht in das Wirtschaftsgeschehen ein. Seine Tätigkeit beschränkt sich lediglich darauf, das Leben und die Freiheit der Bürger zu schützen sowie die Einhaltung der Gesetze zu überwachen. (Nachtwächterstaat).
- **Freiheit der wirtschaftlichen Betätigung:** Die Entscheidung darüber, was, wo und wieviel produziert wird, liegt ausschließlich bei den Unternehmen. Es besteht Produktions-, Gewerbe- und Niederlassungsfreiheit. Auf der anderen Seite besteht Konsumfreiheit für die Haushalte. Jeder kann frei entscheiden, was, wieviel und wo er einkaufen möchte. Die Arbeitnehmer haben das Recht, ihren Beruf und ihren Arbeitsplatz frei zu wählen. Die Wirtschaftssubjekte können ihre Verträge frei gestalten bzw. miteinander aushandeln.
- **Privateigentum an Produktionsmitteln:** Das Recht auf Privateigentum an Produktionsmitteln wird garantiert. Dieses ist eine wichtige Voraussetzung für die persönliche Unabhängigkeit und wirtschaftliche Entfaltungsmöglichkeit der selbständigen Unternehmer. Daraus resultiert das Recht, Gewinne zu erzielen und diese aufgrund der unternehmerischen Entscheidungsfreiheit beispielsweise als Investitionen zu verwenden.
- **Außenhandel:** Die Unternehmer können frei entscheiden, ob und in welchem Umfang sie Güter und Dienstleistungen importieren und exportieren wollen.

Vor- und Nachteile des Modells

Das Modell der freien Marktwirtschaft gewährleistet ein Höchstmaß freier wirtschaftlicher Betätigung. Dezentralisierung wirtschaftlicher Macht, niedrige Produktionskosten und hohe Produktivität erscheinen zunächst als Vorteile für alle Wirtschaftsteilnehmer. Allerdings kann es, bedingt durch einen starken Wettbewerb, zu einer Verdrängung kleiner, auch wirtschaftlich gesunder, aber weniger widerstandsfähiger Unternehmen kommen. Mittel- bis langfristig besteht durch die Bildung von Monopolen die Gefahr der Zentralisierung wirtschaftlicher Macht.

Weitere Nachteile sind in der mangelnden Berücksichtigung sozialer Probleme zu sehen. Sozial Schwache, Arme und Kranke werden sich selbst überlassen, da Schutzgesetze fehlen. Zusätzlich besteht die Gefahr einer Unterversorgung der Bevölkerung mit öffentlichen Leistungen, da diese nicht ausreichend angeboten werden. Diese Kollektivbedürfnisse bleiben in vielen Fällen unbefriedigt, da private Anbieter in diesen Wirtschaftsbereichen aufgrund schlechter Gewinnerwartungen nicht tätig werden.

Das System der freien Marktwirtschaft neigt dazu, die sozialen Gegensätze zu verschärfen. Da die Reichen reicher und die Armen abhängiger werden, führt diese Polarisierung zur Krisenanfälligkeit.

Insgesamt sind die Nachteile so schwerwiegend, daß eine kompromißlose Umsetzung des Modells in die Wirklichkeit nicht erstrebenswert ist.

7.1.3 Modell der Zentralverwaltungswirtschaft

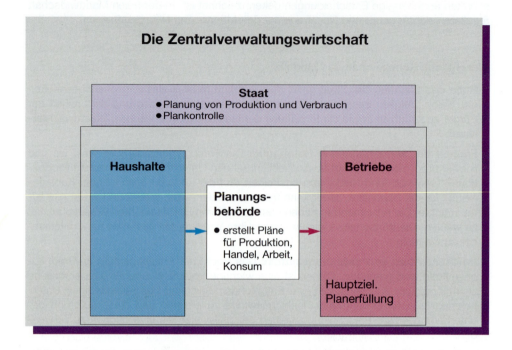

Kennzeichnend für die Zentralverwaltungswirtschaft ist, daß die „... Pläne der einzelnen Betriebe und Haushalte nicht mehr selbständig und durch Preise aufeinander abgestimmt werden, sondern daß die Pläne der Zentralstellen darüber entscheiden, was, wo und wieviel produziert wird und wie die Verteilung des Sozialproduktes stattfindet." (Walter Eucken: Grundsätze der Wirtschaftspolitik)

Angebot und Nachfrage werden nicht durch einen Preismechanismus zum Ausgleich gebracht. Diese Funktion übernimmt der Staat, indem er die Preise für Güter und Dienstleistungen, Löhne und Zinsen durch staatliche Zentralstellen festlegt.

Wesentliche Kennzeichen des Modells

Rolle des Staates: Das gesamte Wirtschaftsleben und alle anderen gesellschaftlichen Bereiche wie z.B. Kultur und Soziales unterliegen einer zentralen Planung und Kontrolle durch den Staat. Oberste Zielsetzung ist die Planerfüllung.

Keine Freiheit der wirtschaftlichen Betätigung: Die Handlungsfreiheit der Teilnehmer am Wirtschaftsleben ist insofern stark eingeschränkt, daß eine zentrale Planungsbehörde die Verbrauchs- und Produktionsmengen plant und verteilt. Es herrschen somit keine Produktions-, Gewerbe-, Niederlassungs- und Konsumfreiheit. Da die Planerfüllung verlangt, daß die Arbeitskräfte dort eingesetzt werden, wo sie benötigt werden, gibt es in diesem System keine freie Wahl des Berufes oder des Arbeitsplatzes.

Kollektiveigentum an Produktionsmitteln: Das Kollektiveigentum an Produktionsmitteln ist vorherrschend. So ist i.d.R. das Privateigentum an Produktionsmitteln vollständig aufgehoben oder die private Verfügungsgewalt darüber ist stark eingeschränkt. Idealtypisch betrachtet ist dieses Merkmal nicht zwingend. Es ergibt sich aber aus ideologischen Gründen.

Außenhandel: Die zentrale Verteilung der Güter und Dienstleistungen umfaßt auch den Außenhandel. Orientiert sich die Volkswirtschaft dabei nicht an den Weltmarktpreisen, so besteht die Gefahr, daß die eigene Währung nicht konvertierbar ist.

Vor- und Nachteile des Modells

Die Vorteile der Zentralverwaltungswirtschaft liegen in der Chance, wesentliche volkswirtschaftliche Zielsetzungen zu erreichen. Dazu zählen z.B. die Vollbeschäftigung, Preisstabilität, gerechte Einkommens- und Vermögensverteilung sowie qualitatives Wachstum. Der Staat kann in diesem Modell seine Aufgaben der sozialen Fürsorge optimal erfüllen, z.B. im Rahmen der Gesundheitsvorsorge und der Kinderbetreuung, da diese Bereiche Bestandteile seiner gesamtwirtschaftlichen Planung sind.

Geht man davon aus, daß die Produktionsmittel der Gemeinschaft gehören, so entfallen sowohl die Interessengegensätze zwischen Arbeitnehmern und Arbeitgebern als auch der Leistungswettbewerb zwischen einzelnen Anbietern von Gütern und Dienstleistungen.

Das Modell der Zentralverwaltungswirtschaft birgt allerdings auch diverse Nachteile in sich. Es ist nur dann funktionsfähig, wenn es gelingt, alle zur Planung erforderlichen Informationen zu beschaffen. Wäre es rechnerisch möglich, den Güterbedarf einer Volkswirtschaft zu ermitteln und entsprechende Pläne zu erstellen, bestünde immer noch das Problem einer exakten Einschätzung der Verbraucherwünsche. Daraus resultierende Fehlplanungen machen Mengen- oder Preiskorrekturen notwendig. Sind z.B. die Preise zu niedrig angesetzt, können sich Warteschlangen, lange Lieferzeiten oder sogar Schwarzmärkte ergeben. Bei zu hohen Preisen entstehen Absatzstockungen und zu große Lagerbestände.

Die angestrebte soziale Fürsorge durch den Staat reicht so weit, daß jeder Bürger seine Existenzbedürfnisse befriedigen kann. Um dieses Ziel zu erreichen, muß der Staat einen hohen Anteil an Produktionsfaktoren in diesen Wirtschaftsbereichen einsetzen. Da die wirtschaftliche Leistungsfähigkeit jedoch beschränkt ist, kann es in anderen Gebieten zu Unterversorgungen kommen.

Ein weiterer nachteiliger Aspekt dieses Modells ist seine Schwerfälligkeit. Die Organisationsstruktur des Staates ist derart komplex, daß Reaktionen auf Krisensituationen u.U. nur langsam erfolgen.

Weitere negative Folgen resultieren aus der Allmacht des Staates, der die Interessen des einzelnen zu wenig berücksichtigt. Da individuelle Vorstellungen nicht in den Produktionsprozeß einfließen und der Wettbewerbsgedanke systemfremd ist, fehlen häufig materielle Leistungsanreize. Das Hauptziel der Betriebe ist die Planerfüllung, nicht die Gewinnmaximierung. Aus diesem Grunde besteht auch keine zwingende Notwendigkeit, Innovationsbereitschaft zu entwickeln. Langfristige Wachstumschancen dieser Wirtschaft werden dadurch eingeschränkt.

7.2 Realtypen

7.2.1 Soziale Marktwirtschaft

Bei der Gründung der Bundesrepublik Deutschland 1949 standen die Wirtschaftspolitiker vor der Frage, wie die Wirtschaft neu zu ordnen sei. Da sowohl die Modelle der freien Marktwirtschaft als auch der Zentralverwaltungswirtschaft schwerwiegende Mängel aufweisen, suchte man nach Auswegen. Eine mögliche Alternative bot das Modell der Sozialen Marktwirtschaft. Hier entdeckte man die Chance, die Vorteile der freien Marktwirtschaft zu erhalten, ohne die Mängel übernehmen zu müssen. Da man den mündigen Bürger nicht mittels einer ökonomischen und sozialen Bevormundung durch eine zentral verwaltete Wirtschaft einengen wollte, kam das Modell der Zentralverwaltungswirtschaft in diesem Teil Deutschlands nicht in Betracht.

7.2.1.1 Elemente der sozialen Marktwirtschaft

Persönliche Freiheit

Es werden im wesentlichen die Elemente der freien Marktwirtschaft übernommen.

Obwohl das Grundgesetz der Bundesrepublik Deutschland keine bestimmte Wirtschaftsordnung festlegt, finden sich die wesentlichen Elemente der Sozialen Marktwirtschaft in den einzelnen Artikeln wieder, so z.B. in Art. 2 Gewerbefreiheit, Art. 12 Freie Berufswahl oder Art. 14 Garantie des Privateigentums.

Diese Auffassung vertritt auch Roman Herzog: „Davon abgesehen, kann es keinen vernünftigen Zweifel daran geben, daß eine Verfassung wie das Grundgesetz die Grundrechte des Eigentums, der Berufsfreiheit, der Freizügigkeit und der allgemeinen Handlungsfreiheit verankert, damit zugleich die wesentlichen Prinzipien einer marktwirtschaftlich orientierten Wirtschaftsverfassung verankert."

Soziale Sicherheit

Der Art. 20 des Grundgesetzes beschreibt die Bundesrepublik Deutschland als demokratischen und sozialen Rechtsstaat. Es verpflichtet den Staat damit, das Wirtschaftsleben im Sinne sozialer Sicherheit mitzugestalten.

Durch die im Grundgesetz formulierte Forderung, die Würde des Menschen zu achten und zu schützen, wird der Staat weiterhin verpflichtet, für die Sicherung des Existenzminimums zu sorgen. Will er soziale Gerechtigkeit wenigstens annähernd erreichen, um den sozialen Frieden zu sichern, bedarf es eines Netzes, das die sozial Schwachen der Gesellschaft und die Schutzbedürftigen auffängt.

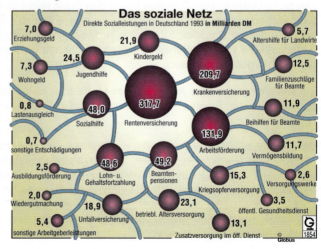

Über den Umfang, die Struktur und die weitere Gestaltung des Systems der sozialen Sicherung in der Bundesrepublik Deutschland berichtet die Bundesregierung seit gut einem Jahrzehnt regelmäßig: Im Sozialbudget werden direkte und indirekte Sozialleistungen einschließlich allgemeiner Dienste beschrieben, die von öffentlichen und nichtöffentlichen Stellen für Ehe und Familie, Gesundheit, Beschäftigung, Alter und Hinterbliebene, Folgen politischer Ereignisse, Wohnen, Sparen und als Allgemeine Lebenshilfe aufgewandt werden. Auch die Art und Weise ihrer Finanzierung und ihre Verankerung im wirtschaftlichen Kreislauf werden im Sozialbudget dargestellt.

	1984	1989	1990	d. J.
Sozialbudget (in Mrd DM)	558,3	678,5	703,1	?
Sozialleistungsquote	31,5 %	30,0 %	28,7 %	?
Sozialleistungsziffer	9.106	10.996	11.270	?

Arbeitsvorschlag
Ermitteln Sie anhand der aktuellen Werte die Sozialleistungsquote und die Sozialleistungsziffer!

Der prozentuale Anteil des Sozialbudgets am Sozialprodukt (vgl. Kap. 8) wird als **Sozialleistungsquote** bezeichnet. Sie weist aus, wie sich der soziale Sektor im Laufe der Jahre im Vergleich zur gesamtwirtschaftlichen Entwicklung verändert. Mit der **Sozialleistungsziffer** werden die Ausgaben pro Kopf der Bevölkerung bewertet.

Sozialer Schutz für die Arbeitnehmer wird letztlich durch Gesetze gewährleistet, z.B. das Kündigungsschutzgesetz, das Arbeitsplatzschutzgesetz, das Jugendarbeitsschutzgesetz, das Mutterschutzgesetz und das Schwerbehindertengesetz.

Darüber hinaus gibt es weitere Elemente, die den Charakter der sozialen Marktwirtschaft prägen. Die Mitbestimmung, u.a. garantiert durch das Montan-Mitbestimmungsgesetz von 1951, das Mitbestimmungsgesetz von 1976 sowie das Betriebsverfassungsgesetz von 1972 tragen der Tatsache Rechnung, daß eine freiheitliche Gesellschaftsordnung auch in ihrem Teilbereich Wirtschaft freiheitlich organisiert sein muß. Die Mitbestimmungsmöglichkeiten schützen die Arbeitnehmer vor willkürlicher Machtausübung und schaffen die Voraussetzungen, sich an unternehmerischen Entscheidungen zu beteiligen. Eine Wirtschaftsordnung, die Chancengleichheit als soziales Ziel anstrebt, hat dafür zu sorgen, daß Menschen nicht benachteiligt werden. So sollen Gesetze, aber auch Quoten gewährleisten, daß beispielsweise Frauen zunehmend als gleichberechtigte Arbeitnehmer besonders in Führungspositionen am Wirtschaftsleben teilnehmen.

7.2.1.2 Soziale Marktwirtschaft in der Diskussion

These:
In der Sozialen Marktwirtschaft hat der Staat die Rolle des tapferen Schneiderleins zu übernehmen, das mit zu kurzem Faden versucht, die aufreißenden sozialen Maschen zu stopfen.

Arbeitsvorschlag
Interpretieren Sie die These.
Berücksichtigen Sie dabei aktuelle wirtschaftspolitische Probleme der Bundesrepublik Deutschland!

Wie zentrale Gegenwartsprobleme der Bundesrepublik Deutschland zeigen, gelingt es dem Staat nicht immer, die Ursachen dieser Mißstände zu bekämpfen. Soziale Brennpunkte äußern sich u.a. in wachsender Arbeitslosigkeit, hoher Staatsverschuldung, stärker werdender Machtkonzentration in der Wirtschaft und in zunehmender Knappheit der Ressourcen. Gerade der letzte Aspekt ist besonders brisant. Wenn es darum geht, ökonomische und ökologische Interessen gegeneinander abzuwägen, setzen sich oftmals rein ökonomische Ideen durch. Die Zielsetzung, eine lebenswerte Umwelt zu erhalten, kann deshalb nicht konsequent verfolgt werden.

Weitere Spannungsfelder resultieren aus einer ungerechten Einkommensverteilung, die dazu führt, daß immer mehr Menschen am Rande des Existenzminimums leben müssen. In diesem Zusammenhang kann auch eine steigende Kriminalitätsrate als Indikator für sozialen Unfrieden gesehen werden.

Die skizzierten Problembereiche legen ein grundsätzliches Umdenken nahe. Dabei wird es u.a. darauf ankommen, die Ursachen der Probleme zu erkennen. Stichwortartig seien an dieser Stelle einige Ansatzpunkte genannt:

Die ökonomische Theorie ist nicht mehr in der Lage, die Wirklichkeit ausreichend modellhaft zu erklären. Es gelingt ihr auch nicht, zukünftige Entwicklungen sicher zu prognostizieren bzw. Hilfsmittel anzubieten, die die Wirtschaft positiv beeinflussen. Die Ursache für diese Misere liegt darin, daß alle ökonomischen Modelle auf bestimmten Annahmen beruhen. So wird z.B. unterstellt, daß

- Angebot und Nachfrage von ausschließlich ökonomisch rational handelnden Menschen (homo oeconomicus), denen alle vorhandenen Informationen zur Verfügung stehen, bestimmt werden,
- der Markt auf mechanische Weise durch die freiwillige Abstimmung der Marktteilnehmer kurz- wie langfristig zu einem Gleichgewicht tendiert,
- es sich bei diesem Modell um eine stationäre Betrachtung handelt, die wesentliche, langfristige dynamische Einflüsse außer acht läßt. Verstärkt wird dieses Problem durch die kurzfristige Betrachtungsweise der Politiker.

Will man die anstehenden Probleme meistern, so ist eine Veränderung in der Wirtschaftspolitik notwendig. Inhaltliche Zielvorstellungen müssen konkretisiert werden. Es muß geklärt werden, was angemessenes wirtschaftliches Wachstum und was eine lebenswerte Umwelt sind. Ansatzpunkte zur Lösung dieser Probleme liegen auf der einen Seite beim Input, d.h. grundsätzlich müssen die knappen Ressourcen in Form der Produktionsfaktoren sparsam eingesetzt und genutzt werden. Auf der Outputseite sollten nur Produkte angeboten werden, die sich an echten Bedürfnissen der Verbraucher orientieren. Die Herstellung von vierzig unterschiedlichen Zahnpastasorten stellt eine Form der Überproduktion dar, die weder ökologisch sinnvoll noch vom Verbraucher erwünscht ist. Es handelt sich hierbei um einen künstlich geschaffenen Bedarf oder, kritisch formuliert, um volkswirtschaftliche Verschwendung.

> Wir sind im Begriff, das Verhältnis von Produktion und Bedürfnisbefriedigung auf den Kopf zu stellen. Die Steigerung der Produktion dient nicht mehr primär der Bedürfnisbefriedigung, sondern die Steigerung der Bedürfnisse dient der Aufrechterhaltung der industriellen Produktion.

(Kurt Biedenkopf)

Hier zeigt sich auch der Widerspruch zwischen betriebswirtschaftlichen und volkswirtschaftlichen Interessen. Während sich die meisten Unternehmen immer noch vorrangig an der Gewinnmaximierung und der Eigenkapitalrendite orientieren, vernachlässigen sie das Allgemeinwohl. Andere, wenn auch zu wenige Unternehmen, beweisen, daß dieser Widerspruch nicht notwendigerweise bestehen muß. So haben deutsche Firmen Spitzenpositionen auf dem internationalen Markt für Umweltschutztechnik weiter ausgebaut. Diese Branche gehört zu den Wachstumsfeldern der Wirtschaft. Immer strengere Auflagen zwingen die Unternehmen zu Verbesserung und Entwicklung neuer Techniken, die betriebs- und volkswirtschaftlich vertretbar sind.

Fazit:

> Ökonomie ist sowohl Kunst als auch Wissenschaft, weil das Verhalten von Menschen und Institutionen sich ständig verändert – unsere Theorien müssen sich mit ihnen verändern.

(Paul Anthony Samuelson).

7.2.2 Wirtschaftsordnungen im Umbruch

Situation:

Bild 1: Die Anfänge des privaten Handels

Am Tage nach der Währungsreform füllen plötzlich lang vermißte Waren wieder die Schaufenster.

Quelle: Spiegel 2/93

Bild 2: Am Tage nach der Währungsreform

Quelle: Information zur politischen Bildung, 3/1989, Heft 223

Arbeitsvorschlag
1. Ordnen Sie die folgenden Stichwörter den beiden Bildern zu:
   Angebot und Nachfrage – Existenzbedürfnisse/Luxusbedürfnisse – freier Wettbewerb – Zuteilung von Grundnahrungsmitteln – Gewinnmaximierung – staatliche Privatisierung – Konsumfreiheit – Gewerbefreiheit – Hamburg 1948 – Moskau 1991.
2. Beschreiben Sie kurz mit Hilfe der Stichwörter und Bilder die wirtschaftliche Situation in beiden Ländern.
3. Welche Wirtschaftssysteme liegen den jeweiligen Situationen zugrunde?

Sachdarstellung:

Die Ereignisse, die sich seit den 80er Jahren in Osteuropa abzeichnen, zeigen, daß einmal gefundene wirtschaftliche Ordnungen nicht unumstößlich sind. So hat es beispielsweise in der ehemaligen Sowjetunion tiefgreifende gesellschaftliche und politische Veränderungen gegeben, die zu einem Umbruch des Wirtschaftssystems führten. Nach dem Zusammenbruch des auf dem Modell einer Zentralverwaltungswirtschaft basierenden Systems erweist sich Rußlands Weg zur Marktwirtschaft zwar als unausweichlich, jedoch als äußerst schwierig.

Die Planwirtschaft, die mit ihrer extremen Form der Arbeitsteilung und Spezialisierung als Klammer der Sowjetunion wirkte, hinterläßt eine Fülle von Strukturproblemen, die es zu lösen gilt. Stichwortartig seien hier einige genannt:

- Bestand an veralteten Maschinen mit einseitiger Ausrichtung auf Rohstoffverarbeitung, Produktion von Investitions- und Rüstungsgütern,
- fehlende Wettbewerbsfähigkeit auf dem Weltmarkt,
- mangelhafte Infrastruktur,
- abnehmende Rohstoffvorkommen,
- abnehmende Devisenbestände aufgrund der Mißwirtschaft und sinkenden Weltmarktpreisen für Rohstoffe, RGW
- RGW-Mitglieder (RGW = Rat für gegenseitige Wirtschaftshilfe) kündigen das Verbundsystem, da sie in dem neuen Rußland noch keinen Vertragspartner sehen.

Aufgrund der o.g. Auswahl an vorhandenen Strukturproblemen sind seit Ende der 80er Jahre Reformbestrebungen zu beobachten. Gorbatschow unternahm den Versuch, die Planwirtschaft in eine Sozialistische Marktwirtschaft oder in eine Plan-Marktwirtschaft zu überführen. So ließ er eine freie Preisbildung in der Leichtindustrie sowie im Einzelhandel zu, ermöglichte Joint ventures mit internationalen Unternehmen und ebnete den Weg, staatliche Betriebe durch Selbstverwaltung zu privatisieren. Jelzin erkannte, daß die marktwirtschaftliche Orientierung noch stärker vorangetrieben werden mußte. Er setzte sich für eine Preisbildung auf dem Markt, Abbau staatlicher Investitionen und drastische Einsparungen in der Rüstungsindustrie ein.

Da aber die alten Strukturprobleme noch nachwirken, kommt es derzeit zur Unterversorgung der Bevölkerung mit Gütern. Die langjährige ideologische Prägung und leistungsfeindliche Wirtschaftserziehung bilden zusätzliche Hürden.

Die Umsetzung der wirtschaftlichen Reformen wird daher trotz aller Bemühungen als langwieriger Prozeß zu bewältigen sein, der vor allen Dingen von der Bevölkerung große Opfer verlangt.

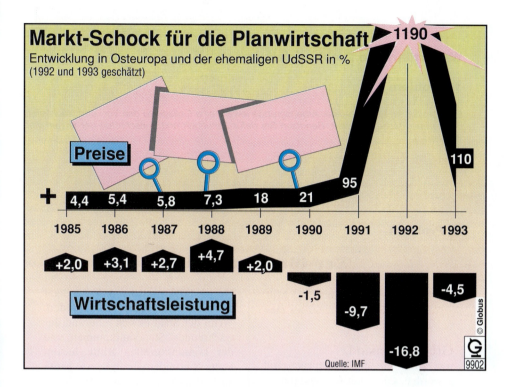

Seit drei Jahren sinkt die wirtschaftliche Gesamtleistung im Ostblock, und vorerst dürfte die Talfahrt etwa in Rußland nicht enden. Der Internationale Währungsfonds hat versucht, den Anpassungsschock in Zahlen zu fassen. Danach ist die Wirtschaftsleistung der einstigen Staatshandelsländer um ein Viertel niedriger als 1989 ausgefallen. Um so schneller steigen die Preise: Heuer dürfte die Inflationsrate mit 1 190 Prozent vierstellig ausfallen.

Aufgaben zum Grundwissen

1 Erläutern Sie die Kennzeichen des Modells der freien Marktwirtschaft.
2 Wodurch unterscheidet sich die soziale von der freien Marktwirtschaft?
3 Grundgesetz der Bundesrepublik Deutschland, Artikel 20

> *(1) Die Bundesrepublik Deutschland ist ein demokratischer und sozialer Rechtsstaat.*

Erläutern Sie diesen Grundgesetzartikel im Hinblick auf die Festlegung einer bestimmten Wirtschaftsordnung.

Weiterführende Problemstellungen

1. Problem

Erstellen Sie im Rahmen einer Arbeitsgruppe jeweils eine Collage zu den Vor- und Nachteilen der sozialen Marktwirtschaft. Benutzen Sie dafür Zeitungen und Zeitschriften der letzten vier Wochen.

2. Problem

Der Gnom aus Zürich

Der Sozialstaat braucht 115 Mill. DM pro Stunde – mehr als eine Billion im Jahr.

Grüezi mitenand,
was sind wir doch anspruchsvoll geworden. Ohne mit der Wimper zu zucken schmeißt ein Raucher seine 5 DM in den Automaten. Wird die Rezeptgebühr von Onkel Doktor jedoch um 1 DM angehoben, herrscht großes Wehklagen. Geht man an die Zapfsäule der Tankstelle, wird für 50 DM abgefüllt, und es wird laufend teurer. Nur die höhere Gebühr für Zahnersatz oder die Lesebrille wird sofort angeprangert.
Ein Drittel des deutschen Bruttosozialprodukts wird heute bereits in soziale Leistungen gepumpt. Arme und Reiche, Unternehmen und Privathaushalte haben davon ihre Vorteile. Deutschland ist da keineswegs ein Einzelfall, das Problem besteht weltweit und insbesondere in Europa.

Gegen die Ansprüche an Vater Staat ist keinesfalls etwas einzuwenden. Wenn der Staat es sich aufgrund der wachsenden Steueraufkommen und der konjunkturellen Blüte leisten kann. Nur leider gibt es so wie heute auch Phasen, in denen es für Vater Staat nicht mehr zumutbar ist.
Unsere Damen und Herren in den Parlamentssälen versuchen jedoch noch immer, mit den alten Waffen die neuen Probleme zu bekämpfen. Wie die Generäle, die immer den Krieg von gestern gewinnen wollen. Das heißt, fehlt das Geld im Staatssäckel, dann muß der Bürger eben tiefer ins Portemonnaie langen, also mehr an Steuern abführen. Da direkt nicht immer etwas Neues zu erfinden ist, müssen die indirekten Abgaben herhalten. Mineralöl wird teurer, die Mehrwertsteuer steigt.
Wie zieht man eine Wirtschaft aus ihrem wohlgenährten Sumpf?

Quelle: Handelsblatt Fr./Sa. 29./30.04.94

1. Warum ist der Staat bereit, ein Drittel seiner Ausgaben für den sozialen Bereich zu verwenden? Nehmen Sie Stellung.

2. Greifen Sie die am Schluß des Textes gestellte Frage auf, und diskutieren Sie mögliche Lösungsansätze.

Grundzüge der Wirtschaftspolitik in der Sozialen Marktwirtschaft

8.1 Wirtschaftskreislauf, Sozialprodukt und Volkseinkommen

8.1.1 Wirtschaftskreislauf

■ **Einfacher Wirtschaftskreislauf**

Silbenrätsel

I	_ _ _ _ $\overline{19}$ _ _ _ _ _ $\overline{9}$ _ _ _ _	= Input zur Herstellung von Gütern
II	_ $\overline{15}$ _ _ _ _ _	= Entgelt für Produktionsfaktoren
III	$\overline{12}$ _ _ _ _ _ _ _ $\overline{3}$	= Dinge des täglichen Lebens
IV	_ _ $\overline{5}$ _ _ _ $\overline{17}$ _ _ _	= Einnahmen aus dem Verkauf von Gütern
V	$\overline{18}$ _ _ _ $\overline{4}$	= Kraft · Weg
VI	$\overline{7}$ _ _ _ _ _	= „Was macht sich von allein?" (sagt mein Mann), hier im Plural
VII	_ _ _ $\overline{14}$ _ _	= Ort der Leistungserstellung
VIII	$\overline{11}$ _ _ _ _ _ _	= Gegensatz von ambulant
IX	_ _ _ _ _ _ $\overline{13}$ _	= ein Fluß von Zahlungsmitteln
X	_ _ $\overline{10}$ _ _ _	= fließt IX entgegen
XI	$\overline{16}$ _ $\overline{8}$ _ _ _	= Konsumverzicht
XII	$\overline{2}$ _ _ _ _ _ _ _ _ _ _	= sichern die Arbeitsplätze von morgen
XIII	$\overline{1}$ _ _ _	= Handelsgüter
XV	_ _ $\overline{20}$ _ $\overline{6}$ _	= Gegensatz von schwierig

Tragen Sie die passenden Begriffe zu den Erklärungen ein. Die gesuchten Begriffe ergeben sich aus den folgenden Silben.

ar – beit – duk – ein – ein – er – fach – fak – geld – gü – gü – hal – haus – in – kon – kom – lö – men – men – när – neh – pro – ren – ren – satz – se – spa – sum – sta – sti – strom – strom – te – ter – ter – ter – tio – tionen – tions – to – um – un – ve – wa

Die Zahlen von 1–20 ergeben das Lösungswort.

Übertragen Sie dieses Silbenrätsel in Ihr Arbeitsheft.

Sachdarstellung:

Der einfache Wirtschaftskreislauf:

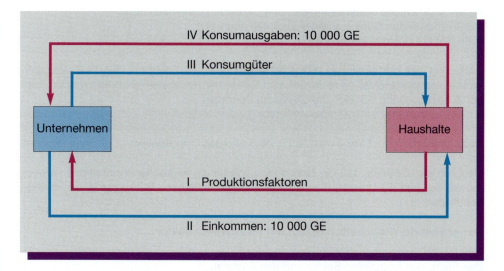

Faßt man die Wirtschaftspolitik einer sozialen Marktwirtschaft als zielgerichtetes Handeln zur positiven Beeinflussung des wirtschaftlichen Geschehens auf, so bedarf es der genauen Untersuchung der Wirtschaftszusammenhänge zwischen den einzelnen Wirtschaftssubjekten.

Da diese Zusammenhänge schwer überschaubar sind, ist es sinnvoll, auf Modelle zurückzugreifen, die die Wirklichkeit vereinfacht abbilden.

Die Darstellung des einfachen Wirtschaftskreislaufs beschränkt sich deshalb auf folgende Bestandteile:

Wirtschaftssubjekte/Wirtschaftssektoren:
- Haushalte
- Unternehmen

Ströme:
- Güterstrom
- Geldstrom

Die Gesamtheit aller Unternehmen werden zum Wirtschaftssektor der Unternehmen zusammengefaßt. Dementsprechend umfaßt der Wirtschaftssektor der Haushalte die Gesamtheit aller Haushalte. Beide Sektoren werden durch einen Austausch von Gütern und Dienstleistungen, dem Güterstrom, sowie durch einen gegenläufigen Geldstrom miteinander verbunden.

Die Unternehmen benötigen zur Produktion die Produktionsfaktoren Arbeit, Natur und Kapital. Es wird modellmäßig unterstellt, daß diese ihnen von den Haushalten gegen Entgelte in Form von Zinsen, Miete, Pacht, Löhnen und Gehältern zur Verfügung gestellt werden. Die produzierten Güter werden von den Haushalten nachgefragt und bezahlt. Diese den Unternehmen zufließenden Umsatzerlöse werden in diesem Kreislaufmodell wiederum zum Erwerb von Produktionsfaktoren für die Güterstellung verwendet.

Erläuterungen zu den Modellannahmen:

Die Grundlage dieser sehr vereinfachten Darstellung bildet der Gedanke einer stationären Wirtschaft. Das bedeutet:

- Die Unternehmen investieren nicht, und die Haushalte sparen nicht;
- Die produzierten Güter werden vollständig abgesetzt;
- Es gibt kein Wirtschaftswachstum.

Betrachtet man den einfachen Wirtschaftskreislauf, so wird deutlich, daß die Einkommen im Unternehmenssektor entstehen und im Sektor der Haushalte verwendet werden. Dieser Zusammenhang läßt sich als Gleichung darstellen:

$$C = Y$$

Dabei steht das Y für Einkommen (engl. yield) und das C für Konsum (engl. consumption).

Dadurch wird deutlich, daß die Einkommen vollständig für konsumtive Zwecke verwendet werden und die Umsatzerlöse auf der anderen Seite ohne Rücklagen in die Produktion fließen.

Der erweiterte Wirtschaftskreislauf mit finanziellem Sektor

Das Modell des einfachen Wirtschaftskreislaufs vernachlässigt wichtige Größen, so z.B. den Staat, den finanziellen Sektor und das Ausland.

Ein erster Schritt zur Annäherung an die Realität besteht darin, den finanziellen Sektor, d.h. Banken, Sparkassen, Bausparkassen und Versicherungen, in die Modellüberlegungen einzubeziehen. Dieses kann in folgendem Beispiel verdeutlicht werden:

Beispiel

Der Haushaltssektor plant, 20 % seines Einkommens, welches 10 000 GE beträgt, in einem bestimmten Zeitraum zu sparen. Die Unternehmen beabsichtigen, 2 000 GE für neue Maschinen zu investieren. Betrachten wir aus Gründen der Vereinfachung nur die Geldströme, so ergibt sich folgende Darstellung.

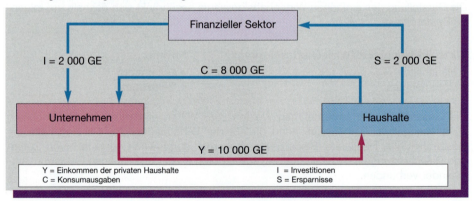

Die Einkommensentstehung wird um die Investition erweitert, so daß gilt:

$$Y = C + S$$

Betrachtet man in diesem Modell die Seite der Einkommensverwendung, so setzt sie sich zusammen aus:

$$Y = C + I$$

Faßt man die beiden Gleichungen der Einkommensentstehungs- und -verwendungsrechnung zusammen, so ergibt sich:

Wenn gilt: $Y = C + I$
und: $Y = C + S$
dann gilt: $C + I = C + S$
daraus folgt:

$$I = S$$

Da auch diesem Modell der Kreislaufgedanke zugrunde liegt, resultiert daraus, daß nur im Falle der Bereitschaft zum Konsumverzicht durch die Haushalte die Möglichkeit zum Investieren auf der Unternehmensseite besteht. Was bedeutet, daß mit dieser zunehmenden Annäherung an die Wirklichkeit nun der Gedanke des Wirtschaftswachstums berücksichtigt wird.

Der erweiterte Wirtschaftskreislauf mit staatlicher Aktivität

Will man Steuern und Subventionen sowie Transferzahlungen in die Überlegungen miteinbeziehen, so muß man den Wirtschaftskreislauf um einen weiteren Sektor, den Staat, erweitern.

Beispiel

Für die Produktionsfaktoren erhalten die Haushalte 10 000 GE. Nach Abzug von 1 000 GE Steuern entschließen sie sich, für 8 000 GE Konsumgüter zu kaufen. Die Haushalte erhalten vom Staat 200 GE Transferzahlungen. Darunter sind Leistungen des Staates zu fassen, die im Augenblick der Zahlung keine ökonomische Gegenleistung erfordern. Hierzu zählen z.B. Wohngeld, Kindergeld und Sozialhilfe. Die Ersparnis beträgt somit 1 200 GE, die dem finanziellen Sektor zur Verfügung gestellt werden. Der Staat ist nun in der Lage, neben seinen eigenen Konsumausgaben in Höhe von 2 000 GE, z.B. für den Bau von Schulen, noch 100 GE zu sparen sowie 900 GE an Subventionen für den Unternehmenssektor zu leisten. Unter dem Begriff Subventionen versteht man ebenfalls Transferzahlungen, in diesem Fall jedoch an private Unternehmen. Sie werden in Form von Steuervergünstigungen oder Finanzhilfen gewährt. Der Unternehmenssektor entrichtet seinerseits 2 200 GE Steuern an den Staat.

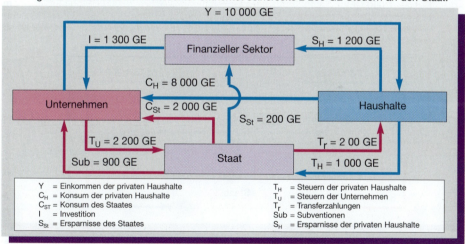

Aus diesem Modell des erweiterten Wirtschaftskreislaufs lassen sich folgende Gleichungen der Einkommensentstehungs- und -verwendungsrechnung entwickeln:

Einkommensentstehung

$$Y = C_H + C_{ST} + I + Sub - T_U$$

Einkommensverwendung

$$Y = C_H + S_H + T_H - T_r$$

Faßt man nun diese beiden Gleichungen zusammen, so ergibt sich:

$$C_H + C_{ST} + I + Sub - T_U = C_H + S_H + T_H - T_r$$

Für das obige Beispiel ergibt sich damit folgende Berechnung:

$$8\,000 + 2\,000 + 1\,300 + 900 - 2\,200 = 8\,000 + 1\,200 + 1\,000 - 200$$

Der erweiterte Wirtschaftskreislauf mit Ausland

Lag bei den bisherigen Beobachtungen eine geschlossene Volkswirtschaft zugrunde, so wird diese jetzt mit der Erweiterung um das Ausland geöffnet. Durch den Außenhandel fließen der Volkswirtschaft im Rahmen des Exports Devisen zu. Somit ergibt sich ein Zahlungsstrom vom Sektor Ausland zum Sektor Unternehmen. Über den Import von Sachgütern und Dienstleistungen leisten die Unternehmen Zahlungen an das Ausland.

Die Differenz aller Importe (Im) und Exporte (Ex) wird als Außenbeitrag bezeichnet. Dieser ist positiv, wenn ein Exportüberschuß vorliegt und negativ, wenn ein Importüberschuß vorliegt.

	Werte in Mrd DM					
	1992/1993			1993/1994		
	Nov.	Dez.	Jan.	Nov.	Dez.	Jan.
Einfuhr	51,9	54,7	43,3	46,2	47,9	41,9
Ausfuhr	53,6	55,2	45,2	54,1	56,4	47,8
Saldo der						
Handelsbilanz	+ 1,7	+ 0,4	+ 1,8	+ 7,9	+ 8,5	+ 5,8
Ergänzungen	0	+ ,01	+ 0,5	– 0,5	– 0,7	– 0,7
Dienstleistungsbilanz	+ 0,6	+ 2,3	– 3,5	– 2,5	– 4,0	– 5,7
Übertragungsbilanz	– 2,6	– 5,8	– 3,5	– 3,7	– 7,0	– 2,1
Leistungsbilanz	– 0,2	– 3,1	– 4,7	+1,1	– 3,1	– 2,7

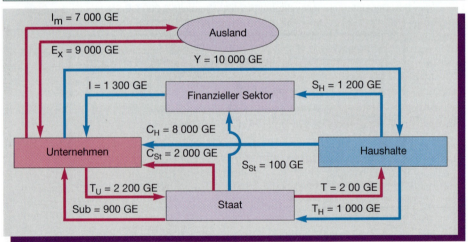

Dieses Modell verdeutlicht, daß in einer offenen Volkswirtschaft der Außenbeitrag das Gleichgewicht zwischen Investitionen und Ersparnissen beeinflußt. In der Realität können sowohl positive als auch negative Außenbeiträge zu Störungen im Wirtschaftsleben führen.

Wird z.B. die vorhandene Geldmenge durch einen positiven Außenbeitrag stark erhöht und steht dieser kein entsprechendes Güterangebot gegenüber, so entsteht die Gefahr einer inflationären Tendenz, sofern feste Wechselkurse gelten.

8.1.2 Sozialprodukt und Volkseinkommen

Situation:

Ein Freudenfest für das Sozialprodukt

Gesundheitswesen
- Rettungshubschrauber
- Ärzte
- Krankenschwestern

Rechtswesen
- Kfz-Versicherung
- Rechtsstreit
- Rechtsanwälte
- Gerichte
- Versicherungsagenten

- Alleebaumsanierung
- Ökologische Schäden:
  Öl
  Benzin
  Gefahrgut

Verwandtenbesuche im Krankenhaus
- Auto
- Eisenbahn
- Zeit

Kommunikationswesen
- Zeitung
- Hörfunk
- Fernsehen

Kfz-Handwerk
- Reparatur
  Kotflügel
  Lack
  Karosserie
  usw.
- Neukauf

andere Verkehrsteilnehmer
- Verkehrsstau
- verpaßte „Termine"
- Zeitkosten

Ein „Freudenfest" für das Sozialprodukt

Zwei Autos fahren auf einer Landstraße friedlich aneinander vorbei, nichts passiert und sie tragen beide nur minimal zum Sozialprodukt bei. Aber dann passiert es, der Lenker des einen Autos paßt nicht auf, gerät auf die Gegenfahrbahn und verursacht mit einem inzwischen anrollenden dritten Auto einen schweren Verkehrsunfall. Da freut sich das Bruttosozialprodukt und klettert sprunghaft nach oben: Rettungshubschrauber, Ärzte, Krankenschwestern, Abschleppdienst, Autoreparatur oder Neukauf, Rechtsstreit, Verwandtenbesuche zu den Unfallopfern, Ausfallgeld, Versicherungsagenten, Zeitungsberichte, Alleebaumsanierung, all das sind beruflich erfaßte Tätigkeiten, die bezahlt werden müssen. Und Wert hat in der gängigen Wirtschaft nur, was bezahlt wird. Auch wenn kein Beteiligter einen Gewinn an Lebensqualität oder sogar einige einen großen Verlust haben, so steigt doch der Wert unseres „Wohlstandes", den das Bruttosozialprodukt angibt.

(Aus: Ernst Ulrich von Weizsäcker: Erdpolitik, 3. aktualisierte Auflage, Darmstadt 1992, S. 274f.)

Arbeitsvorschlag

1. Mit welchen Tätigkeiten tragen Sie zum Sozialprodukt bei? Beschreiben Sie Ihren gestrigen Tag, und fertigen Sie eine Liste aller entsprechenden Tätigkeiten in einer Liste an!
2. Bewerten Sie Ihre aufgeführten Tätigkeiten in DM!
3. Wie groß ist der Beitrag Ihrer Klasse zum Sozialprodukt an diesem ausgewählten Tag?
4. Wie groß wäre Ihr Beitrag auf der Grundlage des ausgewählten Tages in einem Jahr?

Sachdarstellung:

Bei der Beantwortung der Arbeitsvorschläge wird deutlich, daß es schwierig ist, die Leistung einer Volkswirtschaft zu bewerten. Vor diesem Problem steht das Statistische Bundesamt in Wiesbaden, dessen Aufgabe es ist festzustellen, wieviele Brötchen gebacken wurden, wieviele Autos produziert und verkauft wurden, wieviele Arztbesuche in Anspruch genommen wurden oder wieviel Rohöl importiert wurde usw.

Um die Vorgehensweise zur Ermittlung des Sozialproduktes zu verdeutlichen, betrachten wir im folgenden die notwendige Leistungserstellung der einzelnen Wirtschaftsbereiche von der Erstellung bis zum Verkauf eines Fahrrades.

Der Beitrag eines Unternehmens zum Sozialprodukt

Die Grundidee der Messung des Sozialprodukts soll am Beispiel der Produktion und dem Handel von 2 000 Fahrrädern vereinfachend dargestellt werden. Jedes Industrie- und Handelsunternehmen ist gesetzlich verpflichtet, buchhalterisch seine Erfolge zu messen.

Dafür steht ein Produktions- oder Betriebsergebniskonto bzw. Gewinn- und Verlustkonto zur Verfügung. In der volkswirtschaftlichen Gesamtrechnung wird diese Kontenart als Produktionskonto bezeichnet. Im allgemeinen hat es den folgenden Aufbau:

Unternehmen X
Produktionskonto für das Jahr t

Nettoproduktionswert	1. Käufe von Vorleistungen
	  1.1 Aus dem Ausland
	  1.2 von inländischen Unternehmen
			1. Verkäufe von Vorleistungen
			  1.1 an Unternehmen
			  1.2 an den Staat
				Bruttoproduktionswert

	2. Abschreibungen		2. Verkäufe von Konsumgütern an Haushalte	

	3. Indirekte Steuern
	  - Subventionen
			3. Verkäufe von Investitionsgütern
			  3.1 an Unternehmen
			  3.2 an den Staat	

	4. Wertschöpfung	4.1 Löhne und Gehälter		
		4.2 Zinsen	4. Verkäufe von Vorprodukten zur Lageraufstockung an Unternehmen	
		4.3 verteilter Gewinn	5. Bestandsänderung an eigenen Erzeugnissen	
		4.4 unverteilter Gewinn	6. Selbsterstellte Anlagen	
			7. Verkäufe an das Ausland	

Zur Klärung der interessierenden Zusammenhänge wird von der folgenden, kontenmäßig dargestellten Situation ausgegangen.

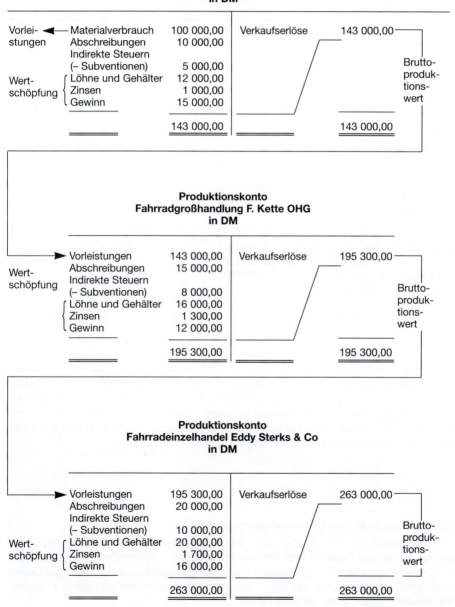

Um bei einer gesamtwirtschaftlichen Betrachtungsweise Doppelzählungen zu vermeiden, werden nicht die Bruttoproduktionswerte, sondern die Nettoproduktionswerte zusammengezählt. Die Nettoproduktionswerte ergeben sich, indem von den Bruttoproduktionswerten die Vorleistungen abgezogen werden.

Nettoproduktionswert = Bruttoproduktionswert – Vorleistungen

Im Beispiel: 163 000,00 DM = 601 300,00 DM – 438 300,00 DM.

In der volkswirtschaftlichen Gesamtrechnung steht für die Zusammenfassung der Produktionskonten aller Betriebe das **Nationale Produktionskonto** zur Verfügung. Für die obige Situation würde es wie folgt aussehen:

Nationales Produktionskonto in DM

Der Nettoproduktionswert entspricht somit der Addition von Abschreibungen, indirekten Steuern (minus Subventionen) und der Wertschöpfung in Form von Löhnen und Gehältern, Zinsen und Gewinnen. Er ist gleichzusetzen mit dem Beitrag, den alle Unternehmen zum Bruttosozialprodukt zu Marktpreisen beitragen. Zieht man davon die Abschreibungen und indirekten Steuern ab und addiert die Subventionen, erhält man das Volkseinkommen. Es entspricht der Wertschöpfung (95 000,00).

Bruttoinlandsprodukt und Bruttoinländerprodukt

Von seiner Entstehung her gesehen wird das Sozialprodukt über das Inlandsprodukt berechnet. Es ist das Ergebnis aller Produktionsprozesse, die innerhalb der geographischen Grenzen eines Staates stattfinden. Das Inlandsprodukt wird demnach bei dieser raumbezogenen Betrachtung von allen Inländern und Ausländern im Inland, z. B. der Bundesrepublik Deutschland, erwirtschaftet.

Dem gegenüber steht die personenbezogene Betrachtung des Inländerkonzeptes. Dabei werden die Leistungen der Produktionsfaktoren und Einkommen erfaßt, die von Inländern im In- und Ausland erzeugt werden.

Inlands- und Inländerkonzept

	raumbezogen Inlandskonzept	
personenbezogen Inländerkonzept	Inländer im Inland	Inländer im Ausland
	Ausländer im Inland	Ausländer im Ausland

BSP hat zugunsten von BIP ausgedient

Das Bruttosozialprodukt (BSP), für das seit dem Schlager der Gruppe „Geier Sturzflug" wohl jeder schon einmal in die Hände gespuckt hat, hat in der offiziellen deutschen Statistik an Wert verloren, obwohl es für einige „europäische Belange" auch weiterhin bedeutend sein wird. In Zukunft jedoch wird die wirtschaftliche Leistung Deutschlands am Bruttoinlandsprodukt (BIP) gemessen werden.

Der Unterschied zwischen BIP und BSP ist einfach: Beim Bruttosozialprodukt wird die Produktion von Waren und Dienstleistungen zusammengerechnet, die Menschen, die in Deutschland wohnen, gegen Lohn erbracht haben. Dabei ist es unerheblich, ob sie dafür nun in Deutschland oder im Ausland gearbeitet haben – es zählt nur, daß sie ihr Einkommen in Deutschland bekommen haben. Beim Bruttoinlandsprodukt werden – wie der Name schon sagt – alle Leistungen zusammengefaßt, die innerhalb der deutschen Grenzen erbracht werden. Dabei ist es unwichtig, ob die Erwerbstätigen oder auch die Eigentümer der Unternehmen ihren Wohnsitz in Deutschland oder anderswo haben.

Ein Beispiel macht den Unterschied noch deutlicher: Die Pendler, die zwischen Ost- und Westdeutschland hin- und herfahren, hier wohnen, dort arbeiten, haben die Statistiker ganz schön ins Schwitzen gebracht. Ein Ostdeutscher etwa, der in Westdeutschland arbeitet, vermehrt damit das Bruttoinlandsprodukt des Westens und gleichzeitig, da er in Ostdeutschland wohnt, das Sozialprodukt des Ostens.

Die Abgrenzung zwischen Ost- und Westdeutschland wird bald wegfallen. Doch weil im Binnenmarkt auch innerhalb Europas die Arbeitskräfte noch freier als bisher hin- und herpendeln sollen, würde auf diese Weise das statistische Bild der einzelnen Nationen stark verwischt werden. Daher wird in Zukunft einheitlich in der Europäischen Gemeinschaft das Bruttoinlandsprodukt aller zwölf Mitgliedsstaaten errechnet – eine Lösung übrigens, die andere westliche Wirtschaftsnationen wie die USA und Japan schon seit geraumer Zeit bevorzugen. Das Bruttoinlandsprodukt ist einfach ein eindeutigerer Maßstab für die Wirtschaftskraft des jeweiligen Landes, meinen die Statistiker heute. kdo

> **Bruttoinlandsprodukt (BIP)**
> − Einkommen von Ausländern aus Erwerbstätigkeit und Vermögen im Inland
> + Einkommen von Inländern aus Erwerbstätigkeit und Vermögen im Ausland
> ≙ **Bruttosozialprodukt (BSP) (oder Bruttoinländerprodukt)**

Aus der o.g. Berechnung läßt sich schließen, daß bei Einkommensgleichheit der Ausländer im Inland und Inländer im Ausland BIP und BSP einander entsprechen.

Bestandteile des Bruttosozialprodukts und des Nettosozialprodukts

Bei der Berechnung des **Bruttosozialprodukts** werden zunächst alle in einem Jahr erwirtschafteten Güter und Dienstleistungen mit Marktpreisen bewertet. Dieses bezeichnet man als BSP_M. Es ist der gebräuchlichste Maßstab für die wirtschaftliche Tätigkeit einer Volkswirtschaft innerhalb einer Periode.

Bei der Produktion werden Maschinen eingesetzt, welche im Laufe der Zeit verschleißen oder technisch veralten. Für diesen Werteverlust werden Abschreibungen vorgenommen. Zieht man diese Aufwendungen vom BSP_M ab, so erhält man das **Nettosozialprodukt zu Marktpreisen (NSP_M)**.

Greift man noch einmal auf das nationale Produktionskonto zurück, so ist festzustellen, daß das NSP_M indirekte Steuern und Subventionen enthält. Sie sind keine Kosten der Produktionsfaktoren (Faktorkosten). Der Grund liegt darin, daß einerseits die indirekten Steuern, wie z.B. die Umsatzsteuer, den Marktpreis erhöhen. Andererseits führen die vom Staat gewährten Subventionen zu einem künstlich niedrigen Marktpreis. So werden also die indirekten Steuern vom NSP_M substrahiert und die Subventionen addiert. Das Resultat ist das **Nettosozialprodukt zu Faktorkosten (NSP_F)**. Es entspricht dem Einkommen, welches als Gegenwert für die Bereitstellung der Produktionsfaktoren entstanden ist. Das NSP_F wird deshalb auch als **Volkseinkommen** bezeichnet.

> **Bruttosozialprodukt zu Marktpreisen**
> − Abschreibungen
>
> **Nettosozialprodukt zu Marktpreisen**
> − Indirekte Steuern
> + Subventionen
>
> ≙ **Nettosozialprodukt zu Faktorkosten**
> **(Volkseinkommen)**

Dieses Volkseinkommen umfaßt die Summe aller Bruttoeinkommen. Zieht man davon die Einkommen-/Lohnsteuer- und Sozialversicherungsbeiträge ab und addiert die Transferzahlungen, so erhält man das **verfügbare Einkommen**.

> NSP_F **(VE)**
> − Direkte Steuern
> + Transferzahlungen an private Haushalte
> ≙ **Verfügbares Einkommen**

Das verfügbare Einkommen ist für die privaten Haushalte ein wichtiger Betrag, der ihnen über einen bestimmten Zeitraum für die Bedarfsdeckung zur Verfügung steht. Gesamtwirtschaftlich hat er Auswirkungen auf die Nachfrage von Konsumgütern und damit auf die Beschäftigungssituation. Beide sind Größen, welche die Konjunktur wesentlich beeinflussen.

Entstehung, Verwendung und Verteilung des Sozialproduktes
Struktur 1993

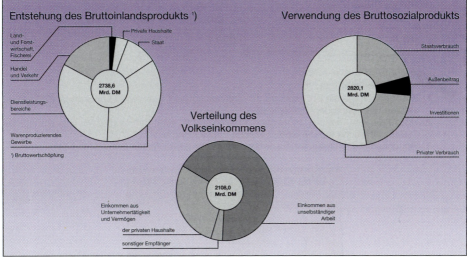

Zahlenmaterial: Statistisches Bundesamt

Betrachten wir noch einmal den Wirtschaftskreislauf einer Volkswirtschaft, so wird deutlich, daß das Sozialprodukt bzw. Inlandsprodukt aus dem Blickwinkel der Entstehung und der Verwendung betrachtet werden kann. In einem weiteren Schritt läßt sich daraus auch die Verteilung des Volkseinkommens ableiten.

Entstehung des Bruttosozialproduktes
Das Statistische Bundesamt gliedert die produzierenden Einheiten einer Volkswirtschaft in folgende Wirtschaftsbereiche:

		1993 in Mrd. DM	in %
	Land- und Forstwirtschaft, Fischerei	29,3	1,07
+	Warenproduzierendes Gewerbe	995,8	36,36
+	Handel und Verkehr	385,9	14,09
+	Dienstleistungsbereiche	954,4	34,85
=	Unternehmen zusammen	2 365,4	
+	Staat	298,5	10,90
+	Private Haushalte	74,7	2,73
=	alle Wirtschaftsbereiche = BIP	2 738,6	100,00

Die obige Darstellung gibt einen Einblick in eine Produktionsstruktur, die typisch für ein hochindustrialisiertes Land wie die Bundesrepublik Deutschland ist.

Verwendung des Bruttosozialproduktes

Ausgehend vom Bruttosozialprodukt zu Marktpreisen wird in der Verwendungsrechnung die Struktur des Endverbrauchs erfaßt. Das Statistische Bundesamt unterscheidet 4 Bereiche:

	1993 in Mrd. DM	in %
– Privater Verbrauch	1 560,5	55,33
– Staatsverbrauch	506,3	17,95
– Investitionen	540,5	19,17
– Außenbeitrag	212,8	7,55
BSP_n	2 820,1	100,00

Arbeitsvorschlag

1. Beschreiben Sie die Entwicklung der Staatsausgaben, gemessen am Bruttosozialprodukt anhand der folgenden Darstellung.
2. Überlegen Sie, welche möglichen Auswirkungen eine Senkung bzw. Steigerung des Staatsverbrauchs auf die wirtschaftliche Entwicklung hat.
3. Versuchen Sie, historische Zusammenhänge zur dargestellten Entwicklung herzustellen.

Als die erste Regierung Kohl 1982 ihre Geschäfte aufnahm, da hatte die sogenannte Staatsquote einen Wert von 50 Prozent erreicht. (Die Staatsquote ergibt sich, wenn man alle Ausgaben des Staates und der Sozialversicherung zur wirtschaftlichen Gesamtleistung in Beziehung setzt.) Eines der finanzpolitischen Hauptziele war es damals, den Staatsanteil zurückzudrängen, also die Staatsquote zu senken. Dieses Ziel wurde auch erreicht: Im Jahre 1989 lag sie nur noch bei 45,3 Prozent. Dann aber machte die Vereinigung alle Anstrengungen zunichte. Im kommenden Jahr wird die Staatsquote die Rekordhöhe von 51,5 Prozent erreichen.

Verteilung des Volkseinkommens

Das Volkseinkommen ist die Summe der Einkommen aller Haushalte als Gegenleistung für die eingesetzte Arbeitskraft. Dieses kann aufgeteilt werden in Einkommen aus unselbständiger Arbeit und Einkommen aus Unternehmertätigkeit und Vermögen.

Verteilung des Volkseinkommens in der Bundesrepublik Deutschland

Jahr	Volkseinkommen Mrd. DM	Lohnquote [1] in %	Einkommensquote [2] in %
1983	1 278,1	74,6	25,4
1984	1 347,1	73,4	26,6
1985	1 406,8	73,0	27,0
1986	1 497,6	72,1	27,9
1987	1 550,0	72,6	27,4
1988	1 635,5	71,5	28,5
1989	1 738,1	70,3	29,7
1990	1 891,8	69,6	30,4
1991[3]	2 029,6	70,1	29,9
1992[3]	2 122,3	71,1	28,9
1993[3]	2 108,0	72,5	27,5

Quelle: Statistisches Bundesamt

Arbeitsvorschlag
1. Analysieren Sie die Entwicklung der Einkommensverteilung der Jahre 1983–1993 in der Bundesrepublik Deutschland.
2. Diskutieren Sie mögliche Ursachen dieser Entwicklung.
3. Schlagen Sie weitere statistische Größen vor, die bei der Beurteilung der Einkommensverteilung zu beachten sind.

Probleme bei der Messung des Sozialproduktes

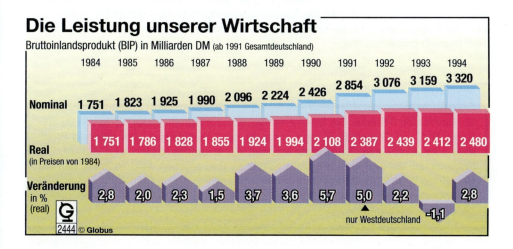

[1] Bruttoeinkommen aus unselbständiger Arbeit in % des Volkseinkommens
[2] Bruttoeinkommen aus Unternehmertätigkeit und Vermögen in % des Volkseinkommens
[3] Vorläufige Zahlen

Das für 1992 vom Statistischen Bundesamt ermittelte Bruttoinlandsprodukt betrug 2 772 Milliarden DM. Das sind rund 75 % mehr als 10 Jahre zuvor. Dabei muß man allerdings berücksichtigen, daß es sich hier um eine nominale Größe handelt, in der die Preissteigerungen der letzten Jahre enthalten sind. Erst, wenn man diese Preissteigerungen herausrechnet, kommt man zu der tatsächlichen Wirtschaftsleistung, dem realen Bruttoinlandsprodukt.

Bei einer Preissteigerungsrate von 44 % (für den Zeitraum von 1982–1992) schrumpft daher der nominale Anstieg von 75 % auf real nur noch 31 %. Das BIP hat 1992 demzufolge real nur um 490 Milliarden zugenommen und beträgt 2 078 Milliarden DM.

Die Aussagekraft des Bruttoinlandsprodukts als Maßstab für die Leistungsfähigkeit einer Wirtschaft wird in vieler Hinsicht geschwächt, weil nicht alle Produktions- und Dienstleistungen erfaßt werden. Für diese nicht erfaßten Größen wird auch der Begriff **Schattenwirtschaft** verwendet.

Hierbei kann man zwischen legalen und illegalen Tätigkeiten unterscheiden. Zu den legalen gehören:
- die im Haushalt anfallenden Arbeiten,
- Selbstversorgung und Nachbarschaftshilfe,
- ehrenamtliche Tätigkeiten.

Zu den illegalen zählen:
- Schwarzarbeit,
- Handel mit verbotenen Waren.

Würde man beispielsweise die im Haushalt anfallenden Arbeiten mit einem Marktpreis bewerten, so gehen Statistiker davon aus, daß der absolute Betrag um bis zu 50 % steigen würde.

Im internationalen Vergleich der Sozialprodukte verschiedener Länder ergibt sich das Problem, daß unterschiedliche Größen bei der statistischen Ermittlung berücksichtigt werden. Darüber hinaus tragen Wechselkursänderungen zu abweichenden Ergebnissen bei. Wohlstandsvergleiche zwischen einzelnen Ländern mit Hilfe von Pro-Kopf-Quoten sind deshalb problematisch.

Situation:

> Wir betrachten 3 Städte. Die Stadt A errichtet ein Schwimmbad im Werte von 20 Millionen DM. Die Gemeinde B baut ebenfalls ein Schwimmbad zum gleichen Preis, muß aber nach kurzer Zeit feststellen, daß die erwartete Nachfrage ausbleibt. Die Folgekosten, die sich aus dem nicht genutzten Bad ergeben, sind so hoch, daß die Gemeinde B beschließt, den Bau wieder abzureißen. In der Gemeinde C schüttelt man nur den Kopf. Man baut kein Bad, sondern genießt den Freizeitwert der umliegenden Badeseen.

Arbeitsvorschlag
1. Welche Stadt leistet den größten Beitrag zum BIP?
2. Welche Stadt genießt den größten Wohlstand?
3. Diskutieren Sie in der Kleingruppe, was für Sie Wohlstand bedeutet.

Sachdarstellung:
Ein weiterer wesentlicher Kritikpunkt an der Messung des BIP besteht darin, daß qualitative Aspekte nicht zum Tragen kommen. Wollte man diese berücksichtigen, müßte man z. B.:

- Umweltschäden erfassen,
- die Produktion minderwertiger Güter feststellen,
- den Rohstoffabbau kontrollieren,
- die Freizeit bewerten,
- staatliche Leistungen mit Marktpreisen versehen.

Konsequenz dieser kritischen Betrachtung wäre die Erweiterung der rein quantitativen Berechnung des Sozialproduktes um eine Sozialbilanz, die beispielsweise auch Aussagen über die Lebensqualität in einer Volkswirtschaft zuließe. In diesem Zusammenhang könnte man auf Sozialindikatoren zurückgreifen. Dazu zählen z. B.:

- ärztliche Versorgung pro Kopf,
- Säuglingssterblichkeit,
- Ausstattung der Haushalte mit technischen Geräten,
- Schüler/Lehrer-Verhältnis,
- Wohnraum pro Kopf,
- Krankheitstage pro Person,
- Bildungsniveau,
- durchschnittlicher Jahresurlaub,
- Arbeitslosenquote.

8.2 Konjunkturverlauf

Betrachtet man das wirtschaftliche Geschehen in einem Land – gemessen am realen BIP – über einen längeren Zeitraum, so ist festzustellen, das es mehr oder weniger starken Schwankungen unterliegt.

Dabei lassen sich mindestens drei Arten von Schwankungen unterscheiden:
1. **Saisonale Schwankungen** sind kurzfristige, jahreszeitlich wiederkehrende Schwankungen, die in erster Linie durch den Klimawechsel der Jahreszeiten verursacht werden. So ist in den Wintermonaten beispielsweise regelmäßig ein Rückgang in der Bau-, Land- und Forstwirtschaft zu verzeichnen. Jahreszeitliche Schwankungen zeigen sich auch in der Heizungs-, Bekleidungs- und Getränkeindustrie.
Darüber hinaus führen Festtage wie Weihnachten oder Ostern in den entsprechenden Monaten zu steigenden Umsätzen im Einzelhandel.

2. Die sogenannten **„langen Wellen"** sind dagegen langfristige Schwankungen, die etwa alle 50 Jahre zu beobachten sind und auf umwälzende technische Neuerungen (z. B. Erfindung der Dampfmaschine) zurückgeführt werden können. Seit 1926 befassen sich viele Ökonomen mit der „Theorie der langen Wellen". Einer ihrer Begründer, J.A. Schumpeter (1883–1950), sieht die wirtschaftliche Entwicklung als einen Prozeß der permanenten „schöpferischen Zerstörung". Die Entdeckung neuer Produkte bzw. Produktionstechniken führt von Zeit zu Zeit zu Strukturumbrüchen in der Marktwirtschaft – alte Branchen verschwinden, völlig neue Wirtschaftszweige tauchen auf.

3. Die im folgenden näher zu betrachtenden Wirtschaftsschwankungen sind die **Konjunkturschwankungen**. Mit dem Begriff Konjunktur bezeichnet man das permanente Auf und Ab wirtschaftlicher Aktivitäten. Ein Konjunkturzyklus umfaßt die 4 Phasen **Depression**, **Expansion**, **Boom** und **Rezession**. In der Regel werden Zyklen mit einer Länge von 3–10 Jahren beobachtet.

Legt man die folgende graphische Darstellung zugrunde, so lassen sich in der Bundesrepublik Deutschland drei Konjunkturzyklen oder -wellen in den Jahren 1967–1993 feststellen.

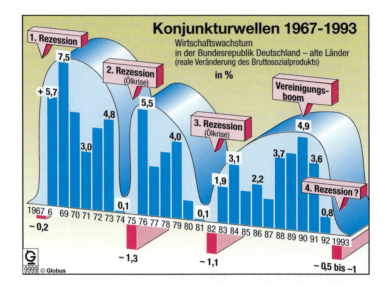

Beobachtet man die wirtschaftliche Entwicklung über mehrere Konjunkturzyklen, so läßt sich ein Trend feststellen, d. h. eine grundlegende Richtung nach oben oder unten.

Idealtypischerweise ergibt sich folgendes Bild:

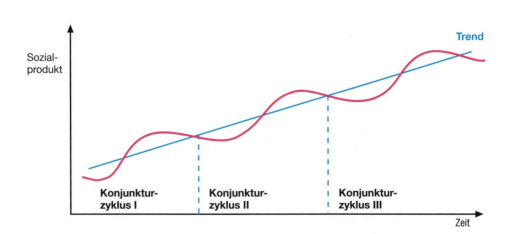

Die einzelnen Konjunkturphasen zeichnen sich durch bestimmte Merkmale aus. Als gesamtwirtschaftliche Entwickungsgrößen (Indikatoren) dienen z.B. die Preis- und Beschäftigungsentwicklung, die Auftragseingänge und das Zinsniveau.

Indikatoren \ Phasen	Depression	Expansion	Boom	Rezession
Grundstimmung	niedergeschlagen bis verhalten zuversichtlich	optimistisch	überschwenglich bis skeptisch	pessimistisch
Preisentwicklung	am niedrigsten	leicht ansteigend	stark ansteigend	zurückgehend
Beschäftigungssituation	hohe Arbeitslosigkeit	zurückgehende Arbeitslosigkeit	Voll- bis Überbeschäftigung	zunehmende Entlassungen u. Kurzarbeit
Gewinnerwartungen	sehr gering	steigend	sehr hoch	abnehmend
Reallöhne	niedrig	steigend	auf Höchststand	verzögernd sinkend
Zinsen	extrem niedrig	steigend	auf Höchststand	zurückgehend
Investitionsgüternachfrage	kaum vorhanden höchstens Ersatzgüterinvestitionen	langsam steigend	fast ausschließlich Rationalisierungsinvestitionen	abnehmend
Konsumgüternachfrage	sehr zurückhaltend	langsam steigend	höchste Konsumwilligkeit	abnehmende Konsumneigung, zunehmende Sparneigung
Produktionstätigkeit	geringe Kapazitätsauslastung	zunehmende Kapazitätsauslastung	Kapazitätsüberlastung	freiwerdende Kapazitäten
Auftragsbestand	gering	verbessert	volle Auftragsbücher, sogar Lieferengpässe	schnell abnehmend

■ Ursachen von Konjunkturschwankungen

Bis jetzt konnten wir feststellen, daß Konjunkturschwankungen auftreten und wichtige Bereiche der Wirtschaft beeinflussen. Ungeklärt blieben dabei mögliche Ursachen, die zu zyklischen Veränderungen führen.

In der Theorie gibt es dafür unterschiedliche Erklärungsansätze. Grundsätzlich lassen sich ökonomische und außerökonomische Ursachen unterscheiden.

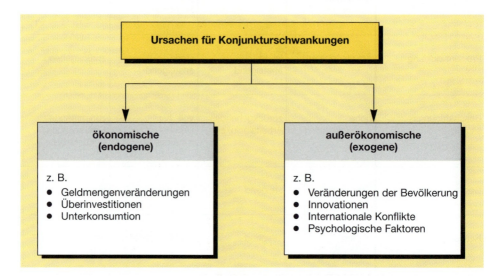

● Geldmengenveränderungen
Wesentlicher Ansatz dieser Theorie ist die im Umlauf befindliche Geldmenge. Demnach kann ein Aufschwung durch eine Ausweitung von Krediten, ein Abschwung durch eine Einschränkung erreicht werden.

● Überinvestitionen
Die Ursache für einen konjunkturellen Abschwung sehen Vertreter dieser Theorie darin, daß die Produktionsgüterindustrie im Vergleich zu der Konsumgüterindustrie überentwickelt ist. Dieses Ungleichgewicht entstand während einer Phase des Aufschwungs.

● Unterkonsumtion
Die Unterkonsumtionstheorie basiert auf der Annahme, daß ein Abschwung dadurch verursacht wird, daß ein zu großer Teil des verfügbaren Einkommens gespart wird. Der Nachfrageausfall verhindert mögliche Investitionen und damit einen Impuls für einen Aufschwung.

● Veränderungen in der Bevölkerung

Sowohl mengenmäßig als auch strukturell kommt es zu Veränderungen der Bevölkerung, z. B. durch Schwankungen der Geburtsraten, territoriale Veränderungen, Einwanderungs- und Auswanderungsbewegungen.

● Innovationen

Technische Weiterentwicklungen können die Ursache sowohl für mengenmäßige Produktionszunahmen als auch für qualitative Produktionsveränderungen sein. So hat z. B. die Entwicklung des Mikrochips eine Vielzahl neuer elektronischer Geräte hervorgerufen. Insbesondere der Bereich des Umweltschutzes bietet Chancen, neue, qualitativ hochwertige Produkte auf den Markt zu bringen:

> **Neuer Kunststoff killt Ozon**
>
> **Frankfurt** (dpa).
> Der Chemiekonzern Hoechst hat einen Kunststoff entwickelt, der das Reizgas Ozon unschädlich macht, indem er es in Sauerstoff verwandelt. Der „Ozonschlucker" kann in Atemmasken und anderen Luftfiltern verwendet werden und soll im kommenden Sommer auf den Markt kommen.
>
> Quelle: HAZ, 16.08.1994

● Internationale Konflikte

Kriegerische Auseinandersetzungen, soziale Unruhen, politische Differenzen, die zu Embargos, d.h. staatlichen Waren- und Kapitalausfuhrverboten führen können, verursachen konjunkturelle Schwankungen.

● Psychologische Faktoren

Optimistische oder pessimistische Stimmungen und Zukunftserwartungen verursachen Veränderungen des Verbraucher- und Investorenverhaltens. So werden beispielsweise in Krisensituationen Hamsterkäufe getätigt, um Notsituationen vorzubeugen.

Aufgaben zum Grundwissen

1 In einem erweiterten Wirtschaftskreislauf mit staatlicher Aktivität bestehen bestimmte Beziehungen. Ordnen Sie den Zahlen die richtigen Begriffe zu.

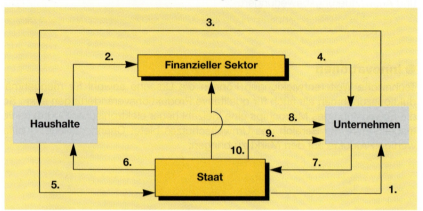

Y:	Einkommen der privaten Haushalte	Nr.:
C_H:	Konsum der privaten Haushalte	Nr.:
C_{ST}:	Konsum des Staates	Nr.:
I:	Investitionen	Nr.:
S_{ST}:	Ersparnisse des Staates	Nr.:
S_H:	Ersparnisse der privaten Haushalte	Nr.:
T_H:	Steuern der privaten Haushalte	Nr.:
T_U:	Steuern der Unternehmen	Nr.:
T_r:	Transferzahlungen	Nr.:
Sub:	Subventionen	Nr.:

2 Welche Bedingungen müssen erfüllt sein, damit eine Wirtschaft als stationär bezeichnet werden kann?

3 Warum ist das Sparen eine wesentliche Voraussetzung für eine wachsende Wirtschaft?

4 Was versteht man unter dem Bruttoinlandsprodukt?

5 Wodurch unterscheidet sich das Bruttosozialprodukt zu Marktpreisen vom Nettosozialprodukt zu Faktorkosten?

6 Worin liegt der Unterschied zwischen Inlandskonzept und Inländerkonzept?

7 Welche Wirtschaftsbereiche sind bei der Entstehung des Bruttoinlandsproduktes zu berücksichtigen?

8 Was versteht man unter dem Begriff Schattenwirtschaft?

9 Unterscheiden Sie zwischen realem und nominalem Bruttoinlandsprodukt.

10 Gehen Sie davon aus, daß das Bruttoinlandsprodukt nominal um 3 % gestiegen ist. Die Preissteigerungen werden mit 4,2 % angegeben.
   a) Wie verändert sich das reale Bruttoinlandsprodukt?
   b) Welche Auswirkungen hat diese Entwicklung auf die inländische Kaufkraft?

11 Was versteht man unter Sozialindikatoren? Nennen Sie Beispiele.

12 Nennen Sie Ursachen für Konjunkturschwankungen.

13 Wodurch unterscheiden sich konjunkturelle und saisonale Schwankungen?

Weiterführende Problemstellungen

1. Problem
Welche Wirkungen hat in einem erweiterten Wirtschaftskreislauf mit staatlicher Aktivität und dem Ausland ein Exportüberschuß auf den inländischen Güterstrom und auf das inländische Einkommen?

2. Problem
„Der Export finanziert den Import."
Nehmen Sie Stellung dazu.

3. Problem
Erläutern Sie, warum im Kreislaufmodell einer geschlossenen Volkswirtschaft die Gleichung I = S gilt.

4. Problem
Beschreiben Sie die grundlegende Wirtschaftsstruktur eines Entwicklungslandes. Orientieren Sie sich dabei an der Übersicht zur Entstehung des Bruttoinlandsproduktes.

5. Problem
Entwickeln Sie eine Wirkungskette für den Konjunkturverlauf, die mit dem Rückgang der Konsumgüternachfrage beginnt.

6. Problem

Düsseldorf (VWD) – Die westdeutsche Konjunktur setzt ihren Erholungskurs fort. Der Handelsblatt-Frühindikator ist mit einem Wert von 2,3 Prozent im Oktober, nach 2,0 Prozent im September, nochmals kräftig gestiegen.

Vor einem Jahr hatte der Frühindikator noch bei minus 1,4 Prozent gelegen. Nach einer Mitteilung des Handelsblatts vom Montag weisen von den fünf in den Frühindikator eingehenden Einzelwerten inzwischen vier einen deutlich aufwärts gerichteten Trend auf. Lediglich die Einzelhandelsumsätze seien von dem allgemeinen Aufschwung noch nicht erfaßt worden.

Angesichts der jüngsten Entwicklungen bei den Auftragseingängen könne keineswegs von einer reinen Exportkonjunktur gesprochen werden. Vielmehr habe sich die Inlandsnachfrage inzwischen als zweites Standbein des Aufschwungs hinzugesellt. Dies sei um so wichtiger, als der Boom im Baugewerbe abzubröckeln beginne.

Neben der Zinsstruktur habe sich auch das Geschäftsklima zuletzt weiter verbessert. Insgesamt zeige die Entwicklung des Frühindikators in den letzten Monaten, aber auch im Oktober, daß der Aufschwung nun auf einer breiteren Basis steht. Die Voraussetzungen seien günstig, daß sich die Aufwärtsentwicklung auch im kommenden Jahr fortsetzt.

03.10.94/ar/kl

1. Welche fünf Konjunkturindikatoren gehen in den Handelsblatt-Frühindikator ein?

2. Wie müssen sich diese Indikatoren entwickeln, damit der Aufschwung begünstigt wird?

8.3 Wirtschaftspolitik

8.3.1 Grundlagen

> Unter Wirtschaftspolitik versteht man die Gestaltung einer Volkswirtschaft mit Hilfe von ordnungs-, struktur- und prozeßpolitischen Maßnahmen.

● Ordnungspolitik

Bei der Ordnungspolitik steht im Vordergrund, welches Lenkungssystem (Markt- oder Zentralverwaltungswirtschaft) die Einzelpläne der Wirtschaftssubjekte abstimmen soll.

● Strukturpolitik

Im Mittelpunkt der Strukturpolitik steht die Gestaltung der Wirtschaftsstruktur einer Volkswirtschaft. Mit gezielten Maßnahmen soll die Wirtschaftskraft eines Landes gestärkt werden.

So dient z. B. die Infrastrukturpolitik in Form von Energie-, Verkehrs-, Bildungs- und Gesundheitspolitik der Verbesserung der Funktions- und Entwicklungsfähigkeit der Wirtschaft.

Bei der branchenorientierten und der regionalen Strukturpolitik sollen langfristig die Interessen einzelner Branchen und Regionen positiv beeinflußt werden. Zu diesem Zweck werden beispielsweise Steuervergünstigungen, Subventionen oder wettbewerbliche Ausnahmeregelungen gewährt.

● Prozeßpolitik

Die Prozeßpolitik ist mit dem Begriff Konjunkturpolitik gleichzusetzen. Darunter versteht man die Summe aller Maßnahmen zur Steuerung des Konjunkturverlaufs.
In der Sozialen Marktwirtschaft fallen darunter geld- und fiskalpolitische Instrumente, die darauf gerichtet sind, die Wirtschaftssubjekte dahingehend zu beeinflussen, daß sie sich entsprechend bestimmter konjunkturpolitischer Zielsetzungen verhalten.

8.3.2 Konjunkturpolitik

Wirtschaftspolitiker werden daran interessiert sein, die konjunkturellen Ausschläge möglichst geringzuhalten und damit krisenhaften Entwicklungen vorzubeugen. Aufgabe der Konjunkturpolitik ist es daher, geeignete Maßnahmen zu ergreifen, die zu einer wirtschaftlichen Stabilität führen.

8.3.2.1 Ziele des Stabilitätsgesetzes

Gesetzliche Grundlage für die Konjunkturpolitik ist das Gesetz zur Förderung der Stabilität und des Wachstums vom 08.06.1967. Es wird auch **Stabilitätsgesetz** genannt.

> § 1 Stabilitätsgesetz
> Bund und Länder haben bei ihren wirtschafts- und finanzpolitischen Maßnahmen die Erfordernisse des gesamtwirtschaftlichen Gleichgewichts zu beachten. Die Maßnahmen sind so zu treffen, daß sie im Rahmen der marktwirtschaftlichen Ordnung gleichzeitig zur Stabilität des Preisniveaus, zu einem hohen Beschäftigungsstand und außenwirtschaftlichem Gleichgewicht bei stetigem und angemessenem Wirtschaftswachstum beitragen.

Die vier aufgeführten wirtschaftspolitischen Ziele werden auch als magisches Viereck dargestellt.

■ Magisches Viereck

Angemessenes Wirtschaftswachstum — Bruttoinlandsprodukt

Hoher Beschäftigungsstand

Magisches Viereck

Außenwirtschaftliches Gleichgewicht — Import, Export

Stabilität des Preisniveaus — Stabilitäts-Geldwert, Preise, Ziel

● Stabilität des Preisniveaus

Die Stabilität des Preisniveaus ist gewahrt, wenn mit einem bestimmten Geldbetrag am Ende des Jahres die gleiche Menge an Gütern gekauft werden kann wie am Anfang des Jahres. Die Kaufkraft hat dann ihren Wert behalten. Diese absolute Preisniveaustabilität wird allerdings nicht angestrebt. Das Ziel der relativen Preisniveaustabilität gilt als erreicht, wenn die Preissteigerungsrate nicht über 3 % liegt.

● Hoher Beschäftigungsstand

Absolute Vollbeschäftigung ist dann erreicht, wenn niemand arbeitslos ist, d. h. alle Arbeitswilligen und -fähigen einen geeigneten Arbeitsplatz finden. Für die Bundesrepublik Deutschland ist jedoch davon auszugehen, daß sich stets eine statistische Arbeitslosigkeit von mindestens 0,7 % ergeben muß. Mögliche Ursachen dafür sind beispielsweise zeitliche Verzögerungen bei einem Arbeitsplatzwechsel oder die mangelnde Mobilität und Flexibilität der Arbeitnehmer.

● Außenwirtschaftliches Gleichgewicht

Unter außenwirtschaftlichem Gleichgewicht versteht man die wertmäßige Gleichheit von Import und Export. Das bedeutet, daß der Außenbeitrag = 0 ist. In der Realität akzeptiert man Außenbeiträge in Höhe von ca. 1 %.

● Angemessenes Wirtschaftswachstum

Der Wohlstand einer modernen Volkswirtschaft kann duch eine steigende Güterproduktion verbessert werden. Wertmesser für das Wirtschaftswachstum ist das reale Bruttoinlandsprodukt. Als angemessen gilt ein Wachtum von 3–4 %.

Das Stabilitätsgesetz unterstellt, daß die 4 Ziele zugleich angestrebt werden sollen, ohne daß einem der Ziele von vornherein ein Vorrang eingeräumt wird. Dennoch wird bei näherer Betrachtung der Ziele deutlich, daß diese in Wechselbeziehungen zueinander stehen. Grundsätzlich lassen sich 3 Arten von Beziehungen unterscheiden:
- Ziele können komplementär sein, d. h. sich ergänzen,
- Ziele können miteinander konkurrieren,
- Ziele können einander ausschließen.

Beschließt die Bundesregierung beispielsweise höhere Ausgaben für Infrastrukturmaßnahmen, so kann damit das Wirtschaftswachstum gesteigert und die Beschäftigung angeregt werden (komplementärer Effekt). Damit verbunden ist aber häufig ein Ansteigen der Preise (konkurrierender Effekt).

Strebt die Bundesregierung einen hohen Beschäftigungsstand an, so schließt sie damit die Möglichkeiten einer Preisdämpfung aus. „Lieber 5 % mehr Inflation als 5 % mehr Arbeitslosigkeit" (Helmut Schmidt)

Da in der Regel also keines der Ziele verwirklicht werden kann, ohne gleichzeitig ein oder mehrere andere zu beeinflussen oder sogar auszuschließen, werden die Forderungen des Stabilitätsgesetzes als magisches Viereck dargestellt.

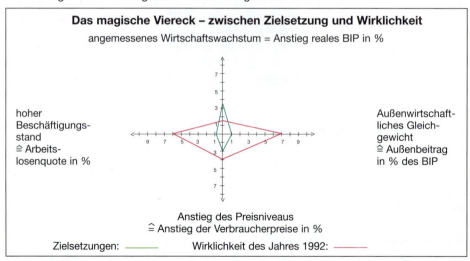

Arbeitsvorschlag
1. Stellen Sie fest, inwieweit 1992 die ursprünglichen wirtschaftspolitischen Zielsetzungen erreicht werden konnten. Versuchen Sie, mögliche Abweichungen zu begründen.
2. Leiten Sie aus den Werten der obigen Darstellung eine Beschreibung der gegenwärtigen wirtschaftlichen Situation der Bundesrepublik Deutschland ab.

8.3.2.2 Weitere wirtschaftspolitische Ziele

Der § 2 des Gesetzes über die Bildung eines Sachverständigenrates zur Begutachtung der gesamtwirtschaftlichen Entwicklung macht deutlich, daß es nicht ausreicht, die im magischen Viereck beschriebenen Ziele anzustreben.

Das Gesetz legt darüber hinaus fest, daß auch die Bildung und die Verteilung von Einkommen und Vermögen einbezogen werden sollen. Im Rahmen ökonomischer Zielsetzungen gewinnt die Ökologie immer mehr an Bedeutung. In der politischen Diskussion werden noch eine Reihe weiterer Globalziele erwähnt, so daß man nicht mehr vom magischen Viereck, sondern vom magischen Vieleck sprechen kann.

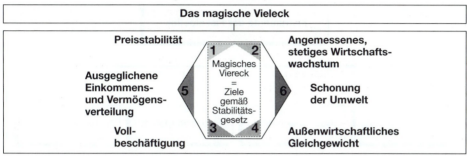

Wer überprüft nun, inwieweit die angestrebten Ziele erreicht wurden? In der Bundesrepublik Deutschland wird hierfür ein Sachverständigenrat, bestehend aus 5 unabhängigen Mitgliedern, den sogenannten 5 Weisen gebildet, der jährlich ein Gutachten erstellt.

§ 2

Der Sachverständigenrat soll in seinen Gutachten die jeweilige gesamtwirtschaftliche Lage und deren absehbare Entwicklung darstellen. Dabei soll er untersuchen, wie im Rahmen der marktwirtschaftlichen Ordnung gleichzeitig Stabilität des Preisniveaus, hoher Beschäftigungsstand und außenwirtschaftliches Gleichgewicht bei stetigem und angemessenem Wachstum gewährleistet werden können. In die Untersuchung sollen auch die Bildung und die Verteilung von Einkommen und Vermögen einbezogen werden.

Gesetz über die Bildung eines Sachverständigenrates zur Begutachtung der gesamtwirtschaftlichen Entwicklung.

8.3.2.3 Träger der Konjunkturpolitik

Institution		Einfluß und Entscheidung
Staat	→	Fiskalpolitik
Bundesbank	→	Geldpolitik
Sonstige		
z. B. –Tarifpartner	→	Lohn- und Gehaltspolitik
–Kammern	→	Informationspolitik
–Medien	→	Informationspolitik
–ausländische Entscheidungsgremien	→	Währungspolitik

Die beiden wichtigsten Träger der Konjunkturpolitik sind die Bundesregierung und die Bundesbank.

8.3.3 Fiskalpolitik

Die Fiskalpolitik beinhaltet alle Maßnahmen des Staates zur Steuerung der Konjunktur mit dem Ziel, die Ausschläge nach oben oder unten abzuschwächen. Konkret bedeutet das, daß der Staat beispielsweise seine Einnahmen- und Ausgabenpolitik den konjunkturellen Entwicklungen anpassen muß. Im Rahmen einer solchen Politik ist durch Gegensteuerung (antizyklisches Verhalten) von seiten des Staates sowohl eine depressive Entwicklung als auch eine Konjunkturüberhitzung zu verhindern.

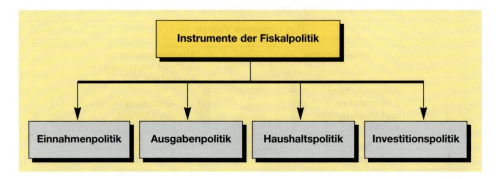

● Einnahmenpolitik

Die Haupteinnahmequelle des Staates zur Finanzierung geplanter Ausgaben sind die Steuern.
Weitere wesentliche Geldströme ergeben sich aus Vermögenseinkommen, Teilen der Sozialversicherungsbeiträge oder sie fließen in Form von Krediten zu.

Im Mittelpunkt der Einnahmenpolitik steht die Beeinflussung der gesamtwirtschaftlichen Nachfrage. In einer Phase der Hochkonjunktur soll sie gedämpft werden, in einer Phase der Depression dagegen angekurbelt werden. Zum Erreichen dieser Ziele wird die Bundesregierung demnach ihre Steuerpolitik so ausrichten, daß sowohl private Haushalte als auch Investoren mehr oder weniger verfügbares Einkommen bzw. Gewinne erhalten.

Die Dauer der steuerpolitischen Maßnahmen ist begrenzt. So kann lt. Stabilitätsgesetz zur Anregung der Nachfrage nach Konsumgütern die Steuerschuld um bis zu 10 % für längstens ein Jahr variiert werden.

● Ausgabenpolitik

Entsprechend der antizyklischen Konjunkturbeeinflussung müßte der Staat seine Ausgaben im Falle einer Depression steigern und im Falle eines Booms senken. Dabei lassen sich grundsätzlich zwei verschiedene Arten von Ausgaben unterscheiden.
Soll die gesamtwirtschaftliche Nachfrage gestützt werden, so kann die Bundesregierung durch **Transferzahlungen** oder **Subventionen** – das sind Ausgaben, für die der Staat keine direkte Gegenleistung erhält – die Konjunktur ankurbeln. Zusätzlich kann sie Ausgaben mit direkter Gegenleistung erhöhen, wozu z. B. Löhne und Gehälter im öffentlichen Dienst oder Sachausgaben für zivile und militärische Zwecke gehören.
Zunehmende Staatsausgaben prägen das Bild der letzten 50 Jahre. Das liegt daran, daß die Ansprüche der Bürger nach kollektiven Gütern ständig wachsen. Beispiele dafür sind die Forderungen nach verbesserter Infrastruktur, örtlichen Kindertagesstätten und optimaler medizinischer Versorgung.

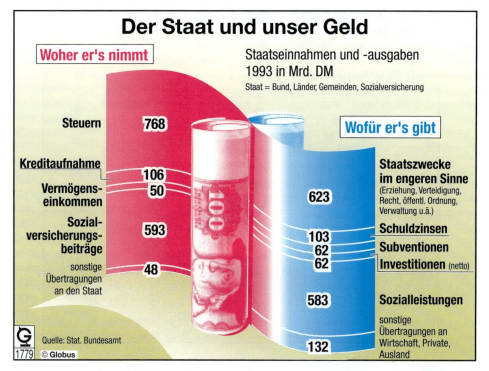

Die Ansprüche an den Staat sind vielfältig: Er soll den Bürgern eine funktionierende Verwaltung bieten, für Recht und Ordnung sorgen, Bildung und Kultur fördern, ein soziales Netz knüpfen und die Bundeswehr unterhalten. Diese „Staatszwecke" und weitere Aufgaben ließen die Staatsausgaben im vergangenen Jahr auf fast 1 600 Milliarden DM wachsen. Um seine Aufgaben erfüllen zu können, braucht der Staat Geld, das er sich überwiegend in Form von Steuern und Sozialbeiträgen von seinen Bürgern holt: Mit Steuereinnahmen in Höhe von 768 Milliarden DM und Sozialversicherungsbeiträgen von 593 Milliarden DM erbrachten die Deutschen 1993 fast 87 Prozent der staatlichen Einnahmen. Die fehlenden Milliarden wurden vor allem durch die Aufnahme von Krediten, aber auch durch Vermögenseinkommen und ähnliches gedeckt.

● **Haushaltspolitik**

Laut Stabilitätsgesetz hat der Staat die Pflicht, bremsend oder anregend auf den Wirtschaftsablauf einzuwirken. So nimmt der Staat z. B. zusätzliche Kredite auf, d. h. er macht Schulden, um damit die Konjunktur wiederzubeleben (deficit spending).

Das Hauptproblem der Haushaltspolitik liegt darin, daß Schulden zurückgezahlt werden müssen. Im Rahmen der antizyklischen Haushaltspolitik müßte dies spätestens in Boom-Phasen geschehen, in denen der Staat über hohe Steuereinnahmen verfügt. In der Vergangenheit hat sich allerdings gezeigt, daß die politischen Entscheidungsträger nur selten über die notwendige Spardisziplin verfügten. (Sparbeschlüsse kosten Wählerstimmen!)

Das führt dazu, daß das Volumen der Kredite extrem angestiegen ist und allein zur Tilgung der Zinsen ein hoher Prozentsatz der Einnahmen benötigt wird. Langfristig ist damit eine starke finanzielle Belastung zukünftiger Generationen verbunden.

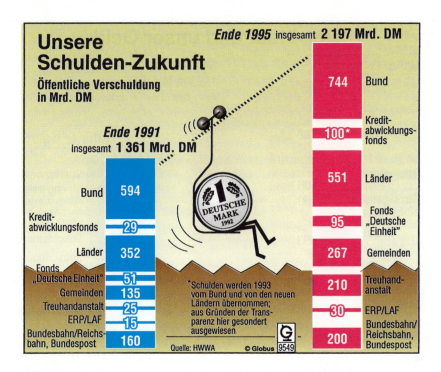

Arbeitsvorschlag
1. Welche Auswirkungen hat eine zunehmende Verschuldung in der Gegenwart für nachfolgende Generationen?
2. Diskutieren Sie, in welchen Bereichen staatliche Einsparungen vorgenommen werden sollten.

Eine weitere Möglichkeit, die Konjunktur im Rahmen der Haushaltspolitik zu beeinflussen, ergibt sich durch die Verwendung sogenannter Konjunkturausgleichsrücklagen.
Gemäß § 15 ff. des Stabilitätsgesetzes legen Bund und Länder unverzinsliche Guthaben in Höhe von bis zu 3 % der jährlich erzielten Steuereinnahmen bei der Bundesbank zurück. Diese Mittel werden in einer Phase der Hochkonjunktur dem Wirtschaftskreislauf entzogen, dagegen in der Rezession zur Nachfrageausweitung und Steigerung der volkswirtschaftlichen Leistungsfähigkeit wieder aufgelöst. Diese Konjunkturausgleichsrücklagen sind also keine Kredite, die die Bundesbank dem Staat gewährt, sondern Rücklagen des Staates bei der Bundesbank.

● **Investitionspolitik**

Private Investitionen haben eine große Bedeutung für die Konjunktur. Die Investitionsgüternachfrage wirkt auf die gesamtwirtschaftliche Nachfrage und damit auf das Volkseinkommen (Einkommenseffekt). Zusätzlich bestimmt sie zukünftige Produktionsmöglichkeiten (Kapazitätseffekt) und damit auch das wirtschaftliche Wachstum.
Dem Staat stehen im wesentlichen 3 Instrumente zur Verfügung, um auf die Investitionstätigkeit der Unternehmer Einfluß zu nehmen.

Variation der Abschreibungssätze

Laut Stabilitätsgesetz kann die Bundesregierung mittels Rechtsverordnung Abschreibungsmöglichkeiten erweitern, um beispielsweise die Bereitschaft für Neuinvestitionen anzuregen.

Gewährung einer Investitionszulage

Im Falle einer rückläufigen Konjunktur besteht die Möglichkeit, von der Einkommen- und Körperschaftssteuer eine Zulage bis zu 7,5 % der Anschaffungs- und Herstellungskosten bestimmter Investitionsgüter zu gewähren.

Änderungen der Einkommen- und Körperschaftssteuer

Sowohl die Änderungen der Steuersätze als auch die Anpassung der Steuervorauszahlungen an die jeweilige Konjunkturlage stehen der Bundesregierung als zusätzliche fiskalpolitische Mittel zur Verfügung.

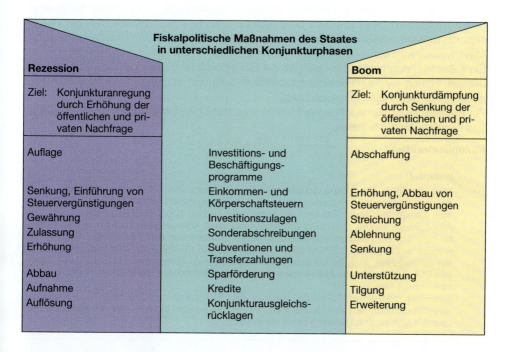

Fiskalpolitische Maßnahmen des Staates in unterschiedlichen Konjunkturphasen

Rezession		Boom
Ziel: Konjunkturanregung durch Erhöhung der öffentlichen und privaten Nachfrage		Ziel: Konjunkturdämpfung durch Senkung der öffentlichen und privaten Nachfrage
Auflage	Investitions- und Beschäftigungsprogramme	Abschaffung
Senkung, Einführung von Steuervergünstigungen	Einkommen- und Körperschaftsteuern	Erhöhung, Abbau von Steuervergünstigungen
Gewährung	Investitionszulagen	Streichung
Zulassung	Sonderabschreibungen	Ablehnung
Erhöhung	Subventionen und Transferzahlungen	Senkung
Abbau	Sparförderung	Unterstützung
Aufnahme	Kredite	Tilgung
Auflösung	Konjunkturausgleichsrücklagen	Erweiterung

Probleme der Fiskalpolitik

Die im vorigen Abschnitt dargestellte Fiskalpolitik stützt sich auf grundlegende theoretische Aussagen von J.M. Keynes (1883–1946), der unter dem Eindruck der Weltwirtschaftskrise von 1929–1933 dem Staat die Aufgabe zuwies, auftretenden konjunkturellen Schwankungen entgegenzutreten. Die Ursachen für wirtschaftliche Krisen sehen Keynes und seine Anhänger auf der Nachfrageseite der Wirtschaft, nämlich in einer unzureichenden gesamtwirtschaftlichen Nachfrage. Man spricht daher auch von nachfrageorientierter Wirtschaftspolitik.

Die Keynesianer stehen damit im Gegensatz zur klassischen Theorie, die auf die Selbstheilungskräfte des Marktes baut, die stark genug seien, langfristig eine Volkswirtschaft wieder ins Gleichgewicht zu rücken. Doch wie sagte der Kurzzeittheoretiker Keynes?

Auf lange Sicht sind wir alle tot.

Die von Keynes geforderten kurzfristigen Eingriffe des Staates scheitern allerdings häufig am „Timing" fiskalpolitischer Maßnahmen.

Alle Maßnahmen wirken erst mit einer Zeitverzögerung (engl. time-lag). So wird beispielsweise eine Einkommenserhöhung aufgrund einer Steuersenkung erst nach einer gewissen, nicht vorhersehbaren Zeitspanne zu erhöhten Konsumausgaben führen. Können aber die Maßnahmen nicht zeitlich genau durchgeführt werden, so ist nicht auszuschließen, daß sie prozyklisch wirken, d. h. also die zu bekämpfende Situation verstärken. Zusätzliche Probleme können aus einer nicht angemessenen Dosierung fiskalpolitischer Maßnahmen resultieren.

In vielen Fällen erfolgt keine Abstimmung zwischen den Trägern der Konjunkturpolitik über die gemeinsamen Ziele und den Einsatz der ihnen zur Verfügung stehenden Instrumente. Unter Umständen verhalten sich einzelne Institutionen sogar prozyklisch. Beispielsweise erhöhen viele Kommunen im Boom ihre Ausgaben, da in dieser Konjunkturphase die Steuerquellen sprudeln. Umgekehrt kürzen sie ihre Investitionen in der Rezession, obwohl mit zusätzlichen Investitionen die Auftragslage bei den Unternehmen stabilisiert werden könnte.

Ein weiteres Hindernis für das Gelingen der Fiskalpolitik ist die mangelnde Flexibilität des Staates. Häufig wird sein Handlungsspielraum aufgrund langfristiger vertraglicher oder gesetzlicher Bindungen eingeschränkt.

Zur Rechtfertigung fiskalpolitischer Maßnahmen ziehen Wirtschaftspolitiker Multiplikator- und Akzeleratoreffekte heran.

Multiplikatoreffekt

Beispiel

Legt der Staat ein Wohnungsbauförderungsprogramm von 100 Millionen DM auf, so ist davon auszugehen, daß diese Summe wiederum Einkommen schafft. Diese neuen Einkommen kämen in diesem Fall den im Hoch- und Tiefbau beschäftigten Arbeitnehmern und Arbeitgebern zugute. Geht man von einer marginalen Konsumquote von 0,8 aus, so bedeutet das, daß ein Haushalt von einer DM seines Einkommens 0,80 DM für den Konsum verwendet und demnach 0,20 DM spart. Werden also vier Fünftel dieser 100 Millionen DM wieder ausgegeben, z. B. für Konsumgüter, entsteht erneut Einkommen in Höhe von 80 Millionen DM. Gibt man diese Einkommen wieder zu vier Fünftel aus, entsteht ein neues Einkommen von 64 Millionen DM.

Summiert man die nacheinander entstehenden Einkommen auf, ergibt sich als Folge der Investitionszunahme von 100 Millionen DM ein Einkommen in Höhe von 500 Millionen DM. Das läßt sich nach folgender Formel berechnen:

$$\text{Nachfragemultiplikator} = \frac{1}{\text{marginale Sparquote}}$$

Bezogen auf das Beispiel ergibt sich:
$$\text{Nachfragemultiplikator} = \frac{1}{0,2} = 5$$

Akzeleratoreffekt

Hier wird ein konjunkturverstärkender Zusammenhang zwischen einer Änderung des Volkseinkommens und den Investitionen angenommen. Dabei wird vorausgesetzt, daß ein dauerhafter Nachfragezuwachs an Konsumgütern von den Unternehmen aufgrund ausgelasteter Kapazitäten nicht mehr befriedigt werden kann. Demzufolge müssen für die Erhöhung der Produktion neue Investitionsgüter angeschafft werden. Zu diesem Schritt entscheiden sich Unternehmer nur bei langfristig optimistischen Zukunftserwartungen, um letztendlich das optimale Verhältnis zwischen Produktionsausstattung und Output nicht zu gefährden.

Unter den beschriebenen Bedingungen löst eine Erhöhung der Konsumausgaben eine mehrfache Erhöhung der Nachfrage nach Investitionsgütern aus.

Kritiker der keynesianischen Fiskalpolitik stellen allerdings die Wirksamkeit oben genannter Zusammenhänge in Frage.
So wird insbesondere kritisiert, daß
- Multiplikator-/Akzeleratoreffekte empirisch nicht eindeutig nachweisbar sind.
- Strukturkrisen in der Wirtschaft nicht gelöst, sondern unter Umständen sogar noch verschärft werden können, wenn marode Industrien eine Unterstützung erfahren und innovative Impulse nicht zum Zuge kommen.
Z.B. wurde jahrelang die Möglichkeit zur Produktion FCKW-freier Kühlschränke nicht zur Kenntnis genommen, so daß die Oligopolisten dieser Branche herkömmliche Konzeptionen auf dem Markt absetzen konnten.
- der Sättigungsgrad, z. B. bei Nahrungsmitteln oder auch bei der oben genannten Branche (Kühlschränke), Haushalte daran hindert, ihren Konsum entsprechend dem Multiplikatoreffekt auszuweiten.

Die Ideen von Keynes blieben also nicht ohne Widerspruch. Als Gegenbewegung entstand in den 30er Jahren der Monetarismus, dessen Hauptvertreter Milton Friedman (geb. 1912) ist. Die Monetaristen fordern eine angebotsorientierte Konjunkturpolitik, deren Hauptziel es ist, die Bedingungen für die Produktion zu verbessern und damit das gesamtwirtschaftliche Angebot auszuweiten. Staatliche Eingriffe der Wirtschaftspolitik zur Nachfragesteuerung werden von ihnen nicht nur als schädlich angesehen, sondern sogar als Ursache für konjunkturelle Schwankungen betrachtet.

Aus der Sicht der Monetaristen ist die Geldmenge der wichtigste Bestimmungsgrund für das Preisniveau und das Sozialprodukt und somit die Geldmengenpolitik entscheidendes Instrument zur konjunkturellen Steuerung.

? Aufgaben zum Grundwissen

1. Was versteht man unter dem Begriff Wirtschaftspolitik?
2. Welche wirtschaftspolitischen Ziele legt das Stabilitätsgesetz fest?
3. Erläutern Sie den Begriff magisches Viereck.
4. In welcher Beziehung können wirtschaftspolitische Ziele zueinander stehen? Geben Sie Beispiele.
5. Um welche weiteren wirtschaftspolitischen Ziele kann das magische Viereck erweitert werden?
6. Nennen Sie die Träger der Konjunkturpolitik.
7. Welche Instrumente gehören zur Fiskalpolitik?
8. Welche Folgen würden sich für den Konjunkturverlauf ergeben, wenn der Staatshaushalt ohne Kreditaufnahme ausgeglichen werden müßte?
9. Die Bundesregierung will durch ihre Ausgaben- und Einnahmenpolitik eine inflationäre Entwicklung bekämpfen, die durch eine Übernachfrage entstanden ist. In welcher Zeile zielen alle Maßnahmen in die gewünschte Richtung?

Einkommensteuersätze	Konjunkturausgleichsrücklage	Staatliche Investitionsaufträge
a. senken	erhöhen	erhöhen
b. erhöhen	verringern	verringern
c. erhöhen	erhöhen	erhöhen
d. senken	verringern	verringern
e. senken	erhöhen	verringern
f. erhöhen	erhöhen	verringern
g. erhöhen	verringern	erhöhen

10. Welche Wirkung hat der Akzeleratoreffekt?

Weiterführende Problemstellungen

1. Problem
Ein Fiskalist und ein Monetarist treffen in einer Fernsehdiskussion aufeinander. Entwickeln Sie ein Rollenspiel, in dem jeder der Teilnehmer seine Position zur aktuellen wirtschaftspolitischen Situation vorträgt.

2. Problem
Errechnen Sie den Nachfragemultiplikator, wenn die marginale Konsumquote 0,7 beträgt. Erläutern Sie den Zusammenhang.

3. Problem
a) Vergleichen Sie die Zielsetzungen des Stabilitätsgesetzes mit den realen Werten des vergangenen Jahres.
b) Das Gesetz über die Bildung eines Sachverständigenrates und die Bundesregierung messen dem Sachverständigenrat eine hohe Bedeutung zu. In dem Kommentar „Ratloser Rat" wird diese in Zweifel gezogen. Nehmen Sie Stellung.

Jahresgutachten

Ratloser Rat

Das Jahresgutachten des Sachverständigenrates scheint sich der Jahreszeit angepaßt zu haben. Bei der Einschätzung der Konjunkturentwicklung stochern die Professoren reichlich viel im Nebel. Es kann so kommen wie vorhergesagt, es kann aber auch genausogut anders kommen. Die Adressaten der Botschaft, Politiker, Unternehmer und Gewerkschafter, werden vom Rat ratlos gelassen.

Die Experten sind sich nicht sicher, ob die Schußfahrt ins Konjunkturtal der übliche Einbruch war, der irgendwann auf jeden Boom folgt, oder ob Deutschland technologisch zurückgefallen ist oder ob gar beides zutrifft. Einerseits soll der Aufschwung einsetzen, wenn nur die Unternehmer bei Laune kommen, andererseits wird warnend auf Verluste an Weltmarktanteilen in der Spitzentechnologie hingewiesen. [...]

Enttäuschend ist das Gutachten vor allem aber deshalb, weil kein überzeugendes Konzept vorgelegt wird, wie die gefährliche Unterbeschäftigung in Deutschland von derzeit 6 Millionen Menschen einschließlich der versteckten Arbeitslosigkeit wirksam abgebaut werden kann. Das Rezept, hier und dort an einer Stellschraube bei den Staatshaushalten, bei den Löhnen oder Steuern zu drehen, erinnert an das Herumdoktern eines Arztes, dem die Krankheitsursache nicht klar ist.

Bernd Knebel

Quelle: HAZ v. 15.11.1993

8.3.4 Geldpolitik der Deutschen Bundesbank und ihr Einfluß auf die Stabilität des Preisniveaus

8.3.4.1 Ziele und Aufgaben der Deutschen Bundesbank

Nach § 3 des Gesetzes über die Deutsche Bundesbank regelt die Deutsche Bundesbank den Geldumlauf und die Kreditversorgung der Wirtschaft mit dem Ziel, die Währung zu sichern. Außerdem sorgt sie für die bankmäßige Abwicklung des Zahlungsverkehrs mit dem Ausland und die Anschaffung von Währungsreserven.

§ 12 des oben genannten Gesetzes legt fest, daß die Bundesbank die allgemeine Wirtschaftspolitik der Bundesregierung zu unterstützen hat. Dabei ist sie aber völlig unabhängig von Weisungen der Bundesregierung.

Schwerpunkt ihrer Tätigkeit ist es demnach, den Wert des Geldes zu stabilisieren. Sie wird deshalb auch als Hüterin der Währung bezeichnet. In diesem Zusammenhang gilt es, zwei Begriffe voneinander abzugrenzen:

Als Währung bezeichnet man die gesamte Ordnung des Geldwesens eines Staates. Sie umfaßt die Regelung des Geld- und Zahlungsverkehrs im Inland und mit fremden Ländern.

Wirtschaftlich gesehen ist Geld das in einer Volkswirtschaft anerkannte Zahlungsmittel. Rechtlich gesehen ist Geld das vom Staat zum gesetzlichen Zahlungsmittel erklärte Medium.

Die Hauptaufgabe der Bundesbank erstreckt sich einerseits auf die Sicherung des Binnenwertes, andererseits auf die Sicherung des Außenwertes der Währung.

8.3.4.2 Wesen und Organe der Deutschen Bundesbank

Der folgende Text gibt einen Überblick über die Organisation der Deutschen Bundesbank, die entsprechend des bundesstaatlichen Aufbaus der Bundesrepublik Hauptverwaltungen in einzelnen Bundesländern unterhält:

Die Organisation der Deutschen Bundesbank

Die Deutsche Bundesbank hat ihren Sitz in Frankfurt. Hier tagt der Zentralbankrat, das oberste Organ der Deutschen Bundesbank. Der Zentralbankrat besteht aus den Mitgliedern des Direktoriums, zu dem Präsident und Vizepräsident der Deutschen Bundesbank gehören, sowie den Präsidenten der Landeszentralbanken. Die Mitglieder des Zentralbankrats müssen besondere fachliche Eignung besitzen. Der Zentralbankrat bestimmt die Währungs- und Kreditpolitik der Deutschen Bundesbank. Vom Erfolg oder Mißerfolg dieser Politik können der Wert unseres Geldes und die Gesundheit unserer Wirtschaft ganz wesentlich abhängen. Der Zentralbankrat handelt nach demokratischen Regeln: Für jede geplante Maßnahme muß eine Mehrheit vorhanden sein.

Die Mitglieder des Direktoriums werden vom Bundespräsidenten auf Vorschlag der Bundesregierung bestellt. Das Direktorium hat die Beschlüsse des Zentralbankrats auszuführen. Ihm obliegen Geschäfte mit Kreditinstituten, die zentrale Aufgaben wahrnehmen, sowie Geschäfte mit dem Bund. Zum Aufgabenbereich des Direktoriums gehören ferner Geschäfte mit dem Ausland sowie Offenmarktgeschäfte und die Verwaltung der Gold- und Devisenbestände, der sogenannten Währungsreserven.

Obwohl die Mitglieder des Direktoriums von der Bundesregierung bestimmt werden, braucht dadurch die Unabhängigkeit der Deutschen Bundesbank nicht beeinträchtigt zu werden. Denn die Direktoriumsmitglieder werden normalerweise auf acht Jahre bestellt, so daß ihre Amtszeit über die einer Bundesregierung, die von der vierjährigen Legislaturperiode des Bundestages begrenzt wird, hinausgeht.

Auch dann, wenn eine neue Regierung von einer anderen politischen Partei gebildet wird, muß sie das Direktorium hinnehmen, wie es ist.

Die geschäftlichen Kontaktstellen der Deutschen Bundesbank in einzelnen Bundesländern sind die Landeszentralbanken. Die Landeszentralbanken sind als Hauptverwaltungen der Deutschen Bundesbank für die in ihren Zuständigkeitsbereich fallenden Geschäfte mit dem Land und den Kreditinstituten ihres Bereiches verantwortlich.

Quelle: Unser Geld,
Arbeitsgemeinschaft zur Förderung der wirtschaftlichen und sozialen Bildung e.V.

8.3.4.3 Sicherung der Geldwertstabilität

8.3.4.3.1 Geldmenge

> Die Bundesbank hält die Zügel straff! Geldmengenziel soll bei 4,5 % liegen.

Arbeitsvorschlag
1. Was versteht man unter Geldmenge?
2. Warum ist die Festlegung der Geldmenge durch die Bundesbank für den Konjunkturverlauf von großer Bedeutung?
3. Wer hat Einfluß auf die Festlegung der Geldmenge?

Die Geldmenge – was ist das?
In einem volkswirtschaftlichen Kreislauf stehen sich Güter- und Geldstrom gegenüber. Zur Steuerung der Güterströme bedarf es einer bestimmten Geldmenge. Seit 1974 legt die Deutsche Bundesbank für das folgende Geschäftsjahr ihr Geldmengenziel fest.

Einen Überblick über die Bestandteile der Geldmenge gibt das folgende Kreisdiagramm:

Die Bestandteile der Geldmenge M3

- Bargeldumlauf 211 977
- Spareinlagen mit dreimonatiger Kündigungsfrist 587 407
- Sichteinlagen 514 344
- Termingelder unter 4 Jahren 592 909
- Gesamt: 1 906 637 in Millionen DM

Stand Juli 1994

Die obige Darstellung gibt die traditionelle Abgrenzung der Geldmenge M3 wieder. Die erweiterte Geldmenge M3 umfaßt u.a. außerdem die Einlagen bei Auslandsfilialen inländischer Kreditinstitute sowie kurzfristige Bankschuldverschreibungen.

Zur Erläuterung der Begriffe:

Bargeldumlauf: Münzumlauf und Banknotenumlauf
Sichteinlagen: Guthaben auf Kontokorrent- und Girokonten. Die Einleger können täglich ohne vorherige Kündigung, d. h. bei Sicht über ihre Guthaben verfügen.
Termingelder: Guthaben auf Termingeldkonten. Sie stehen den Kreditinstituten als befristete Einlagen für bestimmte Zeiträume zur Verfügung. Die Einleger erhalten für den Verzicht auf ihr tägliches Verfügungsrecht einen höheren Zins als bei Sichteinlagen.
Spareinlagen mit dreimonatiger Kündigungsfrist:
Guthaben auf Sparkonten. Sie dienen der Ansammlung oder Anlage von Vermögen und werden durch Ausfertigung einer Urkunde dokumentiert.

Will man das in einer Volkswirtschaft vorhandene Geldvolumen definieren, reicht es nicht aus, nur die in Umlauf befindliche Geldmenge zu betrachten. Vielmehr ist auch die Umlaufgeschwindigkeit zu berücksichtigen, so daß es möglich wird, das Geldvolumen einer Volkswirtschaft zu messen.

> **Geldvolumen = Geldmenge · Umlaufgeschwindigkeit**

Daraus lassen sich folgende Zusammenhänge schließen. Erhöht sich die Umlaufgeschwindigkeit des Geldes, hat das die gleiche Wirkung wie eine Erhöhung der Geldmenge. Das Geldvolumen nimmt zu.

Eine Verringerung der Umlaufgeschwindigkeit führt wie eine Senkung der Geldmenge zu einer Abnahme des Geldvolumens.

8.3.4.3.2 Messung des Geldwertes

Situation:

Leserbrief von Erich H. aus Lichtenhagen an die „Superillu":

Liebe Redaktion!
Der Kanzler hat uns goldene Kälber versprochen. Keinem sollte es schlechter gehen... . Na ja...!!!

Eines möchte ich Ihnen einmal deutlich sagen: In der DDR hatten wir immer genügend Geld, aber leider nicht immer genügend Waren – und heute? Heute können wir uns auch nichts leisten, da wir nicht genug Geld haben, um all diese tollen Dinge zu kaufen.

Ich bin sauer!

Mit sozialistischen Grüßen

Ihr Erich H.

Arbeitsvorschlag
1. Welches Mißverhältnis beklagt Erich H. in seinem Leserbrief?
2. Worin unterscheiden sich die beiden von ihm geschilderten Situationen?

Sachdarstellung:

Wirtschaftspolitiker sind bestrebt, die oben beispielhaft beschriebenen Mißverhältnisse zu verhindern. Grundsätzlich versuchen sie, ein Gleichgewicht zwischen der vorhandenen Gütermenge und der im Umlauf befindlichen Geldmenge zu erzielen. Dieses ist entscheidend für den Geldwert. Daraus läßt sich folgender Zusammenhang ableiten:

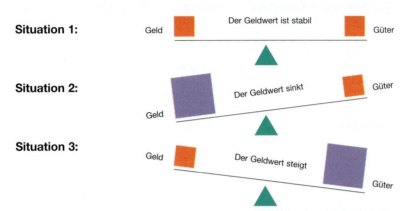

Befinden sich Geldmenge und Gütermenge im Gleichgewicht, so ist der Geldwert stabil. Das bedeutet, daß man innerhalb eines bestimmten Zeitraumes für eine bestimmte Summe Geld die gleiche Menge qualitativ gleichwertiger Güter und Dienstleistungen erwerben kann (Situation 1).

Steigt die Geldmenge bei gleichbleibender Gütermenge, erhält man für den gleichen Geldbetrag weniger an Waren oder Dienstleistungen bzw. muß für die gleiche Menge an Gütern und Dienstleistungen mehr bezahlen. In diesem Fall sinkt der Geldwert (Situation 2). Dehnt man dagegen die Geldmenge bei gleichbleibender Gütermenge aus, kann man für den gleichen Geldbetrag mehr an Waren oder Dienstleistungen erwerben. Der Geldwert steigt (Situation 3).

Das Verhältnis von Geld- und Gütervolumen kann in der nach Irving Fisher benannten Verkehrsgleichung auf der Grundlage der Quantitätstheorie ausgedrückt werden:

$$G \cdot U = H \cdot P$$

$$\text{Geldvolumen} = \text{Gütervolumen}$$

G = Geldmenge
U = Umlaufgeschwindigkeit des Geldes
H = Handelsvolumen
P = Preise

Durch Umformung der Gleichung erhält man einen Ausdruck zur Bestimmung des Preisniveaus in einer Volkswirtschaft:

$$P = \frac{G \cdot U}{H}$$

In diesem Preisniveau kommt der Geldwert zum Ausdruck. Er steht im umgekehrten Verhältnis zum Preisniveau. Das heißt:

> **Sinkt das Preisniveau, dann steigt die Kaufkraft des Geldes.**
> **Steigt das Preisniveau, dann sinkt die Kaufkraft des Geldes.**

In der einfachen Form der Gleichung ist der Geldwert abhängig von der Geldmenge, von seiner Umlaufgeschwindigkeit und vom Handelsvolumen.
Darüber hinaus gibt es eine Fülle anderer Faktoren, die auf das Preisniveau wirken. Einen Überblick gibt die folgende Darstellung:

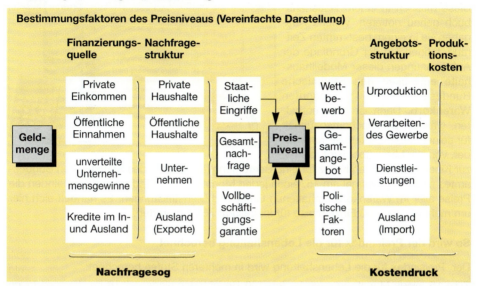

Situation:

Im Schreibtisch ihres Großvaters, Industriearbeiter bei Thyssen, findet Nicole Bauer einen Auszug aus dem Haushaltsbuch des Jahres 1958:

Ausgaben:	21.08.1958
5 Pfund Kartoffeln	0,56 DM
1 kg Mischbrot	0,85 DM
1/2 Pfund Butter	1,73 DM
5 Fl. Bier a 0,5 l	3,15 DM
1 Tageszeitung	0,20 DM
1 Telefongespräch	0,20 DM
1 Kühlschrank	492,00 DM

Arbeitsvorschlag
1. Wieviel müßten Sie heute ausgeben, um die gleichen Güter und Dienstleistungen zu kaufen?
2. Um wieviel Prozent sind die jeweiligen Einzelpreise und der Gesamtpreis gestiegen?
3. Wieviele Stunden müßten Sie arbeiten, um die aufgeführten Güter und Dienstleistungen kaufen zu können?
4. Wieviele Stunden mußte der Großvater von Nicole arbeiten, wenn er 2,32 DM in der Stunde verdient hat?

Um die Preisentwicklung zu messen, geht das Statistische Bundesamt einen ähnlichen Weg. Es wählt typische Verbraucherhaushalte aus. Diese müssen in einem Haushaltsbuch genau notieren, welche Ausgaben sie in einem bestimmten Zeitraum tätigen. Auf der Grundlage der Aufzeichnungen dieser Modellhaushalte entwickelt das Statistische Bundesamt einen sogenannten **Warenkorb.** Darin ist alles enthalten, was ein Durchschnittshaushalt für seinen Lebensunterhalt aufwendet, von der Miete über Brot, bis hin zur Kinokarte oder den Kranz für eine Beerdigung. Mitarbeiter des Statistischen Bundesamtes notieren jedesmal am 15. eines jeden Monats in 118 Städten und Gemeinden die Preise aller im Warenkorb enthaltenen Güter und Dienstleistungen. Es handelt sich hier um mehr als 200 000 Einzelpreise für insgesamt 753 Güterarten.

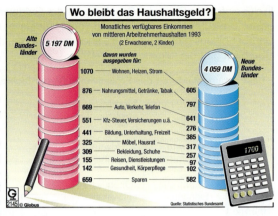

So wird der Preisindex für die Lebenshaltung berechnet

Der Preisindex für die Lebenshaltung wird in mehreren Stufen berechnet:

Zum 15. eines Monats werden in den 190 Berichtsgemeinden (118 im Westen, 72 im Osten) die Gemeindedurchschnittspreise für die Güter des Warenkorbes erhoben.
Dazu werden in den Berichtsgemeinden je nach Einwohnerzahl unterschiedlich viele Berichtsstellen (4–8) ausgewählt. Die Auswahl erfolgt in Zusammenarbeit des jeweiligen Statistischen Landesamtes mit der Gemeindebehörde, der zuständigen Industrie- und Handelskammer bzw. den Fachverbänden oder -kammern. Insgesamt werden so monatlich rund 250 000 Preisreihen für das frühere Bundesgebiet und rund 150 000 Preisreihen für die neuen Länder und Berlin-Ost erhoben. Das Statistische Amt der Gemeinde ermittelt aus den erhobenen Preisen den Gemeindedurchschnittspreis als ungewogenes arithmetisches Mittel der Einzelpreise. Die Durchschnittspreise werden auf 4 Kommastellen gerechnet und auf die 3. Stelle nach dem Komma gerundet.

Beispiel

Bundesland A (10 Berichtsgemeinden), Gemeinde 01 (8 Berichtsstellen)

Berichtsstelle	Kalbsschnitzel DM/kg	
1	23,40	
2	24,60	Durchschnittspreis der Gemeinde 01
3	24,40	
4	23,90	= Summe der Preise / Summe der Berichtsstellen
5	24,10	
6	23,80	
7	23,40	
8	23,90	
	191,50	= 191,50/8 = 23,938 DM

So werden in allen 10 Berichtsgemeinden des Bundeslandes A und in den Berichtsgemeinden der übrigen Bundesländer die Durchschnittspreise für alle Güter des Warenkorbes ermittelt.
Die Bedeutung des Warenkorbs liegt weniger darin, was in ihm enthalten ist, sondern vielmehr darin, wieviel von jedem Artikel in die Berechnung einfließt. Einen großen Bereich nehmen die Aufwendungen für Nahrungsmittel und Mieten ein.

Die Zusammensetzung dieses Warenkorbs muß im Laufe der Zeit aktuellen Verbrauchsgewohnheiten angepaßt werden.

„In" und „out"

Bei der Zusammenstellung des neuen Warenkorbs haben die Wiesbadener Statistiker 83 Produkte gestrichen und 81 neu aufgenommen. Hier ein Ausschnitt aus der „In- und Out-Hitliste":

In

Fertigpudding	Zweisitziges Liegesofa	Tennisschläger
Diätmargarine	UV-Oberkörperbräuner	Aktenkoffer
Karottensaft	Bleifrei-Benzin	Leihgebühr für Videos
Chinakohl	Elektronische Orgel	
Sporthose	Walkman	

Out

Fruchtjoghurt	Klappcouch	Skateroller
Kartoffelpüree	Höhensonne	Kollegmappe
Speiseerbsen	Diesel	S-8-Color-Schmalfilm
Rotkohl	Schwarz-Weiß-TV	
Herrenschlafanzug	Kassettenrecorder	

Preisindex

Der Preisindex ist ein gewogener Durchschnitt der Preisveränderungen eines repräsentativen Warenkorbes. Er mißt den Einfluß auf die Lebenshaltung der Haushalte.

Berechnung des Preisindexes (vereinfachte Darstellung):

Auswahl typischer Güter für einen Warenkorb
Aufstellung eines Wägungsschemas
Ermittlung des Durchschnittspreises je Gut
Ermittlung des Gesamtwertes des Warenkorbs

Beispiel

Das Basisjahr ist 1995. Der Wert dieses Jahres wird gleich 100 gesetzt.

Preis des Warenkorbes 1995:   3 105,00 DM
Preis des Warenkorbes 2000:   4 586,00 DM

$$\text{Preisindex} = \frac{100 \cdot 4\,586}{3\,105} = 147{,}69\ \%$$

Der errechnete Preisindex gibt an, daß die Durchschnittspreise der ausgewählten Güter bezogen auf das Jahr 1995 um ca. 47,7 % gestiegen sind.
Darüber hinaus gibt es weitere Preisindizes, z.B. für Erzeugerpreise gewerblicher Produkte, für Groß- und Einzelhandelspreise usw.

Preisindizes für die Bundesrepublik Deutschland

Die Aussagefähigkeit dieser Preisindizes muß allerdings kritisch betrachtet werden, da qualitative Veränderungen der Güter nicht erfaßt werden. So unterscheidet sich ein Personalcomputer aus dem Jahre 1990 bei einem Preis von 3000,00 DM wesentlich von der Leistungsfähigkeit eines im Preis vergleichbaren Gerätes aus dem Jahre 1996.
Gleichfalls eignet sich der Preisindex nur bedingt für einen internationalen Vergleich, da sich z. B. die Verbrauchergewohnheiten der Italiener von denen der Deutschen unterscheiden.
Zusätzlich resultieren Probleme aus der ständig notwendigen Aktualisierung des Warenkorbes, da die Fülle der Informationen schwierig zu erfassen, zu verarbeiten, auszuwerten und zu dokumentieren sind.

8.3.4.3.3 Inflation, Stagflation und Deflation

Inflation

Situation:

„Grausam, wie der Hase den armen Fuchs hetzt."

Arbeitsvorschlag

Zwischen Vertretern der Arbeitgeber- und Arbeitnehmerseite findet eine Diskussion statt, deren Inhalt in der obigen Karikatur zum Ausdruck kommt.

Bilden Sie dafür zwei Gruppen mit je fünf Schülern, von denen jeweils eine die Position der Arbeitgeber und der Arbeitnehmer übernimmt. Orientieren Sie sich bei der Gesprächsführung an der Rollenanweisung! Die restlichen Schülerinnen und Schüler bilden das Publikum, welches sich an der Diskussion aktiv beteiligen darf. Führen Sie ein Rollenspiel durch!

Rollenkarte für die Arbeitgeberseite:	Rollenkarte für die Arbeitnehmerseite:
Mögliche Argumente – Löhne sind ein Kostenfaktor – Kosten beeinflussen den Gewinn eines Unternehmens – ohne Gewinne keine Investitionen – Gewinnrückgang bedeutet Verlust von Arbeitsplätzen – Preiserhöhungen werden notwendig – Produktionszuwachs • • • •	Mögliche Argumente – Einkommenssteigerung schafft Kaufkraft – Löhne sind nur ein Teil der Kosten – Einkommensgerechtigkeit fordert Lohnsteigerung – Preise steigen, bevor Löhne steigen – Beteiligung am Wirtschaftswachstum • • • •

Sachdarstellung:

In der Vergangenheit hat sich gezeigt, daß aufgrund von unangemessenen Lohn-/Gewinnforderungen das Verhältnis von Gütermenge und Geldmenge ins Ungleichgewicht geraten kann. Die Folge daraus waren Preissteigerungen.

Diese bedeuten eine Störung des monetären Gleichgewichts bzw. eine einschneidende Senkung der Kaufkraft.

Treffend hat Albert Hahn die negativen Auswirkungen der Inflation charakterisiert, indem er sagt:

„Inflation ist Diebstahl. Wenn man für zehn Eingeladene gedeckt hat und zwanzig erscheinen, muß jeder der ursprünglich Eingeladenen die Hälfte der ihm zugedachten Speisen den neu Hinzugekommenen abtreten. Die letzteren gewinnen, was die ersteren verlieren. Genau das gleiche spielt sich in einer Volkswirtschaft ab, in der man die Menge des umlaufenden Bar- oder Bankgeldes vermehrt."

■ Erscheinungsformen der Inflation

Die Erscheinungsformen bzw. -arten der Inflation lassen sich in zwei Hauptgruppen unterscheiden:

```
                    Erscheinungsformen der Inflation
                    ┌──────────────────┴──────────────────┐
            nach dem Tempo                      nach der Erkennbarkeit
            – schleichende Inflation            – offene Inflation
            – galoppierende Inflation           – verdeckte Inflation
```

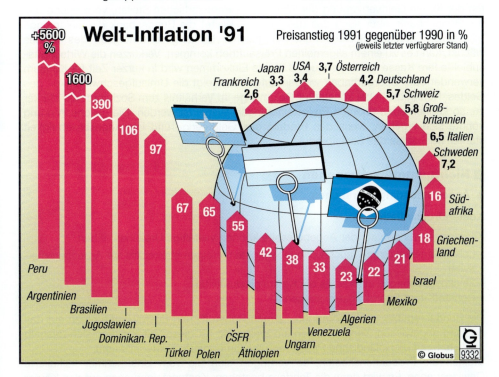

Eine genaue Abgrenzung zwischen schleichender und galoppierender Inflation ist nicht möglich, da dies von den Gegebenheiten des jeweils betrachteten Landes abhängt.

Aus der Sicht der Bundesrepublik Deutschland würde man eine Inflationsrate von 30 % sicher als eine galoppierende Inflation bezeichnen. Anders liegt der Fall in Ländern, die sich an Preissteigerungsraten von weit über 100 % gewöhnen mußten. So betrug beispielsweise im Jahr 1994 die Inflationsrate in Usbekistan 1 200 %. Ein Absinken der Inflationsrate auf 30 % würde hier voraussichtlich als Stabilitätserfolg gewertet werden. Wenn sich inflationäre Entwicklungen dagegen nicht offen durch Preissteigerungen zeigen, sondern z. B. durch Lohn- und Preisstops, Rationierung von Gütern, längeren Warteschlangen und Lieferfristen zum Ausdruck kommen, spricht man von verdeckter bzw. zurückgestauter Inflation.

■ Ursachen der Inflation

„Theorien über die Ursachen von Inflation sind so zahlreich wie Sand am Meer oder kaum weniger häufig wie die Menschen, die sich zu diesem Problem geäußert haben. So macht einer den Krieg in irgendeinem Erdteil, ein zweiter die kauflustige Hausfrau, ein dritter die Besteuerung von Dienstleistungen, ein vierter übermäßige Ansprüche an das Sozialprodukt verantwortlich. (Artur Woll)"

Es lassen sich 2 Ursachen von Inflationsursachen unterscheiden.

● Monetäre Ursachen

Auslöser für inflationäre Tendenz ist in der Bundesrepublik Deutschland u.a. das Verhalten der für die Geldversorgung der Wirtschaft verantwortlichen Stellen, vorwiegend das der Bundesbank, aber auch das des Staates. Weitet die Bundesbank die Geldmenge stärker aus als das Sozialprodukt bei gleicher Umlaufgeschwindigkeit des Geldes wächst, kann es zu einem allgemeinen Preisauftrieb kommen. Verkürzen die Wirtschaftssubjekte ihre Kassenhaltungsdauer, d.h. das Einkommen wird in kurzer Zeit für Konsum verwendet oder Sparguthaben werden aufgelöst, steigt die Umlaufgeschwindigkeit des Geldes. Nimmt diese bei konstanter Geldmenge im Verhältnis zum Sozialprodukt stärker zu, so können auch dadurch Preissteigerungen ausgelöst werden. Die gleiche Wirkung könnte sich ergeben, wenn das Produkt aus Geldmenge und Umlaufgeschwindigkeit stärker wächst als das Sozialprodukt.

● Nichtmonetäre Ursachen

● Angebotsbedingte Ursachen

Kostendruckinflation

Kostensteigerungen auf der Angebotsseite können vielfältige Ursachen haben.
– Lohnkostensteigerung (auch Lohnnebenkosten) steigen stärker als die Arbeitsproduktivität
– Zinskosten steigen stärker als die Kapitalproduktivität
– Rohstoff- und Energiekosten steigen

Die Bundesrepublik ist aufgrund ihrer armen Rohstoff- und Energievorkommen auf das Ausland angewiesen. Verteuerungen am Weltmarkt für diese Güter wirken sich deshalb sehr stark auf das inländische Preisniveau aus (importierte Kosteninflation).
Steigen die Produktionskosten, so verringert sich die vom Unternehmer kalkulierte Gewinnspanne. Es wird dann die Tendenz bestehen, Kostensteigerungen auf den Käufer abzuwälzen. Aus der Sicht des Anbieters wird dies je eher möglich sein, desto unelastischer die Nachfrage dabei auf Preiserhöhungen reagiert.

Dieser allgemeine Gedankengang wird häufig im Bereich der Lohnkostensteigerung aufgegriffen. Dabei wird eine Inflation wie folgt begründet: Gewerkschaften sind aufgrund ihrer Machtposition in der Lage, Lohnerhöhungen, die über den Produktivitätsfortschritt hinausgehen, durchzusetzen. Die daraus resultierenden höheren Lohnkosten pro Stück wälzen die Unternehmer über die Preise auf die Nachfrager ab. Die gestiegenen Preise führen dann wieder dazu, daß die Gewerkschaften höhere Löhne fordern (Lohn-Preis-Spirale).

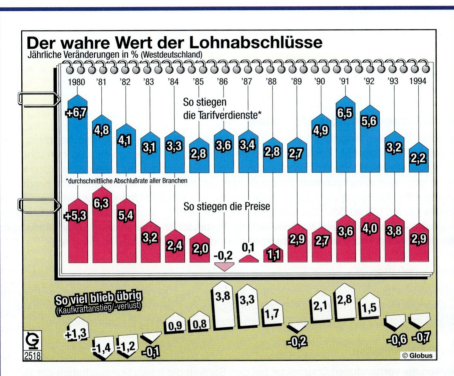

Den Wettlauf mit den Preisen haben die Löhne schon oft verloren. Inflationsraten von mehr als 6 Prozent machten zu Beginn der achtziger Jahre aus dem vermeintlich dicken Lohnplus ein Kaufkraftminus. Erst seit Mitte der achtziger Jahre blieb von den Lohnerhöhungen tatsächlich etwas in der Tasche der Arbeitnehmer. Doch dann geriet der Konjunkturmotor ins Stottern, dem (vereinigungsbedingten) Boom folgt nun die Rezession. Kräftige Lohnerhöhungen wird es in diesem Jahr nicht geben. Rechnet man mit einem Anstieg der Löhne um 3 Prozent und einem Preisanstieg von 4 Prozent, bedeutet das für die Arbeitnehmer unterm Strich einen Reallohnverlust von einem Prozent.

Arbeitsvorschlag
1. Überprüfen Sie die theoretische Aussage zur Lohn-Preis-Spirale im Hinblick auf die tatsächliche Entwicklung in den Jahren 1980–1993.
2. Wie hat sich die Lohn-Preis-Entwicklung im Jahre 1993 auf die Kaufkraft der Wirtschaftssubjekte ausgewirkt?
3. Wessen Position wird, bezogen auf die Eingangssituation dieses Kapitels, durch diese graphische Darstellung gestützt? Begründen Sie Ihre Aussage!

Gewinninflation

Geht man von oligopolistisch oder monopolistisch strukturierten Märkten aus, so können die Anbieter aufgrund ihrer Marktmacht ihre Preise diktieren. Dadurch entsteht ein Mißverhältnis zwischen dem Wert der Waren und ihrem Preis.

> Bei einer Inflation wissen wir, gibt es Gewinner und Verlierer. Die Gewinner sind jene, die an den Hebeln der politischen und wirtschaftlichen Macht sitzen, die Tatkräftigen, Schlauen und Frechen: Die Raubvögel, Pechvögel aber sind die Durchschnittsuntertanen. (Golo Mann)

● Nachfragebedingte Ursachen

Auslöser der Nachfrageinflation ist eine Ausweitung der Güternachfrage bei gleichbleibendem Güterangebot. Zusätzlich wird unterstellt, daß Vollbeschäftigung herrscht und die steigende Nachfrage deshalb nur durch Preissteigerungen aufgefangen werden kann. Damit geht eine entsprechende Erhöhung des Geldvolumens durch vermehrte Kreditaufnahme, eine Auflösung der Spargutthaben oder eine erhöhte Umlaufgeschwindigkeit des Geldes einher. Die erhöhte Geldmenge ist hierbei nicht Ursache für die Inflation, sondern Folge des veränderten Nachfrageverhaltens. Verursacher einer solchen Entwicklung können die privaten Haushalte; die Unternehmen, der Staat oder das Ausland sein.

Konsuminflation

Inflationsursache ist hier die steigende Nachfrage nach Konsumgütern. Eine gesteigerte Konsumfreudigkeit führt zur Auflösung von Sparguthaben oder zusätzlicher Kreditaufnahme im Vorgriff auf erwartete Einkommenssteigerungen durch Lohnerhöhungen.

Investitionsinflation

Decken die vorhandenen Spargelder bei den Banken die Investitionsvorhaben der Unternehmer nicht ab, und sind die Banken bereit, zusätzliche Kredite dafür zur Verfügung zu stellen, so erhöht sich die umlaufende Geldmenge. Auch hier führt das vermehrte Geldvolumen zu einem Anstieg der Preise.

Fiskalinflation

Erhöht der Staat seine Ausgaben, z.B. für den Bau neuer Schulen oder Krankenhäuser, ohne daß diese Mehrausgaben durch Einnahmen gedeckt sind, dann muß er diese Haushaltslücke (Budgetdefizit) durch Kreditaufnahmen schließen.

Importierte Inflation

Starke Exportüberschüsse bewirken eine Verminderung des Güterangebots im Inland. Oftmals liegen die im Ausland zu erzielenden Preise über den Inlandspreisen. So ist es u.U. für ein Unternehmen ertragreicher, seine Waren auf ausländischen Märkten abzusetzen. Der Exporteur kann die Erlöse aus seinen Auslandsgeschäften jederzeit bei seiner Bank zu einem festen Austauschverhältnis in DM umtauschen. Dadurch steigt die inländische Geldmenge, ohne daß dieser ein entsprechendes Güterangebot gegenübersteht.

■ Folgen der Inflation

Situation:

dafür bekommt man heute 2 Big Mac

dafür hätte man damals (November 1923) den 133200sten Teil eines Big Mac bekommen (= ein Krümel unter der Lupe)

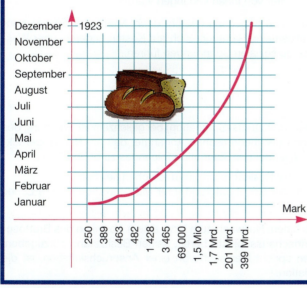

Entwicklung des Brotpreises im Jahre 1923: 1 kg Brot kostete…

Werte (Mark): 250, 389, 463, 482, 1 428, 3 465, 69 000, 1,5 Mrd., 1,7 Mrd., 201 Mrd., 399 Mrd.

Aufgabenvorschlag

1. Berechnen Sie die durchschnittliche Inflationsrate von Januar bis Dezember im Jahr 1923.
2. Wie wirkte sich die berechnete Inflationsrate auf die Haushalte, Unternehmen, den Staat und das Ausland aus?
3. Stellen Sie fest, wie hoch die gegenwärtige Inflationsrate ist.
4. Welche Auswirkungen hat die gegenwärtige Inflationsrate auf Ihre Kaufkraft und Ihr Konsumverhalten?

Sachdarstellung:

Durch eine Inflation werden verschiedene Wirtschaftssubjekte benachteiligt. Dazu zählen die Bezieher von festen Einkommen, z.B. Arbeitnehmer und Rentner, da ihre Einkünfte erst zeitversetzt durch Tariferhöhung oder Anpassung der Renten angeglichen werden. Ebenso müssen die Gläubiger, vor allem von langfristigen Forderungen, große Verluste hinnehmen. Auch die Sparer und Anleger von langfristigen Geldern stehen auf der Verliererseite. Um ihre Ersparnisse wenigstens teilweise zu retten, treten sie eine Flucht in die Sachwerte an, z.B. Kauf von Gold, Immobilien, Antiquitäten. Diese Möglichkeit besteht aber nur für einkommensstärkere Einkommensschichten. Eine weitere Möglichkeit, sich der Inflation zu entziehen, besteht in der Kapitalflucht. Dabei wird inländisches Geld ins Ausland transferiert. Diese Gelegenheit ist allerdings nur attraktiv, wenn die inländische Inflationsrate über der ausländischen liegt.

Im Gegensatz zu den benachteiligten Gruppen begünstigt die Inflation Schuldner langfristiger Verbindlichkeiten, z.B. Darlehensschuldner, Bauherren. Der Staat profitiert zunächst, da er volkswirtschaftlich der größte Schuldner ist. Allerdings kann er häufig seine Investitionsausgaben nicht mehr ausführen, weil die Steuereinnahmen verzögert,d.h. der Inflation hinterherhinkend, eintreten.

Neben den beschriebenen ökonomischen Folgen lassen sich auch gesellschaftliche Auswirkungen feststellen. Diese spiegeln sich in einem Wertewandel wider. So geben sich beispielsweise viele Staatsbürger der Illusion hin, daß sie durch erhöhtes Einkommen reicher geworden wären.

Sie akzeptieren den Zustand der Inflation und wehren sich gegen eine politische Bekämpfung der Ursachen, die Opfer von ihnen verlangen würden.

Eine andere Tendenz, der Inflation zu begegnen besteht darin, Mehrfach- oder Nebentätigkeiten aufzunehmen. Die allgemeine Richtung, sich auf Kosten anderer „über Wasser zu halten", kann letztendlich zu sozialen Spannungen führen...

Stagflation

Stagflation ist ein Stillstand des Wachstums (Stagnation) bei gleichzeitiger Erhöhung des Preisniveaus (Inflation). Entgegen der theoretischen Annahme, daß ein Nachfragerückgang zu sinkenden Preisen führt, ist bei der Stagnation folgendes zu beobachten:

- Die Verbraucherpreise sind in der Realität meist nur nach oben flexibel.
- Die Gewerkschaften setzen in der Regel aufgrund ihrer Machtposition höhere Löhne durch.

In dieser Situation, nämlich bei einem Nullwachstum bzw. einem Absinken des Bruttosozialprodukts, ist keines der Wirtschaftssubjekte bereit, seinen Besitzstand aufzugeben. Dieses Anspruchsdenken, man spricht hier auch von einer Anspruchsinflation, ist die eigentliche Ursache der Stagflation.

Deflation

Unter dem Begriff **Deflation** versteht man eine anhaltende Senkung des Preisniveaus. Die Geldmenge ist wesentlich niedriger als die angebotene Gütermenge. Es werden zwei Arten unterschieden. Eine offene Deflation liegt vor, wenn sich die Preise für jedes Wirtschaftssubjekt sichtbar verringern, so z.B. 1986 in der Bundesrepublik Deutschland, als die Preise um 0,1% fielen. Von einer verdeckten Deflation wird gesprochen, wenn bei gleichbleibenden Preisen z.B. die Qualität verbessert wird. Diese Situation ist durch einen Markt gekennzeichnet, auf dem keine Preiskonkurrenz mehr möglich ist. Branchenbezogene inflationäre Tendenzen sind beispielsweise in der Computerbranche zu beobachten. Ursache für Deflation ist ein Überschuß des gesamtwirtschaftlichen Angebots über die Nachfrage (deflatorische Lücke), die

- auf einer Abschwächung der privaten oder staatlichen Inlandsnachfrage und/oder
- auf einem Rückgang der Auslandsnachfrage

beruhen kann. Dieses führt zu einem Absinken der Kapazitätsauslastung der Unternehmen, zur Einschränkung der Produktion und letztlich zur Entlassung von Arbeitnehmern.

Die Folgen der Deflation trifft die Schuldner langfristiger Verbindlichkeiten. Auf der anderen Seite gewinnen die Bezieher fester Einkommen, Gläubiger und die Geldanleger, weil der Geldwert steigt.

Daß die Deflation unter wirtschaftspolitischen Gesichtspunkten eine Ungleichgewichtssituation darstellt und deshalb nicht akzeptiert werden kann, zeigt uns die Geschichte. Die Deflation der frühen 30er Jahre hat dies überaus deutlich gemacht. Der damalige Preisverfall führte zur Vernichtung zahlreicher, vor allen Dingen kleinerer Unternehmen und zu einer damit verknüpften Massenarbeitslosigkeit von über 6 Millionen Arbeitslosen in Deutschland. Diese konnten aufgrund ihrer schlechten wirtschaftlichen Lage immer weniger Konsumgüter nachfragen. Somit bestand für die Unternehmen kein Anreiz, ihre Produktion im gleichen Ausmaß aufrecht zu erhalten oder gar auszudehnen. Starke soziale Spannungen waren die Folge, auf deren Nährboden sich die Hitler-Diktatur von 1933–1945 ausbreiten konnte.

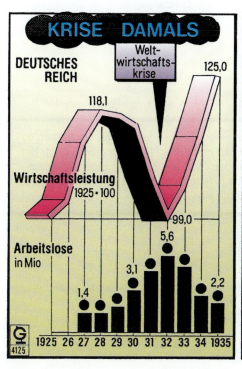

8.3.4.3.4 Instrumente der Bundesbank zur Bekämpfung der Inflation

Betrachtet man die wirtschaftliche Situation der Bundesrepublik Deutschland der letzten zwanzig Jahre, so liegt die größte Herausforderung für die Träger der Wirtschaftspolitik bezüglich der Preisniveaustabilität in der Bekämpfung der Inflation. Zudem besteht in der Bevölkerung aufgrund der historischen Erfahrungen aus den Jahren 1920–1923 und 1936–1948 eine große Angst vor einer wiederkehrenden Geldentwertung.

> Inflation kann man wie Diktaturen nur bekämpfen, ehe sie die Macht übernommen haben. (Alfred Müller-Armack)

Besteht das wirtschaftspolitische Ziel darin, die Inflation zu bekämpfen, so muß man sich Klarheit darüber verschaffen, welche Ursachen dafür verantwortlich gemacht werden können. Wir haben im vorigen Abschnitt gesehen, daß dabei verschiedene Ansätze zu unterscheiden sind. Im folgenden wird eine Auswahl von Ursachen einem möglichen wirtschaftspolitischen Bereich zugeordnet, ohne damit Wechselwirkungen auszuschließen:

Ursachen		Politikfelder
– **Nichtmonetäre Ursachen**		
• nachfragebedingt	→	Fiskalpolitik
• angebotsbedingt		
Kostendruckinflation	→	Einkommenspolitik
Gewinninflation	→	Wettbewerbspolitik
– **Monetäre Ursachen**		
• Geldmengeninflation	→	Geldpolitik

■ Rediskontpolitik

Situation:

> Die Bundesbank hat für jedes Kreditinstitut einen Rahmen festgelegt, bis zu dem es Wechsel rediskontieren kann. Diesen Rahmen nennt man Rediskontkontingent. Bei der Festsetzung orientiert sich die Bundesbank vor allem an der Eigenkapitalausstattung der Geschäftsbank. Diese darf das fixierte Kontingent nicht überschreiten. Die Rediskontierungskontingente bilden damit eine Kreditlinie.

Arbeitsvorschlag

Überlegen Sie, welche Rediskontpolitik die Deutsche Bundesbank in der gegenwärtigen Situation der Bundesrepublik Deutschland betreibt!
Informieren Sie sich auch anhand der folgenden Sachdarstellung!

Diskont- und Lombardpolitik

Situation:

Bundesbank senkt die Leitzinsen

Bonn erhofft sich neuen Schub für die Konjunktur

Industrie bleibt skeptisch / Ausland reagiert positiv

Frankfurt/Main (dpa/ap/rtr)

Die Deutsche Bundesbank hat am Donnerstag überraschend die Leitzinsen gesenkt. Der Diskontsatz wurde mit Wirkung vom heutigen Freitag von 8,25 auf 8,0 Prozent und der Lombardsatz von 9,5 auf 9,0 Prozent zurückgenommen. In Bonn sprach der Finanzminister von positiven Impulsen für die Wirtschaft. Der Wirtschaftsminister sagte, die Entscheidung könne helfen, die schwache Konjunktur zu beleben.

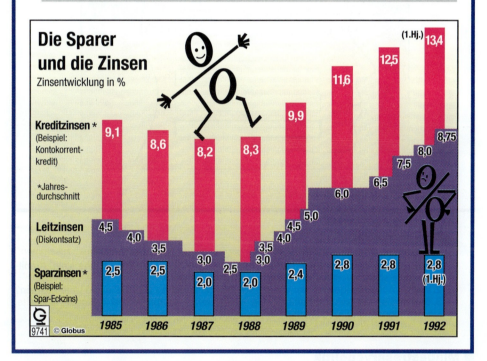

Arbeitsvorschlag
1. Welche Wirkungen sollen die Zinssenkungen auf das Nachfrageverhalten der Wirtschaftssubjekte haben?
2. Beschreiben Sie die Entwicklung der Kreditzinsen (Sollzinsen) und der Sparzinsen (Habenzinsen)!
3. Welche Gründe können für die in Aufgabe 2 beschriebene Entwicklung verantwortlich sein?

■ Offenmarktpolitik

Situation:
Wie wirkt die Offenmarktpolitik?

> **Offenmarktpolitik: Ankauf und Verkauf von Wertpapieren durch die Deutsche Bundesbank an der Börse.**

Die Bundesbank verkauft Wertpapiere an Banken.

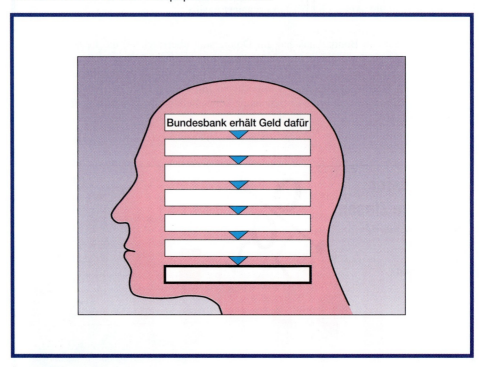

Arbeitsvorschlag
1. Setzen Sie eine Wirkungskette mit Hilfe der folgenden „Gedankenbausteine" zusammen:
   Aufschwung wird gebremst, Banken haben weniger Geld, Kreditnachfrage sinkt, Kreditausgabe sinkt, Investitionen sinken, Kreditzinsen steigen.
2. Welche Auswirkungen hat der Verkauf von Wertpapieren auf Haushalte und Unternehmen?
3. Stellen Sie eine Wirkungskette für den Wertpapierankauf für die drei Sektoren Haushalte, Unternehmen und Kreditinstitute auf.

■ Mindestreservepolitik

Situation:

> **Mindestreserve: Unverzinsliche Guthaben (Pflichtrücklagen) der Banken bei der Bundesbank. Für Sicht-, Termin- und Spareinlagen gibt es unterschiedliche Mindestreservesätze. Die höchsten für Sichteinlagen, die niedrigsten für Spareinlagen.**

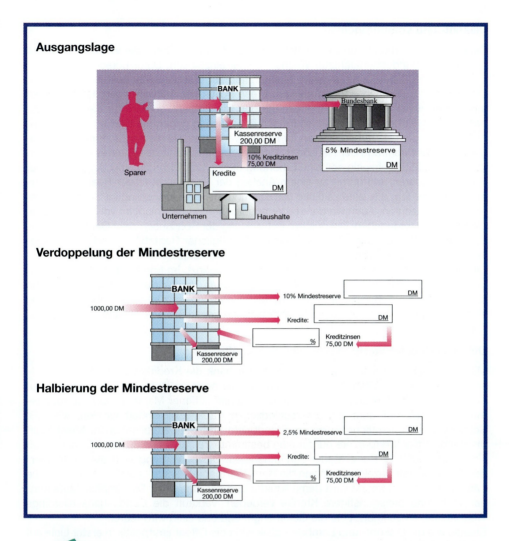

Arbeitsvorschlag
1. Setzen Sie die passenden Zahlenwerte in die Schaubilder ein.
2. Wie wirkt sich eine Veränderung der Mindestreserve durch die Bundesbank auf die Wirtschaftssubjekte aus?
3. Welche Auswirkungen hat die Veränderung der Mindestreserve auf die Geschäftspolitik der Kreditinstitute?

Sachdarstellung:

Innerhalb der Geldpolitik sind zwei wesentliche Zweige zur Bekämpfung der Inflation zu unterscheiden. Vertreter des einen Weges fordern eine konsequente Geldmengensteuerung. Diese wird unter Verzicht der geldpolitischen Instrumente der Bundesbank betrieben. Sie wirkt restriktiv, d.h. einschränkend, und nimmt bewußt negative Folgen einer Rezession, wie z.B. Arbeitslosigkeit, in Kauf. Ziel ist es, das Anspruchsniveau der Wirtschaftssubjekte zu senken.
Der andere Zweig plädiert für eine fallweise Geldpolitik mit Hilfe verschiedener Instrumente, um die Geldmenge oder die Geldkosten zu steuern.

Diskont- und Lombardpolitik

Die Bundesbank räumt den Geschäftsbanken die Möglichkeit ein, die von deren Kunden angekauften bundesbankfähigen Wechsel bei ihr einzulösen. Dafür berechnet sie einen Zinssatz, auch Diskontsatz genannt. Maßnahmen der Diskontpolitik bestehen darin, den Diskontsatz zu erhöhen oder zu senken. Diese Politik hat Auswirkungen auf das allgemeine Zinsniveau. Erhöht die Bundesbank den Diskontsatz, so wird für die Geschäftsbanken die Geldbeschaffung teurer. Diesen Preisanstieg geben die Banken an ihre Kunden weiter, indem sie höhere Zinsen für Kredite verlangen. Da die Kosten für Kredite steigen, geht die Nachfrage der Haushalte, der Unternehmen und des Staates nach Fremdkapital zurück. Gleichzeitig soll eine Erhöhung dieses Leitzinses zu einer Anpassung der Sparzinsen führen und damit zu einem Anstieg der Sparquote. In der Realität ist allerdings ein time-lag, d.h. eine zeitliche Verzögerung, bei der Umsetzung im Geldanlagebereich zu beobachten. Auch werden die Veränderungen oftmals nicht im vollen Umfang an die Sparer weitergegeben. Die positive Entwicklung der Sparzinsen zieht Geldanleger aus dem Ausland an, die auf der Suche nach größtmöglicher Rentabilität sind. Eine umgekehrte Wirkung zeigt sich bei der Senkung des Diskontsatzes.

Die Diskontpolitik wird durch die **Lombardpolitik** ergänzt. Im Lombardgeschäft gewährt die Bundesbank Kredite an Geschäftsbanken gegen Verpfändung von Wechseln und festverzinslichen Wertpapieren. Der dafür festgelegte Zinssatz ist der Lombardsatz. Eine Veränderung dieses Zinssatzes wirkt grundsätzlich genau wie eine Veränderung des Diskontsatzes.

Offenmarktpolitik/Wertpapierpensionsgeschäfte

Mit der Offenmarktpolitik beeinflußt die Bundesbank die Kreditkosten und den Kreditspielraum der Geschäftsbanken. Sie tritt als Käufer oder Verkäufer von Wertpapieren auf dem offenen Markt in Erscheinung. Mit dem Begriff „offener Markt" ist der Wertpapiermarkt gemeint, auf dem die unterschiedlichen Papiere gehandelt werden, wie z.B. Schatzwechsel, öffentliche Anleihen, Pfandbriefe und Bundesobligationen. Meist kauft die Bundesbank Wertpapiere nur für eine bestimmte Zeit an, etwa 30 Tage. Danach muß sie die verkaufende Bank wieder zurücknehmen. Dieser Vorgang wird als Wertpapierpensionsgeschäft bezeichnet. Wenn die Bank Wertpapiere kauft, „pumpt" sie Geld in die Wirtschaft. Der Geldmarkt wird damit liquider und der Zins sinkt. Die Kreditinstitute können mehr und preisgünstigere Kredite vergeben. Verkauft die Bundesbank allerdings Wertpapiere, so verknappt sie die Geldmenge, und das Geld wird teurer.

Ebenso wie die Diskont- und Lombardpolitik wirkt die Offenmarktpolitik in erster Linie auf die Zinssätze und damit auf die Kreditkosten. Zusätzlich stehen Maßnahmen zur Verfügung, die die Bankenliquidität beeinflussen. Dazu zählen die Festlegung der Rediskontkontingente und der Mindestreserve.

Mindestreservepolitik und Rediskontpolitik

Nicht immer gelingt es, inflationäre Entwicklungen mit den geschilderten Instrumenten zu bremsen. Deshalb kann die Bundesbank den Kreditinstituten auch direkt Geld entziehen, um den Geldumlauf zu verknappen. Dies geschieht mit der Mindestreserve- und Rediskontpolitik. Beide Maßnahmen zielen in erster Linie darauf, die Geldmenge zu variieren.

Die Geschäftsbanken können gemäß Bundesbankgesetz verpflichtet werden, einen bestimmten Prozentsatz ihrer Kundengelder auf einem Girokonto der Bundesbank zinslos zu unterhalten. Dieses Guthaben bezeichnet man auch als Mindestreserve. Die Höhe der Mindestreservesätze eines Kreditinstituts richtet sich nach der Art und z.T. auch nach der Höhe seines Einlagenbestandes. Mindestreservepflichtige Verbindlichkeiten sind Sicht-, Termin- und Spareinlagen sowie kurzfristige Inhaberschuldverschreibungen. Die Höhe der Mindestreservesätze bestimmt also, wieviel Zentralbankgeld die Banken bei

einem bestimmten Einlagevolumen brauchen. Will die Bundesbank also zusätzliches Geld in die Wirtschaft fließen lassen, so senkt sie die Mindestreservesätze. Dadurch werden Zentralbankguthaben freigesetzt, die bis dahin als Mindestreserve dem Geldkreislauf entzogen waren.
Folge: Die Kreditinstitute können ihr Geldvolumen ausweiten.
Die besondere Bedeutung der Mindestreservepolitik liegt darin, daß die Bundesbank hiermit sehr direkt auf die Geschäftsbanken Einfluß nehmen kann, da der Einsatz dieses Instruments unmittelbar deren Entscheidungen bei der Kreditvergabe beeinflußt.

Rediskontpolitik

Während es bei der Diskontpolitik darum geht, über den Diskontsatz die Geldkosten zu beeinflussen, steht bei der Festsetzung der Rediskont-Kontingente die Bankenliquidität im Mittelpunkt. Hierbei setzt die Deutsche Bundesbank einen Rahmen fest, in dem sie bereit ist, Wechsel der Geschäftsbanken anzukaufen. Schränkt sie die Rediskont-Kontingente ein, so können sich die Kreditinstitute über den Verkauf von Wechseln weniger Geld besorgen. Aus diesem Grund steht ihnen für die Kreditvergabe an eigene Kunden ein geringerer Spielraum zur Verfügung. Wenn die deutsche Bundesbank dagegen die Geldmenge ausweiten will, muß sie die Rediskont-Kontingente herabsetzen.

Sowohl die Beeinflussung der Geldmenge durch Rediskont-Kontingente und Mindestreserven als auch die Steuerung der Geldkosten durch Diskont-, Lombard- und Offenmarktpolitik wirken sich deutlich auf den Kreditmarkt aus. Dabei wird das Kreditangebot in erster Linie durch die Geldmenge und die Kreditnachfrage durch die Geldkosten reguliert. Beide Komponenten beeinflussen die gesamtwirtschaftliche Nachfrage und das Preisniveau. Die gesamten geldpolitischen Maßnahmen haben, über das Preisniveau hinaus, Einfluß auf die weiteren wirtschaftspolitischen Zielsetzungen. Diese Wechselbeziehungen werden z.B. in den Bereichen des magischen Vierecks deutlich, wenn bei Ausweitung der Geldmenge durch die Deutsche Bundesbank das Kreditangebot steigt und umfangreiche Investitionsvorhaben leichter durchgeführt werden können.

Die Geldpolitik der Deutschen Bundesbank

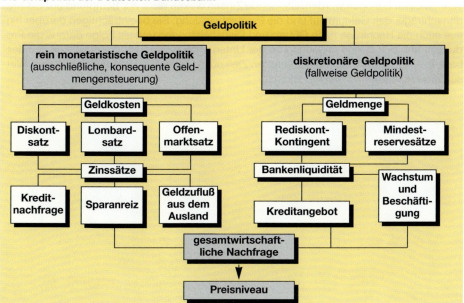

Kritische Würdigung der Geldpolitik

In der Realität zeigt sich, daß auch die Geldpolitik der Deutschen Bundesbank nicht immer die angestrebten Ziele erreicht. Als mögliche Ursachen können dafür verantwortlich sein:

- die Wirtschaftssubjekte reagieren oft nur mit zeitlichen Verzögerungen auf geldpolitische Maßnahmen, z. B. Änderungen der Zinssätze, so daß sich unerwünschte prozyklische Wirkungen ergeben können.

- Unternehmen orientieren sich bei ihren Investitionsentscheidungen eher an der langfristigen Gesamtrentabilität als an aktuellen Zinssätzen.

- Ebenso reagieren die öffentlichen Haushalte trotz zunehmender Zinsbelastungen kaum auf Zinssteigerungen am Kapitalmarkt.

- Es gibt keine absolut sicheren empirischen Ergebnisse darüber, ob die von der Theorie unterstellte Wirkungskette geldpolitischer Instrumente sich auch tatsächlich in der Realität wiederfindet. Häufig verzerren Stimmungen und außerökonomische Einflüsse, wie beispielsweise bevorstehende Wahlen, ein ökonomisch rationales Handeln der Wirtschaftssubjekte.

Trotz der beschriebenen Probleme hat nach Selbsteinschätzung der Deutschen Bundesbank die Geldmengenpolitik einen wesentlichen Beitrag zur Geldwertstabilität geleistet. Gerade durch die Festsetzung und öffentliche Bekanntgabe der Geldmenge macht die Notenbank ihren stabilitätspolitischen Ehrgeiz und ihre Verantwortung für die Preisentwicklung deutlich. Bei starken Abweichungen zwischen Zielsetzung und Verwirklichung, z. B. 1. Quartal 1994, setzt sie sich unter Rechtfertigungszwang. Sie muß in diesen Fällen die Differenzen hinreichend erklären, um ihrer eigenen Forderung, eine Stabilitätskultur zu schaffen, auf die die Öffentlichkeit bauen kann, nachzukommen.

Allerdings darf der Einfluß der Geldpolitik nicht nur einseitig auf das Postulat der Preisniveaustabilität bezogen werden. Steigende Zinsen wirken nicht nur dämpfend auf die Kreditnachfrage, den Geldumlauf und die Preisentwicklung. Sie beeinträchtigen darüber hinaus auch die Nachfrage nach Gütern und Dienstleistungen und als Folge daraus die Produktion und den Beschäftigungsgrad der Unternehmen. So steht die Deutsche Bundesbank in einem mehr oder minder latenten Zielkonflikt zwischen Preisniveaustabilität, Wirtschaftswachstum und Arbeitslosigkeit.

Aufgaben zum Grundwissen

1. Wer ist in der Bundesrepublik Deutschland für die Geldpolitik zuständig?
2. Was versteht man unter Geldmenge?
3. Wie wird der Geldwert gemessen?
4. Welche Probleme können bei der Messung des Geldwertes auftreten?
5. Erläutern Sie die wichtigsten geldpolitischen Instrumente der Deutschen Bundesbank.
6. Wodurch wird die Umlaufgeschwindigkeit des Geldes beeinflußt?
7. Warum steuert die Deutsche Bundesbank die Geldmenge?
8. Erläutern Sie, was man unter dem Begriff „Warenkorb" versteht.

   Schildern Sie, warum der Warenkorb im Laufe der Zeit den aktuellen Verbrauchergewohnheiten angepaßt werden muß.
10. Was versteht man unter Inflation, Deflation und Stagflation?
11. Kennzeichnen Sie die Auswirkungen einer importierten Inflation auf verschiedene Wirtschaftssubjekte.
12. Beschreiben Sie die verschiedenen Inflationsarten.
13. Warum ist eine Deflation ebenso wenig wünschenswert wie eine Inflation?
14. Die Deutsche Bundesbank kann geldpolitische Maßnahmen ergreifen, um bestimmte Ziele zu erreichen. Welches Ziel kann mit welcher Maßnahme erreicht werden?

    Ziele
    1. Konjunkturdämpfung
    2. Bekämpfung einer inflationären Entwicklung
    3. Belebung der Wirtschaftstätigkeit

    Maßnahmen
    1. Senkung des Diskontsatzes
    2. Verkauf von Wertpapieren am offenen Markt
    3. Senkung der Mindestreserven

    a. Ziel 1 durch Maßnahme 1
    b. Ziel 1 durch Maßnahme 2
    c. Ziel 2 durch Maßnahme 1
    d. Ziel 2 durch Maßnahme 3
    e. Ziel 3 durch Maßnahme 2
    f. Ziel 1 durch Maßnahme 3

15. Welcher Vorgang trägt zur Stabilisierung des Preisniveaus bei einer inflationären Entwicklung bei?

    a. Verstärkung des Exports
    b. Verstärkung der Spartätigkeit
    c. Erhöhung der Staatsausgaben
    d. Verkürzung der wöchentlichen Arbeitszeit bei vollem Lohnausgleich
    e. Lohnerhöhung um 10 % bei Steigerung des Sozialprodukts um 5 %

Weiterführende Problemstellungen

1. Problem
„Wer spart, ist dumm!"
Nehmen Sie zu dieser Aussage Stellung.

2. Problem
Erläutern Sie die Rolle der Wertpapierpensionsgeschäfte zur Feinsteuerung der Geldpolitik.

8.3.5 Außenwirtschaftliches Gleichgewicht

Export ist, wenn die anderen kaufen sollen, was wir nicht kaufen können. Wenn der Export andersrum geht, heißt er Import, ... (K. Tucholsky)

Situation:

Sie sind Bundeskanzler/-kanzlerin oder Finanzminister/ministerin. Wie würden Sie die außenwirtschaftlichen Beziehungen zur Volksrepublik China gestalten?

Sie sind Wirtschaftsminister/ministerin oder Bundesbankpräsident/-präsidentin. Wie würden Sie die außenwirtschaftlichen Beziehungen zu den USA gestalten?

Sie sind Unternehmer/Unternehmerin in der Bundesrepublik für hochwertige Industriegüter. Welche außenwirtschaftliche Position sollte die Bundesregierung innerhalb der EG vertreten?

Sie sind Unternehmer/Unternehmerin in der Bundesrepublik für hochmoderne Reaktortechnologie. Wie sollten die außenwirtschaftlichen Beziehungen zu Rußland gestaltet werden?

Sie sind Finanzminister/ministerin der Bundesrepublik Deutschland. Würden Sie die Umsatzsteuer erhöhen, um den „Aufschwung Ost" zu finanzieren? Erläutern Sie Ihre Position.

Sie sind deutsche(r) Hersteller(in) für Video- und HiFi-Geräte. Welche Ratschläge würden Sie dem/der Wirtschaftsminister/in hinsichtlich der Wirtschaftsbeziehungen zu Japan geben?

Sie sind der Scheich von Obi-Zobi und verfügen über riesige Erdölvorkommen im arabischen Raum. Welche Außenwirtschaftspolitik würden Sie betreiben?

Sie sind ein(e) brasilianische(r) Bauer/Bäuerin. Ihre einzige Überlebenschance besteht in der Brandrodung umliegender Wälder. Zu Ihnen kommt ein Entwicklungshelfer, der Ihnen die Zusammenhänge zwischen der Rodung tropischer Regenwälder und dem Ozonloch erklärt. Was würden Sie tun?

Sie sind der Staatspräsident von Kolumbien. Ihr Volk ist überwiegend sehr arm, verfügt aber über viele Koka-Anbaugebiete. Welche Außenwirtschaftspolitik würden Sie betreiben, um die Lebensbedingungen Ihres Volkes zu verbessern?

Sie sind das Staatsoberhaupt von Bangladesh. 70 % ihres Volkes lebt unterhalb des Existenzminimums. Welche Außenwirtschaftspolitik würden Sie betreiben?

Einfuhr Früheres Bundesgebiet

Jahr	1988	1989	1990	1991	1992[1]
insgesamt in Mrd. DM	439,6	506,5	550,8	633,1	628,2
je Einwohner in DM	7 154	8 172	8 872	10 000	
Verhältnis zum Bruttosozialprodukt v. H.[2]	20,7	22,4	22,6	24,0	22,7
Anteil an der Welteinfuhr in v. H.	8,8	9,0	9,7	10,8	10,5

Neue Bundesländer und Berlin-Ost

Jahr	1988	1989	1990	1991	1992[1]
insgesamt in Mrd. DM	41,6	41,1	22,9	10,9	9,8

Ausfuhr Früheres Bundesgebiet

Jahr	1988	1989	1990	1991	1992[1]
insgesamt in Mrd. DM	567,7	641,0	642,8	648,4	657,1
je Einwohner in DM	9 238	10 346	10 357	10 251	
Verhältnis zum Bruttosozialprodukt v. H.[2]	26,1	26,8	28,4	24,6	23,7
Anteil an der Weltausfuhr in v. H.	11,4	12,0	11,5	11,4	11,3

Neue Bundesländer und Berlin-Ost

Jahr	1988	1989	1990	1991	1992[1]
insgesamt in Mrd. DM	40,1	41,1	38,1	17,5	13,5

[1] Vorläufig
[2] Seit 1990 vorläufige Ergebnisse

Arbeitsvorschlag

1. Diskutieren Sie in Kleingruppen die Positionen der vorgegebenen Rollen.
2. Bestimmen Sie ein Moderatorenteam, das die anschließende Diskussion leitet.
3. Bilden Sie ein Forum, und stellen Sie sich gegenseitig Ihre Positionen vor. Nehmen Sie dazu Stellung, und versuchen Sie, sich mit Vertreterinnen und Vertretern gleicher Interessen zusammenzuschließen.
4. Das Moderatorenteam faßt die Diskussionsergebnisse kurz zusammen.
5. Gestalten Sie alle zusammen eine Wandzeitung zum Thema: die Außenwirtschaftspolitik der Bundesrepublik Deutschland. Beachten Sie dabei sowohl die inländischen als auch die ausländischen Interessen.

8.3.5.1 Bedeutung des Außenhandels

 ... Auch ist es unpatriotisch, fremde Waren zu kaufen ... (K. Tucholsky)

Werden zwischen Volkswirtschaften Güter und Dienstleistungen ausgetauscht, so werden damit im wesentlichen die gleichen Ziele verfolgt, wie sie dem Handel im Inland zugrunde liegen. Der Tausch soll beiden Partnern Vorteile bringen.

Dieses grundlegende Prinzip wird seit den Ursprüngen moderner volkswirtschaftlicher Theorie besonders betont. Adam Smith (1723–1790) und insbesondere David Ricardo (1772–1823) vertraten bereits die Auffassung, daß der Wohlstand auf der Erde insgesamt erhöht wird, wenn sich jedes Land auf die Produktion solcher Güter und Dienstleistungen spezialisiert, die es zu günstigeren Bedingungen anbieten kann als andere Länder, also internationalen Handel betreibt.

Die Bundesrepublik Deutschland gehört mit ihren Exportleistungen zu den drei führenden Nationen in der Welt. Beispielsweise beträgt die Warenausfuhr ca. 670 Milliarden DM (1992) und damit etwa 25 Prozent des Bruttosozialprodukts. D. h, jeder vierte Arbeitsplatz ist vom Export abhängig. Die besondere Bedeutung des Außenhandels für die Bundesrepublik Deutschland als zweitgrößtem Lieferanten der Welt wird auch am Exportsortiment deutlich.

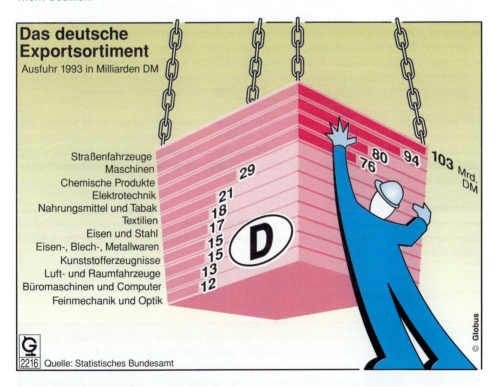

Bei der Betrachtung des Außenhandels sollte aber nicht nur die Position der Bundesrepublik Deutschland berücksichtigt werden, da Außenhandel immer bilaterale (zweiseitige) bzw. multilaterale (mehrseitige) Aspekte beinhaltet.

Für die Handelspartner der Bundesrepublik Deutschland gibt es für den Außenhandel eine Reihe volkswirtschaftlicher Gründe:
- Nichtverfügbarkeit von Gütern und Dienstleistungen, z. B. Rohstoffe und Know-how.
- Güter und Dienstleistungen sind nur in minderwertiger Qualität vorhanden.
- Der Bezug von Gütern aus dem Ausland ist kostengünstiger als inländische Förderung und Weiterverarbeitung, z .B. Kohle.
- Das Angebot der produzierten Güter übersteigt die inländische Nachfrage, z. B. Automobilproduktion in Japan, Rohölförderung in den Vereinigten Arabischen Emiraten.
- Durch die internationale Arbeitsteilung und Spezialisierung erhöht sich zum einen die persönliche, betriebliche und nationale Arbeitsproduktivität durch Konzentration auf eine bestimmte, relativ kleine Anzahl von Produkten. Zum anderen können die vorhandenen Produktionskapazitäten besser genutzt werden.
- Die Einfuhr ausländischer Erzeugnisse kann zu einer Förderung des Wettbewerbs auf den inländischen Märkten und damit zu Preis- und Qualitätsvorteilen für die Nachfrager führen.
- Die Erschließung neuer ausländischer Märkte kann wesentlich zur Stabilisierung der Konjunktur beitragen. Davon gehen starke Impulse auf den Arbeitsmarkt und das wirtschaftliche Wachstum aus, z. B. Osteuropa, Asien, Südamerika.
- Internationale Handelsbeziehungen führen nicht nur zu einem Austausch von Gütern und Dienstleistungen sondern auch zu einem wechselseitigen Kennenlernen von kulturellen Werten und Normen. Diese können wiederum zu sozio-kulturellen Veränderungen führen, Stichwort: Multikulturelle Gesellschaft, z. B. Arbeit und/oder Urlaub im Ausland, Wandel der Ernährungsgewohnheiten, Vielfalt religiöser Anschauungen.
- Bedingt durch die globalen ökonomischen Verpflichtungen der Handelspartner bestehen auch Chancen zum Ausbau stabiler politischer Beziehungen.
- Zu fragen bleibt in diesem Zusammenhang, ob nicht für die wohlhabenden Industrienationen eine moralische Verpflichtung besteht, den wesentlich ärmeren Nationen wirtschaftliche Hilfestellungen nach dem Motto „Hilfe zur Selbsthilfe" zu leisten.

Um die für den gesamten Welthandel beschriebenen Vorteile zu nutzen, ist es wichtig, die jeweiligen Import- und Exportbeziehungen im Gleichgewicht zu halten. Für die Bundesrepublik Deutschland ist dieser Grundsatz als Zielvorstellung im Gesetz zur Förderung der Stabilität und des Wachstums der Wirtschaft unter dem Begriff außenwirtschaftliches Gleichgewicht festgeschrieben.

Trotz dieser deutlichen Zielformulierung sind in der Wirklichkeit, schwerwiegende außenwirtschaftliche Ungleichgewichte zu beobachten. Insbesondere sind die ökonomischen Beziehungen zwischen Industrie- und Entwicklungsländern von Mißverständnissen gekennzeichnet.

■ Terms of Trade

> Unter dem Stichwort Terms of Trade versteht man die Austauschbedingungen zwischen zwei Ländern. Sie werden durch das Verhältnis von Exportpreisen zu Importpreisen gemessen. Je höher dabei die Exportpreise im Verhältnis zu den Importpreisen sind, desto günstiger ist die ökonomische Situation eines Landes im internationalen Handel.

Situation:

Als Gegenwert für den Export eines LKW im Wert von 150.000,00 DM nach Uganda konnten in die Bundesrepublik Deutschland folgende Waren importiert werden:

	1985	1990	1995
Kaffee	93 Sack	302 Sack	?
Bananen	44 t	58 t	?
Kakao	76 dz	290 dz	?
Teppiche	49 Stück	90 Stück	?

Ein Konsument mußte in Deutschland im Jahre 1985 24,00 DM für ein Kilogramm Filterkaffee bezahlen. 1995 betrug der Preis für einen vergleichbaren LKW 200.000,00 DM und für ein Kilogramm Kaffee 15,00 DM.

Arbeitsvorschlag

Berechnen Sie die Terms of trade für die Bundesrepublik Deutschland und Uganda für das obige Beispiel.

$$\text{Terms of Trade} = \frac{\text{Preisindex für Exportgüter}}{\text{Preisindex für Importgüter}} \cdot 100$$

Berechnungshilfe:

Exportgut = ...1985:   = 100 %
                                    1995:   =   x %

Importgut = ...1985:
                                      1995:

Sachdarstellung:

Aus dem Beispiel lassen sich mehrere Schlußfolgerungen ziehen:

- Dies bedeutet, daß die Entwicklungsländer in der Gegenwart zur Bezahlung der gleichen importierten Warenmenge eine wesentlich größere Menge an Waren exportieren müssen als in der Vergangenheit.
- Die sich insbesondere für die ärmsten Länder extrem negativ entwickelnden Terms of Trade sind ein Spiegelbild für die wachsenden außenwirtschaftlichen Ungleichgewichte und die ökonomische Aufteilung der Staaten in sechs sehr unterschiedliche Wohlstandsebenen.
- Die Preisentwicklung für Rohstoffe und Agrarprodukte auf der einen Seite und für Industrieprodukte auf der anderen gehen scherenförmig auseinander.

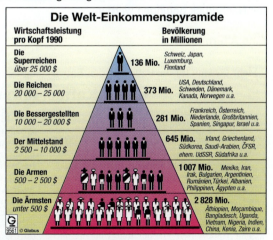

- Die heftige Verschlechterung der Lebensbedingungen in den ärmsten Ländern der Erde führt nicht nur in diesen Ländern zu wirtschaftlichen und sozialen Katastrophen. Sie weitet sich auch über die nationalen Grenzen hinaus aus. Deshalb sollten die Menschen der reichen Nationen nicht verkennen, daß sie diese explosive Situation mitverursacht haben. Sie werden selbst davon berührt, wenn z. B. starke Einwanderungsströme oder atomare Erpressungen vor der nationalen Haustür stehen.

Das außenwirtschaftliche Ungleichgewicht in der Welt

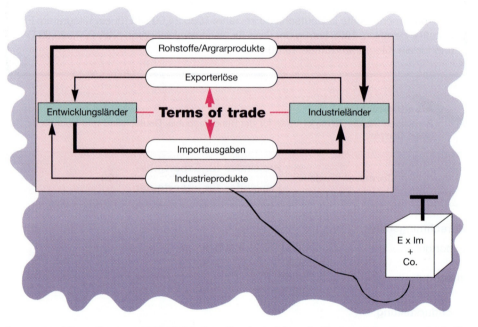

Auswege, Alternativen und Möglichkeiten für einen fairen Außenhandel müssen deshalb mit Nachdruck gefunden werden.

Eine Alternative:

Mehr Gewinn für die Bauern in den Entwicklungsländern – Fair trade sorgt dafür

Guter Kaffee, fairer Handel

Von Hansjörg Heinrich

Wenn Besucher des Millowitsch-Theaters in Köln abends Richtung Bühne blicken, bekommen sie dort zunächst nicht den Hausherrn zu Gesicht, sondern Werbe-Dias für Kaffee aus mittel- und südamerikanischen Kleinkooperativen. Mit den Gratis-Spots wirbt der Kölner Volksschauspieler und passionierte Kaffeetrinker Willy Millowitsch für eine neue Idee: „Fair trade", den Handel und Einkauf nach ethisch-kulinarischen Gesichtspunkten.

Die Idee findet hierzulande immer mehr Anhänger. Nach einer Umfrage des Emnid-Instituts sind 37 Prozent der Verbraucher bereit, zwei Mark zusätzlich für das Pfund Kaffee zu bezahlen – vorausgesetzt, das Geld fließt direkt den erzeugenden Kleinbauern zu und nicht Aufkäufern und Großhändlern. In ihrem Ursprungsland USA ist die Idee seit Jahren erfolgreich. Unter dem Motto „Shopping for a better world" können interessierte Verbraucher dort Herstellungskriterien wie Löhne, Arbeitsbedingungen oder etwa Pestiziteinsatz bei vielen Produkten aus Entwicklungsländern per Computer abrufen – nicht zuletzt auch eine Frage der Produktqualität.

In Deutschland setzt sich die Kölner Initiative TransFair e.V. seit April 1993 für den Verkauf qualitativ hochwertiger und dabei fair gehandelter Produkte aus Entwicklungsländern ein – mit Unterstützung von Prominenz wie Millowitsch oder Bundespräsident Richard von Weizsäcker. Ziel des Vereins, zum dem sich 31 Organisationen, darunter Verbraucherverbände, Unicef und kirchliche Träger, zusammengeschlossen haben: den Kleinbauern an Ort und Stelle durch Direktabnahmeverträge stabile und gerechte Preise deutlich über Weltmarktniveau zu garantieren – unter Ausschluß lokaler Zwischenhändler. „Die verdienen, während die Kleinerzeuger wegen fallender Weltmarktpreise vielfach vor dem Ruin stehen", begründet TransFair-Sprecherin Jutta Goss das Engagement. Die Großaufkäufer zahlen in der Regel nur die Hälfte des ohnehin die Erzeugerkosten kaum deckenden Weltmarktpreises von derzeit einer Mark pro Pfund Kaffee – umgerechnet also gerade fünfzig Pfennig. Wer als Verbraucher im Laden dann sieben Mark und mehr je Pfund zahlt, ahnt, wohin der Rest geht – eine Katastrophe für Kaffeenationen wie Uganda oder Burundi, die zu neunzig Prozent vom Kaffee-Export leben.

Röstereien mit dem TransFair-Siegel auf der Packung garantieren Einkaufspreise von 1,90 Mark – bei gleichzeitig langfristigen Abnahmeverträgen. Der im ersten Jahr allein in Deutschland erreichte Marktanteil von einem Prozent bei Verkaufskaffee bringt Mehreinnahmen von rund zehn Millionen Mark – Geld, das direkt an die Kleinbauern geht oder von den Genossenschaften in Wasserversorgung, Schulen und ökologische Anbaumethoden investiert wird. Das Pfund Kaffee im Regal verteuert sich dadurch um ein bis zwei Mark – ungefähr zwei bis drei Pfennig pro Tasse.

Es ist kein Almosen. Generell gilt der Kleinbauernkaffee als sehr hochwertig. „Die hüten ihre kleinen Pflanzungen, wie man eben im Schrebergarten auch seine Pflanzen besonders betreut", sagt der Hamburger Kaffeeröster und Importeur Albert Darboven.

Und TransFair-Geschäftsführer Dieter Overath ergänzt: „Was wir machen, ist erklärungsbedürftig. Aber wenn die Verbraucher erst mal kapiert haben, worum es geht, fahren alle darauf ab."

Die braunen Bohnen machen nur den Anfang – weitere Produkte wie Tee, Kakao, Zucker und Honig sollen folgen. Erster Erfolg: 22 deutsche Kaffeeverarbeiter, darunter Darboven, führen bereits das TransFair-Siegel – gegen Zahlung einer Lizenzgebühr, über die der Verein seine Arbeit finanziert. Japan und Österreich haben sich 1993 der Initiative angeschlossen; in den Vorreiterländern Holland und Schweiz erreicht der Verkaufsanteil mittlerweile bis zu fünf Prozent. In Deutschland räumen nach den Naturkostläden inzwischen auch fast alle Supermärkte für die faire Ware ihre Regale frei; Unternehmen wie Henkel oder Warner Music Europa brühen in ihren Kantinen nur noch Ethik-Kaffee auf, ebenso zahlreiche Universitäten und Verwaltungen bis hin zum EG-Parlament.

Kritik kommt allein von Teilen der deutschen Kaffeewirtschaft. Deren einflußreichste Mitglieder, darunter Großröster und Marktführer Jacobs Suchard, sehen die Talfahrt der Kaffeepreise am Weltmarkt in jahrelanger Überproduktion begründet – und enthalten sich deshalb der Initiative.

Jacobs' Pressereferent Henner Alms: „Damit würde die Überproduktion nur subventioniert." Das gilt freilich nur für die Großplantagen, die etwa zwei Drittel der Kaffee-Weltproduktion erwirtschaften. „Die hochwertig produzierenden Kleinbauern dagegen müssen unter dem Mengen- und Preisdiktat aufgeben oder zusätzlich Erwerbsquellen finden", so TransFair-Sprecherin Goss – nicht selten durch Kinderarbeit.

Das sieht Bundestagspräsidentin Rita Süssmuth offenbar ähnlich. Die Parlamentschefin, gutem Kaffee wie fairem Handel gleichermaßen zugetan, verbannte jüngst die gängigen Marken aus dem Bundestagskasino und läßt die Bonner Abgeordneten jetzt Fair-trade-Kaffee schlürfen.

Quelle: ZEIT, Nr. 19 v. 6. Mai 1994

Arbeitsvorschlag
1. Welche Idee liegt der Aktion Fair trade zugrunde?
2. Welche Auswirkungen hätte ein fairer Welthandel für die Konsumenten und Produzenten in der Bundesrepublik Deutschland und in den Entwicklungsländern?
3. Wo sehen Sie Möglichkeiten für einen fairen Außenhandel?

8.3.5.2 Zahlungsbilanz

Situation:

	Betrag in Geldeinheiten (=GE)
• Die Großhandlung Gruber exportiert Ware	603,5 GE
• Die Feinkosthandlung Schmatz & Brüder OHG führt Lachs aus Norwegen ein	533,8 GE
• Familie Pischler verbringt ihren Urlaub in Südfrankreich	307,4 GE
• Kamusoko Okojawa aus Japan reist durch die schönsten Städte Deutschlands	254,1 GE
• Für ein afrikanisches Krisengebiet werden im Rahmen der Entwicklungshilfe ausgegeben	85,9 GE
• Der Landwirt F. Busse erhält aus einem Fonds der Europäischen Union	34,3 GE
• Die deutsche Textilfabrikantin S. Jander errichtet in Portugal eine Produktionsstätte	154,9 GE
• Scheich Fasil A. Fusil kauft an der Frankfurter Börse deutsche Wertpapiere	341,4 GE
• Ein deutscher Exporteur gewährt seinen Vertragspartnern in der Europäischen Union Lieferantenkredite	408,9 GE
• Die Holzgroßhandlung Wurm & Co. hat kurzfristige Verbindlichkeiten gegenüber ihrem brasilianischen Handelspartner	221,9 GE

Arbeitsvorschlag

1. Sie sind Mitarbeiterin/Mitarbeiter der Deutschen Bundesbank und sollen die oben angegebenen Werte in jeweils einer Teilbilanz der Zahlungsbilanz erfassen. Benutzen Sie dazu die Grundstrukturen der Bilanzen, wie sie auf der folgenden Seite erklärt und abgebildet sind.
2. Ermitteln Sie die Leistungs-, Kapital- und Zahlungsbilanz.
3. Wie hoch ist der Außenbeitrag?
4. Wie läßt es sich erklären, daß bei einer negativen Handelsbilanz eine positive Leistungsbilanz zu verzeichnen und die Zahlungsbilanz ausgeglichen ist?

Aufbau der Zahlungsbilanz in vereinfachter Kontenform[1]

Leistungsbilanz		Kapitalbilanz	
Saldo A	Saldo B	Saldo: D	Saldo: E
	Saldo C		
Saldo: Leistungsbilanzdefizit		Saldo: Kapitalexport	

Zahlungsbilanz	
Abnahme des Gold- und Devisenbestandes	Leistungsbilanzdefizit
	Kapitalexport

Devisenbilanz (Gold- und Devisenbestand)	
Saldo: Zunahme	Saldo: Abnahme

A) Handelsbilanz
(Warenströme an das Ausland und vom Ausland)

Warenausfuhr	Wareneinfuhr
	Saldo: Handelsbilanzüberschuß

B) Dienstleistungsbilanz
(Touristenverkehr, Transportleistungen, Patentgebühren usw.)

Einnahmen für Dienstleistungen	Ausgaben für Dienstleistungen
Saldo: Dienstleistungsdefizit	

C) Übertragungsbilanz
(Überweisungen von Gastarbeitern in ihre Heimat, EU-Beiträge usw.)

Empfangene Übertragungen	Geleistete Übertragungen
Saldo: Übertragungsdefizit	

D) Bilanz des langfristigen Kapitalverkehrs
(Deutsche Kapitalanlagen im Ausland, ausländische im Inland)

Langfristige Forderungen von Ausländern	Langfristige Forderungen von Inländern
	Saldo: Kapitalimport

E) Bilanz des kurzfristigen Kapitalverkehrs
(Forderungen und Verbindlichkeiten bis zu 1 Jahr)

Kurzfristige Verbindlichkeiten an Ausländer	Kurzfristige Forderungen an Ausländer
Saldo: Kapitalexport	

---

[1] Die Setzung der Salden in der abgebildeten Form spiegelt nur eine Möglichkeit wider, die aber dennoch realitätsnah ist, vgl. 1993. Ab 1994 hat die Deutsche Bundesbank ihre Darstellungsform der Zahlungsbilanz leicht verändert.

Sachdarstellung:

In der Bundesrepublik Deutschland werden alle wesentlichen wirtschaftlichen Vorgänge, die über die Landesgrenzen hinaus stattfinden, statistisch in der **Zahlungsbilanz** erfaßt. Dies ist erforderlich, um zu erkennen, ob sich der Außenhandel entsprechend den wirtschaftspolitischen Zielsetzungen entwickelt. Bezogen auf ein Kalenderjahr gibt die Deutsche Bundesbank an, wieviele ausländische Zahlungsmittel, in die Bundesrepublik Deutschland zu- oder abgeflossen sind. Je nachdem, welche Transaktion dem Zu- oder Abfluß zugrundeliegt, erscheint der Vorgang in unterschiedlichen Unterbilanzen der Zahlungsbilanz.

Wir betrachten zunächst den Warenexport, d.h. den Verkauf in Deutschland hergestellter Güter ins Ausland und den Warenimport, nämlich die Einfuhr im Ausland produzierter Güter durch Inländer. Die bilanzmäßige Erfassung des Warenhandels mit dem Ausland erfolgt in der **Handelsbilanz**. Exporte lösen einen Devisenzufluß, Importe einen Devisenabfluß aus. Daraus folgt, daß alle Transaktionen doppelt gebucht werden müßten, d.h. zum einen in der Handelsbilanz zum anderen in der **Devisenbilanz**. In der Praxis läßt sich das nicht immer verwirklichen, so daß u.a. Ausgleichsposten gebildet werden müssen.

Die **Dienstleistungsbilanz** umfaßt beispielsweise Einnahmen und Ausgaben für Reiseverkehr, die Übernahme von Risiken durch Versicherungen, Einnahmen aus Patenten, Lizenzen und Zinsen sowie Dividenden aus Kapitalanlagen im Ausland. Fließen der Bundesrepublik Deutschland für die Inanspruchnahme von Dienstleistungen Devisen zu, so handelt es sich um einen Dienstleistungsexport. Umgekehrt müssen für den Import von Dienstleistungen, z. B. Erholungswert eines Urlaubs im Ausland, Devisen an das Ausland gezahlt werden.

Nicht immer müssen Devisenzu- und -abflüsse mit dem Handel von Waren oder Dienstleistungen verbunden sein. Es werden auch unentgeltliche Leistungen bzw. Leistungen ohne konkreten Gegenwert erbracht. Dazu gehören z. B. Mitgliedsbeiträge an internationale Organisationen, wie UN und NATO, Leistungen im Rahmen der Entwicklungshilfe, Überweisungen von Gastarbeitern in ihre Heimatländer und Subventionen der Europäischen Union für bestimmte Wirtschaftssektoren oder -subjekte. Diese Größen werden in der **Übertragungsbilanz** erfaßt.

Faßt man die Salden der Handels-, Dienstleistungs- und Übertragungsbilanz zusammen, so erhält man die **Leistungsbilanz**. Von einem Leistungsbilanzüberschuß bzw. einer positiven Leistungsbilanz wird gesprochen, wenn in der Summe mehr Waren und Dienstleistungen exportiert und Übertragungen empfangen als importiert bzw. geleistet werden. Im umgekehrten Fall ist die Leistungsbilanz defizitär (negative Leistungsbilanz).

Neben den bisher aufgeführten Vorgängen müssen die Kapitalbewegungen zwischen dem In- und Ausland festgehalten werden. Dies geschieht in der **Kapitalbilanz**. Dabei wird zwischen der **Bilanz des langfristigen Kapitalverkehrs** und der **Bilanz des kurz-**

fristigen Kapitalverkehrs unterschieden. Kauft ein Ausländer beispielsweise deutsche Aktien, so werden theoretisch Wertpapiere exportiert. Im Gegenzug fließen ausländische Zahlungsmittel in die Bundesrepublik Deutschland. Es kommt somit zu einem Devisen- bzw. Kapitalimport. Erwirbt dagegen ein deutsches Unternehmen japanische Aktien, um sich an einem Unternehmen in Tokyo zu beteiligen, so fließt aus der Bundesrepublik Deutschland Geld ab, d.h. es findet ein Devisen- bzw. Kapitalexport statt. Bei einer näheren Betrachtung der deutschen Direktinvestitionen ergibt sich das folgende Bild:

Deutsche Direktinvestitionen im Ausland in Mrd. DM

	1985–1988 insgesamt 60,7 Mrd. DM	1989–1992 insgesamt 107,4 Mrd. DM
USA	31,6	13,7
Belgien, Luxemburg	1,9	17,0
Großbritannien	6,3	14,5
Irland	0,1	13,3
Frankreich	2,6	9,3
Niederlande	2,9	7,2
Spanien	2,3	5,5
Italien	3,7	3,3
Reformländer (Ungarn, Polen, ehem. CSFR)	0,01	3,1
Japan	0,6	1,3
Tiger (Hongkong, Singapur, Taiwan, Südkorea)	0,7	1,1
übrige Länder	8,0	18,1

Quelle: Bundeswirtschaftsministerium, iw

Präsent

Mit einem Wort läßt sich die Investitionsstrategie deutscher Konzerne in den vergangenen vier Jahren beschreiben: eurozentriert. In den Vereinigten Staaten investierten sie im Vergleich zu den vier Jahren zuvor nicht einmal mehr die Hälfte. Dafür langten sie in der EU kräftig hin, kauften Anteile fremder Unternehmen oder bauten selbst Aktivitäten auf. Viele wollten überall auf dem Europäischen Binnenmarkt mit eigenen Stützpunkten präsent sein. Daß dabei besonders viel Kapital nach Luxemburg floß, liegt vor allem an den Banken, die auf dem lukrativen Finanzplatz nicht fehlen wollen. Dagegen lassen die deutschen Konzernlenker die Wachstumsmärkte in Südostasien links liegen. Auch in Japan versucht kaum einer, über direkte Investitionen den dortigen Unternehmen auf heimischem Terrain Konkurrenz zu machen.

Formal muß die Zahlungsbilanz immer ausgeglichen sein, d. h. die Salden aus der Leistungs- und der Kapitalbilanz müssen – unter der Voraussetzung gleichbleibender Gold- und Devisenbestände – gleich groß sein. In der Praxis kommt es jedoch zu aktiven und passiven Zahlungsbilanzen. Bei einer aktiven Zahlungsbilanz erhöhen sich die in der Devisenbilanz erfaßten Gold- und Devisenbestände der Deutschen Bundesbank. Diese nehmen bei einer passiven Zahlungsbilanz ab. Die Deutsche Bundesbank erstellt und veröffentlicht die Zahlungsbilanz in Staffelform. Dabei werden alle wichtigen Posten in einer Spalte durch Additionen und Substraktionen erfaßt. Somit wird der Vergleich mehrerer Jahre vereinfacht.

Situation:

Zahlungsbilanz

Mrd. DM Position	1990	1991	1992	1993	19..
I. Leistungsbilanz	+ 75,7	− 32,2	− 34,4	− 35,2	
1. Außenhandel	+ 118,6	+ 38,1	+ 49,3	+ 74,5	
Ausfuhr (fob)[1]	662,0	665,8	671,2	603,5	
Einfuhr (fob)[1]	543,5	627,7	621,9	529,1	
2. Ergänzungen zum Warenverkehr und Transithandel[2]	− 1,6	+ 1,4	+ 0,7	− 4,8	
3. Dienstleistungen darunter:	− 4,8	− 13,3	− 34,4	− 53,3	?
Kapitalerträge	+ 28,2	− 32,1	+ 24,5	+ 15,0	
Reiseverkehr	− 30,7	− 34,2	− 39,9	− 44,6	
4. Übertragungsbilanz darunter:	− 36,5	− 58,5	− 50,0	− 51,7	
Nettobeitrag zum EG-Haushalt	− 11,6	− 19,1	− 22,0	− 23,6	
Sonstige öffentliche Leistungen an das Ausland (netto)	− 13,3	− 27,7	− 14,5	− 14,6	
II. Langfristiger Kapitalverkehr	− 65,4	− 27,3	+ 39,7	+ 186,5	
1. Deutsche Anlagen im Ausland (Zunahme: −)	− 106,6	− 95,9	− 116,8	− 97,0	
Direktinvestitionen	− 37,4	− 38,0	− 27,7	− 19,3	
Wertpapiere	− 22,9	− 27,3	− 70,4	− 40,3	
Kredite	− 43,0	− 26,2	− 14,2	− 32,4	?
Übrige Kapitalanlagen	− 3,3	− 4,4	− 4,5	− 4,9	
2. Ausländische Anlagen im Inland (Zunahme: +)	+ 41,2	+ 68,6	+ 156,5	+ 283,4	
Direktinvestitionen	+ 4,1	+ 7,1	+ 3,8	− 0,5	
Wertpapiere[3]	+ 15,3	+ 61,7	+ 123,8	+ 241,7	
Kredite	+ 22,1	+ 0,0	+ 29,3	+ 42,7	
Übrige Kapitalanlagen	− 0,3	− 0,2	− 0,3	− 0,4	
III. Kurzfristiger Kapitalverkehr der Nichtbanken[4]	+ 0,3	+ 20,2	− 0,4	− 84,4	
1. Unternehmen und Privatpersonen	− 19,3	+ 11,1	+ 3,6	− 60,5	
mit ausländischen Banken	− 24,7	+ 3,0	− 36,4	− 58,5	
mit ausländischen Nichtbanken[5]	+ 5,3	+ 8,1	+ 40,0	− 2,0	?
2. Öffentliche Stellen	− 5,0	− 3,8	− 7,3	− 2,6	
3. Restposten der Zahlungsbilanz	+ 24,6	+ 12,9	+ 3,3	− 21,3	
IV. Kurzfristiger Kapitalverkehr der Banken[4]	+ 0,4	+ 39,7	+ 63,8	− 102,6	?
V. Ausgleichsposten zur Auslandsposition der Bundesbank[6]	− 5,1	+ 0,5	− 6,3	+ 1,5	?
VI. Veränderung der Netto-Auslandsaktiva der Bundesbank[7] (Zunahme: +) (I+ II + III+ IV + V)	+ 5,9	+ 0,8	+ 62,4	− 34,2	?

* Ab Juli 1990 einschl. Transaktionen des Gebiets der ehemaligen DDR mit dem Ausland – **1** Spezialhandel – **2** Hauptsächlich Lagerverkehr auf inländische Rechnung und Absetzung der Rückwaren und der Lohnveredelung. – **3** Einschl. Schuldscheine inländischer öffentlicher Stellen. – **4** Nettokapitalimport: +. – **5** Einschl. Handelskredite. – **6** Gegenposten zu Veränderungen der Auslandsposition der Bundesbank, die nicht auf den Leistungs- und Kapitalverkehr mit dem Ausland zurückgehen: Änderungen des DM-Wertes der auf Fremdwährung lautenden Aktiva und Passiva der Bundesbank durch Neubewertung zum Jahresende sowie Differenzen zwischen den Transaktionswerten der Devisengeschäfte der Bundesbank und den zu Bilanzkursen ausgewiesenen Veränderungen der Auslandsposition. – **7** Bewertet zu Bilanzkursen.

Quelle: Deutsche Bundesbank, Geschäftsbericht 1993

Arbeitsvorschlag

1. Ergänzen Sie in der abgebildeten Tabelle die Werte für das vergangene Jahr auf einem gesonderten Blatt.
   Informationsquelle: Monatsberichte der Deutschen Bundesbank
2. Durch welche Entwicklung ist der Außenbeitrag in den letzten fünf Jahren gekennzeichnet? Fertigen Sie ein Kurvendiagramm an.
3. Was bedeutet die Abkürzung „fob"?
4. Welche Auswirkungen würden sich ergeben, wenn der gesamte Außenhandel in „cif" gemessen werden würde?

Sachdarstellung:

■ Ungleichgewichte in der Zahlungsbilanz

Zahlungsbilanzungleichgewichte sind in der Wirklichkeit eher der Regelfall als die Ausnahme. Die Ursachen dafür liegen vorrangig im unterschiedlichen Entwicklungsstand und in den Strukturen der Volkswirtschaften. Eine innovative, fortschrittliche Industrie und/oder große Rohstoffvorkommen führen tendenziell zu einer aktiven Handelsbilanz. Beliebte internationale Tourismuszentren bleiben nicht ohne Einfluß auf eine aktive Dienstleistungsbilanz. Gleiches gilt für attraktive Investitionsmöglichkeiten im Kapitalbereich bzgl. der Kapitalbilanz.

Dabei darf nicht verkannt werden, daß der sprachlich positiv besetzte Begriff **„aktive Zahlungsbilanz"** ebenso wie eine passive Zahlungsbilanz eine Situation wirtschaftlichen Ungleichgewichts widerspiegelt. Ungleichgewichte, sowohl Überschüsse als auch Defizite, sind Ausdruck für Mißverhältnisse von Leistungen und Gegenleistungen, z.B. Export > Import. Sie führen mittel- bis langfristig zu Störungen in den Außenhandelsbeziehungen der beteiligten Länder.

Die folgende Wirkungskette soll einige Zusammenhänge verdeutlichen, ohne damit einen grundlegenden Automatismus vorzutäuschen.

Wirkungen von Zahlungsbilanzungleichgewichten

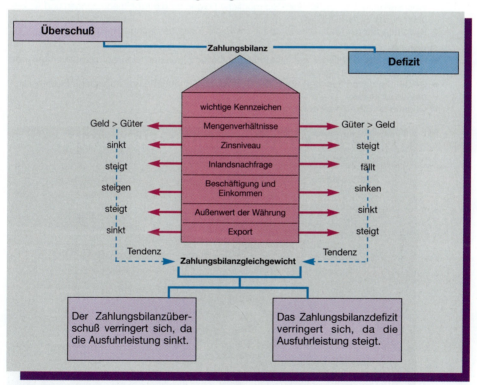

Ob dabei die „Selbstheilungskräfte" der marktwirtschaftlichen Grundstrukturen stets die ihnen zugesprochenen Wirkungen entwickeln, bleibt eher skeptisch einzuschätzen. Deshalb versuchen die für die Wirtschaftspolitik verantwortlichen Regierungen und Notenbanken, u.a. über das System der Wechselkurse die außenwirtschaftlichen Verhältnisse zu stabilisieren.

8.3.5.3 Außenwert des Geldes

8.3.5.3.1 Wechselkurs

Situation:

> 423 Die Betriebsratsvorsitzende Tanita H. informiert ihre Kolleginnen und Kollegen im Betriebsrat der SUNRIDER AG über die Absicht der Unternehmensleitung, in Mexiko oder den USA eine neue Produktionsstätte zu errichten. Sie soll die große Nachfrage auf dem amerikanischen Markt zufriedenzustellen und zur Verbesserung der Wettbewerbssituation gegenüber den japanischen Mitbewerbern beitragen.

Arbeitsvorschlag

Bilden Sie Gruppen, und bearbeiten Sie aus der Perspektive des Betriebsrates und der Unternehmensleitung die folgenden Hinweise:

Gruppe A
- Erstellen Sie ein Informationsblatt für den Betriebsrat, welches vor der nächsten Betriebsversammlung verteilt werden soll.
- Sammeln Sie Argumente gegen die geplante Auslandsinvestition.
- Legen Sie bei Ihren Argumenten besonderes Gewicht auf die mögliche Entwicklung der Wechselkurse. Berücksichtigen Sie mögliche Folgen für die Arbeitnehmerinnen und Arbeitnehmer der SUNRIDER AG.
- Beachten Sie die Materialien 1 und 2 sowie die folgende Sachdarstellung.

Gruppe B
- Auch Sie als Mitglieder der Unternehmensleitung bereiten sich auf die bevorstehende Betriebsversammlung vor.
- Gehen Sie davon aus, daß Sie in der Diskussion auf lebhafte und engagierte Betriebsratsmitglieder treffen.
- Orientieren Sie sich an den Materialien 1 und 2.

M1

M2

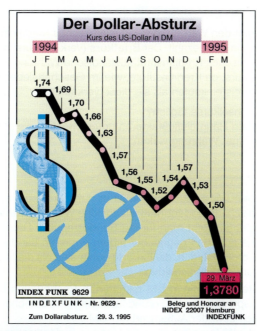

Mit gemischten Gefühlen betrachten die Automobilhersteller den Kurssturz des Dollar. Auf dem US-Markt sind aufgrund der harten Konkurrenz höhere Preise zum Ausgleich der geringeren Dollarerlöse kaum durchzusetzen. Die Autohersteller rechnen daher mit teilweise kräftigen Gewinneinbußen im US-Geschäft.

Sachdarstellung:

Das Austauschverhältnis zwischen inländischer und ausländischer Währung nennt man **Parität**. Diese wird in einem Preis ausgedrückt, dem **Wechselkurs**. Er wird an den Devisenbörsen täglich aufgrund von Angebot und Nachfrage festgestellt und in vielen Tageszeitungen veröffentlicht.

Arbeitsvorschlag

Schlagen Sie im Wirtschaftsteil der Tageszeitung den aktuellen Wechselkurs auf, und informieren Sie sich über die Werte für die Länder der Europäischen Union, USA, Japan, Schweiz, Polen, Ungarn und Rußland.

Devisen und Noten
(je 100 Einheiten, wenn nicht anders angegeben)

	Devisen Geld/Brief	Noten Ank./Verk.
Australien (1)	1,161/1,171	1,10/1,24
Belgien	4,8405/4,8605	4,68/4,98
Dänemark	25,29/25,41	24,00/26,25
England (1)	2,3924/2,4064	2,30/2,50
Finnland	32,26/32,42	30,90/33,15
Frankreich	28,809/28,929	27,70/29,95
Griechenland	0,640/0,660	0,52/0,72
Holland	89,064/89,284	87,90/90,40
Irland (1)	2,37/2,384	2,30/2,48
Italien (1 000)	0,9429/0,9509	0,875/1,005
Japan	1,5231/1,5261	1,465/1,545
Kanada (1)	1,0588/1,0668	1,00/1,12
Norwegen	22,79/22,91	21,45/23,70
Österreich	14,194/14,234	14,01/14,39
Portugal	0,965/0,971	0,75/1,05
Südafrika (1)	0,365/0,377	0,34/0,52
Schweden	20,275/20,395	19,00/21,25
Schweiz	119,00/119,20	117,15/120,40
Spanien	1,1433/1,1513	1,085/1,215
Tschech. Rep.	4,40/5,90	–/–
USA (1)	1,5103/1,5183	1,465/1,575
Ecu (1)	1,89838/–	–/–

Sachdarstellung:

Der **Geldkurs** (Ankaufskurs) gibt den Wert an, den ein inländisches Kreditinstitut für den Ankauf ausländischer Währung in DM bezahlt. Der **Briefkurs** (Verkaufskurs) bestimmt, zu welchem Preis in DM ein inländisches Kreditinstitut ausländische Währung verkauft. Der Geldkurs liegt unter dem Briefkurs, da Kreditinstitute, wie im Geschäftsleben üblich, ihre „Ware" zu einem niedrigeren Preis einkaufen als sie diese verkaufen.

Warum verändern sich die Wechselkurse täglich?

Grundsätzlich lassen sich sieben Haupteinflußfaktoren unterscheiden, die auf die Angebots- und die Nachfrageseite einer Währung wirken:

● Außenhandel

Wenn ein inländischer Exporteur Waren ausführt, erhält er dafür entweder ausländische Währungen, oder der ausländische Importeur muß inländische Währung nachfragen, um die Rechnung bezahlen zu können. Geht man für die Bundesrepublik Deutschland von der vereinfachenden Annahme aus, daß gegenüber jedem anderen Land ein positiver Außenbeitrag erwirtschaftet worden ist, d. h. die Exporte höher sind als die Importe, dann lassen sich zwei Fälle voneinander unterscheiden.

- Die Nachfrage nach DM steigt, um die in DM fakturierten Rechnungen bezahlen zu können. Damit steigt entsprechend des grundsätzlichen Preismechanismus der **„Preis"** für deutsche Devisen bzw. der Außenwert der DM.
- Indirekt ergibt sich die gleiche Wirkung, wenn große Mengen ausländischer Währungen in die Bundesrepublik fließen. Diese Situation entspricht einem Angebotsüberhang an ausländischer Währung mit der Folge einer Preissenkung dieser Währung. Mithin steigt auch hierbei der Außenwert der DM.

● Wechselkursspekulationen

Der zweite Einflußfaktor besteht in den Spekulationen über die Entwicklung von Wechselkursen. Wenn beispielsweise der US-Dollarkurs bei 1,50 DM ist und man von der Erwartung ausgeht, der Kurs steigt auf 1,80 DM an, dann lohnt es sich, DM in Dollar umzutauschen und bei Erreichen des vermeintlich höchsten Wertes die Dollarmenge in DM zurückzutauschen.

Situation:

	01. 01. d. J	31. 12. d. J
Kurs in Frankfurt a.M. US-Dollar ($)	1,50 Ankauf →	1,80 Verkauf
	10 000 US-$ ←	

Arbeitsvorschlag
Beweisen Sie, daß die Verzinsung des eingesetzten Kapitals 20 % beträgt.

Sachdarstellung:

Da in diesem Fall von der Erwartung ausgegangen wird, daß der Wert des US-Dollars steigt bzw. der der DM fällt, wird es zu einer verstärkten Nachfrage nach US-Dollars und damit zu einem Kursanstieg kommen. Umgekehrt führt ein fallender Dollarkurs zu einem Überangebot dieser Währung.

● **Inflationsraten**

Liegt die Inflationsrate des Inlands deutlich über der des Auslands, dann ist die Wertaufbewahrungsfunktion der inländischen Währung stark gefährdet. Die Wirtschaftssubjekte werden dazu neigen, ihre Guthaben in stabile ausländische Währungen, z. B. Schweizer Franken, US-Dollar, Yen oder DM umzutauschen. Die damit verbundene Nachfrage nach „harten Währungen" wird deren Wert steigern und gleichzeitig die heimische Währung zunehmend schwächen.

● **Zinsniveaus**

Unterschiede zwischen den realen Zinsniveaus, d. h. nominale Zinsniveaus abzüglich der Inflationsraten, des In- und des Auslands sind mitentscheidend für den Fluß der Kapitalströme. Je höher das reale Zinsniveau eines Landes im internationalen Vergleich ist, desto attraktiver ist eine Kapitalanlage in dieser Volkswirtschaft. Um diese dann verwirklichen zu können, wird die entsprechende Währung nachgefragt und damit gestärkt.

Allerdings müssen dabei die internationalen Zinsunterschiede, man spricht auch von Zinsarbitragen, groß genug sein, um die entstehenden Nebenkosten wie Gebühren, Provisionen, Kurssicherungskosten usw. abzudecken.

● **Direktinvestitionen**

Der langfristige Kapitalverkehr in Form von Direktinvestitionen, der sich hauptsächlich an langfristigen Renditeerwartungen ausrichtet, beeinflußt ebenfalls die Devisenzu- und -abflüsse im großen Umfang.

Zudem wirken sich gerade die langfristigen Direktinvestitionen auf die Wachstums-, Beschäftigungs- und Einkommensentwicklungen eines Landes positiv aus. Kommt es in diesem Zusammenhang zu einer Stärkung der ökonomischen Standortfaktoren einer Volkswirtschaft, so führt dieser Prozeß zu einer zusätzlichen Stärkung der Währung.

● **Interventionen von Notenbanken**

Notenbanken treten im großen Umfang als Devisenan- und -verkäufer auf und greifen damit in die Bildung der Wechselkurse ein. Ihr Einfluß ist besonders bedeutend, da sie direkt mit sehr großen Devisenmengen und mit staatlicher Zustimmung arbeiten können. Die relative Stabilität der DM ist nicht zuletzt auf die Qualität des Interventionsmanagements der Deutschen Bundesbank zurückzuführen.

● **Sonstige Faktoren**

Es existieren noch eine Reihe weiterer, teilweise psychologischer Einflußfaktoren, die sich stabilisierend oder destabilisierend auf den Außenwert einer Währung auswirken. So beeinflussen politische Krisen, Bürgerkriege usw. eine Währung negativ, und günstige Daten über Handelsbilanzen, Konfliktbewältigungen usw. führen zu positiven Effekten.

Typisch für diesen Bereich ist der Anteil der einzelnen Währungen am internationalen Handel. Darin spiegelt sich die Wertschätzung der Handelspartner gegenüber der Währung wider.

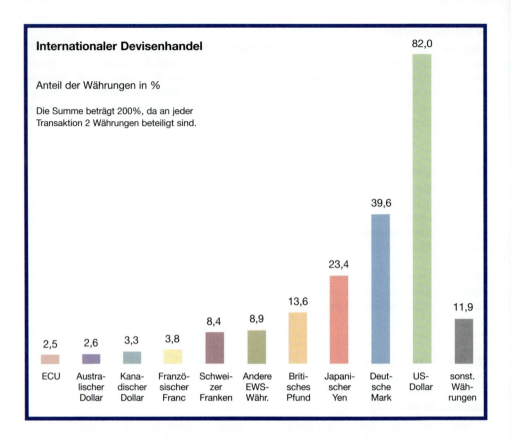

Die Vielfältigkeit der Einflußfaktoren macht deutlich, daß eindeutige Aussagen, die sich nur auf einen Faktor beziehen, nur einen relativ geringen Erklärungswert besitzen. Sie bieten für die Wirtschaftssubjekte keine ausreichende Grundlage, um immer die richtigen wirtschaftspolitischen Entscheidungen treffen zu können.

Zusammenfassend bleibt festzustellen, daß alle genannten Faktoren Einfluß auf das Angebots- und Nachfrageverhalten an den Devisenmärkten haben. Ob sich dadurch im Einzelfalle Änderungen der Wechselkurse ergeben, hängt u.a. auch von der Art des betroffenen Wechselkurssystems ab.

■ Flexible Wechselkurse

Grundsätzlich lassen sich zwei Wechselkurssysteme voneinander unterscheiden, das System fester und das flexibler Wechselkurse. Das System der flexiblen Wechselkurse baut auf den Wirkungszusammenhängen von Angebot und Nachfrage auf. Steigt die Nachfrage nach einer Währung, so steigt ihr Preis bzw. der Wechselkurs als Ausdruck ihres Wertes entsprechend. Sinkt dagegen die Nachfrage bzw. existiert ein Angebotsüberhang, fällt der Kurs.

Situation:

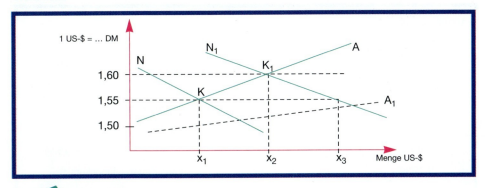

Arbeitsvorschlag

Welches Verhalten wurde durch die Verschiebung der Angebotskurve von A nach A_1 zum Ausdruck gebracht?

Sachdarstellung:

In der Darstellung wird eine Erhöhung der Nachfrage nach US-Dollar durch eine Verschiebung der Nachfragekurve von N nach N_1 sichtbar. Das bedeutet, daß bei einem Wert von 1,55 DM für 1 US-Dollar die mengenmäßige Nachfrage von X_1 auf X_3 ansteigt. Da die amerikanische Notenbank ihr Angebotsverhalten nicht verändert (A), erhöht sich der Gleichgewichtspreis von 1,55 DM (K) auf 1,60 DM (K_1). Bei diesem Kurs stimmen Angebot und Nachfrage wieder überein.

Flexible Wechselkurse entsprechen somit dem marktwirtschaftlichen Grundprinzip der Preisbildung. Dabei können sich aber plötzliche und heftige Wechselkursbewegungen ergeben, die eine mittel- oder langfristige wirtschaftliche Vorausschau und damit unternehmerische Entscheidungen erschweren oder sogar unmöglich machen. Da das „floaten", d.h. das „Schwimmen auf den Wellen der Marktkräfte", eine Fülle von Unsicherheiten in sich birgt, findet es zwischen den führenden Weltwährungen und Wirtschaftsnationen nicht statt. Vielmehr werden von den „major players" unter den Notenbanken Versuche unternommen, über relativ fixe Wechselkurse Sicherheit, Stabilität und damit Planbarkeit in die Austauschverhältnisse der Währungen zu bekommen.

■ Feste Wechselkurse

Der Begriff fester oder fixer Wechselkurse ist nicht im Sinne eines absolut starren Austauschverhältnisses zu interpretieren. Vielmehr ist davon auszugehen, daß die jeweiligen Währungen, innerhalb einer bestimmten Bandbreite, frei auf die Marktkräfte reagieren können. Erst wenn der Wechselkurs durch das Angebots- und Nachfrageverhalten aus der Bandbreite auszubrechen droht, greifen die Notenbanken ein. Sie intervenieren.
Innerhalb des Europäischen Währungssystems gelten seit dem 02.08.1993 neue Bandbreiten für Wechselkursschwankungen. Während zwischen Deutscher Mark und Holländischem Gulden nach wie vor die alte Schwankungsmarge von ± 2,25 % gültig ist, dürfen die anderen Marktkurse um bis zu 15 % von den bilateralen Leitkursen abweichen.

Situation:

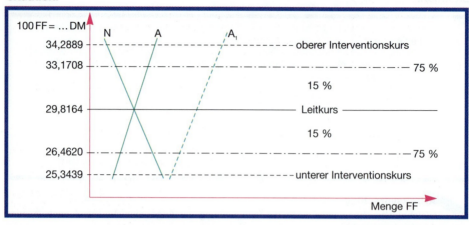

Eine weitere Verbesserung des EWS wird darin gesehen, daß die Notenbanken nicht erst beim Erreichen der Interventionskurse (34,2889/25,3439) eingreifen sollen, sondern bereits wenn 75 % der Bandbreite (33,1708/26,4620) ausgenutzt sind. Im Falle einer Angebotsverschiebung des Französischen Franc von A nach A_1 würde diese Angebotssteigerung zu einem Sinken des Kurses auf einen Wert unterhalb von 25,3439 führen. Um diese Entwicklung zu vermeiden, ist die Deutsche Bundesbank verpflichtet, spätestens bei einem Kurs von 25,3439 Französische Franc zu kaufen, und zwar solange, bis der Kursverfall dieser Währung gestoppt wäre und sich wieder in der Bandbreite befände. Parallel zur Deutschen Bundesbank müßte die Französische Zentralbank die deutschen Bemühungen unterstützen, indem sie DM verkauft, und eigene Währung ankauft.

Dauernde Stützungskäufe der Notenbanken sind problematisch, weil es sich dabei um sehr große Währungsbeträge handelt. Dies kann dazu führen, daß die Devisenvorräte aufgebraucht werden und die inländischen Notenbanken bei ausländischen Instituten Devisen kaufen oder leihen müssen. Über einen längeren Zeitraum betrachtet entspricht dieses Vorgehen keiner ökonomisch sinnvollen Währungspolitik, da der vereinbarte Leitkurs offensichtlich unrealistisch ist. Für die Länder des EWS ist deshalb vorgesehen, derartige „künstliche monetäre Beatmungen" aufzugeben und sich auf neue Leitkurse zu einigen (Realignments). Veränderungen der Leitkurse, die durch Auf- und Abwertungen von Währungen zum Ausdruck kommen, können tiefgreifende Auswirkungen auf die Im- und Exportbeziehungen der beteiligten Länder haben.

■ Auf- und Abwertung

Situation:

Der Exporteur pharmazeutischer Geräte H. Sayer aus Wermelskirchen verfolgte mit großem Interesse die Kursentwicklung des US-Dollars in den vergangenen Tagen. Im Wirtschaftsteil seiner Tageszeitung liest er am

Donnerstag, 06. Oktober d.J.

... Bei nervösem Handel ging der Dollar an der Frankfurter Börse nach zum Teil aggressiven Eingriffen der wichtigsten Notenbanken Europas, der USA und Kanadas mit 1,65 DM aus dem Markt ...

Freitag, 07. Oktober d. J.

... Der plötzliche Verfall des US-Dollars auf 1,50 DM, den die Börsianer auf die schlechte US-Handelsbilanz zurückführen, bleibt nicht ohne Folgen für die deutsche Wirtschaft ...

Arbeitsvorschlag
1. Welche Auswirkungen hat die Entwicklung des US-Dollars für H. Sayer, wenn dieser am Donnerstag, dem 06.Oktober 19.., einen Vertrag über den Export von Waren im Wert von 3 Millionen US-Dollar abgeschlossen hat?
2. Wie sollte H. Sayer nach Ihrer Meinung auf die Wechselkursänderung reagieren?
3. Welche Auswirkungen hat die Wechselkursänderung auf den Außenwert der DM und des Dollars?
4. Interpretieren Sie vor dem Hintergrund der starken deutschen Exportabhängigkeit die untenstehende Graphik.

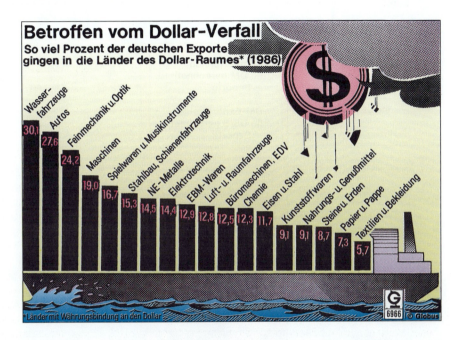

Am Devisenmarkt wirkt der Marktmechanismus eines vollkommenen Marktes nahezu idealtypisch. Übertrifft die nachgefragte Menge einer Währung die angebotene, so steigt ihr Preis. Dieser Preisanstieg entspricht einer Aufwertung der Währung. Im Gegenzug dazu ist ein Preisrückgang mit dem Begriff Abwertung zu bezeichnen. Somit bezeichnen die Begriffe Auf- und Abwertung dieselbe Situation jeweils aus der Sicht der von der Wechselkursänderung betroffenen Länder. Eine Aufwertung, entspricht einem Rückgang des Wechselkurses, eine Abwertung umgekehrt einem Anstieg. So handelt es sich bei der Veränderung der in der oben dargestellten Situation um eine DM-Aufwertung, da für einen US-Dollar am Freitag, den 07.10. d. J. 0,15 DM weniger zu bezahlen ist als am Vortag. Aus der Sicht der USA ist dies gleichbedeutend mit einer Abwertung des US-Dollars im Verhältnis zur DM.

Sowohl Auf- als auch Abwertungen führen zu schwerwiegenden volks- und betriebswirtschaftlichen Effekten, die an einem Beispiel im Überblick verdeutlicht werden sollen.

Wirkungen einer DM-Aufwertung/Abwertung gegenüber dem US-Dollar

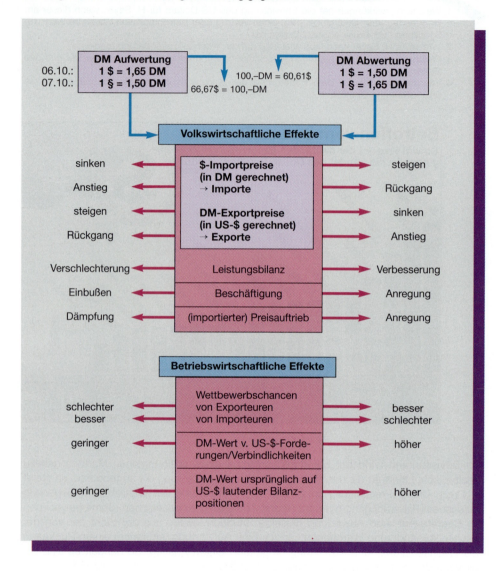

Ob die in der Abbildung skizzierten volkswirtschaftlichen und betriebswirtschaftlichen Effekte tatsächlich eintreten, hängt von den jeweiligen Angebots- und Nachfrageelastizitäten ab. Deshalb werden Auf- und Abwertungen nur selten „freiwillig" zur Beeinflussung des Ex- und Imports sowie der anderen Größen benutzt. Es liegt nahe, daß z. B. importdämpfende bzw. exportfördernde Möglichkeiten in anderen Bereichen gesucht werden. Diese können im Zusammenschluß mehrerer Länder und im Protektionismus bestehen. Darunter versteht man den Aufbau von Einfuhrbarrieren zum Schutz der inländischen Wirtschaft bzw. der Volkswirtschaften zusammengeschlossener Länder.

8.3.5.3.2 Europäisches Währungssystem (EWS)

Anfang der 70er Jahre beschlossen die Regierungen der EG-Mitgliedsstaaten, die Gemeinschaft stufenweise bis 1980 zu einer Wirtschafts- und Währungsunion fortzuentwickeln. Die gemeinsame Zielsetzung war es, eine einheitliche Währung, ein Interventionssystem bzgl. der Stabilisierung der Leitkurse und ein Kreditsystem zwischen den beteiligten Notenbanken zu schaffen.

Dieses ehrgeizige Vorhaben verzögerte sich zunächst aufgrund der Dollar- und Ölkrisen jener Zeit. Erst mit dem Inkrafttreten des EWS 1979 wurde der entscheidende Schritt für die währungspolitische Integration der Gemeinschaft gegangen.

Der ECU (European Currency Unit) besitzt im Europäischen Währungssystem einen zentralen Stellenwert. Er übernimmt vier wesentliche Funktionen als:
- Rechengröße im Interventions- und Kreditmechanismus,
- Zahlungsmittel und Reserveinstrument der Zentralbanken der EU,
- Bezugsgröße für die Wechselkurse,
- Indikator für Wechselkursabweichungen.

Der ECU ist als „Währungskorb" definiert, der sich aus festen Beträgen der zwölf (Stand: 1994) am EWS beteiligten Währungen zusammensetzt. Damit soll die ökonomische Leistungsfähigkeit der einzelnen Länder zum Ausdruck kommen. Diese spiegelt sich in den prozentualen Anteilen der verschiedenen Währungen wider.

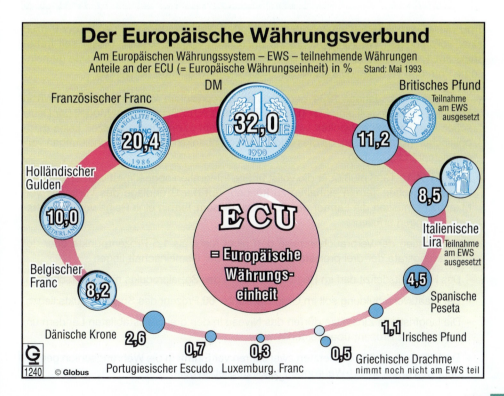

Seit dem 01.01.1995 nehmen auch Österreich, Schweden und Finnland am Europäischen Währungssystem teil.

In der Praxis wird der Wechselkurs des US-Dollars gegenüber den einzelnen Währungen als repräsentative Grundlage benutzt, um den täglichen ECU-Leitkurs zu ermitteln.

Beispiel

Währungen	Wechselkurs gegenüber dem Dollar (1 US-$ = ..)	Betrag der nationalen Währung im ECU-Korb	Dollargegenwert des Betrages der nat. Währung	ECU-Kurs gegenüber Korbwährung (1 ECU = ..)	Gewichtung
	(1)	(2)	(3) = (2) : (1)	(4) = US$/ECU · (1)	(5) = (2) : (4)
DM	1,6915	0,6242	0,3690215	1,91	32,68
FF	5,9082	1,332	0,1692562	6,6715	19,97
ESC	173,8151	1,393	0,0080142	196,2720	0,71
⋮			1 ECU = 1,1292 US-$		

Die ECU-Leitkurse der Gemeinschaftswährungen hatten an diesem Tag folgende Werte:

ECU	DM	FF	HFL	BFR LFR	DKR	LIT	IRL	UKL	DR	PTA	ESC
1	≙ 1,910	≙ 6,672	≙ 2,154	≙ 40,90	≙ 7,639	≙ 1878	≙ 0,807	≙ 0,763	≙ 275,0	≙ 154,6	≙ 196,3

Trotz dieser komplizierten miteinander verknüpften Währungsbeziehungen ist der Prozeß einer vollständigen Währungsintegration noch nicht abgeschlossen. Dieser soll frühestens am 1. Januar 1999 vollendet sein, wenn alle beteiligten Länder über eine gemeinsame Währung verfügen. Bis dahin sind noch mehrere Schritte notwendig.

- Aus dem am 1. Januar 1994 gegründeten Europäischen Währungsinstitut (EWI) in Frankfurt am Main soll eine Europäische Zentralbank (EZB) nach dem Modell der Deutschen Bundesbank entwickelt werden. Das EWI hat in der Übergangszeit keine geldpolitischen Kompetenzen, da die nationalen Notenbanken in ihren Entscheidungen vorerst selbständig bleiben.

- Bis zum 31.12.1996 muß über die vollständige Integration abgestimmt werden, um den frühestmöglichen Termin einhalten zu können. Auf der Grundlage des Vertrages von Maastricht müssen die Länder der EU bis zu diesem Termin eine Reihe von Qualitätsanforderungen erfüllen.

  - Der Anstieg der Verbraucherpreise darf nicht mehr als 1,5 Prozentpunkte über der Teuerungsrate der drei preisstabilsten Länder der Gemeinschaft liegen.

  - Das Haushaltsdefizit darf im Regelfall 3 Prozent des Sozialprodukts nicht überschreiten.

  - Die Staatsverschuldung soll im Grundsatz unter 60 Prozent des Sozialprodukts liegen.

  - Die langfristigen Zinssätze dürfen das Niveau in den drei preisstabilsten Ländern um höchstens 2 Prozent übersteigen.

  - Die Währung muß in den letzten zwei Jahren vor Eintritt in die Währungsunion gegenüber den anderen EU-Währungen stabil geblieben sein.

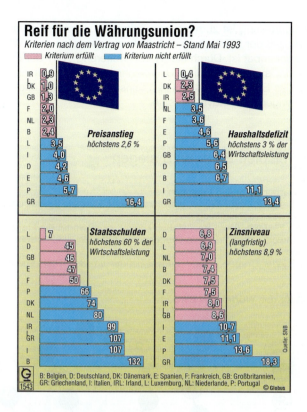

Wenn die Mehrzahl EU-Länder diese Stabilitätskriterien erfüllt, kann die Währungsunion in Kraft treten. Ist dies nicht der Fall, sollen ab 1. Januar 1999 die EU-Länder eine Währungsunion bilden, die die Qualitätsanforderungen erfüllen.

Aus der Sicht der Bundesrepublik Deutschland ergäben sich eine Reihe von Chancen und Risiken als Mitgliedsstaat.

Eine endgültige Beurteilung ist zum jetzigen Zeitpunkt allerdings nicht möglich, da der mehrschichtige Prozeß der Entstehung und die Funktionsweise des EWS in vielen Bereichen noch unüberschaubar ist. Durch die „Norderweiterung", d.h. der Eintritt von Schweden, Finnland und Österreich in die EU, verschieben sich nicht nur die Anteile der Währungen bzgl. des ECU, sondern das „gemeinsame Boot", ein ökonomischer Supertanker, wird schwieriger zu manövrieren sein.

Arbeitsvorschlag

Das Würfelspiel: **E**iner **w**ird **s**iegen

Spielregeln:

1. Bilden Sie Gruppen zu 4–5 Personen.
2. Benutzen Sie je Gruppe 1 Würfel, eine europäische Münze je Spieler, das abgebildete Würfelbrett und den Fragenkatalog A–Z.
3. Wer auf ein Feld mit einem Buchstaben kommt, beantwortet die Frage. Über die Richtigkeit der Antwort entscheiden die Gruppenmitglieder. Bei einer falschen Antwort muß der Spieler eine Runde aussetzen.
4. Die Sieger jeder Gruppe spielen gegeneinander um den Titel „European Champion of EWS".

Würfelbrett für das Würfelspiel EWS

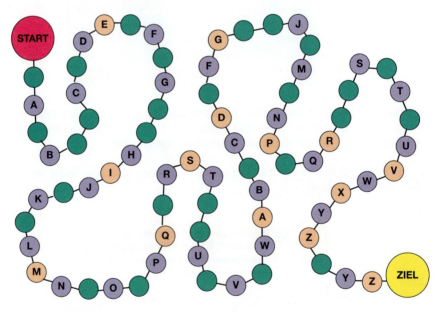

Fragenkatalog:

A) Wofür steht die Abkürzung ECU?
B) Was ist ein ECU in DM wert?
C) Bis wann ist mit der Einführung der Währungsunion spätestens zu rechnen?
D) Wieviel Länder werden – nach heutigem Stand – an der Währungsunion teilnehmen?
E) Was ist der Währungskorb des ECU?
F) Nennen Sie mindestens 2 Vorteile, die mit der Währungsunion für die beteiligten Nationen verbunden sind.
G) Welche Argumente (mindestens 2) sprechen aus deutscher Sicht gegen eine baldige Verwirklichung der Währungsunion?

H) Welche vier Bedingungen müssen die einzelnen Länder erfüllen, um in die Währungsunion aufgenommen zu werden?
I) Wo befindet sich der Sitz des Europäischen Währungsinstituts?
J) Wieviel Pfund Sterling entsprechen in etwa 10 ECU?
K) Welche Länder erfüllen gegenwärtig alle Kriterien für den Eintritt in die Währungsunion?
L) Welche volkswirtschaftlichen Probleme behindern die Währungsunion?
Nennen Sie mindestens zwei.
M) Wie könnte sich die Währungsunion in der Bundesrepublik Deutschland auf die Preisstabilität auswirken?
N) Welches Land ist derzeitig das ökonomisch stärkste in der EU?
O) In welchem EU-Land ist der durchschnittliche Netto-Arbeitsverdienst eines Arbeitnehmers am geringsten?
P) Wieviele Peseten entsprechen in etwa einem ECU?
Q) Wie schneidet die Bundesrepublik hinsichtlich der Preissteigerungsraten ab?
R) Welche Länder streben einen Beitritt in die EU an?
S) Was versteht man unter dem Begriff Parität bei Wechselkursen?
T) Welchen Anteil am Währungskorb des ECU stellt die DM?
U) Wonach richtet sich der Anteil, den die einzelnen Währungen am ECU einbringen?
V) Machen Sie einen Alternativvorschlag zur Bezeichnung ECU.
W) Welchen volkswirtschaftlichen Effekt hat eine DM-Aufwertung auf die Exportpreise?
X) Welche Auswirkungen hat eine starke DM für einen deutschen Urlauber im Ausland?
Y) Wie heißt der gegenwärtige deutsche Finanzminister?
Z) In welcher Unterbilanz der Zahlungsbilanz wird der Tourismus erfaßt?

Quelle: Das Brettspiel entspringt einer Idee von Koch/Castner: Lernen ohne Angst und Streß, Darmstadt 1993, S.125 f.

8.3.5.4 Internationale Organisationen und Handelsabkommen

8.3.5.4.1 Internationaler Währungsfonds (IWF) und Weltbank

Situation:

MEXIKO PLEITE – wer trägt die SCHULDEN?

Mexico-City (eigener Bericht)
Die Ankündigung Mexikos, den Schuldendienst, d. h. die Zahlung von Schuldenzinsen und Tilgungsraten auszusetzen, hat eine der größten Finanzkrisen der Weltwirtschaft ausgelöst.
Die Ursachen dafür lassen sich über viele Jahre zurückverfolgen. Neben grundsätzlichen Problemen der Weltwirtschaft, z. B. die einseitige Abhängigkeit der Entwicklungs- und Schwellenländer als Rohstoffbasen der Industrieländer, die Verschlechterung der Terms-of-Trade, haben der leichtfertige Umgang mit Krediten auf der Schuldner- und der Gläubigerseite zu dieser dramatischen Entwicklung geführt.
Die Krise gipfelte darin, daß die Hälfte der jährlichen Exporteinnahmen allein für den Schuldendienst aufgebraucht wurden. Die Aufnahme weiterer Kredite reichte nicht aus, den Zins- und Rückzahlungsverpflichtungen nachzukommen. So blieb Mexiko kein anderer Ausweg, als sich mit der Bitte um Umschuldung oder Schuldenerlaß an den IWF und die Weltbank zu wenden.

IWF und Weltbank

Die Gründung des IWF (Internationaler Währungsfonds) und der Weltbank geht auf den Beschluß der Konferenz von Bretton-Woods im Jahr 1944 zurück. Die Konferenz entwarf das Weltwährungssystem der Nachkriegszeit und teilte den beiden Organisationen wichtige Aufgaben im Rahmen dieses Systems zu: Der IWF sollte zur Stabilität der Währungen beitragen und die Mitgliedsländer mit kurzfristigen Krediten bei der Überbrückung von Zahlungsbilanzproblemen unterstützen. Die Weltbank sollte mit langfristigen Krediten Wohlstand und wirtschaftliches Wachstum der Mitgliedsländer fördern. Voraussetzung für eine Mitgliedschaft bei der Weltbank ist eine Mitgliedschaft beim IWF. Mit dem Beitritt der Länder Osteuropas sowie der GUS-Staaten wuchs die Zahl der Mitglieder von IWF und Weltbank auf 178.

Auslandsschulden der Entwicklungsländer 1985–1992

Mrd. US-Dollar

	1985	1990	1992[1]
Gesamtschulden	1 123	1 531	1 703
davon			
langfristig	899	1 227	1 367
– öffentl. Gläubiger	357	615	710
– private Gläubiger	541	612	657
kurzfristig	184	269	296
IWF-Kredite	41	35	39[2]

[1] Schätzung; 2) bis 30. September 1992.
Quelle: The World Bank, World Debt Tables 1992–1993, Vol. 1.

Arbeitsvorschlag

1. Klären Sie, welche Hauptaufgaben der IWF und die Weltbank haben.
2. Überlegen Sie, wie der IWF und die Weltbank auf die Bitte Mexikos reagieren werden?

Sachdarstellung:

Grundsätzlich führen Umschuldungsaktionen nicht zu einer Verringerung der Schuldenlast, sondern führen nur zu längeren Tilgungszeiträumen. Da dies für die meisten Gläubigerländer nicht ausreicht, um das Vertrauen in die Kreditwürdigkeit der Schuldnerländer wiederherzustellen, verlangen sie umfangreiche Programme, die zur Gesundung der betroffenen Volkswirtschaften führen sollen.

In der Praxis enthalten derartige Reformprogramme teilweise drastische Auflagen, z. B.:
- radikale Maßnahmen in Form von Steuererhöhungen, Kürzungen von Sozialausgaben und Subventionen für Grundnahrungsmittel. Ziel ist die Senkung der Ausgaben für die öffentlichen Haushalte zum Abbau der Haushaltsdefizite.
- Freigabe staatlich gebundener Preise, Öffnung der Märkte für ausländische Investoren, Privatisierung öffentlicher Unternehmen,
- monetaristische Geldpolitik zur Bekämpfung der Inflation,
- Senkung der ohnehin geringen Reallöhne,
- Abwertung der Inlandswährung zur Verringerung der Außenhandelsdefizite.

Diese Maßnahmen treffen häufig die Ärmsten der Armen in den Schuldnerländern besonders hart, so daß soziale Unruhen oftmals die Folge sind. Markante Beispiele dafür sind die bürgerkriegsähnlichen Situationen in Venezuela 1992 und Mexiko (Chiapas) 1994. Nicht zuletzt deshalb kritisieren Umweltschutzgruppen den IWF und die Weltbank. Sie werfen ihnen u. a. vor, durch umstrittene Großprojekte die Entwicklungsländer zunehmend zu schädigen, zugunsten der reichen Industrienationen und einiger sehr wohlhabender Angehöriger der Oberschicht der betroffenen Länder.

Der Einfluß der Industrienationen wird auch an der Verteilung der Stimmrechte im IWF deutlich.

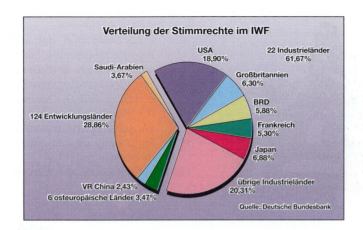

Die Stimmrechte, die Einzahlungsverpflichtungen sowie die Inanspruchnahme von Krediten sind von der jeweiligen Quote des Mitgliedsstaates abhängig. Diese spiegelt den erworbenen Kapitalanteil des Mitgliedslandes wider, dessen Höhe durch die Wirtschaftskraft und den Grad der außenwirtschaftlichen Verflechtungen bestimmt wird. Ist ein Land bestrebt, seine passive Leistungsbilanz auszugleichen, so hat es die Möglichkeit, beim IWF Devisen gegen eigene Währung zu kaufen. Durch die Inanspruchnahme der Fondsmittel verbessert sich die Liquidität des Landes. Neben diesen ordentlichen Ziehungsrechten bestehen sogenannte Sonderziehungsrechte, eine Form internationalen „Kunstgeldes" (Buchgeld). Dieses kann bei auftretendem internationalen Liquiditätsbedarf geltend gemacht werden.

Trotz dieser Möglichkeiten konnte der Trend einer zunehmenden Auslandsverschuldung der Entwicklungs- und Schwellenländer weder durch die Inanspruchnahme von Fondsmitteln noch durch Umschuldungen umgekehrt werden.

Selbst Mexiko, das sich aus der Sicht des IWF und der Weltbank zum lateinamerikanischen Musterland entwickelt hat, ist es trotz einschneidender Maßnahmen nicht gelungen, die Verschuldung nennenswert zu verringern.

Es ist daher offensichtlich, daß ohne eine grundlegende Veränderung der internationalen Wirtschaftsbeziehungen, einer neuen „Weltwirtschaftsordnung", die Nord-Süd-Konflikte in Zukunft eher größer werden. In diesem Zusammenhang ist es nicht nur paradox oder zynisch, sondern langfristig gefährlich, wenn von den Industrienationen eine Liberalisierung der Wirtschaft der Entwicklungsländer gefordert wird, sie aber selbst gleichzeitig neue Handelshemmnisse aufbauen, um den Zugang zu ihren heimischen Märkten für Entwicklungsländer zu erschweren, z. B. „Eurobanane".

8.3.5.4.2 Europäische Union

Am 7. Februar 1992 wurde von den Vertretern von zwölf europäischen Staaten in Maastricht der Vertrag über die europäische Union (= EU) unterzeichnet. Es war ein wesentlicher Schritt auf dem Weg zur europäischen Einigung.

Eine kurze Chronologie:

1952: Zusammenschluß der sechs Staaten Belgien, Niederlande, Luxemburg, Italien, Frankreich und Deutschland zur Europäischen Gemeinschaft für Kohle und Stahl (EGKS) – Montanunion

1957: Römische Verträge zur Europäischen Wirtschaftsgemeinschaft (EWG)

1979: Einführung des Europäischen Währungssystems (EWS)

1993: Verwirklichung des Europäischen Binnenmarkts

Quelle: Sekretariat für Europainformation
i Utrikesdepartemente Stockholm

Eine wesentliche Weiterentwicklung stellen die drei Säulen des Vertrages von Maastricht dar.

Die erste Säule trägt die „klassische" Europäische Gemeinschaft, deren erweiterte Zuständigkeit sich auf die wirtschaftlichen Bereiche: Zollunion, Binnenmarkt, Agrarpolitik, Strukturpolitik, Wirtschafts- und Währungsunion erstreckt.

Die zweite Säule stützt eine gemeinsame Außen- und Sicherheitspolitik, als Grundlage für eine gemeinsame Verteidigungspolitik.

Die dritte Säule steht für eine gemeinsame Innen- und Rechtspolitik, welche u.a. den Rahmen für ein einheitliches Vorgehen in den Bereichen Einwanderungs- und Asylpolitik sowie die Bekämpfung des organisierten Verbrechens bildet.

Durch die Verwirklichung des Europäischen Binnenmarktes ist es auf den ersten Blick den Mitgliedsländern gelungen, einen sehr großen Markt ohne größere Handelshemmnisse, insbesondere Zölle zu errichten. Bei genauerer Betrachtung ist jedoch festzustellen, daß erstens diese Fortschritte im Freihandel nur den Mitgliedsländern zugute kommen. Alle anderen Staaten werden ausgegrenzt. Zweitens existieren auch im gemeinsamen Binnenmarkt immer noch eine Reihe von sogenannten **nicht-tarifären Handelshemmnissen.** Darunter versteht man u. a, verwaltungsmäßige, technische, lebensmittelrechtliche Beschränkungen, Höchstmengen, „freiwillige" Selbstbeschränkungsabkommen. Exemplarisch für die nicht-tarifären Handelshemmnisse ist das deutsche Reinheitsgebot für Bier.

Die Bundesrepublik Deutschland wurde von den EU-Partnerländern vor dem europäischen Gerichtshof angeklagt, weil sich ausländische Brauereien auf dem deutschen Markt diskriminiert fühlten. Sie waren gezwungen, zwei unterschiedliche Arten Bier zu brauen, eine für ihren heimischen, eine andere für den deutschen Markt, was zwangsläufig höhere Kosten verursacht. Da innerhalb der EU Handelshemmnisse grundsätzlich verboten sind, hat der Europäische Gerichtshof der Klage stattgegeben und damit zugelassen, daß in der Bundesrepublik auch Bier verkauft werden darf, das nicht dem deutschen Reinheitsgebot entspricht.

Die Nichtmitgliedsstaaten sind von Handelshemmnissen noch wesentlich stärker betroffen, weil sie ihnen den Zugang zum Europäischen Binnenmarkt erschweren bzw. unmöglich machen. Dies trifft besonders auf die Staaten zu, die durch kein Freihandelsabkommen bereits wirtschaftlich mit der EU verbunden sind.

Insgesamt hat die Dynamik in der EU zu einer Entwicklung geführt, die alle übrigen europäischen Industrienationen veranlaßte zu überprüfen, inwieweit ein Anschluß an die EU möglich und wünschenswert ist. Dies gilt in erster Linie für die Länder der **Europäischen Freihandelsassoziation** (EFTA = European Free Trade Association). Die EFTA, die sich ursprünglich als Alternative zur EWG verstand, steht vor der Situation, daß immer mehr ihrer Mitgliedstaaten der EU beitreten wollen. Waren es 1973 Großbritannien, Dänemark und Irland, die die EFTA verließen, so folgten 1995 Österreich, Finnland und Schweden. Die sich aus den Ländern der EU und der EFTA – mit Ausnahme der Schweiz – verschmelzenden beiden Wirtschaftsblöcke mit ca. 375 Mio. Einwohnern zum sogenannten Europäischen Wirtschaftsraum (EWR) stellen global eine der wichtigsten Ansammlung wirtschaftlicher Stärke dar.

8.3.5.4.3 Welthandelsorganisationen

Situation:

Zur „EG-Bananen-Geschichte"

In den EG-Gründungsverhandlungen in den fünfziger Jahren hatte Konrad Adenauer das sogenannte „Bananenprotokoll" durchgesetzt. In diesem wurde den Mitgliedsstaaten das Recht eingeräumt, die Einfuhr von Bananen nach eigenem Gutdünken zu gestalten. Damit wurde auf Betreiben der Bundesrepublik die sogenannte „Gemeinschaftspräferenz" (d. h. Bevorzugung und Schutz der landwirtschaftlichen Produktion innerhalb der EG vor Importen) ausgerechnet für das landwirtschaftliche Produkt Banane ausgesetzt, die ansonsten für den gesamten Agrarbereich gilt. Der Grund: Die Banane war in der Bundesrepublik damals nicht nur eine exotische Frucht, sondern ein Wohlstandssymbol, das möglichst jedem zugänglich sein sollte.

Mit der Einführung des EG-Binnenmarktes und der Abschaffung der Zollkontrollen innerhalb der EG wurde eine einheitliche Regelung für Bananen notwendig, weil zuvor die einzelnen Länder völlig unterschiedlich vorgegangen waren – von völliger Abschottung gegenüber Nicht-EG-Bananen bis zu völliger Öffnung. Die neue „Bananen-Regelung" verfolgt die gleiche protektionistische Politik der EG, die für alle anderen Agrarprodukte schon immer gilt.

Allgemeines Zoll- und Handelsabkommen (GATT)

Das GATT (General Agreement on Tariffs and Trade) stellt die wichtigste internationale Vereinbarung für den Welthandel dar. Ziel ist ein freier Welthandel, der durch einen schrittweisen und möglichst weitgehenden Abbau von Handelsbeschränkungen erreicht werden soll. Grundprinzipien des Gatt sind: Ein Verbot von Handelsbeschränkungen, Gegenseitigkeit bei der Gewährung von Handelsvorteilen sowie die Meistbegünstigungsklausel, d. h. die Verpflichtung, jedem anderen Mitgliedsland des GATT unverzüglich die günstigsten Handelsbedingungen einzuräumen, die ein Land irgendeinem der Mitgliedsländer gewährt.

Das GATT wurde am 30.10.1947 in Genf unterzeichnet und hat heute 112 Mitgliedsstaaten (Mai 1993). In mehreren Verhandlungsrunden (bis heute: insgesamt 8) wurde das Abkommen im Sinne eines schrittweisen Abbaus der Handelsbeschränkungen ergänzt und ausgeweitet. Die ersten sechs Verhandlungsrunden beschäftigen sich fast ausschließlich mit der Reduzierung der Zölle. Die 7., die sogenannte „Tokio-Runde", bezog neben Zöllen auch die sogenannten „nichttarifären Handelshemmnisse" mit ein.

Die 8., die sogenannte „Uruguay-Runde", nahm neue Bereiche wie die Dienstleistungen, die Rechte an geistigem Eigentum (Patente) und außenhandelsorientierte Investitionen in das Verhandlungspaket auf. Die Uruguay-Runde begann 1986 und sollte ursprünglich 1990 abgeschlossen sein. Aufgrund des umfangreichen Verhandlungspakets sowie massiver Interessengegensätze zwischen den Teilnehmern drohte die Uruguay-Runde wiederholt zu scheitern.

Quelle: Aktualitätendienst Stuttgart – Dresden 1994

Die Festung Europa treibt die Bananenpreise hoch

In Lateinamerika gefährdet der EU-Protektionismus 200 000 Jobs auf den Plantagen

Von Bernd Hilder

Mexiko-Stadt
Enrique Betancourt ist derzeit ein wichtiger und gefragter Mann in Lateinamerika. Als Präsident der „Union der Bananenproduzenten und -exporteure" (UPEB) ist er Chefstratege im „Bananenkrieg" gegen die Europäische Union. Eine Einheitsfront gegen die Bananenfestung Europa will er schmieden, um in den protektionistischen Brüsseler Betonköpfen doch noch Einsicht zu erzwingen und einige lateinamerikanische Staaten vor einem nachhaltigen Wirtschaftsdesaster zu bewahren. Betancourts Erfolgsaussichten sind durchwachsen, einige Bananen produzierende Länder Lateinamerikas wollen sich dem Bananendiktat Brüssels beugen. Unzufriedenheit und Verärgerung dauern in Lateinamerika über die Bananenimportpolitik der Europäischen Union an. Aber nur noch fünf von den rigiden Importbeschränkungen der EU betroffene Staaten, nämlich Ecuador, Guatemala, Honduras, Mexiko und Panama, nahmen dieser Tage in Guatemala-Stadt an einem Bananenkrisengipfel teil, um direkte Neuverhandlungen mit der Brüsseler Bürokratie zu fordern. Nicht einmal auf einen gemeinsamen Verhandlungsvorschlag an Brüssel konnten sich die fünf einigen, aber Enrique Betancourt hat noch nicht aufgegeben. In Kürze will man in Panama weiter darüber beraten, mit welchen Mitteln Brüssel dazu gebracht werden kann, seine Bananenpolitik mit dem Allgemeinen Zoll- und Handelsabkommen Gatt in Einklang zu bringen. Das Gatt hatte nach einer Klage lateinamerikanischer Staaten die Importbeschränkungen für lateinamerikanische Bananen von etwa 2,5 auf nur noch zwei Millionen Tonnen jährlich sowie die einseitige Begünstigung der Bananenproduzenten in den ehemaligen englischen und französischen Kolonien, etwa in der Karibik, verurteilt. Allerdings ist die Gatt-Entscheidung rechtlich nicht bindend, und die deutsche Regierung ist offenbar nicht in der Lage, sich gegen französische, englische und spanische Sonderinteressen durchzusetzen.

Die Folgen der protektionistischen Krummfruchtschikanen Brüssels sind für die lateinamerikanischen Bananenproduzenten wirtschaftlich katastrophal, während für deutsche Konsumenten trotz eines drastischen Preisverfalls für Bananen auf dem Weltmarkt die Preise für nun auch noch besteuerte sogenannte Plantagenbananen kräftig gestiegen sind: Oberhalb der Quote steigt der Bananenzoll von 20 auf 170 Prozent.

Die Situation ist geradezu grotesk: Die von den EU-Bananenpolitikern besonders geschützten karibischen Ernten können gute Qualität in hinreichender Menge nicht liefern, die Lateinamerikaner müssen unverkaufte Bananen verfaulen lassen oder verramschen. Seit dem vergangenen Sommer sind die Weltmarktpreise um 30 bis 50 Prozent gefallen. 18-Kilo Kartons sind oft schon für weniger als 40 Mark zu haben. Während kleine und mittlere Produzenten pleite gehen, haben die großen Bananenkonzerne, etwa die US-amerikanische United Fruit Company oder die in mexikanischem Besitz befindliche Del Monte, trotz empfindlicher Einnahmeverluste bessere Möglichkeiten, mit der Bananenkrise fertig zu werden: Frachtschiffe werden flugs in den lateinamerikanischen Bananenhafen dirigiert, in dem die grünen Früchte gerade besonders billig verscherbelt werden.

Lateinamerika verliert in diesem Jahr vermutlich mehr als eine Milliarde Mark an Exporteinnahmen, mehr als die gesamte Entwicklungshilfe der EU-Länder, etwa 200 000 Arbeitsplätze stehen auf dem Spiel. Während kleine Bananenplantagen aufgeben oder mit meist ebenso ungewissen Absatzchancen auf andere Nutzpflanzen umsatteln müssen, haben auch die großen Bananenkonzerne begonnen, Arbeiter zu entlassen oder sie an erheblich weniger Tagen im Jahr zu beschäftigen. Ecuador, mit einer Jahresproduktion von rund einer Million Tonnen der größte Bananenexporteur der Welt, hat inzwischen beschlossen, rund ein Drittel der Bananenplantagen zu vernichten.

Einige lateinamerikanische Staaten, die nicht so wie etwa Honduras oder Ecuador fast ausschließlich vom Bananenexport abhängen, etwa Venezuela, Kolumbien, Costa Rica und Nicaragua, haben inzwischen vor dem Brüsseler Starrsinn resigniert und versuchen, mit Einzelverhandlungen höhere Einfuhrquoten zu bekommen. Kolumbien etwa will es zudem nicht mit seinen karibischen Nachbarstaaten verderben. Die EU hat es geschafft, Länder in ein und derselben Region mit ähnlichen Entwicklungsproblemen kaltschnäuzig gegeneinander auszuspielen. Den immer noch Widerstand leistenden Bananenländern hat Brüssel zu allem Überfluß auch noch damit gedroht, die für 1995 angekündigte leichte Quotenerhöhung auf 2,2 Millionen Tonnen wieder zu streichen, falls sie weiterhin auf freien Handel für Bananen bestehen.

Damit richtet die Festung Europa auch noch erheblichen politischen Schaden in Lateinamerika an, das im Zuge marktwirtschaftlicher Reformen in den vergangenen Jahren seine Märkte auch weit für europäische Produkte geöffnet hat und Europa traditionell als politisches Gegengewicht zu den in der Region mächtigen USA schätzt. „Dieser Vorschlag Brüssels", hat der equadorianische Handelsminister inzwischen zu dem jüngsten Kompromißvorschlag gesagt, „macht alles nur noch komplizierter, vernichtet Arbeitsplätze in Lateinamerika und schafft nur neue Bürokratie." In Brüssel, versteht sich.

Quelle: HAZ vom 31. 01. 1994

Arbeitsvorschlag
Beantworten Sie die Fragen, und nehmen Sie Stellung zu den Problemen.
1. Inwieweit verstößt die „Euro-Krummfrucht" gegen die Zielsetzungen des GATT?
2. Welche Auswirkungen ergeben sich für die betroffenen Länder?
3. Warum hat Konrad Adenauer das sogenannte „Bananenprotokoll" durchgesetzt?
4. Schreiben Sie einen Brief an Ihren Europa-Abgeordneten. Fassen Sie darin die im obigen Zeitungsartikel beschriebene Problematik aus Ihrer Sicht kurz zusammen. Fordern Sie den Abgeordneten auf, seine Stellung dazu zu erläutern.

Die neue Welthandelsorganisation (WTO = World Trade Organization), mit ihrem Sitz in Genf, hat am 1. Januar 1995 die Nachfolge des 1947 von 123 Mitgliedsländern gegründeten Allgemeinen Zoll- und Handelsabkommen (GATT) angetreten.

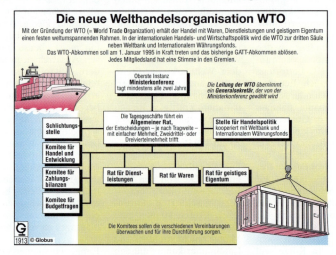

Experten erhoffen sich von der WTO bis zur Jahrtausendwende weltweite Einkommenszuwächse von 200 Milliarden US-Dollar jährlich. Diese Hoffnung wird mit den größeren Vollmachten der WTO begründet. So soll sie bindende rechtlichen Rahmenbedingungen für den Welthandel schaffen, in den erstmals auch Regelungen für den Bereich der Dienstleistungen wie Tourismus und Versicherungen aufgenommen worden sind.

Allerdings sind die 200 Milliarden US-Dollar in Relation zur Erdbevölkerung zu setzen. Wird dabei eine Gleichverteilung unterstellt und die Erdbevölkerung auf 6 Milliarden Menschen geschätzt, ergeben sich nominale Verbesserungen in Höhe von ca. 50,00 DM jährlich pro Person. Ob sich spürbare reale Einkommensverbesserungen messen lassen werden, wird von den Preissteigerungsraten abhängen, die das gewünschte Ergebnis aber auch vollständig umkehren können. Letztlich ist das Gesamtvolumen so gering, daß es im Verhältnis zur weltweiten Ungleichverteilung der Einkommen eine nicht zu beachtende Größe darstellt.

So wird der Nutzen der neuen Welthandelsorganisation in erster Linie daran zu messen sein, inwieweit es ihr gelingt, den Protektionismus einiger Nationen und internationaler Wirtschaftsgemeinschaften sowie die damit verbundenen weltweiten Ungleichgewichte im Handel abzubauen

Aufgaben zum Grundwissen

1 Welche Bedeutung hat der Export für die Bundesrepublik Deutschland?
2 Was versteht man unter den Terms of trade?
3 Was ist eine Zahlungsbilanz?
4 Wodurch unterscheiden sich Handelsbilanz und Dienstleistungsbilanz?
5 In welcher Bilanz wird der Kapitalverkehr erfaßt?
6 In welchem Fall liegt eine aktive Zahlungsbilanz vor?
7 Warum ist die Zahlungsbilanz immer ausgeglichen, obwohl es in den Teilbilanzen zu Ungleichgewichten kommen kann?
8 Welche Voraussetzungen müssen für ein außenwirtschaftliches Gleichgewicht gegeben sein?
9 Welche Vorteile haben flexible Wechselkurse für den Außenhandel der deutschen Wirtschaft?
10 Die Deutsche Mark ist gegenüber dem Französischen Franc aufgewertet worden. Was könnte der Grund für diese Maßnahme gewesen sein?
11 Welche Funktionen haben IWF und Weltbank?

Weiterführende Problemstellungen

1. Problem
Sammeln Sie Beispiele für nichttarifäre Handelshemmnisse aus Ihrem Ausbildungsbereich. Diskutieren Sie diese unter Berücksichtigung wirtschaftlicher und politischer Gesichtspunkte.

2. Problem
Erläutern Sie den Interventionsmechanismus des EWS.

3. Problem
Welche Probleme sind mit der Aufgabe nationaler Währungen in der EU zugunsten des ECU verbunden?

4. Problem
Welche Auswirkungen hätte ein Beitritt der osteuropäischen Staaten in die EU für die Bundesrepublik Deutschland?

8.3.6 Hoher Beschäftigungsstand

8.3.6.1 Arbeitslosigkeit

Situation:

Die deutsche Konjunktur klettert kräftig – am Arbeitsmarkt vorbei

Arbeitsmarkt im Sommertief

Arbeitslosigkeit steigt auf 3,7 Millionen

„Jeder Mensch hat das Recht auf Arbeit, auf freie Berufswahl, auf angemessene und befriedigende Arbeitsbedingungen sowie auf Schutz gegen Arbeitslosigkeit."

Aus der Allgemeinen Erklärung der Menschenrechte der Vereinten Nationen vom 10. Dezember 1948 in Art. 23, Abs. 1

Arbeitsvorschlag
1. Welche Bedeutung hat der Arbeitsplatz für den einzelnen?
2. Welche Folgen hat eine hohe Arbeitslosigkeit für eine Volkswirtschaft und für die Gesellschaft?
3. An wen kann sich ein Arbeitsloser wenden, um einen neuen Arbeitsplatz zu bekommen?

Sachdarstellung:

Im wirtschaftlichen Sinne versteht man Arbeit als eine zielstrebige Tätigkeit gegen Entgelt, d.h. die Arbeit dient dem Arbeitenden dazu, Einkommen zu erzielen.

Diese am Produktionsfaktor Arbeit orientierte Betrachtung reicht jedoch nicht aus, um alle Aspekte, die mit einem Arbeitsplatz verbunden sind, hinreichend zu beschreiben. Einen Arbeitsplatz zu haben beinhaltet für einen Arbeitnehmer u.a.

- soziale Kontakte
- Selbstverwirklichung
- Nutzen körperlicher und geistiger Fähigkeiten sowie Fertigkeiten
- Freude am schöpferischen Proze0 und am Ergebnis der Leistung
- Anerkennung durch andere

Die menschliche Erfahrung mit der Arbeitslosigkeit

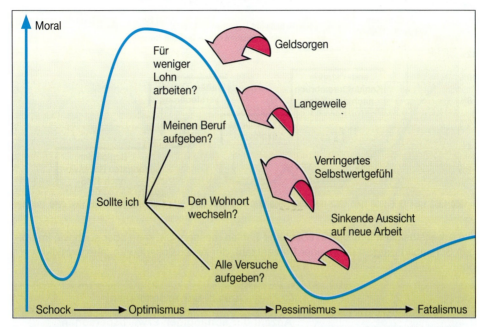

Quelle: Überlegungen II zu einer vorausschauenden Arbeitsmarktpolitik, Hrsg. Bundesanstalt für Arbeit, 1978

Im Umkehrschluß bedeutet Arbeitslosigkeit nicht nur eine erhebliche Minderung des Einkommens, sondern auch Verlust des Selbstwertgefühls und der sozialen Stellung des Betroffenen in der Gesellschaft. Unzufriedenheit und Perspektivlosigkeit werden immer häufiger als „Grund" für eine Gewaltzunahme in vielen Lebensbereichen angesehen.

Neben der persönlichen Problematik müssen auch die volkswirtschaftlichen Kosten der Arbeitslosigkeit bedacht werden.

Der Staat	
muß zahlen	büßt ein
• Arbeitslosengeld bzw. -hilfe • Rentenversicherungsbeiträge für Arbeitslose • Krankenversicherungsbeiträge für Arbeitslose • Sozialhilfe und Wohngeld	• Rentenversicherungsbeiträge • Krankenversicherungsbeiträge (Saldo) • Arbeitslosenversicherungsbeiträge • Lohnsteuer • Umsatz- und Verbrauchssteuern

Daraus folgt, daß die Zielsetzung in der Finanzierung von Arbeitsplätzen liegen sollte, während die Finanzierung der Arbeitslosigkeit lediglich die zweitbeste Lösung darstellt.

Wegen der besonderen Bedeutung der Arbeit hat man die Sicherung der Arbeitsplätze als ein wesentliches wirtschaftspolitisches Ziel im Stabilitätsgesetz verankert. Diese Zielsetzung konnte aber bisher nur selten realisiert werden, wie die aktuelle Statistik zeigt.

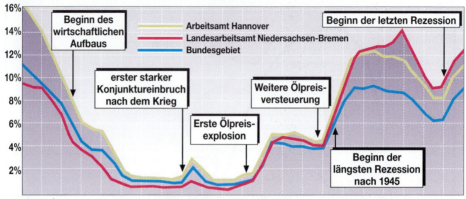

Die Arbeitslosigkeit läßt sich in absoluten Zahlen messen. Sie kann aber auch wie im obigen Schaubild dargestellt in einer Prozentzahl, der Arbeitslosenquote, ausgedrückt werden:

$$\text{Arbeitslosenquote in \%} = \frac{\text{Anzahl der Arbeitslosen}}{\text{Anzahl der abhängigen Erwerbspersonen}} \cdot 100$$

Abhängige Erwerbspersonen sind unselbständige Personen, die eine unmittelbar auf Erwerb ausgerichtete Tätigkeit ausüben oder suchen.
Um konkrete Aussagen über den Arbeitsmarkt treffen zu können, reicht es allerdings nicht aus, nur die absoluten Arbeitslosenzahlen bzw. die Arbeitslosenquote als pauschale Größen zu betrachten. Neben der Erfassung der Kurzarbeiterzahlen und der Zahl der offenen Stellen versucht die Arbeitslosenstatistik, auch qualitative Aspekte zu berücksichtigen. Die Bundesanstalt für Arbeit nimmt eine Differenzierung der Arbeitslosigkeit u.a. in regionaler, branchenspezifischer, alters-, ausbildungs- und geschlechtsspezifischer Hinsicht vor.
Angesichts der dramatischen Unterbeschäftigung auf dem Arbeitsmarkt stehen die Ursachen der Arbeitslosigkeit und mögliche Maßnahmen zur Bekämpfung im Vordergrund der arbeitsmarktpolitischen Diskussionen.

8.3.6.2 Ursachen der Arbeitslosigkeit

„Gott sei Dank! Die Schuldfrage ist immerhin schon mal geklärt."

Es lassen sich vier verschiedene Arten der Arbeitslosigkeit unterscheiden:

● Friktionelle Arbeitslosigkeit
Zwischen dem Verlust oder der Aufgabe eines Arbeitsplatzes und der Aufnahme einer neuen Tätigkeit liegt eine Zeitspanne. Da bestimmte Personengruppen schwieriger zu vermitteln sind und auch nicht jeder Arbeitslose zu jeder Arbeit fähig und bereit ist, wird es immer zu Reibungsverlusten zwischen Angebot und Nachfrage auf dem Arbeitsmarkt kommen (Friktion ≙ Reibung). Diese führen zu einem „Bodensatz" an Arbeitslosigkeit.

● Saisonale Arbeitslosigkeit
Saisonale Arbeitslosigkeit ist jahreszeitlich bedingt und insofern kurzfristiger Natur, z.B. Baugewerbe im Winter.

● Konjunkturelle Arbeitslosigkeit
Konjunkturelle Arbeitslosigkeit wird verursacht durch einen Rückgang der gesamtwirtschaftlichen Nachfrage und damit der Beschäftigung in den einzelnen Wirtschaftszweigen in einer konjunkturellen Abschwungphase.
Es handelt sich entsprechend dem Konjunkturzyklus um eine mittelfristige Form der Arbeitslosigkeit.

● Strukturelle Arbeitslosigkeit
Die langfristige strukturelle Arbeitslosigkeit resultiert daraus, daß das Arbeitsplatzangebot nicht mit der Arbeitsplatznachfrage übereinstimmt.
Die Ursachen sind vielschichtig, z.B.

- Das Angebot von bestimmten Berufen oder Qualifikationen weicht von der Nachfrage ab.
- In bestimmten Regionen herrscht ein Arbeitskräftemangel oder ein Überangebot.
- Ein nachhaltiger Rückgang der Nachfrage nach bestimmten Produkten löst Schrumpfungsprozesse in einzelnen Wirtschaftszweigen aus, z.B. Schiffbau, Stahlindustrie und Kohlebergbau.
- Der technologische Wandel führt zum Ersatz von Arbeitskräften durch Maschinen und damit zum Abbau von Arbeitsplätzen.

Von diesen strukturellen Problemen sind besonders ältere, ausländische und weibliche Arbeitnehmer sowie diejenigen mit dem Wunsch nach Teilzeitarbeit direkt betroffen.

8.3.6.3 Maßnahmen zur Bekämpfung der Arbeitslosigkeit

Entsprechend der Vielfältigkeit der Ursachen gibt es eine Fülle von Ansatzpunkten für die Bekämpfung der Arbeitslosigkeit. Sie setzen bei aller Unterschiedlichkeit bei den Bestimmungsgrößen des Arbeitsmarktes an:

Bestimmungsgrößen des Arbeitsmarktes

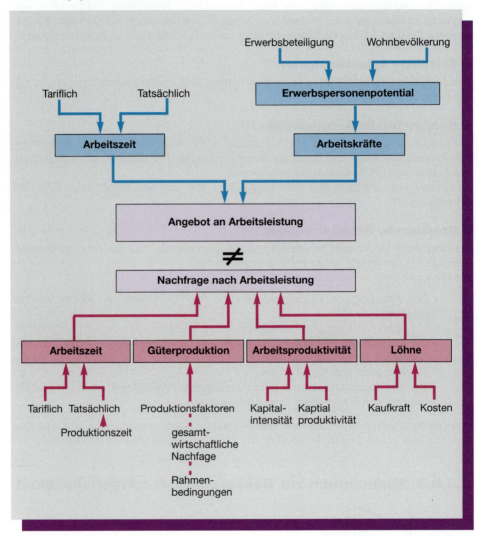

Aus dem Schaubild wird deutlich, daß in der Bundesrepublik Deutschland das Angebot an Arbeitsleistung mengenmäßig nicht mit der Nachfrage nach Arbeitsleistung übereinstimmt. Will man dieses Ungleichgewicht beseitigen, bieten sich u.a. folgende Bestimmungsgrößen an:
- Arbeitskräfte,
- Arbeitszeit,
- Arbeitsproduktivität,
- Güterproduktion,
- Arbeitskosten

Maßnahmen zur Bekämpfung von Arbeitslosigkeit

Arbeitsmarkt	Bestimmungsgrößen	Maßnahmen
ANGEBOT VON ARBEITSLEISTUNG	Arbeitskräfte	• Späterer Eintritt in das Erwerbsleben, z.B. durch Verlängerung der Ausbildungszeiten. • Früherer Austritt aus dem Erwerbsleben, z.B. Vorruhestandsregelungen. • Unterbrechung des Erwerbslebens, z.B. Verlängerung des Erziehungsurlaubs. • Beeinflussung der Aus- und Einwanderungsbewegungen, z.B. Rückkehrhilfen für ausländische Arbeitnehmer.
	Arbeitszeit	• Generelle Arbeitszeitverkürzungen, z.B. Verkürzung der Wochenarbeitszeit. • Individuelle Arbeitszeitregelungen, z.B. Job-Sharing.
NACHFRAGE NACH ARBEITSLEISUTNG	Arbeitszeit	• Unternehmensbezogene Arbeitszeitregelungen, z.B. 4-Tage-Woche bei VW, Angebote an Teilzeitarbeitsplätzen.
	Arbeitsproduktivität	• Veränderung der Investitionsstruktur, z.B. Rationalisierungsverbote. • Veränderung der Produktionsstruktur, z.B. Ausweitung von Umweltschutzmaßnahmen.
	Güterproduktion	• Steigerung des Wirtschaftswachstums durch eine Veränderung der Nachfragepolitik, z.B. Senkung der Verbrauchssteuern, Beschäftigungsprogramme. • Steigerung des Wirtschaftswachstums durch Veränderung der Angebotspolitik, z.B. Subventionen, Abschreibungserleichterungen, Investitionshilfen, Senkung der Unternehmenssteuern.
	Arbeitskosten	• Senkung bzw. Steigerung der Löhne und Gehälter. • Flexibilisierung tarifrechtlicher Bestimmungen. Man spricht auch vom zweiten Arbeitsmarkt.

Bei den Ansätzen zur Lösung der Arbeitsmarktprobleme stehen sich grundsätzlich 2 Positionen gegenüber, die in der folgenden Pro- und Contra-Diskussion erarbeitet werden sollen.

Arbeitsvorschlag

Bilden Sie 3 Gruppen.
- Gruppe A übernimmt die Pro-Position.
- Gruppe B übernimmt die Contra-Position.
- Gruppe C übernimmt die Rolle der Zuschauer.

- **Arbeitsauftrag für die Pro-Position:**

    Sie sollen in einer Diskussion die Pro-Position vertreten, die sich auf die Formel verkürzen läßt:

    Lohnerhöhungen ≙ weniger Arbeitslosigkeit

    Erarbeiten Sie Ihre Position mit Hilfe der folgenden Informationen:

Beschäftigungswirkungen von Lohnerhöhungen:

Das Kaufkraftargument

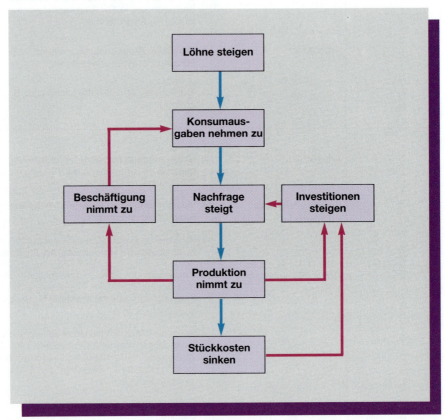

Typische Vertreter: Gewerkschaften, DIW (Deutsches Institut für Wirtschaftsforschung)

Argumente:
- Kein Unternehmen investiert in neue Arbeitsplätze, wenn die Kapazitäten nur zu 70 – 80 % ausgelastet sind. Deshalb müssen Versuche unternommen werden, u.a. durch Lohnerhöhungen die Konsumnachfrage zu steigern.
- Die Lohnquote hat sich im letzten Jahrzehnt unterdurchschnittlich entwickelt. Dieser Trend muß umgekehrt werden.
- Der Anteil der unselbständigen Arbeit am Volkseinkommen ist wieder auf den Stand der 60er Jahre zurückgefallen.

– Arbeitslosigkeit verursacht Kosten, die durch höhere Steuern, Sozialversicherungsbeiträge und Lohnnebenkosten gedeckt werden müssen, was wiederum zu Nachfrageverlusten führt. Darum ist es sinnvoll, die Nachfrage über höhere Löhne und Gehälter anzuregen. Dies führt zu positiven Beschäftigungswirkungen und damit gleichzeitig zu einer Senkung der durch die Arbeitslosigkeit verursachten Kosten.

Bei Ihrer Vorbereitung auf die Diskussion beachten Sie folgende Punkte:
- Welche Argumente vertritt die Gegenpartei?
- Gibt es nur ein Für oder Wider, welche Kompromisse sind denkbar?
- Überlegen Sie sich Möglichkeiten zur Veranschaulichung Ihrer Position.

- **Arbeitsauftrag für die Contra-Position:**

Sie sollen in einer Diskussion die Contra-Position vertreten, die sich auf die Formen verkürzen läßt:

$$\text{Lohnerhöhungen} \triangleq \text{mehr Arbeitslosigkeit}$$

Erarbeiten Sie Ihre Position mit Hilfe der folgenden Informationen:

Beschäftigungswirkungen von Lohnerhöhungen:

Das Kostenargument

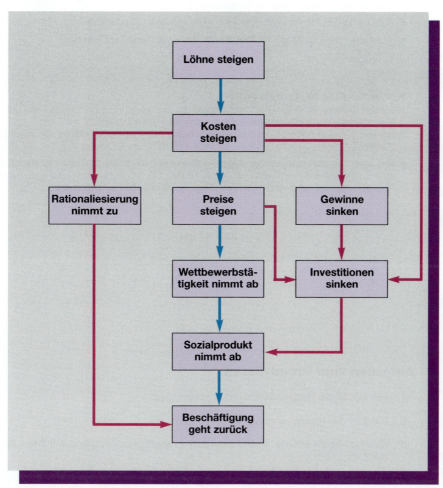

Typische Vertreter: Deutsche Bundesbank, Sachverständigenrat zur Begutachtung der gesamtwirtschaftlichen Entwicklung

Argumente:
- Die Grundthese lautet: Die Art und der Umfang privatwirtschaftlicher Produktion hängen von den Gewinnen bzw. von der Kapitalrentabilität ab. Unrentable Produkte werden vom Markt genommen, d.h. ihre Produktion wird eingestellt und als Folge davon sinkt die Beschäftigung.
- Alle Kosten, insbesondere Lohn- und Lohnebenkosten, beeinträchtigen den Gewinn ...
- Höhere Lohnkosten werden durch Rationalisierungsinvestitionen aufgefangen, die als Folge wiederum zu einer Freisetzung von Arbeitskräften führen.
- Steigende Risiken, verursacht durch weltweite Arbeitsteilung, neue Konkurrenten, ungewisse Belastungen durch staatliche Eingriffe wie Steuern und Umweltschutzauflagen, Veränderungen des Nachfrageverhaltens usw. verhindern den Aufbau neuer bzw. führen zum Abbau vorhandener Produktionsstätten. Mögliche Investoren legen ihre finanziellen Mittel in risikoarmen Geldanlagen an.

Bei Ihrer Vorbereitung auf die Diskussion beachten Sie folgende Punkte:
- Welche Argumente vertritt die Gegenpartei?
- Gibt es nur ein Für und Wider, welche Kompromisse sind denkbar?
- Überlegen Sie sich Möglichkeiten zur Veranschaulichung Ihrer Position.

- **Arbeitsauftrag für die Beobachter**
1. Führen Sie eine Abstimmung durch. Wenn Sie der Meinung sind, daß höhere Löhne zu einem Abbau der Arbeitslosigkeit führen, stimmen Sie mit „Pro".
Denken Sie, daß höhere Löhne zu einer höheren Arbeitslosigkeit führen, stimmen Sie mit „Contra".
2. Verfolgen Sie aufmerksam die folgende Diskussion und führen Sie im Anschluß daran erneut eine geheime Abstimmung durch. Stellen Sie mögliche Abweichungen zur ersten Abstimmung fest, und versuchen Sie, diese Abweichungen zu begründen.

Aufgaben zum Grundwissen

1 *Nennen Sie die Hauptursachen der Arbeitslosigkeit.*

2 *Was gibt die Arbeitslosenquote an?*

3 *Wie hoch ist die aktuelle Arbeitslosenquote in der Bundesrepublik und in Ihrem Bundesland?*

4 *Nennen Sie Maßnahmen zur Bekämpfung der Arbeitslosigkeit.*

Weiterführende Problemstellung

1. Problem

a) Bilden Sie zu den angebotenen Materialien M1 — M3 je nach Interessenlage Gruppen.
b) Untersuchen Sie die Aussagen der jeweiligen Darstellung, und diskutieren Sie diese in Ihrer Gruppe.
c) Fassen Sie Ihre Ergebnisse in einem Thesenpapier zusammen, und stellen Sie sie Ihren Mitschülern vor.

M1

Quelle: Aktuell '94, S.7.

M2

"Ich habe die Fehlerquelle gefunden: ein total veraltetes Einbauteil!"

M3

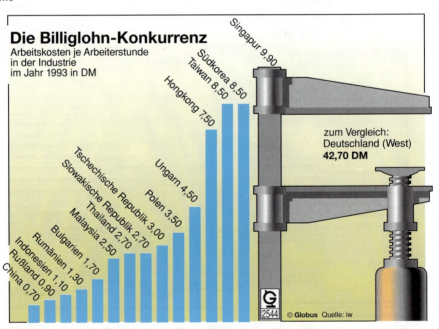

Wenn Unternehmer nach neuen Standorten für Produktionsstätten befragt werden, lautet die Antwort immer öfter Osteuropa statt wie bisher Portugal oder Irland. Löhne und Lohnnebenkosten im Osten machen nur einen Bruchteil der westdeutschen Arbeitskosten aus.

2. Problem

Ein Blick in die Zukunft – Arbeitsmarkt 2020

Im folgenden soll mit der Szenario-Technik gearbeitet werden. Mit ihrer Hilfe lassen sich Vorstellungen, Einschätzungen, Meinungen über positive und negative Entwicklungen in der Zukunft vorausdenken. Es entstehen somit Denkmodelle, die dazu dienen können, komplizierte Zusammenhänge verständlich zu machen. In diesem Fall soll der Arbeitsmarkt im Jahre 2020 im Mittelpunkt stehen. Zukünftige Entscheidungen sind so zu treffen, daß ein möglichst optimaler Zustand erreicht werden kann.

Der Szenario-Trichter und die 3 Grundtypen des Szenarios

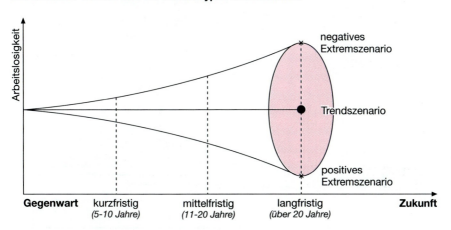

Die Szenario-Technik besteht aus 4 Schritten:

1. Problemanalyse
2. Bestimmung von Einflußbereichen
3. Entwicklung von Szenarien
4. Strategien und Maßnahmen zur Problemlösung

1. Problemanalyse

Im vorangegangenen Kapitel wurde die Situation des Arbeitsmarktes in der Bundesrepublik Deutschland ausführlich beschrieben. Dabei wurde deutlich, daß der Arbeitsmarkt als der Problembereich der Volkswirtschaft schlechthin gilt. Besonders markante Punkte sind: hohe Arbeitslosenquote, Selbstwertverluste der Menschen, Zunahme der Gewaltbereitschaft, gesamtwirtschaftlicher Nachfrageausfall.

2. Bestimmung von Einflußfaktoren

Eine Zusammenfassung der wichtigsten Einflußgrößen des Arbeitsmarktes bietet die Abbildung zu den Bestimmungsgrößen in diesem Kapitel.

a) Bilden Sie Arbeitsgruppen, und versuchen Sie, die verschiedenen Bestimmungsgrößen auf einer Wandzeitung bildlich darzustellen.
b) Überlegen Sie, wie sich die einzelnen Faktoren in der Zukunft entwickeln werden.
c) Halten Sie Ihre Arbeitsergebnisse schriftlich fest.

3. Entwicklung zweier Extrem-Szenarien

a) Entwickeln Sie in Gruppen ein positives Extrem-Szenario und ein negatives Extrem-Szenario. Benutzen Sie dazu als zusätzliche Informationsquelle die Arbeitsmarktperspektiven bis zum Jahr 2000.

Arbeitsmarktperspektiven bis 2000

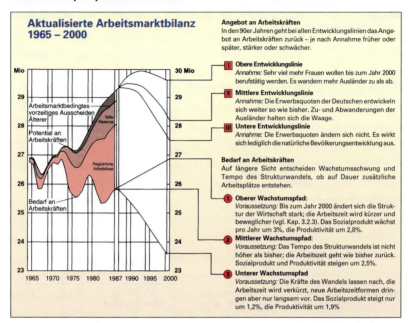

Sowohl beim Angebot an Arbeitskräften wie auch bei der Nachfrage nach Arbeitskräften werden drei verschiedene Annahmen darüber gemacht, wie die Entwicklung bis zum Jahr 2000 verlaufen könnte. Es handelt sich dabei jeweils um eine obere und eine untere Variante sowie um einen Mittelweg.

Beim Angebot an Arbeitskräften geht die obere Entwicklungslinie von einer deutlich zunehmenden Erwerbsquote der Frauen und einem positiven Ausländer-Wanderungssaldo aus. Unter diesen Annahmen würde das potentielle Arbeitskräfteangebot im Jahr 2000 etwa 29,5 Mio Personen betragen.

Geht man dagegen davon aus, daß sich die Erwerbsquoten in Zukunft so weiterentwickeln wie bisher und der Wanderungssaldo Null erreicht (also ebenso viele Ausländer zu- wie abwandern), erhält man die mittlere Entwicklungslinie. Hier wäre mit einem Arbeitskräftepotential von 28,25 Mio Personen zu rechnen.

Die untere Entwicklungslinie, bei der von konstanten Erwerbsquoten und der natürlichen Bevölkerungsentwicklung ausgegangen wird, führt zu einem Arbeitskräftepotential von rd. 27,5 Mio Personen.

Quelle: Bundesanstalt für Arbeit

b) Diskutieren Sie gemeinsam ein Trendszenario als möglichen Mittelweg.

4. Strategien und Maßnahmen zur Problemlösung

Entwickeln Sie – ausgehend von der gegenwärtigen Situation – gemeinsam Handlungsmöglichkeiten zur Lösung der Probleme des Arbeitsmarktes. Stellen Sie diese in einem Maßnahmenkatalog in zeitlicher Abfolge zusammen.

8.3.7 Angemessenes Wirtschaftswachstum

8.3.7.1 Notwendigkeit des Wirtschaftswachstums

Die Forderung nach Wirtschaftswachstum – und damit auch ihre Verankerung im magischen Viereck – stützt sich auf folgende wesentlichen Argumente:
- Erhaltung und Erhöhung des Lebensstandards,
- Sicherung der Beschäftigung bei arbeitssparendem technischen Fortschritt,
- Förderung des Strukturwandels,
- Erleichterung von Umweltschutzmaßnahmen.

8.3.7.2 Einflußmaßgrößen auf das Wirtschaftswachstum

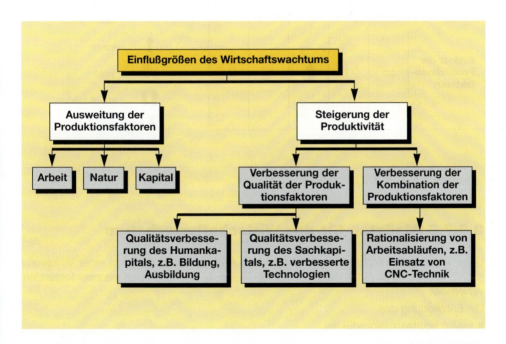

Der erste Ansatzpunkt liegt in einer Ausweitung der Produktionsfaktoren, beispielsweise durch Einstellung bisher nicht erwerbstätiger Arbeitskräfte. Ebenso könnte man das Arbeitsvolumen vergrößern, indem man die Arbeitszeiten. z.B. Wochenarbeitszeit, Lebensarbeitszeit, verlängert.

Realistisch erscheint eine Zunahme der Beschäftigung nur, wenn gleichzeitig der Faktor Kapital in Form von produzierten Produktionsmittel ausgeweitet wird.

Eine Steigerung des Faktors Boden ist bei stabilen Landesgrenzen nur sehr begrenzt denkbar.

Der zweite Ansatzpunkt zur Steigerung des Wachstums liegt in einer Erhöhung der gesamtwirtschaftlichen Produktivität. Die folgende Darstellung verdeutlicht, unter welchen Bedingungen es zu Produktivitätssteigerungen kommen kann:

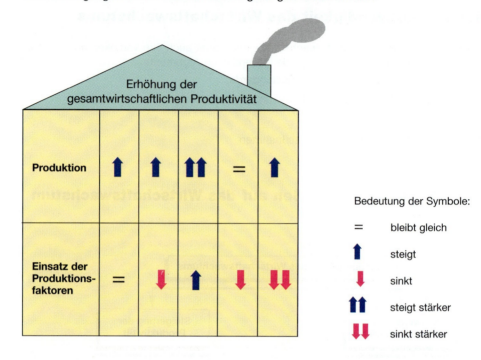

8.3.7.3 Maßstab für das Wirtschaftswachstum

Unter Wirtschaftswachstum versteht man den Anstieg des Wohlstands einer Volkswirtschaft. Umstritten ist dabei der zu wählende Maßstab. Häufig werden die zwei folgenden verwendet:
Die Entwicklung des
- realen Bruttosozialproduktes,
- Bruttosozialproduktes pro Kopf.

Bezüglich der Anwendung des ersten Maßstabes ist kritisch anzumerken, daß bei der Messung des Bruttosozialprodukts die Veränderungen der Bevölkerungsgröße nicht erfaßt werden. Eine Steigerung des realen Bruttosozialprodukts um beispielsweise 3 % bei einer gleichzeitigen Steigerung der Bevölkerung um 4 % führt letztlich zu einem Sinken des realen Wohlstands pro Person!

Zudem gehen in das Bruttosozialprodukt die Einflüsse der Einkommenserzielung durch Ausländer im Inland und von Inländern im Ausland ein. Als Wachstumsmaßstab des inländischen Wohlstands ist daher das Bruttoinlandsprodukt besser geeignet.

Bruttoinlandsprodukt in jeweiligen und konstanten Preisen
Früheres Bundesgebiet

Jahr	1980	1985	1987	1988	1989	1990[1]	1991[1]	1992[1]
in jeweiligen Preisen								
in Mrd. DM	1 472,0	1 823,2	1 990,5	2 096,0	2 224,4	2 417,8	2 612,6	2 772,0
1975 = 100	143	178	194	204	217	236	254	270
Veränderungen gegen Vorjahr in v.H.	6,0	4,1	3,4	5,3	6,1	8,7	8,1	6,1
in Preisen von 1985								
in Mrd. DM	1 727,5	1 823,2	1 890,3	1 960,5	2 027,3	2 130,5	2 209,6	2 242,7
1975 = 100	117	124	128	133	138	145	150	152
Veränderungen gegen Vorjahr in v.H.	1,1	1,9	1,4	3,7	3,7	5,1	3,7	1,5

[1] Vorläufig

Bruttoinlandsprodukt je Einwohner
Früheres Bundesgebiet

Jahr	1980	1985	1987	1988	1989	1990[1]	1991[1]	1992[1]
in jeweiligen Preisen								
in Mrd. DM	23 900	29 900	32 600	34 100	35 800	38 200	40 800	42 900
1975 = 100	144	180	196	205	216	230	246	258
Veränderungen gegen Vorjahr in v.H.	5,8	4,5	3,5	4,6	5,1	6,6	6,7	5,2
in Preisen von 1985								
in Mrd. DM	28 100	29 900	30 900	31 900	32 700	33 700	34 500	34 700
1975 = 100	118	126	130	134	137	142	145	146
Veränderungen gegen Vorjahr in v.H.	0,7	2,4	1,4	3,1	2,4	3,1	2,4	0,6

[1] Vorläufig

Quelle: Wirtschaft in Zahlen

8.3.7.4 Auswirkungen des Wirtschaftswachstums

Die Vergangenheit hat gezeigt, daß höhere Wachstumsraten allein noch keinen materiellen Wohlstand und sozialen Fortschritt garantieren können. Noch nie gab es so viele Menschen auf der Erde, die an bzw. unter der Armutsgrenze leben. Jeden Tag sterben 30.000 Kinder an Krankheit und Unterernährung.

Es zeigt sich, daß der materielle Wohlstand immer im Verhältnis zu der Anzahl der Menschen gesehen werden muß, die sich diesen Wohlstand teilen müssen. Neben diesem Verteilungsproblem ergeben sich für ein rein mengenmäßiges Wachstum Grenzen durch den beschränkten Vorrat an Rohstoffen. Nicht zuletzt gibt es einen zentralen Zielkonflikt, der aus dem Wunsch nach Wirtschaftswachstum auf der einen Seite und der Zerstörung der Umwelt auf der anderen Seite resultiert. Es stellt sich die zentrale Frage, wie Ökologie und Ökonomie in Einklang gebracht werden können.

8.3.8 Umwelt und Wachstum

Schon 1972 hat Meadows in seinem Bericht des Club of Rome die Grenzen des quantitativen Wachstums eindringlich beschrieben. Trotz aller Warnungen hat das unkontrollierte Wachstum die Menschen in eine existenzbedrohende Krise geführt, die sich an markanten Beispielen der Vergangenheit verdeutlichen läßt:

Beispiel	Problembereich
Supergau in Tschernobyl	Atomkraft als Energieträger
Tankerunglück Exxon Valdez	Transport von gefährlichen Gütern
Ozon-Loch	Extensive Nutzung privater Verkehrsmittel treibgashaltige Spraydosen
Seweso-Katastrophe	Steigerung landwirtschaftlicher Erträge durch Pflanzenschutzmittel
Abholzung der Regenwälder	Raubbau an der Natur
Fast-Food-Ketten	Müllberge

Die Beseitigung solcher Umweltschäden ist mit hohen finanziellen Aufwendungen, sozialen Kosten, für die Gemeinschaft verbunden. Diese wirken in der traditionellen Sozialproduktrechnung wertsteigernd, obwohl objektiv keine Wohlstandsverbesserung stattgefunden hat. Im Sinne eines neuen Konzepts zur Wohlstandsmessung, z.B. NEW = Net Economic Welfare, würde man zu folgendem Berechnungsschema kommen:

	abziehen	hinzurechnen	
BIP	soziale Kosten, z.B. Umweltschäden und die Kosten ihrer Beseitigung hinzurechnen	private Dienste, für die kein Marktpreis besteht, z.B. Hausfrauenarbeit	→ NEW (Net Economic Welfare)

Trotz erheblicher Definitions- und Abgrenzungsprobleme in diesem Konzept belegen erste vorsichtige Schätzungen einer umweltökonomischen Gesamtrechnung für die Bundesrepublik Deutschland, daß gegenwärtig ca. 15 % des BIP auf die Kosten zur Schadensdeckung entfallen.

Der Preis für eine bessere Umwelt

Zwischen 249 und 325 Mrd. DM werden wir bis zum Jahr 2000 ausgeben müssen, um Umweltbelastungen zu verringern oder zu beseitigen. So geht es aus Bedarfsschätzungen des Münchener Ifo-Instituts hervor. Angesichts so hoher Summen versagt das Vorstellungsvermögen. Je Bundesbürger gerechnet, wird der erforderliche Aufwand schon begreiflicher: Es ergeben sich 4 000 bis 5 200 DM je Kopf in einem Zeitraum von zwölf Jahren. Jährlich sind das zwischen 330 und 430 DM für den Umweltschutz. Wenn man bedenkt, daß jeder Bundesbürger im Durchschnitt 1 000 DM im Jahr für Alkohol und Tabak ausgibt, erscheint der Aufwand für eine gesündere Umwelt eher als gering.

Den größten Anteil an den künftigen Umweltschutz-Geldern erfordert mit 162 bis 216 Mrd. DM der Gewässerschutz, also Ausbau und Sanierung der Abwasserkanäle, Bau und Erweiterung von Kläranlagen sowie Verbesserung der Klärleistung bestehender Werke. Die Lösung des Müllproblems – Recycling, Verbrennung, Kompostierung, Deponierung, Sanierung der Altlasten – schlägt mit 64 bis 77 Mrd. DM zu Buche. Die Luftreinhaltung ist der drittgrößte finanzielle Posten; er ist vor allem von den Betreibern von Kraftwerken und von industriellen Betreibern von Großfeuerungsanlagen aufzubringen. Der Aufwand für den Lärmschutz stellt den kleinsten Posten dar, wohl auch deshalb, weil Schäden und Belästigung durch Lärm weniger leicht dingfest zu machen sind.

Quelle: Wirtschaftsspiegel 9/90

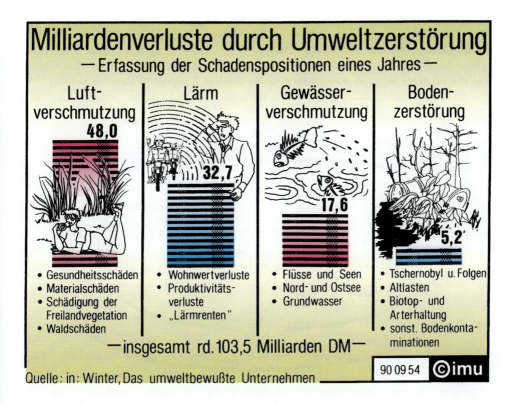

Eine umweltökonomische Gesamtrechnung würde einen über eine reine Zahlenarithmetik hinausgehenden Maßstab für qualitatives Wachstum darstellen. Dazu ist es notwendig, von der Betrachtungsweise der Wirtschaft als isoliertem System im Sinne einer „Durchlaufökonomie" oder „Cowboy-Ökonomie" abzurücken.

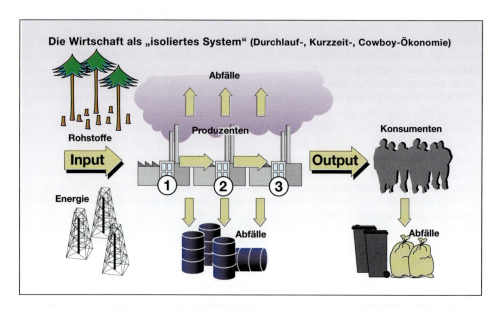

Das Ziel sollte sein, die Wirtschaft als ein Element innerhalb des ganzheitlichen ökonomisch-ökologischen Kreislaufs zu verstehen.

Die Wirtschaft als Subsystem innerhalb irdischer Grenzen (Langzeit-/Kreislaufökonomie)

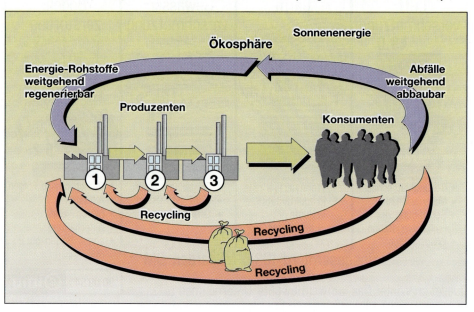

„Im Sinne einer Raumschiffökonomie müssen wir mit dem Material auskommen, das wir als Bodenschätze mitbekommen haben, erhalten von außen auch nichts dazu und können auch keine Abfälle nach außen abgeben."
(Stahlmann, Volker)

Dieser Ansatz wird auch zunehmend von Unternehmen aufgegriffen.

Beispiel aus der Werbung

BALANCE PROJECT IST GUT FÜR DEN KREISLAUF.

So merkwürdig das auch klingt: Ein ökologisch sinnvoller Rohstoffkreislauf kann nur dann so richtig in Schwung kommen, wenn neben der Sortenreinheit der Produktbestandteile auch die Langlebigkeit gegeben ist. Denn je länger Sie die Kleidung tragen können, um so weniger Rohstoffe werden verbraucht. Und desto später stellt sich die Frage: Wohin damit?

Unsere klare Antwort: Zu uns. Als erstes Unternehmen der Textilbranche hat GORE zur Verbesserung der ökologischen Bilanz das Balance Project gegründet. Alle Produkte, die mit unseren Label gekennzeichnet sind, werden von GORE zurückgenommen.

In einem umweltschonenden Recyclingverfahren werden die Materialien sortenrein getrennt und dem Rohstoffkreislauf nahezu vollständig wieder zugeführt. So tragen wir nachhaltig dazu bei, wertvolle Rohstoffe zu erhalten. Gemeinsam mit Ihnen, wenn Sie die Balance Project-Produkte kaufen. Und mit den Konfektionären, die Balance Project-Bekleidung herstellen: Schöffel, Bugatti, Mammut, Fjällräven, Degre 7, Mello's, Wild Roses.

Um neue Wege in der Wirtschaftspolitik zu beschreiten, ist es notwendig, sich von gewohnten Denkweisen zu trennen und sich neuen Gedanken zu öffnen.
Will man die zukünftigen ökologischen Probleme lösen, bedarf es kreativer Menschen. Einen Weg zum kreativen Denken bietet das „Mind-Mapping". Damit lassen sich Ideen sammeln, Sachverhalte planen, organisieren und visualisieren.

Beispiel: Mind-Map

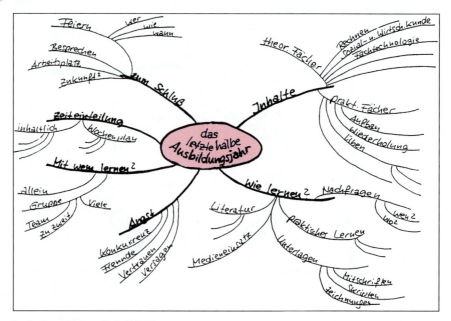

Quelle: Berufsbildung, Heft 18/1992

Arbeitsvorschlag
Erstellen Sie in Arbeitsgruppen ein Mind-Map zum Thema „Umweltverträgliches Wachstum".

Die Vielfalt der erzielbaren Ergebnisse macht die Komplexität des Problems deutlich. Gleichzeitig läßt sich erkennen, daß einige Ansätze schon in die Praxis umgesetzt wurden, z.B. Rohstoffrecycling, Ökobilanzen, Katalysator.

Allerdings befinden sich viele, insbesondere weiterreichende Lösungsvorschläge noch im Diskussionsstadium, z.B. ökologische Steuerreform, Tempolimit, Marshallplan für die Erde.

Bei allen Bemühungen der Wirtschaftssubjekte, verantwortlicher mit der Umwelt umzugehen, ist jedoch bisher weder ein Gesamtkonzept noch eine allgemein anerkannte Prioritätenliste bezüglich umweltschützender Vorhaben erkennbar.

Angesichts fehlender Gesamtkonzepte auf der einen Seite und der dringenden Existenzprobleme der Menschheit auf der anderen Seite haben sich parteiübergreifend Menschen zusammengetan, um eine Gegenstrategie zu entwickeln. Diese besteht darin, aufbauend auf der Idee von Al Gore (Vizepräsident der Vereinigten Staaten), einen „ökologischen Marshall-Plan" aufzustellen. Er beinhaltet ein politisches, wirtschaftliches und kulturelles Aufbäumen gegen den unfaßbaren Sachverhalt, daß wir Menschen im Begriff sind, unsere Erde aus ihrer Balance zu kippen.

Ökologischer Marshall-Plan

1. Eine ökologische Steuerreform als Voraussetzung einer ökosozialen Marktwirtschaft.
2. Anreize zu einem effizienten Energiesparen durch Energiesteuern und entsprechend niedrigeren Lohnnebenkosten.
3. Konkrete Maßnahmen zur Reduktion der CO-Treibhausgase – hauptsächlich im Verkehr und in Gebäuden.
4. Eine zweckgebundene Klimaschutzabgabe, um in- und ausländische Umweltschutzprogramme finanzieren zu können.
5. Statt Atomkraft und Kohle müssen künftig erneuerbare Energien aus Sonne, Wind, Wasser und Biomasse entschieden gefördert werden. Wir brauchen eine Internationale Solar-Agentur.
6. Die Wirtschaft soll sich konsequent an Naturkreisläufen orientieren. Das erfordert Abfallvermeidung, Abfallrücknahme und Verwertung durch die Hersteller.
7. Die Beendigung des Wachstumszwangs. Das bisherige Bruttosozialprodukt soll durch ein Ökosozialprodukt neu bewertet werden.
8. Durch Ausbau der öffentlichen Verkehrssysteme mindestens drei Viertel des heutigen individuellen Autoverkehrs überflüssig zu machen und damit Hunderttausende von Arbeitsplätzen zu schaffen. Es gibt keine Energiewende ohne Verkehrswende.
9. Die Industriestaaten sollen den armen Ländern Schulden erlassen und die armen Länder sollen sich entsprechend ökologisch sensibler verhalten.
10. Die Landwirtschaft muß lernen, biologisch zu arbeiten.

Was kostet uns die hier skizzierte Rettungspolitik? Die Industriestaaten müßten etwa 40 Jahre lang jährlich 100 Milliarden DM aufbringen; davon die Bundesrepublik 7,5 Milliarden pro Jahr. Das ist ein Sechstel dessen, was wir heute noch für die „Verteidigung" ausgeben. Ist uns das zuviel für die Rettung der Spezies Mensch?
Unser Ziel ist: In Deutschland eine Million Unterschriften für die Politik des „Ökologischen Marshall-Plans" bis zum Klima-Gipfel der UN im Frühjahr 1995 in Berlin! In vielen anderen Ländern starten jetzt ähnliche Initiativen.

Quelle: E & W 10/94

Arbeitsvorschlag
Nehmen Sie Stellung zu der folgenden Karikatur.

„Geht mir doch weg mit eurer grünen Gefühlsduselei! Hauptsache, ich habe Arbeit – oder?"

Sachdarstellung:

Die programmatischen Aussagen des 10-Punkte-Kataloges stoßen häufig noch auf Ablehnung in der Industrie, im Handel, aber auch bei den Verbrauchern. Es wird argumentiert, daß durch Umweltschutzausgaben die Abgaben zu hoch und die Produkte zu teuer werden. Dadurch sind aufgrund der Wettbewerbssituation betriebliche Existenzen bedroht und Arbeitsplätze gefährdet.

Für die Bundesrepublik ist aber eher davon auszugehen, daß durch die gestiegene Bedeutung, die dem Umweltschutz beigemessen wird, mittlerweile ein großer Markt für Umweltschutzgüter und Dienstleistungen entstanden ist.

Die folgende Statistik belegt den Anteil der Umweltschutzausgaben am Bruttosozialprodukt.

Umweltschutzausgaben in % des BSP
internationaler Vergleich 1991

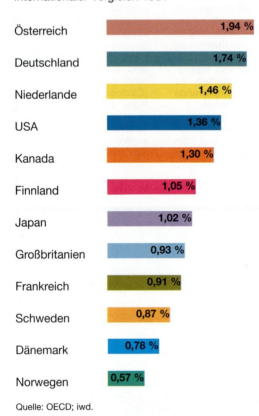

Quelle: OECD; iwd.

Aus den Zahlen geht hervor, daß in Deutschland ein hoher Anteil des BSP in den Umweltschutz investiert wird. Dies führt zu Innovationen im technologischen Bereich. Eine Umweltindustrie kann sich entwickeln. Es entstehen neue, voraussichtlich zukunftsträchtige Arbeitsplätze. Zudem ist die Bundesrepublik in der Lage, ca. 40 % der umweltindustriellen Produkte zu exportieren. Während viele Industriebereiche an Auftragsmangel leiden, wächst die Umweltindustrie. Im internationalen Vergleich nimmt die Bundesrepublik Deutschland eine Spitzenposition ein.

Umweltschutzindustrie – internationaler Vergleich

	Produktion in Mrd. US-$	Exportanteil	Beschäftigte in 1000
BR Deutschland	27,0	40 %	320
USA	80,0	10 %	800
Japan	30,0	6 %	200
Frankreich	12,0	14 %	90
UK	9,0	17 %	75

Hinweis: Beim Exportanteil geht es um den Anteil der Produktion von Umweltschutzgütern, der exportiert wird.

Quelle: OECD 1993.

Dieser allgemeine Trend läßt sich auch am Beispiel einzelner Unternehmen belegen, die ihre Unternehmensführung in puncto Umweltschutz grundlegend verändert haben. Ihr Verhalten und ihre Einstellung geht ab von einer defensiven, den Markt gestaltenden Strategie.

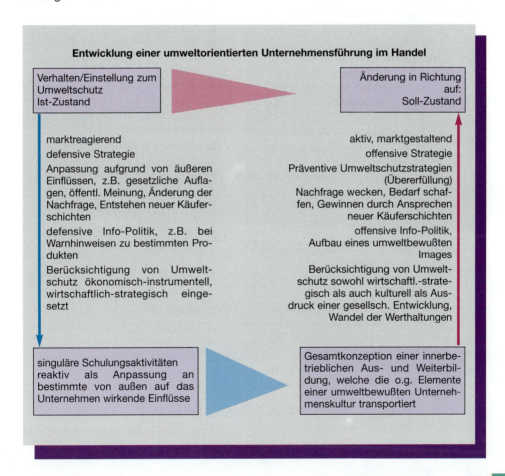

Beispiele

1. Beispiel:

In Kooperation mit der Umweltstiftung WWF Deutschland (Deutschland-Sektion der größten privaten Naturschutzorganisation der Welt, des World Wide Fund for Nature) zeichnet die Zeitschrift „Capital" jährlich Unternehmer aus, die in vorbildlicher Weise ihr Engagement für die Umwelt gezeigt haben.

1991 ging dieser Umweltpreis an den Versandhändler Michael Otto (Otto-Versand) und an den Metallwarenfabrikanten Karl Neff. Von der Jury besonders hervorgehoben wurden die im folgenden stichwortartig aufgezählten Maßnahmen.

Otto: Den Umweltschutz mit System forciert

- Umstellung der gesamten Versandkartonagen auf Recyclingmaterial;
- Neubau des Verwaltungsgebäudes in Hamburg-Bramfeld unter ökologischen Gesichtspunkten;
- Beginn der Auslistung von Artikeln unter Umweltgesichtspunkten und seitdem sukzessive Sortimentsbereinigung, zum Beispiel Verzicht auf FCKW-haltige Spraydosen (1987) sowie auf Tropenhölzer und Pelze (1990);
- Einführung der hausinternen Mülltrennung;
- Umstellung des internen und externen Schriftverkehrs auf Recyclingpapier;
- Umbau des Schulungsgebäudes unter Berücksichtigung aktueller umwelttechnologischer Kriterien;
- Rücknahme umweltgefährdender Artikel wie Kühlschränke oder Haushaltsbatterien und fachgerechte Entsorgung;
- Verstärkte Bewußtseinsbildung bei Kunden und Lieferanten;
- Entwicklung eines Nahverkehrsmodells mit dem Hamburger Verkehrsverbund.

Neff: Den Umweltschutz ganzheitlich organisiert

- Keine FCKW-haltigen Metallreiniger;
- Maschinenölrecycling;
- Sortenreine Sammlung von Werksabfällen;
- Abwärmenutzung;
- Transporte weitgehend mit der Bahn oder im LKW-Sammelverkehr;
- Transportkisten aus Altpapierpappe;
- Rücknahme von Altteilen zur optimalen Verwertung;
- Umweltschonende Büromaterialien;
- Ökologische Schulung der Mitarbeiter;
- Einsatz von Umweltschutzbeauftragten;
- Öffentliches Engagement für die Umwelt.

Quelle: Capital 11/91

2. Beispiel:

Im Jahre 1993 erließ die Europäische Union die sogenannte Ökoaudit-Verordnung, mit der Unternehmen auf freiwilliger Basis angehalten werden, ihr Umweltverhalten zu erfassen und nach außen zu dokumentieren.

Öko-Audit-Zeichen,
Umweltlogo der EG

Grundlagen des Öko-Audit-Systems

- die Wirkungen der gewerblichen Produktion auf die Umweltmedien Luft, Wasser und Boden;
- das Umweltmanagement;
- die Energie- und Rohstoffwirtschaft (Energieeinsparung, Auswahl und Transport von Rohstoffen, Wasserwirtschaft und -einsparungen);
- die Verminderung, das Recycling, die Wiederverwendung, den Transport und die Beseitigung von Abfällen;
- die Auswahl von Produktionsverfahren;
- das Produktmanagement (Entwurf, Verpackung, Transport, Verwendung und Entsorgung);
- die betriebliche Unfallverhütung und -vorsorge;
- die Information, Ausbildung und Beteiligung des Personals bezüglich ökologischer Fragestellungen;
- externe Information und Beteiligung der Öffentlichkeit.

Quelle: Anhang I zum EG-Vorschlag Öko-Audit

In diesem Zusammenhang haben sich 3 Umweltinformationssysteme herausgebildet:

Verfahren Merkmale	Ökobilanzen	Öko-Controlling	Umwelt-Audit
Erfaßte Informationen	Stoff- und Energieaustauschbeziehungen im gesamten Unternehmen	Zukunftsorientierte Planung, Steuerung und Kontrolle betrieblicher Aktivitäten zum Umweltschutz	Soll-Ist-Vergleich der organisatorischen und technischen Umweltschutzmaßnahmen innerhalb eines Unternehmens
Art der Erfassung	Betriebs-, Prozeß-, Produktbilanz, Substanzbetrachtung oder Standortbilanz	Erfassung und Beurteilung der Umweltbelastungen von Einsatzstoffen, Energien, Emissionen, Produkten und Produktionsprozessen mit Hilfe des Ökobilanz-Konzepts	Produktaudit (= Überprüfung der Wirksamkeit des Umweltschutzsystems bei der Produktherstellung) Verfahrensaudit (= Überprüfung der Umweltstandards bei den Herstellprozessen) Systemaudit (= Beurteilung der Wirksamkeit eines Umweltschutzsystems)
Art der Bewertung	A-B-C-Analyse	A-B-C-Analyse	Umwelt-Check-ups, Einsatz der Szenariotechnik
Durchführung des Informationssystems	Forschungs- und Beratungsinstitute; Consulting-Büros; innerbetriebliche Arbeitsgruppen aus Vertretern des Unternehmens und des Betriebsrates, Umweltbeauftragter	Forschungs- und Beratungsinstitute; Consulting-Büros; innerbetriebliche Arbeitsgruppen aus Vertretern des Unternehmens und des Betriebsrates, Umweltbeauftragter	Auditoren-Team, Umweltbeauftragter, Consulting-Büros
Zielsetzung	• Frühwarnfunktion bei der Erkennung ökologischer Anforderungen, • Erkennen von Schwachstellen der betrieblichen Leistungserstellung, • Sichtbarmachen von Optimierungspotentialen	• Definition eines ökologischen Unternehmensziels, • Darstellung der ökologischen Problemfelder, • Beseitigung oder Reduzierung aufgezeigter Schwachstellen, • Erfolgskontrolle technischer und strategischer Maßnahmen	• effektive Entwicklung eines Umwelt-Managementsystems • Einhaltung gesetzlicher Umweltschutzbestimmungen • Identifikation organisatorischer und technischer Schwachstellen des betrieblichen Umweltschutzes

A-B-C-Analyse: Klassifizierung erfolgt z.B. nach folgenden Kriterien:

A weist auf ein besonders wichtiges ökologisches Problem bzw. großen Handlungsbedarf hin,

B zeigt ein ökologisches Problem bzw. Handlungsbedarf an,

bei C sind nach vorliegendem Kenntnisstand keine Umweltwirkungen zu erwarten, und es besteht kein unmittelbarer Handlungsbedarf.

Arbeitsvorschlag
Erkundigen Sie sich bei einem regional ansässigen Unternehmen, mit welchem Verfahren das Management die Öffentlichkeit über Bemühungen im Bereich des Umweltschutzes informiert.

1994 wurde eine UN-Studie veröffentlicht, in der 100 Firmen weltweit auf ihre Ökobilanzen getestet werden. Die Kunert AG war das einzige deutsche Unternehmen, das eine vorbildliche Ökobilanz vorlegen konnte.

Situation:

Den Ruf des Exotischen hat die Ökobilanz abgelegt
Umweltkontrolle hilft beim Sparen / Konzerne verhelfen zum Durchbruch

[...]

Firmenchef Rainer Michel bereut sein Experiment nicht. Er ist sicher, daß der ökologische Umgang mit Material und Energie „absolut identisch ist mit dem ökonomischen Prinzip". Kunert hat gerade zum fünften Mal in Folge eine Ökobilanz vorgelegt. Sie kommt zu dem Schluß, daß durch die Erhebung ökologischer Daten Schwächen im Produktionspozeß offengelegt und so im Jahr 2 Millionen DM Kosten gespart werden können. Damit hätten Ökobilanzen als Instrument der Kostenreduzierung für die Leistungsfähigkeit am Markt ihre Bedeutung, meint Michel. Er geht noch weiter: Würden alle größeren Unternehmen Ökobilanzen erstellen und die Sparmöglichkeiten realisieren, ergäbe das nicht nur einen Schub für die ökologische Entwicklung, sondern auch „ein Konjunkturprogramm ohne einen einzigen Pfennig Subvention".

Quelle: HAZ v. 17.10.1994

Ökobilanz der Kunert AG verkürzt

Input	1993	Output	1993
B. 1. Boden (m²)	9 281	**B. 1. Boden (m²)**	105 414
1.1 Versiegelt	3 323	1.1 Versiegelt	13 435
1.2 Grün	523	1.2 Grün	54 322
1.3 Überbaut	5 435	1.3 Überbaut	37 657
B 2. Gebäude (Nutzfläche in m²)	3 695	**B 2. Gebäude (Nutzfläche in m²)**	44 620
2.1 Produktion	–	2.1 Produktion	1 569
2.2. Lager und Vertrieb	3 695	2.2. Lager und Vertrieb	–
2.3 Verwaltung	–	2.3 Verwaltung	–
B 3 Anlagen (Stück)	1 321	**B 3 Anlagen (Stück)**	1 037
3.1 Produktionsmaschinen	341	3.1 Produktionsmaschinen	554
3.2 Büroausstattung	470	3.2 Büroausstattung	209
3.3 Büro- u. Kommunikationsmaschinen	421	3.3 Büro- u. Kommunikationsmaschinen	178
3.4 Fuhrpark	42	3.4 Fuhrpark	56
3.5 Technische Anlagen	47	3.5 Technische Anlagen	40
Input		**Output**	
I 1. Umläufige (kg)	11 971 453	**O 1. Produkte (kg)**	8 935 247
1.1 Rohstoffe	3 726 430	1.1 Beinbekleidung	5 116 411
1.2 Halb u. Ferigwaren	2 600 161	1.2 Oberbekleidung	211 756
1.3 Hilfsstoffe	4 025 263	1.3 Transportverpackung	989 275
1.4 Betriebstoffe	1 619 599	1.4 Produktverpackung	2 617 805
I 2. Energie (kWh)	147 868 491	**O 2. Abfälle (kg)**	2 519 252
2.1 Gas	19 892 297	2.1 Sonderabfall	40 399
2.2 Strom	47 878 784	2.2 Wertstoffe	1 924 724
2.3 Öl	59 416 240	2.3 Restmüll	485 429
2.4 Fernwärme	5 595 680	2.4 Bauschutt	68 700
2.5 Treibstoff	15 085 490		
		O 3. Energieabgabe (kWh)	147 868 491
I 3. Wasser (m³)	495 043		
3.1 Stadtwasser	303 852	**O 4. Abwässer (m³)**	376 289
3.2 Rohwasser	191 191		
3.3 Regenwasser	–	**O 5. Abluft**	
		5.1 Abluftmenge gesamt (m³)	3 192 193 000
I 4 Luft (m3)	3 255 914 689	5.2 Abluftbelastungsmenge (kg)	20 183 440

Arbeitsvorschlag
1. Welche Daten werden in der Ökobilanz erfaßt?
2. Worin sieht Firmenchef R. Michels die Vorzüge für das Unternehmen?
3. Welche Vorteile ergeben sich für die Öffentlichkeit?

Auch wenn Ökobilanzen und vergleichbare Informationssysteme nur als Bestandsaufnahmen angesehen werden können, mit denen im schlechtesten Fall die Öffentlichkeit getäuscht werden kann, so leisten sie dennoch einen Beitrag, das Spannungsverhältnis von Ökonomie und Ökologie deutlich zu machen.

Zusammenfassend läßt sich sagen, daß ökologische Bemühungen keineswegs als Job-Killer und Wachstumshemmer zu verstehen sind, sondern vielmehr als dringend notwendige wirtschaftliche Maßnahmen zur Erhaltung der ökonomischen Grundlage schlechthin – unsere Erde.

Aufgaben zum Grundwissen

1. Warum ist Wirtschaftswachstum für eine Volkswirtschaft notwendig?
2. Nennen Sie Einflußgrößen auf das Wirtschaftswachstum.
3. Nennen Sie Beispiele für den Einsatz von Produktionsfaktoren, die zu einer Erhöhung der gesamtwirtschaftlichen Produktion führen.
4. Beschreiben Sie 3 Umweltinformationssysteme.
5. Wie können Sie sich als Konsument umweltfreundlich verhalten?

Weiterführende Problemstellungen

1. Problem

Die Firma Hoechst veröffentlicht die folgende Werbeanzeige. Nehmen Sie Stellung.

Sustainable Development: Für eine neue Qualität des Wachstums.

Warum technischer Fortschritt unbedingt auch ein Fortschritt für die Umwelt sein muß.

Wer seine Pläne ohne die Umwelt macht, ist bald nicht mehr wettbewerbsfähig.

Hoechst High Chem für eine lebenswerte Zukunft.

Neue Ideen dürfen heute nicht allein daran gemessen werden, wieweit sie für den einzelnen einen Nutzen haben oder auch für die Gesellschaft insgesamt von Vorteil sind.

Ebenso wichtig ist die Frage: Stehen sie im Einklang mit der Umwelt?

Werden kostbare Ressourcen geschont?

Wird sparsam mit der Energie umgegangen, um zum Beispiel die Kohlendioxid-Emission in Grenzen zu halten?

Seit den 60er Jahren haben wir, um Abwasser und Abluft zu reinigen, Klär- und Filteranlagen gebaut. Das war nicht billig, brachte aber drastische Rückgänge bei den Emissionen.

Eine viel intelligentere Lösung ist es, von vornherein neue Produktionsverfahren zu wählen, bei denen weniger Abfälle, Abwasser oder Emissionen entstehen, damit kostenintensive nachsorgende Maßnahmen überflüssig werden.

Es gibt bei uns heute kein neues Produktionsverfahren mehr, das nicht in sehr konkreter Weise auch ein ökologischer Fortschritt ist.

Das gilt gleichermaßen auch für neue Produkte. Voraussetzung dazu ist allerdings, daß man sich schon bei der Forschung und Entwicklung Gedanken darüber macht, was mit dem Produkt nach dem Gebrauch passiert.

Deshalb ist der Aufbau von Kreisläufen für die stoffliche Wiederverwertung ein wichtiger Schwerpunkt unserer Arbeit. So konnten wir beispielsweise für den technischen Kunststoff Hostaform ein Recycling-Verfahren entwickeln, das eine Rückspaltung in die Ausgangsstoffe ermöglicht, die wiederum in die Produktion einfließen. Oft sind es auch nur viele kleine Verfahrensverbesserungen, die in ihrer Summe für die Umwelt jedoch ein bedeutender Schritt nach vorn sind.

Und damit sind sie auch ein wichtiger Beitrag im Sinne von Sustainable Development, also einer nachhaltig zukunftsverträglichen Entwicklung.

Denn wir haben uns der kommenden Generation gegenüber verpflichtet, alles zu unternehmen, um ihre Entwicklungsmöglichkeiten nicht zu beeinträchtigen.

Das verlangt in vielen Bereichen eine Neuorientierung. Und es erfordert Innovationen, die mehr sein müssen als nur ein technischer Fortschritt: Sie müssen ökologischen und sozialen Zielsetzungen gleichermaßen gerecht werden.

Quelle: Hoechst Aktiengesellschaft, 65926

---

2. Problem

Informieren Sie sich über Umweltschutzmaßnahmen Ihres Ausbildungsbetriebes.

8.3.9 Verteilungsgerechtigkeit
8.3.9.1 Einkommen und Vermögen
Situation:

600 000 Menschen haben keine Wohnung, 700 000 sind seit Jahren ohne Arbeit

Und es gibt sie doch: Armut, hier bei uns!

Einen gelernten Beruf hatte der 61jährige Heinz Dörsan nie. Als Dachdeckergehilfe, sagt er, habe er „geschafft". Der Lohn reichte schon in jungen Jahren für ihn, seine Frau und die vier Kinder nie. Die Mietschulden häuften sich. Vor 25 Jahren mußte die Familie ihre Wohnung räumen, wurden die Dörsans in ein Obdachlosengebiet im Mannheimer Stadtteil Waldhof eingewiesen. „Freier Weg" oder „Frohe Zuversicht" heißen hier die Straßen. Aber Hoffnung haben hier nur wenige.

Die sechs Dörsans lebten anfangs in einem Zimmer, eine Toilette gab es für drei Familien. „Das Wasser mußten wir aus der Kloschüssel holen". Die Frau läßt sich scheiden, verläßt mit den Kindern das Elend. Heinz Dörsan bleibt zurück, wohnt noch heute in der Siedlung. Der 61jährige bekommt Arbeitslosenhilfe. Rund 500 Mark bleiben ihm im Monat zum Leben. Er ist, findet Heinz Dörsan, ein armer Mann.

Frank Thornicke, Hessisch-Niedersächsische Allgemeine vom 30.10.1990, S. 39

Arbeitsvorschlag
Beantworten Sie die Fragen, und nehmen Sie Stellung zu den Problemen.
1. Worin liegen mögliche Ursachen für den unterschiedlichen Wohlstand verschiedener Gruppen in unserer Gesellschaft (Obdachlose, Selbständige usw.)?
2. Welche Folgen können sich aus extremen Ungleichheiten in der Einkommens- und Vermögensverteilung für eine Gesellschaft ergeben?
3. Wie hoch ist der jährliche Zinsertrag in DM von „Deutschlands Superreichen", wenn der Zinssatz 6 % beträgt?
4. Welche Maßnahmen stehen dem Staat zur Verfügung, um korrigierend in die Einkommens- und Vermögensverteilung einzugreifen?
5. Beschreiben Sie Ihre Vorstellungen von einer gerechten Einkommens- und Vermögensverteilung.

Sachdarstellung:

Neben den klassischen wirtschaftspolitischen Zielen des Gesetzes zur Förderung der Stabilität und des Wachstums der Wirtschaft steht nicht nur der Umweltschutz, sondern auch die Verteilungsgerechtigkeit als weiteres Ziel im Mittelpunkt. Dieses Ziel wurde erstmals im Gesetz über die Bildung eines Sachverständigenrats zur Begutachtung der gesamtwirtschaftlichen Entwicklung festgeschrieben. Im Paragraphen 2 des Gesetzes heißt es: „In die Untersuchung soll auch die Verteilung von Einkommen und Vermögen einbezogen werden."

Beide Größen sind wichtig, weil sie einen großen Einfluß haben auf:
- den allgemeinen Wirtschaftsprozeß,
- das Zusammenleben unterschiedlicher Einkommensgruppen und damit verknüpfter Probleme des sozialen Status,
- die individuelle Lebensführung durch unterschiedliche Konsum- und Sparmöglichkeiten sowie die damit verbundenen persönlichen Freiheitsgrade.

Um den Einfluß der Einkommens- und Vermögensverteilung genauer erkennen zu können, ist es notwendig zu klären, was unter den Begriffen Einkommen und Vermögen zu verstehen ist und in welchem Zusammenhang sie zueinander stehen.

● Einkommen

Unter dem Begriff Einkommen sind in diesem Zusammenhang sowohl die Einkommen aus unselbständiger Arbeit als auch die Einkommen aus Unternehmertätigkeit und Vermögen zu verstehen.

● Vermögen

Unter dem Begriff Vermögen ist der Teil des Eigentums zu verstehen, mit dem der Eigentümer es „vermag", wieder neues Einkommen zu erzielen, z.B. Produktivvermögen wie Unternehmen, Haus- und Grundbesitz, Wertpapiere, Guthaben an Lebensversicherungen.

● Zusammenhang Einkommen – Vermögen

Einkommen und Vermögen bedingen sich wechselseitig. Durch die Erzielung hoher Einkommen hat man bessere Möglichkeiten zur Vermögensbildung als bei niedrigen Einkommen, da die Sparquote mit der Höhe des Einkommens steigt. Das Sparen seinerseits ist eine wesentliche Voraussetzung, um Vermögen zu erwerben. Aus hohen Vermögensbeständen wiederum resultieren hohe Einkommensteile wie Gewinne, Zins- und Mieterträge.

8.3.9.2 Arten der Einkommensverteilung

Es gibt verschiedene Möglichkeiten, die Verteilung von Einkommen und Vermögen in einer Volkswirtschaft zu betrachten, z.B. die Verteilung auf:
- die am Produktionsprozeß beteiligten Produktionsfaktoren
  ➤ **funktionelle Einkommensverteilung**
- einzelne Einkommensbezieher
  ➤ **personelle Einkommensverteilung**
- größere soziale Gruppen
  ➤ **sozio-ökonomische Einkommensverteilung**

Arten der Einkommensverteilung

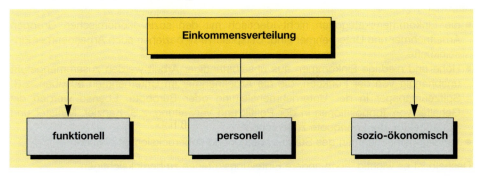

● Funktionelle Einkommensverteilung

Bei der funktionellen Einkommensverteilung wird untersucht, wie sich das Volkseinkommen auf die Produktionsfaktoren Arbeit, Boden (Natur) und Kapital verteilt. (Vgl. Kap. 8.1.2)

Bestandteile des Volkseinkommens *
Früheres Bundesgebiet

Jahr	1980	1985	1987	1988	1989	1990	1991	1992
Volkseinkommen insgesamt in Mrd. DM	1 139,6	1 406,8	1 550,0	1 635,5	1738,1	1885,3	2 008,8	2099,7
Bruttoeinkommen unselbständiger Arbeit								
in Mrd. DM	863,9	1 026,4	1124,7	1169,4	1221,9	1317,7	1422,1	1506,1
in v. H. des Volkseinkommens (Lohnquote)	75,8	73,0	72,6	71,5	70,3	69,9	70,8	71,1
Bruttoeinkommen aus Unternehmertätigkeit und Vermögen								
in Mrd. DM	275,7	380,4	425,3	466,2	516,2	567,6	586,7	593,5
in v.H. des Volkseinkommens	24,2	27,0	27,4	28,5	29,7	30,1	29,1	28,3

*) Das Volkseinkommen setzt sich aus zwei großen Einkommensarten zusammen:
– Bruttoeinkommen aus unselbständiger Arbeit (Erwerbseinkommen) und
– Bruttoeinkommen aus Unternehmertätigkeit und Vermögen.
Das Bruttoeinkommen aus unselbständiger Arbeit umfaßt die Bruttolohn- und -gehaltssumme zuzüglich der Arbeitgeberbeiträge zur Sozialversicherung. Es ist eindeutig den Arbeitnehmern zuzurechnen.
Das Bruttoeinkommen aus Unternehmertätigkeit und Vermögen enthält das Einkommen der privaten Haushalte und des Staates aus Gewinn, Zinsen, Nettomieten und -pachten (nach Abzug der Zinsen auf Konsumentenschulden bzw. auf die öffentlichen Schulden) sowie die nicht ausgeschütteten Gewinne der Unternehmen mit eigener Rechtspersönlichkeit. Es entfällt zum größten Teil auf die privaten Unternehmen. Ein nicht genau zu ermittelnder Betrag des Bruttoeinkommens aus Unternehmertätigkeit und Vermögen fällt bei Arbeitnehmern in Form von Zinserträgen aus Sparkonten, Bausparverträgen und Wertpapierbesitz sowie Erträgen aus Wohnungseigentum an.
[1] Vorläufig.

Quelle: Wirtschaft in Zahlen '93, Bundesministerium für Wirtschaft.

Globale Lohn- und Gewinnquoten sind als Maßstab für die Verteilung nur bedingt geeignet, weil
- die Einkommenskategorien nicht identisch mit den sozio-ökonomischen Gruppen Arbeitnehmer und Unternehmer sind. Beispielsweise beziehen auch Arbeitnehmer Zinseinkünfte.
- Hohe und niedrige Einkommen aus unselbständiger Arbeit werden zusammengefaßt unabhängig von der Funktion, die die Arbeitnehmer im Unternehmen ausüben, z.B. Spitzenmanager in der Unternehmensleitung oder Bürobote. Ebenso werden die Gehälter von Toppositionen in der Politik und Verwaltung, z.B. Kanzler, Minister und Stadtdirektor, der Lohnquote zugerechnet.
- Verteilungsmaßnahmen des Staates weitgehend unberücksichtigt bleiben.

Deshalb ist es wichtig, auch andere Einteilungskriterien zu berücksichtigen.

● Personelle Einkommensverteilung

Bei der personellen Einkommensverteilung steht die tatsächliche Verteilung der Einkommen im Mittelpunkt. D.h. es werden die Einkommen betrachtet, die sich nach den staatlichen Umverteilungsmaßnahmen in Form von Steuern, Sozialversicherungsbeiträgen, Renten, Subventionen und anderen Transferzahlungen ergeben.

Die personelle Einkommensverteilung umfaßt somit den weiten Bereich vom Sozialhilfeempfänger bis zur Milliardärin. Hierbei können die einkommensbedingten Ungleichheiten durch verschiedene Faktoren bedingt sein, z.B.:
- entfallen in der Bundesrepublik Deutschland ca. 80 % des Produktivvermögens, des Haus- und Grundbesitzes sowie des Eigentums an Wertpapieren auf 20 % der Bevölkerung, d.h. umgekehrt müssen sich 80 % der Bevölkerung 20 % der entsprechenden Vermögenswerte teilen;
- können sich die Arbeitsdauer und die Arbeitsintensität von zwei Erwerbstätigen deutlich unterscheiden, obwohl das gleiche Einkommen erzielt wird;
- bestehen unterschiedliche Fähigkeiten und Möglichkeiten, Erwerbschancen zu nutzen;
- beeinflussen politische Interessen, der für die Verteilungpolitik Verantwortlichen, die Verteilungssituation;
- haben Zufälligkeiten, wie Lotto- und Spekulationsgewinne sowie -verluste, einen gewissen Einfluß, der relativ gering für die Gesamtheit, aber sehr groß für den einzelnen sein kann.

Die personelle Einkommensverteilung läßt sich graphisch durch die sogenannte **Lorenzkurve** darstellen.

Lorenzkurve

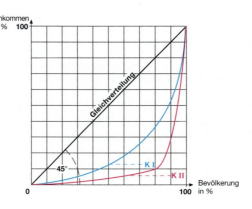

Dabei wird eine Gleichverteilung der Einkommen durch die 45° Linie dargestellt. D.h. beispielsweise, daß 10 % der Bevölkerung 10 % des Gesamteinkommens und 90 % der Bevölkerung 90 % des Gesamteinkommens besitzen. In der Realität zeigt sich allerdings, daß die Lorenzkurve einen gekrümmten Verlauf einnimmt. Je größer dabei die Krümmung ist, desto ungleicher sind die Einkommen verteilt. In der Abbildung spiegelt die Kurve II eine „ungleichere" Verteilung als die Kurve I wider, da sie weiter von der 45° Linie entfernt ist, bzw. die Fläche zwischen der 45° Linie und der Kurve II ist größer als zwischen der Gleichverteilungslinie und der Kurve I.

Arbeitsvorschlag

Begründen Sie, welche der abgebildeten Kurven I und II eher die Einkommensverteilung in der Bundesrepublik Deutschland und welche die in einem Entwicklungsland verdeutlicht. Begründen Sie Ihre Aussage.

Sachdarstellung:

Sozio-ökonomische Einkommensverteilung

Bei der sozio-ökonomischen Einkommensverteilung werden unterschiedliche soziale Gruppen bzgl. ihrer Einkommen verglichen.

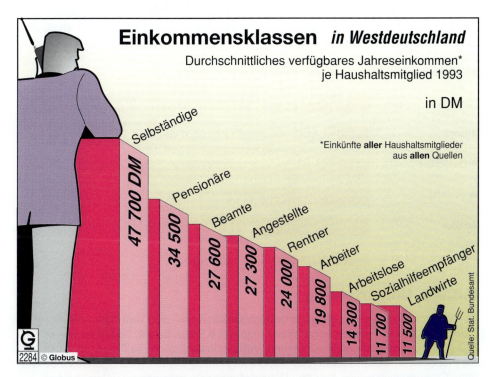

Die Zahlen des Statistischen Bundesamtes enthalten alle Geldzuflüsse. Das sind neben den Arbeitseinkommen auch Zinseinkünfte, Mieterträge und staatliche Leistungen wie Kinder- und Ausbildungsförderungsgeld.

In diesem Zusammenhang ist es interessant festzustellen, wie sich die Einkommenssituationen in den neuen Bundesländern im Verhältnis zu den alten Bundesländern entwickeln.

Vergleich der durchschnittlichen verfügbaren Monatseinkommen deutscher Haushalte

Haushalte	West	Ost	Ost • 100 West	voriges Jahr
Arbeiter	3 865	2 831	73,2 %	?
Angestellte	4 820	3 268	67,8 %	?
Selbständige	14 787	3 871	26,2 %	?
Rentner	2 943	1 535	52,2 %	?
Arbeitslose	2 238	2 072	92,6 %	?

Quelle: DiW-Wochenbericht Nr. 48/91

Arbeitsvorschlag
Versuchen Sie mit Hilfe von aktuellen statistischen Daten, das Verhältnis Ost/West für das vorige Jahr zu ermitteln.
➤ Informationstip: Statistisches Jahrbuch der Bundesrepublik Deutschland

Sachdarstellung:

Ergänzt man die Verteilung der Einkommen auf soziale Gruppen um eine entsprechende Vermögensverteilung, so erhält man ein aussagekräftiges Bild über die Verteilung wesentlicher Wohlstandsindikatoren in der Bundesrepublik Deutschland. Wissenschaftliche Studien gehen davon aus, daß sich die Verteilungsverhältnisse in den letzten 20 Jahren nicht wesentlich verändert haben.

Anteil der sozialen Gruppen am gesamten privaten Vermögen

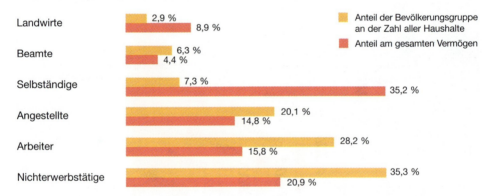

8.3.9.3 Umverteilung

Es stellt sich die Frage, ob die gegenwärtige Einkommens- und Vermögensverteilung als gerecht angesehen werden kann. Wenn man diese Frage bejaht, bedarf es keiner Korrekturen und Umverteilungsmaßnahmen. Verneint man jedoch die Frage, so ergibt sich die Problematik, die Umverteilungsziele, die angestrebt werden sollen, genau zu bestimmen. Grundsätzlich lassen sich drei Umverteilungsziele voneinander unterscheiden:

- Verschärfung der Verteilungsungleichheiten
- Minderung der Verteilungsungleichheiten
- Beseitigung der Verteilungsungleichheiten

Diese Umverteilungsziele sind u.a. abhängig vom wirtschaftspolitischen Willen der Verantwortlichen, insbesondere in der Politik und auf Arbeitgeber- und Arbeitnehmerseite.

Betrachtet man die mittlere Zielebene, d.h. Minderung der Verteilungsungleichheiten, dann bieten sich u.a. zwei Instrumente zur Umverteilung an:

- Steuerpolitik, in den Bereichen Einkommen- und Vermögensteuer, wobei die unteren Einkommensgruppen entlastet und die oberen Einkommensgruppen stärker belastet werden;
- Erweiterung des 5. Vermögensbildungsgesetzes, nach dem Arbeitnehmer vom Staat eine Arbeitnehmer-Sparzulage erhalten, wenn sie bis zu 936,00 DM jährlich in bestimmten Anlageformen vermögenswirksam sparen.

Inwieweit beide Instrumente wirken, hängt auch von den Verhandlungsergebnissen der Tarifvertragsparteien ab, die mit den abgeschlossenen Tarifverträgen eine wesentliche Grundlage für die zu verteilenden Einkommen schaffen. Verteilungskämpfe sind in einer sozialen Marktwirtschaft i.d.R. sachbezogene Interessenauseinandersetzungen zwischen den organisierten Gruppen von Arbeit und Kapital bzw. dem Staat als Umverteilungsinstanz. Überziehen die Sozialpartner ihre Forderungen, so gefährden sie das angestrebte wirtschaftliche Gleichgewicht. Z.B. werden überhöhte Lohn- und Gehaltsforderungen entsprechende Preisreaktionen hervorrufen. Überzogene Einkommenssteigerungen aus Unternehmertätigkeit und extreme, einseitig verteilte Vermögenszuwächse können zu einer zunehmenden Verarmung von Bevölkerungsgruppen führen, die nicht an den Vermögenszuwächsen teilhaben. Als Folge dieser Entwicklung kann es zu einer Polarisierung der Gesellschaft in Arm und Reich kommen, wie sie beispielsweise in Ansätzen in Großbritannien und in den USA zu beobachten ist. Im ungünstigsten Fall könnten dadurch Gewaltpotentiale freigelegt werden, die die Grundlagen der sozialen Marktwirtschaft der Bundesrepublik Deutschland gefährden.

Bei allen Problemen der Verteilungsgerechtigkeit in der Bundesrepublik Deutschland darf nicht übersehen werden, daß wir in einem der reichsten Staaten der Erde leben.

Zum Nachdenken:

Stell Dir vor: Was du an einem Tag für deine Zeitung ausgibst, muß der Hälfte der Menschen in der Welt einen Tag lang zum Leben reichen.

Stell Dir vor: Deine Familie müßte einen Monat lang von dem Geld leben, das man für eine CD bezahlen muß.

Du kannst Dir das nicht vorstellen?	Millionen von Südamerikanern, Afrikanern und Asiaten müssen sich das nicht vorstellen. Sie müssen so leben!

Herausgeber: Das Diakonische Werk der EKD für die Aktion „Brot für die Welt".

Im internationalen Bereich läßt sich ein krasser Nord-Süd-Gegensatz feststellen.

Deshalb ist davon auszugehen, daß bei einer zunehmenden Vernetzung der internationalen Wirtschaftsbeziehungen auch die Verteilungsprobleme globalisiert werden. D.h. wir müssen uns heute fragen – und zukünftige Generationen werden uns an unsere Verantwortung erinnern – warum wir nicht nur auf nationaler Ebene so wenig zum Teilen bereit sind.

Aufgaben zum Grundwissen

1 Was versteht man unter den Begriffen Einkommen und Vermögen?

2 Grenzen Sie drei Arten der Einkommensverteilung voneinander ab.

3 Worin liegen Ursachen für Ungleichheiten bei der personellen Einkommensverteilung?

4 Was läßt sich aus dem Verlauf der Lorenzkurve ableiten?

Weiterführende Problemstellungen

1. Problem
Welche Gefahren sind Ihrer Meinung nach mit einer zunehmenden Ungleichverteilung von Einkommen und Vermögen verbunden?

2. Problem
„Eigentum ist Diebstahl!" (Proudhon)
Nehmen Sie kritisch zu dieser Aussage Stellung.

3. Problem
Diskutieren Sie die Forderung: „Gleiches Einkommen für alle".

Sachwortverzeichnis

A

Abbuchungsverfahren 206
A-B-C-Analyse 472
Absonderung 254
Absatzmärte 299
Abteilungsbildung 24f.
Abwertung 432
Aktie
  Arten 83
  Bewertung 86
  Kurswert 84
  Nennwert 84
Aktiengesellschaft 79ff.
  Aktie 79 ff
  Gründung 89ff.
  Organ 90ff.
  Wesen 872ff.
Aktionär 83f.
Akzeleratoreffekt 386
Akzept 212
Akzeptkredit 231
Allgemeines Zoll- und Handelabkommen 444
Angebot 13, 293
Angebotsüberhang 297
Angemessenes Wirtschaftswachstum 380
Arbeit
  Humanisierung der 26f.
  im Betrieb 103 ff
Arbeitsgerichtsbarkeit 154f.
Arbeitslosigkeit 446 f, 450f.
  friktionelle 449
  konjunkturelle 449
  saisonale 449
  strukturelle 449
Arbeitslosenquote 448
Arbeitsmarkt 450f.
Arbeitsplatzbewertung 127ff.
Arbeitsrecht 120f.
Arbeitsteilung 21ff.
  Formen 22ff.
  innerbetriebliche 24ff.
  internationale 24
  ursprüngliche 22
  volkswirtschaftliche 23
Arbeitsvertrag 117ff.
  rechtliche Grundlagen 117ff.
Arbeitszerlegung 26
Aufrechnung 254
Aufsichtsrat 91ff.
Aufwertung 432
Ausgabenpolitik 382
Aussonderung 254
Ausstellungsvertrag 118f.
Außenhandel 413ff.
Außenwert des Geldes 424
Außenwirtschaftliches Gleichgewicht 379, 412
Außergewöhnliche Belastungen 271
Automation 27
Avalkredit 231

B

BAFöG 149 f
Banken 179
Banking-POS 198
Banknote 187
Bankrott 256
Bargeldlose Zahlung 191, 200
Bargeldumlauf 390
Barscheck 195
Barzahlung 191
Bedarf 10
Bedürfnisse
  Existenzbedürfnisse 8
  Individualbedürfnisse 9
  Kollektivbedürfnisse 9
  Kulturbedürfnisse 9
Bedürfnisstufen 9
Beitragsnachweis 137
Beiträge 262
Berufsbildung 22
Berufsspaltung 23
Beschaffungsmärkte 299
Besitzsteuer 266
Beteiligungsfinanzierung 241
Betrieb
  erwerbwirtschaftlicher 164
  gemeinwirtschaftlicher 164, 174
Betriebliche Übung 122
Betriebvereinbarung 122
Betriebsverfassungsgesetz 91f.
Betriebswirtschaftliche Kennzahlen 166
Beurteilungsbogen 109
Bevorrechtigte Forderungen 255
Bewerbung 104f., 110f.
Börse 84
Bruttoinlandsprodukt 365, 461
Bruttoinländerprodukt 365
Bruttosozialprodukt 366
Bürgschaft
  Ausfallbürgschaft 230
  gesamtschuldnerische 231
  selbstschuldnerische 231
Bürgschaftskredit 230

C

Cashflow 171
Club of Rome 462

D

Dachgesellschaft 326
Darlehen 228
  Abzahlungsdarlehen 229
  Annuitätendarlehen 228
  Fälligkeitsdarlehen 229
Datenschutz 142 ff.
  Datenschutzbeauftragte 145
  Maßnahmen 144
Dauerauftrag 203
Deflation 396, 4022 f.
Deutsche Bundesbank 388
Devisenbilanz 420
Dienstleistungsbetrieb 176
Dienstleistungsbilanz 420
Direktinvestitionen 421, 427
Diskontpolitik 405, 408
Dividende 85 f.

E

ECU (European Currency Unit) 433
Eigentum 45 ff.
  Alleineigentum 46 f.
  Gesamthandseigentum 47
  Miteigentum 48
  Treuhandeigentum 47
Eigentumserwerb 47 ff.
Eigentumsübertragung 47 f.
Einkaufsgenossenschaft 318
Einkaufszentren 318
Einkommen 476
Einkommensteuer 266 ff.
Einkommensverteilung 476
  funktionelle 476 f.
  personelle 476, 478
  sozio-ökonomische 476, 479
Einkommensteuererklärung 275, 138 f.
Einkommensteuertarif 272
Einnahmenpolitik 382
Einteilung der Steuern 265
Einzelunternehmung 68 f.
Einzugsermächtigungsverfahren 206
Entlohnung 127 ff.
  Erfolgsbeteiligung 132 f.
  Lohnanreizsystem 131 f.
  Zeitlohn 130 f.
Ertragskompetenz 265
Eurocheque 196, 198
Europäischer Binnenmarkt 441
Europäische Union 439
Europäisches Währungsinstitut (EWI) 434
Europäisches Währungssystem (EWS) 433 f., 436
Europäische Zentralbank (EZB) 434

F

Factoring 239 f.
Faktormärkte 299
  Arbeitsmarkt 299
  Geldmarkt 299
  Immobilienmarkt 299
  Kapitalmarkt 299

Fester Wechselkurs 429
Finanzierung 223
  aus Abschreibungen 244
  Fremdfinanzierung 226
Firma 64 ff.
  Firmenausschließlichkeit 65
  Firmenbeständigkeit 65
  Firmenwahrheit 65
  gemischte 65
  Personenfirma 64
  Sachfirma 64
Fiskalpolitik 382
Flexibler Wechselkurs 428
Formalziel 164
Fortbildung
Franchising 320 f
Freie Marktwirtschaft 344 f.
Freiwilige Kette 319
Funktion des Preises 298
  Ausgleichsfunktion 298
  Lenkungsfunktion 298
  Signalfunktion 298
Fusion (Trust) 327
Fusionskontrolle 329 f.

G

GATT 443 f.
Gebühren 262
Gehaltsabrechnung 134 ff.
Geld
  Buchgeld 187
  Eigenschaften 186
  Funktion 186
  Giralgeld
  Metallgeld 187
  Münzgeld 187
  Warengeld 187
Geldersatzmitel 189
Geldmenge 390, 392
Geldpolitik 388
Geldstrom 357
Geldwertstabilität 390
Genossenschaft 95 ff.
  Organe 96 f.
  Zielsetzung 95 f.
Gesamtwirtschaftliches Produktivkapital 460
Geschäftsbedingungen, allgemein 55 f.
Geschäftsfähigkeit
  beschränkte 44 f.
  unbeschränkte 45
Geschäftsunfähigkeit 44
Gesellschaft
  mit beschränkter Haftung (GmbH) 75 ff.
Gesetz gegen
  Wettbewerbsbeschränkungen 316, 329
Gewerbekapital 282
Gewerbesteuer 282
Gewerbevertrag 282
Gewinn 165
Gewinninflation 400
Gironetz 192
Gleichgewicht 297

Gleichgewichtspreis 297
GmbH & Co. KG 78f.
Grundpfandkredit 234
Grundsatz der Allgemeinheit 264
Grundsätze der Besteuerung 263
Grundschuld 234
Güter 11
  freie 11
  immaterielle 12
  materielle 12
  knappe 12
  Wirtschaftsgüter
Gütermenge 329
Gütermarkt 299
  Investitionsgütermarkt 299
  Konsumgütermarkt 299
Güterstrom 357

H

Halbbare Zahlung 191, 193
Handelsabkommen 437
Handelsbetrieb 179
Handelsbilanz 420
Handelsmakler 126
Handelsrecht
  Grundlagen 60ff.
Handelsregister 63f.
Handelsvertreter 126
Hauptversammlung 93
Haushalte 357
Haushaltspolitik 383
Hebesatz 283
Hoher Beschäftigungstand 379
Holding 326
Homebanking 210
Hypothek 234

I

Idealtypen 342
Indikatoren 373
Indossament 214
  Blankoindossament 215
  Kurzindossament 215
  Volindossament 215
Industriebetrieb 177
Inflation 396f., 401, 404
Inflationsraten 427
Interessengemeinschaft 318
Internationale Kooperation 322
Internationale Organsation 437
Internationaler Währungsfonds (IWF) 437f.
Investition 223
Investitionspolitik 384

J

Job enlargement 27
Job enrichment 27
Job rotation 27
Joint Venture 323

K

Kapital
  Geldkapital 19
  Realkapital 19
  Sachkapital 19
Kapitalbilanz 420
Kapitalertragsteuer 268
Kartell 316ff.
Kaufmann 60ff.
  Eigenschaften 60ff.
  Formkaufmann 62
  Kannkaufmann 62
  Minderkaufmann 62f.
  Mußkaufmann 61f.
  Sollkaufmannn 62
  Vollkaufmann 62
Käufermarkt 297
Kinderfreibeträge 271
Kirchensteuer 275
Know-how-Vertrag 322
Kommanditgesellschaft 74
Kommissionär 126
Komplementärgüter 288, 291
Konjunkturpolitik 378, 381
Konjunkturschwankungen 374
Konjunkturverlauf 371
Konjunkturwellen 372
Konjunkturzyklen 372
Konkurs 252
Konkursquote 255
Konsortium 316
Kontokorrentkredit 227
Konzentration 324
Konzern 325
  Gleichordnungskonzern 325f.
  Unterordnungskonzern 325f.
Kooperation 315f.
Kopfsteuer 263
Körperschaftsteuer 268
Kreditvertrag 226
Kursgewinn 85
Kündigung 151ff.
  Außerordentliche 155
  Kündigungsfristen 154
  ordentliche 151ff.

L

Lastschriftverfahren 205
Leasing 236f.
Lebenslauf 108
Leistungsbilanz 420
Leistungsfähigkeitsprinzip 264
Leistungsprozeß 170
Leverage-Effekt 169
Lieferantenkredit 235
Liquidation 257
Liquidität 166, 170
Lizenzvertrag 322
Lohnanreizsystem 131f.
Lohn-Preis-Spirale 399
Lohnsteuer 267f.
Lohnsteueranmeldung 140

Lohnsteuerklassen 274
Lombardkredit 232
Lombardpolitik 405, 408
Lorenzkurve 478f.

M

Magisches Viereck 379f.
Markt 13, 288, 296
Marktarten 299
Marktformen 300
Marktkonforme Maßnahmen 306
Marktkonträre Maßnahmen 308
Markttypen 299
Massekosten 255
Masseschulden 255
Mehrwertsteuer 277
Mindestreservepolitik 406, 408
Mind-Map 466
Minimalkostenkombination 19f.
Mitarbeiter
  außerhalb der Unternehmung 126
  Einstellung 104
  Entlohnung 127ff.
  Kündigung 151ff.
  Vollmachten 123
  Weiterbildung 145ff.
Mitbestimmungsgesetz 92
Multiplikatoreffekt 382

N

Nachfrage 10, 288
Nachfragefunktion 289
Nachfrageüberhang 297
Nachnahme 193
Naturaltausch 187
Nettosozialprodukt 366
Notwendigkeit der Besteuerung 262

O

Offene Handelsgesellschaft 69ff.
Offenmarktpolitik 406, 408
Öko-Audit 471
Ökobilanz 471f.
Öko-Controling 471
Ökologie 15
Ökonomie 15
Ordnungspolitik 378

P

Parität 425
Personal
  Personalbeurteilung 142
  Personalkosten 134ff.
  Personaleinsatz 1412f.
  Personaleinsatzplanung 141
Personalkredit 226f.
  einfach 227
  verstärkt 227
Pfandrecht 232
Postanweisung 192
Präferenzen 300
Preisabsatzfunktion 302

Preiselastizität der Nachfrage 290
Preisindex 394f.
Preisniveau 392
Preisniveaustabilität 379
Preispolitik
  beim Angebotsmonopol 304
  beim Angebotsoligopol 302
  beim Polypol 301
Prinzip
  Maximalprinzip
  Minimalprinzip 15
  ökonomisches 14f.
  Rationalprinzip 14
Privatisierung 175
Produktionsfaktoren
  Arbeit 17
  betriebswirtschaftliche 19ff.
  Kapital 19
  limitationale 19
  Natur 18
  substitutionale 20
  volkswirtschaftliche 16ff.
Produktivität 166, 172
Prokura 124 f
Protektionismus 443
Prozeßpolitik 378

Q

Qualitatives Wachstum 173
Quantitätstheorie 392
Quellenabzugsverfahren 268
Quittung 191

R

Rack Jobber 319
Realkredit 232
Realtypen 348
Recht 36ff.
  Arbeitsrecht 120ff.
  Eigentumsrecht 37f.
  Gewohnheitsrecht 37
  objektives 37
  öffentliches 39ff.
  Persönlichkeitsrecht 37
  positives 37
  privates 39ff.
  subjektives
  Wahlrecht 37
  zwingendes 39f.
Rechtsformen der Unternehmen 66ff.
Rechtsgeschäfte 50ff.
  Arten 51f.
  einseitige 51
  mehrseitige 51
Rechtsnormen 36ff.
Rechtsobjekte 45ff.
  Besitz 452ff.
  Eigentum 45ff.
  Eigentumserwerb 48ff.
  Rechte 46
  Sachen 45ff.

Rechtssubjekte 41 ff.
 juristische Personen 45
 natürliche Personen 43 ff.
Rediskontpolitik 404, 408 f.
Regreß
 Reihenregreß 217
 Sprungregreß 217
Reisescheck 196, 199
Rentabilität 166 ff.
 Eigenkapitalrentabilität 168
 Gesamtkapitalrentabilität 168
 Unternehmensrentabilität 168
 Umsatzrentabilität 169

S

Sachleistungsbetrieb 176
Sachziel 104
Sanierung 247
Schattenwirtschaft 370
SCHUFA 227
Selbstfinanzierung 242
 offene 242
 stille (verdeckte) 243
Sicherungsübereignungskredit 233
Sichteinlagen 390
Sonderausgaben 270
Sonderfreibeträge 271
Soziale Marktwirtschaft 348 ff.
Sozialprodukt 356, 361, 367
Spareinlagen 390
Stabilität des Preisniveaus 388
Stabilitätsgesetz 378
Stagflation 396, 402
Stationäre Wirtschaft 358
Steuerarten 267
Steuerermäßigungen 275
Steuergegenstand 266
Steuern 261
Steuerobjekt 268
Steuersubjekt 268
Steuertabelle 274
Steuertarif 273
Strukturpolitik 378
Substitutionsgüter 288, 291
Sustainable Development 474

T

Tarifvertrag 121
Termingelder 390
Terms of trade 414 f.
Tratte 212

U

Übertragungsbilanz 420
Überweisung 201
Umsatzsteuer 277
Umschulung 149
Umverteilung 480
Umwelt-Audit 471
Umweltschutzausgaben 468
Umweltzerstörung 463

Unternehmen 357
Unternehmenszusammenschlüsse 315

V

Veranlagungsverfahren 268
Verbraucheraufklärung 333
Verbraucherberatung 331
Verbraucherschutz 323
Verbrauchsteuer 266
Vergleich 248
 außergerichtlicher 249
 gerichtlicher 250
Verkäufermarkt 297
Verkehrsteuer 266
Vermögen 476
Verrechnungsscheck 201
Verschmelzung 328
Versicherungen 179
 Individualversicherungen 181
 Sozialversicherungen 181
Verteilungsgerechtigkeit 475
Vertikale Kooperation 319
Vertrag
 Anfechtbarkeit 59 f.
 Arbeitsvertrag 117 ff.
 Arten 58 ff.
 Kaufvertrag 52 ff.
 Nichtigkeit 59 f.
 Tarifvertrag 121 f.
 Vertragsabschluß 52 ff.
 Vertragserfüllung 52 ff.
 Vertragsfreiheit 57
Vertrag von Maastricht 434 f., 439
Volkseinkommen 356, 361, 366, 369
Vollmachten 123 ff.
Vorstand 90

W

Warenkorb 394
Währung 389
Wechsel 211
 Bestandteile 212
 Ehrenanteil 217
 Notleidender 216
 Prolongation 217
 Rückgriff 217
 Verwendungsmöglichkeiten 213
Wechselbürgschaft 217
Wechseldiskontkredit 231
Wechselklage 218
Wechselkurs 424, 434
Wechselkursspekulationen 426
Wechselprotest 217
Wechselprozeß 219
Wechselvorlage 216
Weiterbildung 145 ff.
Weltbank 437 f.
Welthandelsorganisation (WTO) 444
Werbungskosten 270
Wertbrief 192
Wertpapierpensionsgeschäfte 408

Willenserklärungen 51 ff.
Wirtschaftlichkeit 166 f.
Wirtschaftskreislauf 356
  einfacher 357, 360
  erweiterter 358 f.
Wirtschaftspolitik 378
Wirtschaftswachstum 459 f., 461

Z

Zahlungsanweisung 193
Zahlungsbilanz 418, 420, 422 f.
Zahlungsmittel
  gesetzliche 189
Zahlungsschwierigkeiten 245
Zahlungsunfähigkeit 245
Zahlungsverkehr 186
Zahlschein 194
Zentralverwaltungswirtschaft 346 f.
Zessionskredit 231
Zeugnis 156 ff.
Zinsabschlagsteuer 276
Zölle 276
Zwangsvergleich 256